天

Borderless

下

博稽古今　融汇天下

天
Borderless
下

司法改革问题研究

Research on
Issues of Judicial Reform

陈光中 等 ———著

法律出版社 LAW PRESS · CHINA

说　明

本专著是北京市哲学社会科学规划2014年重大项目《司法改革问题研究》(编号:14ZDA06)的最终成果,结项专家鉴定等级为优秀。同时,本项目受到国家"2011计划"司法文明协同创新中心的支持。

党的十八大特别是十八届三中全会、四中全会吹响了全面推进依法治国,建设社会主义法治国家的进军号。在法治中国建设中,司法改革占有非常重要的地位,并且可以说是站在最前沿的阵地上。

司法改革包括司法体制改革和司法具体规制改革,内容广泛丰富,事涉深水区、老大难。项目组根据十八届三中全会、四中全会《决定》所提出的司法改革要求,以及十八届五中全会、六中全会的精神,以刑事司法为重点,兼及民事司法,对当前司法改革的一系列重大问题进行探讨研究。本专著所研究问题的选择,不重系统性而重现实需求性,也就是说,本专著的着眼点是对正在进行的司法改革的一些重大问题提供理论支持和献计献策。本项目首席专家在2010年曾主持出版了《中国司法制度基础理论的研究》(教育部哲学社会科学重大课题项目最终成果),对十八届三中全会、四中全会《决定》中司法改革宏图的谋划起了一定参考作用。该专著与本专著属于姊妹篇,期望本专著的出版也能对完善中国特色社会主义司法制度有所裨益,有所推动。

本项目申请于2013 年12月,开始启动半年多后,党的十八届四中全会《决定》公布，该《决定》在司法改革的理念和具体举措上进一步丰富和发展了十八届三中全会《决定》，于是我们与时俱进地调整了项目的研究重点，并把重点问题的研究与基础理论研究结合起来。还相应地增加了个别研究人员。

本项目首席专家为陈光中教授，参加本项目的人员及撰写分工如下(以姓氏笔画为序)：

刘　玫　中国政法大学教授，撰写第三章第三节，第四章第五节；

汤维建　中国人民大学教授，撰写第七章第一、二、三、四节，第八章第四节；

纪格非　中国政法大学教授，撰写第七章第一、五、六、七节，第八章第三节；

李本森　中国政法大学教授，撰写第六章第二节，第八章第一、二节；

肖沛权　中国政法大学副教授，撰写第一章第三、四节，第五章第三节；

汪海燕　中国政法大学教授，撰写第三章第二节，第四章第四节，第五章第二节；

张建伟　清华大学教授，撰写第二章第二节，第三章第一节；

张泽涛　广州大学教授，撰写第四章第三节；

陈光中　中国政法大学终身教授，撰写第一章第二、五节，第二章第一节，第四章第一节，第五章第一节，第六章第一节；

陈学权　对外经济贸易大学教授，撰写第四章第二、四节；

魏晓娜　中国人民大学教授，撰写第一章第一节，第二章第三节。

本专著由陈光中教授负责统稿工作，肖沛权副教授担任秘书工作。若干博士生、硕士生参与了文字校对、核查等工作，在此表示感谢！

本项目自2014年立项至2016年结项,我们做了很大的努力，但因时间仓促水平有限，疏误之处在所难免，望读者不吝指正！

陈光中

2017年5月30日

本书文件全称、简称对照表

序号	文件全称	简称
中国文件		
1	《中华人民共和国宪法》	《宪法》
2	《中华人民共和国刑事诉讼法》(1979年)	1979年《刑事诉讼法》
3	《中华人民共和国刑事诉讼法》(1996年)	1996年《刑事诉讼法》
4	《中华人民共和国刑事诉讼法》(2012年)	2012年《刑事诉讼法》
5	《中华人民共和国刑法》	《刑法》
6	《中华人民共和国民事诉讼法》	《民事诉讼法》
7	《中华人民共和国律师法》	《律师法》
8	《中华人民共和国人民警察法》	《人民警察法》
9	《中华人民共和国国家安全法》	《国家安全法》
10	《中华人民共和国人民法院组织法》	《人民法院组织法》
11	《中华人民共和国人民检察院组织法》	《人民检察院组织法》
12	《中华人民共和国国家赔偿法》	《国家赔偿法》
13	全国人大常委会《关于司法鉴定管理问题的决定》	人大常委会《司法鉴定管理决定》
14	最高人民法院、最高人民检察院、公安部、国家安全部、司法部、全国人大常委会法制工作委员会《关于实施刑事诉讼法若干问题的规定》	六机关《规定》
15	最高人民法院、最高人民检察院、公安部、国家安全部、司法部《关于办理死刑案件审查判断证据若干问题的规定》	“两院三部”《办理死刑案件证据规定》

续表

序号	文件全称	简称
16	最高人民法院、最高人民检察院、公安部、国家安全部、司法部《关于办理刑事案件排除非法证据若干问题的规定》	"两院三部"《非法证据排除规定》
17	最高人民法院、最高人民检察院、公安部、国家安全部、司法部《关于进一步严格依法办案确保办理死刑案件质量的意见》	"两院三部"《办理死刑案件意见》
18	最高人民法院、最高人民检察院、公安部、国家安全部、司法部《关于依法保障律师执业权利的规定》	"两院三部"《保障律师权利规定》
19	最高人民法院、最高人民检察院、公安部、司法部、国家卫生计生委《暂予监外执行规定》	"两院三部委"《暂予监外执行规定》
20	最高人民法院、最高人民检察院、公安部、司法部《关于刑事诉讼法律援助工作的规定》	"两院二部"《法律援助规定》
21	最高人民法院、司法部《人民陪审员制度改革试点方案》	最高法、司法部《人民陪审员改革试点方案》
22	最高人民法院《关于适用〈中华人民共和国刑事诉讼法〉的解释》	最高法《刑诉法解释》
23	最高人民法院《关于适用〈中华人民共和国民事诉讼法〉的解释》	最高法《民诉法解释》
24	最高人民法院《关于建立健全防范刑事冤假错案工作机制的意见》	最高法《防范冤假错案意见》
25	最高人民法院《关于减刑、假释案件审理程序的规定》	最高法《减刑、假释程序规定》
26	最高人民法院《关于刑事裁判涉财产部分执行的若干规定》	最高法《刑事财产执行规定》
27	最高人民法院《关于巡回法庭审理案件若干问题的规定》	最高法《巡回法庭审理规定》
28	最高人民法院《关于办理死刑复核案件听取辩护律师意见的办法》	最高法《死刑案件听取律师意见办法》
29	最高人民法院《关于完善人民法院司法责任制的若干意见》	最高法《人民法院司法责任制意见》

续表

序号	文件全称	简称
30	最高人民检察院《人民检察院刑事诉讼规则（试行）》	最高检《规则》
31	最高人民检察院《人民检察院办理未成年人刑事案件的规定》	最高检《办理未成年人刑事案件规定》
32	最高人民检察院《人民检察院讯问职务犯罪嫌疑人实行全程同步录音录像的规定》	最高检《讯问录音录像规定》
33	最高人民检察院《人民检察院刑事诉讼涉案财物管理规定》	最高检《涉案财物管理规定》
34	最高人民检察院《关于完善人民检察院司法责任制的若干意见》	最高检《检察院司法责任制意见》
35	公安部《公安机关办理刑事案件程序规定》	公安部《规定》
36	公安部《公安机关讯问犯罪嫌疑人录音录像工作规定》	公安部《讯问录音录像规定》
37	司法部《司法鉴定程序通则》	司法部《司法鉴定通则》
38	司法部《人民陪审员制度改革试点工作实施办法》	司法部《人民陪审员改革实施办法》
39	十八届三中全会《中共中央关于全面深化改革若干问题的决定》	十八届三中全会《决定》
40	十八届四中全会《中共中央关于全面推进依法治国若干重大问题的决定》	十八届四中全会《决定》
41	中共中央办公厅、国务院办公厅《领导干部干预司法活动、插手具体案件处理的记录、通报和责任追究规定》	“两办”《领导干部干预司法责任追究规定》
42	中共中央办公厅、国务院办公厅《关于完善法律援助制度的意见》	“两办”《完善法律援助制度意见》
43	中央政法委员会《司法机关内部人员过问案件的记录和责任追究规定》	中政委《司法机关内部人员过问案件责任规定》
44	中共中央政法委员会、财政部、最高人民法院、最高人民检察院、公安部、司法部《关于建立完善国家司法救助制度的意见（试行）》	中政委等部门《完善司法救助意见（试行）》

续表

序号	文件全称	简称
45	中央全面深化改革领导小组第十六次会议《关于深化律师制度改革的意见》	中央深改小组《律师制度改革意见》
46	《中华人民共和国香港特别行政区基本法》	《香港基本法》
	联合国法律文件	
1	联合国《公民权利和政治权利国际公约》	联合国《两权公约》
2	联合国《关于保护死刑犯的权利的保障措施》	联合国《死刑犯权利保障措施》
3	联合国《禁止酷刑和其他残忍、不人道或有辱人格的待遇或处罚公约》	联合国《禁止酷刑公约》
4	联合国《关于司法机关独立的基本原则》	联合国《司法独立原则》
5	联合国《关于检察官作用的准则》	联合国《检察官作用准则》
6	联合国《关于律师作用的基本原则》	联合国《律师作用基本原则》
7	联合国《打击跨国有组织犯罪公约》	联合国《打击跨国犯罪公约》

目　录

第一章　司法改革理念与原则

司法改革的理念与原则作为改革遵循的基本准则，贯穿改革全过程。理念与原则的改革意味着一国司法改革“精神”的调整。司法改革顺利进行并取得更大成绩，很大程度上取决于立法和司法的正确理念和基本原则的树立。为此，十八届四中全会明确提出推进严格司法，提高司法公信力，并强调司法独立原则、司法公开原则、司法信息化等。本章主要论述司法改革中涉及的若干重要理念与原则。

第一节　严格司法

中共十八届四中全会通过的《中共中央关于全面推进依法治国若干重大问题的决定》（以下简称十八届四中全会《决定》）首次提出了“严格司法”的概念。这是党的重要文献继此前提出“有法必依”“执法必严”“违法必究”，以及“严格执法”和“公正司法”之后，又一次提出的重大司法理念和重要部署。何为“严格司法”？十八届四中全会《决定》指出，“坚持以事实为根据、以法律为准绳，健全事实认定符合客观真相、办案结果符合实体公正、办案过程符合程序公正的法律制度”。据此，所谓“严格司法”，其基本内容可以归纳为三点：一是事实认定符合客观真相；二是办案结果符合实体公正；三是办案过程符合程序公正。现论述如下。

一、事实认定符合客观真相

(一)事实认定符合客观真相的解读

要正确理解何为事实认定符合客观真相，首先要正确理解诉讼中的案件事实。什么是案件事实？这似乎是一个并不复杂的问题，但在诉讼法理论界却存在各种各样的理解。根据唯物主义认识论，事实是指："不依赖于主体主观意识的客观存在状态。事实的根本特征是它的客观存在性。"[1]我们认为，诉讼中的案件事实应该从三个层面理解：一是案件客观事实即案件本源事实，它是不依司法人员和任何其他诉讼主体的意志而独立存在的事实。这种案件事实具有客观性、确定性、过去性的特点，也就是说，它是发生于过去的客观存在的而且不依时间的流逝而改变的事实。例如，在杀人案件发生后，尽管犯罪现场可能被破坏、凶器可能被处理、凶手可能逃跑，侦查人员暂时未侦破此案，但是杀人的案件事实本身却是确定不变的，真凶也不会因为其未被查明、捕获就变成了其他人。二是双方当事人主张的事实，这种事实在诉讼的过程中是可能发生变化的，如犯罪嫌疑人、被告人的口供所提供的案件事实，因为种种因素的影响在侦查中与在庭审中可能大不相同。三是公安司法机关及其司法人员根据证据所认定的案件事实，这种事实学界称为法律事实。包括侦查机关的移送起诉意见书、检察机关的起诉书和人民法院的判决裁定书所认定的案件事实。可见案件本源事实与当事人主张事实、法律事实的根本区别在于前者是客观存在的事实，属于客观范畴；后两者则是特定诉讼主体所主张或所认定的事实，属于主观范畴。

司法人员在诉讼中的首要任务就是要通过收集、判断和审查证据来认定案件事实。十八届四中全会《决定》旗帜鲜明地要求"事实认定符合客观真相"，亦即要求司法人员对案件事实的认定符合客观事实。主观认识符合客观真相就是客观真实。学界曾就司法人员认定案件事实是否有必要以及是否有可能符合客观真相形成理论争论。在笔者看来，

---

〔1〕 参见陈光中等:《中国司法制度的基础理论问题研究》，经济科学出版社2010年版，第426页。

要求事实认定符合客观真相不仅有必要，而且事实认定有可能符合客观真相。

首先，要求事实认定符合客观真相十分必要。其一，要求事实认定符合客观真相，是实现实体公正的前提。准确地认定案件事实，是实体公正的基本要求。一旦裁判认定的案件事实与客观真相不一致，实体公正将无从谈起。正如国际刑法协会前主席巴西奥尼先生指出的，"有了真相，才会有正义，有了正义，才会有公平"。[1]其二，要求事实认定符合客观真相，有助于增强司法裁判的可接受性，促进社会和谐。有人提出，诉讼证明的核心问题是裁判事实的可接受性，而不是如何发现真实。笔者认为，在诉讼中寻求裁判的可接受性与发现真实并不是相对立的，而是具有一致性的。当法官认定的事实与案件事实一致时，也就是法官的主观认识符合客观情况时，据此事实作出的裁判才最容易让当事人接受，胜诉的一方觉得正义得到了伸张，败诉的一方也不觉得冤枉。其三，要求事实认定符合客观真相，有助于促使办案人员积极地查明事实真相。目标指引人们的行为。在诉讼真实观问题上，如果我们在理念、目标上稍有降低，实践中则会大大降低办案人员追求事实真相的积极性。反之，如果我们坚持客观真实观，就能够增强办案人员寻求事实真相的内心驱动力，消除办案人员在寻求诉讼真相过程中的懈怠情绪，减少案件在事实不清情况下了结。

其次，事实认定有可能符合客观真相在一定的条件下和范围内是可以实现的。辩证唯物主义认识论认为，对具体事物的认识应当是绝对真实与相对真实的辩证统一。绝对真实有两层含义：一是指人类对无限发展着的物质世界的认识能力是无限的。承认人类能够不断获得对物质世界的正确认识，能够不断接近对客观世界的完全认识，就是承认真理的绝对性，或绝对真理。二是指任何真理都包含着不以人们意志为转移的客观内容，因此只要承认真理的客观性，也就承认了真理的绝对性，即绝对正确的内容，或者说，在一定范围内不能被推翻的正确认识。列

〔1〕 参见蒋安杰：《公平正义真相是世界和平的三大支柱——访国际刑事法学会主席巴西奥尼先生》，载《法制日报》2004年9月18日。

宁说:“承认客观的即不依赖于人和人类的真理,也就是这样或那样地承认绝对真理。”[1]列宁这里说的绝对真理是从第二层面含义来说的。此层面的绝对真理在科学研究、日常生活中大量存在,如水的化学成分是H_2O,人的思维器官是大脑(而非心脏),辛亥革命爆发于1911年,如此等等。承认第二层面含义的绝对真理,才能区别真理与谬误、正确与错误。[2]刑事诉讼中司法人员在一定范围和条件下运用证据能够准确认定案件客观事实,也就是我们通常所讲的“水落石出”“真相大白”,这体现了绝对的因素。承认诉讼证明中的绝对性因素,才能确立认定案件事实是否正确的科学标准,从实体上分清办铁案和办假案、公正司法和司法不公的根本界线。否则,对具体事物的认识就没有了正确与错误之分。此外,从司法实证角度来看,具体案件的主要事实的认定达到绝对真实也是完全可能的。而且在有的案件中,一开始就可能达到。2008年发生在上海的杨佳袭杀警察案,杨佳闯进公安局杀死6个警察后当场被抓获,这完全是铁板钉钉的客观事实。那些认为囿于证据规则、办案期限等情况导致在诉讼中无法使事实认定符合客观真相的观点不仅在实践中经不起检验,而且在理论上也是站不住脚的。

相对真实也有两个层面的含义:一是指人对客观世界的认识能力的有限性。人对无限发展着的世界的认识只能接近它,而不可能穷尽它。二是指人对任何具体事物的认识也只能在一定范围、一定层次上具有正确性、真理性,即只能是近似性的真理。在诉讼证明中,承认一定数量的案件由于种种主客观因素的限制(如案情复杂、司法科技手段落后、办案经费困难、办案人员数量不足、办案质量不高以及诉讼规则和期限的限制),破不了案,未能发现犯罪嫌疑人,或者捕获了犯罪嫌疑人而不能证实其犯罪而成为疑案,以及已证实犯罪事实和犯罪人的案件,也不可能查清所有细枝末节等就体现了相对的因素。

---

〔1〕《列宁选集》(第2卷),人民出版社1995年版,第92页。

〔2〕哲学上的绝对真理基本理论,参见肖前:《马克思主义哲学原理》(下册),中国人民大学出版社1994年版,第651~652页;常绍舜:《马克思主义哲学》,中国政法大学出版社1999年版,第84页。

（二）实现事实认定符合客观真相的证明标准要求

实现事实认定符合客观真相，最终要回到关于证明标准的追问上。证明标准，即证明要求，是指按照法律规定认定案件事实所要求达到的程度或标准。证明标准问题解决的是在作出有罪裁判时，证据的总体证明力应该使法官对指控事实达到何种程度的确信或认识才使事实认定符合客观真相。如果要求达到的确信或认识程度高，意味着事实认定符合客观真相的程度高，但对被告人定罪的难度加大，那么，真正的罪犯逃脱惩罚的概率增大，而无辜被告人被错误定罪的可能性则相应缩小；如果要求达到的认识程度低，那么，事实认定符合客观真相的程度低，真正的罪犯逃脱惩罚的概率降低，但无辜被告人被错误定罪的可能性也相应增大。这种程度的高低之间存在一个反变关系：如果侧重于惩罚犯罪，降低证明标准，势必伤及无辜；如果侧重于保护无辜，必然以部分地牺牲惩罚犯罪的政策目标为代价。证明标准制度所涉及的价值权衡主要在惩罚犯罪与保护无辜之间展开。如果将保障无辜者作为刑事司法的基本价值的话，那么，就必然要求一个很高的证明标准。实际上，现代世界各国的刑事证明标准几乎都是在各国中占支配地位的认识理论的最高标准。

我国刑事诉讼法从1979年制定到1996年修改，有罪判决的证明标准一直表述为"案件事实清楚，证据确实、充分"。1996年修改后的《刑事诉讼法》第46条规定，没有被告人供述，证据充分确实的，可以认定被告人有罪和处以刑罚。同时，1996年《刑事诉讼法》关于公安机关侦查终结移送起诉的规定、关于人民检察院提起公诉的规定、关于人民法院作出有罪判决的规定，都要求办案机关做到"证据确实、充分"。[1]但司法部门在实践中感觉"案件事实清楚，证据确实充分"标准过于原则，不易把握。还有学者指出该标准过于偏重对证明标准客观层面的表述，而忽略了法官内心确信程度的主观层面。[2]在此背景下，加之西方理念与普遍适用排除合理怀疑的影响，实务界和学者主张引入西方的排除合理

〔1〕 参见1996年《刑事诉讼法》第129条、第141条和第162条。

〔2〕 参见陈瑞华：《刑事证据法学》，北京大学出版社2012年版，第260页。

怀疑标准之声逐渐上升。最终，2012年《刑事诉讼法》修改时在保留原有证明标准的基础上，增加规定了认定“证据确实、充分”的条件，即认定证据确实、充分，应当符合三个条件：(1)定罪量刑的事实都有证据证明；(2)据以定案的证据均经法定程序查证属实；(3)综合全案证据，对所认定事实已经排除合理怀疑。引人注目的是，这里引入了英美的“排除合理怀疑”作为认定“证据确实、充分”的条件。

然而，英美法系国家对于什么是“排除合理怀疑”却不存在正式的定义、解释或者表述形式。在这一问题上，无论英国还是美国，高层权威的态度总体上是要尽量避免给这一标准下定义或者作出解释，也不要求法官在向陪审团作指示时采取特定形式的措辞或者表达公式。[1]

但是，从众多关于“排除合理怀疑”的表述中，仍可以得出两点结论：第一，“排除合理怀疑”不等于绝对确定。英美学者普遍认为绝对确定是难以达到的，这也是我国学者强调得比较多的一点；第二，“排除合理怀疑”在可以达到的认识范围内是一种最高的标准，由于确定性是难以达到的，而可达到的最高标准是如此接近确定性以至于几乎没有什么实质的分别。[2]

“排除合理怀疑”虽然没有统一的表达公式，但是，对一些明显错误的表述方式却需要特别留意。例如，部分学者在解释“排除合理怀疑”的含义时，倾向于对这一证明标准进行量化表述。有的学者将“排除合理怀疑”理解为只要存在90%以上的有罪盖然性就认为已经达到了证明标准，因而就可以定罪；有的学者倾向于更高的数学概率，如95%以上。这种对于“排除合理怀疑”的量化表述方式存在以下几个方面的问题：首先，在绝大多数案件中，法官手头并没有这种关于被告人有罪概率的量化数据，因而这种表述是没有意义的；其次，英美法系国家选择“排除合理怀疑”作为刑事证明标准的一个重要原因是认为“绝对确

---

〔1〕 Adrian Keane, James Griffiths, Paul McKeown, *The Modern Law of Evidence*, Oxford University Press, 2009, p. 102.

〔2〕 Paul Roberts, Adrian Zuckerman, *Criminal Evidence*, Oxford University Press, 2004, p. 368.

定”(100%)达不到,既然我们无法确知100%的认识程度是多少,又怎能知道90%或95%的认识是多少呢？这在逻辑上是有问题的。最后,也是最重要的,这种表述方式包含着误判无辜的风险,不符合“排除合理怀疑”的基本精神。有学者举例子说明这一点:一个警察走进了有20个人的小酒馆。根据无可反驳的证据,其中的19个人袭击了警察并把他殴打致死,而剩下的一个人试图救活警察。假如现在这20个人中的一个被抓获并以谋杀罪被起诉,在没有进一步证据的情况下,能否对被告人定罪？[1]从概率论的角度来看,该被告人参与谋杀的概率是95%,而没有参与的可能性只有5%。如果按照上述对“排除合理怀疑”的数学描述,定罪是没有问题的。但是,如果要根据这样的概率判决的话,我们就会对所有在场的人定罪,包括那个无辜的人。那么,到底该不该对被告人进行定罪呢？根本的问题还在于,这95%的有罪概率是否已经达到了“排除合理怀疑”的标准？反过来说,5%的无辜概率是否属于“合理怀疑”？按照上述对“排除合理怀疑”的理解,这5%的无罪概率仍然属于“合理怀疑”,因为无论被告人参与殴打的概率有多大,他没有参与这起犯罪的可能性仍然是现实存在的。也就是说,这5%的无辜的可能性并不是虚无缥缈的,而是有着现实根据的。因此,它构成了“合理怀疑”。这个例子可以比较直观地说明“排除合理怀疑”的数学描述所存在的问题。

那么,应当如何解读“排除合理怀疑”,才能使事实认定符合客观真相得以实现？答案也许能从官方文件中寻找。全国人大常委会法制工作委员会在《〈关于修改中华人民共和国刑事诉讼法的决定〉条文说明、立法理由及相关规定》中对排除合理怀疑作出了语义解释,指出“‘排除合理怀疑’是指对于认定的事实,已没有符合常理的、有根据的怀疑,实际上达到确信的程度”。应当承认,虽然可把排除合理怀疑界定为排除符合常理的、有证据事实根据的怀疑,但因为其在性质上属于主观的证明标准,对其理解最终需要回归到对确信程度的把握上。探寻排除合理

〔1〕 Paul Roberts, Adrian Zuckerman, *Criminal Evidence*, Oxford University Press, 2004, p.370.

怀疑的确信程度，要实现事实认定符合客观真相，就必须要求对有罪案件事实的认定达到最严格、最高的证明标准，具体而言，要求对案件事实的认识达到确定性、唯一性。[1]

由此可见，“排除合理怀疑”和“证据确实、充分”标准秉承的基本精神是相通的：保障无辜者——即便以牺牲惩罚犯罪为代价。这是2012年《刑事诉讼法》修正引入“排除合理怀疑”的重要前提。实际上，在司法实践中，“证据确实、充分”的证明标准是否已经达到，最终还是要由办案人员发挥主观能动性作出判断，这是实现客观真实的必由之路。因此，2012年修改的《刑事诉讼法》引入“排除合理怀疑”来表述“证据确实、充分”的证明标准，只是代表立法规范重点的转移，即改变过去一味强调一个无法测量的“客观”真实，开始采取一种现实主义的态度，着眼于主观判断过程，为法官提供更现实的引导。因此，“排除合理怀疑”的引入，是一个价值日益多元的社会里立法者博采众长的选择，并不意味着我国传统的证明标准发生改变，更不意味着证明标准的降低。

二、办案结果符合实体公正

实体公正可以从很多角度去理解。例如，一个社会应当把哪些行为规定为犯罪，以及社会应当对犯罪人施加什么样的制裁等。但是，“严格司法”所要求的实体公正却有着特定的含义，它是通过刑事诉讼过程而实现的结果公正，是以诉讼结果的面目实现的公正。因此，所谓办案结果符合实体公正，包括以下几个方面的要求：第一，实施犯罪行为的人被判决有罪；第二，有罪的人得到与其罪行相当的惩罚；第三，无辜的人不受定罪。然而，在现实的司法实践中，由于主客观条件的限制，这三个方面并不总是能够同时得以实现。在发生矛盾或冲突的情况下，就需要进行权衡取舍。在现代法律背景下，实体公正的三个方面所具有的分量并不相同。

〔1〕 关于排除合理怀疑的解读，请参见本书第四章第三节内容，此处不赘。

（一）惩罚犯罪

惩罚犯罪自古以来就是刑事诉讼活动的主题，也是刑事诉讼的应有之义。人类惩罚犯罪的愿望，其基本动机源于对秩序的需要。所谓需要，指的是主体对客观世界的依赖关系。人在认识和改造客观世界的过程中，基于自身的存在和发展，会产生多方面的需要。但是，“从最低限度来讲，人之幸福要求有足够的秩序以确保诸如粮食生产、住房以及孩子抚养等基本需要得到满足；这一要求只有在日常生活达至一定程度的安全、和平及有序的基础上才能加以实现，而无法在持续的动乱和冲突状况中予以实现”。[1]稳定的社会秩序，是人类生产生活和发展的前提条件。犯罪是对现有秩序的最强烈的破坏。出于维护或恢复特定的社会秩序的考虑，国家需要对犯罪进行惩罚，这是国家追究犯罪的初衷。也就是说，惩罚犯罪并不是终极目的，其根本目的在于维护一个稳定的社会秩序。如果对犯罪的追究本身造成了对社会秩序的新的破坏，那么，追究犯罪就背离了其初衷，异化为妨害自身目的得以实现的事物。因此，在现代社会，对犯罪的追究与惩罚只能通过刑事诉讼来进行。

在一种狭义的诉讼形态下，为了保持自己的权威性和普通民众所赋予的信任感，作为裁判者的法官必须具备“谦抑”和“中立”的美德，即法官不能扮演一个四处伸手的管理人，而只能以一个判断者的面目出现。因此，在一种狭义上的刑事诉讼活动（审判活动）中，法官只能对那些已经纳入刑事诉讼程序的犯罪人判决有罪并科以刑罚，通过这种方式实现惩罚犯罪的功能。而对于那些尚未被纳入诉讼轨道或者已经被纳入刑事诉讼程序但尚未被起诉的犯罪人，法官是无能为力的。因此，可以得出这样的结论，审判所实现的惩罚犯罪的功能，在很大程度上依赖于审判前的一系列环节。在现代刑事司法制度之下，为了保障刑事诉讼惩罚犯罪功能的实现，在审判前程序中主要存在两大原则，即职权侦查原则和强制起诉原则。职权侦查原则要求，当存在犯罪嫌疑时，侦查机关必须进行调查；强制起诉原则要求，当调查结果显示有足够的犯罪嫌

〔1〕　参见［美］E.博登海默：《法理学：法律哲学与法律方法》，邓正来等译，中国政法大学出版社1999年版，第293～294页。

疑时，检察官即有义务提起公诉。

职权侦查原则旨在将社会生活中已经发生的犯罪事件尽可能地强行纳入刑事诉讼轨道，保证国家刑罚权的实现，由此在犯罪行为与刑罚之间建立一定的因果关系，实现刑法的社会规范功能。职权侦查原则在古代法中并不存在，而是随着对犯罪本质认识的不断深刻和国家权力的强化而出现的。1532年卡尔斯五世国王（Kaiser Karls V）制定的卡洛林纳刑法典是规定职权侦查原则的典型法典。[1]毋庸讳言，早期的职权侦查原则往往与纠问式诉讼紧密相连，"因为纠问式诉讼所要做的正是要竭力防止由于过分尊重个人权利而不能确保对犯罪人进行追究的情形发生"。[2]但是，由于职权侦查原则能够推动已经发生的犯罪行为进入刑事诉讼视野，业已成为现代法治国家刑事诉讼中的一项基本原则。如在德国，检察官、警察对于每个犯罪嫌疑行为，原则上负有展开侦查的义务。而通过职权原则所应当达到的是对犯罪行为的规律性的追究，避免检察院滥用其公诉垄断权力。[3]意大利刑事诉讼法也有类似的规定。需要指出的是，职权侦查原则并不是绝对的。在目前世界上的多数国家中，职权侦查只是一个一般性原则，被害人的告诉在个别情况下也会成为追诉的条件。例如，《德国刑法典》将侵入住宅、家庭及亲属间盗窃、家庭或亲属间侵占以及诱拐等犯罪规定为纯粹的告诉乃论之罪，对于这类犯罪，只有在被害人提起告诉的情况下，检察机关才可以进行侦查、起诉。如果被害人没有告诉，那么，就不得启动追诉程序；如果已经启动，就必须终止诉讼程序。相反，即使被害人提起告诉，检察机关也没有义务一定要开始侦查，检察机关仅负有审查犯罪嫌疑是否成立的义务，如果犯罪嫌疑不成立，则要终止诉讼程序。

强制起诉原则，又称为起诉法定原则，是指如果调查（侦查）结果显示有足够的犯罪嫌疑，具备起诉的条件，公诉机关就必须提起公诉。强

---

〔1〕 参见［德］Claus Roxin：《德国刑事诉讼法》，吴丽琪译，三民书局1998年版，第105页。

〔2〕 参见［法］卡斯东·斯特法尼等：《法国刑事诉讼法精义》，罗结珍译，中国政法大学出版社1998年版，第76页。

〔3〕 参见［德］赫尔曼：《〈德国刑事诉讼法典〉中译本引言》，载《德国刑事诉讼法典》，李昌珂译，中国政法大学出版社1998年版，第15页。

制起诉原则源于君主体制下盛行的报应刑思想。根据报应刑思想，确立了检察机关追究犯罪行为的义务，要求检察机关对于每一个犯罪行为，无论行为人身份的贵贱，一律加以调查追诉。需要指出的是，强制起诉原则从一开始就不具有普适性。英美法上似乎从来就不存在这样的传统。在美国，检察官在起诉方面传统上享有广泛的自由裁量权，可根据起诉是否能够更好地符合社会的利益而决定起诉所调查的犯罪事件中的某一个、某几个案件。在英国，尽管原则上所有的犯罪案件都由检察机关审查决定是否起诉，但即使案件证据充分，符合起诉的条件，检察机关还要进一步考虑起诉是否符合公共利益。不仅如此，在传统上奉行起诉法定原则的国家中，这一原则也逐渐松动，而采取了兼采起诉法定原则与起诉便宜原则的做法。〔1〕大陆法系的德国就是实行兼采起诉法定原则与起诉便宜原则的最典型国家。德国原本实行起诉法定主义，但在20世纪60年代以来，随着犯罪的大幅增长、刑事负担过重，使检察机关的职能发生了巨大的转变，促使起诉制度由起诉法定主义向起诉便宜主义转变。《德国刑事诉讼法》第153a条关于附条件不起诉的规定，就是起诉便宜主义的典型法律表现。根据该条的规定，如果追究刑事责任对于公共利益没有什么意义或者追究刑事责任的必要性可以通过采取其他惩罚性措施而消除时，检察机关有权决定暂予不起诉。〔2〕《日本刑事诉讼法》第248条规定："根据犯人的性格、年龄、境遇、犯罪的轻重及情节和犯罪后的情况，没有必要追究犯罪时，可以不提起公诉。"这种以法律的形式公开宣布把起诉便宜主义作为起诉的基本原则，检察官拥有相当大的起诉自由裁量权是日本公诉制度的一大特色。

为了保证及时有效地追究犯罪、惩罚犯罪，我国刑事诉讼法也规定了侦查职权原则和强制起诉原则。根据我国刑事诉讼法的相关规定，公安机关或者人民检察院发现犯罪事实或者犯罪嫌疑人，应当按照管辖范

---

〔1〕 所谓起诉便宜原则，是与起诉法定原则相对应的一项追诉原则，指在完全符合条件的情况下，检察机关仍然享有自由裁量权，可根据情况决定是否提起公诉。

〔2〕 参见陈光中、[德]汉斯·约格·阿尔布莱希特：《中德不起诉制度比较研究》，中国检察出版社2002年版，第119～120页。

围立案侦查(第107条)。人民检察院对公安机关应当立案侦查而不立案侦查的案件,应当通过法律监督促使公安机关对犯罪进行追究。对于犯罪事实清楚、证据确实充分的案件,公安机关应当移送检察机关审查起诉,检察院应当提起公诉,人民法院应当作出有罪判决。

应当承认,尽管职权侦查原则和强制起诉原则是实现对犯罪惩罚的两大基本原则,但由于这两大原则都具有不同程度的相对性,这一现实决定了惩罚犯罪的实体价值目标的实现只能是相对的。近年来,新兴的犯罪黑数(隐性犯罪案件)研究从另一个不同的角度为这一结论提供了支持。根据施温特等德国学者在哥廷根市(1975年)、波鸿市(1976年和1987年)进行的三次抽样调查,犯罪黑数在一般盗窃案件中的比率分别是1 : 15(包括商店盗窃)、1 : 6、1 : 8,在严重盗窃案件中的比率是1 : 2、1 : 2、1 : 1,在故意伤害案件中的比率是1 : 8、1 : 8、1 : 6。[1]在美国,全国犯罪调查组织(National Crime Survey)对被害人进行调查的结果表明,公民向执法机关报告的犯罪数量仅有他们调查发现的犯罪的1/3。[2]对此,德国犯罪学家施奈德(Schneider)形象地比喻说:"警方获悉并记录在案的犯罪行为只是实际犯罪行为这座看不见的大冰山的能够看得见的尖顶。"[3]由此可见,在社会生活中,犯罪黑数的存在是一种普遍的现象。有学者认为,造成犯罪黑数的原因存在于以下三个环节:第一,犯罪行为是否为社会中的个人所感知;第二,感知犯罪行为的人是否认为该行为构成犯罪;第三,认为某项行为构成犯罪的个人是否愿意向国家追诉机关报告。在第一个环节上,犯罪黑数现象同人的认识的局限性密切相关。在第二个环节上,影响犯罪黑数比率的关键因素是社会公众对刑法规范的了解程度和相关的法律素质。在第三个环节上,影响个人,尤其是被害人向国家追诉机关报告犯罪的原因是无法尽数的。[4]由于犯罪黑数现象的存在关系到社会生活的方方面面,彻底消除

〔1〕 参见徐久生:《德语国家的犯罪学研究》,中国政法大学出版社1999年版,第135页。
〔2〕 参见宋英辉、吴宏耀:《刑事审判前程序研究》,中国政法大学出版社2002年版,第114页。
〔3〕 Schneider H. J. , *Kriminologie*, Berlin, 1987, p. 182.
〔4〕 参见宋英辉、吴宏耀:《刑事审判前程序研究》,中国政法大学出版社2002年版,第114页。

犯罪黑数是无法实现的。更准确地说,犯罪黑数是一种与犯罪现象相伴相随的必然的社会现象,只要犯罪现象没有消灭,犯罪黑数就必然存在。

犯罪黑数的存在在一定程度上瓦解了人们观念中犯罪与刑罚之间所存在的因果关系,也无情地粉碎了"刑罚确定性"或"刑罚不可避免性"的法治理想主义。如果说职权侦查原则和起诉法定原则的突破是人类社会自主选择的结果的话,那么,犯罪黑数的存在则使人们不得不接受惩罚犯罪这一实体价值目标的相对性,这也是人们向客观现实妥协的结果。

(二)罪刑相适应

罪刑相适应是指经由刑事诉讼而判处的刑罚的性质和强度要与犯罪的性质和严重程度相称。罪刑相适应的实体公正理念是以保障无辜和准确定罪的实体公正理念为基础,如果被告人根本就没有实施所指控的罪行,那么,对他判处任何一种刑罚都是有违实体公正的;如果未能对真正实施犯罪行为的被告人实现定罪,那么,也是不可能对他处以相应的刑罚的。因此,罪刑相适应是建立于保障无辜和惩罚犯罪基础之上的更高层次的要求。

罪刑相适应,是适应人们朴素的公平公正意识的法律思想,它深深地根植于人们的人格之中。它一方面要求对相同的事件作相同的对待,对相同的犯罪应科处相同的刑罚;另一方面判决所判处的刑罚应当与该犯罪行为的危害程度相适应。罪刑相适应与早期人类的同态复仇观念有着密切的联系。"以眼还眼,以牙还牙""体者以体偿,肢者以肢偿"(Leib fur Leib, Glied fur Glied)既是同态复仇的表现形式,也是罪刑相适应思想的原始形态。明确提出和阐明罪刑相适应原则并奠定其理论基础的是贝卡里亚、边沁、康德和黑格尔。他们的理论对后世的刑事立法产生了重大而深远的影响。"如果对两种不同程度的侵犯社会的犯罪处以同等的刑罚,那么,人们就找不到更有力的手段去制止实施能带来较大好处的较大犯罪了。"[1]因此,要求对不同的犯罪设定与之相应的刑

〔1〕 参见[意]贝卡里亚:《论犯罪与刑罚》,黄风译,中国大百科全书出版社1993年版,第65页。

罚。但是，这里所讨论的罪刑相适应，是一种通过刑事诉讼实现的结果，所以，它是一种司法领域中的罪刑相适应，而不是对立法的要求。如果一项判决与所判之罪之间存在实质的不一致，同样也会违背一般人的公正感。换一个视角来看，即使公众希望远离犯罪，但罪犯和可能成为罪犯的人的人权还是应当得到保障的。

如前所述，罪刑相适应是以对犯罪人的准确定罪为前提条件的，而惩罚犯罪这一实体法律价值本身就具有相对性，这使得建筑其上的罪刑相适应原则也具有了相对的性质。除此之外，在实际的判决过程中，仍然有许多犯罪行为本身之外的因素在决定着最终判处的刑罚，这些因素之中有许多被认为是合理而为社会广泛接受的。例如，在苏格兰，对于某一地区十分猖獗的犯罪行为，为了达到普遍威慑的目的，一般认为应当判处一项比常态的判决更严厉的警戒性处罚。〔1〕而且，在美国刑事司法实践中广为盛行的辩诉交易制度，被告人如果在审判前或者审判过程中作出有罪答辩，往往能够得到不同程度的“量刑减让”，这是对罪刑相适应原则的直接突破。实际上，近年来呼声渐长的刑罚个别化理论以及许多国家刑事立法中不断增加的减刑、假释、累犯加重、保安处分等内容，都直接构成了对罪刑相适应原则的背离。但是，罪刑相适应毕竟反映了实体上的公平、公正的要求，这是近代学派的种种批判所无法否定的。尽管单纯固守这一原则而不顺应时代的发展会有流弊，但如果从根本上放弃这一原则，人类的刑事司法制度遭受的将会是灭顶之灾。

为了使罪刑相适应落到实处，近年来，在刑事诉讼中，量刑问题日益引起人们的关注。2012年《刑事诉讼法》修改时将原第160条修改为“法庭审理过程中，对与定罪、量刑有关的事实、证据都应当进行调查、辩论”（现第193条）。本处修改的意图是要表达，在法庭审理中，不仅要对与定罪有关的事实、证据进行调查、辩论，对与量刑有关的事实、证据

〔1〕 参见［英］吉尔：《量刑轻缓化趋势与非监禁刑》，载中国政法大学刑事法律研究中心、英国大使馆文化教育处主编：《中英量刑问题比较研究》，中国政法大学出版社2001年版，第210页。

也要调查、辩论，为量刑规范化提供法律依据。[1]最高人民法院也制定了量刑指导意见，明确了未成年犯、未遂犯、自首、立功等14种常见的量刑情节对基准刑的调节幅度，选择了常见的交通肇事、故意伤害、抢劫、盗窃、强奸等15种犯罪进行规范，同时制定量刑程序指导意见来规范量刑活动的具体程序。这些对于实现罪刑相适应，确保量刑的公正与均衡具有重要的意义。

（三）保障无辜者不被错判有罪

保障无辜在整个刑事司法制度中居于重要的地位，失去了这一基本价值，公正无从谈起。刑罚的适用以成功地识破并抓获犯罪人为前提，对于那些没有被抓获的犯罪人，不可能对之适用刑罚，而任何一个国家现有的司法资源也难以做到对所有犯罪人实现定罪和惩罚。仅就这一点而言，惩罚犯罪只具有相对的意义，而保障无辜则在现代刑事司法中具有重要地位。

保障无辜者不被错判有罪的价值主要体现在以下两个方面：一是可以减少刑事审判的负面影响。由于惩罚犯罪涉及对公民人身自由乃至生命的剥夺，如果把无辜者错判有罪，会使司法带来负面效应，比如由于错误判决而使司法在社会上造成负面的影响，甚至可以摧毁被视为“神圣殿堂”的司法体系。从我国近年发生的一些冤案错案也可窥见错误判决可能给司法带来的负面效应。例如，2013年爆发的浙江张氏叔侄冤案，张辉、张高平系叔侄关系，因涉及2003年发生在杭州的一起强奸致死案，分别被判死刑、缓期二年执行和有期徒刑十五年。在张氏叔侄服刑10年后，公安机关在另一起刑事案件中对被害人王某指甲内提取的DNA材料与警方的数据库比对时，才发现真凶另有他人，张氏叔侄冤情大白。这立即激起了社会民众对司法的强烈不信任。社会民众普遍认为这样的惊世冤案破坏了司法在他们心中的形象，进而质疑司法的公正性，对现行司法机关倡导的公正与效率主题失去信心，对司法公信力表示怀疑。甚至有民众发出这样的感叹：“不是我不相信司法，是司法不能

〔1〕 全国人大常委会法制工作委员会刑法室：《关于修改中华人民共和国刑事诉讼法的决定条文说明、立法理由及相关规定》，北京大学出版社2012年版，第231页。

让我相信！”同样，2014年爆发的呼格吉勒图案，奸杀案发生后仅61天，呼格吉勒图即被法院判决死刑，并被立即执行。直到2005年真凶出现，并经2014年再审后，呼格吉勒图才冤情大白。这使诸多民众慨叹司法之谬误，对司法的质疑更是形成汹涌舆论。培根在分析司法时指出：“一次不公正的（司法）判断比多次不平的举动为祸尤烈。因为这些不平的举动不过弄脏了河流，而不公的判断则把水源也败坏了。”[1]由此可见，保障无辜者不被错判有罪，减少冤案错案的发生，可以降低刑事审判的负面影响。

二是可以避免真正有罪的人逍遥法外。按照司法公正的要求，法院对被告人的最终裁判只能出现两种结果，即裁定事实有罪者有罪和裁定事实无罪者无罪。在刑事诉讼中，如果错误判决一名事实上无罪的人有罪，那么不仅使事实上无罪的人因此遭受刑罚（如罚金、监禁）之苦，严重侵犯了无辜之人的合法权益，而且意味着真正的犯罪人依然逍遥法外，其危害比起将事实有罪者错判无罪而言更甚。因此，在刑事诉讼中虽然需要顾及如何防止错判无罪，但是如何防止错判有罪也是重中之重。必须承认，要在所有案件中做到既不冤枉无辜又不放纵犯罪是不可能的，“不枉不纵”引导我们认真查明事实真相，努力做到既不冤枉无辜又不放纵犯罪，但这只是一个目标，不可能在每个案件中实现。实际上，诉讼中案件主要事实不能查明时，就面临着不枉与不纵之间的价值冲突问题。二者不能兼得时，只能选择疑罪从无，宁纵勿枉，坚决保障无辜者不被错判有罪，保障和维护人权。

为了保障无辜者不被错判有罪，世界各国一般都根据本国的情况采取一定的防范措施。如在美国的陪审团审判中，一方面，刑事诉讼法和证据法为了规范陪审团认定事实的正确性规定了详备的规则；另一方面，法律又容忍陪审团的某些不合理行为，即陪审团有权不顾法律与证据而对有罪的被告人作出无罪裁断。[2]美国联邦最高法院也承认陪审

---

〔1〕 参见［英］培根：《论司法》，载《培根论说文集》，水天同译，商务印书馆1983年版，第193～200页。

〔2〕 See Spark & Hanson v. United States, 156 U.S.51（1895）.

团“享有作出无罪裁断的无可争议的权力，即使这一裁断违背法律或证据”。[1]需要指出的是，美国法律之所以能够容忍陪审团对明显有罪的被告人作出无罪裁断，与美国的陪审团只审事实，不审法律以及美国刑事司法强调的程序正义有关。在这点上，我国与之截然不同。如前所述，我国强调的是客观真实，必须使事实认定符合客观真相，因此，对于明显有罪的被告人，绝不能作出无罪裁断。当然，对于明显无罪的被告人，必须坚决作出无罪判决，而对于是否有罪存疑的，应当坚决转变理念，切实贯彻“尊重和保障人权”的宪法原则，真正树立被称为刑事诉讼中“皇冠之珠”的无罪推定原则意识，这是有效保障无辜者不被错判有罪的前提条件。当然，保障无辜者不被错判有罪是一项系统工程，只是确立无罪推定原则还远远不够，还必须采取有效措施杜绝刑讯逼供、保障辩护权的充分行使、运用证据准确认定案件事实等。这些内容将在本书其他章节有专门论述，此处不赘。

三、办案过程符合程序公正

办案过程符合程序公正，一方面，要求严格执《行刑事诉讼法》规定的程序、标准和要求，依法办案；另一方面，更要求司法程序本身也必须符合最低限度的公正标准。[2]公正的程序，具有多方面的价值，除了保障实体价值目标得以实现的工具价值外，公正的程序还具有内在价值。程序的内在价值包括两个方面：其一，公正程序的存在本身就表明一国政治和法律制度的文明程度；其二，公正程序所体现的和平性、参与性、文明性和合理性等特征自身也有其存在的价值。这意味着，我们要推崇那些对当事人有尊严对待的程序，即使这些程序不会促进判决的准确性。

---

〔1〕 United States v. Moylan, 417 F.2d 1002, 1006(4th Cir.1969), cert. Denied, 397 U.S.910(1970).

〔2〕 周强同志撰文指出，推进严格司法首要的是“健全保证严格司法的法律制度”，对“严格司法”的理解相当深刻：“严格司法”不应仅是一种形式公正，不限于严格依法办案，也是一种实质公正标准，即立法本身也应健全，符合程序公正的一般标准。参见周强：《论严格司法》，载《中共中央关于全面推进依法治国若干重大问题的决定》，人民出版社2014年版，第107页。

相反，我们不会容忍野蛮的和有损人格的刑事程序，即使它们一定能够造就一个更稳定、更团结的社会。最后，公正的程序可以促进判决的社会接受度。在公正程序得到实施的前提下，程序过程本身确实能够发挥给结果以正当性的重要作用。不仅如此，由程序本身产生的正当性还具有超越个人意思和具体案件的处理，在制度层次上得到结构化、一般化的性质。[1]如果法院在制度性的公正程序方面得到了公众的信赖，它所作出的决定也能够获得极大的权威。[2]当然，人们对程序的顺从不是无限的，只有在实体标准缺失，或者不明确，或者有争议的条件下，程序的默认功能才是有效的。在公众周知的确定事件中，即使陪审团的裁定也会失去这种由程序所竭力保障的神圣性。例如，1992年美国洛杉矶警察殴打黑人司机的案件中，陪审团做出的无罪裁决无法获得公众认同的主要原因是民众事先已经通过电视台播出的音像资料获得了自认为确定无疑的案情认知，这一事实降低了公众对判决的认同度。这反过来又成为限制审前公开案情的理由之一。

何为公正的程序？从英国古老的“自然正义”的两大原则，到美国的“正当法律程序”的制度和实践，再到德国“法制国家程序”原则，对程序公正的探索有着不同的侧重点，然而，无论程序公正被冠以何种名称，其核心内容是“在一项政府决定中具有充分的利害关系或者权利攸关的人，应当享有通过反驳性证据、交叉询问和辩论的手段，了解和反驳不利证据的机会……”[3]在刑事诉讼中，为了实现程序公正，首先，必须赋予犯罪嫌疑人、被告人提出有利于己的主张和证据，以及反驳对方的主张和证据的机会。它们构成了犯罪嫌疑人、被告人的公正审判权的核心内容。但是，刑事被告人（包括犯罪嫌疑人）在刑事诉讼中的权利虽然来源于公正审判权，但是并不止于此，还应当包括犯罪嫌疑人在审判前阶段所享有的一系列权利。其次，对于犯罪嫌疑人、被告人来说，

〔1〕 参见[日]谷口安平：《程序的正义与诉讼》，王亚新、刘荣军译，中国政法大学出版社1996年版，第11页。

〔2〕 同上。

〔3〕 Kenneth Culp Davis, *Discretionary Justice: A Preliminary Inquiry*, Urbana, University of Illinois Press, 1971, p.160.

公正审判的机会不能是笼统的、宽泛的，而必须是实质性的，否则犯罪嫌疑人、被告人对诉讼的参与便不具有任何实际意义。因此，对于公正审判权必须提供相关的实质性的保障。联合国《两权公约》是迄今为止最集中、全面规定国际公认的刑事司法人权准则的联合国文书。该公约与《世界人权宣言》《经济、社会及文化权利国际公约》一起被称为“国际人权宪章”，具有较为崇高的国际地位。而且，中国已经于1998年10月5日签署了该公约，因此，本书主要以联合国《两权公约》的规定为基准，并结合联合国其他人权文件来界定刑事诉讼中程序公正的一般要求。

(一)审判前阶段的程序公正要求

在刑事诉讼中，“尊重人格尊严”和“尊重人身自由”是应当贯穿始终的两大程序原则，由于这两个原则在审前程序中更容易被突破，因而也显得更为重要。“尊重人格尊严”意味着从肉体到精神上的人道待遇。前者包括不施以酷刑等身体折磨或者以这些身体折磨为内容的威胁，以及以促使犯罪嫌疑人认罪为目的的欺骗行为的要求；后者包括不施以侮辱性、贬损人格的言行以及尊重合理隐私的要求。“尊重人身自由”意味着不受任意逮捕或者拘禁的权利，以及与此相关的如令状主义、人身保护令等一系列要求。

1.涉及被追诉人人格尊严的权利

法律基本的前提都是将生物意义上的人承认为具有法律意义的人，这是现代法律同一切野蛮法律的最基本区别。因此，联合国《两权公约》第16条以最简明扼要的条文规定：“人人在任何地方有权被承认在法律前的人格。”根据该条文，任何人，包括刑事诉讼中的被追诉人，在任何情况下，包括被羁押的情况下，其法律上的人格都应当获得承认。联合国《两权公约》第10条第1款明确规定：“所有被剥夺自由的人应给予人道及尊重其固有的人格尊严的待遇。”

1984年12月10日，联合国《禁止酷刑公约》第1条给“酷刑”下了定义：“一、为本公约的目的，酷刑是指为了向某人或第三者取得情报或供状，为了他或第三者所做的或涉嫌的行为对他加以处罚，或为了恐吓或威胁他或第三者，或为了基于任何一种歧视的任何理由，蓄意使某人在肉体上或精神上遭受剧烈疼痛或痛苦的任何行为，而这种疼痛或痛苦是公职人员或以官方身份行使职权的其他人所造成或在其唆使、同意或默许下造成的。纯因法律制裁而引起或法律制裁所固有或附带的疼痛或痛苦不包括在内。二、本条规定并不妨碍载有或者可能载有适用范围较广的规定的任何国际文书或国家法律。"

关于"残忍的、不人道或有辱人格的待遇或处罚"，1979年12月17日，联合国大会通过的《执法人员行为守则》第5条评注（c）认为应当解释为尽可能最广泛地防止虐待，无论是肉体上的或是精神上的虐待。"残忍的、不人道或有辱人格的待遇或处罚"与"酷刑"不同，《保护人人不受酷刑和其他残忍、不人道或有辱人格待遇或处罚宣言》第1条第2项指出："酷刑是过分严厉的、故意施加的、残忍、不人道或有辱人格的待遇或处罚。"1988年联合国大会通过的《保护所有遭受任何形式拘留或者监禁的人的原则》第6条注释指出："'残忍、不人道或有辱人格的待遇或处罚'一词应加以适当解释，借以提供最大限度的保护，以防止肉体或精神上的虐待，其中包括使被拘留人或被监禁人暂时或永久地被剥夺视觉或听觉等任何自然感官的使用，或使其丧失对地点或时间知觉的拘禁条件。"例如，单独拘禁在某些情况下就应当被禁止，特别是当被拘禁者被断绝与外界的联系时。

我国1979年《刑事诉讼法》就明确规定："严禁刑讯逼供和以威胁、引诱、欺骗以及其他非法的方法收集证据。"1998年，《刑事诉讼法》第一次修正后，"两高"通过司法解释明确以刑讯逼供等手段取得的证据不得作为"定案的根据"或"起诉的根据"，初步确立非法证据排除规则，但实施效果不佳。2010年"两院三部"《办理死刑案件证据规定》和《非法证据排除规定》明确了非法证据排除的程序，2012年《刑事诉讼法》第二次修正，非法证据排除规则正式进入立法。其后，最高人民法院2013年11月21日对外发布《防范冤假错案意见》，其中的第8条明确规定："采用刑讯逼供或者冻、饿、晒、烤、疲劳审讯等非法方法收集的被告人供述，应当排除。"《防范冤假错案意见》以列举的方式，明确了应当排除的收集证据的手段，是对立法规则的明确和拓展。然而，不容回避的是，由于目前我国侦查取证程序较为粗疏，侦查讯问的诸多程序性保障并未完全确立，实践中以刑讯逼供或者“残忍、不人道或有辱人格的待遇”对待犯罪嫌疑人、被告人的现象并未绝迹。非法证据排除规则在实践中也因为种种制度障碍而运行得并不顺畅。

2.涉及被追诉人人身自由方面的程序权利

联合国《两权公约》第9条分5款规定了与公民人身自由相关的一系列权利：“一、人人有权享有人身自由和安全。任何人不得加以任意逮捕或拘禁。除非依照法律所确定的根据和程序，任何人不得被剥夺自由。二、任何被逮捕的人，在被逮捕时应被告知逮捕他的理由，并应被迅速告知对他提出的任何指控。三、任何因刑事指控被逮捕或拘禁的人，应被迅速带见审判官或其他经法律授权行使司法权力的官员，并有权在合理的时间内受审判或者被释放。等候审判的人受监禁不应作为一般原则，但可规定释放时应保证在司法程序的任何其他阶段出席审判，并在必要时报到听候执行判决。四、任何因逮捕或拘禁被剥夺自由的人，有资格向法庭提起诉讼，以便法庭能不拖延地决定他是否合法以及如果拘禁不合法时命令予以释放。五、任何遭受非法逮捕或拘禁的受害者，有得到赔偿的权利。”《欧洲人权公约》第5条和《美洲人权公约》第7条也规定了类似的条款。除此之外，联合国大会通过的《世界人权宣言》、《执法人员行为守则》、《禁止酷刑公约》、《联合国少年司法最低限度标准规则》(《北京规则》)、《保护所有遭受任何形式拘留或监禁的人的原则》、《联合国非拘禁措施最低限度标准规则》，联合国预防犯罪和罪犯待遇大会通过的《囚犯待遇最低限度标准规则》、《关于检察官作用的准则》、《律师作用基本原则》等国际文书都涉及了这方面的内容。

涉及被追诉人人身自由的措施，在我国刑事诉讼法中主要是通过强制措施制度来规范和保障的。2012年《刑事诉讼法》修正案细化了逮捕的“社会危险性”条件，表现出严格的规则主义倾向，这对于消除逮捕的“任意性”有着积极的影响。但是，除了由来已久的逮捕决定权归属之质疑外，近年来强制措施制度方面出现的一个明显的趋势是自侦案件中指定居所监视居住在实践中日益演变为变相羁押，几乎成为检察机关的“看守所”。但是从立法上，监视居住整体上是作为限制公民人身自由的措施来处理的，这使指定居所监视居住缺失立法为一般羁押措施配备的程序性保障。这显然与国际公约的标准是背道而驰的。

（二）审判阶段的程序保障

国际公认的审判阶段的公正程序保障集中体现于联合国《两权公约》第14条。这些保障具体包括：（1）人人有资格由一个依法设立的合格的、独立和无偏倚的法庭进行公正的和公开的审讯。（2）凡受刑事控告者，在未依法证实有罪之前，应有权被视为无罪。（3）在判定对他提出的任何刑事指控时，人人完全平等地有资格享受以下的最低限度的保证：（甲）迅速以一种他懂得的语言详细地告知对他提出的指控的性质和原因；（乙）有相当的时间和便利准备他的辩护并与他自己选择的律师联络；（丙）受审时间不被无故拖延；（丁）出席受审并亲自替自己辩护或经由他自己所选择的法律援助进行辩护；如果他没有法律援助，要通知他享有这种权利；在司法利益有此需要的案件中，为他指定法律援助，而在他没有足够能力偿付法律援助的案件中，不要他自己付费；（戊）讯问或业已讯问对他不利的证人，并使对他有利的证人在与对他不利的证人相同的条件下出庭和受讯问；（己）如他不懂或不会说法庭上所用的语言，能免费获得译员的援助；（庚）不被强迫作不利于自己的证言或强迫承认犯罪。（4）对少年的案件，在程序上应考虑到他们的年龄和帮助他们重新做人的需要。（5）凡被判定有罪者，应有权由一个较高级法庭对其定罪及刑罚依法进行复审。（6）在一人按照最后决定已被判定犯刑事罪而其后根据新的或新发现的事实确实表明发生误审，他的定罪被推翻或被赦免的情况下，因这种定罪而受刑罚的人应依法得到赔偿，除非经证明当时不知道的事实的未被及时揭露完全是或部分是由于他自己的缘故。（7）任何人已依一国的法律及刑事程序被最后定罪或宣告无罪者，不得就同一罪名再予审判或惩罚。其中，除获得刑事赔偿权不属于诉讼权利之外，其余都属于审判中的公正程序保障。联合国人权事务委员会还指出：第14条的规定适用于该条范围内的所有法院和法庭，无论是普通法院还是专门法院……不仅适用于确定对一个人刑事指控的程序，而且适用于在一个案件中确定他们的权利和义务的程序。

1.获得独立审判的权利

1985年召开的第7届联合国预防犯罪和罪犯待遇大会通过的《关于司法独立原则》第2条规定："司法机关应不偏不倚、以事实为根据并依法律规定来裁决其受理的案件，而不应有任何约束，也不应为任何直接间接不当影响、怂恿、压力、威胁或干涉所左右，不论其来自何方或出于何种理由。"第3条规定："司法机关应对所有司法性质问题享有管辖权，并应拥有绝对权威就某一提交其裁决的问题按照法律是否属于其权力范围作出决定。"第4条规定："不应对司法程序进行任何不适当或无根据的干涉；法院作出的司法裁决也不应加以修改。此项原则不影响由有关当局根据法律对司法机关的判决所进行的司法检查或采取的减罪或减刑的措施。"

1982年10月22日在印度新德里举行的国际律师协会第19届年会上通过的《司法独立最低标准》中规定："法官应享有身份之独立及实质之独立。身份独立指法官职位之条件及任期有适当保障，以确保法官不受行政干涉。实质独立指法官执行其司法职务时，除受法律及其良知之拘束外，不受任何干涉。"1983年6月10日在加拿大蒙特利尔举行的司法独立第一次世界会议上，大会一致通过的《司法独立世界宣言》中规定："每一法官均应自主地依据对于事实之判断及法律之了解，公平地决定所系属之事务，不受任何方面及任何理由直接或间接的限制、影响、诱导、压力、恐吓或干涉""法官在做成判决之过程中，应独立于其同僚及监督者。任何上级司法机构或任何高级的法官，均无权干涉法官自由地宣示其判决"。1995年8月19日第6届亚太地区首席大法官会议通过的《司法机关独立基本原则的声明》中指出："司法独立是指：(1)司法机关依其对事实的认定和法律的理解自由作出裁判，不受来自任何方面直接或间接的不当影响。(2)司法机关对具有司法性质的所有法律争议有直接管辖权和复审管辖权。"

我国宪法、人民法院组织法和刑事诉讼法均规定"人民法院依法独立行使审判权”。但是，这里所谓的“独立”，一是指人民法院整体独立，而非法官个体独立，有些案件要经过审判委员会讨论决定；二是指只独立于各级行政机关、社会团体和个人，而不独立于执政党和民意代表机关。在当代法治国家，审判层面上的“司法独立”均最终落实为法官个体独立。我国司法机关则实行民主集中制，注重发挥司法人员的集体作用，强调领导审批把关，因而是整体独立。在实践层面，人民法院对外难以摆脱“地方化”和各种不当干预，对内则仍存在“行政化”倾向。对此，十八届四中全会《决定》要求：“各级党政机关和领导干部要支持法院、检察院依法独立公正行使职权……任何党政机关和领导干部都不得让司法机关做违反法定职责、有碍司法公正的事情，任何司法机关都不得执行党政机关和领导干部违法干预司法活动的要求。”为革除司法地方化的积弊，十八届三中全会《决定》和十八届四中全会《决定》提出推动司法管辖制度改革和“推动省以下地方法院、检察院人财物统一管理”两个方面的重大举措，同时推动司法人员分类管理和员额制试点改革，以实现法官、检察官依法独立办案。

2.无罪推定的权利

无罪推定（presumption of innocence）是指在刑事诉讼中，任何被怀疑或者受到刑事控告的人在未经司法程序最终确认为有罪之前，在法律上应假定其无罪。1948年联合国大会通过的《世界人权宣言》首次在第11条第1款规定：“凡受刑事指控者，在未经依法公开审判证实有罪前，应视为无罪，审判时必须给予辩护上所需之一切保障。”这一规定为在全球范围内贯彻这一原则提供了法律依据。随后，一些重要的地区性人权公约也对无罪推定原则作出规定。1966年联合国大会通过的《两权公约》再次确认了无罪推定原则。该《两权公约》第14条第2款规定：“凡受刑事指控者，在未经依法证实有罪之前，应有权被视为无罪。”联合国人权事务委员会在一般评论中指出，由于无罪推定原则的存在，证明指控的责任在于控方，而且存疑时应当有利于被告人。除非指控已获排除合理怀疑的证明，不得推定任何人有罪。而且，无罪推定暗含了被告人应获得与此原则相符的待遇的权利。

中国在立法上引入无罪推定原则始于1996年刑事诉讼法修正案，修正后的《刑事诉讼法》第12条规定："未经人民法院依法判决，对任何人都不得确定有罪。"虽然该条的引入是否意味着中国正式确立无罪推定原则无论是官方还是学界都有不同意见，〔1〕但借此次刑事诉讼法修正，立法者对原刑事诉讼法中明显有违无罪推定精神的条文进行了一次较为系统的清理，废除了免予起诉制度，确立了疑罪从无原则，增设了"证据不足"不起诉类型以及"证据不足、指控的犯罪不能成立"的无罪判决类型。〔2〕然而，"疑罪从无"的精神在此次修正中并没有贯彻到底，甚至没有贯彻到第二审。例如，第二审人民法院对不服第一审判决的上诉、抗诉案件，经过审理后，"原判决事实不清楚或者证据不足的，可以在查清事实后改判；也可以裁定撤销原判，发回原审人民法院重新审判"〔3〕。此处"撤销原判，发回重审"的处理就没有贯彻"疑罪从无"的精神。实践中个别案件中二审法院利用这一规定反复"撤销原判、发回重审"，造成一审法院和二审法院"踢皮球"的局面。2012年《刑事诉讼法》第二次修正在该条最后增加一款："原审人民法院对于依照前款第三项规定发回重新审判的案件作出判决后，被告人提出上诉或者人民检察院提出抗诉的，第二审人民法院应当依法作出判决或者裁定，不得再发回原审人民法院重新审判。"〔4〕这就限定了二审法院"撤销原判、发回重审"的次数，杜绝了两级法院之间"踢皮球"的现象，从立法上将无罪推定原则又向前推进了一步。但是，实践中仍存在背离无罪推定精神的常见现象——对于本应判无罪的案件以检察机关撤诉的方式处理。而法官也大多对检察官体谅、通融，在证据不足时，以退回检察机关补充侦

〔1〕 官方意见以原全国人大常委会法制工作委员会主任顾昂然在八届人大四次会议上做的关于刑事诉讼法修改说明的报告为代表，他指出："我们坚决反对有罪推定，但也不是西方国家那种无罪推定，而是以事实为根据，以法律为准绳。"学界意见有代表性的参见陈光中主编：《刑事诉讼法》(第2版)，北京大学出版社、高等教育出版社2005年版，第103页；樊崇义主编：《刑事诉讼法实施问题与对策研究》，中国人民公安大学出版社2001年版，第65页。

〔2〕 参见1996年《刑事诉讼法》第142条、第162条。

〔3〕 参见1996年《刑事诉讼法》第189条。

〔4〕 参见2012年《刑事诉讼法》第225条第2款。

查为由，主动要求撤诉并将案件退回侦查机关自行“消化”。[1]

3.受到刑事指控者的辩护权、获得法律援助的权利

辩护权是受到刑事指控的人最为基本的诉讼权利之一。联合国《两权公约》第14条所确立的辩护权和受法律援助权包含如下基本要求：(1)在确定对被指控人提起的指控的审判中，被指控人有权亲自出庭受审。这是被指控人享有辩护权的最基本要求，也是他享有其他辩护权的基础。(2)被指控人在刑事诉讼中享有自行辩护权。自行辩护是被追诉人行使辩护权的重要方式，而且自行辩护应当贯穿刑事诉讼的始终，任何人、任何机关不得以任何借口限制或者剥夺其自行辩护权。(3)被指控人还有权获得辩护人的帮助。受到刑事指控的人在自行辩护的同时，还可以委托辩护人为其辩护。关于辩护人介入刑事诉讼的时间，联合国《两权公约》没有具体规定，但联合国《律师作用基本原则》第1条规定：“所有的人都有权请求由其选择的一名律师保护和确立其权利并在刑事诉讼的各个阶段为其辩护。”由此可以认定，委托辩护应当始于刑事诉讼的侦查阶段。(4)被指控人有权获得法律援助。受到刑事指控的人如果没有辩护人对其进行法律援助，而司法利益又有此需要时，应当为他指定法律援助人。被指控人如果由于经济困难等原因没有能力对为其提供的法律援助付费的，可以免费。

我国宪法、刑事诉讼法均规定了“被告人有权获得辩护”的原则，1996年刑事诉讼法引入法律援助制度，2012年刑事诉讼法扩充了法律援助的情形，扩大了法律援助的范围和阶段，依法保障辩护权的主体也从人民法院扩展到人民法院、人民检察院和公安机关。然而，2012年修正后的刑事诉讼法允许死刑复核程序中的被告人聘请辩护律师，但对被告人没有聘请律师的案件未规定提供法律援助。这显然是有缺陷的。为了弥补此缺陷，根据十八届四中全会《决定》扩大法律援助范围的要求，

---

〔1〕 参见朱桐辉：《绩效考核与刑事司法环境之辩——U省X县检察院、司法局归来所思》，载陈兴良主编：《刑事法评论》(第21卷)，北京大学出版社2007年版，第270页；高通：《论疑罪处理原则——以疑罪从无的异化为视角》，载《中山大学法律评论》(第9卷第1辑)，法律出版社2011年版，第187～208页。

现在已经在死刑复核程序中实行法律援助。

4.传唤、询问和质问证人的权利

联合国《两权公约》第14条第3款第(戊)项规定:“讯问或业已讯问对他不利的证人,并使对他有利的证人在与对他不利的证人相同的条件下出庭和受讯问。”联合国人权事务委员会对这一项的解释是,该项的目的在于保证被告人在强制获得证人出庭、询问和交叉询问任何证人方面,同起诉方享有同样的法律上的权利。传唤、询问和质问证人的权利包括以下几个方面的要求:第一,刑事被告人享有传唤证人出庭的权利。被告人提出于己有利的证据,是行使辩护权的重要方式,不得以任何借口限制或剥夺。因此,对于刑事被告人传唤证人出庭的要求,除非属于法律明文列举可以拒绝的理由,一般都应当准许。第二,刑事被告人有权在同等条件下对有利和不利的证人进行询问和质问。这种询问和质问应当在法庭上以直接、言辞的方式进行。因此,对于刑事被告人有利或者不利的证人都有义务出席法庭作证、亲自接受询问。

传唤和询问有利证人的权利在我国《刑事诉讼法》中没有明确予以规定,一般认为该权利包含于第11条“被告人有权获得辩护,人民法院有义务保证被告人获得辩护”的笼统规定之中。在规定辩护律师的调查取证权的第41条也包含有“辩护律师……可以申请人民法院通知证人出庭作证”的内容。然而,由于辩护律师调查取证权本身在实践中形同虚设,传唤和询问有利证人的权利也没有得到有效的保障。与不利证人对质的权利在立法上也没有明确的规定,在实践中由于证人出庭率极低,因而也没有得到有效保证。

5.不得强迫自证其罪和沉默权

联合国《两权公约》第14条第3款规定了公正审判的最低限度的保障,其中第(庚)项规定:“不被强迫作不利于他自己的证言或强迫承认犯罪。”联合国人权事务委员会在其第13号评论中对此评论如下:“在考虑该项保障时,应尽其《公约》第7条和第10条第1款的规定。为了强迫被告人供认或作不利于己的证言,违反上述规定的方法经常被使用。法律应规定依靠上述方法提供的证据或者以任何其他的强迫方式提供的证据都是不能接受的。”[1]联合国人权事务委员会在有关罗马尼亚的评论中指出:“委员会还注意到未在立法中规定违反《公约》第7条而取得的被告人陈述无效。成员国应当通过适当的立法使国家承担证明刑事诉讼中被告人的陈述是根据其自由意志作出的,并规定违反《公约》第7条所取得的被告人陈述被排除。”[2]《联合国少年司法最低限度标准规则》(《北京规则》)第7条规定:“在诉讼的各个阶段,应保证基本程序方面的保障措施,诸如假定无罪、指控罪状通知本人的权利、保持缄默的权利。”

我国2012年《刑事诉讼法》修正案在“证据”章中增加规定:“不得强迫任何人证实自己有罪。”这是我国首次在立法上承认不得强迫自证其罪的权利。但由于增设的这一条款没有规定在总则部分,其影响和效果有限。突出的表现是这一条款与第118条“犯罪嫌疑人对侦查人员的提问,应当如实回答”这样明显冲突的规定同时并存于同一部《刑事诉讼法》。另外,不得强迫自证其罪的目的在于保证陈述的自愿性,不具备自愿性的供述不应当采纳为证据。但是从我国关于非法证据排除规则的立法规定来看,排除非法证据的立法标准仍着眼于“非法手段”本身,即是否属于刑讯逼供等手段,而对犯罪嫌疑人、被告人供述的自愿性关注不够,对保障供述自愿性的各种程序性措施自然也缺乏足够的重视,造成侦查讯问程序粗疏的局面。

6.不得就同一罪名再予审判和惩罚

联合国《两权公约》第14条第7款规定:“任何人已依一国的法律及刑事程序被最后定罪或宣告无罪者,不得就同一罪名再予审判和惩罚”。公约所确立的这一原则在拉丁文中称作*ne bis in idem*,中文译作“一事不再理”。所谓一事不再理,是指对同一行为,法院作出的判决发生法

---

〔1〕 该评论所提及的联合国《两国公约》第7条规定:“任何人均不得加以酷刑或施以残忍的、不人道的或侮辱性的待遇或刑罚,特别是对任何人均不得未经其自由同意而施以医药或科学试验。”第10条第1款规定:“所有被剥夺自由的人应给予人道及尊重其固有的人格尊严的待遇。”

〔2〕 参见程味秋、[加]杨诚、杨宇冠:《公民权利和政治权利国际公约培训手册》,中国政法大学出版社2002年版,第127页。

律效力后，除法律另有规定以外，不得对行为人再行追诉和审判。在英美法背景下，这一原则体现为“禁止双重危险”，即不得因为同一犯罪将被告人置于两次以上的处罚危险之中。

我国刑事诉讼法并没有类似于西方“一事不再理”或“禁止双重危险”的规定。这意味着：第一，检察机关在做出不起诉决定之后发现新证据或者收集到充分的证据之后可以重新起诉；第二，被告人“一事不再理”的利益或权利不受承认，在证据不足的情况下，实践中人民法院经常不是本着“疑罪从无”的精神做出无罪判决，而往往是和检察机关沟通协调，以后者撤诉告终；第三，对于已经发生法律效力的裁判可以随时启动再审，无论是对被告人有利或者不利。未来立法要参照联合国《两权公约》的要求做出修改，上述做法是首先应当摒弃的。

第二节　审判权独立

一、审判权独立的域外考察

审判独立（judicial independence），是国际通行的法律术语，为国际法律文件所惯用，其含义一般是指法院和法官的审判独立。审判独立是近代西方资产阶级革命的产物，是司法制度发展到一定阶段的进步成果，也是现代国家的一项重要法治原则。作为国家权力运行的重要原则，审判独立之理念源于权力分立与制衡的思想。古希腊先哲柏拉图、亚里士多德都在其著作中阐释了权力制衡的观点；作为西方法治主义奠基人之一的洛克则率先较为详细地阐述了分权理论，他认为政治权力应划分为立法权、行政权和外交权，并由不同的部门执掌。第一次明确提出三权分立主张的是法国启蒙思想家孟德斯鸠，他主张在国家权力中应当赋予司法权一席重要之地，并明确指出：“如果司法权不同立法权和行政权分立，自由也就不存在了。如果司法权同立法权合而为一，则将对公民的生命和自由施行专断的权力，因为法官就是立法者。如果司法权

同行政权合而为一，法官便将握有压迫者的力量。”〔1〕

随着资产阶级革命的胜利和现代法治理念的发展，审判独立原则不仅在美、英、法、德、日等法治发达国家得以确立，也成为亚、非、拉诸多国家的一项重要的宪法性原则。考察各国宪法规定，可以发现，审判独立原则在各国宪法条文的具体表述上存在较大差异。概括起来主要有如下几种不同的表达方式：

第一，宪法中未对“审判独立”进行明文规定，仅以三权分立为国家权力框架规定司法权属于法院，此类型主要存在于英美法系国家的宪法之中，包括美国、英国、加拿大、澳大利亚等国家。以美国为例，1787年《美利坚合众国宪法》第3条第1款规定：“合众国的司法权属于最高法院以及由国会随时下令设立的低级法院。”〔2〕虽然宪法文本上没有明确规定“审判独立”，但司法权与立法权、行政权的分立本身就意味着司法权独立于立法权与行政权存在，并在不受二者干预的情况下运行。可以说，审判独立实质上是美国三权分立理论的应有之义。然而，正如任何制度的形成都不是一蹴而就的，美国的审判独立也经历了从法律规定到实际确立的曲折历程。在这一过程中，有两个判例对于审判独立的确立而言是极为重要的，即马伯里诉麦迪逊案〔3〕和蔡斯弹劾案〔4〕。马伯里诉

〔1〕 参见［法］孟德斯鸠：《论法的精神》（上册），张雁深译，商务印书馆1997年版，第156页。

〔2〕 本节所引用的现行宪法条文均出自于《世界各国宪法》，中国检察出版社2012年版。

〔3〕 1801年，时任美国总统的亚当斯在卸任前紧急任命了一批“午夜法官”（Midnight Judges），但由于前国务卿马歇尔的疏忽，导致包括马伯里在内的一部分人的任命状未能及时发出，继任的总统杰弗逊命令国务卿麦迪逊扣押这批委任状。马伯里依据《1789年司法条例》第13条（该条规定联邦最高法院具有针对联邦官员提出的执行令案件的初审管辖权）将麦迪逊诉至联邦最高法院，要求法院命令其发出委任状。审理此案的最高法院大法官马歇尔裁定马伯里应该获得委任状，但同时首次运用司法审查权，以该案中所援引的《1789年司法条例》第13条违反了联邦宪法关于最高法院初审管辖权的规定无效而将案件撤销。

〔4〕 塞缪尔·蔡斯于1796年至1811年任美国联邦最高法院大法官，是马歇尔法院的成员，因其政治立场与当时掌权的杰斐逊党人不合，1805年遭到了杰斐逊党人的弹劾，试图通过弹劾来免除蔡斯的职务。对塞缪尔·蔡斯进行指控的根据是他担任大法官时的行为，而远不是宪法所规定的“严重犯罪和不当行为”。实际上，人们普遍认为这次弹劾是有政治目的的。蔡斯审判本身以无罪宣判告终，因为杰斐逊党派中有足够多的参议员为被告的论辩所说服，从而使得定罪的投票没有达到宪法规定的多数。参见［美］伯纳德·施瓦茨：《美国最高法院史》，毕洪海等译，中国政法大学出版社2004年版，第61页。

麦迪逊一案开启了美国联邦最高法院对联邦法律进行合宪性审查的先例，赋予了法院对立法及行政机关的制衡权，在实质上确立了法院的司法独立地位。其意义正如学者所言："司法上拒绝适用法律以及这种权威的程度和范围可视为司法独立程度的指示器……美国在历史经验的基础上，有时假设，没有司法审查，就无真正的司法独立。"〔1〕蔡斯弹劾案之所以在审判独立层面上具有重要意义，不仅是因为蔡斯是美国历史上唯一一位遭到弹劾的联邦最高法院法官，还在于此案宣告了杰斐逊党人"试图利用弹劾这一武器来使司法部门屈从于他们的意愿"〔2〕这一政治权力干预法院独立计划的破产，保障了法官任期，巩固了法官的独立地位。对此，首席大法官威廉伦奎斯特指出，"不能说蔡斯审判的意义是夸张其辞"。〔3〕要是蔡斯大法官被撤职的话，整个宪法结构所依赖的司法机关的独立将不可能实现。作为一个历史问题，蔡斯的无罪判决宣告了基于政治理由被撤销法官职务的危险已经结束。〔4〕历史学家们经常指出参议院对蔡斯免职的失败是审判独立的胜利，并创设了法官不能因其在法官席上陈述了政治观点就被免职的先例。〔5〕

具有不成文法传统的英国原来没有类似美国式的宪法，1998年英国《人权法案》附表1第6条第1款中仅规定裁决个人的公民权利和责任或对其提起的任何刑事控诉时，每个人均有权在合理的时间内接受由一个依法成立的、独立的、中立的法庭公平、公开的审理。

第二，在宪法中明确规定审判权独立，主要规定法院独立或法官独立。这是世界各国宪法中采用的主流方式，包括德国、日本在内的大陆法系国家普遍采用此种形式。如《德意志联邦共和国基本法》第97条第1款规定："法官独立行使职权，只服从法律。"《日本国宪法》（昭

---

〔1〕　参见［美］H. W. 埃尔曼：《比较法律文化》，贺卫方、高鸿钧译，清华大学出版社2002年版，第225～226页。

〔2〕　参见［美］纳德·施瓦茨：《美国最高法院史》，毕洪海等译，中国政法大学出版社2004年版，第61页。

〔3〕　同上。

〔4〕　同上书，第61～62页。

〔5〕　参见［美］克米特·L.霍尔主编：《牛津美国联邦最高法院指南》（第2版），许明月等译，北京大学出版社2009年版，第150页。

和宪法）第76条规定："一切司法权属于最高法院及按照法律规定设置的下级法院"，"所有法官依良心独立行使职权，只受本宪法及法律的约束"。《俄罗斯联邦宪法》第118条第1款和第120条第1款分别规定："俄罗斯联邦的司法权只能由法院行使"，"法官独立，只服从俄罗斯联邦宪法和联邦法律"。《大韩民国宪法》第101条第1款规定："司法权属于由法官组成的法院。"第103条规定："法官根据宪法、法律和良心独立审判。"《卡塔尔国永久宪法》第130条规定："司法权独立。司法权由不同种类与等级的法院行使，法院根据法律作出判决。"第131条规定："法官独立。除了法律，任何权力都不得凌驾于法官的判决之上。任何主体均不得干预司法程序。"《沙特阿拉伯王国治国基本法》第46条规定："司法机关是独立机关。判决时，除了伊斯兰教法，没有其他机关可以凌驾于法官之上。"《南非共和国宪法》第165条"司法权"规定："共和国的司法权赋予法院。法院是独立的并且只受宪法及法律的限制，其必须公正无惧地、不偏不倚地、无偏见地适用宪法和法律。任何个人或国家机构不得干涉法院的运作。国家机构必须通过立法以及其他措施协助及保护法院以确保法院的独立、公正、尊严、开放及效率。法院发出的命令或决定拘束其所适用的所有人及国家机构。"

值得注意的是，一些社会主义国家宪法关于审判独立原则的规定也极为鲜明，如《古巴共和国宪法》第122条规定："法官独立行使审判权，只服从于法律。"《越南社会主义共和国宪法》第130条规定："法官和陪审员独立审判，只服从法律。"这些社会主义国家并非实行三权分立的政治体制，说明审判独立并非只"姓资"，也可以"姓社"；也并非必然与三权分立挂钩。

第三，部分国家在强调法院、法官独立的同时，也涉及检察机关及其他相关司法主体的独立。如《意大利共和国宪法》第104条第1款规定："司法部门构成独立自治的体系，不从属于其他任何权力。"第108条规定："法律规定有关司法组织和法官的规则。法律保障特别法院法官的独立性，同时也保障检察官及参与司法审判的非司法机关人员的独立性。"《南非共和国宪法》第179条第2款规定："国家立法应当确保检察系统在行使权力时无私无惧、不偏不倚或没有歧视。"

在确立审判独立原则的同时，一些国家在宪法中建立了相应的保障机制。一是规定法官任期固定。对此，汉密尔顿曾指出，"除使司法人员任职固定以外，别无他法以增强其坚定性与独立性；故可将此项规定视为宪法的不可或缺的条款，在很大程度上并可视为人民维护公正与安全的支柱"。[1]法国1958年《宪法》第64条第4款规定了"法官终身任职"。《德意志联邦共和国基本法》第97条第2款规定："专职法官和按照计划最终任用的法官在任职期届满前，只能在依据法律规定的理由和方式作出司法裁判后，方可违背其本人意愿予以免职，或予以长期或暂时停职、调职或令其退职。可通过立法规定终身制法官的退休年龄。法院机构或法院辖区发生变更时，法官可被调至其他法院任职，或退职，但应保留其全部薪酬。"《阿根廷国家宪法》第110条规定："国家最高法院大法官和地方法院法官，凡秉公执法的，均可一直任职……"二是规定法官薪金及法院经费的保证。正如汉密尔顿所言："最有助于维护法官独立者，除使法官职务固定外，莫过于使其薪俸固定。就人类天性之一般情况而言，对某人的生活有控制权，等于对其意志有控制权。在任何置司法人员的财源于立法机关的不时施舍之下的制度中，司法权与立法权的分立将永远无从实现。"[2]《俄罗斯联邦宪法》第124条明确规定："法院的经费只能来自联邦预算。联邦预算对法院的拨款，应当能够保障法院依照联邦法律的规定，充分和独立地行使司法权。"《阿根廷国家宪法》第110条规定："……法官依法律领取薪金，且在职期间其薪金不得降低。"《美利坚合众国宪法》第3条第1款规定："……最高法院和低级法院的法官，如果尽忠职守得继续任职，并应在规定的时间获得服务报酬，此项报酬在其继续任职期间不得减少。"三是规定法官不得任意罢免。《日本国宪法》（昭和宪法）第78条：

〔1〕 参见［美］汉密尔顿、杰伊、麦迪逊：《联邦党人文集》，程逢如、在汉、舒逊译，商务印书馆1980年版，第392页。

〔2〕 同上书，第396页。

“法官除经法院认定为因身心的障碍不适合执行职务的情形外，非经正式弹劾不得被罢免。对法官的惩戒处分不得由行政机关作出。”《大韩民国宪法》第106条第1款：“非因弹劾或被判处监禁以上的刑事处罚，法官不得被罢免；非因惩戒处分，不被处以停职、减薪及其他不利的处分。”

在成为现代法治国家公认的宪法性原则的基础上，审判独立原则进一步成为国际性条约、文件中的重要内容。1948年12月10日通过的《世界人权宣言》第10条规定：“人人完全平等地有权由一个独立而无偏倚的法庭进行公正的和公开的审讯，以确定他的权利和义务并判定对他提出的任何刑事指控。”1966年12月通过的联合国《两权公约》第14条作了大致相同的规定。进入20世纪80年代以来，国际社会对审判独立问题给予了更大的关注，并相继通过了一系列有关审判独立的专门性文件：1982年国际律师协会第十九届年会通过了《司法独立最低标准》；1983年在加拿大魁北克蒙特利尔举行的司法独立第一次世界会议通过了《司法独立世界宣言》；1985年意大利米兰举行的第七届联合预防犯罪和罪犯待遇大会通过了《司法独立原则》；联合国经济及社会理事会于1989年通过了《关于司法独立的基本原则：实施程序》。这些文件对审判独立的内涵，对法院与其他国家机关、执政党及新闻媒体的关系，对法官的资格、任免、任期、权利与义务，以及对司法机关内部的关系作了系统、全面的规定。例如，《司法独立原则》第2条规定：“司法机关应不偏不倚、以事实为根据并依法律规定来裁决其所受理的案件，而不应有任何约束，也不应为任何直接间接不当影响、怂恿、压力、威胁或干涉所左右，不论其来自何方或出于何种理由。”所有上述这些国际文件对世界各国确立与健全审判独立的原则和制度，具有重要的指导意义与参考价值。而且这些文件中的一部分对联合国成员国具有约束力。〔1〕至此，审判独立作为一项国际司法准则得到了正式牢固的确立。

---

〔1〕 参见李步云、柳志伟：《司法独立的几个问题》，载《法学研究》2002年第3期。

二、审判权独立是司法规律的必然要求

审判独立原则确立为现代法治的一项重要原则，乃是司法规律的必然要求，具体言之，可从以下三个方面来分析：

（一）审判权独立是实现司法公正的首要保障

公正是人类社会追求的首要价值目标，司法公正是实现社会公正的重要体现和重要保障。司法公正包含程序公正和实体公正两个维度，前者指办理案件过程中所体现的公正，后者指案件实体的结局处理符合公正要求。司法公正是司法追求的核心价值目标，是司法的灵魂和生命线。

审判独立之所以是司法公正的首要保障，从程序上说，它是程序公正的一项主要内容。早在古罗马时代产生的自然正义理念，对审判程序提出了两项基本要求，即“任何人不得在涉及自己的案件中担任法官”和“必须听取双方当事人的陈述”。〔1〕中国古代司法也有“两造具备，师听五辞”〔2〕的要求。在当代，“法官负有对公民的生命、自由、权利、义务和财产作出最后判决的责任”，更必须保证法官站在中立、独立的立场上处理案件，这样才能使得作为“法律帝国王侯”的法官在司法中真正发挥保障实现社会正义的重大作用。

从实体上说，法官独立是准确认定案件事实，正确适用法律的必要保证。众所周知，案件事实发生在过去，只有借助于证据才能全部或部分地还原案件事实真相。对证据的审查判断贯穿于刑事诉讼全过程，其中最重要的是法庭审理阶段。我国《刑事诉讼法》第193条第1款规定：“法庭审理过程中，对与定罪、量刑有关的事实、证据都应当进行调查、辩论。”从认识论的层面来看，证据的审查判断程序是审判人员对案件事实的认识逐渐深化，从感性认识上升到理性认识的过程。法庭审理过程中，难免存在当事人的虚假陈述以及证人的虚假证言，只有通过法庭审理过程中的举证、质证、交叉询问、辩论，法官才能对其陈述的真实性

---

〔1〕　参见［美］伊·A.马丁：《牛津法律辞典》，蒋一平等译，上海翻译出版公司1991年版，第328页。

〔2〕《尚书·吕刑》。

得出更加可靠的判断。这也就是刑事诉讼中直接原则的意义所在。“直接原则乃指法官以从对被告人之讯问及证据调查中所得之结果、印象，才得作为其裁判之基础。”[1]法官对各个证据的真伪的判断以及综合全案证据对案件事实的认定，只能依靠法官内心的独立、自由的分析、判断，而不能由上级或其他人员越俎代庖。

(二)审判权独立是树立司法权威的必要条件

司法权威作为一种特殊的权威类型，是指司法在社会生活中所拥有的令人信从的地位和力量。司法权威源于法律权威，是衡量一个国家法治建设程度的重要尺度。在法治社会，法律具有至上性和权威性，但法律的至上性和权威性需要法官在法律实施过程中加以体现和维护。而法官的独立性对于司法权威的维护显得极为重要。其原因主要有二：

其一，法官作为法律的实施者，只有保持自身独立和中立才能够不屈服于外界的干扰和压力，做到如马克思所讲的“法官除了法律就没有别的上司”[2]，从而有能力、有勇气、有信心执法如山，正确地适用法律，实现司法公正，进而维护法律的统一性和权威性。

其二，我们应该承认，法官是人而不是神，在适用法律的过程中不可能做到“万无一失”，难免会出现这样那样的错误和瑕疵。对于较为严重的错误，需要通过法定程序加以纠正，以此来维护司法的权威性。因为司法的权威从根本上说是建立在司法公正的基础上，如果办理案件经常发生错误，司法的公信力、权威性就无法树立。但是对于一些较小的瑕疵，反复地纠错改正也不利于维护司法的稳定性以及司法裁判的公信力。此时如果法官在审判中保持独立和中立，即使在实体裁判上存在一些小的瑕疵，不改判也能够获得当事人和社会大众的理解和谅解，从而达到维护司法权威的效果。

(三)审判权独立是法官职业化的题中之意

法律作为一种国家制定、认可的行为规范，是由一系列专门的规则

---

〔1〕 参见[德]克劳思·罗科信：《刑事诉讼法》(第24版)，吴丽琪译，法律出版社2003年版，第117页。

〔2〕 中央编译局：《马克思恩格斯选集》(第1卷)，人民出版社1972年版，第76页。

体系组成的，知识性、专业性很强。在商品经济形成之前社会生活比较简单、纠纷性质比较单一，对法律职业人员的专业性要求不高。而在商品社会，对他们的专业性和技术性要求越来越高，正如有些西方法学家所说的："早期法律秩序通常能够在没有通过适当训练而获得实体法规与诉讼程序知识的专家们的情况下得以维持。但是，当社会变得越来越复杂时，法律规范也变得越来越具有抽象性和普遍性，因为只有这样它们才能协调组成社会的各种集团的利益与价值。由于同样的原因解决纠纷或对其可能的解决方式提出建议的工作变得更为困难，更需要专门的训练。这时，几乎在所有社会中都出现了一个界限明确并形成独立阶层的集团，即法律专家。"〔1〕可见，伴随着人类社会的逐步发展，社会分工日益细化，人类知识的"无限化"趋势与个体认识能力的有限性现实之间矛盾的持续扩大客观上要求一种专门研习法律知识的群体的存在，法律职业化应运而生。法律职业化的内涵十分丰富，包括专业的法律知识、法律思维、法律职业道德等诸多方面。法律职业者（法律共同体）包含法官、检察官、律师、法学家等诸多职业群体，法官是其中最具有代表性的。司法活动职业化的关键在于法官职业化，审判独立则是法官职业化的题中之意。

法官之所以需要独立，是由于法官不仅必须具有丰富的专业法律知识，还需要在长期的司法实践中形成一种有别于社会大众的法律思维方式。所谓法律思维就是"依循法律逻辑，以价值取向的思考、合理的论证，解释适用法律"。〔2〕英国上诉法院首席大法官爱德华·科克认为"法官具有的是技术理性，而普通人具有的是自然理性，对法律的认识有赖于在长年的研究和积累的经验中才得以获得的技术"。〔3〕以刑事案件审判为例，职业法官在审判过程中，应当秉承着无罪推定与疑罪从无的司法理念，而社会公众更可能被仇视犯罪的情绪所支配而期望

〔1〕 参见［美］H. W. 埃尔曼：《比较法律文化》，贺卫方、高鸿钧译，清华大学出版社2002年版，第86～87页。

〔2〕 参见王泽鉴：《法律思维与民法实例：请求权基础理论体系》，中国政法大学出版社2001年版，第1页。

〔3〕 参见季卫东：《法治秩序的建构》，中国政法大学出版社1999年版，第200页。

作出不利于被告人的判决。当然，我们也不能把法官的法律思维绝对化、神秘化，而应当把法律思维与大众（普通）思维结合起来。正因如此，司法应当把职业法官与陪审法官加以结合，两方面取长补短、互相补充。

三、中国审判权、检察权独立的特点与改革展望

我国司法制度的建设既要借鉴吸收西方法治国家的经验，又不能照搬西方，而应当立足中国实际形成与中国政治体制相适应的司法制度，西方国家的司法机关一般仅指法院，中国的司法机关应当包括法院和检察院。中国的司法机关的独立性具体表现为审判权、检察权依法独立行使[1]。我国《宪法》第131条规定："人民法院依照法律规定独立行使审判权，不受行政机关、社会团体和个人的干涉。"第136条规定："人民检察院依照法律规定独立行使检察权，不受行政机关、社会团体和个人的干涉。"我国人民法院组织法、人民检察院组织法以及刑事诉讼法三大诉讼法都有着与宪法同样的规定。这些规定形成了中国特色社会主义的司法权独立原则。

（一）中国审判权、检察权独立的主要特点

根据我国宪法及法律规定，中国特色司法权独立行使原则与西方国家相比，具有如下主要特点：

第一，独立的主体不同。西方国家所讲审判权独立是法官个人的独立，即"法官独立行使职权，只服从法律"[2]，并通过一系列制度保障法官独立裁判。我国的审判权、检察权独立是法院、检察院作为整体的独立，而不是作为个体的法官、检察官的独立。法院和检察院内部分别设审判委员会和检察委员会，前者是作为审判组织对重大案件的处理具有决定权，后者在检察长的主持下讨论决定重大案件。根据我国法律规定，独立审判的主体有三种法定的审判组织，即独任法官、合议庭和审判委员会。其中，《刑事诉讼法》第180条规定，"对疑难、复杂、重大

〔1〕 参见陈光中、崔洁：《司法、司法机关的中国式解读》，载《中国法学》2008年第2期。
〔2〕《德意志联邦共和国基本法》第97条。

的案件，合议庭认为难以作出决定的，由合议庭提请院长决定提交审判委员会讨论决定”，[1]审判委员会处理的案件应当只是小部分疑难案件。且随着司法责任制的不断推进，最高法《人民法院司法责任制意见》对审判委员会讨论案件范围作出了限制，“审判委员会只讨论涉及国家外交、安全和社会稳定的重大复杂案件，以及重大、疑难、复杂案件的法律适用问题”。据此，司法实践中，审判委员会讨论案件数量大幅地下降。[2]从发展的角度，审判委员会会逐步过渡到非审判组织。另外，根据《刑事诉讼法》第178条规定，“基层人民法院适用简易程序的案件可以由审判员一人独任审判”。可见，在我国，合议庭、独任法官是主要审判组织。

第二，法院、检察院的上下级关系不同。西方国家的各级法院是独立的，互相之间是审级上的上下级关系。在我国，根据《人民法院组织法》第16条第2款规定，上下级法院之间也是相对独立的，是监督关系。比较而言，根据《人民检察院组织法》第10条第2款规定，检察院上下级之间则是领导关系。

第三，独立的程度不同。考察域外各国宪法文本及司法实践可以发现，域外之审判独立较少受外界制约，即法官独立审判，只服从宪法和法律，其他任何权力不得干预法官的审判。我国法院和检察院依法独立行使审判权和检察权，不受其他行政机关、团体和个人的干涉，其独立性是相对的。首先，司法机关要接受党的领导。党领导社会主义各项事业建设是我国的一项宪法原则，司法机关也必须接受党的领导。其次，司法机关要接受权力机关的监督。按照《宪法》第133条和第138条规定，人民法院和人民检察院由各级人民代表大会产生，向同级人民代表

---

〔1〕《最高人民法院关于适用〈中华人民共和国刑事诉讼法〉的解释》第178条规定：“合议庭审理、评议后，应当及时作出判决、裁定。拟判处死刑的案件、人民检察院抗诉的案件，合议庭应当提请院长决定提交审判委员会讨论决定。对合议庭成员意见有重大分歧的案件、新类型案件、社会影响重大的案件以及其他疑难、复杂、重大的案件，合议庭认为难以作出决定的，可以提请院长决定提交审判委员会讨论决定。”

〔2〕以吉林省松原市中级人民法院为例，在司法责任制改革前，审判委员会年平均讨论案件达700多件，但2015年下半年仅讨论50件，载人民法院报网：http://rmfyb.chinacourt.org/paper/html/2016-08/04/content_114870.htm？div=-1，最后访问日期：2016年10月16日。

大会负责并报告工作，接受人民代表大会的监督。

（二）确保中国审判权、检察权独立的几点思考

我国1954年《宪法》规定了人民法院、人民检察院独立行使职权、只服从法律的原则，后来经过多次政治运动，特别是经历了“文化大革命”的十年浩劫，遭到了批判和完全否定。1982年《宪法》重新恢复了司法机关依法独立行使职权的规定，虽然在实施过程中存在一定的困难和阻力，但总体来说还是在曲折中得到了维护。

十八大报告中强调要“进一步深化司法体制改革，坚持和完善中国特色社会主义司法制度，确保审判机关、检察机关依法独立公正行使审判权、检察权”。十八届四中全会《决定》进一步明确相应的改革举措。结合现阶段司法机关依法独立行使职权存在的实际问题及中央最新的深化司法体制改革的精神，笔者认为应当通过改革进一步理顺以下几方面的关系，以确保司法机关依法独立行使职权。

1.司法机关与党的领导的关系

在我国，司法机关必须坚持党的领导，这是毋庸置疑的。但党的领导主要应当是政治上和组织上的领导以及方针、路线的领导，原则上不能干预对具体案件的审理。早在1979 年《中共中央关于坚决保证刑法、刑事诉讼法切实实施的指示》中党中央就明确指出，“加强党对司法工作的领导，最重要的一条，就是切实保证法律的实施，充分发挥司法机关的作用，切实保证人民检察院独立行使检察权，人民法院独立行使审判权，使之不受其他行政机关、团体和个人的干涉”，并明确宣布“中央决定取消各级党委审批案件的制度”。1986年《中共中央关于全党必须坚决维护社会主义法制的通知》进一步明确，“司法机关党组提请党委讨论研究的重大、疑难案件，党委可以依照法律和政策充分发表意见。司法机关应该认真听取和严肃对待党委的意见。但是，这种党内讨论，绝不意味着党委可以代替司法机关的职能，直接审批案件。对案件的具体处理，必须分别由人民检察院和人民法院依法作出决定”。

然而时至今日，地方党委特别是地方政法委仍然在搞协调办案。由政法委协调办案、拍板定案，显然存在严重弊端。一是违背了宪法规定

的法、检、公三机关办理刑事案件"分工负责、互相配合、互相制约"的原则，通过协调使三家实际上变成了一家。二是违背了司法的亲历性，造成"审者不判、判者不审"的不合理现象，加大了冤案、错案的风险。如佘祥林、赵作海等冤案、错案的酿成，都与当地政法委直接干预有关。三是政法委对因其插手发生的错案不承担任何法律责任，违背了权责相结合的原则。并且，一些地方的政法委书记或副书记是由公安机关负责人兼任，由政法委协调案件并决定处理结果，无异于将公安机关置于法院、检察院之上。针对上述弊端，十八届四中全会《决定》提出"各级党政机关和领导干部要支持法院、检察院依法独立公正行使职权"；又提出"建立领导干部干预司法活动、插手具体案件处理的记录、通报和责任追究制度"。最高法《人民法院司法责任制意见》还规定将记录留痕作为法官的义务，"法官受领导干部干预导致裁判错误的，且法官不记录或者不如实记录，应当排除干预而没有排除的，承担违法审判责任"。以上所规定的措施对党委及其领导违法干预司法机关办案起到较大的制止和预防作用。

2.司法机关与权力机关的关系

根据我国宪法的规定，人民法院、人民检察院由各级人民代表大会产生，向同级人民代表大会负责并报告工作，接受人民代表大会的监督。对于人大监督法院、检察院工作的具体方式，根据2006年制定的《各级人民代表大会常务委员会监督法》第二章"听取和审议人民政府、人民法院和人民检察院的专项工作报告"的规定，人大常委会对法院、检察院的工作监督，主要是采取听取和审议两院的专项工作报告、执法检查和视察等形式，没有规定对具体案件的审判可以进行直接干预。实践中，人大常委委员或人大代表个人对具体案件的处理有意见的可以向两院反映，两院应认真对待、秉公处理，但不是必须接受。应当说，目前权力机关与司法机关的监督与被监督的关系，从立法和司法两个层面来看都是比较正常的，应当予以坚持。

3.司法机关与行政机关的关系

行政权力干预司法权力根源于行政权的扩张本性。沃尔夫甘·许茨尝言:“行政侵犯司法,特别是侵犯法官的独立,在任何时代都是一个问题!”[1]在我国,虽然《宪法》第131条明确规定人民法院依法独立行使审判权,不受行政机关之干涉,但司法实践中法院和法官根本无法抵制来自行政机关的干预,行政干预司法的案例屡见不鲜。例如,重庆市就出现过“史上最牛公函”:重庆市一工业园区管委会就当地养殖户与爆破公司的诉讼,给一审法院发出措词强硬的公函,要求“一审(法院)不应采信(西南大学司法鉴定所的)错误鉴定结论,应做出驳回原告诉讼请求的判决”,并公然警告法院不要“一意孤行”。原以为胜券在握的养殖场业主等来的却是与公函要求相符的判决。[2]由此可见行政权对司法权的干预已达到何种猖狂的地步,而造成这种不正常局面的根源在于司法保障体制的严重缺陷。

司法保障体制缺陷可以从两方面展开。从组织保障角度,虽然依据《人民法院组织法》第34条规定,各级法院院长由各级人民代表大会选举,副院长、庭长、副庭长和审判员则由各级人民代表大会常务委员会任免,但是法官的组织管理目前仍参照公务员进行。由于目前我国法院、检察院设置与行政区域一一对应,虽然这种设计具有明确管辖、便利诉讼等优点,但是也导致了司法机关及法官、检察官易受到地方行政机关影响、干扰甚至于控制。从物质保障层面,地方法院经费基本上由同级地方财政拨付,法院的财政预算是同级政府财政预算的组成部分。这种人事、财政上的受制使得法院根本无法摆脱同级行政机关的强势干预。

对于厘清司法机关和行政机关的关系,确立司法机关的独立性,司法改革顶层设计作了两方面的努力。第一,党的十六大报告曾强调要“改革司法机关的工作机制和人、财、物三者管理体制,逐步实现司法审判和检察同司法行政事务相分离。”十八届三中全会《决定》进一

〔1〕 参见[德]沃尔夫甘·许茨:《司法独立——一个过去和现在的问题》,李士彤译,载《环球法律评论》1981年第4期。

〔2〕 参见杨万国:《法院判决前接到政府“警告函”》,载《新京报》2010年6月28日,第A15版。

步明确提出，“改革司法管理体制，推动省以下地方法院、检察院人财物统一管理”。为落实上述改革举措，《人民法院第四个五年改革纲要(2014-2018)》具体作出规划，如“推动建立省级以下地方法院人员编制统一管理制度”“推动省级以下地方法院经费统一管理机制改革”“完善人民法院预算保障体系、国库收付体系和财务管理体系”。《人民检察院第四个五年改革纲要(2014—2018)》也作出了相同的规定。为探索贯彻这一司法改革举措，2014年6月6日，中央全面深化改革领导小组第三次会议审议通过了《关于司法体制改革试点若干问题的框架意见》，授权上海、广东、吉林、湖北、海南、青海、贵州7个试点省市开展司法体制改革试点。其中，经过中央批准，上海市制定了《上海市司法改革试点工作方案》，它的试点工作为全面推进司法体制改革，加强司法机关依法独立行使审判权、检察权，摆脱省级以下党政机关和领导干部的干预积累了有益的经验。第二，十八届四中全会《决定》提出，“探索设立跨行政区划的人民法院和人民检察院，办理跨地区案件”。以往，对于部分跨区的案件，在行政机关主导下，各司法机关要么互相推诿，要么互相争抢管辖权。设置跨行政区域的法院和检察院可以有助于排除来自地方政府的法外因素的干扰。2014年，上海市第三中级人民法院和北京市第四中级人民法院相继成立，为这项司法改革措施积累了经验。

4.上下级法院之间的关系

在我国，人民法院上下级之间是监督关系。《宪法》第132条第2款规定：“最高人民法院监督地方各级人民法院和专门人民法院的审判工作，上级人民法院监督下级人民法院的审判工作。”上级人民法院对下级人民法院的监督不是通过对具体案件的直接指示实现的，下级人民法院对其正在审理的案件有权独立作出裁判。上级法院应当也只能通过二审程序、审判监督程序、死刑复核程序维持下级法院正确的判决和裁定，纠正下级法院错误的判决和裁定来实现监督。实践中，上级法院有时对下级法院正在审理的案件作出指示，下级法院更经常在作出裁判前向上级法院请示。这种指示或请示汇报现象明显违背了宪法、法律的规定。最高人民法院曾多次发出通知，禁止这些不正常现象，例如，2007年《最高人民法院关于完善审判工作监督机制促进公正司法情况的报告》指出："最高人民法院严格禁止下级法院就个案的事实认定和如何处理进行请示，确保诉讼当事人有效行使上诉权利，确保下级法院的审级独立和二审的审级监督功能。"但因涉及业绩考核等种种情况，改革效果不甚理想，下级法院的法官为了避免上诉案件被改判，往往先请示上级法院的法官，而后再作出判决。这种做法实际上虚置了二审程序的职能。

为预防案件请示的不当做法，还原审级制度功能，巩固中国审判权独立行使，应当从以下几个方面着手。第一，制定科学合理的法官业绩考核办法。案件请示是一审法官害怕二审改判影响自身业绩考评，做出的"风险规避措施"。《人民法院司法责任制意见》提出，"各级人民法院应当成立法官考评委员会，建立法官业绩评价体系和业绩档案"；此外提出部分案件再审后被改判的，不得作为错案对法官进行追究，如"对法律、法规、规章、司法解释具体条文的理解和认识不一致，在专业认知范围能够给予合理说明的"。这将有助于消除案件请示的内在动因，在审级制度中实现各级法院的独立。第二，部分请示案件属于不宜由下级法院审判的特殊案件，对于这些案件应当依法作程序处理，依据《刑事诉讼法》第23条将案件移送上一级人民法院管辖。

5.法院内部合议庭与院长、庭长的关系

在我国，对合议庭独立审判的阻碍不仅来自法院外部，也存在于法院内部，这就是具有浓厚行政色彩的院、庭长审批案件以及庭务会议讨论决定案件制度。

按照法律规定，合议庭是我国法院审理各类案件的基本组织形式。法院院长、各业务庭庭长作为法院内的领导除履行一定的行政管理职责，也参与对具体案件的审理。《法官法》第 6 条规定："院长、副院长、审判委员会委员、庭长、副庭长除履行审判职责外，还应当履行与其职务相适应的职责。"但是，"现实中，庭长、院长对审判工作的组织、协调、指导、监督的职责往往被浓缩或异化为对案件的把关权和对裁判文书的审核签发权”。[1]这就是所谓院、庭长审批案件制度。这种做法，事实上将庭长、院长的管理、监督权变成了不具有法律依据的审批权，削弱乃至架空了合议庭的审判职权。为改进这种不正常的办案关系，十八届三中全会《决定》提出，“改革审判委员会制度，完善主审法官、合议庭办案责任制，让审理者裁判、由裁判者负责”。对于院长、庭长不当介入案件的问题，《人民法院司法责任制意见》进一步明确提出“除审判委员会讨论决定的案件以外，院长、副院长、庭长对其未直接参加审理案件的裁判文书不再进行审核签发”；同时，“对于重大、疑难、复杂的案件，可以直接由院长、副院长、审判委员会委员组成合议庭进行审理”。

以往院长、庭长审批案件和庭务会议讨论决定案件的做法违背了司法的亲历性，不仅于法无据，更严重阻碍了法官独立审判，因而必须废除。进一步分析，院长、庭长能够介入案件源自法院内部运行机制中并未将审判权和行政管理权相分离，院长、庭长兼管办案法官的行政事务和审判事务。因而《人民法院司法责任制意见》提出“探索实行人事、经费、政务等行政事务集中管理制度，必须时可以指定一名副院长专门协助院长管理行政事务”，让院长、庭长和审判委员会委员能够和办案法官一样平等地参与办案一线工作；同时，“院长、副院长、庭长的审判管理和监督活动应当严格控制在职责和权限的范围内，并在工作平台上公开进行”，院长、副院长和庭长若对案件处理有意见，不能像以往对案件裁判作出批示，而应当依法将案件提交审判委员会讨论。

当然，合议庭独立办案的制度改革不可能一蹴而就，必须充分考虑司法现状逐步推进。目前我国法官整体职业素质不高，并呈现地域发展不平衡现象，将案件完全交由合议庭独立办理，难以保证案件质量，也难以抵制种种法外因素的干扰。因此，《人民法院司法责任制意见》提出“建立由民事、刑事、行政等审判领域法官组成的专业法官会议，为合议庭正确理解和适用法律提供咨询意见”，这种设计旨在发挥资深法官群体的智库作用，确保办案质量。当然，为了避免专业法官会议过多干涉

---

〔1〕 参见江必新：《论合议庭职能的强化》，载《法律适用》2000年第1期。

合议庭独立办案，专业法官会议只能讨论提交的法律适用问题，且讨论意见仅具有参考价值。笔者认为，专业法官会议虽然作为咨询性机构，但客观上它所作的咨询意见对于法官办案具有相当大的思想约束力。因而，我们认为设置专业法官会议仅能作为过渡手段，就长远而言，专业法官会议对于落实司法责任制具有弊端，从发展角度应当予以取消。

6.审判权独立行使与法官职业稳定性的关系

中国应当保障法官职业的稳定性。法官办案，需要坚守法律，维护正义，难免得罪当事人，得罪领导，或者受到社会舆论的指责。因此，只有保障职业稳定性，才能顶住压力，坚持秉公办案。如果案件未办完，法官帽已丢了，独立办案就会沦为一句空话。结合中国国情和国际经验，必须考虑以下两个问题：

第一，强化法官的身份保障，尽量降低有关权力单位和领导人任意调动或撤职的可能性。放眼域外，罢免法官须有法定事由并经严格法定程序是诸多法治国家和地区保障审判独立性的重要途径。如在美国，要弹劾一名联邦法官，除因叛国罪、贿赂罪或者其他重罪和轻罪，或者法官未忠于职守（如职务上的故意妄为，故意并且坚持不尽职责，习惯性的品行不端，以及其他破坏司法行政，使司法机关声名狼藉的行为）的事由外，还须经严格的弹劾程序并经参、众两院通过，才能剥夺其法官资格。[1]又如在日本，法官只有在渎职、玩忽职守或犯有严重损害法官威望的过错的情况下，才能被弹劾。一般情况下，法官的判决不妥，是不能成为被罢免的理由的。其实，在法官的身份保障方面，我国香港特别行政区已取得了成功的经验。按照香港基本法的规定，香港法院的法官除了因身体或精神等原因而无力履行职责，或者因为行为不检等而不宜继续担任法官外，不被免职。而且，免职须依法定程序进行。[2]香港这种

〔1〕 参见［美］卡尔威因·帕尔德森：《美国宪法释义》，徐卫东、吴新平译，华夏出版社1989年版，第138～140页。

〔2〕《香港基本法》第89条规定："香港特别行政区法院的法官只有在无力履行职责或行为不检的情况下，行政长官才可根据终审法院首席法官任命不少于三名当地法官组成的审议庭的建议，予以免职。香港特别行政区终审法院的首席法官在无力履行职责或行为不检的情况下，行政长官才可任命不少于五名当地法官组成的审议庭进行审议，并可根据其建议，依照本法规定的程序，予以免职。"

做法对审判独立的保障卓有成效。根据2010年世界经济论坛的报告，就审判独立而言，香港在139个国家和地区中排行第15，是亚洲最优秀的地方之一。[1]笔者认为，我国应该通过立法对法官的身份保障作出规定。具体而言，法官法和人民法院组织法应当明确规定，法官一经人民代表大会及其常委会选举和任命，不得任意免职、撤职、调离或降低工资待遇。只有在法官因身体或精神原因不能履行职责，或因触犯国家法律或其他行为不检造成影响而不宜担任法官的情况下，且须经严格法律程序，才能对法官进行调离、免职、撤职或降低工资待遇。当然，担任领导职务的因工作需要的调动另当别论。

第二，进一步提高法官的薪酬与待遇水平，这是保障法官职业稳定性的重要途径。从国外经验来看，给予法官相对较高的薪酬与待遇水平是诸多现代法治国家的通行做法。例如，在美国，据一项调研结果显示，2002年联邦地区法院法官的税前收入为15万美元，上诉法院的法官收入为159，900美元，最高法院大法官的年收入为184，400美元。破产法官和审裁法官的年收入比地区法院的法官要少10%左右，远远超过2004年美国公务员人均薪酬约7万美元的水平。[2]又如在日本，法官的月工资最低等为93.7万日元，[3]与处长级公务员之工资水平相当。[4]回视我国，我国法官的工资标准实行行政机关公务员的工资标准，薪酬一直处于相对较低的水平。尽管近年来法官与公务员一样经历了多次加薪，但较之国内其他阶层仍属较低水平。这很难留住优秀法官人才，致使部分法官流失。2015年9月15日，中央全面深化改革领导小组审议通过了《法官、检

〔1〕 参见康殷：《香港司法独立世界排第十五》，载凤凰网：http：//news.ifeng.com/hongkong/detail_2011_10/06/9656694_0.shtml，最后访问日期：2013年1月7日。

〔2〕 See Survey of Judicial Salaries.Vol.27，No.1，published by the National Center for State Courts，available at www.ncsconline.org.

〔3〕 据统计，在1999年，最高法院的院长月工资为230.4万日元，最高法院法官的月工资为168.2万日元，东京高等法院院长的工资为161万日元。高等法院的法官及地方法院院长、地方法院的法官、家庭法院的院长、家庭法院的法官的月工资标准分为八等，最低等为93.7万日元。参见日本国最高法院事务总局编：《日本的裁判》，法学书院1999年版，第117页。转引自冷罗生：《日本现代审判制度》，中国政法大学出版社2003年版，第230～233页。

〔4〕 按照日本国家人事院公布的2003年公务员工资标准，处长级月薪约为95.83万日元。参见盛立中：《国外公务员每年能够赚多少钱》，载《世界新闻报》2005年3月24日。

察官单独职务序列改革试点方案》和《法官、检察官工资制度改革试点方案》，但两份文件目前仍未公布、实施，虽然法官员额制已初步完成，但是无奈相应的法官单独职务序列管理和工资增长仍处于“空转”状态。建立单独职务序列和进行工资制度改革，不是仅仅变相为法官“提职级、加工资”，而是切实建立符合司法规律和法官职业特性的管理制度。因而，我们建议加快出台、实施相关方案，切实提高法院、检察官的职业保障和薪酬待遇，以增加法官的职业认同感和荣誉感，保障法官职业的稳定性。

7.审判权、检察权独立行使与立法修改

目前，改革举措已经取得了一定的成效，积累了相当的经验。但是，要真正落实这些改革举措，必须要做到于法有据，不能仅仅依靠司法解释，一些重要内容更需要宪法和法律的修改。

《宪法》第131条规定：“人民法院依照法律规定独立行使审判权，不受行政机关、社会团体和个人的干涉”。三大诉讼法据此也作出了相同的规定。但是，这种留有余地的规定给党委和人大及领导提供了介入具体案件办理的空间，目前来看有必要作出适当的修改。十八届三中、四中全会《决定》都提出，“完善确保依法独立公正行使审判权和检察权的制度。各级党政机关和领导干部要支持法院、检察院依法独立公正行使职权”。因此，笔者认为《宪法》第131条的修改可以参考四中全会的具体描述方法，直接删除原条文后半部分规定即可，修改为：“人民法院依照法律规定独立公正行使审判权。”这种弹性的方式对限制各级党委、政法委及其领导干预司法的行为作出限制。同时，这种修改方式既符合十八届三中、四中全会《决定》的精神，也更符合司法规律的要求。人民检察院和人民法院同属司法机关，其独立公正行使检察权的修改同于上述人民法院的修改。

在此基础上，人民法院组织法、法官法，人民检察院组织法、检察官法也应当作出相应的修改。具体而言，人民法院组织法、人民检察院组织法明确规定地方人民法院、人民检察院实行省级以下人财物的统一管理；增设巡回法庭的建制；设立跨行政区域的法院、检察院。除此之外，还应考虑进一步明确各审级的独立职能；细化向上级人民法院、检察院移送管辖的情形和程序；规范人民陪审员、人民监督员的选任标准和具体程序。法官法、检察官法应当完善司法责任制的规定，并具体规定法官、检察官员额遴选标准、程序；明确法官、检察官独立办案权，规定非因法定事由、非经法定程序，法官、检察官依法履职不受追究。除此之外，还应明确人民陪审员、人民监督员参与诉讼程序的范围、相应的权利和义务。

第三节　司法公信力

一、司法公信力的内涵及来源

（一）司法公信力的内涵

汉语中“公信力”一词由“公”“信”“力”三字组成。“公”原指封建制度最高爵位，后来引申为大家承认的、共同的之意。如《原君》曰：“天下有公利而莫或兴之，有公害而莫或除之。”[1]其后发展为正直无私、国家、社会、大众等，含有共同的、公正、国家机关或社会公众之意。[2]《说文解字》解释“信”为从人从言，含有“信用”“信任”之意。《论语·学而》云：“道千乘之国；敬事而信，节用而爱人，使民以时。”[3]这里“信”已经与国家的信用相连。《资治通鉴》亦曰：“大信者，人君之大宝也。国保于民，民保于信；非信无以使民，非民无以守国。”此处“信”指的就是民众对国家统治的信任。所谓“力”即力量。可见，从词意上说，公信力“是一种社会系统信任，同时也是公共权威的真实表达”。其核心是信任、信赖，这种信任的主体是社会公众。换言之，公信力主要是建立在社会公众对公权力行使的信用体验和认定的基础之

〔1〕 参见（清）黄宗羲：《原君》。

〔2〕《现代汉语词典》，商务印书馆1985年版，第383页。

〔3〕《论语·学而》。

上的。

司法公信力作为一种特殊的公信力，是指司法机关根据其信用所获得的社会公众的信任和尊重程度，反映的是社会公众从道义上、思想上对司法的认同与信服程度，强调“公众对司法权运作的信服与尊重”。[1]在现代民主法治社会，司法公信力应从两个视角来理解：一方面，司法公信力是司法机关对社会公众的一种信用。与民事或行政诉讼相比，刑事司法因其涉及公民的人身自由乃至生命的剥夺，必然要求司法机关对社会公众具有足够信用；另一方面，司法公信力除了蕴含司法机关的信用以外，还应当获得社会公众的信任与尊重。司法机关是否具有足够的信用最终要通过公众的评价来检验。只有社会公众普遍地对司法机关具有信任和心理认同感，并因此自觉服从和尊重，司法才真正具有公信力。

（二）司法公信力的来源

国家设置司法的目的在于公正地解决纠纷，惩罚犯罪，恢复正义。在刑事司法中，司法公信力主要来源于以下两方面：

第一，通过惩罚犯罪使社会公众的利益得到保护。众所周知，犯罪是对社会利益的侵犯，既破坏了本来安定的社会关系，也使社会公众的切身利益处于危险状态。通过司法程序打击犯罪行为，有效遏制犯罪行为，能与社会公众内心原有的司法惩罚犯罪价值观直接联系起来，使社会公众感觉到社会的安宁，进而真诚相信司法的威慑力，尊重司法，包括尊重法院与法官。相反，如果不能通过司法准确、及时、有效地揭露、证实和惩罚犯罪，有效减少社会犯罪现象，社会公众的合法利益就会处于可能随时被侵犯的状态。此时，社会公众必然会对司法产生疑惑，破坏司法公信力赖以生成的基础。可见，有效打击犯罪，保障社会公众的合法利益是司法公信力的重要来源。

第二，确保被追诉人在刑事诉讼过程中得到公正审判。“公正审判权是现代刑事司法制度中的核心范畴，它标示着：国家对犯罪的追诉和

---

〔1〕 参见汪海燕、董林涛：《机遇与挑战：网络舆情对我国刑事司法的影响及应对》，载《中共浙江省委党校学报》2014年第6期。

惩罚应以保障被追诉者的公正审判权为前提，换言之，现代刑事程序的设置旨在防止由于公共权力的滥用而产生的侵害。”[1]在联合国公约中，公正审判权是由一系列确定的、相互关联的权利组合而成的一项权利，[2]主要是从程序的公正性的角度来说的，包括保证司法组织“独立和不偏不倚”和司法程序的“公正和公开”等内容。[3]在刑事诉讼中，“程序公正给当事人一种公平待遇之感。它能够促进解决，并增进双方之间的信任”。[4]可见，被追诉人得到公正审判对形成司法公信力至关重要。社会公众更愿意接受一个经由公正审判所得出的可能略有瑕疵的裁判。[5]易言之，如果当事人在诉讼过程中得不到公正、合理的对待，即使案件最后处理结果公正，社会公众依然会诟病司法过程，无法形成司法公信力。相反，如果当事人在诉讼中得到公正待遇，即使案件最后处理结果略有瑕疵，也有可能使当事人因为受到公正审判而理解并接受对案件处理的实体结果，形成对司法的普遍信从和尊重。应当强调指出的是，如果案件最后处理结果与案件本原事实严重不符，甚至造成冤假错案，那么即使当事人得到了公正待遇，也会导致社会公众对司法的严重不信任，更遑论司法公信力。

二、司法公信力的构成要素

（一）法律规则的权威性

法律规则的权威性是指法律规则具有至高无上性。法律规则的权威性不是从来就有的。在封建专制社会，崇尚的是皇权至上，皇帝旨意即是法律，如曰“三尺安出哉？前主所是著为律，后主所是疏为令，当时为

---

〔1〕参见熊秋红：《转变中的刑事诉讼法学》，北京大学出版社2004年版，第5页。

〔2〕See Gudmundur Arfredsson and Asbjorn Eide, *The Universal Declaration of Human Rights: A Common Standard of Achievement*, Martinus Nijhoff Publishers, 1999, p.223.

〔3〕联合国《公民权利和政治权利国际公约》第14条规定：“所有的人在法庭和裁判所前一律平等。在判定对任何人提出的任何刑事指控或确定他在一件诉讼案中的权利和义务时，人人有资格由一个依法设立的合格的、独立的和无偏倚的法庭进行公正的和公开的审讯。”

〔4〕参见［美］戈尔丁：《法律哲学》，齐海滨译，三联书店1987年版，第241页。

〔5〕See Daniel W.Shuman, Jean A.Hamilton, Jury Service—It May Change Your Mind: Perceptions of Fairness of Jurors and Nonjurors, 46 *SMU L.REV.*451, (1992).

是，何古之法乎？”[1]（以三尺竹简书法律，故称“三尺法”。）直到资产阶级革命胜利以后，随着民主、法治理念的传播，法律规则才具有至上性。在现代民主法治社会，司法的要义在于“把一般的法规运用于特殊情形下的具体事实”。[2]法律规则在适用过程中能否得到社会公众严格服从与遵守取决于法律规则本身是否具有权威性。法律规则的权威性要求法律规则一旦得到确立并以国家的名义公布，任何国家机关、单位，任何领导人和普通公民，都必须严格服从与遵守。任何违反法律规则的行为将引起消极的法律后果，如在刑事诉讼领域里，构成犯罪要受到刑事惩罚。如果制定的法律规则没有权威性，无论其规定如何严密、体系如何和谐，都只不过是文字构筑的牌坊，更遑论司法的公信力。“法律必须被信仰，否则将形同虚设”正道出了法律规则权威性的真正要义。[3]

（二）司法主体的自律性

司法主体的自律性，是指司法工作人员在办理具体案件过程中，面对外部诱惑和压力时所保持的良好的自律性和对法律的忠诚。司法被视为社会正义的最后一道防线，司法工作人员具有自律力是社会公众信赖司法能够伸张正义的基础。司法工作人员在办理具体案件过程中往往享有一定的自由裁量权，“法庭说法律是什么，法律就是什么”，“法官的裁决就是法律”。[4]在自由裁量时，司法工作人员往往会受到某种外部信息的刺激和诱导，从而影响其对法律规则和职业戒律的遵守。如果司法工作人员不能抵制这些来自外部的诱惑和压力，那么社会公众必然会对案件能否公正处理产生怀疑，从而动摇他们对司法的信心与信任。所谓“当正直的人认为‘法官偏袒’时，信任即遭到破坏”，[5]这道出了司法主体自律性对公法公信力形成的重要性。因此，要使司法获得社会公众的信任，司法主体在办理案件过程中就抑制个人情绪、情感和欲望的冲动

〔1〕《史记·杜周传》。

〔2〕 参见［德］马克斯·韦伯：《新教伦理与资本主义精神》，于晓、陈维刚等译，三联书店1987年版，第14页。

〔3〕 参见［美］伯尔曼：《法律与宗教》，梁治平译，中国政法大学出版社2003年版，第3页。

〔4〕 参见［英］P.S.阿蒂亚：《法律与现代社会》，兆一等译，辽宁教育出版社1998年版，第7页。

〔5〕 参见［英］丹宁勋爵：《法律的训诫》，刘庸安、丁健译，群众出版社1985年版，第76～77页。

以及抵制外部的诱惑和压力，忠诚于法律，秉公执法。唯有如此，方能赢得社会公众心理和情感上的认同和信任，形成良好的司法公信力。

（三）司法过程的公开性

司法过程的公开性，是指除法律规定的特殊情况不能公开的以外，司法活动都应当公开。司法过程公开是联合国最低限度的司法准则之一。联合国《两权公约》第14条第1款规定："……在判定对任何人提出的任何刑事指控或确定他在一件诉讼案中的权利和义务时，人人有资格由一个依法设立的合格的、独立的和无偏倚的法庭进行公正的和公开的审讯。"司法过程公开能够在司法运行与社会公众之间搭建信息沟通桥梁，使社会公众更加顺畅地获取司法运行的信息，使媒体更好地了解和监督司法，从而有利于加强社会公众对司法活动的信任与尊重，增强司法公信力。正如有的外国学者指出，"只有当事实真相被了解之时，正确的意见才能占据上风；如果事实真相被掩盖了，错误的观念就会像正确的观念一样富于影响力"。[1]应当指出，虽然司法过程公开是基本原则，且随着保障人权观念的不断深入，刑事侦查活动的公开性有所加强，如特定的证据资料需向特定人公开等，但是因为刑事侦查活动关系到证据的收集和保全，主要实行的还是秘密原则。

（四）司法裁判的终局性

作为一项联合国最低限度的司法准则，[2]司法裁判的终局性是指人民法院作出的生效裁判是案件的最后处理方案，具有终局性，除法定的情形之外，任何当事人和相关诉讼主体，包括法院，都不得动摇、推翻司法裁判。美国一位大法官说："一个有效的司法制度的另一个重要因素是其判决的终局性……如果一个解决方案可以没有时间限制并且可以不同的理由反复上诉和修改，那就阻碍了矛盾的解决。"又说，"无休止的诉讼反映了，同时更刺激了对法院决定的不尊重"。[3]可见司法裁判的

---

〔1〕 George Seldes, *You Can't Print That*! , Payson & Clarke Ltd., 1929, p.9.

〔2〕 联合国《司法独立原则》第4条规定："不应对司法程序进行任何不适当或无根据的干涉，法院作出的司法裁决也不应加以修改。"

〔3〕 参见宋冰编：《程序、正义与现代化——外国法学家在华演讲录》，中国政法大学出版社1998年版，前言第3页。

终局性既是司法公信力的重要标志，也是司法公信力生成的重要条件。如果司法机关作出的生效裁判可以很容易地被推翻，那么诉讼当事人的利益与命运势必长期处于不确定的状态，争议各方将无法根据司法裁判所确立的各自的权利义务去重新安排生活而陷入无休止的诉讼。这显然难以形成司法公信力。

诚然，司法裁判的终局性不能绝对化。在我国，对于已经发生法律效力的裁判，如果发现其在认定事实或适用法律上确有重大错误，人民法院可依审判监督程序对案件重新进行审判，特别是发现无辜者被错判的情况，必须及时平反，以维护人权。唯有如此，才能保障实现司法公正，更好地维护司法公信力。

三、增强司法公信力的路径

时下，司法公信力低下，导致申诉成风、上访不断，〔1〕严重影响司法“定分止争”功能的发挥，影响社会秩序的稳定，影响经济社会可持续发展的大局。如何采取有效措施增强司法公信力，这正是当前司法改革亟待解决的问题。对此本节着重谈以下几个问题：

（一）加强法律规则的权威性

作为司法公信力的重要构成要素，法律规则的权威性的核心要求是法律规则一旦被制定下来，就应当得到普遍的遵循，而不论法律规则的善恶。这是现代法律的重要特征，〔2〕同时也是法治的必要条件。正如亚里士多德指出的，“法治应包含两重含义：已成立的法律获得普遍的服从，而大家所服从的法律又应该本身是制定的良好的法律”。〔3〕尽管我国现行《刑事诉讼法》第3条明确规定司法机关进行刑事诉讼必须严格遵守本法和其他法律的有关规定，但制定的法律规则在现实中得不到遵循

〔1〕 参见朱景文：《中国诉讼分流的数据分析》，载《中国社会科学》2008年第2期。

〔2〕 根据韦伯的分析，形式理性是一切现代法律的重要特征，形式理性秉持价值无涉观念，只要求制定的法律得到普遍的服从，而并不关注得到普遍服从的法律是恶法还是良法。从此意义来说，法律规则的权威性是形式理性的本质要求，因此，也是现代法律的重要特征。参见［德］马克斯·韦伯：《儒教与道教》，王容芬译，商务印书馆1995年版，第154页。

〔3〕 参见［古希腊］亚里士多德：《政治学》，吴寿彭译，商务印书馆1965年版，第199页。

的现象屡见不鲜。

按照程序法定原则，法官依法应当严格按照法定程序办理案件。然而，现实中法官却在法定诉讼制度以外创设出不成文的另类规则。这些另类规则未经正式颁布，外界看不见也摸不着，是一种“司法潜规则”，却构成了司法过程中真正适用的法律规则。司法潜规则破坏了法制的统一性，其弊端也日益显露。如在实践中，处理疑案的“留有余地”潜规则就导致了一系列样板冤案错案的发生。〔1〕张氏叔侄案在有罪供述与鉴定结论不一致且缺乏其他证据证明情况下，市中级人民法院留有余地地判处张辉死缓、张高平有期徒刑15年，铸成了冤案。同样，赵作海案，检察机关曾坚持认为证据不足，两次退回补充侦查，但法院最后并没有作出证据不足的无罪判决，而是留有余地地判处死缓，铸成惊世冤案。司法实践证明，司法潜规则虽然有时可能有助于提高诉讼效率，避免错杀（如“留有余地”潜规则），但是必然导致法律规则被滥用、规避或架空，使法律规则处于失灵状态。更何况这些潜规则具有隐秘性、非法性，适用这些潜规则，会大大冲击法律规则的权威性，沉重打击我国建设法治社会进程中的薄弱基础。应当指出，司法潜规则日渐普遍很大程度上是法律规则自身内容粗疏造成的。“法律必须实际上是一个由法律命题构成的没有漏洞（gapless）的体系，或者，至少必须被认为是这样一个没有空隙的体系。”〔2〕尽管2012年刑事诉讼法再修改后我国《刑事诉讼法》增加至290条，但是对很多诉讼程序仍然没有涉及，有的虽有所规定，但过于原则，可操作性不强；最高人民法院和最高人民检察院的有关司法解释在一定程度上充实了一些诉讼规则和程序，但与“没有漏洞”仍然相去甚远。如对当事人是否有权提出管辖权异议没有规定等。而“司法解

〔1〕 所谓“留有余地”，是指法官为了防止放纵犯罪，并迫于被害人和社会舆论的压力，在明知有的案件有疑点未能排除的情况下放弃“疑罪从无”原则，仍然判决被告人有罪，但又不判处死刑，而留有余地地判死缓、无期或有期徒刑。参见陈光中：《刑事证据制度改革若干理论与实践问题之探讨——以两院三部〈两个证据规定〉之公布为视角》，载《中国法学》2010年第6期。

〔2〕 参见郑戈：《韦伯论西方法律的独特性》，载《思想与社会》第1辑；《韦伯：法律与价值》，上海人民出版社2001年版，第80页。

释的条文内容存在诸多冲突”，[1]也使司法潜规则存在较大“自由发挥”的余地。因此，应当细化刑事诉讼规则。只有制定的法律规则比较详尽，才能缩小司法潜规则适用的空间。

（二）增强法官的自律力

“法院是法律帝国的首都，法官是帝国的王侯。”[2]作为“帝国的王侯”，“法官是法律效力由应然到实然的桥梁和中介……是法律由精神王国进入现实王国控制社会关系的大门。法律借助于法官而降临尘世。”[3]可见，法官是司法活动的核心与灵魂。如前所述，法官在办案中无论在证据取舍、事实判断、法律适用还是判决执行上都有一定程度的自由裁量空间。可以说，“正义之船能否顺利穿过自由裁量这趟危险之水”很大程度上取决于法官之自律能力。[4]如果法官缺乏自律力，“受外界之引诱，物欲之蒙蔽，舞文弄墨，徇私枉法，则反而以其法学知识为其作奸犯科之工具，有如为虎附翼，助纣为虐”，[5]只会摧毁被称为“神圣殿堂”的司法体系，更谈不上赢得社会公众对判决的信从，对司法机关的尊崇。

法官的自律力如此重要，而我国法官的自律力却令人担忧，主要表现在法官抗腐能力不高，腐败问题较为突出。根据有关数据显示，从2001年到2010年的十年间，因贪污腐败问题被查办的大法官就有来自最高人民法院和省高级人民法院的院长或副院长。省高级人民法院副院长、中级人民法院院长、副院长等大量高级法官的纷纷落马，特别是法院系统发生的一系列集体腐败案件，更造成了极坏的社会影响，使司法公信力受到沉重打击。而宁夏的丁海玉行贿法官案更已达到了令人

---

〔1〕 参见张泽涛、崔凯：《刑事案件合并与分案审理立法梳理及法理评析》，载《政法论坛》2013年第5期。

〔2〕 参见[美]德沃金：《法律帝国》，李长青译，中国大百科全书出版社1996年版，第361页。

〔3〕 参见[德]拉德布鲁赫：《法学导论》，米健译，中国大百科全书出版社1997年版，第100页。

〔4〕 See Stratos Pahis, Corruption in Our Courts: What It Looks Like and Where It is Hidden, *Yale Law Journal*, 2009, 118(8), p.1903.

〔5〕 史尚宽：《宪法论丛》，（台湾）荣泰印书馆1973年版，第336页。

震惊、震怒的程度。丁海玉经营的公司“创造了”通过打官司牟取暴利的“捷径”。其“官司生意经”的成本投入是行贿法官，收入就是打赢官司。丁海玉没有打不赢的官司，没有执行不了的判决，该案先后共有25名法官被查处。[1]另据正式公布的信息显示，仅在2007年，各级检察机关立案侦查涉嫌贪赃枉法、徇私舞弊等犯罪的司法工作人员就达17，270人，几乎是1996年立案侦查涉嫌贪赃枉法等犯罪的司法工作人员数量的6倍。[2]

针对我国法官抗腐能力不高的问题，笔者认为，应适当提高法官的薪酬与待遇水平，降低法官腐败的可能性。有学者曾把同一部门的员工的工资分成保留工资、高于保留工资的工资以及低于保留工资的工资三种进行实验，以此分析员工的薪酬水平与腐败之间的关系。实验证明，员工的工资水平与腐败有密切联系。工资越高，员工就越想保留原来的工作，因此也降低了腐败的可能性。[3]一项针对法官薪酬与司法腐败关系的调查进一步证实了以上实验。薪酬越高，司法腐败越低。[4]如果薪酬不足以支持法官养家，那么法官就容易利用手中的审判权寻租，以贪污受贿的方式弥补他们收入上的不足。目前我国法官的工资标准实行行政机关公务员的工资标准，薪酬一直处于相对较低的水平。尽管近年来法官与公务员一样经历了多次加薪，但较之国内其他阶层仍属较低水平。根据一项调查显示，我国70%以上的法官对目前的收入状况和职业保障“不满意”。[5]这种不满情绪不仅直接影响了审判质量，而且不利于法官对自己的职业形成认同感和荣誉感，不利于稳定法官队伍，同时也降低了法官的抗腐能力，更难以引入高素质的法律人才。当代各法治国

[1] 参见黄秀丽：《丁海玉的“官司游戏”：他把25名法官拉下水》，载《南方周末》2009年4月29日。

[2] 参见最高人民检察院2008年工作报告与1997年工作报告。

[3] See Timothy Besley, John McLaren, Taxes and Bribery: The Role of Wage Incentives, *Economic Journal*, 1993, pp.119-141.

[4] See Stefan Voigt, *When are judges likely to be corrupt? Global Corruption Report 2007: Corruption in Judicial systems*, Cambridge University Press, 2007,p.299.

[5] 四川省高级人民法院课题组：《人民法院司法公信力调查报告》，载《法律适用》2007年第4期。

家法官的待遇都比较优厚,[1]法官成为一种令人羡慕、敬重的职业。因此,我国应当适度提高法官的薪酬与待遇水平,原则上略高于相同等级的公务员,以增加法官的职业认同感和荣誉感,加强法官身上的防腐元素。

(三)增加司法的透明度

司法透明是司法活动获取社会公众信任和尊重的重要手段,也是司法公正的内在要求。所谓"正义不但要实现,而且必须以看得见的方式实现",法院以看得见的方式进行诉讼活动,并公开地作出裁判,不仅有利于司法活动过程及结果的公正,而且最后最大限度地吸收当事人和社会公众的不满,大大增强当事人和社会公众对案件处理的接受程度。可以说,司法透明是社会公众对国家法制的信赖感和司法公信力的来源。

要增加司法的透明度,必须真正贯彻落实审判公开原则。审判公开是司法透明的重要内容,不仅要求法院对案件的审理(特殊情况除外)及判决的宣告应一律公开进行,而且要求裁判过程和实体处理应在裁判文书中详细反映,即强调裁判说理性。在我国,宪法和三大诉讼法对审判公开原则都作了规定,但是该原则在实践中往往打了折扣,特别是法官制定裁判文书过分公式化,导致"现在的裁判文书千篇一面,缺乏认证断理的过程,看不出裁判结果的形成过程,缺乏说服力,严重影响了

---

〔1〕 如在美国,2005年联邦最高法院首席大法官的工资与副总统相等,均为20.81万美元。参见盛立中:《国外公务员每年能够赚多少钱》,载《世界新闻报》2005年3月24日。而英国高级法官的工资高于政府大臣。据报道,2003年英国上院议长兼大法官欧文勋爵的年薪高达18万英镑,竟然比同期首相年薪高出0.9万英镑(首相同年的年薪为17.1万英镑)。参见许安结:《议长拿高薪住免费豪宅 士兵挣小钱赴危险海湾 英加薪计划遭批评》,载《环球时报》2003年2月12日。又如在日本,1999年,最高法院的院长月工资为230.4万日元,最高法院法官的月工资为168.2万日元,东京高等法院院长的工资为161万日元。高等法院的法官及地方法院院长、地方法院的法官、家庭法院的院长、家庭法院的法官的月工资标准分为八等,最低等为93.7万日元。参见日本国最高法院事务总局编:《日本的裁判》,法学书院1999年版,第117页。转引自冷罗生:《日本现代审判制度》,中国政法大学出版社2003年版,第230~233页。而据日本国家人事院公布的2003年公务员工资标准,处长级月薪约为95.83万日元。参见盛立中:《国外公务员每年能够赚多少钱》,载《世界新闻报》2005年3月24日。可见,日本收入最低的法官相当于处长级公务员的待遇。

公正司法的形象”。[1]这种做法使外界对作出裁判的理由无从了解，令裁判的作出有“暗箱操作”之嫌，其结果难以获得社会的信任，更遑论增强司法的公信力。较之我国裁判文书不注重说理的做法而言，西方法治国家的裁判文书的主要内容都是围绕裁判内容说明理由的。在美国，如果所涉问题制作审理报告对当事人、上级法院以及公众有价值时，就会详细说明裁判的理由，大量的判例正是针对裁判的“说理”（reasoning）建立起来的。因此，应当加强裁判文书中的说理部分。这不仅是扩宽司法公开的需要，也符合党的十八届三中全会《决定》的要求。十八届三中全会《决定》第九部分“推进法治中国建设”明确要求：“推进审判公开、检务公开，录制并保留全程庭审资料。增强法律文书说理性，推动公开法院生效裁判文书。”

要增加司法的透明度，还应当拓宽民众参与司法的途径。民众参与司法不仅可以亲身体验司法的魅力，而且有利于公众良知与理性的法律相融合，使司法有效地反映社会的价值倾向，增强司法的公众认同，提升司法公信力。在我国，民众参与司法的重要途径是人民陪审员制度。由于种种原因该制度在实践中出现陪而不审、合而不议等现象，不能充分发挥其作用。为保障人民陪审员有效参与案件的审理，十八届四中全会《决定》明确要求“完善人民陪审员制度，保障公民陪审权利，扩大参审范围，完善随机抽选方式，提高人民陪审制度的公信度”。这为我国人民陪审员制度的进一步健全和完善提供了方向。具体而言，应从以下几方面着手：第一，降低人民陪审员的任职条件，把文化条件从大专文化程度降低至“高中文化程度”，保证更多的普通公民能够参与司法过程；第二，改变现有人民陪审员的选任方式，由法院在具体案件中根据登记名单随机抽取确定；第三，人民陪审员只参与事实认定，不审理法律适用问题。在我国，人民陪审员与法官行使相同权利义务，既参加案件事实认定，也参加法律适用的判断。然而，法律问题专业性较强，加

〔1〕　最高人民法院原院长肖扬语。转引自任玉峰、胡军辉：《浅谈民商事裁判文书的制作误区与改革》，载法律博客网：http://blog.chinacourt.org/wp-profile1.php? p=62211，最后访问日期：2014年12月20日。

之法律精密化、专业化程度越发增强，要求普通公民作出法律认定难度更大。与我国做法不同的是，西方国家实行的陪审制中陪审团只负责认定案件事实问题，法律适用问题统一由法官负责。在借鉴西方陪审经验的基础上，十八届四中全会《决定》中指出，“逐步实行人民陪审员不再审理法律适用问题，只参与审理事实认定问题”。这显然与现行刑事诉讼法规定不同。因此应当对现行规定作出相应修改，使人民陪审员真正有效参与案件的审理，促进司法民主。值得注意的是，为拓宽民众参与司法审判的渠道，河南省从2009年2月开始试行人民陪审团制度，取得了较好的社会效果。在采用人民陪审团审理的案件中，95%的案件实现了服判息讼。〔1〕尽管这一制度未必成熟，也未必一定能够法律化，但是其加强群众参与和监督司法的探索精神值得肯定。通过该制度，不仅可以让民众通过发表意见的形式近距离地感受审判、了解审判，增强民众对司法工作的了解、理解和监督；而且能够帮助法院集思广益，增加司法的透明度和开放度，不仅没有削弱司法的公信力，反而有利于提升司法的权威性。

（四）改革再审制度

“科学是可以有错误的，因为我们是人，而人是会犯错误的。因此，错误是可以原谅的。只有不去尽最大的努力避免错误，才是不可以原谅的。”〔2〕在刑事诉讼中，由于案件的复杂性和诉讼认识和条件的局限性，有的生效裁判出现错误是不可避免的。如果一律不加以纠正，必然会造成司法不公，损害司法公信力。但是，如果一律加以纠正，同样不利于增强司法公信力，因为司法裁判的终局性也是司法公信力的构成要素。正如古斯塔夫·拉德布鲁赫所言：“我们必须追求正义，但同时也必须重视法的安定性……而重建法治国，就必须尽可能考量这两种思想。”〔3〕

---

〔1〕 参见邓红阳：《全面解读河南试水人民陪审团制度》，载《法治周末》2010年6月12日。

〔2〕 参见［英］卡尔·波普尔：《科学知识进化论——波普尔科学哲学选集》，纪树立编译，三联书店1987年版，前言。

〔3〕 参见［德］古斯塔夫·拉德布鲁赫：《法律智慧警句集》，舒国滢译，中国法制出版社2009年版，第18页。

可见，增强司法公信力应当坚持纠错与维持司法裁判的安定性相结合的方针。

为了纠正已生效裁判中存在的错误，我国刑事诉讼法规定了审判监督程序（刑事再审程序）。根据《刑事诉讼法》第242条、第243条的规定，再审的理由是已经发生法律效力的判决和裁定，在认定事实上或者在适用法律上确有错误。"确有错误"的表述过于笼统，没有进一步区分根本性错误、严重性错误或者一般错误乃至小错误，也没有区分有利于被判决人的错误和不利于判决人的错误。可见，我国对刑事再审程序启动设置的门槛较低，只要是原生效裁判存在错误，即使是一个小错误，都可以提起再审程序。长期以来，我国受传统的"实事求是，有错必纠"思想的片面影响，司法实践偏重于纠错，而对裁判的稳定性重视不够，导致再审程序经常被提起，"每年检察机关提出再审抗诉、当事人提出申诉、人民法院自行启动再审的案件数量十分惊人"。[1]再审案件比例过大，必然使裁判处于不稳定的状态，这大大冲击了司法裁判的终局性，损害了司法的公信力、权威性。

为了保持纠错与维持司法终局性的平衡，切实提升司法公信力，十八届四中全会《决定》明确把"有错必纠"改成"依法纠错"，并要求"维护裁判权威"。这与现行"确有错误应当纠正"的规定不一致，因此应当修改刑事诉讼法，使之符合十八届四中全会《决定》的要求。具体而言，我们认为应当采取以下改革措施。第一，确立有限的一事不再理原则。亦即明确规定一事不再理原则，同时规定例外情形。这是保持纠错和维持司法终局性相平衡的内在要求，也符合联合国公约的精神。联合国《两权公约》第14条第7项规定："任何人已依一国的法律及刑事程序被最后定罪或宣告无罪者，不得就同一罪名再予审判或惩罚。"具体而言，再次修改刑事诉讼法时，应当在基本原则或审判监督程序中增加规定："除法律特别规定的以外，任何人不得因同一犯罪行为遭受多次惩罚。"

〔1〕 参见熊秋红：《错判的纠正与再审》，载《环球法律评论》2006年第5期。

第二，把再审程序区分为有利于被判决人的再审和不利于被判决人的再审，并明确这两种情况的再审理由。根据我国《刑事诉讼法》现行规定、联合国刑事司法准则的要求以及借鉴国外经验，笔者认为，有利于被判决人的再审理由应当包括有新事实、新证据足以认为被错判有罪、轻罪重判；因司法人员犯罪导致被错判有罪、轻罪重判，或者因证据虚假导致被错判有罪、轻罪重判等情况。而不利于被判决人的再审则只有在严重犯罪漏判、因司法人员犯罪导致重罪错判无罪或者重罪判刑畸轻的情况下才能启动。至于五年以下轻罪，即使错判无罪，出于维护裁判权威的考虑，也不应再追究其刑事责任。

第三，把法院依职权启动再审的权力限制在有利于被判决人的情况。在我国，没有当事人申请和检察院抗诉的情况下，法院依法有主动启动再审的权力。对此，笔者认为这是符合我国国情的。因为法院在审判中发现的新情况、新事实，当事人可能无法知道，检察机关也不一定知道，或者即使知道也不一定提出抗诉。考虑到保障人权的需要，保留法院主动启动再审的权力具有现实合理性。当然，法院依职权启动再审应只限于有利于被判决人的情况，以实现司法公正的最高价值，使被判决人切实感受到司法的公正。这样，被判决人自然对司法由衷地信服并加以尊重。

第四节　司法公开

一、司法公开的理论基础

司法公开是指国家专门机关在办理案件过程中依法向社会和诉讼参与人公开有关诉讼活动和信息。需要指出的是，在三大诉讼中，司法公开须探讨的问题更多集中在刑事诉讼中，而刑事诉讼中的侦查活动具有一定特殊性，行为方式的公开性受到较大限制，因此，本节主要以刑事诉讼中的审判工作和检察工作为视角来探讨司法公开问题。

从司法公开原则的形成脉络来看，司法公开是反对欧洲中世纪秘密审判的司法专横、法官擅断的产物。作为一项保障当事人诉讼权利的重要原则，司法公开根植于深厚的理论基础。

首先，司法公开是基于司法公正的根本要求。公正是司法的生命和灵魂。司法公正能使民众对法律形成内心确信，真诚地相信司法的威慑力，尊重司法。其基本内涵是要求司法活动的结果和过程均体现公平、平等、正义等。司法公正是司法工作的根本目标，包括实体公正与程序公正两个方面。第一，司法公开是实体公正的根本要求。实体公正要求案件最后的处理结果是公正的，这既是当事人参与诉讼所追求的最终目标，也是社会公众关注的焦点所在。将司法活动置于阳光之下，可以促使司法人员更加自律，从而有助于正确处理案件，在一定程度上防止和矫正司法偏差。第二，司法公开是程序公正的根本要求。程序公正要求诉讼过程公正，“程序公正给当事人一种公平待遇之感。它能够促进解决，并增进双方之间的信任，没有信任，这种制度将无以复存”。[1]司法公开正是使民众亲身感受正义的实现，有效增强民众对司法活动的信任和尊重。可见，司法公开是实现司法公正的必经途径。如果司法活动不遵循公开原则，那么司法公正将难以得到保障。只有建立在公开基础上，司法公正才能得到保障。

其次，司法公开源于人权保障理论。人权保障是指公民基本权利的保障，在刑事诉讼中，保障人权主要是保障诉讼参与人的诉讼权利，特别是保障被追诉人的程序人权。从司法公开原则的起源来看，司法公开是资产阶级革命胜利后为了反对黑暗、野蛮的秘密审判活动对人权的践踏而产生的。新兴的资产阶级启蒙思想家提出了“天赋人权”“自然权利”“社会契约”等学说，认为人拥有与生俱来的固有权利。作为人权保障的重要领域，刑事诉讼开始实行公开、直接、辩论的诉讼程序。其中，法国率先提出公开审判的概念，而贝卡里亚在《论犯罪与刑罚》一书中也明确提出：“审判应当公开，犯罪的证据应当公开，以便使或许是社会

---

〔1〕 参见[美]戈尔丁:《法律哲学》，齐海滨译，三联书店1987年版，第241页。

唯一制约手段的舆论能够约束强力和欲望。"[1]伴随着公平、正义等观念的普遍传播，审判公开制度作为一项保障人权的诉讼制度，陆续在美国、法国等国家的刑事诉讼中确立下来。[2]由此可见，人权保障是司法公开的重要基础。我国分别于2004年及2012年把人权保障条款载入《宪法》（第33条第3款）及《刑事诉讼法》（第2条），这为我国刑事司法的人权保障提供了法律依据。为保障诉讼参与人特别是被追诉人的诉讼权利，有必要告知诉讼参与人相关权利义务，并将办案人员的办案过程置于阳光之下。贯彻司法公开原则，在各个诉讼阶段将权利告知诉讼参与人，可以使诉讼参与人了解自身在刑事诉讼过程中所享有的法定诉讼权利，而赋予诉讼参与人一定程度的程序参与权则可增加司法机关处理案件的透明度，彰显人权保障理念。

最后，司法公开与权力监督理论相契合。"一切有权力的人都容易滥用权力，这是一条万古不易的经验，有权力的人们使用权力一直到遇有界限的地方才休止。"[3]司法机关及其办案人员在办案中无论在证据取舍还是事实判断等方面均有一定程度的自由裁量空间，这在客观上为司法人员滥用权力提供了潜在机会。如果司法人员在行使权力过程中缺乏监督，则会增加其超越权力的界限，乃至利用权力寻租，谋取私利，办人情案，徇私枉法，出入其罪。因而必须对司法人员行使权力的行为进行有力的监督和制约。其中，作为加强权力监督与制约的重要一环，司法公开是保证"正义之船顺利穿过自由裁量这趟危险之水"的重要手段。[4]阳光是最好的防腐剂，将司法活动置于阳光之下，增强了司法工作的透明度，保障人民群众的知情权，切实加强了监督主体对司法活动的有效监督。可以说，司法公开是遵循权力监督原理的必然结果。

---

〔1〕 参见［意］贝卡里亚：《论犯罪与刑罚》，黄风译，中国大百科全书出版社1997年版，第20页。

〔2〕《美利坚合众国宪法》第六修正案规定："在一切刑事诉讼中，被告有权享有由犯罪发生地的州和地区的公正陪审团予以迅速和公开的审理。"法国1808年的《刑事诉讼法典》也确认了这一原则。

〔3〕 参见［法］孟德斯鸠：《论法的精神》（上），商务印书馆1982年版，第154页。

〔4〕 Stratos Pahis, Corruption in Our Courts: What It Looks Like and Where It is Hidden, *Yale Law Journal*, 2009, 118 (8), p.1903.

二、我国推进司法公开存在的问题及成因

为了贯彻落实宪法和刑事诉讼法等法律关于司法公开的规定，特别是十八大以来，为了推进司法改革，最高人民法院和最高人民检察院先后制定了一系列有关司法公开的文件和规定。如最高人民法院先后发布了《关于严格执行公开审判制度的若干规定》《关于加强人民法院审判公开工作的若干意见》《关于人民法院执行公开的若干规定》《关于司法公开的六项规定》《关于人民法院在互联网公布裁判文书的规定》《司法公开示范法院标准》等；最高人民检察院也先后颁布了《人民检察院"检务公开"具体实施办法》《关于进一步深化人民检察院"检务公开"的意见》《2014—2018年基层人民检察院建设规划》《人民检察院案件信息公开工作规定（试行）》《关于全面推进检务公开工作的意见》等，使司法公开的外延得到不断深化，从审判公开延展至检务公开，有了更大的进步。然而，应当注意的是，在推进司法公开的过程中，一些基本问题仍未得到有效解决，司法活动的实质性公开仍然明显不足，与此同时，信息技术的快速发展也带来了一些深层次问题。从刑事诉讼的角度来看，当前司法公开存在的问题主要体现在以下两个方面：

第一，审判程序公开性不足。这首先表现在有的法院对某些社会关注度较高的案件的庭审限制公开。根据审判公开的要求，只要符合审判公开的案件的，应当严格公开审判。然而，我国目前司法实践中，对于应当公开审理而属于社会关注度高的重大案件，虽然必须公开审理，但由于审判压力等原因又不愿意真正地向社会公开，因此采取将庭审置于较小的审判庭等方法将旁听人员限制于可控的"内部人"范围，从而达到有限公开的效果。例如，2008年的杨佳袭警案，案件本身并不涉及法定的不公开审判的情形，但是一审法院为了减少审判的压力，拒绝媒体和民众进入法庭旁听，且选择性地安排了一些"可控"的旁听人员，形成

定向公开，[1]同样，陕西周正龙假老虎案，法庭在不得不公开审判的情况下，以“庭内坐席座位数有限”，旁听需向市委或县委宣传部门提出申请为由，使周正龙案公开审判受到极大的限制。[2]其次，目前部分审判程序仍然不公开。在我国刑事诉讼中，审判委员会有权对院长提交的重大或疑难案件进行讨论决定。而上级法院对下级法院提出的疑难问题的请示汇报，通常以口头或书面“答复”“批复”“复函”等形式给出具体处理意见。无论是审判委员会的讨论决定还是上下级法院之间的请示汇报，均被视为法院的内部程序，不对外公开。最后，庭审公开面临着信息时代互联网技术发展所带来的挑战。伴随着信息技术的日新月异，信息传播技术的新发展对司法公开的方式、途径提出了新的要求。在这样的背景下，虽然法院为应对新媒体环境对司法公开的要求，积极探索审判公开的新途径，要求在互联网上公布裁判文书，并积极开通官方微博、微信等推进司法公开。然而，对于如何规范信息传播的途径与内容，刑事诉讼法与司法解释均无规定，亟待解决。

第二，检察机关的诉讼程序公开性不足。首先，这表现为检察机关的终结性法律文书一方面公开的范围仍然较窄，诸如职务犯罪不立案决定书、不抗诉决定书、不提出没收违法所得申请决定书、不提出强制医疗申请决定书等终结性法律文书目前并不在公开之列。另一方面缺乏说理性。法律文书尤其是涉及当事人权利处分的文书说理，是司法公开的重要内容，也是多年来司法改革的重要举措，旨在公开结果的形成过程，增强说服力。但是迄今检察机关的终结性法律文书仍然说理不足。其次，检察机关重要案件信息统一发布制度的范围不够明确，如对何谓“有较大社会影响”等并没有作进一步规定，且发布途径多元化不够，检察机关官方网站、微博、微信、新闻客户端等新兴的信息传播媒体并没有成为重要案件信息发布的主要途径。最后，在我国刑事诉讼中，检察机关承担着审查批准逮捕、决定起诉或不起诉、法律监督等职责。其中，

---

〔1〕 参见叶锋:《杨佳袭警案开审未宣判》，载《新京报》2008年8月27日。

〔2〕 参见萧锐:《所谓“庭内座位有限”让周正龙案公开审判变味》，载《中国青年报》2008年9月24日。

审查批准逮捕涉及对犯罪嫌疑人人身自由的剥夺。过去，审查逮捕程序通常在封闭的状态下进行，检察机关主要依据侦查机关单方提供的书面材料作出批准逮捕决定，审查逮捕程序行政化审批色彩较浓，尽管2012年刑事诉讼法修改时对审查逮捕程序作了较大调整，要求检察机关在审查批准逮捕时讯问犯罪嫌疑人，但是讯问犯罪嫌疑人并不是所有案件的必经程序，批准程序的公开性和透明度仍然不足。同样地，不起诉决定涉及当事人诉讼权利的处分，这要求不起诉案件要接受公开审查，尽管如此，检察机关在公开审查时无须就不起诉出示证据，而侦查人员与犯罪嫌疑人及其辩护人也不能直接进行辩论，这导致不起诉决定作出的诉讼化程度不足。

造成上述司法公开不足的原因是多方面的，其中最主要原因在于对司法公开的价值认识不足。以下仅以审判公开为例作说明。如前所述，司法公开是基于司法公正的需要、源于人权保障，且与权力监督理论相契合，然而，根据一项实证调研数据显示，刑事法官队伍中，仍然有相当一部分刑事法官对于“刑事审判公开”的理论及实践价值没有予以足够的重视，缺乏相应的关注度。当受到来自社会舆论、媒体监督、刑事法官的自身保障等方面的压力时，部分刑事法官会动摇坚持“公开审判”的决心。〔1〕具体而言，其一，司法机关面对因社会关注度高的案件所带来的舆论压力的承受能力不足。由于多方面的原因，时下我国司法公信力低下，外界对司法工作质疑不断，在巨大的压力下，对关注度高、争议性大的案件中某些可能引起争议的信息，把关注度高、争议性大的案件的处理纳入舆情控制范围可谓司法机关在压力下的自保行为，实践中法院对社会关注度高的案件进行限制公开审判、控制旁听人员也就变得可以理解。其二，司法程序公开性不足也受近年来司法与媒体之间的紧张关系所影响。一般而言，司法公开离不开媒体报道，而报道案件审判的信息也是媒体的职责所在，如果司法与媒体之间的关系能够得到厘清，那么对司法公开和媒体赢得市场均大有裨益。然而，当下有的媒体在报道

〔1〕 参见叶青、张栋、刘冠男：《刑事审判公开问题实证调研报告》，载《法学》2011年第7期。

案件的审判时往往具有倾向性看法，对于某些社会关注度高的案件，热衷于报道案件的“花边新闻”，即把报道的关注点放在案件背后的故事等。在这种背景下，司法机关当然对媒体存在担心和戒备意识，担心媒体借案件中的某些问题大做文章，推波助澜，误导公众，使本来就难以裁判的案件更难处理，因此，司法机关对媒体报道重要案件普遍存在戒心，自然不愿意由媒体公开司法的过程。其三，司法活动公开性不足也是我国法律关于司法不公开的范围，尤其是审判不公开的范围不明确所造成的。审判公开是实现司法公正的有效途径，但由于刑事诉讼追求的价值目标多元化，因此并非所有案件的审判均应公开审判。根据我国刑事诉讼法的规定，涉及国家秘密、个人隐私或商业秘密的案件和未成年人犯罪的案件不需要公开审理。但是，至于“涉及国家秘密、个人隐私或商业秘密”是否包括案件性质不涉及但案件所收集到的证据涉及国家秘密、个人隐私或商业秘密的情形等，相关司法解释并没有作进一步细化；同时，一人犯数罪或共同犯罪中只有部分罪行或部分被追诉人涉及国家秘密、个人隐私或商业秘密时应如何处理等，也并不明确；加之上述的一些具体原因，导致司法实践中法院在适用上倾向于不公开审理。

三、进一步推进司法公开的若干设想

（一）进一步明确限制审判不公开的范围

如前所述，由于刑事诉讼法以及司法解释并没有对“涉及国家秘密、个人隐私或商业秘密的案件”作进一步细化，致使不公开审判的范围不是很明确，缺乏可操作性，[1]导致司法实践中法院针对一些重要案件、社会关注度高的案件往往以涉及国家秘密等为由对本应当公开审理的案件采取不公开审理的方式。这种做法不仅违反了法律的规定，也不利于司法公信力的提高。实践证明，以涉及国家秘密等为由对某些重要案

〔1〕 一项针对我国目前的法律对于“不公开审判”的范围是否明确的实证调研结果显示，49.1%接受调研的刑事法官认为不是很明确，缺乏可操作性，认为我国现行的刑事诉讼法关于审判不公开范围的规定存在一定的缺陷，不能符合司法实践的现实需要。参见叶青、张栋、刘冠男：《刑事审判公开问题实证调研报告》，载《法学》2011年第7期。

件、社会关注度高的案件进行不公开审理，虽然有时可能有利于服务大局，但也有可能因为司法不公开而导致质疑声不断，使本来就羸弱的司法机关更难树立权威。因此，必须进一步明确审判不公开的案件范围，杜绝本应公开审理的案件以涉及国家秘密等为由不公开审理。

众所周知，实践中刑事案件纷繁复杂，不仅有一人犯单一罪行的案件，而且有大量一人犯数罪、数人犯数罪、未成年人与成年人共同犯罪等情形。一人犯单一罪行，而该罪行涉及国家秘密、个人隐私或商业秘密的，固然属于不公开审理的范围，但是，一人犯数罪或数人犯数罪的案件中，倘若只有一个罪行涉及国家秘密、个人隐私或商业秘密，又或者未成年人与成年人共同犯数罪的案件中，倘若未成年人仅涉嫌犯一个罪行等，这些案件究竟是应当全案不公开审理还是仅涉及国家秘密、个人隐私或商业秘密的部分或未成年人的部分不公开审理，而其他部分公开审理，这亟须进一步明确。同样，所谓"涉及国家秘密、个人隐私或商业秘密的案件"是否包括案件性质不涉及但案件所收集到的证据涉及国家秘密、个人隐私或商业秘密的情形等，也需要明确解释。否则，司法实践中容易出现有的法院把本应公开审判的案件笼统地以案件涉及国家秘密、个人隐私或商业秘密为由而不公开审判的现象。因此，笔者认为，应当对不公开审理的范围作进一步明确。具体而言，第一，在一人犯数罪或多人犯数罪的案件中，除了涉及国家秘密、个人隐私或商业秘密的罪行不公开审理外，其余罪行的部分应当予以公开。在未成年人与成年人共同犯罪的案件中，除了未成年人犯罪部分不公开审理外，成年人犯罪的部分应当予以公开。这是最大限度贯彻落实审判公开原则的需要，也符合世界法治国家的通行做法。在美国，《司法会议关于开放案件电子档案的私人查阅与公开的决定》明确规定，不公开审理的范围仅限于涉及国家安全、国家秘密和个人隐私内容的部分。除此以外，案件不涉及国家安全、国家秘密和个人隐私内容的部分一律向社会公开。〔1〕第二，应当明确"涉及国家秘密、商业秘密或者个人隐私的案件"是就案

---

〔1〕 参见关升英：《美国司法公开制度及其启示——关于赴美学习考察司法公开制度有关情况的报告》，载《山东审判》2014年第6期。

件性质而言的，而非就案件的证据而言。[1]也就是说，只有案件性质涉及国家秘密、商业秘密或者个人隐私的，才能对全案不公开审理。对于案件中只是某些证据涉及国家秘密、商业秘密或者个人隐私的，除为保守秘密需要遮蔽的内容外，仍应当将案件公开审理。这是全面贯彻审判公开原则的需要，也有利于保障当事人和民众的监督权。

（二）采取有效措施排除公开审理的人为阻力，并防止审判程序“内部化”

实践中法院对一些社会关注度较高的案件人为地限制庭审公开的做法，虽然有时能减少法院的审判压力，但越是限制，就越激发人民群众了解案件处理的好奇心，而且限制公开往往给人一种“暗箱操作”之感，容易使人对案件的审理产生质疑，直接影响司法公信力。事实上，无论是杨佳案还是周正龙案，最终都引起了人民群众对该案审判公开违法性的强烈质疑。[2]因此，必须采取有效措施，避免实践中限制庭审公开情形的发生。对于限制审判公开的做法，如旁听证制度等，应当严格限制条件，简化旁听手续，禁止以此限制民众的旁听案件的审理；且取消不允许旁听人员记录等限制。唯有如此，才能满足民众的知情权，同时对增强司法公信力也大有裨益。

此外，对于实践中将审判委员会的讨论决定与案件的请示答复视为法院的内部程序而不对外公开的问题，必须采取有效措施，防止审判程序“内部化”，使之具有公开性。首先，公开审判委员会的讨论情况。根据刑事诉讼法的规定，审判委员会对案件的最后决定，合议庭应当予以执行。从此意义上来看，审判委员会对刑事案件的讨论决定也属于审判的重要环节，涉及当事人权利义务的处分。因此，按照审判公开原则的

---

〔1〕 2012年年底通过的最高法《刑诉法解释》第68条规定：“公开审理案件时，公诉人、诉讼参与人提出涉及国家秘密、商业秘密或者个人隐私的证据的，法庭应当制止。有关证据确与本案有关的，可以根据具体情况，决定将案件转为不公开审理，或者对相关证据的法庭调查不公开进行。”这无疑为杜绝过去那种仅仅因为证据涉密就不公开审理全案的做法发挥重要作用。然而，现行规定仍有不足。按照该规定，对于证据涉及国家秘密、商业秘密或者个人隐私的案件是否公开审理的最终决定权赋予法院，法院仍然可以将案件转为不公开审理。

〔2〕 参见刘晓原：《如此公开审理杨佳案，与秘密审判有何异？》，载新浪博客：http://blog.sina.com.cn/s/blog_49daf0ea0100ap6i.html，最后访问日期：2014年12月20日。

要求，审判委员会的讨论也应当接受当事人与民众的监督。具体而言，应当明确在审判委员会对案件进行讨论前向当事人公开成员名单，并在事后及时向当事人公开表决情况，包括多少人同意定罪或不定罪，以及量刑的不同意见情况等，但是，对于每个具体成员如何主张，则不需要公开。其次，应当将下级法院的请示与上级法院的答复内容予以公开。由于下级法院向上级法院请示可以避免案件被上级法院改判发回，因此成为承办法官逃避责任的一种“好办法”。但是，该制度违背了上下级法院之间的监督与被监督的关系，且变相剥夺当事人的辩论权、上诉权，从长远来看，应当予以废止，在目前没有废止的情况下，如果下级法院向上级法院请示汇报，那么应当将请示与答复的内容予以公开，否则就是一种秘密审判，严重违背审判公开原则。

（三）探索以互联网技术进行审判公开的新途径

伴随着信息时代互联网技术的发展，信息技术、载体日新月异，信息传播技术的新发展对司法公开的方式、途径提出了新的要求。放眼域外，不同程度采用新的互联网技术对司法进行公开成为西方法治国家的通行做法。如在英国，最高法院在推特（Twitter）上开通了官方账号，主要用于公布庭期日程表、罪行判决链接地址、官方声明或法庭通讯等。[1]而在美国，联邦最高法院诉讼规则规定，最高法院裁决的任何案件宣判之后，判决书都必须在10 分钟内上传至官方网站。所有案件的判决书一旦上网就不得从网站上撤下。[2]回视我国，为应对新媒体环境对司法公开的要求，我国人民法院也积极探索审判公开的新途径。如《关于司法公开的六项规定》明确规定，“人民法院的裁判文书可以在互联网上公开发布”。[3]党的十八大以后，最高人民法院通过的《关于人民法院在

〔1〕 参见葛峰：《不谈政治，不评判决，不互粉：英国最高法院谨慎发微博》，载《南方周末》2012年5月17日，第A5版。

〔2〕 参见关升英：《美国司法公开制度及其启示——关于赴美学习考察司法公开制度有关情况的报告》，载《山东审判》2014年第6期。

〔3〕 《关于司法公开的六项规定》明确规定：“除涉及国家秘密、未成年人犯罪、个人隐私以及其他不适宜公开的案件和调解结案的案件外，人民法院的裁判文书可以在互联网上公开发布。”（该规定于2009年12月8日颁行）

互联网公布裁判文书的规定》更是要求人民法院的生效裁判文书应当在互联网公布，且设立中国裁判文书网，统一公布各级人民法院的生效裁判文书。[1]这为裁判文书的公开提供了畅通的途径。据统计，截至2015年2月底，我国网上公布的裁判文书达629.4万份，其中最高人民法院公布7993份，[2]这无疑大大增加了司法的透明度。

此外，人民法院还逐步通过开通官方微博、微信等推进司法公开。时下，视频直播、微博直播庭审成为引人瞩目的司法公开新举措。据统计，截至2015年2月底，各级法院通过视频直播庭审8万次。[3]毋庸置疑，视频直播、微博直播庭审有利于审判公开，使民众有效行使监督权，确保司法公正。备受社会关注的薄熙来案就是通过微博直播庭审而获得民众对公正审判信任的典型案例。

需要指出的是，视频或微博直播庭审具有两面性，倘若每一个案件的庭审都进行视频或微博直播，则人民法院难以承受因之产生的成本，况且民众并非对每个案件的庭审都感兴趣，视频或微博直播未必能取得较好的效果，加之直播可能会干扰审判的严肃性和平静性，一定程度上会造成法官、检察官、律师和当事人心理紧张，因此，必须对视频或微博直播庭审作“适度”限制。这也是西方法治国家的通行做法。在美国，虽然联邦最高法院并不反对“摄像机进法庭”，但大多数大法官反对对庭审进行直播录播，前大法官苏特曾说道：“除非跨过我的尸体，否则摄像机休想进入我们的法庭。”事实上，按照联邦司法会议的授权，即使对庭审进行摄像直播，直播的部分也仅限于庭审口头辩论阶段。[4]在英国，尽管英国最高法院开通了推特账号，但最高法院推特从不直播庭审。[5]

---

〔1〕《最高人民法院关于人民法院在互联网公布裁判文书的规定》于2013年11月13日通过，已于2014年1月1日正式施行。

〔2〕参见周强：《最高人民法院工作报告》，载人民网：http://cpc.people.com.cn/n/2014/0318/c64094-24664468.html，最后访问日期：2015年6月20日。

〔3〕同上。

〔4〕参见关升英：《美国司法公开制度及其启示——关于赴美学习考察司法公开制度有关情况的报告》，载《山东审判》2014年第6期。

〔5〕参见葛峰：《不谈政治，不评判决，不互粉：英国最高法院谨慎发微博》，载《南方周末》2012年5月17日，第A5版。

因此，为了充分发挥视频或微博直播庭审对审判公开的积极作用，我国应当适度限制视频或微博直播庭审的案件范围。具体而言，可把视频或微博直播的范围限制在少数社会关注度高而具有法制宣传教育意义的案件。唯有如此，才能真正发挥视频或微博直播传递司法公开的积极作用。

（四）进一步扩大检察机关终结性法律文书的公开范围，增强文书的说理性

终结性法律文书是办案机关在立案、审查批捕、审查起诉、审判以及处理申诉案件后形成的法律文书。作为诉讼过程中的阶段性总结文件，终结性法律文书的内容可能涉及对诉讼参与人的诉讼权利的处理，因而具有司法裁判的属性。为了切实保障公民的诉讼权利，此类终结性法律文书应当向诉讼参与人和社会公开。

为努力实现检察权在阳光下运行，最高人民检察院自十八大以来积极推进检务公开，努力探索检察机关终结性法律文书公开制度，[1]要求把撤销案件、不批准逮捕等决定，人民法院所作判决，裁定已生效的刑事案件起诉书、抗诉书和不起诉决定书等终结性法律文书向社会公开。这对于保障人民群众对检察机关工作的知情权、参与权、表达权和监督权，提高司法公信力，无疑大有裨益。但是，从公开的范围来看，公开的终结性法律文书范围仍然较窄，难以满足实践的需要。因此，应当进一步扩大公开的终结性法律文书范围。具体而言，应当把职务犯罪不立案决定书、不抗诉决定书、不提出没收违法所得申请决定书、不提出强制医疗申请决定书向社会公开。这是由上述终结性法律文书的性质所决定的。从性质来说，检察机关所作出的不立案决定书、不抗诉决定书、不提出没收违法所得申请决定书、不提出强制医疗申请决定书与不起诉决定书等性质一样，均属于对当事人诉讼权利有重大影响的终结性处理意见，具有司法裁判的属性，只有把这些决定书向社会公开，才能避免暗箱操作，保障人民群众对检察机关工作的知情权，使诉讼参与人和人

〔1〕《2014—2018年基层人民检察院建设规划》明确要求深入推进基层人民检察院检务公开工作，除法律规定需要保密的以外，检察机关终结性法律文书一律向社会公开。

民群众对检察机关工作有效行使监督权。

应当指出的是,终结性法律文书的社会公开制度不仅要求法律文书本身要向社会公开,而且要求法律文书具有说理性,即法律文书应当全面阐释处理案件的过程和案件实体处理结果的理由等。从司法实践来看,目前检察机关的终结性法律文书对主要内容的叙述过于公式化,导致"现在的裁判文书千篇一面,缺乏认证断理的过程,看不出裁判结果的形成过程,缺乏说服力"。[1]这使人民群众无法了解决定作出的依据,不利于司法公信力的形成。为了增进当事人和社会公众对检察机关处理决定的理解和认同,应当加强法律文书的说理性,在文书中针对案件的争议焦点,阐明作出处理决定所依据的事实和法律。这也符合西方法治国家的通行做法。在西方法治国家,涉及公民权利处分的法律文书的主要内容均是围绕决定作出的理由的阐释而展开的。如在美国,如果法律文书所涉及的内容对当事人以及公众有价值时,裁判的理由就要作详细的说明。大量的判例正是针对裁判的"说理"(reasoning)建立起来的。同时,这也是贯彻党的十八届四中全会《决定》要求的需要。十八届四中全会《决定》明确指出:"加强法律文书释法说理,建立生效法律文书统一上网和公开查询制度。"

(五)健全和完善检察机关重要案件信息统一发布制度

检察机关统一发布一些重要案件信息能够在检察机关工作与社会公众之间搭建信息沟通桥梁,使社会公众更加顺畅地获取司法机关处理重要案件的信息,使媒体更好地了解和监督司法活动,从而有利于保障人民群众对司法机关处理重要案件情况的知情权、参与权和监督权,加强社会公众对司法工作的信任与尊重,增强司法公信力。正如有的外国学者指出,"只有当事实真相被了解之时,正确的意见才能占据上风;如果事实真相被掩盖了,错误的观念就会像正确的观念一样富于影响力"。[2]

---

〔1〕 最高人民法院原院长肖扬语。转引自任玉峰、胡军辉:《浅谈民商事裁判文书的制作误区与改革》,载法律博客网:http://blog.chinacourt.org/wp-profile1.php? p=62211,最后访问日期:2010年12月20日。

〔2〕 George Seldes, *You Can't Print That*! , Payson & Clarke Ltd., 1929, p.9.

鉴于统一发布重要案件信息对于司法公开的重要性,《人民检察院案件信息公开工作规定(试行)》明确规定了重要案件信息发布制度,要求人民检察院应当及时向社会发布重要案件信息,并规定了重要案件信息发布的途径、发布主体以及发布程序等,以保证重要案件信息得到有效发布。这无疑是深化司法公开的一项突破性改革举措。然而,从现有规定来看,重要案件的范围不够明确,且发布途径多元化不够,有待进一步细化完善。在下一步工作中,可作以下两方面的健全完善:第一,进一步细化重要案件的范围。根据《人民检察院案件信息公开工作规定(试行)》第11条规定,重要案件包括有较大社会影响的职务犯罪案件、社会广泛关注的刑事案件、已经办结的典型案例以及重大、专项业务工作等,至于何谓"有较大社会影响"等并没有作进一步规定。笔者认为,为使重要案件信息统一发布制度得到有效实施,可以把有较大社会影响职务犯罪案件细化为省部级、厅局级领导干部职务犯罪案件、县处级党政主要领导干部职务犯罪案件以及重大责任事故、重大食品药品安全事故等背后的职务犯罪案件。

第二,进一步健全完善重要案件信息发布的途径与渠道。根据《人民检察院案件信息公开工作规定(试行)》第12条规定,检察机关发布重要案件信息的途径包括新闻发言人召开新闻发布会、提供新闻稿以及人民检察院案件信息公开系统等。毋庸置疑,这些途径是公开重要案件信息的主要途径,但是,随着科学技术的发展,尤其是网络技术的发展,信息传播手段日新月异,除了传统的新闻媒体外,网络渠道成为社会公众获取信息的重要途径。为了进一步深化检务公开的改革,应当健全完善重要案件信息发布渠道,把检察机关官方网站、微博、微信、新闻客户端等新兴的信息传播媒体作为重要案件信息发布的重要途径,这是积极适应信息传播途径多样化的要求,也有利于重要案件信息的及时公开。

(六)对审查逮捕程序进行"公开听审"化改造,并建立不起诉听证制度

检察机关在刑事诉讼中充当重要的角色,承担着自侦案件的侦查工作、审查批准逮捕、公诉、法律监督等。作为我国的司法机关,检察机关

的诉讼活动也应当向当事人和社会公开。为了进一步推进检务公开，最高人民检察院于2015年2月28日发布的《关于全面推进检务公开工作的意见》明确要求“让检察权在阳光下运行”，并就检务公开的内容、程序等问题作了详细规定，为全面推进检务公开提供了重要保障。但是，在进一步推进检务公开的过程中，检察机关的诉讼活动仍有不符合检务公开的情况，主要表现为涉及当事人诉讼权利处分的审查逮捕程序与不起诉程序公开不足，因此，应当采取有效措施加以改革，以使检察机关的诉讼活动更具有公开性。

第一，对审查逮捕程序进行“公开听审”化改造。由于逮捕涉及对犯罪嫌疑人人身自由的剥夺，逮捕决定的作出应当体现司法审查的特点，在向犯罪嫌疑人公开的程序下进行。为增强审判逮捕程序的公开性和透明度，2012年修改后的《刑事诉讼法》改变了过去封闭式的审查方式，增加规定了审查批准逮捕讯问犯罪嫌疑人制度（第86条规定）。这种重视逮捕决定作出过程中犯罪嫌疑人及其辩护律师或其他诉讼参与人的参与的做法，有利于把逮捕决定的过程公开化。但是，根据这一规定，检察机关在审查批准逮捕时是“可以”讯问犯罪嫌疑人，只有在符合三种情形下才是“应当”讯问犯罪嫌疑人。可见，在是否讯问犯罪嫌疑人问题上，刑事诉讼法赋予了检察机关过大的自由裁量权，这会导致讯问犯罪嫌疑人制度被化解，审查批准逮捕程序的公开性也会遭到破坏。有鉴于此，为了增强审查逮捕程序的透明度，应当规定检察机关在审查逮捕程序中必须讯问犯罪嫌疑人，只有这样，才能确保逮捕决定作出的公开性和透明度，不断增强审查批准逮捕决定的公信力。

此外，《刑事诉讼法》第86条虽然规定检察机关在审查逮捕程序中讯问犯罪嫌疑人，但是并未明确侦查机关和犯罪嫌疑人可以同时在检察机关面前就逮捕必要性等问题提出意见，这显然不利于检务公开。为增强审查逮捕程序的公开性和透明度，《最高人民检察院关于全面推进检务公开工作的意见》明确要求对于在案件事实、适用法律方面存在较大争议或在当地有较大影响的审查逮捕案件，探索实行公开审查。我们认为，要实行公开审查，必须探索建立检察机关在侦查机关与犯罪嫌疑人同时在场并听取双方关于逮捕必要性的意见基础上作出逮捕决定的机制。在司法实践中，已有一些地方对此进行了积极的探索，例如上海市人民检察院就在2013年出台了《关于开展逮捕必要性听审工作的指导意见》，在审查批捕阶段以“听审”的方式公开听取侦查机关、犯罪嫌疑人及其律师、被害人及其法定代理人等关于犯罪嫌疑人逮捕必要性的意见的工作机制，[1]从而大大提高了该市审查逮捕程序的公开性，取得了良好的法律效果和社会效果，这是值得称赞和推广的。我们应当通过立法和司法解释尽快确立审查逮捕公开听审机制。

第二，建立不起诉听证制度。不起诉是检察机关在审查起诉阶段终止诉讼程序的重要制度。不起诉决定作出的正确与否，直接影响当事人的诉讼权利能否有效行使。检察官在作出不起诉决定时存在一定程度的自由裁量空间（针对酌定不起诉），这为检察官腐败提供了潜在机会。因此，要防止检察官在作出不起诉决定的裁量权时出现腐败现象，必须使检察官的决定置于阳光之下，对其进行有力监督和制约。在我国，不起诉裁量权的监督手段包括被不起诉人的申诉、被害人的申诉和自诉、公安机关申请复议和复核、检察机关内部的监督、人民监督员的监督等。但是这些监督手段属于事后监督，加之大多不公开进行，监督效果难免不佳，民众对不起诉决定的正当性也产生了质疑。为增强不起诉决定作出的透明度，保证不起诉决定的公正性，最高人民检察院于2001年3月5日印发《人民检察院办理不起诉案件公开审查规则（试行）》，要求对不起诉案件进行公开审查。如不起诉案件公开审查时，允许公民旁听，经人民检察院许可，新闻记者可以旁听和采访等。不起诉案件公开审查制度的施行无疑有利于增强不起诉决定的透明度，但是该制度允许检察机关阐述不起诉理由时不出示证据，侦查人员与犯罪嫌疑人及其辩护人也

---

〔1〕 参见周越强：《审查逮捕致力于司法化、公开化》，载《检察日报》2013年8月2日，第3版。

不能直接进行辩论，[1]这显然不符合诉讼化的基本要求。为使不起诉的公开审查更加公开透明、公正合理，笔者认为应当建立不起诉听证制度，即在不起诉决定作出之前，公开举行听证会，允许受不起诉决定影响的利害关系人就拟作出的不起诉决定相互举证、质证，并由听证人对不起诉适用是否适当作出评判。这不仅是深化检务公开改革的需要，也有利于充分保障当事人及其他诉讼参与人的合法权益。具体而言，检察机关对于拟作不起诉处理的案件，可以根据侦查机关（部门）的要求或者犯罪嫌疑人及其辩护人的申请，或者对于重大、复杂案件，进行公开听证，允许侦查机关（部门）及犯罪嫌疑人及其辩护人就不起诉决定进行举证、质证，并在结合案件具体情况并充分考虑双方意见基础上作出是否起诉的决议。

第五节　司法信息化

当今世界，科技进步日新月异，信息发展之迅猛更超乎想象。但是事物充满辩证法，信息技术带有负能量。诚如美国信息学大师詹姆斯·格雷克所言："新的信息技术在改造现有世界景观的同时，也带来了混乱。在这场混乱中，希望与恐惧相互交织。"[2]本节拟就信息时代刑事司法的发展问题，结合中国实际，略抒己见，就教于方家。

一、信息时代刑事司法实践出现的新变化

我们生活在信息时代。这并不是说此前人类社会中没有信息，铁器时代和蒸汽时代也存在着各种形态的信息。"世界上几乎任何事物都可

---

〔1〕 最高人民检察院2001年3月5日印发的《人民检察院办理不起诉案件公开审查规则（试行）》第14条规定："案件承办人应当根据案件事实和证据，依照法律的有关规定，阐述不起诉的理由，但不需要出示证据。参加公开审查的侦查人员，犯罪嫌疑人及其法定代理人、辩护人，被害人及其法定代理人、诉讼代理人可以就案件事实、证据、适用的法律以及是否应予不起诉，各自发表意见，但不能直接进行辩论。"

〔2〕 参见［美］詹姆斯·格雷克：《信息简史》，高博译，人民邮电出版社2013年版，第405页。

以用信息的方式量化。"[1]信息一直都在，但第三次工业革命通过数字技术、个人电脑、互联网使信息疾速增长和迅速传播成为可能，于是出现了信息爆炸，数字化信息飞速充满人类社会发展，人类强烈认识到信息的存在及其强大能量，是谓信息时代。而今，以无人驾驶、人工智能、新型材料、3D打印、5G通信等为标志的第四次工业革命即将席卷全球，深度影响人类社会生产生活的各个角落。[2]数字化、智能化革命不但在宏观上深刻撼动着生产组织方式和世界经济格局，微观上也改变着每一个人的生存状态和生活方式，人类社会各个领域面临着自观念到模式到具体制度的新一轮转型。我们已经逐渐习惯了屏读，习惯了利用网络搜索来获取所需，习惯了周围越来越多的生活用品上装有传感设备，习惯了现金甚至银行卡的逐渐退出，代之以二维码实现支付。

改变同样发生在刑事司法领域。若干年前，人们对信息技术影响刑事司法的理解还主要停留在技术侦查、远程视频作证、电子证据等领域；近年来，"大数据司法""电子卷宗""远程庭审指挥""多媒体示证""智慧法院""数字法庭""智能导诉""智能书记员""虚拟现实"等新概念已经在不断更新我们的认知。刑事司法在信息时代（尤其是近些年大数据技术兴起后）的新变化可以主要概括为以下方面：

（一）数据共享与深度应用

大数据、云计算日渐成为各行业辅助决策关键词，在司法领域，数据共享及其深度应用主要体现为两种方式：一是办案机关内部数据、办案机关之间相关数据、办案机关与其他国家机关之间相关数据的深度挖掘与分析研判；二是办案机关与掌握大量数据的互联网企业联合，与其共享用户数据和技术资源，对社会信息资源深度挖掘与应用。

这两种方式在各地当前大力推进的"智慧法院"建设中均有体现。前者如重庆、福建等地，具体做法包括通过"云中心"汇集该省级区域内

〔1〕参见［美］詹姆斯·格雷克：《信息简史》，高博译，人民邮电出版社2013年版，第vii页。

〔2〕See Larry Elliott, "Fourth Industrial Revolution Brings Promise and Peril for Humanity", at https://www.theguardian.com/business/economics-blog/2016/jan/24/4th-industrial-revolution-brings-promise-and-peril-for-humanity-technology-davos.

各法院的海量数据，将审判、政务、队伍、社会环境等关联信息归类整理进入信息资源库，通过大数据技术进行分析研判审判态势，例如重庆法院系统的专项分析模块中包括了对醉驾、毒品、知识产权等案件的分析模块。[1]后者的典型做法如浙江高院，2015年11月，浙江高院与阿里巴巴集团签订战略合作框架协议，借助阿里互联网平台的云计算能力和用户数据，建立"审务云"平台，实现当事人协查信息共享、文书送达、电子商务纠纷网上化解、金融犯罪预测预防等"互联网+"功能。[2]

（二）信息交互平台大量出现

近年来，刑事司法领域的信息交互平台建设发展迅速，根据信息接收方不同，可以大体分为两类：一是公安司法机关之间的信息交互，相关平台使得刑事案件的办理通过电子化、信息化的网络平台推进，有助于提高办案效率。例如，全国检察机关统一业务应用系统，又如部分地区已经实现公、检、法三家联合的政法信息共享平台，通过建立诉讼数据信息共享平台，实现所办理案件信息在公、检、法之间流转。与此同步的配套举措是电子卷宗制度。电子信息平台的有效运转需以信息的电子化为其前提，最高人民检察院基于各地多年来的探索已于2016年年初印发了《人民检察院制作使用电子卷宗工作规定（试行）》。由于处于刑事诉讼中间环节，检察机关的电子卷宗建设又间接推动了公安机关与法院的相关改革。

二是公民与办案机关的信息交互，具体又包括诉讼参与人与办案机关的交互平台以及司法信息向一般公民公开的平台。前者使诉讼参与人参与案件更为便捷，如网上报案、网上立案、律师网上阅卷[3]，有地区

〔1〕 参见吴晓锋：《探访重庆法院数据"云中心"："智慧法院"如何"智慧"审判》，载《法制日报》2015年6月30日，第4版；何晓慧：《福建解码打造"智慧法院"路线图》，载《人民法院报》2015年8月17日，第1版。

〔2〕 参见孔令泉、张兴平：《"智慧法院"之浙江实践》，载《民主与法制时报》2015年12月5日，第4版。

〔3〕 如果律师申请阅卷，检察机关案管部门在审核认证后，将电子卷宗调入独立终端供查阅。

在刑事案件领域也开始尝试电子送达[1]。后者有助于增进司法公开的透明度。例如，最高人民法院已建成四大司法公开平台，其中，中国裁判文书网、中国庭审公开网便是一般公民了解刑事司法办案情况的网络平台。根据2015年年底之前相关数据统计，法院公开文书数量与办结案件的比例在50%左右[2]，文书公开的要求有待进一步落实，2016年7月最高人民法院修订发布了《关于人民法院在互联网公布裁判文书的规定》，以全面、及时为原则，加强了相关规范。

(三)信息化、数字化的办案方法与证据形态

20世纪后期，信息技术对刑事司法的影响还主要体现为技术侦查中的监听；进入21世纪，尤其是2010年之后，信息技术、数字技术的迅速发展，使得刑事司法侦查、起诉、审判等各个环节都出现了若干新变化，主要体现于证据形态和办案方法两方面。

证据形态上，电子信息技术渗透到社会生活各个方面，也被许多犯罪人用于作案过程之中，越来越多的证据(甚至是案件的关键证据)以电子化、数字化的形态展现，许多案件的办案人员在相关技术层面遭遇挑战，比如引起社会关注的快播案。相应地，证据形态的这种趋势性改变也在法律和司法解释的制定领域日益呈现出来，2012年刑事诉讼法、民事诉讼法两大法律修改，在证据种类中均增加了“电子数据”，2015年最高法《民诉法解释》第116条对电子数据的内涵做了初步解释，2016年“两高一部”印发《关于办理刑事案件收集提取和审查判断电子数据若干问题的规定》，专门对刑事案件电子数据的收集提取、审查判断作出规范，数字化证据近年来对刑事司法的影响可见一斑。

办案方法上也出现了许多借助信息技术、数字技术的新方式。信息化侦查近年来已经成为侦查机关的重要办案理念，并具化为互联网取

---

〔1〕 例如，广东法院受理的民事、刑事、行政、执行、再审案件，需要向诉讼参与人送达诉讼文书的，均可使用电子送达方式，但按照法律规定的判决书、裁定书、调解书除外。参见陈捷生：《广东法院率先推行诉讼文书电子送达》，载人民网：http://legal.people.com.cn/n/2015/0105/c42510-26323853.html，最后访问日期：2016年8月3日。

〔2〕 参见马超等：《大数据分析：中国司法裁判文书上网公开报告》，载《中国法律评论》2016年第4期。

证、智能终端取证、GPS定位追踪、银行账户信息追踪等诸多以数字化信息为收集对象的具体侦查措施，同时逐渐形成基于数据的案件研判方法。公诉领域出现了出庭公诉远程指挥系统、多媒体示证等信息化办案方式。各地法院探索电子法院建设，继远程视频作证之后，远程视频庭审的新闻也日渐见诸报端，目前较多适用于刑事再审案件〔1〕、被告人认罪案件〔2〕之中。在远程庭审过程中，法官位于法院、公诉人位于检察院、被告不押解出羁押场所，借助视频监控画面，在虚拟空间进行“面对面”审讯。此外，近期国外法庭科学的相关研究已经开始延伸至虚拟现实技术的使用探索。美国、英国、瑞士等国家均已启动将虚拟现实面罩用于帮助陪审团身临其境感知和了解犯罪现场的相关研究。〔3〕

（四）人工智能的探索与尝试

继IBM今年5月宣布其研发的世界首位人工智能律师Ross〔4〕诞生后，我国天同律所也在10月宣布国内首款法律机器人“法小淘”诞生，并已在无讼法务产品中使用，目前已能够基于法律大数据实现智能案情分析和律师遴选。〔5〕人工智能在司法领域中应用并不仅仅出现于律师行业，

---

〔1〕 刑事再审案件的被告人多数身处监狱之中，通常地处偏远，有法官指出前往审判时“在途往返需要三天，而审理可能不足半小时”。参见徐微：《法院视频开庭“隔空审案”长春实现首例远程视频开庭》，载网易新闻：http://news.163.com/15/1230/10/BC30M0IL00014SEH.html，最后访问日期：2016年5月21日。

〔2〕 参见许婷婷：《武汉中院首次利用远程视频开庭审理刑事案件》，载中国法院网：http://www.chinacourt.org/article/detail/2014/11/id/1480082.shtml，最后访问日期：2014年11月22日。周晶晶：《武汉江汉：远程视频庭审系统首秀公诉人开庭“不出院”》，载正义网：http://www.jcrb.com/procuratorate/jcpd/201610/t20161024_1664771.html，最后访问日期：2016年10月21日。陈璋：《被告人不在场远程视频庭审》，载中国江西网：http://www.jxnews.com.cn/jxrb/system/2015/11/27/014487095.shtml，最后访问日期：2015年11月28日。

〔3〕 See Laura Bliss, “The ‘Oculus Rift’ and the Courtroom”, Accessed March 17, 2015. http://www.citylab.com/crime/2015/03/the-oculus-rift-and-the-courtroom/385351/, G.Clay Whittaker, “British Jurors Can Now Visit Crime Scenes in Virtual Reality”, Accessed March30, 2016.http://www.popsci.com/uk-using-vr-headsets-for-jurors.

〔4〕 该智能律师目前就职于纽约Baker & Hostetler律师事务所。参见刘思瑶：《IBM研发出世界第一位人工智能律师——Ross》，载环球网：http://tech.huanqiu.com/original/2016-05/8935344.html，最后访问日期：2016年5月17日。

〔5〕 参见谢珊娟：《中国首个法律机器人来了，“法小淘”现场“秒算”律师震惊全场》，载云栖社区网：https://yq.aliyun.com/articles/61731，最后访问日期：2016年10月18日。

法院也开始尝试使用人工智能协助办案。比如2016年6月杭州市西湖法院审理的宣某危险驾驶案被认为是国内首例由人工智能程序替代书记员完成庭审笔录的案件，这款程序来自阿里云，被称为小Ai，随后西湖法院又对一起盗窃案试用了小Ai。〔1〕再如2016年5月安徽省马鞍山市雨山区法院诉服大厅开始使用智能导诉机器人“小雨”，能够就立案、开庭公告等事项熟练地向当事人提供方便快捷的导诉服务，是该法院根据最高人民法院“法院信息化3.0”改革在“人工智能+法律”领域进行的探索。〔2〕

二、新变化与刑事司法基本理念的碰撞

信息社会中司法实践出现的变化，给刑事诉讼法学研究带来了许多需要思考的新方面，下面仅结合刑事司法基本理念谈谈两个问题。

（一）控制犯罪与保障人权的平衡点

个人数据与隐私之间的天然联系，使隐私权问题成为信息社会语境下研讨控制犯罪与保障人权两大价值目标之间平衡点时的重要课题。

伴随犯罪手段信息化、智能化程度的加深，信息数据尤其是作案痕迹数据（留存于计算机、手机、网络、电信记录、金融机构记录中的数据等）、踪迹线索数据（GPS信息、取款地信息、支付地信息等）在刑事案件中的重要性日益凸显，各国刑事办案机关对数据的需求比以往更加迫切。其中，一部分数据可以由办案机关在严格遵守程序的前提下依靠自身力量获取，但也有相当一部分数据处于第三方（金融、电信、网络运营单位等）的掌握之中，需要从后者处获得，具体方式又包括两种：一种是通过第三方单位的个案协助义务来实现，另一种是办案机关与第三方单位的数据平台实

〔1〕 参见陈瑜艳：《浙江高院庭审引入人工智能做笔录准确率达96%》，载网易新闻：http://news.163.com/16/0609/11/BP480EP400014JB5.html，最后访问日期：2016年6月9日。

〔2〕 参见汪再荣、李玥：《智能导诉机器人亮相马鞍山》，载《人民法院报》2016年5月25日，第4版。

现互通[1]。此外，有些时候办案机关向第三方提出的协助要求并不直接指向数据获取，尽管以获取数据为最终目的。比如要求产品商或网络运营商提供解码技术支持，以获取某一特定设备中或信息交互过程中的数据。出现这一情况的主要原因是科技的迅速发展使得办案机关自身的技术力量无法破解案件中的技术问题，在办案中遭遇了重大障碍，于是便寄希望于产品或服务的提供者予以技术支持，典型案件比如美国的苹果案[2]和WhatsApp案[3]。

与此同时，人们感到了来自隐私保护领域的压力和担忧。关于解决问题的方案，相关领域研究者发起过诸多讨论，提出过若干观点：有观点主张个人在提供信息时进行数字化节制，然而，分享个人信息能为用户提供价值，人们或许并不想放弃新兴科技带来的诸多便利而成为数字时代的隐士；[4]有观点建议根据信息社会特点，重构隐私的内涵，将一部分信息数据从隐私中释放出来，然而，有时一项数据是否涉及隐私并不

〔1〕 比如，美国目前的70多个融合决策中心，通过政府与私营行业的合作，在各地收集并分享与“威胁”相关的政府和私人信息。融合决策中心以信息共享名义让政府能够从私营行业收集信息，从而绕过宪法对于信息采集行为的限制。参见［美］弗兰克·帕斯奎尔：《黑箱社会》，赵亚男译，中信出版集团2015年版，第64～65页。

〔2〕 苹果公司与美国FBI“iPhone解锁”事件：2015年12月美国加州发生一起枪击案，造成14人遇害、17人受伤严重后果，两名枪手被当场击毙，嫌疑人遗留下的加密iPhone成为案件突破口。由于在输入一定数量错误密码后手机就会失效，FBI寻求苹果公司协助解码，遭到拒绝。2016年2月，联邦地方法院要求苹果帮助FBI解锁嫌疑人的苹果iPhone 5c手机。苹果首席执行官对法院命令作出公开回应，表示不会执行法庭命令，因为这是“FBI要求苹果在iPhone构建一个后门，我们担心这种需求会破坏自由”。一些支持公众隐私权的示威者举行集会，抗议FBI的做法；随后，包括Facebook、Twitter以及谷歌在内的科技公司也表示支持苹果的做法。3月，美国司法部透露另有其他公司可能帮助FBI解锁，不久，司法部撤销了对苹果提起的诉讼，同时宣布该提供帮助的公司所使用的方法被证实是可行的。

〔3〕 WhatsApp加密事件：隶属于Facebook的WhatsApp是全球最大的手机聊天工具，继苹果公司与美国FBI手机数据破解风波之后，2016年4月，WhatsApp宣布将对全球十亿用户启动端到端默认聊天加密。当用户在发送一条聊天信息时，能看到这则信息的只有他的聊天对象，无论网络犯罪集团还是政府机构，甚至是WhatsApp公司本身，都看不到聊天内容。WhatsApp因其加密已成为多国司法部门的“眼中钉”。巴西执法部门逮捕了Facebook负责南美业务的负责人，理由是在一起贩毒案件中，WhatsApp公司不愿意配合巴西警方，提供部分用户的聊天信息。美国在调查一宗案件时，也需要获取WhatsApp用户的聊天信息，但是其加密特性妨碍了数据获取，导致警方获得的通信监听令毫无用处。

〔4〕 参见［英］维克托·迈尔-舍恩伯格：《删除：大数据取舍之道》，袁杰译，浙江人民出版社2013年版，第166～167页。

容易判断;[1]也有观点建议经个人同意方能使用其隐私信息,使个人对该信息在每一阶段的用途都有知情权和控制权,相应地,政府与企业有收集和使用数据的告知义务;[2]还有观点提出通过确立"被遗忘权"来保护个人隐私,即在符合一定条件的情况下,数据控制单位便应将该信息删除(如个人基于某一目的将数据提供给网络服务商,目的达成后,个人便有权要求对方删除该数据)。[3]

实际上,上述问题涉及三方利益:公共安全利益、商家的商业利益、个人的隐私利益。一般认为,隐私利益在商业利益面前有其明显的优势地位,但隐私利益在公共安全利益面前却并不具有这样的绝对优势。与其他研究领域有所不同,在刑事司法这一特殊领域,与个人隐私相关的信息数据并非不可获取[4],而是应当以遵循以下原则为前提:第一,必须在法定正当程序中合理获取;第二,在使用数据过程中应注意保密,且不得滥用,为此应当设置有效的监督部门与程序;第三,被追诉者有权在适当程序环节中了解自己被使用的信息内容,该内容如何影响了判决结果,并有机会对该信息数据的可靠性、关联性、如何被使用(包括通过何种算法对海量数据进行研判)等问题提出质疑,而且在此过程中能够获得有效的帮助(来自律师和有专门知识的人)。相应地,刑事司法领域需要认真思考的是如何来设计制度以使上述三项原则有效实现,而刑事司法领域对隐私边界等问题的研究也应当是服务于这一中心而展开的。

结合我国的立法与司法实践,以下问题值得关注:一是办案机关要求第三方提供数据的办案环节缺少严格设计的具体程序。目前我国相关法律和司法解释对刑事办案机关与掌握数据的第三方之间的关系主

---

〔1〕 美国若干相关案例将问题集中于相关内容是否属于隐私的探讨。

〔2〕 参见[英]维克托·迈尔-舍恩伯格:《删除:大数据取舍之道》,袁杰译,浙江人民出版社2013年版,第169~171页。

〔3〕 欧盟1995年《个人数据保护指令》第12条已对"被遗忘权"的相关理念有所体现,2016年4月发布的欧盟《一般数据保护条例》第17条正式确立了"被遗忘权"(right to erasure)。

〔4〕 所以被遗忘权目前在相当程度上并非刑事司法研究领域中的主要内容,而是集中体现为民商事司法领域中商业利益与公民隐私利益之间的对抗。

要通过两类条文加以规范：一类规定于侦查行为之中，主要体现为查询。查询这一侦查行为在刑事诉讼法中并未如同其他侦查行为那样得到强调，而只是与冻结同时出现在相关条文之中。而在公安部《规定》和最高检《规则》中，查询更是被规定为在初查阶段可以采用的调查方法之一。可见查询被划定于任意侦（调）查手段的领域，在审查批准程序上并没有严格设计。但在信息数据技术日益发展的未来，查询所获得的信息数据将成为一种重要的办案资源，多方查询的数据综合结果与被查询人隐私的关联程度也将提升。查询，将渐渐在传统含义基础上发生嬗变，成为一种功能强大且对个人隐私更具透视性的侦查方法，其程度将来甚至可能不低于技术侦查。另一类规定体现为第三方配合义务。除了《刑事诉讼法》中所规定的"任何单位有义务按照检察院和公安机关的要求交出证据"外，2015年年底通过的《中华人民共和国反恐怖主义法》和2016年11月通过的《中华人民共和国网络安全法》进一步提出了相关单位的技术支持义务[1]，包括技术接口和解码等，但对于办案机关在要求第三方履行上述义务时应当遵循怎样的程序并无具体规定。应当加强该领域的制度完善和理论思考，前述苹果案和WhatsApp案讨论便是这一问题的现实个案，相关问题也会出现于我国将来的案件之中。

二是检察机关的监督权在个人信息数据使用的环节上如何落实。作为国家法律监督机关，检察机关无异于刑事司法全程中一双时刻警醒的眼睛，监督各个程序环节依法进行；而且这双眼睛应当能够敏锐地察觉伴随时代发展而发生的新变化，不断调整其监督重点。当信息数据技术越来越多地成为重要办案方法之一，检察机关便应当开始预见和关注该领域可能发生的问题。为了防止违法获取数据、滥用数据、在关涉隐私的数据上未尽保密义务等情况的发生，有学者已经提出，"需要有人来监

[1] 《反恐怖主义法》第18条要求提供"技术接口和解密等技术支持和协助"，《网络安全法》第28条要求提供"技术支持和协助"。

测他们如何监测他人”[1]。放到刑事诉讼之中，后一监测指的是办案者对嫌疑人的调查，前一监测则指程序监督者对办案行为的监督。在当前刑事诉讼权力分配结构下，检察机关应当承担起这一职责；检察机关的监督权在个人信息数据使用问题上如何落实，将是规则制定者未来需要认真思考的问题。

三是尽管法律已明确规定技术侦查所获材料可以作为证据使用，但实践中在法庭上作为证据出现的情况却很少，如何保障被追诉人的个人信息使用知情权以及有效质证权是该类证据使用中应当关注的问题。在刑事诉讼的场域之中，就信息数据的使用而言，相当程度上一方是透明的公民，另一方是不透明的办案机关和第三方单位。技术侦查所获数据材料尤其如此，除了作为一般办案规律的侦查阶段不透明性以及技术侦查秘密性以外，实践中该材料作为证据在法庭上接受质证的情况并不常见。尽管刑事诉讼法规定了此类材料可以作为证据使用，但由于并未要求必须接受质证，以及法律同时规定了可以由审判人员在庭外对之进行核实，实践中，许多使用了技术侦查材料的案件，对该证据的调查是由公、检、法三家采用庭外核实的方式进行的，被告人及其辩护人并不知情。而技术侦查活动所采用的通常是记录监控、行踪监控、通信监控、场所监控等措施，所得数据材料与侦查对象的个人隐私关系甚大。基于侦查阶段特殊性以及技术侦查方式特殊性的考虑，在侦查过程中难以满足被侦查个体对办案机关获取哪些数据以及如何分析使用该数据的知情权和质疑权，但至少在审判阶段，应当使这些权利得到满足，应给其机会质疑这些用于影响审判的数据的可靠性、完整性、关联性、具体如何被分析使用等情况；并且，考虑到某些涉及具体技术的问题，获得有经验的辩护律师和有专门知识的人的帮助也是其有效行使权利的必要前提。否则，在信息数据对案件结果产生越来越大影响的将来，被追诉人可能会在并不了解自己案件的情况下被定罪量刑。

---

〔1〕 参见[美]弗兰克·帕斯奎尔:《黑箱社会》，赵亚男译，中信出版集团2015年版，第217页。

（二）刑事诉讼构造视角下再检视

现代刑事诉讼构造的基本内涵可以通过控审分离、裁判者中立、控辩平等三句话来描述。其中，控审分离是现代刑事诉讼构造得以初具形态的基本条件，而在裁判者中立与控辩平等两者之间，裁判者中立是保障控辩平等的基本前提。当前刑事司法实践中出现的许多新做法，使人们在为司法能力日益现代化而欣喜的同时，一定程度上也对新实践给刑事诉讼构造带来的潜在影响不无担忧。这里结合裁判者中立和控辩平等两方面稍作分析。

首先，关于裁判者中立。“十三五”期间，建成以大数据分析为核心的人民法院信息化3.0版是我国法院系统着力发展的目标之一[1]，“智慧法院”已成为各地各级法院建设的新关键词。但应当如何理解法院信息化过程中的“跨界融合”？在上文谈到的实践里两种建设方法之中，有一种是法院与商业第三方平台联手共建，代表性做法比如浙江高院2015年年末与阿里巴巴集团签订战略合作框架协议，借助阿里互联网平台的云计算能力和用户数据，建立“审务云”平台，实现协查信息共享等功能。然而，法院作为国家审判机关，中立性被认为是实现其公正与权威的基本保障，因而法院通常需要保持一种超然的地位，不宜与商业运营主体轻言“联姻”。商业主体随时可能成为某具体个案中的当事人，在这样的案件中，即使法官秉公裁判，也会在公众心中留下许多质疑。

当前处于社会转型初期，互联网企业作为该时期的先锋力量，其技术和数据掌握情况在整个社会中体现出极大优势，各个领域的话语交流平台上都可以看到互联网企业的身影，而相对应的是刑事司法机关自身的技术和数据开发尚处于起步阶段，因此，对于部分法院借助互联网企业的技术力量和数据资源发展自身审判能力的做法，在社会转型初期可以得到理解，但这种选择值得认真思考，法院信息化的过程不能失去了司法活动的基本价值立场。切莫让法院有了智慧，失了超然。

智慧法院的建设，应当自上而下，国家统筹；审判机关的智慧化过

---

〔1〕 参见《中国审判》编辑部：《人民法院信息化建设五年发展规划（2016—2020）》，载《中国审判》2016年第5期。

程，应当尽可能依靠国家自有的技术力量。近日，最高人民法院发布消息成立天平司法大数据有限公司，由最高人民法院信息技术服务中心和中国电子科技集团公司等单位共同成立，致力于司法大数据研究应用，全面参与“智慧法院”建设，使司法大数据更好地服务司法审判执行。[1]笔者认为，这是法院信息化过程中跨界融合的较好方式。

实际上，不仅仅是司法机关，任何公权力部门与商业运营实体结成长期合作关系时均应三思而后行，因为这层关系的存在会使人们质疑公权力是不是值得信任的。美国有研究者曾分析了谷歌当前在美国“大到不能倒”的地位。“当谷歌在网络监测方面与国土安全部门和美国国家安全局并肩作战时，它还用得着担心可能会违反反垄断条款吗？谷歌公司在监测方面的地位太重要了，以至于政府要对其维护到底。”[2]“当我们进入信息时代后，政府与主流商界之间的旋转门关系越来越明显，越来越令人不安。”[3]而英国的做法值得借鉴，英国政府成立了一个专门的解密部门，来协助警方破译加密密码。[4]

其次，关于控辩平等。建设“数字法庭”是各国刑事司法改革发展的大趋势，比如电子档案、电子卷宗的推广使用，通过视频技术的开发实现远程讯问、远程询问，法庭之上的多媒体示证，等等。我国近年来也在这一领域进行了大量探索，本文中已有谈及。但在将科技元素用于司法活动的探索和尝试中，有些做法的正当性可能需要进一步思考。

举一个越来越多出现在各地司法之中的新型实践为例，近年来，若干地区的检察院出庭公诉远程指挥系统开始应用于刑事案件庭审。出庭公诉远程指挥系统是运用网络专线视频双向联通法庭内外，实时同步传输庭审场景，实现检察院对出庭公诉的远程指挥、协助和观摩功能。[5]目

---

〔1〕 参见李万祥：《天平司法大数据有限公司成立助力“智慧法院”建设》，载凤凰网：http://finance.ifeng.com/a/20161110/14999780_0.shtml，最后访问日期：2016年11月11日。

〔2〕 参见［美］弗兰克·帕斯奎尔：《黑箱社会》，赵亚男译，中信出版集团2015年版，第71页。

〔3〕 同上书，第280页。

〔4〕 参见［英］约翰·帕克：《全民监控：大数据时代的安全与隐私困境》，关立深译，金城出版社2015年版，第257页。

〔5〕 参见刘品新：《网络时代刑事司法理念与制度的创新》，清华大学出版社2013年版，第88页。

前在内蒙古、河北、山东、江苏、浙江、广东、海南等地均有实践。该系统主要功能是对公诉人进行即时后方支援。一方面，检察院可以集中多位经验丰富的检察官对庭审进行同步观察，并指导现场的公诉人如何应变，集检察机关集体智慧，帮助出庭公诉人准确应对庭审中可能出现的复杂情况；另一方面，检察院信息指挥中心的示证系统往往与法庭多媒体示证系统连接，可以在后方补充示证，将某些急需的材料迅速传给公诉人。

这种新型实践无疑会增进指控一方行使控诉职能的效果，提升有效控制和惩罚犯罪的效果，然而，这一目标却并非刑事诉讼目的的全部，而只是其中一翼。反观被告人及辩护人一方，却并无可能在庭审过程中求助于自己的智囊团。根据我国法庭的相关规则，法庭中的全体人员均不能“拨打或接听电话”，也不能“对庭审活动进行录音、录像、拍照或使用移动通信工具等传播庭审活动”，自2016年5月1日起施行的新版《中华人民共和国人民法院法庭规则》亦是如此规定。这意味着法庭之上的人员就庭审内容与外界即时联系的做法并没有相关依据支持。刑事诉讼构造中的控辩平等，在审判环节应当得到最佳体现。之所以将“审判”作为刑事诉讼的“中心”，是因为这是一个控辩双方能够在中立第三方面前进行平等对抗的阶段，是公开度、透明度最大的阶段，也是最能饱满地体现刑事诉讼等腰三角构造的阶段。对于控辩双方而言，法庭是一个相对封闭的对抗空间。在法庭之外，控方因是国家机关而具有力量上的天然优势，这种力量优势不宜在法庭之上继续延伸，否则便可能有害于控辩平等的实现。

值得大家留意的是，许多国家在其法庭技术化改革指南性文件中，强调了法庭技术受益方的普遍性，而并非法庭提供便利使某一方获益。比如，《2015年美国联邦司法战略计划》谈到运用科技助力法庭建设的目的旨在识别并满足当事人及公众的需求，为其获取信息、服务和接近司法提供帮助，增进当事人对司法的信任[1]；再如，《2016年英格兰及威尔士大法官司法报告》中提到在所有刑事法庭中安装WiFi以便当事人、

〔1〕 See Issue 4, *Strategic Plan for the Federal Judiciary*, September 2015.

辩护人及其他诉讼参与人就电子案卷等与法庭交流[1]。实际上，早在20世纪末互联网科技较多适用于司法界之初，便有相关研究者就类似问题表达了关切。例如，美国司法部司法项目办公室1999年发布的一项实证调研结果表明，公设辩护人的技术装备和技术操作水平远低于公诉人、警察、缓刑官等，该报告建议给公设辩护人配备必要的技术工具，以使其能够更好地服务于被告人。[2]

三、信息时代刑事司法制度之未来展望

我们的许多不安与不适，源自当前所身处的这种状态——信息数字技术升级带来生存环境疾速变化，知识更迭的速度难以想象，以至于我们的认知以及知识结构尚未来得及跟进与适应。当这种不同步状态达到一定程度时，人们便会陷入由于不确定性而带来的惶恐。凯文·凯利在其新作《必然》中对此作出了估算：我们发明新事物的速度已经超出了我们"教化"这些新事物的速度，今天，一项科技问世之后，我们需要大约十年的时间才能对其意义和用途建立起社会共识。[3]在社会宏伟转型的前夜，不可避免地会有各种观点的激烈碰撞与交锋，也会更加经常地看见不同领域学者和专家共聚一堂，各抒己见。我们认为：

首先，信息时代的到来是人类社会的进步，应当顺势而为，拥抱新科技带给人类的便利和进步，不必畏首不前，或对数字科技表示否定，但也不必过度夸大新科技力量的影响力边界和神秘性。自然科学的迅猛发展的确给人类社会带来许多意想不到的改变，但人类自身却并非只能消极无为，恰恰相反，作为社会生活的主体，我们可以通过制度设计来加以缓冲和应变，并使自然科学的发展更好地服务于我们的生活，这正是社会科学的重要功能。作为程序法学者，我们尤其认为信息时代呼唤决策者重新思考和发掘程序的意义与价值，在解决问题过程中，注意发挥程序

〔1〕 See "Judiciary of England and Wales", *The Lord Chief Justice's Report*, 2016, p.15.

〔2〕 See Office of Justice Programs, US Department of Justice, *Indigent Defense and Technology: A Progress Report*, 1999, p.15.

〔3〕 参见[美]凯文·凯利：《必然》，周峰等译，电子工业出版社2016年版，第Ⅶ页。

的功能，运用好程序的缓冲作用，将尚处于人类逐渐了解与认知中的新问题纳入个案决定范围，而非简单地通过普遍性规范直接加以规定。一方面，可以通过程序来限定权力的范围，使其不会恣意扩张，比如，用于裁判个案的数据（而非进行犯罪预防等社会政策研判）宜根据取证程序进行个案获取，而非通过刑事司法机关与商业运营主体的“一揽子”合作协议任意获取。另一方面，也可以通过进入个案程序来审慎地观察新型权利在运用中的合理边界，令其不会绝对化或过于偏激，例如在谷歌诉西班牙数据保护局和马里奥·格斯蒂亚·冈萨雷案中，欧洲法院认为被遗忘权并非一项绝对权利，其实施应当坚持个案判断原则，由法官在网络运营者的合法利益与公民个人利益之间做出权衡和选择。〔1〕

其次，在刑事司法制度理论与实践领域，要注意分析刑事司法领域与其他领域的共性与特性，坚守刑事司法基本理念和价值目标，以此作为研究与分析问题的基本标准。一方面，控制犯罪是刑事司法基本目标之一，公共安全与秩序是刑事司法价值立场的重要组成部分，所以，其他领域所讨论的有关个人信息控制权、被遗忘权等理论不能直接套用于刑事司法领域，而应结合刑事司法特性进行一定的理论重塑。这一点在司法实践中已经得到认可，比如欧盟在解释被遗忘权时表示，该权利的设计并非旨在使罪犯能够逃脱惩罚。〔2〕另一方面，与其他领域一样，保障人权也是刑事司法活动的基本目标之一，要通过合理提升刑事司法的透明度并通过制度设计来增进透明度质量，防止刑事司法过程在信息时代成为帕斯奎尔笔下的“黑箱”（black box），因为“黑箱”里的人们处于一种一无所知而被决定的状态，而这种状态正是刑事诉讼基本理念所反对和致力于改变的。刑事司法活动并不是要把我们的社会变成“数字圆形监狱”〔3〕。

---

〔1〕 See European Commission, *Factsheet on the "Right to be Forgotten" Ruling*（*C-131/12*），p.4.

〔2〕 Ibid.

〔3〕 “圆形监狱”是边沁提出的建筑学构想，在这样的监狱建筑中，囚徒不知是否被监视以及何时被监视，因而不敢轻举妄动，从心理上感觉到自己始终处于被监视状态，时时刻刻迫使自己循规蹈矩。当代学者在讨论无所不在的数字监控时，往往会将之喻为“数字圆形监狱”。

再次，数据分析技术包括大数据分析与小数据分析，两者解决问题的对象不同，应注意界分两类数据分析方法在刑事司法中的不同作用领域，避免“泛大数据化”的应用倾向。有研究者认为在司法统计基础上发展起来的大数据分析更有可能加强各级法院整体上的能动性，而非在个案中提供指引。[1]的确，大数据不是万能的，主要体现于两方面：一是大数据的运行基础是海量数据，但后者往往优劣掺杂，数据量的大幅增加会造成结果的不准确，因而大数据在一定程度上允许放弃结果的准确性，“大数据不仅让我们不再期待精确性，也让我们无法实现精确性”[2]；二是大数据的分析结果所体现的“仅仅是相关关系，而非因果关系”[3]，有研究表明，“在很多问题中，大数据无法确切地建立变量之间的因果关系，有时候甚至会导致虚假的因果关系”[4]。因此，大数据的应用领域主要是预测事物发展方向和态势分析等宏观方面，在刑事司法与执法相关活动中主要体现为犯罪发展态势研判、司法统计分析、审判动态研究等。至于具体个案的刑事诉讼活动，要求达到排除合理怀疑的证明标准，对事实认定的准确性有很高要求，因而通常不宜将大数据分析获得的结果直接适用于个案裁判。当前许多被认为是大数据分析侦破的具体案件，实际是在大数据时代背景下运用小数据分析的方法。小数据分析是以具体个体为对象进行的全方位数据挖掘，有学者认为它是我们“每个个体的数字化信息”[5]。作为小数据分析基础的数据量未必小，“小”指的是数据分析所选择的范围集中于案件潜在关系人，其分析强调精准和因果关系[6]。在刑事个案这一微观层面，小数据可以为具体案情的认定提供帮助。

---

〔1〕 参见胡凌：《用好大数据提升法院工作能力》，载《人民法院报》2016年4月14日，第5版。

〔2〕 参见［英］维克托·迈尔-舍恩伯格、肯尼思·库克耶：《大数据时代：生活、工作与思维的大变革》，盛杨燕、周涛译，浙江人民出版社2013年版，第56页。

〔3〕 同上书，第81页。

〔4〕 参见唐文方：《大数据与小数据：社会科学研究方法的探讨》，载《中山大学学报》（社会科学版）2015年第6期。

〔5〕 参见闵应骅、李斐然：《大数据时代聊聊小数据》，载《中国青年报》2014年4月16日，第11版。

〔6〕 参见沈小根：《大数据正在改变你我》，载《人民日报》2014年6月6日，第12版。

最后，应当看到，科技进步有助于增进刑事司法活动发现真相的能力。DNA检测技术便是典型例证，“包含细胞核DNA的人类生物学证据特别具有价值，因为它们有可能在刑事司法活动可接受的可靠性程度基础上将特定的个人和此类证据联系起来”[1]。承载着生命个体核心编码的DNA是重要的人体生物信息，DNA数据库是许多国家刑事司法办案数据平台的组成部分。近年来，该领域的新发展进一步增强了刑事办案机关发现真相的能力，例如2016年夏天破获白银连环奸杀案的关键便是DNA的Y-STR检测技术[2]，该技术使28年的悬案终得尘埃落定。情况同样发生于当前信息数据科技飞速发展的若干其他领域之中，各种电子数据在占据犯罪总量比例日渐攀升的网络犯罪等新型犯罪中的关键作用自不待言，即使在传统犯罪中，网页搜索记录、各类在线通信记录、GPS定位信息、基站位置查询信息等数据也开始发挥重要的线索和证据功能。[3]一系列新型证据的涌现使得刑事司法活动发现真相的能力大为提升，并至少会在两个层面产生效果：效果之一是有助于降低“疑案”的数量。不枉不纵才是刑事司法的理想境界，放纵犯罪绝不是刑事司法的初衷。疑罪从无的制度设计，一方面，体现出人权保障的力度，宁可错放、不可错罚；但另一方面，一定程度上却也是人类在发现真相能力不足的情况下，在制度设计层面做出的次优选择。效果之二是推进刑事司法文明不断进步。在人类历史的漫漫长河中，刑讯逼供等暴力取证方式经历了从合法手段到非法手段的发展过程，刑事司法从早期的野蛮粗暴不断走向文明进步。此间产生巨大助推作用的，除了人权意识的逐渐觉醒之

---

[1] 参见美国国家科学院国家研究委员会：《美国法庭科学的加强之路》，王进喜译，中国人民大学出版社2012年版，第132页。

[2] 白银连环奸杀案，又称甘蒙“8·5”系列强奸杀人残害女性案，犯罪人（高承勇）从1994年至2002年在甘肃白银和内蒙古包头共实施了11起强奸杀人犯罪，但却一直未能排查出此人。2016年高承勇远房堂叔涉嫌犯罪，警方获得其DNA并使用Y-STR检测技术，把高承勇所在的家族与20余年悬而未破的连环杀人案联系到了一起，找到了隐匿28年的高承勇。

[3] 以典型的传统犯罪行为“故意杀人”为例，在“北大法宝司法案例数据库”收录的万余份故意杀人案判决中，提取各类在线聊天记录（包括微信、微博、QQ、语音等）作为证据的有145个案件，提取手机短信作为证据的有205个案件，另外还有30个案件使用了基站位置数据，28个案件使用了GPS数据，3个案件使用了电脑调取的网页搜索记录。最后访问日期：2016年12月29日。这些是将数据信息用作证据的情况，实践中将数据信息用作办案线索的案件量更大。

外，还有科技发展所带来的人类认知事物能力的提高。发现真相能力的增强，使被追诉人可以不再是办案者获知案情的主要来源，办案者的关注点逐渐从言词证据转向实物证据，各种可靠性获得验证的物证科技在法定正当程序的规范之下日渐广泛地应用于刑事司法，对被追诉人口供的依赖性可望降低。

第二章　司法体制与具体制度改革

司法改革在宏观层面提出先进的改革理念的同时，还必须落实到具体制度的改革中。根据十八届四中全会《决定》的精神，司法责任制和人民陪审员制度逐步完善。十八届六中全会通过修订《党内监督条例》引发我国反腐败体制的重大变革。本章着重就这三项具体制度作进一步探讨。

第一节　监察体制改革

2016年10月27日，第十八届中央委员会第六次全体会议修订了《中国共产党党内监督条例》（以下简称《党内监督条例》），条例第37条规定："各级党委应当支持和保证同级人大、政府、监察机关、司法机关等对国家机关及公职人员依法进行监督。"尔后，中共中央办公厅印发《关于在北京市、山西省、浙江省开展国家监察体制改革试点方案》，部署在3个省市设立各级监察委员会。此次反腐败体制改革的宗旨是：实施组织和制度创新，整合反腐败资源力量，实现对行使公权力的公职人员监察全面覆盖，建立集中统一、权威高效的监察体系。十二届全国人大常委会于2016年12月19日审议了《全国人民代表大会常务委员会关于在北京市、山西省、浙江省开展国家监察体制改革试点工作的决定（草案）》，并于12月25日正式作出《关于在北京市、山西省、浙江省开展国家监察体制改革试点工作的决定》(以下简称《监察试点决定》)。监察体制改革将涉及宪法、刑事诉讼法的修改,监察法的制定。其中,监察法已经明确列入了全国人大常委会的2017年立法工作计划。

监察委员会的创建不仅是事关监察体制的重大改革,而且是事关国家政治制度的重大改革。值此试点工作正在进行,监察法即将提交全国人大常委会初审之际,我们试图立足中国实际,参考域外经验,遵循司法规律,对此次监察体制改革作以下论述。

一、域外反腐败体制的模式

联合国《反腐败公约》第36条对建立反腐败专职机构提出了明确要求:各国应根据各国法律制度给予专职机构及其人员必要的独立性,保证其能够充分发挥反腐败作用,免受任何不应有的影响;强调对反腐败机构的人员、物资予以必要的保障,使其及时、有效地履行职能。当然公约并未提出统一的模式,而是交由各国根据自身国情作出制度选择。

环视域外反腐败体制,主要有三种模式。

(一)检察机关主导模式

在检察机关主导模式中,检察机关承担腐败犯罪侦查职能,指导反腐败工作。这种模式常见于欧美国家。

就腐败犯罪侦查权的具体配置而言,这一模式又可细分为两种:

第一,检察机关领导侦查模式。如法国和德国都没有为反腐败设置专门的侦查机关,根据"检警一体"的制度设计,检察官享有包括腐败犯罪在内的侦查权,具体领导警察机关的侦查工作。《德国刑事诉讼法典》第161条规定:"检察院可以要求所有公共机关部门提供情况,并且要么自行,要么通过警察机关及警察官员进行任何种类的侦查,就其权限法律有特殊规定的除外"。[1]《法国刑事诉讼法典》第12条规定:"司法

〔1〕 参见《世界各国刑事诉讼法》编辑委员会:《世界各国刑事诉讼法》(欧洲卷·上),中国检察出版社2016年版,第287页。

警察职权，由本编所指的警官、官员与警员在共和国检察官的领导下行使。”[1]

由于腐败犯罪的特殊性，警察机关往往会设置独立部门，配合检察机关的侦查领导。如德国联邦刑事警察局于1996年设立经济犯罪部门，该机构主要承担腐败犯罪的侦查工作。[2]

第二，以检察机关为主导的分工负责模式。如在美国，依据《美国法典》第28章第1节的相关规定，司法部下属的联邦检察机关和联邦调查局拥有对刑事案件的广泛侦查权。[3]包括联邦、州和市镇三级公职人员的职务犯罪，主要由这两个机关进行侦查，少量由地方检察机关直接侦查。鉴于腐败案件侦查难度，联邦检察机关和联邦调查局往往紧密配合，共同成立联合侦查组，由联邦检察官根据起诉的证明标准来主导侦查。[4]

采用检察机关主导模式的国家往往会在政府机构中设置预防机构和监察机构，用以对贪腐行为进行日常监控。如法国反腐败机构分散、结构复杂，其中最具代表性的当属1993年建立的预防贪污腐败中心，该机构并不具有侦查权，属于预防性机构。它的核心任务是收集和分析腐败犯罪信息，为司法机关提供帮助，提出可靠的预防腐败的建议和控制腐败的培训计划，以及向总理和司法部作有关特定领域腐败问题的年度报告。[5]又如美国根据《1978年政府道德法案》，在联邦层面设立了政府道德署（Office of Government Ethics），行政长官直接由总统任命和参议

---

〔1〕 参见《世界各国刑事诉讼法》编辑委员会：《世界各国刑事诉讼法》（欧洲卷·上），中国检察出版社2016年版，第543页。

〔2〕 参见国际反贪局联合会（International Association of Anti-Corruption Authorities）网站：http://www.iaaca.org/AntiCorruptionAuthorities/ByCountriesandRegions/G/Germany/201202/t20120209_801523.shtml，最后访问日期：2016年11月15日。

〔3〕 28 C.F.R. § 0.55 and 28 C.F.R. § 0.85.

〔4〕 参见王晓霞：《职务犯罪侦查制度比较研究——以侦查权的优化配置为视角》，中国检察出版社2008年版，第75～76页。

〔5〕 参见国际反贪局联合会（International Association of Anti-Corruption Authorities）网站：http://www.iaaca.org/AntiCorruptionAuthorities/ByCountriesandRegions/F/Francejigou/201202/t20120209_801479.shtml，最后访问日期：2016年11月15日。

院确认。[1]政府道德署不具有侦查和起诉的权力，仅具备预防职能，主要负责推进和监督各行政部门的廉政计划的实施，提供廉政法规咨询，将腐败行为报告给司法机关。[2]

(二)独立机关主导模式

独立机关主导模式是指单独设立专门的反腐败机关，同时承担反腐败监察职能、侦查职能和预防职能。这种模式以新加坡和我国香港特别行政区最为典型。

在新加坡，根据《新加坡宪法》和《防止贪污法》相关规定，反贪污调查局直接隶属于总理公署，局长由总统根据总理的提名任命，受总理直接领导，对总理负责。反贪污调查局内部设三大部门：一是调查部门，负责调查贪污行为，没收赃款赃物。根据《防止贪污法》，它享有对贪污犯罪的调查权、逮捕权、搜查和扣押权，包括秘密跟踪和监视在内的秘密侦查权。二是信息处理及支援部门，主要负责研究和制订反贪污计划，为贪腐侦查提供技术支持，对公职人员作廉政训导。三是行政部门，负责相关后勤工作。

在我国香港特别行政区，根据《香港基本法》第57条和《廉政公署条例》相关规定，廉政公署是负责肃贪倡廉的专门机构，独立处理贪污贿赂等腐败案件，廉政专员直接向行政长官负责。廉政公署由三个部门组成，分别行使三项职能。一是执行处，相当于侦查部门，是廉政公署最主要的部门，其职责是接受及审阅贪污指控、调查涉嫌贪污贿赂或滥用职权的犯罪行为、及时向行政长官报告。廉政公署拥有很高的侦查权限，可以采取拘留及扣押、搜查、限制财产处分等强制措施。二是防止贪污处，职责是审查各政府部门及公共机构的工作程序；担任各机构及公司的顾问，提供防贪建议。三是社区关系处，职责是教育公众认识贪污的危害、争取公众支持肃贪倡廉工作。

这种独立机关主导的侦查模式具备以下特点：第一，反腐败机构高

---

〔1〕 5 C.F.R. § 2600.101-103.

〔2〕 参见美国联邦道德署官网：https://www.oge.gov/web/oge.nsf/Mission%20and%20Responsibilities，最后访问日期：2016年11月15日。

度独立。廉政公署和反贪污调查局均直接向国家或者地区行政长官负责。香港和新加坡都明确规定非经法定程序，廉政公署和反贪污调查局工作不受干涉。第二，反腐败机构内部职责明确。统一独立的反腐败机关往往承担常规监察、个案调查和廉洁教育的多重职能。由于这些职能对应的工作特点不同，廉政公署和反贪污调查局都设置对应的职能部门。第三，反腐败机构享有广泛的侦查权，以高度集权的方式提升反腐败的效率。廉政公署和反贪污调查局除了享有一般的搜查、扣押、逮捕的侦查权，在特殊情况下甚至可以在没有相应的令状的情况下实施紧急搜查、扣押和逮捕。这些特点使得新加坡和香港特别行政区在反腐败上都取得了瞩目的成绩。

但是，独立机关主导侦查模式可能带来"一家独大"的制度隐患，因此香港和新加坡分别为廉政公署和反贪污调查局设计严密的监督机制。第一，廉政公署和反贪污调查局，在刑事诉讼中仅具有侦查机关的地位和相应职权，不具有检控权。第二，廉政公署和反贪污调查局实施限制人身自由、财产权利的侦查措施时，一般需要得到法院的许可。第三，廉政公署和反贪污调查局分别设置内部调查部门，对自身廉洁性进行监管。

（三）混合模式

混合模式是指同时赋予多个机构包括侦查权在内的反腐败权力，英国、俄罗斯和我国台湾地区都属于这种模式。

英国并没有设立专门的反腐败机构，"条块分割"是其反腐败体制的突出特点，属于典型的混合式模式。就侦查权横向配置而言，英国多个机关都享有反腐败侦查权，主要有：其一，检察长享有一般性的侦查权和起诉权。[1]其二，根据《1987年刑事法案》，英国于1988年设立了独立的反严重欺诈局，它接受总检察长的领导，实行"侦诉合一"，即有权对在英格兰、北爱尔兰和威尔士的严重的欺诈、贿赂和贪污犯罪进行侦查

---

〔1〕 参见《世界各国刑事诉讼法》编辑委员会：《世界各国刑事诉讼法》（欧洲卷·下），中国检察出版社2016年版，第2137页。

和起诉。[1]其三，警察机关针对一般性的腐败犯罪也享有侦查权，并设置了专门的侦查部门，如伦敦警察局设置了经济犯罪指挥部，这些案件一般由皇家检察总署负责起诉。其四，根据《税务及海关总署专员法案》（Commissioners for Revenue and Customs Act 2005），税务及海关总署享有税务及海关领域犯罪（包括腐败犯罪）的侦查权。该机构另设置税务及海关检察长（Director of Revenue and Customs Prosecutions），由总检察长任命、受总检察长领导，行使相应的起诉权。[2]除了侦查职能分立于各个机构，英国各个机关都设置了内部的反腐败监督部门，如议会设有专门委员会、政府各部委设置内部的调查小组及监察专员，以期全面监督公权力行使。[3]

在俄罗斯，根据《俄罗斯联邦刑事诉讼法典》第151条的规定，联邦侦查委员会和内务部机关对于腐败案件有侦查权。[4]内务部具体设置了反经济犯罪总局。联邦侦查委员会于2007年成立，接收了从检察机关剥离的侦查权。根据《俄罗斯联邦侦查委员会法》第1条的规定，联邦总统直接领导侦查委员会活动，批准侦查委员会条例并确定在编人数。[5]2008年，根据“反腐败国家计划”，俄罗斯建立直接向总统负责的反腐败委员会，并赋予总检察院协调反腐败工作的职能。[6]

在我国台湾地区，根据“法务部组织法”第5条规定，“法务部”下设的调查局、检察署和廉政署都具有反腐败侦查权。其中，根据法务部调查局组织法第2条规定，“法务部”调查局下设廉政处负责反腐败工作。调查局在各市设置调查处，各调查处设置专门的肃贪科。依据我国台湾

〔1〕 参见英国反严重欺诈局（SFO）官网：https://www.sfo.gov.uk，最后访问日期：2016年11月17日。

〔2〕 参见英国政府官网：http://www.legislation.gov.uk，最后访问日期：2016年11月17日。

〔3〕 参见季美君：《英国反腐败见闻（之七）》，载《检察日报》2016年11月22日，第8版。

〔4〕 参见《世界各国刑事诉讼法》编辑委员会：《世界各国刑事诉讼法》（欧洲卷·上），中国检察出版社2016年版，第432页。

〔5〕 参见黄道秀译：《俄罗斯联邦侦查委员会法》，载《国家检察官学院学报》2014年第3期。

〔6〕 参见胡仁霞：《俄罗斯新一届政府反腐败措施及其预期成效》，载《东北亚论坛》2009年第5期。

地区“法院组织法”第60条规定，检察官负有一般性的侦查权。面对日益严峻的反腐败形势，台湾“立法院”修订了“法院组织法”，“最高法院”检察署可以设立特别侦查组，负责侦查“总统”、副“总统”、“五院院长”等人的贪污案件。另外值得关注的是，2011年“法务部”廉政署正式在台湾地区成立。依据“法务部廉政署组织法”第2条规定，承担贪污及相关犯罪调查职务的廉政官等同于刑事诉讼法所规定的司法警察官。他们一般在驻署检察官直接指挥下侦办贪污案件。[1]这种建制加强了“检察院”和“法务部”在反腐败侦查的合作，丰富了我国台湾地区混合式侦查模式的具体形态。

在混合式侦查模式中，机构及职权设置比较分散，可以大大拓宽监督面，又不至于让反腐败侦查权力成为难以制衡的独裁权。但也正由于反腐败职权不集中，机构间职能可能存在重叠，容易受到阻碍，不利于提升反腐败效率。

二、我国反腐败体制原貌

（一）我国过去的反腐败双元模式

我国原有反腐败体制采用纪检监察机关和检察机关并立的双元模式。

1.纪律监察机关

中央纪律检查委员会的前身是中央监察委员会，最早可以追溯到1927年中国共产党第五次全国代表大会。1949年11月，中共中央作出《关于成立中央及各级党的纪律检查委员会的决定》，监察委员会正式更名为纪律检查委员会。此后，在中央到地方都设置纪律检查机关（下文简称纪委）成为了党建的重要内容之一。1969年，中国共产党第九次全国代表大会取消了党的监察机关。直至1977年中国共产党第九次全

---

〔1〕参见张熙怀：《打击贪污贿赂、渎职侵权犯罪的新利器——探索台湾“廉政署”之成立》，赣台法学论坛——江西省犯罪学研究会年会（2011年）。

国代表大会恢复了《中国共产党章程》有关设置纪委的条款。[1]此后，纪委的机构设置及职责范围一直得以保留，而且党内监督职能不断得到加强。特别是十八大以后，纪委在加强党内纪律检查与反腐败斗争中发挥出越来越重大的作用。

纪律监察机关，是指纪委、行政监察机关和预防腐败局。三个机构实际上是以纪委为中心的合署办公，即"三个牌子，一套人马"。依据《中国共产党章程》第45条、第46条规定，党在中央和地方分别设置了中央纪律检查委员会和地方各级纪律检查委员会，主要负责"维护党的章程和其他党内法规，检查党的路线、方针、政策和决议的执行情况，协助党的委员会加强党风建设和组织协调反腐败工作"。纪委监督涵盖各级和各机关党员干部，范围广泛。国家行政监察机关是人民政府行使监察职能的机关，由国务院监察部和地方各级人民政府监察机关组成。根据《行政监察法》[2]第2条，监察机关主要负责"对国家行政机关及其公务员和国家行政机关任命的其他人员实施监察"。国家预防腐败局作为国务院直属机构序列于2007年9月设立，主要负责组织、规划、指导防治腐败工作，加强相关国际合作。

2.检察机关

检察机关反腐败部门包括享有刑事侦查权的反贪污贿赂工作局和反渎职侵权局，以及预防腐败部门。反贪污贿赂工作局前身为检察机关的经济检察处，负责对检察机关直接受理的贪污、贿赂等经济犯罪案件进行侦查。1989年8月10日，为满足反腐败的需求，借鉴新加坡和香港的反腐败经验，广东省委批准广东省人民检察院将原经济检察处升格为反贪污贿赂工作局。1995年11月10日，最高人民检察院参考广东经验，设立反贪污贿赂工作局。此后，1996年刑事诉讼法压缩了检察院的侦查范围，将走私等经济类犯罪的侦查权划归公安经侦部门、海关缉私部门行使，从而形成了检察院只专管腐败犯罪（包括反贪污贿赂、反渎职侵权

〔1〕 有关中共中央纪律检查委员会的历史，详见中共中央纪律检查委员会官网：http://www.ccdi.gov.cn/xxgk/lsyg/201308/t20130826_45336.html，最后访问日期：2016年11月1日。

〔2〕 该法在《监察法》颁布后已被废止。

和预防腐败职能）的格局。2015年，最高人民检察院将原来分立的反贪污贿赂总局、渎职侵权检察厅和职务犯罪预防厅合并，成立新的反贪污贿赂总局。

《刑事诉讼法》第18条规定了检察机关自行的侦查权的适用范围："贪污贿赂犯罪，国家工作人员的渎职犯罪，国家机关工作人员利用职权实施的非法拘禁、刑讯逼供、报复陷害、非法搜查的侵犯公民人身权利的犯罪以及侵犯公民民主权利的犯罪，由人民检察院立案侦查。"即检察机关负责侦查的腐败犯罪包括贪污贿赂和渎职侵权两大领域。

（二）对我国原有反腐败模式的评析

上述的反腐败双元模式对两大机构的职责作出层级化区分：纪律监察机关负责调查和处理党员干部和行政官员的违纪违规案件；检察机关侦查部门则负责侦查涉嫌刑事犯罪的腐败案件。前者依据的是党内规章和行政监察法，后者依据的是刑法和刑事诉讼法。有关两者的工作衔接关系：依据《党内监督条例》第37条的规定，纪委"在纪律审查中发现党的领导干部严重涉嫌违法犯罪的，应当先作出党纪处分，再移送行政机关、司法机关处理"，以及《行政监察法》第44条："监察机关在办理监察事项中，发现所调查的事项不属于监察机关职责范围内的，应当移送有处理权的单位处理；涉嫌犯罪的，应当移送司法机关依法处理。"

我国反腐败双元模式在过去长期的实践中取得了较大的成绩，但是也暴露了明显的问题和缺陷，需要加以改革和完善。

第一，反腐败机构分立，力量不集中。一方面，纪律监察机关的人员有限，面对反腐败工作压力快速上行，显得力量不足，往往只能求助于从检察院等机关借调人员。另一方面，纪律监察机关的调查内容往往不限于违纪违规，直接涉及刑事犯罪，这与检察机关的侦查工作形成重复、交叉，降低反腐败效率。

第二，反腐败双元体制没有形成"全覆盖"。根据《行政监察法》第2条规定，行政监察机关的监察范围限于国家行政机关及其公务员和国家行政机关任命的其他人员。换言之，行政监察范围不包括人大、政协、司法机关人员。以司法机关为例，虽然目前各级检察院、法院分别根据

《人民检察院监察工作条例》《人民法院监察工作条例》设置了监察部门，但依据的是最高人民检察院、最高人民法院自己作出的工作条例。再者，由于司法责任制已全面实施，检察官、法官的单独序列管理已经落实，对于检察官、法官不能采取与一般公务员相同的行政监察。再者，即使目前监察部门和纪委合署办公，由于纪委的监督范围限于党员，也不能完全弥补这部分监察区域的空白。

第三，反腐败机构垂直领导不力，难以抵御外部干扰。根据《中国共产党章程》第45条规定，中纪委在中央委员会领导下工作，地方各级纪委则接受同级党委和上级纪委的双重领导。但以往纪委的双重领导并没有区分主次，并且表现出明显的"以块为主"的倾向，即纪委的反腐败工作主要接受同级党委的领导。这就造成了纪委受到同级党委过度的掣肘，出现了"压案不报"和"瞒案不查"的问题。[1]十八届三中全会针对性提出"推动党的纪律检查工作双重领导体制具体化、程序化、制度化，强化上级纪委对下级纪委的领导"，这样"以块为主"的双重领导现象开始有所改善，但仍未得到彻底解决。检察机关也面临类似问题。

三、监察委员会的新体制问题

针对我国上述反腐败二元体制的不足，以习近平同志为核心的党中央经过深思熟虑，下决心启动监察体制改革，建立新的各级监察委员会，以期弥补原有的反腐败体制的缺陷，形成统一集中、权威高效的新监察体制。

（一）监察委员会的地位问题

根据《宪法》第三章规定，我国国家机构体系以人民代表大会为权力机关。人民代表大会选举产生政府、法院、检察院。政府、法院、检察院三者处于平等地位，分别以行政机关、审判机关和法律监督机关的身份向人民代表大会负责，受它监督。

依据十八届六中全会的精神，在国家机构体系中，监察委员会与行

---

〔1〕 参见中国共产党新闻网：http://fanfu.people.com.cn/n/2013/1202/c64371-23713390.html，最后访问日期：2016年11月16日。

政机关、审判机关、检察机关处于并列关系。这种并列关系可以作三方面的理解。第一，不同于原有的政府下属的监察部门，监察委员会是独立于政府的新的国家机构，与政府、法院、检察院并立。《监察试点决定》规定："试点地区监察委员会由本级人民代表大会产生"；监察委员会对本级人民代表大会及其常务委员会负责，并接受监督。至于人大监督方式，我们认为应当参照人大对政府、法院、检察院的监督方式进行，例如向人大作年度工作报告，向人大常委会作专项工作报告等。第二，监察委员会与政府、法院、检察院是"分工负责"的平行关系，四者形成在人大统摄下的"一府一委两院"的格局，即"四权分立"。第三，同政府、法院、检察院分别依法行使各自的行政权、审判权和检察权一样，监察委员会依法行使监察权。新的监察权既非行政权，也非司法权，而是一项独立的国家权力。这是新监察体制的标志性特色。

（二）监察委员会的职能问题

《监察试点决定》明确提出："将试点地区人民政府的监察厅（局）、预防腐败局及人民检察院查处贪污贿赂、失职渎职以及预防职务犯罪等部门的相关职能整合至监察委员会。"这意味着新创建的各级监察委员会将整合国家反腐败资源，是拥有完整、统一的反腐败职权的机构。具体而言，监察委员会改革将涵盖三大职权：一是与中共各级纪律检查委员相结合行使党纪调查处分权，这部分职权基本没有变化，而且还要根据《党内监督条例》强化对于党的领导干部的纪律检查监督；二是各级监察委员会行使对全部行使公权力的公职人员违反法纪的调查、处分和预防，这是对原来行政监察机构、职权的扩展，保证监察全覆盖，无死角；三是对腐败犯罪行使调查权和预防职责，这就是将各级人民检察院的反贪污贿赂局、反渎职侵权局的侦查职权以及预防腐败局的职权合并入各级监察委员会。此次反腐败体制改革的最大特点是终结了原有的反腐败机构分立的局面，将反腐败力量"拧成一股绳"，实现《监察试点决定》提出的"对所有行使公权力的公职人员依法实施监察"，形成反腐败一体化的格局。

《监察试点决定》提出监察委员会具备"监督、调查、处置"三项基本职责，笔者认为职务犯罪调查职责显然相当于刑事侦查。理由如下：第一，反贪污贿赂工作局、反渎职侵权局享有的侦查职能随着部门的转隶必然同时并入监察委员会，《监察试点决定》也明确肯定了职能整合。第二，职务犯罪调查职责显然相当于刑事侦查：《监察试点决定》赋予了监察委员会“谈话、讯问、询问、查询、冻结、调查、查封、扣押、搜查、勘验检查、鉴定、留置”12项权力，基本上与现有的刑事侦查措施相对应。第三，《监察试点决定》规定，监察委员会“对涉嫌职务犯罪的，移送检察机关依法提起公诉”，从程序衔接角度来看，监察委员会对涉嫌职务犯罪的案件的调查实质上相当于刑事侦查。

（三）监察委员会的领导体制问题

我国的任何机构及其工作都必须坚持党的领导，反腐败事业更是如此。监察委员会归纪委具体领导，同时与纪委“合署办公”，结成一体直接开展反腐败活动。但是需要注意，“合署办公”体现了党政不分家，但是从“推进国家治理体系和治理能力现代化”和“全面推进依法治国”角度出发，党政应当有所分工。

因此，职务犯罪的调查不再以纪委的名义，而是以监察委员会的名义开展。反腐败领导体制另一重要问题就是纪委和监察委员会的条块关系，即如何处理好纪委和监察委员会的上下垂直领导和同级党委领导的关系。以往纪委的反腐败工作呈现出以同级党委领导为主的特点，即“以块为主”。十八届三中全会明确“查办腐败案件以上级纪委领导为主”以后，纪委反腐败工作的双重领导的主次关系得到明确。十八届六中全会修订的《党内监督条例》第26条对此进一步加以明确，“落实纪律检查工作双重领导体制，执纪审查工作以上级纪委领导为主，线索处置和执纪审查情况在向同级党委报告的同时向上级纪委报告”。因此，职务犯罪调查职责显然相当于刑事侦查。《试点决定》明确监察委员会对上一级监察委员会负责，并接受监督。进一步而言，监察委员会也应当实行以垂直领导为主的双重领导体制，即违纪违规调查和违法犯罪侦查以上级纪委和监察委员会领导为主，以强化纪委和监察委员会抵御外部压力的能力。

四、监察委员会的若干职权运行问题

（一）监察委员会的调查措施问题

为确保监察委员会调查活动正常开展，除了《监察试点决定》提及的12项调查措施之外，笔者认为还有一些权力有待监察法予以明确。

第一，既然监察委员会具备对职务犯罪的调查职能，如将技术调查措施排除在外，显然不利于提升反腐败能力。若实际上使用技术调查措施，但又不予以明确规定，显然不符合程序法治原则。因而，笔者主张监察委员会有权采取技术调查措施。但鉴于技术调查措施需要配置专业的队伍和装备，同时出于对技术调查措施的严格程序控制的考虑，笔者认为可以在坚持现有法律框架基础上，为监察委员会采取技术调查措施规定严格的批准手续，并且交由公安机关统一具体实施。

第二，由于存在腐败分子逃逸现象（包括外逃），《监察试点决定》未涉及的"通缉"应当予以明确。根据《刑事诉讼法》第153条规定和最高检《规则》第268条规定，"应当逮捕的犯罪嫌疑人如果在逃"，公安机关和检察机关有权决定通缉，公安机关具体发布通缉令，采取有效措施追捕。[1]因此，笔者认为监察委员会也有权决定通缉。鉴于通缉需要必要的武装力量，通缉令仍由公安机关统一发布。

（二）"双规"的法治化改革问题

1992年十四大以后，我国反腐败形势日益严峻，可以说已成为关乎党和国家存亡的严重问题。为了加强反腐力度，"双规"作为党内调查手段应运而生。1994年制定的《中国共产党纪律检查机关案件检查工作条例》第28条规定，纪委调查组有权依照规定程序，"要求有关人员在规定的时间、地点就案件所涉及的问题作出说明"。可见，"双规"的产生和存在具有现实的反腐败必要性。"双规"作为反腐败的一把"利剑"，也确实发挥了重要作用。

---

〔1〕 如国际刑警组织中国国家中心局于2015年4月23日公布百名红色通缉令，加大全球追缉力度，详见新华网：http://news.xinhuanet.com/legal/2015-04/23/c_127723347.htm，最后访问日期：2016年11月15日。

但从全面推进依法治国，加快建设社会主义法治国家的时代背景来审视，“双规”存在一定的合法性缺陷。首先，《立法法》第8条规定对公民政治权利的剥夺、限制人身自由的强制措施和处罚“只能制定法律”。《中国共产党纪律检查机关案件检查工作条例》作为党内规章毕竟不同于全国人大和全国人大常委制定的法律，不能作出限制人身自由的规定。其次，由于目前纪委和监察部门合署办公，“双规”实际上是和行政监察法结合实施的。该法第20条规定，监察机关可以“责令有违反行政纪律嫌疑的人员在指定的时间、地点就调查事项涉及的问题作出解释和说明”，这简称为“两指”。但《行政监察法》第20条又明确规定“两指”的实施“不得对其实行拘禁或者变相拘禁”，“双规”的实际操作通常对被调查人实行近似拘禁长达3个月之久，[1]这与行政监察法的规定很不一致。

因此，此次监察体制改革顺势而为，在当下这个重要时间节点上对“双规”制度，作出法治化的改革。正如上文提到，监察委员会具备职务犯罪调查职能，监察法可以赋予监察委员会采取限制人身自由的措施的权力，这符合宪法、立法法的立法精神。但是这部分权力一方面需要根据公法中的比例原则的精神，满足反腐败的必要需求；另一方面需要符合程序法治原则，构筑基本的程序人权保障。

目前《监察试点决定》提出监察委员会的12项权力中涉及限制人身自由的仅留置一项，已展开试点的省市已经开始使用留置措施[2]。我们用留置来取代“双规”，实现了党规和国法的协调统一，从合法性层面来看显然迈出了新的一步。但鉴于留置对于人身自由的侵犯接近逮捕，笔者认为，在以留置代替“双规”的语境下，对留置必须作出必要的程序法治的要求。第一，留置的期限不宜过长，比照“双规”应当有所限缩，并根据公法的比例原则尽可能地缩短。第二，在采取留置后的24小时之

〔1〕《中国共产党纪律检查机关案件检查工作条例》第15条规定：“初步核实的时限为两个月，必要时可延长一个月。重大或者复杂的问题，在延长期内仍不能初核完毕的，经批准后可再适当延长。”实践中，“双规”一般参照该条规定的期限，内部限制在3个月以内。

〔2〕参见《山西监察委员反腐首用“留置”措施》，载新京报网：http://www.bjnews.com.cn/news/2017/04/14/439971.html，最后访问日期：2017年5月15日。

内，必须通知被调查人的家属，后者有权通过监察人员向被调查人提供生活用品和药物。第三，留置期间讯问时严禁刑讯逼供和采用威胁、引诱、欺骗以及其他非法调查方法，应当全程录音录像。本级人大及人大常委、上级监察机关应当对监察委员会的调查活动是否符合法定程序进行监督。

（三）律师是否介入的问题

由于职务犯罪的调查相当于刑事侦查，《监察试点决定》授权监察委员会的12项权力，除了谈话外，基本与刑事诉讼法的侦查措施相对应，涉及公民多项重大的宪法权利问题，特别是留置的强制力度接近羁押。被调查人一般缺乏相应的法律知识，被留置后处于无援的状态，因而允许被调查人在被留置后聘请律师，以确保他具备必要的防御能力，这是程序公正和人权保障的基本要求。

我国1996年修改刑事诉讼法，将允许律师介入的时间提前到侦查阶段；2012年修改刑事诉讼法，辩护律师在刑事诉讼中的诉讼权利得到了较大的扩充和有效的保障。监察体制改革中，不能因为职务犯罪侦查权转隶为监察调查权就将这些来之不易的权利保障规定化为乌有，否则就构成权利保障上的实质性倒退。

进言之，律师介入对提高办案质量和防止冤案错案有重要意义。从过去的双规措施看，冤假错案确实是存在的。办案很难确保百分之百准确，在追究犯罪的程序上，应一开始就有律师的帮助，以求在源头上最大限度地避免冤案错案的发生。

从国际视野来看，公民在被限制人身自由以后，有权聘请律师提供法律帮助，这是人权保障的国际通例。联合国《保护所有遭受任何形式拘留或监禁的人的原则》第11项原则提到："被拘留人应有权为自己辩护或依法由律师协助辩护"。[1]参考香港地区的反腐败经验，《廉政公署（被扣留者的处理）令》第4条明确规定了廉政公署调查过程中的律师参与："被扣留者须获给予合理机会，以便与法律顾问通讯，并在一名廉署

[1] 参见程味秋、[加]杨诚、杨宇冠编：《联合国人权公约和刑事司法文献汇编》，中国法制出版社2000年版，第243页。

人员在场但听不见的情况下与其法律顾问商议，除非此项通讯或商议对有关的涉嫌罪行的调查或执法会构成不合理的阻碍或延迟。”

五、监察权和司法权的衔接问题

在办理职务犯罪案件中，监察委员会有权依法独立进行调查和处置，但是不享有最终的定罪量刑权。因而，监察委员会在调查后若认为构成职务犯罪，必须移送检察院审查起诉；检察院决定是否逮捕和是否提起公诉；若提起公诉，法院依法进行审理，作出裁判。在这个过程中，监察权为《监察法》所规范，检察权和审判权则为《刑事诉讼法》所规范，这样就存在监察权和司法权如何相互衔接、协调统一的问题。

(一)监察权与检察权的衔接问题

在职务犯罪领域，监察权和检察权的衔接关系主要体现在移送审查起诉上，必然会涉及以下三个重要问题。

第一，检察院对监察委员会移送的职务犯罪案件依法享有独立决定采取强制措施的权力。检察院的批准逮捕权和决定权直接由宪法授予，应当予以坚守。监察委员会作为负有犯罪调查职能的国家机关对于严重的职务犯罪案件可以采取留置措施。对于监察委员会移送的案件，检察院应当认真审查，直接依据《刑事诉讼法》独立公正地决定是否逮捕，或者决定是否采取其他强制措施。

第二，检察院对于公诉案件享有独立提起公诉的权力。对于《监察试点决定》提到监察委员会“对涉嫌职务犯罪的，移送检察机关依法提起公诉”，我们认为不应理解为取消职务犯罪案件的审查起诉阶段。检察机关对公诉案件起诉权的独占是《宪法》赋予检察机关的检察权的应然内涵。直言之，检察院对于监察委员会移送审查起诉的案件有权作出起诉或者不起诉决定。其中，有关不起诉决定，主要有三类情形：其一，若被调查人没有犯罪事实，或者有《刑事诉讼法》第15条规定的情形之一，检察院应当作出不起诉决定。其二，若检察院认为移送案件事实不清、证据不足的，可以退回监察委员会补充调查，若经过两次补充调查，仍认为事实不清、证据不足的，应当作出不起诉决定。其三，若检察院认为犯罪情节轻微，依照刑法规定不需要判处刑罚或者免除刑罚的，检察院可以作出不起诉决定。

第三，监察体制改革以后，检察院经审查可直接使用监察委员会收集的实物证据和言词证据，无须像此前再重新收集、转化纪委移送的证据，这解决了重复取证的低效率问题。由于监察委员会同时承担执纪调查和犯罪调查，我们认为移送的言词证据范围以涉嫌犯罪，正式立案调查（一般采取留置措施）为界限，采取讯问（被调查人）、询问（证人）等调查措施所取得言词证据才可予以移送，以促进监察委员会对职务犯罪调查的规范性、严肃性与高效性相统一，并保障所移送言词证据能经得起审查起诉的检验。

（二）监察权与审判权的关系

对于监察委员会移送起诉的案件，经检察机关提起公诉以后，在法庭上直接涉及审判权和检察权的关系。在一定情况下，监察权和审判权也存在直接或者间接的衔接关系，会涉及以下三个重要问题。

第一，监察体制改革以后，法院和检察院要转变观念，排除阻碍，提升贪污贿赂类案件证人出庭率；同时，监察委员会对证人出庭也应尽一份职责，毕竟这类案件的证人证言一般由监察委员会最早调查取得。

第二，监察委员会调查职务犯罪案件同样适用非法证据排除规则。这是因为调查所得的证据最终要经过法庭质证才能作为定案依据，证据调查必然要向审判看齐。在审判阶段，检察院对职务犯罪调查证据收集的合法性负有举证责任，证明的方法当然包括可以提请法院通知监察委员会的调查人员出庭说明情况。

第三，留置对于人身自由的限制强度相当于羁押，因而在职务犯罪案件的审判阶段，留置会发生的法律效果是：若法院宣判有罪，并判处管制、拘役或者有期徒刑，留置就可以折抵刑期。我们认为参照《刑法》中羁押的规定加以折抵，即留置一日折抵管制二日，折抵拘役、有期徒刑一日。

六、监察体制改革的立法问题[1]

创建监察委员会是我国政治体制改革的一项重大举措，必然涉及宪法、刑事诉讼法等法律修改，还需要制定监察法。为了快速推进监察体制改革，当前采取了试点工作与立法准备工作同步进行的方式。

首先，涉及宪法的修改。由于监察体制改革直接涉及国家机构的设置问题，应先通过宪法修改，使监察法的制定在宪法上有所依据。《宪法》应将第3条修改为“国家行政机关、监察机关、审判机关、检察机关都由人民代表大会产生，对它负责，受它监督。”《宪法》第三章“国家机构”应当增加专节设立监察委员会的相关规定，对监察委员会的法律定位、产生、职权作出宏观规范。其他相关宪法条文也应作相应修改，如第62条规定的全国人民代表大会的职权增加“选举国家监察委员会的主任”；如第67条规定的全国人民代表大会常务委员会的职权增加“监督国家监察委员会的工作”；如第135条规定的法院、检察院和公安机关“分工负责、互相配合、互相制约”的三机关关系的主体应当进行扩充，增加监察委员会。

其次，涉及监察法的制定。制定新的监察法，应当全面体现此次监察体制改革新的内容，具体规定监察委员会的性质、地位、运行机制、监察范围、监察措施等重要问题。其中，监察法在授予监察委员会相关调查权力时，要考虑被调查人的权利保障，对调查权力的行使进行必要的程序规制。例如，讯问、冻结、查封、扣押、搜查、勘验检查、鉴定、留置

---

〔1〕 本部分撰写于监察体制改革初始，《试点决定》公布之际。在本书校对期间，改革有了标志性成就的重大进展，《宪法》修正案、《监察法》相继在2018年第十三届全国人民代表大会通过。在《监察法（草案）》于2017年11月面向社会征求意见时，陈光中教授公开发表了八点修改意见，包括：修改《宪法》应先行于制定《检查法》；人大应对监察委员会进行有效监督；“尊重和保障人权”应写入《监察法》；监察委员会独立行使职权的表述应与《宪法》关于法院、检察院依法独立行使审判权、检察权的表述保持一致；留置应当遵循法治程序；职务犯罪调查应允许律师介入；检察机关应拥有独立的审查起诉权；应当由全国人大依据立法程序主导《监察法》起草工作。最终通过的《监察法》也采纳了部分意见，尤其是将“根据宪法，制定本法”写入第1条。参见陈光中、姜丹：《关于〈监察法（草案）〉的八点修改意见》，载《比较法研究》2017年第6期。

等调查措施，应当参照刑事诉讼法的相关规定来规范。监察法既要赋予监察委员会强有力的职权以应对严峻的反腐败局势，又要重视对监察委员会必要的监督制约以防止权力过大，体现国家机构权力分工制衡和保障人权的精神。

再次，《监察法》的制定工作应当由全国人大主导。因为根据《宪法》第62条的规定，制定、修改法律的权力属于人大。《立法法》第51条也规定："全国人民代表大会及其常务委员会加强对立法工作的组织协调，发挥在立法工作中的主导作用。"有关部门可以提出法律草案供立法部门参考，但是不可以取代其主导作用，更不能让人大有关部门变成立法的配角。

最后，《刑事诉讼法》也要结合监察体制改革所涉及的问题作相应修改。当然，《刑事诉讼法》修改的重点不在于此，而在于根据十八届三中全会、四中全会决定的精神加以修改，如以审判为中心、扩大法律援助范围、完善证人出庭制度等。

第二节　司法责任制

"司法责任制"是近年来深受社会瞩目的热词，对于改良司法是一剂苦口的良药，也是司法人员内心感受到的新增压力来源之一。近年来，冤错案件频频曝光，社会要求追责的呼声很高，呼格吉勒图案件平反昭雪后的社会反响就是典型的例证。司法错案的原因非止一端，其责任既有国家责任，也有司法人员的个人责任。国家责任固然要承担，涉及司法人员个人的，有时也需要追责。如果应该承担责任者不承担责任，冤案过后一切云淡风轻，无关司法人员之痛痒，要么被害者个人蒙受损失，要么社会大众为冤错案件"埋单"，司法人员得不到警诫，其责任心亦无法唤醒，新的冤错案件的隐患便无法消除。

一、司法责任制的国家责任

在我国，行使侦查、检察、审判、监狱管理职权的机关及其工作人员，在履行职务的过程中，违法侵犯个人、法人和其他组织合法权益并造成损害时，国家为此承担责任而加以赔偿，是为刑事赔偿。从性质上看，刑事赔偿属于国家对于刑事诉讼中国家专门机关及其工作人员的错误行为承担的一种赔偿责任，是对受到国家权力运作引致的对个人、法人和其他组织损害的救济手段。

刑事赔偿制度是当今许多国家都实行的一种国家赔偿制度。例如，俄罗斯刑事诉讼法确认错案的被害人有平反权，按照《俄罗斯联邦刑事诉讼法典》第133条的规定："平反权包括赔偿财产损失、消除精神损害后果和恢复劳动权、领取赡养金的权利、住房权和其他权利。因刑事追究而对公民造成的损害，国家应全额赔偿，而不论调查机关、调查人员、侦查员、检察长和法院是否有过错。"该法第134条还规定："1.法院在刑事判决、裁定和裁决中，检察长、侦查员、调查人员在决定中应认定被宣告无罪而终止刑事追究的人享有平反权，同时向被平反的人送达通知，说明赔偿刑事追究所造成损害的程序。2.如果被平反人死亡，而又没有关于其继承人、近亲属、亲属或被供养人住所地的材料，则自上述人向调查人员、侦查机关或法院提出请求之日起5日以内将通知发给他们。"这些规定确认国家对于"因刑事追究而对公民造成的损害"负有赔偿责任。〔1〕

国家为什么应为行使侦查、检察、审判、监狱管理职权的机关及其工作人员的错误行为承担赔偿责任呢？这是因为国家权力来自人民，但全体人民不可能共同行使国家权力，需要国家来行使，但国家是抽象的，"惟因国家为一抽象之整体，如欲表现其意旨，须有各种机关代为运用其权力"。〔2〕国家权力需要由国家机关代为行使，最终国家权力是委托给国家机关的人员去具体行使的，国家机关行使权力和国家机关工作人员

〔1〕 以上资料转引自《俄罗斯联邦刑事诉讼法典》，黄道秀译，中国人民公安大学出版社2006年版，第120～122页。

〔2〕［美］Clyde Eagleton：《国家责任论》，姚竹修译，商务印书馆1934年版，第36页。

行使权力，实际上都具有“代理”性质，即代理国家行使来自人民的权力。“若国家将此种权力付之个人，则个人一切之行为，变成国家之行为”“官吏代表国家之行为，其责任由国家负之”。〔1〕当国家机关工作人员的“代理”行为出现失误，造成个人、法人和其他组织合法权益损害的时候，应由被代理的国家承担赔偿责任，因此称此种赔偿为“国家赔偿”。当然，实际履行赔偿职责的，仍然是国家机关。

对于国家责任的认识，并非素来如此。台湾学者廖与人曾指出：“国家赔偿责任问题，在近代学说及立法例上均有重大之变迁。在20世纪以前，基于‘绝对主权’及‘过失责任主义’之思想，认为国家与人民之间，为权力与服从的关系，且公务员执行职务违法侵害他人之权利为公务员个人之行为，而非国家之行为，故国家不负损害赔偿责任。迄20世纪初，则认为国家应否负赔偿责任，当视国家之行政作用为权力作用抑非权力作用而定。公务员代表国家执行基于统治权之职务，系公法上之行为，国家不负损害赔偿责任；若公务员代表国家执行非权力作用之职务，因而发生损害，则其本质与私人之私法上行为并无不同，国家自应负其责任。第二次世界大战之后，因为绝对主权思想之动摇，及社会保险思想之兴起，多数学者，一方面认为国家与人民之关系为权利义务关系，而非权力服从关系，一方面以‘结果责任主义’取代‘过失责任主义’，故认为公务员执行职务违法侵害人民之权利时，国家应负赔偿责任。德、日、英、美各国相继根据此种肯定国家责任之思想，制定有关法律施行。”〔2〕

刑事诉讼中国家权力的运作应当尽力避免发生错误，但错误仍然是难免的，一旦发生错误，受损害的主要是个人，不但经济方面遭受损失，精神方面往往也深受折磨，而且人身自由受到剥夺，甚至有人因错误裁判而失去生命。这些人成为国家权力不当行使的受害人，他们有权利得到国家的赔偿。国际社会将这项权利的落实列为刑事司法的一项准则。联合国《两权公约》第9条强调“人人有权享有人身自由和安全。任何人

---

〔1〕［美］Clyde Eagleton:《国家责任论》，姚竹修译，商务印书馆1934年版。

〔2〕参见廖与人:《“中华民国”现行司法制度》(下)，黎明文化事业股份有限公司1982年版，第739～740页。

不得加以任意逮捕或拘禁。除非依照法律所确定的根据和程序，任何人不得被剥夺自由”。该公约还规定：“任何遭受非法逮捕或拘禁的被害者，有得到赔偿的权利。”被错误逮捕或拘禁的，也应有权利得到赔偿。

不少国家都确立了刑事赔偿制度，如俄罗斯刑事诉讼法将刑事赔偿分为财产赔偿和精神损害赔偿两种情况。

1.财产赔偿，范围包括：由于刑事追究而失去的工资、赡养金、补助金和其他资金；根据法院的刑事判决或处理财产的裁判没收或收归国家所有的财产；作为执行刑事判决对他科处的罚金和追缴的诉讼费用；由他支付的法律帮助的费用；其他开支。《俄罗斯联邦刑事诉讼法典》第135条规定：“自收到赔偿财产损害的要求之日起的 1个月内，法官、检察长、侦查员或调查人员应确定赔偿的数额并作出赔付决定。赔偿还应考虑通货膨胀的水平。”〔1〕

2.精神损害赔偿 ，方式包括：检察长以国家的名义对被平反人造成的损害向被平反人表示正式道歉；关于以金钱赔偿精神损害的诉讼，按民事诉讼程序提出；“如果关于被平反人拘捕、羁押、停职、适用医疗性强制措施的材料曾在报刊公布，在广播、电视或其他信息媒体传播，则根据被平反人的要求，而被平反人死亡时根据其近亲属或亲属的要求，或者根据法院、检察长、侦查员、调查人员的书面指示，相应信息媒体必须在30日之内进行关于平反的报道”。此外，“根据被平反人的要求，而在他死亡时根据其近亲属或亲属的要求，法院、检察长、侦查员、调查人员必须最迟在14日内将宣告公民无罪的决定书面通知其工作、学习单位或住所地”。〔2〕

此外还规定了其他权利的恢复，这些权利包括领导权、领取赡养金权、住房权等。根据法院裁判剥夺的专门称号、军衔、荣誉称号和职衔以及国家奖励，亦应予以恢复。〔3〕

---

〔1〕 以上资料转引自《俄罗斯联邦刑事诉讼法典》，黄道秀译，中国人民公安大学出版社2006年版，第120～122页。

〔2〕 同上。

〔3〕 同上。

域外的做法显然值得我们仔细研究并优选借鉴。长期以来，我国存在对冤错案件中被错误逮捕、监禁的人给予经济补偿的做法，包括补发工资、安排工作和离、退休，以及安排子女就业等，但在20世纪80年代以前，这种补偿不是依据法律而是依据政策进行的，人们习惯称为“落实政策”。1982年《宪法》和1986年《民法通则》的有关规定，含有国家赔偿的内容，如1982年《宪法》第41条第3款明确规定：“由于国家机关和国家工作人员侵犯公民权利而受到损失的人，有依照法律规定取得赔偿的权利。”《民法通则》第121条也规定：“国家机关或者国家工作人员在执行职务中，侵犯公民、法人的合法权益造成损害的，应当承担民事责任。”我国刑事赔偿制度的正式建立是以1994年5月12日第八届全国人民代表大会常务委员会第七次会议正式通过的《中华人民共和国国家赔偿法》作为标志的。该法专章（第三章）规定了刑事赔偿，包括刑事赔偿的范围、赔偿请求人和赔偿义务机关、赔偿的程序等。第四章中还规定了赔偿方式和计算标准。刑事赔偿获得了明确的法律依据，赔偿程序和方式、数额也得以规范化。

我国《国家赔偿法》第6条规定：“受害的公民、法人和其他组织有权要求赔偿。受害的公民死亡，其继承人和其他有扶养关系的亲属有权要求赔偿。受害的法人或者其他组织终止的，其权利承受人有权要求赔偿。”按照这一规定，赔偿请求权应由受害者行使，受害者有能力提出国家赔偿请求却不提出的，视为放弃赔偿请求权。倘若受害者确实由于疾病、伤害等原因不能正确表达自己或无力表述自己的意思时，允许其委托代理人行使请求权。受害人死亡，无论在提出赔偿请求之前死亡，还是在刑事赔偿程序活动的过程中死亡，都不会导致其赔偿请求权消灭。受害者死亡后，由其继承人优先行使请求权，然后才由其他对受害者具有扶养义务的亲属行使请求权。在这种情形下，国家应当给予的赔偿，可视为受害者的遗产，任何一位继承人提出赔偿请求的，应视为全体继承人提出请求。受理机关受理继承人提出的赔偿请求，应查证有无其他继承人，并尽快将已有的赔偿请求意图通知其他继承人。

这里的“受害者”不限于自然人，法人和其他组织也包含在内——依据我国刑法规定，单位亦属犯罪主体范围，如果单位受到刑事追究，也有可能因司法错误或者行使侦查、检察、审判职权的机关以及看守所、监狱管理机关及其工作人员的行为而遭受经济损失，以此观之，单位应有请求国家赔偿之权利。受害的法人或者其他组织终止的，其权利承受人有权要求赔偿。权利承受人指法人或者其他组织终止，该法人或者其他组织不复存在，但权利并未消灭而是将移转给他人，由其承受权利人的地位，享受权利。因此，该权利承受人承受要求赔偿和得到赔偿的权利。

请求刑事赔偿，不以起诉方式为之。这是因为为了实现刑事赔偿而提起诉讼，将导致公安机关、检察机关甚至法院成为被告，特别是若将法院列为被告，岂不有损司法尊严？而且也会引起回避之类难题。许多国家采取申请刑事赔偿的做法，我国国家赔偿制度也是如此。

提出赔偿请求一般要提交刑事赔偿申请书。赔偿请求人书写申请书确有困难的，可以委托他人代书；也可以口头申请，由赔偿义务机关记入笔录。

赔偿请求人请求国家赔偿的时效为2年，自其知道或者应当知道国家机关及其工作人员行使职权时的行为侵犯其人身权、财产权之日起计算，但被羁押等限制人身自由期间不计算在内。在申请行政复议或者提起行政诉讼时一并提出赔偿请求的，适用《中华人民共和国行政复议法》《中华人民共和国行政诉讼法》有关时效的规定。赔偿请求人在赔偿请求时效的最后6个月内，因不可抗力或者其他障碍不能行使请求权的，时效中止。从中止时效的原因消除之日起，赔偿请求时效期间继续计算。

就刑事赔偿义务机关而言，对公民采取拘留措施，依照国家赔偿法的规定应当给予国家赔偿的，作出拘留决定的机关为赔偿义务机关；对公民采取逮捕措施后决定撤销案件、不起诉或者判决宣告无罪的，作出逮捕决定的机关为赔偿义务机关；再审改判无罪的，作出原生效判决的人民法院为赔偿义务机关；二审改判无罪，以及二审发回重审后作无罪处理的，作出一审有罪判决的人民法院为赔偿义务机关。

我国“共同赔偿机关”意味着在各自的责任范围内进行赔偿，而不是受害者有权向共同赔偿机关中的任何一个机关请求全额赔偿。也就是说，现有的赔偿制度下，实行的是分段赔偿的做法，共同赔偿机关并不承担连带责任。这种做法使一个赔偿变成几个部分，受害者需要分别向几个机关提出赔偿请求，不利于尽快实现其权利。我们认为，既为国家赔偿，以最后一个处理案件的机关统一赔偿，对受害者来说最为便利，也可以减少共同赔偿机关之间的推诿、扯皮。

二、司法责任制中的个人责任

警务人员动用侦查权，检察人员行使追诉权，审判人员行使裁决权，都有相应责任制度。民国时期著名学者徐朝阳先生在谈到法官办案责任制的起因时说："迨季世浇漓，法官滥用职权，敢为非法，妨害司法权之威信，侵害人民之法益，是有规定法官责任之必要。"古代司法因无审前程序，一旦成讼就登堂入室进入审判程序，案件一旦搞错，便是法官责任。现代诉讼，除法官外，其他行使侦查、起诉权力的国家官员自不可逍遥责任之外。

不过，司法责任既要有之亦不可泛化，案件搞错了，司法人员是否有责任，要不要追责，不能一概而论。若非故意为之或有明显疏失，仅属于认识上的问题，便不应向司法人员追责，否则容易造成司法人员人人自危的局面，反而不利于司法独立人格的养成。

（一）追究个人错案责任的两个前提

错案有因司法者的个人因素而起者，一旦确认其因果联系，便须追究其责任。然则如何追责，不能不有所考究。凡存在错案，不分青红皂白，一概穷治不休，未必有益。因此，何种情形应当追责，何种情形不可轻言追责，应有缜密思考，投鼠忌器的道理不可不知。

不过，对司法者责任规定过于繁密和严厉，目的是保障法律得到公正实施，但不能不注意者，司法人员玩法之心受到抑制的同时，独立公正地办理案件的勇气也会受挫。对司法者办案责任的追究应当注重适当性，应根据其行为的性质和危害程度在确有必要的范围内加以规定，不能一遇错案便急于向相关司法者归责，有无责任，应当视具体情况加以判断。

我国当代司法制度中的办案责任制，为司法机关自己量身打造，对于追究司法人员的错案责任提供了依据。不过，司法实践中存在两种截然相反的倾向，需要加以矫正：一是责任追究泛化，只要案件错了，不问司法人员有无过错，一概加以追责，使得属于认识、判断上的错误也被追责，强化了司法人员的畏葸心理，殊不知案件虽然是错案，不等于办案人员必然负有责任；二是另一种意义上的"责任泛化"，即司法集体操作模式造成案件办理中即使存在错误，由于介入的人员过多，变得人人有责，其结果反而人人无责，无法追究个人责任。这种权力与责任脱节的现象，是高度行政化的司法体制的必然结果，这种体制使具体承办案件的人员没有独立处理分配给自己的司法事务的权力，在"指令—服从"体制下，只能听命于上级，其责任心乃至工作的自豪感都会流失，也不能培养司法人员应有的健全人格，反而逐渐形成司法官僚状态。这种集体操作的司法模式，使得高素质与低素质的司法人员没有什么差别，都泯然于众，不利于形成促进司法人员提高自身素质的内在动力，整体司法水平就难以提高。

对于前一种意义上的司法责任泛化，须将办案责任限定为两个方面加以限制：一是故意违法；二是因重大过失导致严重后果。仅属于认识、判断上的错误而不存在其他过错，不追究司法人员的责任；对于后一种意义的司法责任泛化，要扭转之，需要将司法权下放给承办案件的司法人员，这样才能使责任明了。

（二）我国古时追究司法责任分故意和过失

在我国古代，听讼与断狱乃众多官员职责所在，若有疏失甚至故意不法，要追究其裁判者的责任。

我国古代司法人员办案责任制度起源很早，"早在西周的法律中就已经有了关于法官责任的明确规定"[1]。听讼与断狱乃众多官员职责所在，"法律要求法官对于被害人的控告，必须及时予以受理审判，违者构

---

〔1〕 参见巩富文：《中国古代法官责任制度研究》，西北大学出版社2002年版，第1页。

成‘攘狱罪’[1]，依法应负刑事责任”。[2]另外，“法律规定法官如果判错案件，则要按照‘反坐’原则对其论罪处罚”。[3]

追究其裁判者的责任，无非存在疏失甚至故意不法。古代追究司法官的错案责任，分故意与过失两种情况，无主观故意亦无过失者，不应追究责任；加上错案又分出罪与入罪，于是追究司法者的责任分为故出人罪、故入人罪、失出人罪、失入人罪四种情形。他应负之责亦极繁多，俾执法者仍有法之须遵守也。

林咏荣先生曾言：“书曰：‘与其杀不辜，宁失不经’，足见往古关于出入人罪已寄予充分之注意。”[4]《尚书·吕刑》规定了五种需要惩罚的弄法行为，称“五过之疵”。按照吕刑的规定：“五过之疵，惟官惟反惟内惟货惟来，其罪惟均。”其中的“官”为“曾同官位”，“反”为“诈反囚辞”，“内”为“内亲用事”，“货”为“行货枉法”，“来”为“旧相往来”。如果因存在上述关系而作出枉法裁判，则应处以与犯罪者同样的刑罚。“秦汉而后，对于法官责任，规定綦严，探讨论列，累幅不能尽。”[5]按照古代法典的规定，需要由刑罚加以惩罚的行为主要有：受理匿名投告；受理被囚禁者举告他事；受理对于赦前事的控告；受理没有明注年月、指称实事的控告；告状不受理；应回避而不回避；接受贿赂；淹禁不决；拷讯过度；拷讯幼；拷决孕妇；决罚不如法；断罪应具引律令而不具引；怀挟私仇，故勘平人；状外别求他罪；审理完毕后不放回原告；应该移交管辖而不移交或者不接受；应当言上、待报而不言上、待报；出入人罪；断罪不当；死刑案件不待覆奏回报而予以处决；等等。

陈顾远先生指出：“李悝《法经》与汉《九章》，皆于《囚法》中规定听讼与断囚之事；曹魏于《囚法》外，创立断狱之目，后世未改；惟北齐合于《捕律》，元则杂列于职制中而已！其中关于听讼之方法，断狱之程

---

〔1〕 参见《周礼·秋官·禁杀戮》郑玄注：“攘狱者，距当狱者也。攘，犹却也；却狱者，言不受也。”转引自巩富文：《中国古代法官责任制度研究》，西北大学出版社2002年版，第1页。

〔2〕 参见巩富文：《中国古代法官责任制度研究》，西北大学出版社2002年版，第1页。

〔3〕 同上。

〔4〕 参见林咏荣：《中国法制史》，三民书局1976年版，第209～210页。

〔5〕 参见徐朝阳：《中国诉讼法溯源》，商务印书馆1973年版，第84页。

序皆有详密记载；其不属于律而为敕格条例所及者更多有之。然其主旨所在，不外用以明法官之责任，而达慎重刑狱之目的。”[1]陈顾远先生特别指出我国古代诉讼法上一大特色，是追究法官的过失责任，“法官断狱，失出入者皆负相当之责任，此实中国诉讼史上一大特色，其他应负之责亦极繁多，俾执法者仍有法之须遵守也。”[2]他还指出：“失出入以外之责，最著者莫若诉讼之时期一事，历代各有规定，俾无罪者免久系不决之苦。”[3]观察一些朝代，可见如下追究裁判者责任之情况：

秦时追究法官包庇隐匿罪犯的责任、阿法[4]的责任、失刑[5]的责任。对于处理案件不公正的处罚是遣送去修长城。[6]由于修长城这种苦役死者甚众，秦对于治狱不直者的处罚不可谓不重。汉时追究法官拒绝执行逮捕的责任、故纵人犯的责任、“故不直”的责任、贪赃枉法的责任[7]。在汉朝，以出罪为“故纵”（故意放纵罪犯），入罪为“故不直”（故意制造不公），触犯这两个罪名者，往往免官，不过，更多的是弃市，“其鞫狱不实者，罪亦至死”。[8]到了两晋，“失赎罪囚，罚金四两，是晋律亦有失出失入之条。是魏亦然”。[9]隋朝要求法官依律令断罪，要求法官断狱必须“具写律文”“定其罪名”，追究“不依律令”断罪者的责任；另外，对故出人罪者处以重刑，并严禁收受贿赂。[10]

对于司法责任，若论律文中加以规定从而为后世所能详知者，首推

---

〔1〕 参见陈顾远：《中国法制史》，中国书店1988年版，第245页。

〔2〕 同上。

〔3〕 同上。

〔4〕 曲法、枉法也，包括“不直”和“纵囚”。参见巩富文：《中国古代法官责任制度研究》，西北大学出版社2002年版，第4页。

〔5〕 量刑不当。参见巩富文：《中国古代法官责任制度研究》，西北大学出版社2002年版，第4页。

〔6〕 陈顾远谓：“见《史记·始皇本纪》，是《秦律》有治狱不直之条。”参见陈顾远：《中国法制史》，中国书店1988年版，第246页。

〔7〕 参见巩富文：《中国古代法官责任制度研究》，西北大学出版社2002年版，第4～5页。

〔8〕 陈顾远谓：“详见《汉书》各志。”参见陈顾远：《中国法制史》，中国书店1988年版，第246页。

〔9〕 参见陈顾远：《中国法制史》，中国书店1988年版，第246页。

〔10〕 参见巩富文：《中国古代法官责任制度研究》，西北大学出版社2002年版，第5～6页。

《唐律》。[1]按照《唐律》规定：

1.处罚以正文规定为准据——“诸断罪，皆须具引律令格式正文，违者笞三十，若数事共条，止引所犯罪者听”（断狱篇）。“诸断罪而无正条，其应出罪者，则举重以明轻，其应入则举轻以明重”（名例篇）。前者如“无故夜入人家，主人登时杀之者，勿论”，杀且勿论，如仅伤害，自无罪责。后者如“谋杀期亲尊长者，斩首”（盗贼篇）。在此场合，凡谋杀行为即处以死刑，其有实行杀害之者，自必加重其刑矣。

2.审判以原状所告为限（盖恐节外生枝，徒滋纷扰也）——“诸（鞫）狱者，皆须依所告状（鞫）之，若于本状之外，别求他罪者，以故入人罪论。”

3.量刑以轻重得宜为依归——故意出入人罪：“诸官司入人罪者，若入全罪，以全罪论，从轻入重，以所剩论（如从笞十入三十，所剩为二十），刑名易者，从笞入杖，从徙入流，亦以所剩论（原注云：从徙入流者，三流同，比徙一年为剩），从笞杖入徙流，从徙流入死罪，亦以全罪论，其出罪者各如之。”（断狱篇）过失出入人罪：“即断罪失于入（因过失入人罪）者，各减三等，失于出者，各减五等，若未决放，及放而还获，若（同或）囚自死，各听减一等。”（断狱篇）非出于故意或过失而出入人罪：“即别使推事，通状失情者，各又减二等，所司已承误断讫，即从失出入法，虽有出入，于决罚不异者，勿论。”（断狱篇）——盖本案既经另派推事覆按，通状仍不得实情，则原判之失察，情有可原也。

4.重罪以取得服辩为必要——凡断狱皆须具引律令格式，违者笞三十；若数事共条时，止引所犯之罪者听；若律无正条，则按罪情之轻重，用举重明轻举轻明重之例，以为应出罪应入罪之标准。此其一。故意出入人罪者，若出入全罪时，则以全罪论，由轻入重时则以所剩论……过失出入人罪者，失于入各减三等，失于出各减五等。若未决放，及放而还获，若囚自死，各听减一等；代理审判误断者，推事通状失情，各又减二等。此其二。诸鞫狱者，皆须依所告状鞫之，若于本状之外，别求他罪者，以故入人罪论。此其三。诸断罪应决配之而听收赎，各依本罪减故失一等；应绞而斩，应斩而绞，徒一年，自尽亦如之，失者减二

[1] 参见陈顾远：《中国法制史》，中国书店1988年版，第246页。

等。此其四。诸狱结竟，徒以上各囚及其家属，具告以罪名，仍取囚之服辩，若不服者，听其自理，更为审详；违者笞五十，死罪杖一百。此其五。[1]

以上内容，著之法典而可考，阅之颇有完备之感。

及至宋朝，法律具体列举各种违法检验的情形，要求法官必须亲自审理案件、法官违法刑讯将被处刑、出入人罪须加以处罚。[2]宋时法尚宽仁，对于失入人罪的责任较为重视，对于失出人罪的责任就没那么严重了。大宋对于裁判者的司法责任，"不一其例，终宋之世，法官因入人之罪，或除名或罚金，或坐此不许迁官，尚无定制"。宋朝"太祖时，金州防御使仇超等坐故入死罪，除名，流海岛；太宗时，诏凡断狱失入，死刑者不得以官减赎，检法官判官皆削一任，但检法官仍得赎铜十斤，长吏停任；仁宗时，凡集断急按，法官与议者并书姓名，议刑有失，则皆坐之；且对于尝失入人罪者，不得迁官，有举之者罚以金；哲宗时，更罢法官失出入之罪；皆其例也"。[3]

元朝时"故入人罪若未决者，及囚自死者以所入罪减一等论，入人全罪以全罪论，若未决放仍以减等论。故出入人罪，应全科而未决放者，从减等论，仍记过。仅失入人之罪者减三等；失出人罪者减五等；未决放者又减一等，并记过"。[4]

明清律，失出入罪之责任与唐律规定大同小异，所谓"清承明律，而明律则多仍唐旧"。凡官司故出入人罪，全出全入者，以全罪论，增轻作重，减重作轻，以所增减论（原注云增轻作重，入至徒罪者，每徒一等折杖二十，入至流罪者，每流一等，折徒半年，减重作轻者，亦如之），至死者坐以死罪，若失入者减三等，失出者减五等，若囚未决放及还获自死，各听减一等。凡狱囚犯罪，（鞫）狱者唤囚及其家属具告所断罪名，责取服辩文状，不服者更为详审，违者徒流罪，笞四十，死者杖六十，其囚家

[1] 参见陈顾远：《中国法制史》，中国书店1988年版，第246页。
[2] 参见巩富文：《中国古代法官责任制度研究》，西北大学出版社2002年版，第4～5页。
[3] 参见陈顾远：《中国法制史》，中国书店1988年版，第247页。
[4] 同上。

属在三百里之外，不具告。若犯人反异，家属称冤，即便推（鞫），事果违枉，会同原问原审之官吏讯问改正，其审录无冤，故为延决者杖六十，若明知冤抑不为申理者，以故失入人罪论。凡监察御史、按察司，辨明冤枉，须开具所枉事迹，实封奏闻，委官追问得实，被诬之人，依律改正，罪坐原告、原问官吏。[1]例如，明孝宗时，更令审录错误者，以失出失入论，其受贿及任己见者；以故出入人罪论。此外，明清律所增法官之责任，而与失出入，故出入有关者仍不少：有关于辩明冤枉之责任者，凡监察御史，按察司，辩明冤枉，须要开具所枉事迹封奏闻，委官追问；得实被诬之人，依律改正，坐原告，原问官吏。有属于故禁故勘之责任者，凡官吏怀挟私仇，故禁平人者杖八十，因而致死者绞；故勘平人者，杖八十，折伤以上，依凡斗伤论，因而致死者斩。有属于典吏代写招草之责任者，凡诸衙门鞫问刑名等项，若吏典人等为人改写及代写招草增减情节，致罪有出入者，以故出入人罪论等等皆是。林咏荣先生指出："就此数端观之，明清律大抵皆就唐律及疏议之文意，加以增益与润泽，较之唐律可谓更为周密。"[2]

（三）豁免权、责任制并行的当代国际标准

司法责任追究制的负面效应是不利于司法独立人格的养成，为此必须将责任追究限定在一定范围内。国际社会确立了一系列标准，原则上要求司法人员履行法定职责的行为一般不受法律追究，要因其所作判决而追究法官责任必须根据法律明确规定的理由和程序。《司法独立原则》《司法独立世界宣言》等国际社会制定公布的原则、宣言对于法官的豁免权、惩戒的理由和程序作出了具体规定。这些规定在一个国家制定本国的责任制度时应当得到遵行。

对于故意进行违法裁判的行为，应当追究法官的责任；对于过失而造成误判的行为，应当根据具体情况而加以区别对待。法官误认事实、错误采证或错误排除证据、错误适用法律，一般情况下应赋予法官豁免权，如果法官确系根据自己的判断并确信这种判断为正确时作出的裁

〔1〕 参见林咏荣：《中国法制史》，三民书局1976年版，第209～210页。
〔2〕 同上书，第210页。

判，即使案件在第二审得到改判或者发回重审，也不应追究法官的责任。当然，法官应当尽到注意责任而没有尽到注意责任（如控方或者辩方提出对某一证据进行调查而拒不调查等）或者刚愎自用造成错误裁判并造成实际损害的，可要求其承担民事责任，必要时还可以追究其行政责任。另外，对于法官在法律允许的范围内行使自由裁量权的行为，也不应追究其责任。

审判活动是受法律规范的活动，严格依照法律规范进行有关的诉讼行为，是法制原则的基本要求。法律在对法官的行为加以严格约束[1]的同时往往又赋予法官一定的自由裁量权，目的是为其自主决定、自主行为提供一定的空间。允许由执行某一权力的个人根据自己认为什么是好的采取相应的作为或者不作为，体现了人的司法与机器的司法的显著不同：如果人们能够将法律的规定精密到无须任何解释、涵盖一切可能出现的情况的程度；如果诉讼中无须司法人员根据不同案件、不同参与人的不同情况（甚至只是微妙的不同）而斟酌权衡、便宜行事，机器司法就可以取代人的司法。但实际上正如美国经济学家密尔顿·弗里德曼所指出的那样，法治并不能排除一切人的因素，“没有任何法律可以得到如此精确的限定，以致避免了任何解释问题；同时没有任何法律能够得到如此精确的限定，以致明确地包含了一切可能出现的情况”。因此，法律必然给实施这部法律的人留有一种有限的自主。[2]自由裁量权意味着把法官的决定置于不可追究的地位。只要法官的自由裁量是“在法律允许的范围内”进行的，这种裁量就获得了不受追究的权利。这里强调“法律允许的范围内”的原因在于裁量并不是天马行空式的任意裁量，而是由法律对裁量权的适用范围加以限制。正如一位英国法官所表述的：“如我们说由某当局在其自由裁量之内做某事的时候，自由裁量权意味着，自由根据合理和公正的原则做某事，而不是根据个人意见做某

---

〔1〕 受法律严格约束而没有自我斟酌权衡权力的行为被称为“羁束行为”，对于羁束行为，行为主体必须在法律的范围内进行判断和采取一定的行为。违反法律的规定，不依法履行羁束行为，可能承担相应的责任。

〔2〕 参见［美］密尔顿·弗里德曼：《弗里德曼文萃》（中译本），高榕等译，北京经济学院出版社1991年版，第558页。

事……根据法律做某事，而不是根据个人好恶做某事。自由裁量权不应是专断的、含糊不清的、捉摸不定的权力，而应是法定的、有一定之规的权力。”如果进行自由裁量逾越了法律的限制，即在法律的授权以外进行裁量，就是滥用裁量权，不但达不到法律赋予自由裁量权所预期的目的，反而会造成破坏法制和损害公民个人合法权益的不良后果，这就可能要承担一定的责任。

对法官的纪律处分、停职和撤职应当遵循特定的原则和程序。根据联合国《司法独立原则》和《司法独立世界宣言》确定的标准，对法官提出的指控或控诉应按照适当的程序迅速而公平地处理。法官应有权利获得申诉机会。在最初阶段所进行的调查应当保密，除非法官要求不予保密。一切纪律处分、停职或撤职程序均应根据业已确立的司法人员行为标准予以实行；除非法官因不称职或行为不端使其不适于继续任职，否则不得予以停职或撤职。所提起的关于司法免职或惩戒的诉讼，应被提交到法院或主要由司法部门的成员所组成的委员会。但免职权可以根据回避的需要被移交给立法部门或联合行使，但最好根据这种法院或委员会所提出的建议。针对法官的惩戒程序，无论是秘密还是公开举行的，其判决应公布于众。有关纪律处分、停职或撤职的程序的决定须接受独立审查。〔1〕

要避免法官责任制对司法独立产生损害，必须规定：对法官进行的惩戒权力不应掌握在行政机关手中，而应交付给法院或者专门成立的委员会。一般的做法是：（1）由普通法院执掌对法官的惩戒权。例如，在日本，对法官的失职或者渎职行为由高等法院或者最高法院给予惩戒处分。（2）由专门法院执掌对法官的惩戒权。例如，在德国，联邦和各州均设有法官职务法院，就法官纪律、惩戒等事项进行裁判。（3）由特别设立的委员会执掌对法官的惩戒权。例如在美国，一些州（哥伦比亚特区、肯塔基、内华达、纽约州）由法官行为委员会对法官进行惩戒，但要经过

〔1〕 此项原则不适用于最高法院的裁决和那些有关弹劾或类似程序法律的决定。

州最高法院复查。[1]又如，在比利时，由上诉法院院长为首组成纪律委员会执掌对上诉法院以下法院的法官的惩戒权；最高法院、仲裁法院和行政法院分别组成以院长为首的纪律委员会执掌对本院法官的惩戒权；开除处分由最高法院决定；法官犯罪一律由上诉法院审理。[2]

（四）司法人员承担错案责任的三种形式

当代司法制度中，司法者的错案责任可以从刑事责任、民事责任和行政责任三个方面来设定。

一是刑事责任。按照我国现行刑法规定，司法裁判者以下几种情形构成犯罪，可能需要承担刑事责任：徇私枉法，对明知是无罪的人而使他受追究，对明知是犯罪的人而故意包庇使他不受追究，或者刑事审判活动中故意违背事实和法律作枉法裁判，构成徇私枉法罪。

二是民事责任。美国学者切斯特·J.安提奥等人曾指出："按照罗马法规定：只要法官存在过错，不管是腐化还是过失，都会被判处向受其行为侵害的人承担民事责任。"[3]这一原则为许多国家所接受，不少国家规定了法官对于错误裁判要承担一定的民事责任，如"不论是在英国还是在英联邦，治安法院的法官和初审法院的法官按照惯例都要对其侵权行为承担责任。"[4]我国现行法律虽然没有规定可以通过民事诉讼要求司法人员就特定行为承担民事赔偿责任，但国家赔偿法规定，赔偿义务机关依法赔偿损失后应当向负有责任的工作人员追偿。被追偿人实际上承担的是侵权赔偿责任。

三是行政责任。对裁判者的违法失职行为施以一定的惩戒，意味着裁判者需要承担一定的行政责任。我国法官法对于法官以下行为规定处分措施：贪污受贿；徇私枉法；刑讯逼供；隐瞒证据或者伪造证据；泄

---

〔1〕 其他州的法官行为委员会只有建议权，专门法院或者州最高法院执掌对法官的惩戒权。

〔2〕 参见周道鸾：《法官法讲义》，人民法院出版社1995年版，第196～198页。

〔3〕 参见[美]切斯特·J.安提奥、迈洛·R.梅彻姆：《公务员的豁免权与侵权责任》，苌宏亮译，中国社会科学出版社1997年版，第198页。

〔4〕 不过，丹宁勋爵于1974年指出："在我们的登记簿上从来没有这样的案件：高级法院的法官在损害赔偿诉讼中被判处承担民事责任。"参见[美]切斯特·J.安提奥、迈洛·R.梅彻姆：《公务员的豁免权与侵权责任》，苌宏亮译，中国社会科学出版社1997年版，第198页。

露国家秘密或者审判工作秘密；滥用职权，侵犯公民、法人或者其他组织的合法权益；玩忽职守，造成错案或者给当事人造成严重损失等。处分的种类包括：警告、记过、记大过、降级、撤职、开除。受撤职处分的，同时降低工资和等级。

需要指出的是，错案一旦发现并纠正，对个人追责固然重要，但更为重要的是进行制度修补。错案往往集中暴露了司法制度的某些缺陷，发现错案之后应当检讨这些制度缺陷，及时加以修补。如果仅把错案当作个别、偶发案件而不在制度层面作出检讨、有所革新，错案的真正价值就没有得到实现，发现错案，就只有一时的震动，时过境迁，冤错案件还会规律式地一再发生。事实证明，在刑事司法中，冤案得到平反，但如果造成冤错案件的病灶不除，冤案就会“自我复制”。因此，错案发生后，厘清相关司法人员的责任并对有过错的司法人员进行追责固然不可或缺，但进行司法制度的检讨和修补更为重要；有些司法人员懈怠、缺乏责任心、素质低下等问题，与制度不良有密切关系，亡羊而不补牢，只责罚牧羊之人，不一定能够实现此后防患于未然的作用。

制度上的缺陷是造成错案的重要原因，例如嫌疑人、被告人的辩护权利不充分，刑事诉讼过程中不能形成有效辩护，一些错案本来可以避免，事后发现当初案件处理过程中辩护一方已经提出过中肯意见，但这些意见根本不被采纳；暴力、胁迫、利诱、欺骗等非法取证方式具有普遍性，但法律遏制这些非法取证行为的制度设计并不严密，办案人员多把这些看作查实案情和推进诉讼进程的终南捷径，进而造成错案发生。显然，制度有着周到设计，可以防止办案人员滥行不轨，不在制度上下工夫，仅仅追究具体人的责任，还是不能防止错案依同一模式再度发生。

我国司法制度还存在不少改善的空间，错案一再提醒我们要检讨司法制度的缺陷并加以改良，对于这样的提醒若不加以注意并有所动作，错案就像影片《异形》里的怪兽一样，又一再孕育而成了。

三、改革错案追究及相关制度的建议

办案人员违法行为导致错案，尽管有错案追究制乃至终身追究制的喧天宣示，实际上被追究的并不多。按照国家赔偿法规定，国家相关部门依法向当事人赔偿后，应向相关责任人追偿，然而究竟有谁真正受到追偿？

我们国家的错案追究机制，存在五大“缺陷”，亟须加以革除或者修补：

一是责任泛化的局面需要打破。前述司法责任的泛化，具体表现为：后续的程序出现变故时就追究前一程序中案件承办人员，无论其是否有故意违法行为或者是否存在过错，如只要犯罪嫌疑人经批准逮捕后检察机关作出不起诉决定，就要追究批捕案件承办人的责任。再有，案件经起诉后法院判决无罪，就要追究起诉案件承办人员的责任，同样，一审法院判决有罪而二审法院改判无罪，就要追究一审案件承办人的责任。这种责任的泛化（起码名义上有这回事），可谓不分青红皂白，只会进一步戕害司法人员的独立人格。

为此，追究司法者的责任，应当只限于故意违法或者重大过失导致严重后果两种情况，属于认识领域的问题，不可因判断有异而加以惩罚，其道理在于，对于认识、判断上的问题加以追责，是对人类理性固有缺陷追责，对于司法人员来说显然不公平。人的理性存在天然缺陷，认识、判断上的错误在所难免，在司法活动中，即使最审慎、最认真的司法人员也可能因主客观因素的影响而出现认识、判断错误，要想使司法人员绝对不出现这样的错误，只好由上帝、天使现身来充任司法人员。不仅如此，司法责任泛化负面效果明显，它会造成司法上独立人格受到损害，加剧责任感、担当意识的削弱。因此，设定追究案件处理者的责任制度，一方面要实现惩前毖后的功能，另一方面也要考虑司法人员应当具有一定的职务豁免权，要切实避免将办案责任制变成伤及司法人格独立的手段——道理很简单：如果裁判者在办理案件时跋前踬后、动辄得咎，遇有应当根据法律和事实进行独立断案的场合就会畏葸不前。

另一种意义上的责任泛化具体表现为：我国司法长期以来都是集体作业模式，凡案件集体（领导）决定、集体负责，这种人人有责的办案模式造成的是人人无责的实际结果，一旦出现错案实际上要追究的对象何止一两个，“法不责众”的故态就显现了。显而易见，司法逐渐由集体作业模式向个体作业模式转化，才能实现“让审理者裁判，让裁判者负责”和“让办案者决定，让决定者负责”。

按理说，司法责任制以“让审理者裁判，让裁判者负责”为口号，意味着谁办理的案件就应由谁负责，但是，旧有的司法惯性使有的基层法院的院长意识到，担心如果其下属法官办错案或出了其他问题，院长还是难以卸下领导不力的责任，“让裁判者负责”云乎哉！我国司法机关是高度行政化的机构，法院院长对本院素有领导责任。一旦下属法官出了问题，法院院长难辞领导之责，这些问题可能影响其政绩和未来仕途。因此，下属法官若办错案，还要由院长承担领导责任，其结果势必使上对下的管控更强化，集体作业模式无法打破。

当今的检察体制改革，应有的方向是把权力下放给检察官，现在有些地方所谓“下放”，只是将一些事务性工作下放，如办案人员去看守所提审犯罪嫌疑人等事务性工作由检察官决定，实质性、终局性的决定权并没有下放，后者如是否立案、批准或者不批准逮捕、是否提起公诉，都牢牢掌握在检察长和检察委员会手中。笔者认为，批准逮捕以及决定起诉的权力应该下放给检察官，同时发挥刑事诉讼制度内的制约机制作用——刑事诉讼法已经对这些权力的正当运作确立了制约机制，如对于不批准逮捕决定的复议复核以及对于不起诉决定的复议复核和申诉，发挥这些制约机制，无须将权力过分集中于上级长官之手，可以保障权力正当行使。

二是破除责任追究中的目的论取向。尽管名义上存在责任追究制度，实际上真正受到追究的少之又少，例如，不少构成刑讯逼供罪的严重违法行为，办案人员得不到刑事追究，即使追究了也会得到从宽发落，往往是缓刑或免予刑事处罚。之所以如此，其原因就是目的论取向在作怪，总认为刑讯逼供者进行非法取供，动机是纯良的，都是为了把案件侦破，使罪犯得到应有的惩罚，手段的正当性并没有被列在严格考量的范围。

三是打破责任追究中的部门主义和地方主义。有些案件，明明办案过程中存在严重刑讯逼供等违法行为且证据确凿，当地的党政大员或者司法机关某些领导要维护本地方或者本部门的司法机关形象，一句话就不让再追查了。部门主义和地方保护主义，造成一些应该追究责任的案件得不到追究。

四是避免全民为错案“埋单”的局面。在我国错案责任追究中，存在的一大问题是到底谁该为错案埋单。一个案件办错了，当事人被错关了很多年，等到其出来时，很可能早已妻离子散，家破人亡。我们需要思考：谁该为错案埋单？国家要依法赔偿，但国家赔偿用的是全体纳税人的钱，等于全民为有些办案人员的违法行为埋单。

错案一旦曝光，人们都在关注公安司法机关怎样追责。我国少有对官员以前的过误行为追究其个人责任的习惯，时过境迁，往往大事化小，小事化无。例如，冤狱的受害者获得国家赔偿，理所当然，不过，冤狱赔偿不能全由纳税人埋单，按照国家赔偿法规定：赔偿义务机关赔偿后对于实施了刑讯逼供的工作人员追偿部分或者全部赔偿费用。许多刑事错案都由刑讯促成，让全体纳税人为实施刑讯逼供的国家工作人员埋单，不但情理难通，也不能使刑讯者得到深刻教训，何况刑讯者未必毫无赔偿能力。办案机关对于实施了刑讯逼供的工作人员进行追偿的情况，该向纳税人作个交代，不能含糊过去，让全体纳税人做了冤大头。

为扭转这一局面，对于那些因办案人员滥用职权、懈怠渎职导致的错案，国家赔偿后，应当严格执行《国家赔偿法》的有关规定，向有关责任人追偿，追偿方式是责令有关责任人向国家缴纳赔偿金；拒不缴纳的，应当强制缴纳。

五是合理确定赔偿数额，特别是含冤亡故者的赔偿数额。生命本无价，给生命定价，是对生命的侮辱。话虽如此，实则生命“有价”。通常在两种情况下，可以看出生命的价格，其一是拐卖人口，买卖双方议的是活人的价格，拐卖的“卖”字已经将人口商品化揭穿，既然人被当作商品，自然是有价的；其二是死亡赔偿金，谈判双方议的是死者的价格，人死不可复生，大家商量一下赔多少钱吧，就像打碎了宋代瓷瓶，受损失的一方应当得到赔偿和抚慰。

既然生命近乎“有价”，人们会追问：冤错案件的死亡赔偿金究竟应该多少，究竟赔偿数额有没有准谱儿。另外，人死于司法错误，究竟应该赔偿多少钱，有没有不必浪费心力、口舌的合理的赔偿标准？

记得20世纪80年代上海附近发生一起火车对撞事故，日本来华旅游的不少中学生在事故中丧生，随后的索赔中，日方提出应依现在中学生的年龄计算到65岁每年日本人的人均收入来进行赔偿。当时的中国改革开放起步不久，政府哪里像现在这么有钱，自然是听了这个赔偿计算方法眼如铜铃，大感错愕。那时国人死于事故，赔偿金额很低，怎能同命不同价，给日本这些遇难者那么多赔偿？谈判的结果自然是没有满足日方的要求，但也比国人的赔偿数额高出不少。几年后听一位法律界人士侃侃谈到此案，此君为谈判中自己做出的贡献颇为自得，对于谈判结果喜形于色，觉得又创下了一个值得铭记的爱国之举。

多少年过去了，现在回过头来想，当时日本方面提出的这种赔偿金计算方法是不是也有相当理由？在我国已经号称成为“世界第二大经济体”且国内外皆公认“不差钱儿”的当下，我国死亡赔偿金是否也应考虑引入这种计算方法？

这种计算方法起码的好处是将死亡赔偿金额大幅度提高。我国现在的赔偿有一个特别不合理的地方，是对死亡的赔偿还不如对许多非死亡（如伤害）案件的赔偿的数额高。如果一个人伤残，可以得到比死亡多得多的赔偿。针对这种情况，不知有没有追问和回答：为什么死亡赔偿金反而比伤害的少？这是根据“常识”（common sense）就能意识到的一种不合理。

第三节 陪审制度

人民陪审员制度在中国正式法律文本中的表述经历了一个起落的过程。1954年《人民法院组织法》第9条和1979年《人民法院组织法》第10条均规定：“人民法院审判第一审案件，由审判员和人民陪审员组成合议庭进行，但是简单的民事案件、轻微的刑事案件和法律另有规定的案件除外。”1979年《刑事诉讼法》第105条规定：“基层人民法院、中级人民法院审判第一审案件，除自诉案件和其他轻微的刑事案件可以由审判员一人独任审判以外，应当由审判员一人、人民陪审员二人组成合议庭进行。高级人民法院、最高人民法院审判第一审案件，应当由审判员一人至三人、人民陪审员二人至四人组成合议庭进行。”可见，陪审是第一审法庭的主要构成形式。

但是，1983年开始“严打”之后，《人民法院组织法》第10条修改为：“人民法院审判第一审案件，由审判员组成合议庭或者由审判员和人民陪审员组成合议庭进行；简单的民事案件、轻微的刑事案件和法律另有规定的案件，可以由审判员一人独任审判。”1996年修正的《刑事诉讼法》第147条也规定：“基层人民法院、中级人民法院审判第一审案件，应当由审判员三人或者由审判员和人民陪审员共三人组成合议庭进行，但是基层人民法院适用简易程序的案件可以由审判员一人独任审判。高级人民法院、最高人民法院审判第一审案件，应当由审判员三人至七人或者由审判员和人民陪审员共三人至七人组成合议庭进行。”陪审不再作为第一审法庭的必要构成形式。

然而，20世纪末以来，由于社会关系变化，利益格局调整，社会矛盾交织，人民法院审判工作面临前所未有的复杂局面，人民法院的管理体制和审判工作机制，受到了严峻的挑战。人民群众对少数司法人员腐败现象和裁判不公反映强烈，直接损害了党和国家的威信。在这一背景下，人民陪审员制度又开始受到重视，并随着司法改革的启动和深入而逐渐升温，成为司法改革不可或缺的组成部分。

1997年，中国共产党第十五次全国代表大会确定了依法治国的基本方略，明确提出了推进司法改革的任务。1999年，第九届全国人民代表大会第二次会议又将依法治国的基本方略载入宪法。以此为契机，最高人民法院于1999年印发了第一个《人民法院五年改革纲要（1999—2003）》，其中第23条提出完善人民陪审员制度，“对担任人民陪审员的条件、产生程序、参加审判案件的范围、权利义务、经费保障等问题，在总结经验、充分论证的基础上，向全国人大常委会提出完善我国人民陪审员制度的建议，使人民陪审员制度真正得到落实和加强。”1999年5月8日，最高人民法院向全国人民代表大会常务委员会提交了《关于提请审议〈关于完善人民陪审员制度的决定（草案）〉的议案》。2004年8月28日，第十届全国人民代表大会常务委员会第十一次会议通过《关于完善人民陪审员制度的决定》，对人民陪审员的任职条件、产生程序、参加审理案件的范围、权利义务和经费保障作出明确规定，并于2005年5月1日施行。

此后，《人民法院第二个五年改革纲要（2004—2008）》和《人民法院第三个五年改革纲要（2009—2013）》相继提出“健全人民陪审员管理制度”“充分发挥人民陪审员制度的功能”以及“进一步完善人民陪审员制度，扩大人民陪审员的选任范围和参与审判活动的范围，规范人民陪审员参与审理案件的活动，健全相关管理制度，落实保障措施”。

2013年5月23日，最高人民法院召开全国法院人民陪审员工作电视电话会议，提出各级人民法院两年内实现人民陪审员数量翻一番的“倍增计划”，要求各级人民法院结合本地实际按照适当高于基层法院法官人数的比例，进一步扩大人民陪审员规模；审判任务重、地域面积广、辖区人口多的基层法院，可根据条件按照本院法官人数2倍的比例增补，力争将全国法院人民陪审员数量增至20万人左右。各级人民法院要不断提高人民陪审员的代表性和广泛性，注意提高基层群众特别是工人、农民、进城务工人员、退伍军人、社区居民等群体的比例，确保基层群众所占比例不低于新增人民陪审员的三分之二。

在中央和有关方面的积极推动下，人民陪审员制度取得了长足进展。据统计，自《关于完善人民陪审员制度的决定》实施以来，截至2013年，全国人民陪审员参加审理案件共计803.4万人次，其中2012年参加审理案件人次是2006年的3.8倍。全国人民陪审员参加审理案件总数共计628.9万件，其中刑事案件176.4万件、民事案件429.8万件、行政案件22.7万件。全国人民陪审员参加审理的案件比例逐年提高，2013年上半年全国法院审理的一审普通程序案件陪审率已达71.7%，比2006年提高52%。全国各地现有人民陪审员8.7万人，比2006年增加3.1万人，增长幅度为55%,人民陪审员总数已超过基层人民法院法官的二分之一。[1]

然而,毋庸讳言,人民陪审员制度近年来的成就主要体现在“量”上,即陪审员数量的增加和参审率的提高,而在“质”的方面,如陪审员的社会代表性和参加审判的实质性,人民陪审员制度仍有较大的提升空间,也存在一些较为严重的问题。这些问题的存在,有些是立法规定本身不合理所致,有的则是在实践中走了样儿,偏离了人民陪审员制度设立的初衷。这些问题都是人民陪审员制度在下一步的发展中需要着力解决的。

一、关于人民陪审员制度的功能

根据调研了解的情况,目前实践中不少地方由于法院人手不足,人民群众参与陪审的热情不高,少数热心审判工作的陪审员成了“编外法官”,常驻法院。另外,部分地区出现了陪审员名利化的现象,将陪审员头衔作为政治待遇,“授予”县委委员、政府官员、人大代表。上述现象的出现,固然有制度原因。例如,《关于完善人民陪审员制度的决定》第4条、第6条、第8条和第16条,以及《法官法》第9条、第10条和第11条的规定,人民陪审员的资格条件、任免程序和任期与法官大同小异,甚至可以对表现突出的人民陪审员进行表彰和奖励。这种做法,无疑混淆了人民陪审员与法官之间的区别,导致实践中人民陪审员演变成“编外法官”。但总体来说,上述现象的出现,仍是对人民陪审员制度的功能没有清晰的认识所致。因此,改革和完善人民陪审员制度的第一步,必须对其功能做出准确的定位。以此为基础,人民陪审员制度的各项机制改革才能找到正确的方向。

无论如英、美等国采陪审团制度,还是如法、德等国采参审制,国内外的陪审制度所承载的功能无非以下几个方面:

一是扩大司法的民意基础,在专业的司法过程中引入普通的民众判断,防止司法无视社会主流价值观的发展而故步自封。司法的特性是排

---

〔1〕 周强于2013年10月23日在十二届全国人大常委会第五次会议所作的《最高人民法院关于人民陪审员决定执行和人民陪审员工作情况的报告》,载人民法院网:http://rmfyb.chinacourt.org/paper/html/2013-10/23/content_71890.htm? div=-1,最后访问日期:2014年6月19日。

斥外部干扰，固守特定的价值观。其优点是强化了司法的自治，缺点是法官容易在长期的职业生涯中丧失普通的民众情感，养成僵化、冷漠、机械的职业惯性。而民众的参与恰恰可以撕开司法冷冰冰的面纱，在每一次具体的、独特的、新鲜的案件处理活动中注入鲜活的民众情感和价值判断，使“法理”不再游离于“人情”之外，让冷冰冰的司法有了温度。

二是分担和转移法官的负担。黎巴嫩文豪纪伯伦曾经说过：“把手指放在善恶交界之处，可以碰触上帝的袍服。”善恶之间的定夺，本是上帝的权柄，因此法官所行原本是上帝之事，是那“把手指放在善恶交界之处”的人——轻者，定分止争；中者，断人毁誉；重者，判人生死。[1]西方基督教文化中又有“血罪”之说，即任何形式的杀人、流他人血的行为，无论是合法还是非法，包括法官判决死刑，都被视为罪孽，要遭受地狱之灾。[2]19世纪的刑法史学家Stephen甚至认为陪审团审判其实是一种责任转移机制，通过迫使其他主体（陪审员）承担全部或者部分最终判决的责任来安慰法官：“毋庸讳言，维持陪审团审判对法官比对其他社会成员更具有重要性。它把法官从仅仅根据自己的意见来决定被告人有罪或者无罪的责任中挽救出来——这对许多人而言是一种沉重和痛苦得不堪忍受的负担。”[3]在当下的中国，上述观念虽然缺乏一定的文化背景，但并非没有现实意义。在社会转型期，利益结构重新调整，相关法律并不总是能够同步跟进，各类社会矛盾十分突出。司法作为社会矛盾的主要解决方式，面对的是非常复杂的利益格局，承受着极大的压力，自身也经受着严峻的考验。尤其是在严重的刑事案件中，特别是可能判处死刑的案件中，在一个大多数国家都已经废除死刑的时代，司法所承受的压力可想而知。在这种情况下，陪审员以公民身份进入法庭，并在死刑案件的定罪和量刑中发挥实质性作用，不仅具有贯彻司法民主的象

---

〔1〕 参见陈长文、罗智强：《法律人，你为什么不争气？》，法律出版社2007年版，第211页。

〔2〕 See James Q.Whitman, *The Origins of Reasonable Doubt: Theological Root of the Criminal Trial*, Yale University Press, New Haven 2007, p.35.

〔3〕 Stephen, *A History of the Criminal Law of England*, Cambridge university Press, 2012, p.573.

征意义，更可以分担和转移法官的责任，减少国际社会在死刑问题上对中国的非议和责难。

三是体现同侪审判的精神。早在1215年，英国《大宪章》第39条就表达了这样的思想："凡自由民，非经其具有同等身份的人依法审判，或者根据王国法律，不得加以逮捕、监禁、没收财产……"此后，受到"具有同等身份的人"的审判，就成为被告人的一项权利。被告人与"具有同等身份的人"之间有着大体类似的生活背景，分享着大体相同的社会经验和价值判断，因而更容易达成共识与沟通，也更能够理解被告人在特定情境下的行为选择。由他们对被告人的行为性质做出判断，也更加合理、公正。在"同侪审判"的精神下，被告人有时候还可以通过行使无因回避权在一定程度上选择审判他的人。如果被告人得到了一个不利判决，而做出这个判决的人又是被告人自己选定的，这在一定程度上更有利于被告人接受判决结果。

四是教育功能。日本在颁布《裁判员法》之前，改革的主导者"司法制度改革审议会"向内阁提交《司法制度改革审议会意见书》，提议设置国民直接参与刑事审判的制度，希望"如果国民与法曹一起广泛地运行司法，司法与市民的接触点将越来越厚重而广泛，可以促进国民对司法的理解，国民更容易了解司法和裁判的过程。这种改革的结果将使司法的国民基础更加坚实"。[1]在刑事审判中，公民个人实质性地参与到案件的审理活动中，可以增进对相关实体法和程序法的了解和理解，提高公民对司法的信任，这对于提高司法公信力，无疑具有积极的作用。

二、关于人民陪审员的遴选机制

陪审制如果要实现上述功能，一个基本前提是遴选出的陪审员能够真正代表社会上的普通民众。以此标准检视我国人民陪审员的遴选机制，则会发现一些问题。

一是人民陪审员的学历要求。根据《关于完善人民陪审员制度的决

---

〔1〕 参见[日]田口守一:《刑事诉讼法》，张凌、于秀峰译，中国政法大学出版社2010年版，第215页。

定》第4条的规定，担任人民陪审员，一般应当具有大学专科以上文化程度。不少法院还将大专以上文化程度的人民陪审员的占比作为实施人民陪审员制度的成绩写进工作报告。这是一个严重的误区。我国高等教育尚未普及，接受高等教育，不是人人都能享有的机会，尤其是在广大的农村地区，已经接受过高等教育而依旧留在农村的寥寥无几。这一条件，相当于把中国大部分农村人口排除在外，这对于一个农业人口占据多数的传统农业大国来说，不能不说是代表性方面的严重缺憾。

二是人民陪审员的产生方式。根据《关于完善人民陪审员制度的决定》第8条的规定，人民陪审员的产生方式有两种，可以由其所在单位或者户籍所在地的基层组织向基层人民法院推荐，也可以由本人提出申请。根据实践调研的情况，目前大多数人民陪审员是通过前一种方式推荐产生的，本人申请而成为人民陪审员的只占一小部分。实践中人大代表、政协委员、党的代表、当地名流在各地人民陪审员名录中占据相当大的比例，更有将人民陪审员作为荣誉授予县委委员、政府官员、人大代表的现象。这些做法，加上由当地人大常委会任命的程序，使人民陪审员多多少少都带有一点“官方”色彩，与陪审制引入普通民众判断的本意产生了距离。

三是参与具体案件审理的人民陪审员的产生方式。《关于完善人民陪审员制度的决定》对人民陪审员实行任期制，在具体案件中，基层人民法院审判案件依法应当由人民陪审员参加合议庭审判的，应当在人民陪审员名单中随机抽取确定。但是，实践中由于法院案多人少，而并非所有经过正式任命的人民陪审员都有时间和热情参加审判，于是少数“有闲”和“有热情”的人民陪审员就成为常驻法院的“编外法官”。这些人民陪审员经常参与审判活动，虽然可以经常接受历练，提高审判能力，但这些经常参与审判工作的陪审员与法官打成一片，容易淡化陪审员作为一般民众代表的自我定位，混淆陪审员与职业法官所代表的两种不同价值。由于选择哪些陪审员参与案件审理完全取决于法院，少数“热衷”于陪审工作的人民陪审员为了能经常性地参与案件审理，不惜迎合法官的意见，丧失独立性。少数人民陪审员常态性地参与审判工作，久而久之，也难以避免腐败的产生。这种状况，完全背离了陪审制度提高司法公信力、遏制司法腐败的初衷。

因此，为了保证人民陪审员制度功能的全面实现，防止制度走样和功能异化现象，我国人民陪审员的资格设定和遴选方式应该进行改革。在这方面，国外尤其是一些欧洲大陆国家在陪审员遴选方面的一些做法可以给我们提供一些启发。

关于担任陪审员的资格。在法国，所有法国公民，不论男女，凡年满23岁，能用法语读写，享有政治权利、民事权利与亲权，没有受到《法国刑事诉讼法典》第256条所指的无能力处分，正在履行的职责与陪审员职责不相抵触的，均可担任陪审员。〔1〕在德国，只要求陪审员是德国公民。但是，25岁以下或70岁以上的人，以及在社区居住不到1年的人、内阁成员、法官、检察官、辩护人、警察、书记官都不能担任陪审员。〔2〕在日本，具有众议院议员选举权的人可以担任裁判员。另外，日本法律还作出一些除外性规定，例如，年满70岁以上、重病、照看同居的亲属、从事的业务中有重要事务、出席父母的葬礼等情况，裁判员可以辞去职务。〔3〕

关于陪审员的遴选。在法国，只有重罪法院审理案件时有陪审员参与。重罪法院并非常设法院，每年有固定的开庭期（审季）。陪审员的遴选过程大概分为两步。第一步，每一个省每年都要在重罪法院开庭地制定一份重罪陪审团总名册，从这一省名册中抽签选出重罪法庭本审季（开庭期）的正式陪审员40人和替补陪审员12人。审季陪审员名单确定后，由法院书记员将所有进入本庭期陪审员名单的陪审员召集到重罪法院，进行点名。陪审员没有正当理由不回应向其发出的通知，将被科处3750欧元的罚金。第二步，在每一具体的案件开庭审判之前，并且当着

---

〔1〕　参见［法］贝尔纳·布洛克：《法国刑事诉讼法》，罗结珍译，中国政法大学出版社2009年版，第273～274页。

〔2〕　参见［德］托马斯·魏根特：《德国刑事诉讼程序》，岳礼玲、温小洁译，中国政法大学出版社2004年版，第28页。

〔3〕　参见［日］田口守一：《刑事诉讼法》，张凌、于秀峰译，中国政法大学出版社2010年版，第180页。

被告人的面，公开开庭从本审季陪审员名单中通过抽签确定本案的陪审员。在法庭进行抽签的同时，检察院、被告人及其律师当场行使否决特定陪审员的权利，并且无须说明否决的理由。第一审时控辩双方的否决名额为3∶4，上诉审时是4∶5，辩方始终比控方多一个否决票。替补陪审员也是抽签决定。替补陪审员列席法庭审判，但只有在一名或数名陪审员不能参加部分庭审的情况下，替补陪审员才能参加法庭评议。〔1〕

在德国，地方议会每隔四年确定一次预备陪审员的名单，然后产生一个由1名法官、1名公务员和10名当地议会选出的人组成的委员会，由该委员会选定正式的陪审员名单，并确定每个县法院和地区法院需要的陪审员数量。参与具体案件审判的陪审员则通过抽签决定。〔2〕

日本的裁判员遴选大概分为以下五个步骤。第一步，法院将裁判员候选人员名额分配给各市町村，各市町村经抽签选出裁判员候选人，并制作裁判员候选预定人员名册。第二步，法院收到名册后制定裁判员候选人员名册，并通知该裁判员候选人员。第三步，法院确定了具体案件的开庭日期后，从裁判员候选人员名册中抽签确定应当担任职务的裁判员候选人，法院为了判断裁判员资格可以进行必要的质问，并在事前发去质问票。然后开始裁判员的选任程序。第四步是选任程序，选任程序由审判长指挥，不公开进行，陪席法官、检察官和辩护人出席程序，必要的时候也可以让被告人出席。审判长就裁判员的资格进行询问，陪席法官、检察官、被告人或辩护人需要询问时，可以向审判长提出请求。检察官和被告人分别可以不说明任何理由地请求对最多4名裁判员候选人不予选任。这是模仿英美陪审制度中的专断回避制度。第五步，法院从通过以上程序筛选后剩下的裁判员候选人中，以抽签方法决定最终参加案件审判的裁判员。裁判员每案一选任，判决宣告后，裁判员的任务即告终了。

总结以上国家的陪审员遴选机制，可以发现几个共性，我国人民陪审员制度在未来的改革过程中可以从中汲取制度灵感：第一，陪审员资

〔1〕 参见《法国刑事诉讼法》第258条、第259条、第288条、第296~298条。

〔2〕 参见《德国法院组织法》第40条和第45条第2款。

格的普遍性，同时以除外的方式排除特定人员或特定情况下担任陪审员的资格或义务。对陪审员资格不设过多积极限制，有利于保证陪审员制度建立在最广泛的民众基础之上。第二，在陪审员遴选过程中普遍应用抽签方式。抽签方式的随机性可以保证选出的陪审员具有广泛的代表性。第三，在具体的案件中，最终的陪审员基本上都是每案一选任，作出判决后，陪审员的任务即告完成。由于选定陪审员与开庭之间的时间间隔很短，所以可以有效地杜绝腐败滋生的机会。第四，除德国外，目前英、美、法、日等国都允许控辩双方行使一定次数的无因（专断）回避权，排除特定候选人担任本案陪审员。无因回避权，看似无理，但在一定程度上保证了控辩双方当事人选择裁判自己案件的人的权利，由自己选定的人对自己的案件进行审判，在某种程度上更有利于败诉的当事人接受不利的判决结果，实际上是一种精心设计的促使当事人服判的机制。

三、关于人民陪审员参与审判的实质性与风险防范

进入近代以来，陪审制开始被理解为"民主"思想引入司法领域。这种思想认为，在刑事法院代表全部国民行使国家的权力，最好是经由一般的国民来实现，同时也能提供对抗来自官方的压力的最佳保证。〔1〕因此，参与具体案件审理的陪审员能否实质性地发挥作用，决定了作为其制度根基的民主原则能否真正得以实现。然而，当作为法律门外汉的陪审员面对一个经验丰富、学识渊博的法官，能否保持自己独立的判断、坚持自己的立场、在判决中体现自己所代表的民众意志，是一个需要相关法律特别加以关照的问题。

另外，民主在司法领域的贯彻不是没有限制的。民主从来都不是最佳的制度安排，充其量是"最不坏"的制度选择。这源于民主的两大缺陷：第一，民主的铁则是"多数决定"，重"量"不重"质"，因而在"求真"的科学领域和固守规则的法治领域不可能成为最高价值；第二，通过民主达成的公共意志如同汹汹洪水，如果缺少规则的拘束，可能会造

〔1〕 参见［德］克劳思·罗科信：《刑事诉讼法》，吴丽琪译，法律出版社2004年版，第43页。

成灾难性的后果，也会产生托克维尔笔下“多数人的暴政”。挟民主之势而来的陪审制度如果没有必要的风险防范机制，也必然会将严肃的司法审判演变成低俗的民众狂欢。

因此，人民陪审员制度的改革，一方面要保证陪审员对审判有实质性的参与，另一方面也要有一定的风险防范设计。根据《关于完善人民陪审员制度的决定》实施近十年来的情况，上述两个方面的问题在人民陪审员制度运行过程中都不同程度地存在。比如，最高人民法院提出提高陪审率的要求后，陪审率被列入绩效考核指标，因此陪审率整体上有明显提高，但是，陪而不审、审而不议、议而不决的现象仍然比较普遍，陪审质量不高。又如，调研过程中个别法官反映，实践中也有当事人“搞定”陪审员，两个陪审员一“勾兑”，法官被架空。

实际上，陪审员能否发挥实质性的作用，司法民主能贯彻到何种程度，很大程度上取决于具体的制度设计。例如，在法国，可能判处10年以上监禁的案件属于重罪，由重罪法院审理。重罪法庭的构成是3名职业法官加9名陪审员，根据《法国刑事诉讼法典》的规定，法庭评议时，凡是对被告人不利的决定，如认定被告人有罪或适用法定最高刑，最少需要8票的多数。这个8票的判决规则相当值得推敲：如果3名职业法官想要按照他们自己的意见做出判决，那么他们必须争取到至少5名陪审员的支持，而5名陪审员已经构成了9名陪审员的多数派。换言之，最终的判决结果只能由陪审员中的多数派决定，而不是为3名职业法官所操纵，以此确保司法民主真正得以贯彻。2011年8月10日第2011-939号法律减少了陪审员人数，规定自2012年1月1日起，一审陪审员减少为6人，上诉审减少为9人。[1]职业法官的人数不变，一审、二审均为3人。第一审重罪法庭要对受审人定罪需要得到9名法庭成员中的6票，第二审重罪法庭要做出对被告人不利的判决，需要12位法庭成员中的8票。即便3位职业法官事先串通好了，都认定有罪，仍然需要陪审员中至少半数成员（第一审3票，第二审5票）的支持，才能定罪。法国重罪法庭中陪审员与

〔1〕 参见刘林呐：《法国重罪陪审制度的启示与借鉴》，载《政法论丛》2012年第2期。

职业法官的人数配比，结合硬性的表决数量规则，使陪审员的参与具有实质性，保证了司法民主真正得以贯彻。

在陪审员参与审判的风险防范方面，其他国家的法律规定也提供了有益的探索。例如，英美传统上实行一致裁决的原则，不实行多数决，因此，要对被告人做出有罪或者无罪的判决，必须说服每一位陪审员，每一位陪审员的意见都不能受到忽视。因此，一致裁决原则在某种程度上可以看作司法领域防范"多数暴政"的有效机制。

在德国，可能判处4年以上监禁的案件由地区法院作为初审法院，由3名职业法官和2名陪审员构成所谓的"大刑事法庭"。根据德国的判决规则，要作出对被告人不利的判决，必须要有2/3以上的多数票。这样，仅有3位职业法官同意认定被告人有罪是不够的（此种情况下仅构成3/5的多数票），必须还要争取到至少1位陪审员的支持。反过来，2位陪审员也必须得到至少2位职业法官的支持，才能够按照自己的意愿作出判决。

在日本，需要由裁判员参加审理的案件一般包括以下三类：（1）相当于死刑、无期徒刑之罪的案件；（2）《法院法》第26条第2款第2项规定的因故意犯罪行为致被害人死亡的法定合议案件；（3）需要与上述案件合并审理的案件。正式的合议庭由3名法官和6名裁判员组成。但是，对公诉事实没有争议的案件，案件的内容及其他情况认为适当的，可以经法官裁量后由1名法官和4名裁判员组成合议庭进行审理。根据《日本裁判员法》的规定，与案件有关的所有实体裁判，包括案件的事实认定、法律适用及量刑，都应根据合议庭过半数的成员的意见作出，且必须有职业法官1人和陪审员1人以上发表赞成意见，判决才能成立。有关法律的解释及诉讼程序的判断，应根据合议庭中法官的合议而作出。

最后，回到完善人民陪审员制度的主题上，为了扭转陪而不审、审而不议、议而不决等陪审作用虚置化现象，同时也为了防范陪审制度走向另一极，偏离法治精神，人民陪审员制度可以考虑从以下几个方面着手进行改革：第一，合理设定适用陪审的案件范围。在上述法、德、日三个国家中，除德国在县法院受理的轻微案件中实行"1+2"模式（1名职业法官加2名陪审员）的陪审法庭外，法、日均将陪审适用范围限于较为严重的案件。这样可以有效地节约成本，将有限的陪审资源应用于真正能够发挥陪审效能的案件。我国可以考虑将适用陪审的案件分为两种类型，一类为“法定陪审”的案件，包括被告人可能被判处无期徒刑、死刑的案件，以及因故意犯罪造成被害人死亡的案件。此类案件，案件后果或者判决后果都比较严重，甚至可能判处死刑，引入陪审员参加庭审，可以有效地缓解和分担法官的判决负担，强化判决的正当性基础。另一类为“酌定陪审”案件，虽然不属于上述案件范围，但是社会影响较大，人民法院可以根据情况决定采用陪审法庭进行审理。

第二，对于属于“法定陪审”范围的案件，赋予当事人申请陪审法庭审判的权利。陪审制度从其产生就贯穿着“由同等地位的人”进行审判的思想，陪审制度的设计不应偏离这一初衷，应当明确赋予被告人由陪审法庭进行审判的权利。当然，被告人可以放弃这一权利。

第三，在法庭构成上，适当加大陪审员的权重，使陪审员的人数比职业法官多一倍，此举有利于陪审员在定罪量刑中发挥实质性作用。在“法定陪审”的案件中，可以考虑采用“3+6”模式，即3名职业法官加6名陪审员。在“酌定陪审”的案件中，可以使用与现行法律要求比较接近的“1+2”模式，即1名职业法官加2名陪审员。

第四，科学设计陪审法庭的表决机制。目前我国法庭表决采用的是过半数即通过的“简单多数决”原则，加上法庭构成人数必须是单数的要求，十分简便易行，不会出现法庭投票时僵持不下的局面。但问题也很明显，对于可能剥夺被告人自由、财产乃至生命的判决仅以简单多数通过，显得不够慎重：在法官人数占上风的情况下，陪审员的声音就变得可有可无，陪审员就完全沦为装饰品；在陪审员人数占上风的情况下，又难以避免判决完全偏离法治轨道。对此，可以有两种解决方案。一是如法、德在认定被告人有罪、存在加重情节、适用死刑等对被告人不利的问题上，必须经过合议庭成员2/3以上多数通过才可以做出；二是如日本仍采“简单多数决”，但多数派至少同时包括1名职业法官和1名陪审员。

四、人民陪审员制度的新发展[1]

2013年11月12日，十八届三中全会《决定》提出“广泛实行人民陪审员、人民监督员制度，拓宽人民群众有序参与司法渠道”。2014年10月23日，十八届四中全会《决定》对保障人民群众参与司法进行了更为具体的部署，提出“完善人民陪审员制度，保障公民陪审权利，扩大参审范围，完善随机抽选方式，提高人民陪审员公信度。逐步实现人民陪审员不再审理法律适用问题，只参与审理事实认定问题”。

为了贯彻十八届三中全会、四中全会关于人民陪审员制度改革的部署，完善人民陪审员制度，促进司法公正，最高人民法院、司法部制定了《人民陪审员改革试点方案》，已经中国全面深化改革领导小组第11次会议通过。为了保证改革于法有据，十二届全国人大常委会第十四次会议作出《关于授权在部分地区开展人民陪审员制度改革试点工作的决定》。该《人民陪审员改革试点方案》于2015年4月24日印发给开展人民陪审员制度试点工作的北京、河北、黑龙江、江苏、福建、山东、河南、广西、重庆、陕西10个省、市、自治区的高级人民法院、司法厅(局)，自2015年5月起开展改革试点工作，试点期限原则上二年，最低不少于一年。为了确保人民陪审员制度改革试点工作稳妥有序推进，最高人民法院、司法部又于2015年5月20日印发了《人民陪审员改革实施办法》，对试点工作作出具体部署。《人民陪审员改革试点方案》和《人民陪审员改革实施办法》确定了此次人民陪审员制度改革的主要内容。

(一)改革人民陪审员的选任条件

此次陪审员选任条件的改革主要体现在一“升”一“降”。一“升”指的是担任人民陪审员的公民的年龄条件有所提高。《人民陪审员改革实施办法》第1条第1款规定，公民担任人民陪审员，应当具备下列条件：(一)拥护中华人民共和国宪法；(二)具有选举权和被选举权；(三)年满

〔1〕 2018年4月27日第十三届全国人民代表大会常务委员会第二次会议通过了《中华人民共和国人民陪审员法》。该部分定稿于2017年5月30日，部分具体立法建议与当前法律存在不一致之处，请读者注意。

二十八周岁;(四)品行良好、公道正派;(五)身体健康。比较引人注意的是担任人民陪审员的公民的年龄,相比于2004年全国人大常委会《关于完善人民陪审员制度的决定》中规定的23岁,明显提高了。年龄要求的提高,体现出改革者对人民陪审员生活阅历和社会经验的注重。同时,在消极条件上,《人民陪审员改革实施办法》在《关于完善人民陪审员制度的决定》规定的"因犯罪受过刑事处罚的"和"被开除公职的"两种情形的基础上,又增加了"被人民法院纳入失信被执行人名单的"和"因受惩戒被免除人民陪审员职务的"两种情形。[1]

一"降"指的是对于担任人民陪审员的文化程度的要求有所降低。《人民陪审员改革实施办法》第1条第2款规定,"担任人民陪审员,一般应当具有高中以上文化学历,但农村地区和贫困偏远地区德高望重者不受此限。"相比于《关于完善人民陪审员制度的决定》所要求的"担任人民陪审员,一般应当具有大学专科以上文化程度",学历要求有所降低。但是,即便如此,对担任陪审员的公民设置学历门槛,在实行陪审制度的各国仍属特例,也影响着陪审制度所体现的民主性和人民陪审员的广泛代表性。

在选任条件的设置上,《人民陪审员改革试点方案》提出"人民陪审员的选任应当注意吸收普通群众,兼顾社会各阶层人员的结构比例,注意吸收社会不同行业、不同职业、不同年龄、不同性别的人员,实现人民陪审员的广泛性和代表性"。这应该成为人民陪审员选任的一般原则。

(二)改革人民陪审员的选任程序

人民陪审员选任程序的改革目标是"增加选任的广泛性和随机性,建立和完善人民陪审员随机抽选机制,提高选任工作透明度和公信度",为此,《人民陪审员改革试点方案》和《人民陪审员改革实施办法》构建了三级随机抽选机制。

1.抽选人民陪审员候选人:人民法院每五年从符合条件的选民或者常住居民名单中,随机抽选本院法官员额数5倍以上的人员作为人民陪审员候选人,建立人民陪审员候选人信息库。(《人民陪审员改革试点方

[1] 参见《人民陪审员制度改革试点工作实施办法》第4条第3、4项。

案》第 6 条)

2.确定人民陪审员人选:人民法院会同同级司法行政机关,从通过资格审查的候选人名单中以随机抽选方式确定人民陪审员人选,由院长提请人民代表大会常务委员会任命。同时人民法院建立人民陪审员信息库,制作人民陪审员名册,也可以根据人民陪审员专业背景情况,结合本院审理案件的主要类型,建立专业人民陪审员信息库。(《人民陪审员改革试点方案》第 8 条、第 9 条)

3.确定参与具体案件审理的人民陪审员:参与合议庭审理案件的人民陪审员,应当在开庭前通过随机抽选的方式确定。人民法院可以根据案件审理需要,从人民陪审员名册中随机抽选一定数量的候补人民陪审员,并确定递补顺序。(《人民陪审员改革实施办法》第16条)

同时,当事人有权申请人民陪审员回避。人民陪审员回避事由经审查成立的,人民法院应当从候补人员中确定递补人员。

(三)人民陪审员参审范围

哪些案件适用人民陪审员制度审理?《人民陪审员改革实施办法》采用两种方式作出规定。一种是指导性,明确列举原则上应当由人民陪审员参与审理的案件范围,《人民陪审员改革实施办法》细化为三种情形:涉及群体利益、社会公共利益、人民群众广泛关注或者其他社会影响较大的刑事、行政、民事案件;可能判处十年以上有期徒刑、无期徒刑的刑事案件;涉及征地拆迁、环境保护、食品药品安全的重大案件。另一种赋予当事人申请人民陪审员参与审判的权利,即第一审刑事案件被告人、民事案件当事人和行政案件原告有权申请人民陪审员参加合议庭审判。人民法院接到申请后,经审查决定适用人民陪审制审理案件的,应当组成有人民陪审员参加的合议庭进行审判。

《人民陪审员改革实施办法》进一步限制了《关于完善人民陪审员制度的决定》和《关于人民陪审员参加审判活动若干问题的规定》所设定的范围,将可能判处死刑的案件排除在外。这与只在重罪案件中适用陪审制的域外经验恰恰相反。目前尚未废除死刑的国家,死刑案件一般都需要经过陪审团审判,如美国各州自Ring v. Arizona案件后,都逐步统一将可能判处死刑的案件交由陪审团裁判；又如日本将可能判处死刑、无期徒刑的特别严重的犯罪案件交由职业法官和裁判员组成合议庭进行审判。[1]虽然死刑案件在我国仍然是一个敏感问题，尤其是死刑数量仍有保密需要，但不能因此将可能判处死刑的案件全部排除在外。笔者认为对于一些社会高度关注的死刑案件，人民陪审员参与庭审更有助于提升裁判的社会效果。

（四）人民陪审员参审机制

为改变以往人民陪审员陪而不审、审而不议等现象，防止人民陪审员演变成"驻庭陪审""编外法官"，《人民陪审员改革实施办法》第14条要求人民法院结合本辖区实际情况，合理确定人民陪审员每人每年参与审理案件的数量上限，并向社会公告。

关于参与庭审的人民陪审员的人数，《人民陪审员改革试点方案》与随后出台的《实施办法》出现了小小的分歧：《人民陪审员改革试点方案》第二（四）条提出"探索重大案件由3名以上人民陪审员参加合议庭机制"，而《人民陪审员改革实施办法》第15条规定"适用人民陪审制审理第一审重大刑事、行政、民事案件的，人民陪审员在合议庭中的人数原则上应当在2人以上。"前者可能是为提高人民陪审员在合议庭中的权重而采取的积极举措，后者更可能是对现实的妥协。

《人民陪审员改革试点方案》提出要"健全人民陪审员提前阅卷机制，人民法院应当在开庭前安排人民陪审员阅卷，为人民陪审员查阅案卷，参加审判活动提供便利。"此举显然是为了强化人民陪审员对案件判决的实质性影响以及在评议过程中的发言权。然而，人民陪审员阅卷的设计，仍要面对两个质疑：第一，无论是英美等国的陪审团，还是法德等国的参审制，西方发达国家的陪审员，均没有陪审员提前阅卷的规定，德国则明确禁止陪审员提前阅卷。《法国刑事诉讼法典》第347条规定重罪法庭不能将案卷带入评议室。[2]在德国，虽然采案卷移送制度，但案卷

[1] 参见陈光中、肖沛权：《关于司法权威问题之探讨》，载《政法论坛》2011年第1期。

[2] 参见［法］贝尔纳·布洛克：《法国刑事诉讼法》，罗结珍译，中国政法大学出版社2009年版，第487页。

之内容原则上不得用为裁判之根据。在阅览案卷的主体方面，立法也有严格的限制：由于担心陪审员不自觉地受到影响，因此陪审员原则上不得接触案卷。[1]第二，十八届四中全会《决定》提出要"推进以审判为中心的诉讼制度改革"，人民陪审员阅卷的做法明显与目前正在着力推进的"以审判为中心"的改革背道而驰。

（五）人民陪审员职能改革

为充分发挥人民陪审员参加审判工作的优势，《人民陪审员改革试点方案》提出要开展试点，积累经验，逐步探索实行人民陪审员不再审理法律适用问题，只参与审判事实认定问题，充分发挥人民陪审员富有社会阅历、了解社情民意的优势，提高法院裁判的社会认可度。

据此，《人民陪审员改革实施办法》进行了较为细化的规定：首先，合议庭评议案件前，审判长应当归纳并介绍需要通过评议讨论决定的案件事实问题，必要时可以以书面形式列出案件事实问题清单（第23条第1款）；合议庭评议时，审判长应当提请人民陪审员围绕事实认定问题发表意见，并对与事实认定有关的证据资格、证据规则、诉讼程序等问题及注意事项进行必要的说明，但不得妨碍人民陪审员对案件事实的独立判断（第21条）；合议庭评议案件时，一般先由人民陪审员发表意见（第23条第2款）；人民陪审员就案件事实认定问题发表意见并进行表决，对案件的法律适用问题发表意见，但不参与表决（第22条）；人民陪审员和法官共同对案件事实认定负责，如果意见分歧，应当按多数人意见对案件事实作出认定，但是少数人意见应当写入笔录。如果法官与人民陪审员多数意见存在重大分歧，且认为人民陪审员多数意见对事实的认定违反证据规则，可能导致适用法律错误或者造成错案的，可以将案件提交院长决定是否由审判委员会讨论（第23条第3款）；人民陪审员应当审核裁判文书文稿中的事实认定结论部分并签名（第24条）。

这种借鉴英美陪审团制度中法官与陪审团职能分工的思路出发点无疑是值得肯定的。然而，在中国的语境下，这一设计必然面临一些问题。

---

〔1〕 参见［德］克劳思·罗科信：《刑事诉讼法》，吴丽琪译，法律出版社2003年版，第430页。

比如，我国没有严格区分“事实”问题与“法律”问题的传统，对于即便是在英美法中也说不清道不明的这种两分法，区分的标准是什么？如果没有标准，或者标准不够明确，造成司法实践中解释上的随意性，必将进一步压缩人民陪审员的作用空间，走向改革目标的反面。鉴于目前试点工作刚刚开始，各试点法院中会有什么样的制度探索，效果如何，只能有待实践和时间去检验。

第三章　审判中心与庭审实质化改革

十八届四中全会《决定》将“以审判为中心”规定其中，作为未来司法改革的内容之一，规定：“推进以审判为中心的诉讼制度改革，确保侦查、审查起诉的案件事实证据经得起法律的检验。全面贯彻证据裁判规则，严格依法收集、固定、保存、审查、运用证据，完善证人、鉴定人出庭制度，保证庭审在查明事实、认定证据、保护诉权、公正裁判中发挥决定性作用。”但是，何为审判中心，法律界的认识和解读未必一致；此外，如何以审判为中心推进诉讼制度的改革更是一个有待于我们深入探讨和研究的新课题。基于此，本章拟对审判中心的概念以及如何推进诉讼制度的改革作出探讨。

第一节　以审判为中心的实质内涵

一、“以审判为中心”的理解

诉讼要不要以审判为中心，是刑事公诉领域才需要探讨的问题，也只有在这个领域进行探讨才有实质意义，因为刑事公诉案件需要经过立案、侦查、审查起诉、审判乃至执行等几个诉讼阶段，才存在以哪个阶段为中心的问题。也只有刑事公诉案件，才并存着法院、检察院和公安机关三大强势机关，三家关系的设定和调整是一个无法回避的问题。近年来，有关检察机关法律监督职能的学术争议、警检关系的调整的理论探讨、检察引导侦查的司法实践乃至审判方式的法律改革，背后都隐约含有总体诉讼结构调整的意图，研究形成的成果与实践中的客观条件积累到一定程度，再将这些问题集中在一起，以审判为中心的主张也就可以顺理成章、水到渠成地提出来了。

在民事诉讼和行政诉讼领域不存在这一问题，原告、自诉人一叩开司法的大门就登堂入室，进入审判阶段，诉讼中不以审判为中心不可得也，是故民事诉讼和行政诉讼本无所谓审判中心与非中心的问题。但是，民事诉讼与刑事诉讼共同面临的一个问题是，要不要以庭审为中心。整个审判阶段，庭审居于什么地位，是否成为审判阶段的中心，值得追问。如果审判中心意味着以庭审为中心，那么不仅刑事诉讼存在这一问题，民事诉讼也不例外。

至于刑事审判活动要不要以庭审为中心，庭外活动是否具有以及是否应当具有比庭审更为重要，也更具有实质性的特质，几乎是我国诉讼活动独有的问题。在许多国家，庭审成为诉讼活动的中心似乎是顺理成章的事，如德国学者魏根特所说："德国刑事诉讼理论认为口头的和公开的审判是刑事诉讼程序的核心。同以往的纠问式审判（这一审判方式将审判变成了秘密侦查阶段的成果正式确认）相比，在现代程序中，所有与判决有关的事项都要经过辩论，所有的证据都要在审判中提交。审判的主导地位在《刑事诉讼法》第261条的规定中得到了反映，这是法典中很模糊的，但却是非常重要的条款：'对证据调查的结果，由法庭根据它在审理的全过程中建立起来的内心确信而决定。换句话说，法庭的判决必须完全建立在审判的基础之上。'"〔1〕毫无疑问，这正是我国推动"以审判为中心"的诉讼制度改革期望达到的境界。

值得注意的是，与"诉讼阶段论"相对称的"审判中心论"的概念，固然可以说涵盖这一内容，但比这个内容要丰富得多。

以审判为中心的话题由冷转热，与近年来最高人民法院的推动有

〔1〕 参见[德]托马斯·魏根特：《德国刑事诉讼程序》，岳礼玲等译，中国政法大学出版社2004年版，第133～134页。

关。从最高人民法院探讨的以审判为中心的相关话题来看，其通常将以审判为中心的含义限缩于“以庭审为中心”的内涵，以审判为中心的推动者小心翼翼避开这个话题可能争议的内涵，仅仅针对庭审空洞化的现实，提出将庭审活动实质化，让事实的调查、证据的采择、法律的争议都通过庭审过程来完成，充分发挥庭审的功能。不过，周强在《推进严格司法》一文中特别提出：“刑事诉讼中审判程序难以发挥对其他诉讼程序的制约作用，严重影响刑事司法尺度的统一和刑事司法公正，必须深化刑事司法改革，推进建立以审判为中心的诉讼制度。”[1]这一说法将审判中心论置于从立案开始的整个诉讼流程中加以观察，将审判程序与其他程序的关系作为立论的基础，隐约释放出调整审判与侦查、起诉的程序结构的信号。

限缩“以审判为中心”的内涵，目的是要避免刺激侦查和控诉机关，以防在深化这一改革进程中引起反弹、遭遇阻力。但是，这种刻意回避以审判为中心的态度可能造成作茧自缚的效果，反而使复原以审判为中心的本来含义的未来前景变得暗淡。

无论是否将“以审判为中心”的含义限缩，这一主张与口号都与学界的兴奋点相契合，很容易引起学术界的共鸣，因此最高人民法院“以审判为中心”的主张在博弈中先胜了一筹。不难得出的结论是，最高人民法院提出“以审判为中心”的主张，可以看作庭审方式改革到一定程度的自然结果，庭审方式改革到瓶颈地带需要寻找一个新的突破口，否则可能陷入僵滞状态。

对我国审判制度改革进行观察不难发现，以庭审为中心有一个清晰脉络，1996年《刑事诉讼法》修改目标之一就是要解决庭审流于形式的问题。当年提出强化控辩双方的作用，司法形象由积极主动趋向消极克制，为此进行了相应的诉讼制度的调整。如果现在继续以解决庭审流于形式的问题为主旋律，“以审判为中心”只不过在口号意义上是新的，内容却是早就有了的。浮想联翩者不难形成自己的判断，“以审判为中心”

---

〔1〕 参见本书编写组：《党的十八届四中全会〈决定〉学习辅导百问》，党建读物出版社、学习出版社2014年版，第153页。

真正的用意可能并不在庭审，否则难以解释正在发生的简易、速决程序的扩大现象，该现象恰恰是弱化庭审的作用的表现。以审判为中心的推进，很可能最终落脚于审判与侦查、起诉的主体和程序的对比关系的重置上，现在掩饰这一发展方向，并不妨碍这一线索在未来的改革进程中凸显出来。

如果“以审判为中心”的含义仅限于庭审实质化的内涵，实际上就成了没有任何新意的口号，学界之所谓“以审判为中心”的内涵比这要丰富得多，对于刑事司法变革的价值和意义也要大得多。

以审判为中心是一种学理上的名词，“主义”等同于一种学术上的根本主张，其含义为：整个诉讼制度的建构和诉讼的活动围绕审判而建构和展开。在以审判为中心的视角下，侦查是为审判进行准备的活动，起诉是开启审判程序的活动，执行是落实审判结果的活动，侦查、起诉和执行皆服务于审判，审判构成整个诉讼流程中的中心和重心，审判中控诉、辩护、审判三方结构成为诉讼的中心结构。显然，在刑事诉讼法学研究中，“审判中心论”的概念与“诉讼阶段论”相对称，意味着刑事诉讼总体结构的调整。以审判为中心不仅要求审判阶段对案件的调查具有实质化的特征，而且依此为基准认识和建构诉讼中的总体建构〔1〕。

二、“以审判为中心”与公、检、法三机关的宪法定位

对于以审判为中心的口号，有人曾援引宪法规定的三机关的关系加以质疑，认为与宪法规定不符，有违宪之嫌。我国宪法确立（刑事诉讼法予以重申）的公安机关、人民检察院和人民法院的关系是分工负责、互相配合和互相制约的关系。该原则的法律表述为：人民法院、人民检察院和公安机关进行刑事诉讼，应当分工负责，互相配合，互相制约，以保证准确有效地执行法律。该原则是进行刑事诉讼的国家专门机关处理相互关系的一项基本准则。以审判为中心如果意味着撼动宪法，相对

〔1〕 本书使用“诉讼总体结构”一词指称侦查、起诉、审判和执行及其相应程序主导机关之间的地位和相互关系，不同于人们常说的“诉讼结构”，后者指控诉方、辩护方和审判方在诉讼中的地位及其相互关系。

地位有所降低的机关自然有所警觉，表达不满。

分工负责，要求在刑事诉讼中法院、检察院和公安机关分别按照法律划定的职权范围行使职权，各负其责、各尽其职，对于分由不同机关行使的职权既不能越俎代庖，也不能相互推诿。分工负责的前提是由法律对各专门机关的职权、职责作出明确的规定，我国各专门机关的分工，体现在我国《刑事诉讼法》第3条所作的一项原则性规定中："对刑事诉讼的侦查、拘留、执行逮捕、预审，由公安机关负责。检察、批准逮捕、检察机关直接受理的案件的侦查、提起公诉，由人民检察院负责。审判由人民法院负责。"在立法设计和司法运作上，公、检、法三机关的权力行使存在配合关系和制约关系。强调公、检、法三机关分工负责、互相配合、互相制约的关系，其作用是力图使国家专门机关依照法律规定正确行使职权，协调其在刑事诉讼中的工作关系；防止、及时发现和纠正司法错误，保证办案质量；遏制司法腐败和专横的发生，促进公安司法人员的廉洁和司法的公正。这里"互相配合"一词容易令人疑惑，事实上，只要刑事诉讼法规定得周密、环环相扣，只要公、检、法三机关严格执行该法律，无须强调"配合"，刑事诉讼的顺利进行通常可以得到保障。强调这种配合关系，很容易削弱裁判的中立性，并置辩护方于不利地位；特别是对于某些重大、疑难案件，由政法委主持，公、检、法三家共同参加对案件处理进行协调的和而不分的办案方式（制约功能被压缩），其弊端更为明显。

从刑事诉讼流程中看，公、检、法三机关的活动是接续关系。由于公、检、法三机关互不隶属，各有职守，基本上以平等共存的姿态出现。人民检察院拥有法律监督职能，有权对公安机关的侦查、监管和执行活动进行监督，也有权对审判活动进行监督，但是检察机关并未取得凌驾于公安机关、人民法院的上位者地位，并未打破三机关平起平坐的宪法以及刑事诉讼法格局，其追究贪腐、渎职犯罪的侦查权有一定震慑力，但不足以取得三机关中的霸主地位。人民法院拥有案件的终局处理权，检察机关试图改变裁判结果的抗诉行为毕竟受制于人民法院的终局裁判权，在这个意义上讲，法院相对于检察机关未必没有占上风。公安机关在国家权力结构中，表面上比同级法院、检察院矮半级，实则位高权重，公安机关负责人在党政体系中往往占据要津，有时甚至超越法院院长、检察院检察长之上。在这种权力格局之上，人民法院若想做出调整，将自身跳脱于这种权力格局的束缚，取得凌驾于人民检察院、公安机关的上位者地位，委实不易。何况党的总书记习近平在十八届四中全会《决定》的说明中明确指出："我国刑事诉讼法规定公检法三机关在刑事诉讼中各司其职、互相配合、互相制约，这是符合中国国情、具有中国特色的诉讼制度，必须坚持。"〔1〕

显然，在相当长一段时期内，以审判为中心难以嬗变为"以法院为中心"，尽管在非法证据排除规定的实施遭遇"瓶颈"时，确有不少人意识到法院的地位若不能超越侦查、控诉机关，非法证据排除规定之类限缩国家公权力的制度、规则很难得到贯彻。

三、"以审判为中心"与诉讼阶段论

以审判为中心的含义包含但不限于"以庭审为中心"，审判中心论作为一种理论研究范畴，其对应的概念为"诉讼阶段论"。

诉讼阶段论和审判中心论两大模式皆就整个刑事诉讼总体结构的建构而言。我国采行的是诉讼阶段论，从苏联诉讼法制借鉴而来，苏联以及受苏联影响的社会主义法系国家都将诉讼流程划分为若干诉讼阶段。人们用"铁路警察各管一段"来形容我国的诉讼阶段构造，也有人用"一个车间，三道工序"来描述公、检、法三机关的接力关系。从这些描述中可以看出，诉讼阶段论的构造将审判与侦查、起诉同等看待，审判不占据"老大"位置，而是跟其他几个诉讼阶段"肩膀齐，是兄弟"，无分轩轾，莫论伯仲。

侦查本来是服务于审判的活动，与审判存在俯仰关系，但在诉讼阶段论那里，尽管侦查终结意味着案件可能要向下一个阶段输送，但侦查更像是一个具有自洽性的程序，它已经把"饭"(案件)"煮熟"，送"饭"

〔1〕 参见本书编写组：《党的十八届四中全会〈决定〉学习辅导百问》，党建读物出版社、学习出版社2014年版，第46页。

上去是检察院的事，对于侦查机关煮好的“饭”，法院还能不吃（法院裁决有罪几乎是没有悬念的事，判决无罪案件是罕见的例外）？

诉讼阶段论源于苏联的刑事诉讼理论，从诉讼阶段论的视角看，诉讼活动从开始到终结是一个向前运动、逐步发展的过程，这个过程中循序进行、相互连接而又相对独立的各个部分，称为“刑事诉讼阶段”。苏联法学家切里佐夫指出：“刑事案件从其开端的时候起直到判决的执行为止是向前运动的，是逐渐发展的，诉讼的各个部分通常叫作诉讼阶段。”〔1〕另一位苏联法学家蒂里切夫也指出：“法律规定了分阶段处理案件的程序，这种程序具有实现全部诉讼目的的极大可能性。处理刑事案件的这些阶段（部分），称为刑事诉讼阶段。”

刑事诉讼阶段的特点是“这种诉讼阶段并不是审判机关和检察机关个别的行为或若干行为的结合。每一个诉讼阶段都是完整的，有其自身的任务和形式的一个整体。”〔2〕苏联学者提出划分诉讼阶段的标准是：一定诉讼过程的直接任务；参加诉讼的机关和个人的构成形式；进行诉讼行为的方式；诉讼法律关系的特性；诉讼的总结性文件（判决、裁定、决定等）。由此将其区分为立案、侦查、审查起诉、审判和执行等几个阶段，这与审判中心形成对比，后者将刑事诉讼程序区别为审前程序、审判程序和执行程序，且以审判程序为刑事程序的重心所在。

近年来，我国刑事诉讼法学者对于这种诉讼阶段论的建构模式时有检讨的声音，有学者主张将诉讼阶段论转为审判中心论，强调法院的权威和司法审判的中心作用，并在此基础上进行诉讼总体结构的重构。

审判中心论是将审判作为整个诉讼的中心环节来看待的，法院具有至高无上的权威，其他诉讼主体尊重并服从法官的裁决，诉讼过程的前置程序服务于审判，成为审判的准备活动（如侦查、起诉）；后置程序同样服务于审判，属于落实审判结果的活动（如执行）。

以审判为中心有多种表现，其中包括刑事诉讼法典的结构就是围

---

〔1〕 参见［苏联］切里佐夫：《苏维埃刑事诉讼》，中国人民大学刑法教研室译，法律出版社1955年版，第56页。

〔2〕 同上。

绕审判程序建构的。不少国家都以审判为中心建构自己的刑事诉讼制度，这些国家的刑事诉讼法典的篇章结构有着明显的以审判为中心的特征。例如《德国刑事诉讼法典》共7编，分31章共474条。法典结构为总则（包含管辖、回避、判决、证据等）；第一审程序（含公诉等）；上诉审程序；再审程序；被害人参与诉讼；特别程序（刑罚令程序、保安处分程序、没收与财产扣押程序等）；刑罚执行和诉讼费用。刑事诉讼法总则之后直接进入第一审程序，侦查、起诉等内容包含在这一程序中而没有单列出来与第一审程序并列。日本受到德国刑事诉讼法的影响，也是以审判中心来构造的。《日本刑事诉讼法典》分七编：第一编，总则，包括管辖、回避、诉讼能力、辩护与辅佐、裁判、文书及送达、期间、传唤、拘传和羁押、询问证人、鉴定、口译及笔译、证据保全、诉讼费用、补偿费用；第二编，第一审，3章，包括侦查、公诉和公审；第三编，上诉，4章，包括通则、控诉、上告和抗告；第四编，再审；第五编，非常上告；第六编，简易程序；第七编，裁判的执行。同样，我国台湾地区"刑事诉讼法"深受德国、日本影响，刑事诉讼法典结构也是以"以审判为中心"为基础的：总则（法例、法院管辖、回避、辩护人辅佐人及代理人、文书、送达、期日及期间、传唤和拘提、搜索及扣押、证据、裁判）；第一审（公诉含侦查起诉、自诉）；上诉（通则，第二审、第三审）；抗告；再审；非常上诉；协商程序；简易程序；执行；附带民事诉讼。德国、日本和我国台湾地区的刑事诉讼法大体分为总则和分则两个部分，总则以法院之管辖、回避起始，将审判涉及之主要制度和诉讼参与者作出规定；分则以审判流程为主要内容，侦查和公诉在第一审程序中加以规定，再以刑罚执行作结，明显是将审判结构作为刑事诉讼法的框架。这一特色，只要将我国刑事诉讼法典拿来对照，便一目了然。

我国是少数以诉讼阶段论布设刑事诉讼格局的国家。刑事诉讼法总则从刑事诉讼法的宗旨、目的入手，规定刑事诉讼基本原则（其中审判公开原则为审判阶段专有原则），其后规定了管辖、回避、证据、辩护与代理、强制措施、附带民事诉讼等基本制度，构成刑事诉讼法之总论部分；分论部分按照诉讼流程，从立案开始，侦查、起诉、审判（第一审、第二审、死刑复核程序、审判监督程序)、执行和特殊程序，显然是诉讼阶段论的法典构造。

要倡导以审判为中心，实质上意味着重新检讨诉讼阶段论甚至将其舍弃，这动静怕是不小。我们需要了解的是，要改变诉讼阶段论为以审判为中心的格局，不但诉讼权力主体之间的关系、地位要进行调整，例如警检关系乃至司法权与侦查权的关系需要重新设定，连刑事诉讼法的法典结构都需要调整，并且相关证据制度也需要加以完善。若推行“以审判为中心”却不触及诉讼阶段论，不进行上述制度、关系和地位的相应调整，以审判为中心也许流为一句口号，对于庭审的实质化虽然有一定的促进作用，但要使审判“中心”起来恐怕难以遂愿。

我国的诉讼总体结构，可以概括为两道门槛，多重质检。两道门槛，第一道是立案，立案作为独立的诉讼阶段，有自己的独立诉讼任务和期间以及标志性文书，与许多国家抓捕疑犯或者报案登记即启动审判程序迥然不同。这一道门槛的设计，是为了防止随意启动对一个人的刑事侦查，后者可谓干系重大，不可不慎之又慎。第二道是审查起诉，审查起诉作为独立的诉讼阶段也是我国刑事诉讼程序具有一定特色的制度安排，其目的是防止随意开启对一个人的审判程序，减少无辜者被错误起诉的风险。这两道门槛起到帮下一个程序过滤的作用，其来源是1979年立法之时历史遗留下来的冤假错案给立法带来的一个警醒[1]：必须通过程序上的限制防止对一个人进行刑事追究的随意性，遏制冤假错案发生的可能性。刑事诉讼程序总的布局是后一个程序对前一个程序产生结果的检验，递进式质检体现为审查起诉阶段对侦查结果进行质检，第一审活动对审查起诉的结果(起诉案件)进行质检，第二审活动又对第一审的结果(未生效裁判)进行质检，死刑复核程序又发挥对于第一审或者第二审形成的死刑裁判的质检把关作用。这种制度设计使法院的审

〔1〕“文化大革命”结束，冤假错案成为一大政治遗产。据称“到1981年底，全国法院共复查‘文化大革命’期间判处的刑事案件120万件，涉及当事人32.6万余人”。参见肖扬：《中国刑事政策与策略问题》，法律出版社1996年版，第291页。另参见江华：《江华司法文集》，人民法院出版社1989年版，第156页。

判成为质检连环的一部分，诉讼重心前置到侦查阶段，审判不是至少不全是对案件全面、实质审理的唯一环节，侦查才是全面、实质调查整个案件的重要阶段。

四、司法现况：以侦查为诉讼的重心

我国刑事司法总体结构可以葫芦来比拟：侦查程序活动构成了膨大的底端；审判程序活动虽也构成了一个鼓胀的部分，但其实无论从期限还是从权力运用的独断性上看，均无法与侦查程序活动相比；界于侦查和审判之间的检察机关的审查起诉程序活动，所谓“承上启下”者也，只是葫芦上的“细腰”。这个结构显然是一个葫芦形结构，两头大、中间小，最胀大的部分是侦查，尤其是公安机关的侦查，涵盖了刑法的大部分罪名。

刑事司法的葫芦形构造，反映侦查活动才是我国刑事司法活动的重心所在。也就是说，审判并非诉讼活动的重心，我国刑事司法实际上为侦查专美于前，刑事诉讼是以侦查为诉讼活动的重心的。

以审判还是侦查为诉讼活动的重心，其实质含义是对案件进行全面性、实质性的调查到底是通过审判还是侦查来完成的。在我国，刑事诉讼的实际重心在侦查阶段，案件的实质调查和全面调查都在这一阶段完成。诉讼重心前置于侦查阶段，是由诉讼机制设定自然形成的现象，其根本原因在于我国侦查终结标准、起诉标准和定罪标准一样高，侦查人员在确认符合定罪标准的情况下才能将案件侦查终结、移送审查起诉，检察官在确信符合定罪标准时才能向法院提起公诉，这就要求侦查活动必须将案件查个“山高月小，水落石出”，如此一来，对于案件进行全面、实质调查的任务就落在了侦查人员头上，审查起诉和审判不过是对侦查成果的二次质量检查，起到的是质检把关作用。与之相应，无罪判决率奇低，到了几乎可以忽略不计的程度。

这种情况与日本相似，日本检察官与我国检察官有一点相同：在有100%把握情况下才会起诉，随后进行的法庭审判不过是对侦查、起诉的结果加以检验而已。日本在一年里作出确定判决的刑事案件数，包括简易起诉的轻微案件在内，最近达到110万件。其中确定无罪的案件每年有50余件，所占比率是0.005%。从统计学上来说，这是可以忽略的极小数目。日本法学家松尾浩也教授称这种现象为"精密司法"，平野龙一教授则认为这不过是"检察官司法"的代名词而已——审判扮演着侦查的橡皮图章的角色。

对比之下，其他许多国家刑事司法的特点凸显出来：一般国家的侦查终结与审查起诉并无明确界限，提起诉讼的证明要求通常是有"合理的根据"(probable cause)即可，英国《皇家检察官准则》将起诉标准定为"预期可予定罪"，标准差不多，亦即定罪的可能性在50%以上便可以终止侦查并提起诉讼。因此，法庭审判成为对案件进行全面、实质调查的场合，无罪判决率甚至可以高达30%左右，大家司空见惯，习以为常。

日本虽然认同以审判为中心并以此进行诉讼结构的塑造，但是实际存在的精密司法现象以及卷证依赖的现象，使日本的刑事程序的重点是在侦查阶段，而不是在法庭的审判阶段，这与当事人主义及以法庭审判为中心的英美国家相反，英国、美国实行陪审团制度，在有陪审团审判的案件中，陪审团在法庭上了解案情和证据并进而得出结论，审判才是对于案件事实、证据进行全面、实质调查的场合，与日本的精密司法现象存在一定差异。

要想将诉讼重心从侦查转移到审判阶段，几乎是不可能的。不仅是因为我国诉讼中侦查为实际中心的状态已经存续多年，而且警察机关本来就是政权倚重的力量，削弱侦查在整个诉讼流程中的地位并降低警察机关实际受倚重的状态，触及这个国家的政治格局和政权结构。

不过，日本学者认识到这一问题的存在，呼吁进行检讨和改革。日本刑事司法中毕竟具有以审判为中心的明显特征，例如其司法制度实行司法权(审判权)制约侦查权的制度，实行司法令状主义。这是以审判为中心的国家和地区普遍实行的制度。不仅如此，德国以及受德国影响的日本、韩国等国都实行检察官指挥侦查的制度，法国的检察官除了在预审法官指挥的场合也有指挥警察的权力。

我国并不是把以审判为中心作为诉讼制度建构指导原则的国家，实行诉讼阶段论的我国刑事诉讼法没有对侦查权的司法控制进行周密的建构，目前存在的立案监督、批捕制度和羁押必要性审查，除了批捕制度具有明显的刚性外，其他制度过于柔和，缺乏应有的力度，这是不争的事实。目前我国公安机关的侦查权仍过大，缺乏有力的外部司法控制，法院根本没有以司法手段控制侦查的职权。检察机关是侦查监督机关，但法律并没有赋予其指挥侦查和调动警力的权力，也没有赋予其有力措施实现对公安机关侦查活动的控制，这造成了侦查权过大而审判权在其面前相对弱化的状况。

由于我国诉讼阶段论的诉讼制度设计，用意于将案件尽可能在早先的阶段就加以厘清，不必等到审判阶段才还人以清白，因此对侦查程序的设定着力较多，赋予侦查机关不受外部司法机关控制的权力，一方面固然想通过这一方式达到国家刑罚权淋漓酣畅行使的目的，另一方面也是想防止冤假错案。对此若无全面认识，很容易形成诉讼阶段论和侦查重心现象一无是处的结论。从1979年刑事诉讼制度的设计看，侦查重心主义是有特定预期功能的制度安排，其形成具有特定的因果联系，遽然改变这一状态，并不容易，如降低起诉标准，允许检察机关在有百分之五十以上定罪把握的情况下就可以起诉，并准备接受高达百分之十到三十的无罪判决率，我们的立法部门、司法部门恐怕都还没有做好充分的心理准备。

如果不能改变侦查为诉讼活动重心的地位，审判中心的努力取得成效后，刑事诉讼中可能存在两个中心，一是侦查的中心地位没有动摇，二是审判的中心地位得以确立，刑事诉讼的流程中出现双驼峰现象。

五、以审判为中心的实质是审判去空洞化

谈到以审判为中心，不能不谈及这一主张的实质内涵。以审判为中心不仅要求在形式上突出审判活动的诉讼地位（包括如今常常提及的突出庭审的作用），也不限于重塑法院社会形象的宣传意图，更重要的是审判活动必须实质化。毫无疑问，徒具形式而不具有实质性的审判无助于审判中心地位的确立，反而对此有消解作用。

如前所述，我国刑事诉讼制度的设计造成诉讼活动的实际重心前置到侦查阶段，这是审判活动流于形式的根本原因。1996年《刑事诉讼法》修正并没有触及这一根本症结，只在控辩双方的诉讼方式和发挥作用的空间方面进行了改变和拓展，造成庭审方式改革并没有按照预想的那样实现，审判空洞化的现象仍然存在，司法实质化的目标还没有达成，此后甚至出现"被告人都认罪了，还有什么好审的"之议。审判不但持久且表演性依旧，立法机关将简易程序扩大适用到认罪的初审案件，这意味着过去是审判流于形式，现在连形式也几乎不要了；2012年《刑事诉讼法》再修正，也没有注意及此，针对这一问题没有任何动作，反而扩大了简易程序适用的范围，许多案件离审判实质化更远了一步。当前最高人民法院正在推动速决程序，期望使案件在审判中分流，实质化审判其中部分案件，对于另一部分案件则简化其庭审过程。这是一种相当自我矛盾的现象，"以庭审为中心"只不过以部分案件的庭审为该案件的中心罢了。

以审判为中心无论以什么名目出现，"以庭审为中心"也好，"以审判为中心"也好，如果审判无论久暂，实质上只是走个过场，或者流为一场"审判秀"（show trial，也称表演式审判），可以肯定，审判如果不具有实质性，就无法确立自己的诉讼重心或者诉讼中心的地位，审判中心也就沦为一句空话。

实质性审判的基本含义是，法官不听命于政府，也就是说，法院不是政府的橡皮图章；法官中立，与政府一方和辩护一方保持等距离；法庭审判应当进行实质性调查，为此应当防止和排除法官的预断，不允许审判活动流于形式；判决的结果应当以法庭审判中形成的心证为依据，这一心证是根据法庭调查过的证据得出的；法庭辩论应当充分，辩护律师应有使自己的辩护意见得到完整表达的权利，当他这样做时，他自身的自由应当得到事中与事后的安全保障。简言之，政府与个人进行对抗，并由不听命于政府的独立的法庭秉公裁决，要求法庭审判应当具有实质性。我们可以将具有实质性的审判称为"实质性审判"。

审判具有实质性，其意义颇为明显。被告人得到法院的审判，不仅仅是他受刑事追诉不得不承担的不利程序性负担，也是他寻求公道的一项重要权利。这项权利的保障，就是审判要实质化，通俗地说，就是审判必须真是一场审判。如果审判在表面上很正式也很庄重，实际上这场审判只是做做样子给人看的，被告人的程序权利实现不了，实体也难以保障。

在一场实质性审判中，辩护人——特别是辩护律师发挥着重要作用。完善的诉讼结构是审判方居中裁判，控辩双方地位平等和权利对等的结构。在这一结构中，如果没有辩护人参与，被告人的诉讼能力有限，往往无法与控诉方形成对抗，从而通过诉讼主体间的相互制约达到保障司法公正的目的。辩护人的存在，等于在控辩双方难以匹敌的失衡状态中扶了被告人一把，使之诉讼能力增强，从而使诉讼结构的实际运作较为合理，从这个意义上说，辩护人在保障司法公正性方面充当着重要角色。审判具有实质性，辩护人的这种作用才能得以发挥。

与实质性审判相对应的，是表演性审判，或者干脆称为“审判秀”。表演性审判的基本功能是：审判完全是为了满足某种政治宣传的需要进行的，有的是为了对某一地域甚至全国的电视公众现场直播或者录播不表现糟糕而预先排演后精心表演，或者法院只是敷衍了事但又不得不表演一番遂开庭表演。表演性审判，呈现在法庭上的活动并不重要，裁判并不以法庭调查和辩论形成的心证为依据，判决甚至在开庭前已经作出了，辩护律师的作用只是配合将这场戏演下去，诉讼处于“你辩你的，我判我的”状态。

在表演式审判中，法庭上的对抗只是一出戏，诉讼中关涉一个人或者若干人的生命权、人身自由权和财产权的实质性问题反而成为不重要的了，重要的只是法庭对抗的形式，只是表演。

辩护律师参与表演往往是不得已的，因为一场审判，即使是一场表演秀，也往往可以意会却不可言传，因为让谁看都“明明是在审判嘛”，律师看在眼里，要么不放在心上，还可以落个安宁；要么郁结于胸，除了将来自己做病，大概没有多少好处。不过，也有一些律师，却被迫要自觉地参与表演，如有的法院，对最初的审判活动的镜头表现不满意，要重新来过一遍，不但自己作秀，连检察官、辩护人、被告人等都要在导演的统一支配下“友情出演”。

迫使辩护律师自觉参与表演的“审判秀”，戕害的是辩护律师独立辩护的权利。有些审判，并不是完全为了做样子，但辩护律师却被要求按照政府的意图进行辩护，也就是说，按照对抗双方中的另一方的意愿进行辩护。这种情形发生在某些“敏感”案件开庭审判之前，一些律师得到司法行政机关（有无法院，待考）的告诫，不能进行无罪辩护，不能发表某一种辩护观点，等等。纪律宣布完毕，律师在辩护中必须执行如仪，否则后果可能堪哀。有的案件，律师的辩护词还要在开庭前经由司法行政机关审查，审查者不满意，还要修改甚至推倒重来。这使一场审判，完全按照“导演”的意图进行，诉讼应有的对抗制被削弱，法庭审判成了大剧场或者小剧场搬演的话剧。

耐人寻味的是，近年来法院大力倡导以审判为中心，却又反其道而行之，在大量案件中弱化庭审功能，突出表现为，1996年《刑事诉讼法》修改时法院以增强诉讼抗辩性为口号，要求改革庭审方式以解决庭审流于形式的积弊，但庭审方式改革的结果并没有使庭审流于形式的问题得到解决，只是法官的庭上工作负担有所减轻（出示、宣读证据的任务转给控诉方），让法官更像老板而控辩双方沦为马仔。庭审改革虽以庭审实质化为具有说服力的理由，但1997年，新修改的《刑事诉讼法》实施不久，法院便有“被告人都认罪了，还有什么好审的”之议，于是检法两家联手进行普通程序简易化改造，直到2012年在《刑事诉讼法》修改中极大扩大基层法院审理案件适用简易程序的范围，大量案件十几分钟、二十几分钟审理完毕，庭审流于形式的问题没有解决，现在连形式也不走了；近年来法院进行速裁程序，也是弱化庭审的思路，形成与“以庭审为中心”的口号的巨大反差。对此的解释，是案件合理分流——只有将案件繁简分流，才能使一部分案件得到更实质化的审判。按此说法，“以庭审为中心”只是以局部案件的庭审为中心而已。不仅如此，这些年来法院经过审判形成最终判断，拟对案件作出无罪判决，但希望将矛盾转移，于是将拟判处无罪的意图告知检察机关，督促检察机关撤回起诉，检察机关存在业绩考核压力（考核指标之一是无罪判决率），虽心有未甘，也只好撤回起诉。这种司法上缺乏担当的行为，也使“以审判为中心”的形象塑造受到减损，实质上也是庭审空洞化的一种表现。

六、如何实现以审判为中心的诉讼制度改革

提出口号不难，难的是使口号宣示的内容转为现实，对此改革者需要有真的改革行动而不满足于嘴上说说而已。鲁迅曾言：“有些改革者，是极爱谈改革的，但真的改革到了身边，却使他恐惧。惟有大谈难行的改革，这才可以阻止易举的改革的到来，就是竭力维持着现状，一面大谈其改革，算是在做他那完全的改革的事业，这和主张在床上学会了浮水，然后再去游泳的方法，其实是一样的。”以审判为中心的诉讼制度的改革要具有实质性，司法机关需要克服改革带来对于自己不便的抵触心理，从大局出发将改革落到实处。

以审判为中心的口号提出来之后，在庭审调查时做得更细致一些，庭审辩论时法官更有耐心去倾听一下，将庭审时间拉长，并不难做到。南昌大学周文斌进行了长达一天半的创纪录式自我辩护就为此下了一个很好的注脚。但是，要使审判真正具有实质性而不是仅仅满足于迎合司法改革秀的一时之需，就需要在制度层面加以改良，使庭审实质化得到固化，否则领导者的兴趣转移，庭审恢复原状，依然故我，审判就“中心”不起来了。

要使审判成为一场“真的”审判（这个要求本来就是审判应有的内涵，并不能说是一种高要求），需要多项制度加以配合（不过，对于我国刑事审判的现状和惯性来说，未必没有相当难度），其中，直接言词原则与庭审实质化改革关系最为重要，具体内容详见本章第三节。

第二节　庭审实质化

无论是为了实现实体公正和程序公正，还是落实权责一致的办案责任制，均要求被告人的刑事责任在审判阶段通过庭审方式解决，这是刑

事庭审[1]实质化的要义，也是“以审判为中心的诉讼制度改革”[2]的落脚点。所谓刑事庭审实质化，是指应通过庭审的方式认定案件事实并在此基础上决定被告人的定罪量刑，其基本要求有二：一是审判应成为诉讼中心阶段，被告人的刑事责任应在审判阶段而不是在侦查、审查起诉或其他环节解决；[3]二是庭审是决定被告人命运的关键环节，即“审判案件应当以庭审为中心。事实证据调查在法庭，定罪量刑辩护在法庭，裁判结果形成于法庭”[4]。

庭审实质化是相对庭审虚化或形式化而言。我国刑事庭审虚化的问题由来已久。我国1979年《刑事诉讼法》将犯罪事实是否清楚，证据是否充分作为庭前审查的主要内容，[5]此规定混同了庭前审查与法庭审判的任务，造成“先入为主”“先判后审”“先定后审”，导致开庭审判走过场。[6]1996年《刑事诉讼法》“为了更好地加强庭审，发挥控辩双方作用”[7]，完善了庭审方式，将开庭前的实体性审查改为程序性审查，改革法庭调查程序，扩大控辩双方庭审参与权，增强庭审对抗性，同时为发挥合议庭在审判中的决定作用，明确了审判委员会讨论的案件范围。[8]然而，这些改革并没有取得预期效果。2012年《刑事诉讼法》修改时立法者继续朝此方向努力，认为审判应是“决定被告人是否构成犯罪和判处刑罚的关键阶段”[9]，并改革了案卷移送制度，开庭前的准备程序，证

〔1〕 限于主题和篇幅，本节所论述的庭审仅指刑事案件一审庭审程序。

〔2〕《中共中央关于全面推进依法治国若干重大问题的决定》，人民出版社2014年版，第23页。

〔3〕 需要说明的是，此处所讨论的“庭审实质化”的案件范围，并不包含侦查、审查起诉阶段“合法”分流的案件以及通过简易程序和轻微案件速决程序审理的案件。

〔4〕《最高人民法院关于建立健全防范冤假错案工作机制的意见》(2013年11月12日)。

〔5〕 参见1979年《刑事诉讼法》第108条、第109条。

〔6〕 参见胡康生、李福成主编：《中华人民共和国刑事诉讼法释义》，法律出版社1996年版，第171页。

〔7〕 参见顾昂然：《关于〈中华人民共和国刑事诉讼法修正案（草案）〉的说明》，载陈光中、严端主编：《中华人民共和国刑事诉讼法修改建议稿与论证》，方正出版社1999年版，第476页。

〔8〕 1996年《刑事诉讼法》第149条、第150条、第155~157条。

〔9〕 参见王兆国：《关于〈中华人民共和国刑事诉讼法修正案（草案）〉的说明》，载陈光中主编：《〈中华人民共和国刑事诉讼法〉修改条文释义与点评》，人民法院出版社2012年版，第512页。

人、鉴定人出庭制度，与量刑有关的程序等。

遗憾的是，时至今日，在司法实践中，刑事庭审虚化的现象仍并非鲜见，如关于犯罪嫌疑人、被告人的刑责问题，在审判前已经形成定论，庭审沦为审判“秀”；控方审前阶段形成的案卷材料充斥庭审，甚至成为法院裁判的决定性依据；法庭审判以定罪为中心，量刑程序被虚置；等等。而近期出现的一些冤案，如浙江叔侄奸杀案、福建念斌案和内蒙古呼格案等，均与“侦查中心”和庭审虚化有直接关联。也正是在此背景下，党的十八届四中全会《决定》要求“推进以审判为中心的诉讼制度改革，确保侦查、审查起诉的案件事实经得起法律的检验。全面贯彻证据裁判规则……完善证人、鉴定人出庭制度，保证庭审在查明事实、认定证据、保护诉权、公正裁判中发挥决定性作用”。[1]

诸多原因皆有可能导致刑事庭审的虚化。除诉讼制度本身外，司法运行环境、司法体制和审判主体等因素均可能导致被告人的刑责不是通过庭审方式裁决。如在非法治环境下，身着法袍的法官可能并不是主宰被告人命运的裁决者；在“上命下从”的行政运行模式中，紧握司法权杖者实为上级法院或者庭长、院长等司法行政长官；如裁判者素养不高，就可能依据庭审证据材料之外因素（如人情、舆情等）作出裁决。正因如此，治理刑事庭审虚化、实现庭审实质化成为一项庞杂的系统工程。受篇幅和主旨所限，本节仅从诉讼制度层面阐述如何实现我国刑事庭审实质化。

一、纵向诉讼结构：从“逮捕中心主义”到“以审判为中心”

关于侦查、审查起诉和审判三个阶段在诉讼中的地位和关系，理论界和实务界主要有“侦查中心主义”、“三阶段并重论”和“以审判为中心”等论说。所谓“侦查中心主义”是指决定被告人命运的为侦查阶段，后续程序只是对侦查调查结果的补充、印证。其缺陷是，如果过分强调侦查在诉讼中的地位，就会“仅仅根据侦查阶段做成的调查笔录进行审

[1]《中共中央关于全面推进依法治国若干重大问题的决定》，人民出版社2014年版，第23～24页。

判，即所谓‘书面审理’”[1]，不仅虚置了被告人的质证、辩论的权利，也使得庭审流于形式，审判沦为侦查程序的“附庸”。“三阶段并重论”是我国刑事诉讼实务界比较盛行的一种观点，认为我国刑事诉讼基本原则是公、检、法三机关“分工负责，相互配合，相互制约”关系，三机关、三阶段均是为了保证刑事诉讼活动的顺利进行，并无孰轻孰重之分。此观点虽然认识到三机关的最终任务的一致性，而且以我国刑事诉讼法相关规定为依托，但是却混同了不同阶段、不同机关的具体职责，更是回避了由“谁”以“何种方式”认定案件事实并最终决定被告人的刑责问题。由于侦查为诉讼的第一个重要阶段，在“相互配合”原则牵引下，“三阶段并重论”在司法实践中往往滑向“侦查中心主义”。

应当说，刑事诉讼是对被追诉人实现公正求刑权的过程。“行使刑罚权，也就是实施运用刑法，就必须履行法律规定的刑事程序。”[2]从另一个角度理解，刑事诉讼与民事、行政诉讼性质相同，均是裁决者解决纠纷的过程，只不过刑事诉讼（公诉案件）解决的是国家与被追诉人之间的纷争——控诉方认为应当追究被追诉人的刑事责任，而被追诉人认为自己无罪或者罪轻。就此而言，从一个完整的、理想的诉讼形态考察，侦查和审查起诉仅是控方为审判而进行的准备活动，在此过程中收集的证据材料能否作为对被告人定罪量刑的依据需要经过辩方的质证、辩论，最终由法院决定；在法庭审理过程中，控辩双方平等、理性对抗，裁决者扮演中立裁决者的角色。因此，决定被告人定罪量刑的应为审判程序，此乃“以审判为中心”之基本要求。也正因如此，“充分发挥审判特别是庭审的作用，是确保案件处理质量和公正司法的重要环节”，“有利于促使办案人员增强责任意识，通过法庭审判的程序公正实现案件裁判的实体公正，有效防范冤假错案产生”。[3]

毋庸讳言，在我国司法实践中，“侦查中心主义”现象仍然比较盛

---

〔1〕参见[日]田口守一：《刑事诉讼法》，刘迪等译，法律出版社2000年版，第25页。

〔2〕参见[日]松尾浩也：《日本刑事诉讼法》（上卷），丁相顺译，中国人民大学出版社2005年版，第1页。

〔3〕参见习近平：《关于〈中共中央关于全面推进依法治国若干重大问题的决定〉的说明》，人民出版社2014年版，第61~62页。

行。“侦查中心主义”往往外化为两个方面：第一个方面是侦查阶段收集的证据材料尤其是书面表现形式的材料（如证人证言、鉴定意见等）在审判中直接作为裁判的依据（关于此点，将在后文结合庭审方式进行阐述）；第二个方面是不仅侦查活动围绕逮捕展开，而且一旦犯罪嫌疑人被检察机关批准或决定逮捕，就很难逃脱被起诉、定罪的命运；审查逮捕替代审判程序成为解决犯罪嫌疑人、被告人刑事责任的核心环节，逮捕异化为“定罪的预演、刑罚的预支，致使后继的审查起诉、法庭审理均遭架空”。[1]此种现象，被称为“逮捕中心主义”。[2]

在2012年《刑事诉讼法》修改前，不仅逮捕率居高不下，而且逮捕通常会导致起诉和定罪的后果。1990年至2009年，全国检察机关共批准逮捕、决定逮捕14，579，934人，提起公诉15，550，883人，捕诉率为93.76%。“仅就刑事犯罪案件来说，上述20年间共逮捕犯罪嫌疑人14，148，048人，提起公诉14，917，109人，捕诉率高达94.84%。”[3]而犯罪嫌疑人被起诉之后，几乎难以逃脱被定罪的命运，实践中宣告无罪的判决少之又少。《刑事诉讼法》2012年修改后，根据对相关数据的考察，逮捕中心主义的现象并没有消失。2013年1月至4月，全国检察机关审查逮捕案件219，917件310，173人；批准逮捕和决定逮捕183，898件254，262人；捕后撤案8件，法院判无罪7人；捕后判处轻缓刑（包括管制、拘役、免予刑事处罚、单处罚金、徒刑缓刑）50，793人，轻缓刑比例占逮捕总数的19.98%。[4]虽然上述数据没有直接提供捕后起诉的比例，但是地方检察机关的相关数据对此有所反映。如某直辖市2013年办理审查逮捕15，545件20，275人，捕后不起诉276人。[5]某地级市检察机关2013年批准逮捕1494件2074人，提起公诉1571件

---

〔1〕 参见郭晶：《“逮捕实体化”之模式、危害及成因——“行政内控”与“诉讼制衡”之间的尖锐冲突》，载《西部法律评论》2012年第6期。

〔2〕 参见李昌盛：《走出“逮捕中心主义”》，载《检察日报》2010年9月23日。

〔3〕 参见刘计划：《逮捕审查制度的中国模式及其改革》，载《法学研究》2012年第2期。

〔4〕 逮捕率同比下降12.3%。数据参见《最高人民检察院关于1至4月全国检察机关侦查监督、公诉部门执行修改后刑诉法情况通报》（高检诉〔2013〕33号）。

〔5〕 B市人民检察院案件管理办公室制：《B市检察机关业务基本情况表》（2013年1月至11月汇总地区分布）。

2324人，仅有1人被宣告无罪。[1]这些数据在很大程度上均表明，犯罪嫌疑人一旦被逮捕，其很难逃脱此后被起诉继而被定罪的命运。

"逮捕中心主义"的弊端较为明显，主要表现在以下几个方面：

第一，"逮捕中心主义"以审查逮捕取代审判，混淆了侦查与审判职能。侦查阶段，逮捕的对象是犯罪嫌疑人。按照无罪推定原则，被追诉人在生效裁判确定之前应被视为无罪的人，对其适用强制措施的目的是保证诉讼活动顺利进行，防止其逃避诉讼活动或者继续危害社会，而不是对其进行定罪处刑。就此而言，"逮捕中心主义"以审查逮捕程序替代审判活动，混淆了二者的功能。

第二，"逮捕中心主义"违背诉讼认识规律。从认识的进程来讲，不同诉讼阶段的办案人员认识案件事实所依据的材料不同，认识的程度与标准也有差异。审查逮捕一般发生在侦查阶段初期，检察人员对事实的认识往往依据侦查机关或部门单方面提供的证据材料；相应地，逮捕的证明标准是"有证据证明有犯罪事实"。而在审判阶段，法官要对案件事实进行全面的核查和判断，其方式是听取控辩双方质证、辩论甚至是依职权调查，对被告人定罪的证明标准是"事实清楚，证据确实、充分"。就此而言，审查逮捕环节的检察人员的认识不应该也不可能等同于审判阶段中法官对案件事实的认识和判断。

第三，"逮捕中心主义"剥夺了被告人的诉讼权利。被告人在法庭审理阶段依法享有辩护、参加法庭调查、法庭辩论、最后陈述等诉讼权利，并享有未经人民法院依法判决，不得被判定有罪及获得独立、公正审判等程序保障。法律之所以作此规定，旨在赋予辩方对抗控方的手段，以通过自身的诉讼行为影响法庭裁判形成过程及最后结果。然而，"逮捕中心主义"使得被追诉人的上述诉讼权利和保障徒有形式，审判程序沦为逮捕决定正确性的确认程序。

第四，"逮捕中心主义"扭曲了法、检两机关之间的关系。权力分离和制衡为当代诉讼制度基石之一。然而，在"逮捕中心主义"下，法院对

〔1〕 此资料由G省B市检察机关提供。

案件的裁判被逮捕决定“绑架”。一旦检察机关作出逮捕决定，为避免其遭受“负面评价”，法院裁判一般不仅会作出有罪判决，而且绝大多数量刑为实刑。审查批准逮捕在很大程度上代替法院对刑事案件作出终局裁判。此时，法院成为检察机关的“帮手”。最终结果是，审查逮捕成为诉讼的中心阶段，检察机关成为决定案件走向的核心机关。

逮捕和审判的功能、适用条件、标准等迥然有异，相关的诉讼行为方式也有很大的区别。对此我国刑事诉讼法已有明确的界定和划分。那么，何种因素导致审查逮捕替代审判成为诉讼的核心程序呢？有学者认为主要有以下制度性原因：逮捕必要性要件的模糊和羁押替代措施的不完善；审前程序中司法权的缺席与被追诉人权利救济机制的匮乏；“流水作业”式的诉讼构造与独特的司法权运行机制。[1]2012年《刑事诉讼法》的修改，对上述问题作出了不同程度的回应。例如，修改后的法律细化了社会危险性要件，并初步构建了诉讼化的审查批捕程序。然而，修改后的《刑事诉讼法》，并未能有效制约“逮捕中心主义”。我们认为，除前述原因之外，还有一些与诉讼制度层面并没有直接关系的制度或规则扭曲了逮捕功能，使检察机关在逮捕时必须考虑能否起诉并能否被定罪，而且一旦在作出逮捕决定后，必然通过各种方式寻求起诉和定罪的结果。其中，《国家赔偿法》相关条款的理解、适用，以及检察机关的考核制度起了最为关键的作用。

首先，《国家赔偿法》相关规定及其“误读”。《国家赔偿法》第17条规定：“行使侦查、检察、审判职权的机关以及看守所、监狱管理机关及其工作人员在行使职权时有下列侵犯人身权情形之一的，受害人有取得赔偿的权利：……（二）对公民采取逮捕措施后，决定撤销案件、不起诉或者判决宣告无罪终止追究刑事责任的……”从人权保障层面考量，对于最终不被追究刑事责任而被逮捕的公民由国家给予赔偿，此规定无疑是合理的。但是，符合法定条件但达不到起诉或定罪标准的逮捕并不一定就是“错误逮捕”。逮捕的适用标准和条件、适用的诉讼阶段与定罪

〔1〕 参见王彪：《刑事诉讼中的“逮捕中心主义”现象评析》，载《中国刑事法杂志》2014年第2期。

完全不同，是否作出逮捕决定与案件是否被撤销、不起诉、判决宣告无罪并无必然的关联性。实践中下列现象并不鲜见：检察机关对于犯罪嫌疑人在侦查阶段作出逮捕的决定完全符合法律规定，但是，此后收集的证据没有达到“犯罪事实清楚，证据确实、充分”的程度，或者是审查起诉部门、审判机关“认为”没有达到此程度。因此，依据前述条文作出国家赔偿的案件，不一定就是错案，甚至不一定是错误逮捕；上述条款将一部分合法逮捕划为“侵犯人身权”的错误逮捕、错案是不合理的。这种以案件的后续处理结果为标准来判断逮捕决定正确性的做法，成为“逮捕中心主义”的一大诱因。与此同时，由于国家赔偿的费用由地方承担，如果一个检察院有较多的国家赔偿案件，地方领导或者其他权力机构对检察机关的工作也可能会产生质疑或者其他消极评价。

其次，检察机关不合理的案件评价标准与考核机制也促使形成“逮捕中心主义”。在检察机关内部，同样以案件的最终处理结果衡量逮捕的质量。《人民检察院审查逮捕质量标准》[1]第26条规定，“批准逮捕后，犯罪嫌疑人被依照刑事诉讼法第一百四十二条第二款决定不起诉或者被判处管制、拘役、单处附加刑或者免予刑事处罚的”情形，“属于办案质量有缺陷”。[2]在检察系统考核制度中，如果一个案件作出逮捕决定但最终不起诉、宣判无罪，此案件将被纳入考评系统中质量不高的C类或者D类，[3]该检察机关的侦查监督部门将要被处以“扣分”的消极评价。这种规定和评价机制同样存在问题。随着证据的不断收集以及新情况的出现，在审查批准逮捕时犯罪嫌疑人有可能被判处有期徒刑以上刑罚的案件，检察机关有可能作出酌定不起诉决定，法院可能作出管制、拘役、单处附加刑或者免予刑事处罚的判决。另外，无论是检察官还是法官，均不是“自动售货机”，对于同一个案件完全可能因为在法律许可的自由裁量权范围内或者对其中某个或某些证据的理解、采信不同，导致

〔1〕《人民检察院审查逮捕质量标准》(2010年8月25日最高人民检察院第十一届检察委员会第四十一次会议通过)。

〔2〕此处《刑事诉讼法》指的是1996年修改的《刑事诉讼法》。

〔3〕A类为质量最高的评级，其他依次为B、C、D类。

检察机关认为案件应该判处有期徒刑以上刑罚，而法官则认为应当判处管制、拘役等刑罚甚至是免予处罚。

在国家赔偿和考评体系的综合评价之下，检察机关在作出批准逮捕决定以后，往往要通过事先沟通、协调甚至不当施压等各种途径确保法院作出有罪判决。[1]

综上，逮捕“绑架”审判，成为刑事诉讼纵向构造中的核心环节，与“庭审中心主义”背道而驰，不仅违反现行法律规定，也违背刑事诉讼认识规律，甚至可能导致案件处理错误呈现连锁反应，一错到底。欲实现刑事庭审实质化，从纵向维度看，应当消除“逮捕中心主义”、切断审查逮捕与审判的联系，建立“庭审中心”的诉讼构造。

“明确各类司法人员工作职责、工作流程、工作标准”[2]实为必要，但应当“建立健全科学合理、符合司法规律的办案绩效考评制度，不能片面追求破案率、批捕率、起诉率、定罪率等指标”。[3]正如前文所述，审查逮捕之所以异化为审判、逮捕“绑架”定罪甚至量刑，从制度层面分析，其直接原因就是存在不合理的考核制度。根据“理性经济人”假设理论，理性人不仅有很强的计算能力，能推算出每种选择的后果，而且理性人能够使其选择的方案达到对自己最为有利。由于逮捕的三个条件，包括“有证据证明有犯罪事实”、“可能判处徒刑以上刑罚”和“社会危险性”具有很大的自由裁量空间，检察机关及其承办者在逮捕与起诉、定罪结果相捆绑的考核制度下，作为理性经济人，在审查逮捕时不可能不考虑到案件与其自身的利害关系。在自由裁量权范围内以及模糊边界，甚至在不明显违法或者此种违法不易被发现的情形下，在理性经济人趋利避害原则的指引下，检察机关在审查逮捕时以及后续诉讼行为中不可能不考虑起诉和定罪甚至量刑结果。要扭转此种局面，应当在“建

---

〔1〕 就法院而言，促使其在作出裁判时“考虑”检察机关是否采取逮捕措施，甚至有时“听命于”检察机关的因素是多重的，包括传统观念、权力之间天然的亲和性以及检察机关作为法律监督机关的地位等。

〔2〕《中共中央关于全面推进依法治国若干重大问题的决定》，人民出版社2014年版，第24页。

〔3〕《中央政法委关于切实防止冤假错案的规定》(中政委〔2013〕27号)。

立健全科学合理、符合司法规律的办案绩效考评制度”方针指引下，对国家赔偿制度和现有考评机制进行改革与完善。

在审查逮捕相关考评体系中，至少应当考虑以下因素：首先，应当修改《国家赔偿法》第17条第2项的规定，按照国际刑事司法准则的相关要求，增设侵犯人身自由权的赔偿，并与错案赔偿并列。同时，应当将错案赔偿的标准定为“原审为有罪判决，当事人已经服刑，经过再审改判无罪”〔1〕。其次，在现行国家赔偿法规定下，符合逮捕条件但最终作出国家赔偿的案件，不再作为错案赔偿，并不应纳入侦查监督部门考评体系。再次，程序具有刚性，“程序正义是看得见的正义”，其违法亦是显性的，因此应当将审查逮捕程序中的违法因素（错误逮捕）作为考评体系的重要指标。最后，将故意或者重大过失的实体处理行为作为考核指标。除这两种办案机关或办案人员有明显过错且能够被认定情形外，不应将实体的处理结果作为逮捕的考核标准。

二、庭审方式：从“卷宗中心主义”到言词审理

在审判程序中，“卷宗中心主义”的裁判模式是造成刑事庭审虚置的首要因素。所谓“卷宗中心主义”的裁判模式，是指“刑事法官普遍通过阅读检察机关移送的案卷笔录来展开庭前准备活动，对于证人证言、被害人陈述、被告人供述等言词证据，普遍通过宣读案卷笔录的方式进行法庭调查，法院在判决书中甚至普遍援引侦查人员所制作的案卷笔录，并将其作为裁判的基础”。〔2〕

“卷宗中心主义”肇始于1979年《刑事诉讼法》。该法规定，检察院提起公诉时须向法院移送全案卷宗材料，法院对提起公诉的案件进行实质审查，只有达到“犯罪事实清楚，证据确实充分”标准，才能开庭审判。同时，主持庭前实质审查的法官一般就是庭审法官。由于“审判员在开庭前对案件已形成较固定的认识，对如何判决也多有了初步决定，并请示庭长、院长；对一些重大疑难案件，则往往开庭前已经审判委员

〔1〕 参见杨宇冠：《我国刑事赔偿制度之改革》，载《法学研究》2004年第1期。

〔2〕 参见陈瑞华：《刑事诉讼的中国模式》，北京大学出版社2010年版，第161页。

会讨论甚至请示上级法院。案件还未开庭审理，审判员对案件的定性、量刑已成定论。开庭成了走过场，被告人、辩护人提出的相反意见很难受到重视”。[1]

为防止法官庭前预断，1996年《刑事诉讼法》取消全案卷宗移送制度，确立了主要证据“复印件”移送制度；改庭前实质审查为形式审查，取消法官庭前调查，并将开庭审判的条件修改为“起诉书中有明确的指控犯罪事实并且附有证据目录、证人名单和主要证据复印件或者照片的”。从理论上分析，前述改革有助于遏制庭前预断，但是，实践表明此举不仅未消除“卷宗中心主义”现象，反而产生了新的问题。首先，法官庭前预断并未得到预防。前述修改虽然限制了检察机关移送的案卷材料范围，但法官仍能接触到经过控方精心挑选的证明被告人有罪的案卷材料，难以避免形成被告人有罪的心证。其次，庭后移送案卷制度使得庭审流于形式。为应对卷宗移送制度改革给法庭审判带来的挑战，相关解释性文件不仅明确了“主要证据”的范围，还规定了庭后卷宗移送制度[2]。庭后移送全案卷宗，再一次导致庭审流于形式。由于无法适应颇具“当事人主义”色彩的裁判者角色，同时由于检察机关多采取选择式、摘要式、合并概括式的举证方式而无法把握案件事实，更由于“控方移送的案卷材料不仅被推定为天然可采，而且具有较辩方证据更高的证明力”，[3]法官最终把所有的希望都寄托到庭后移送的案卷上，通过庭后仔细研读控方案卷进而作出判决，而在一定程度上“放弃”庭审。再次，辩护人的阅卷权被剥夺。根据1996年《刑事诉讼法》第36条，法院受理案

〔1〕 参见王尚新：《刑事诉讼法修改的若干问题》，载《法学研究》1994年第5期。

〔2〕 最高人民法院、最高人民检察院、公安部、国家安全部、司法部、全国人大法制工作委员会于1998年1月19日颁布的《关于刑事诉讼法实施中若干问题的规定》第42条规定，“人民检察院对于在法庭上出示、宣读、播放的证据材料，应当当庭移交法院，或者在休庭三日后移交。对于在法庭上出示、宣读、播放未到庭证人的证言的，如果该证人提供过不同的证言，人民检察院应当将该证人的全部证言在休庭后三日内移交”。

〔3〕 “两院三部”《办理死刑案件证据规定》第15条后段规定，“证人在法庭上的证言与其庭前证言相互矛盾，如果证人当庭能够对其翻证作出合理解释，并有相关证据印证的，应当采信庭审证言”。可见，证人如推翻证言并想得到法庭的支持，必须作出合理解释，并有证据支持；从反面可推知，一般情形下，以庭前证言为准。

件之后，辩护律师阅卷的范围只限于检察机关向法院移送的主要证据的照片或复印件、证据目录和证人名单。而且，辩护律师到检察机关阅卷根本得不到准许。辩护律师无法全面了解、掌握控方的证据材料，也就无法展开充分的辩护。辩护律师无从进行充分有效的辩护，也进一步加剧了庭审形式化，放纵了“卷宗中心主义”的泛滥。

为消除“卷宗中心主义”弊窦，强化直接言词审理，提高刑事庭审实质化的程度，2012年《刑事诉讼法》作了进一步改革，主要包含以下内容：回归“全案卷宗移送制度”，要求检察机关起诉时将“案卷材料、证据”移送法院；修改开庭审判条件，“对于起诉书中有明确指控犯罪事实的，应当决定开庭审判”；完善证人出庭作证制度，确立强制证人出庭作证制度，并明确证人、鉴定人应当出庭作证而不出庭的后果，等等。然而，无论是从立法层面抑或是司法解释的角度考察，法律的相关规定与以直接言词为核心的实质化庭审方式仍相去甚远。从立法层面考察，至少存在以下立法冲突和缺陷：

第一，《刑事诉讼法》第59条与第190条冲突。《刑事诉讼法》第59条对证人出庭作证作了强制性规定：“证人证言必须在法庭上经过公诉人、被害人和被告人、辩护人双方质证并且查实以后，才能作为定案的根据。”所谓质证，是指在庭审过程中控辩双方在裁判者的主持下，采用询问、质疑、辩驳、核实等方式对证据的证明力以及证据能力等进行质辩的诉讼活动。对于证人证言的质证方式是交叉询问，即在主询问之后，由对方进行盘诘性询问，唯有通过此种方式才能知晓证人证言的真实性或者在何种语境下作证。就此而言，该规定具有合理性。但是，第190条又规定，“公诉人、辩护人应当向法院出示物证，让当事人辨认，对未到庭的证人的证言笔录、鉴定人的鉴定意见、勘验笔录和其他作为证据的文书，应当当庭宣读。审判人员应当听取公诉人、当事人和辩护人、诉讼代理人的意见。”很显然，此处“听取意见”与上述“质证”并非同一概念。其实，该冲突在1996年《刑事诉讼法》中即已存在，2012年《刑事诉讼法》再次修改时并未予以重视。“正是这一立法缺陷，为刑事审判实践中证人不出庭作证打开了方便之门。”[1]

第二，证人、鉴定人应当出庭的条件过于严苛，而且并未明确证人不出庭的程序性后果。《刑事诉讼法》第187条第1款规定，“公诉人、当事人或者辩护人、诉讼代理人对证人证言有异议，且该证人证言对案件定罪量刑有重大影响，人民法院认为证人有必要出庭作证的，证人应当出庭作证”。按照此规定，对于关键性证人是否出庭，即使控辩双方对其证言有异议，仍然取决于法院的主观认识。鉴定人出庭的条件与上述基本相同，“公诉人、当事人或者辩护人、诉讼代理人对鉴定意见有异议，人民法院认为鉴定人有必要出庭作证的，鉴定人应当出庭作证”。

此外，《刑事诉讼法》第188条仅规定对于无正当理由拒绝出庭或出庭后拒绝作证的证人训诫、拘留等实体性制裁，并未明确该证人庭前所作的书面证言的效力。最高法《刑诉法解释》第78条第3款规定：“经人民法院通知，证人没有正当理由拒绝出庭或者出庭后拒绝作证，法庭对其证言的真实性无法确认的，该证人证言不得作为定案的根据。”根据此款，即使符合上述严苛条件的证人没有出庭，其证人证言并不是必然不能作为定案的根据。

第三，“中国式”拒绝出庭作证制度加剧庭审形式化。《刑事诉讼法》第188条第1款规定：“经人民法院通知，证人没有正当理由不出庭作证的，人民法院可以强制其到庭，但被告人的配偶、父母、子女除外。”近亲属作证豁免特权的本质是对人性的认同和人伦的尊重。但是，此规定确立的规则与近亲属作证特权制度至少在效果上相去甚远。因为此规定仅赋予了三类近亲属强制出庭的豁免权，而非“拒绝作证特权”。一旦知悉案件情况，其仍负有作证义务。三类特殊主体既负有作证义务，又无须出庭（自愿出庭者例外），其于庭前作证之证言笔录必然出现在法庭审理当中，法院依靠控方卷宗的审理方式得以正当化。

第四，证人保护及经济补偿制度不完善。在2012年《刑事诉讼法》修改之前，有学者将缺乏证人保护和合理的经济补偿制度视为司法实践中

---

〔1〕 参见陈光中、陈学权：《中国刑事证人出庭作证制度的改革》，载《中国法律》2007年第5期。

证人出庭难的两个重要因素。[1]为解决该问题,《刑事诉讼法》第62条、第63条增加了特定案件中证人、被害人、鉴定人及其近亲属的保护措施及证人出庭作证经济补偿的规定。应当说这些规定对于促进证人出庭作证具有积极作用。然而,上述两个条文尚存在以下问题:首先,第62条将证人保护的主体规定为人民法院、人民检察院和公安机关,但是并未注意到法院和检察院实际上并没有足够能力实施保护证人的现实。“在司法实践中,法院一般只负责证人进入法庭以后的人身安全,至于证人离开法院,甚至在法院门口,遭受被告人方人身攻击,法院一般也无能为力,只能求助于公安机关。”[2]其次,第62条将证人保护的案件范围限制于危害国家安全犯罪、恐怖活动犯罪、黑社会性质的组织犯罪、毒品犯罪等案件,导致其他类型的案件中意欲作证的证人面临人身安全等威胁时缺乏保护。最后,第63条规定,“证人因履行作证义务而支出的交通、住宿、就餐等费用,应当给予补助……有工作单位的证人作证,所在单位不得克扣或者变相克扣其工资、奖金及其他福利待遇”。然而,刑事案件中的证人,并非均有工作单位,还存在大量的自由职业者、农民等。他们出庭作证所产生的误工费用理应得到相应的补偿。但是,法律和相关解释对此未予以明确。正是因为证人保护与经济补偿等相关规定自身存在的疏漏和缺失,证人保护和经济补偿制度的功能发挥有限。

除上述立法层面外,相关司法解释进一步强化了“卷宗中心主义”,主要表现在以下几个方面:

第一,最高检《规则》第441条以司法解释的形式确认了未出庭证人的证言效力。如上述,《刑事诉讼法》第187条对未出庭证人的证言效力并未予以明确。但最高检《规则》对此进行了“立法式”解释,“对于经人民法院通知而未到庭的证人或者出庭后拒绝作证的证人的证言笔录,公诉人应当当庭宣读”。如此一来,经过法院通知而拒绝出庭或拒绝作证的证人之书面证言,不但没有丧失其证据可采性,反而通过公诉人的

---

〔1〕 参见胡云腾:《证人出庭作证难及其解决思路》,载《环球法律评论》2006年第5期。

〔2〕 参见陈光中主编:《〈中华人民共和国刑事诉讼法〉修改条文释义与点评》,人民法院出版社2012年版,第87～88页。

宣读呈现于法庭并获得合法性，成为定案的根据。

第二，司法解释新增证据种类。根据刑事诉讼法的规定，侦查人员出庭作证有两种情形：一种是人民警察就其执行职务时目击的犯罪情况作为证人出庭作证；另一种是在非法证据排除程序中，现有证据材料不能证明证据收集合法性的，经人民法院通知，有关侦查人员出庭说明情况。对于第一种情形，法院通知人民警察出庭作证，适用通知证人的规定，那就不可避免地出现上述第一个方面述及的问题。对于第二种情形，虽然“经人民法院通知，有关人员应当出庭”，但是法律并没有规定不出庭的后果。然而，最高法《刑诉法解释》第101条第2款规定，“公诉人提交的取证过程的说明材料，应当经有关侦查人员签名，并加盖公章”。这就意味着侦查人员可以通过提供经签名的说明材料来替代出庭作证。刑事诉讼法并未规定“说明材料”这一证据种类，但是在司法实践中，该类材料却发挥着重要作用，成为证明侦查行为合法性的证据。

第三，最高法《刑诉法解释》承继庭后卷宗移送制度。刑事诉讼法之所以改革卷宗移送方式，将庭前审查由实质审查改为程序审查，即为解决“复印件主义”下辩护律师阅卷权被限制的弊端，意在保障辩护律师阅卷权的同时，切断控方卷宗与审判程序之间的联系，确保法官心证建立在法庭审理之上，并且在尽可能的范围内，由法庭当庭作出判决。但最高法《刑诉法解释》第219条规定，“当庭出示的证据，尚未移送人民法院的，应当在质证后移交法庭”。这就容易走庭后移送卷宗的老路，一些法官不重视庭审，而重视庭后阅卷，并在此基础上作出判决。另外，刑事诉讼法并未明确区分庭前审查与法庭审判的法官，司法实践中二者为同一主体，庭前预断的弊病并未铲除。

在此背景下，证人、鉴定人出庭的比例不可能提高。实践中的数据印证了此结论。如某地方法院2013年共审结411件刑事案件，有证人证言的案件287件，审判阶段证人出庭的案件为3件，占全部案件的0.7%。[1]据浙江省司法厅统计，2013年该省办理涉及诉讼的司法鉴定

〔1〕 参见田源、杨继伟：《新刑诉法实施后证人出庭率低的原因分析》，载http://www.chinacourt.org/article/detail/2014/04/id/1285118.shtml，最后访问日期：2014年11月22日。

36,832件,鉴定人出庭作证只有167次,出庭率仅为0.45%。[1]这些数据也反映了全国证人、鉴定人出庭现状。在2012年刑事诉讼法实施后的数月中,全国范围内证人出庭比例为0.12%,鉴定人出庭比例为0.04%。[2]相关调查报告显示,“证人出庭率不因强制作证制度而上升,强制作证在实践中大打折扣”,“证人出庭作证:不容乐观”[3]。我们认为,从审理方式的角度考察,我国欲实现庭审实质化,应在废除“卷宗中心主义”的基础上实现直接言词原则。

直接言词原则,是指裁判者亲自听取控辩双方、证人及其他诉讼参与人的当庭口头陈述和法庭辩论,在此基础上形成对案件的认识并据此对案件作出相应的裁判。它包含直接原则和言词原则。直接原则,又称直接审理原则,该原则要求案件的裁判者只能以亲自在法庭上直接获取的证据材料作为裁判之基础。言词原则,又称言词审理原则,要求当事人等在法庭上须用言词形式举证、质证和辩论。我国刑事诉讼法虽然对此原则有所体现,但是并没有完全确立该原则。为实现直接言词原则,落实言词审理方式,需要从以下几个方面入手:

第一,明确庭前审查与法庭审判主体的二元化。在刑事诉讼法恢复全案卷宗移送制度、实行庭前程序审查的前提下,应当进一步明确庭前审查法官与庭审法官的二元化,庭前审查法官负责庭前会议的召集、主持。同时,应当明确控方卷宗的作用:一方面是供法院审查是否符合开庭审判条件,另一方面则是保障辩护律师在开庭审判之前,能查阅、复制、摘抄全案证据材料,为实质性的有效辩护提供资料来源。控方卷宗

---

〔1〕 参见余世裕等:《鉴定人出庭作证制度实施现状及完善——以浙江省为视角》,载《中国司法鉴定》2014年第5期。

〔2〕 参见《最高人民检察院关于1至4月全国检察机关侦查监督、公诉部门执行修改后刑诉法情况通报》(高检诉〔2013〕33号)。

〔3〕 参见北京市尚权律师事务所:《新刑诉法实施状况调研报告(2013年度)》。该调研报告认为问题主要表现在“证人出庭的强制性明显不足”。根据调研结果,55.3%的受调查者认为,“大多数案件法院虽同意证人出庭,但不使用强制力作为后盾,证人是否前来凭其自愿”;23.2%的受调查者认为,“法院视证人与案件事实的关联性大小而决定是否强制传唤证人”;只有15.4%的受调查者认为,“法院强制证人出庭制度贯彻正常”,载http://blog.sina.com.cn/s/blog_12c1a415c0101qexs.html,最后访问日期:2014年3月13日。

应由庭前审查法官，而非庭审法官掌握。法院裁判应当建立在经质证、认证的证据基础之上，即使无法当庭作出判决，法庭裁判也只能建立在庭审记录，而非庭后阅卷的基础上。同时，应当废除庭后移送证据材料的规定。如果有新的证据材料出现，应当恢复法庭调查。

第二，进一步完善证人应当出庭作证的条件。证人出庭作证，无论对于查清案情从而实现实体公正，还是保障被告人的对质权进而实现程序公正，都有重要意义。当然，要求证人出庭作证，并不意味着所有证人都应当出庭，这样既无可能，也无必要。其实，2012年《刑事诉讼法》亦采取了关键证人出庭的立场——只不过关键证人出庭的条件过于严苛而已。基于此，我们认为，在近期再次修改立法不现实的背景下，应当通过立法解释对《刑事诉讼法》第187条规定的证人出庭作证条件作出修改。值得注意的是，中央近期出台的文件已经对证人出庭作证的条件作出了调整。最高人民法院、最高人民检察院、公安部等《关于推进以审判为中心的刑事诉讼制度改革的意见》第12条规定："公诉人、当事人或者辩护人、诉讼代理人对证人证言有异议，人民法院认为该证人证言对案件定罪量刑有重大影响的，证人应当出庭作证。"这无疑是一种进步，但保留"人民法院认为"的表述，意味着法院仍然有较大的自由裁量权，证人是否出庭仍然由法院决定。这仍有可能导致证人必须出庭的情形被化解。为了提高证人的出庭率，我们建议，证人具备下列情形之一的应当出庭作证：公诉人、当事人或者辩护人、诉讼代理人对证人证言有异议，且该证人证言对案件定罪量刑有重大影响，或者人民法院认为证人有必要出庭作证的。

此外，为了保障证人出庭作证，还应当确立亲属免证特权，完善证人保护机制和经济补偿机制，尤其是应该对伪证罪的规定作相应修改。[1]就伪证罪而言，一方面，伪证罪需与庭前证言脱钩。根据直接言词原则以及中央关于"事实证据调查在法庭"的要求，对证人证言的审查和判断应在庭审阶段。考虑到证人在庭审阶段提供的虚假证言对于案件的

---

〔1〕 关于完善证人出庭制度的相关内容，可参见《完善刑事庭审的证人出庭制度研讨会综述》，载《人民法院报》2016年10月26日。

裁判有直接的影响，应当将伪证罪用于惩罚在法庭上虚假作证的证人。另一方面，用于规制法庭虚假证言的伪证罪应当以故意为前提。凡是迫于公检的暴力、威胁、引诱、欺骗以及其他非法方法之压力作出虚假证言，或者因感知、认识、表达等方面之缺陷而致证言有误的，不得以伪证罪加以追究。其中迫于控方非法取证之压力作出的虚假庭前证言，应作为非法证据加以排除。综合上述两方面的要求，我国的伪证罪规定应作相应的修改：构成伪证罪必须满足两方面的条件，即“庭上伪证”和“故意”。

第三，明确相关证据规则。中央政法委《关于切实防止冤假错案的规定》第6条要求，“坚持证据裁判原则。依法应当出庭的证人没有正当理由拒绝出庭或者出庭后拒绝作证，法庭对其证言真实性无法确认的，该证人证言不得作为定案的根据。证据未经当庭出示、辨认、质证等法庭调查程序查证属实的，不得作为定案的根据”。首先，应明确应当出庭作证而未出庭的证人证言不得作为定案的根据。如前所述，《刑事诉讼法》第188条未明确关键证人不出庭时庭前证言笔录的效力，但是，《刑事诉讼法》第190条及最高法《刑诉法解释》、最高检《规则》变相确认了该证言笔录的证据能力和证明力。因此，如欲实现直接言词原则，保障关键证人出庭作证制度得以贯彻，应明确其程序性后果，即证言笔录不具有证据能力，不能在法庭上出示，更不能作为定案的根据。其次，全国人大常委会应通过立法解释明确，对于父母、配偶、子女等不能强制出庭作证；但是，其证言不利于被告人的，如果被告人要求，应出庭作证。因为法律规定不能强制近亲属出庭作证的初衷是基于人伦和保护家庭关系的稳定等。但是，如果近亲属作出不利于被告人证言的情形下，这种价值保护的前提就已经不存在。此时从保护被告人的质证权出发，应规定其有权与亲属进行对质。当然，作长久计，法律应当建立特定范围内的亲属作证豁免制度，即特定范围内的近亲属没有作证的义务——除非在有利于被告人的情形下。最后，应明确警察不出庭作证的程序性后果。按照法律规定，警察无论是对执行职务时目击的犯罪情况，还是对证据收集的合法性加以证明的场合，均有出庭作证的义务。

从证据的法定种类来考量，公安机关的“说明材料”并不属于八种法定证据种类中的任何一种；从程序角度看，“说明材料”也无法接受辩方的质证。基于此，对于侦查人员应出庭作证而不出庭的，相关“说明材料”没有证据能力，其收集的材料不能作为定案的根据。

第四，完善证人保护与经济补偿制度。“没有一种法律制度有正当理由能强迫证人作证，而在发现证人作证受到侵害时又拒绝给予援助。”[1]为降低关键证人出庭的难度，有必要对相关制度作进一步补充和完善。事实上，最高人民法院、最高人民检察院、公安部等《关于推进以审判为中心的刑事诉讼制度改革的意见》第12条第2款也明确要求：“健全证人保护工作机制，对因作证面临人身安全等危险的人员依法采取保护措施。建立证人、鉴定人等作证补助专项经费划拨机制。”具体而言，笔者建议：在刑事诉讼法明确公、检、法等机关为证人保护措施的决定主体的基础上，由公安机关统一负责运用刑事诉讼法规定的措施对证人加以保护，防止因为决定机关无足够的人员配置和能力而导致证人保护落空的现象出现。同时，为保障证人作证补助的发放，建立证人作证补助专项经费划拨机制，并明确将证人因作证产生的误工费用纳入经济补偿范围，可以参照国家上年度职工日平均工资设置具体的标准。

综上，只有法律明确庭前审查法官和审判法官二元化，合理设置关键证人（鉴定人、侦查人员）出庭的条件及不出庭的后果，完善证人出庭作证的保护机制和经济补偿制度，以确保关键证人（鉴定人、侦查人员）出庭接受质证、询问，才能消除卷宗中心主义的弊端，确保法庭审判的实质化。

三、庭前会议：从实质审查到程序审查

庭前会议是2012年《刑事诉讼法》新增加的一项制度。《刑事诉讼法》第182条第2款规定：“在开庭以前，审判人员可以召集公诉人、当事人和辩护人、诉讼代理人，对回避、出庭证人名单、非法证据排除等与审

---

〔1〕 参见丹宁：《法律的正当程序》，李克强等译，法律出版社1999年版，第19页。

判相关的问题，了解情况，听取意见。”从立法目的看，“这一程序设计允许法官于开庭前，在控辩双方同时参与下，对案件的程序性问题集中听取意见。这样规定有利于确定庭审重点，便于法官把握庭审重点，有助于提高庭审效率，保证庭审质量。”〔1〕由此可见，庭前会议的制度定位是程序性审查。然而，在司法实践中，庭前会议呈现出明显的“实体化”倾向，并僭越立法定位，在一定程度上有取代正式庭审的征兆。突出表现在，庭前会议处理事项的范围并不仅限于管辖、回避等程序性问题，还包括与定罪量刑相关的事实和证据等广泛的实体性问题。而主持庭前会议的法官往往是合议庭成员，他们在庭前会议中对上述问题的理解和认识将不可避免地形成“预断”，对后续的法庭审理产生重要影响。就此而言，法庭审理的核心——定罪量刑事实上已被前置于庭前会议之中，庭前会议有虚置甚至取代法庭审理之嫌。

从法律规范的层面考察，造成庭前会议“实体化”、法庭审理被虚置主要是由法典相关规定的不足和相关司法解释越权所致。

第一，实体性问题被纳入庭前会议处理事项导致庭前会议“实体化”。对于庭前会议处理事项的范围，《刑事诉讼法》第182条第2款进行了简要列举，规定为“回避、出庭证人名单、非法证据排除等”。此处“等”字表明，庭前会议处理的问题包含但不限于上述事项。对此，相关司法解释进行了必要补充，与此同时，也超越法律将大量实体性问题纳入其中。如最高检《规则》第431条第1款规定，公诉人可以对“辩护人提供的无罪证据”提出和交换意见。该条第3款还规定，“公诉人通过参加庭前会议，了解案件事实、证据和法律适用的争议和不同意见”。另外，根据最高法《刑诉法解释》第184条第3款，在庭前会议中，“被害人或者其法定代理人、近亲属提起附带民事诉讼的，可以调解”。然而，在正式开庭审判之前，先行调解民事诉讼将很可能使法官产生庭前预断。一旦被告人接受调解，就会对审判人员造成被告人很有可能存在犯罪行为的暗示。

---

〔1〕 参见全国人大常委会法制工作委员会刑法室：《关于修改中华人民共和国刑事诉讼法的决定：条文说明、立法理由及相关规定》，北京大学出版社2012年版，第215页。

第二，庭前会议召集人兼任庭审法官使法庭审理虚置。《刑事诉讼法》182条第2款规定，庭前会议由审判人员召集。若将第182条作为一个整体来解读，此处“审判人员”似乎应为合议庭组成人员，因为该条第1款即规定“人民法院决定开庭审判之后，应当确定合议庭的组成人员……”这种解读也得到了法律起草机构的认同。全国人大法工委解释该款时，认为“本款规定的审判人员可以是合议庭组成人员”。[1]若照此理解，再结合前文所述之有关定罪量刑的实体问题已被纳入庭前会议处理范围的情况来看，庭前“预断”将不可避免，其后果是法庭审理在很大程度上沦为一种形式。另外，即使某些程序性事项的处理也会产生预断的问题，如非法证据的排除，尽管庭前会议对非法证据的审查仅限于取证过程的合法性，但审判人员会因此而接触和了解非法证据的内容。无论该证据最后是否因为程序违法而被排除，它（们）实际上都已经影响了法官的心证，而且考虑到非法证据往往是证明被告人有罪或罪重的控诉证据，该心证往往不利于被告人。

应当说，《刑事诉讼法》仅用一个条文对庭前会议制度进行规定，确实存在语言含混、内容粗疏等不足，需要解读和诠释，由司法解释对相关事项予以明确和细化有其必要性。从法律解释学的原理来看，在解释法条时应当严格遵守合法性原则、合目的性原则、权力谦抑原则、权利保护原则的要求。[2]唯有如此，解释才有可能秉承立法原意，从而实现立法初衷。就庭前会议而言，从性质和地位上看，其属于庭前准备程序的组成部分，而非法庭审理的一个环节。其设置的目的是通过相关程序性事项的处理，以“提高庭审效率”“保证庭审质量”。换言之，庭前会议“只是正式庭审前的一个准备阶段，不是正式庭审更不能取代庭审，涉及定罪量刑等实质性问题均应在正式庭审中审理”[3]。为了实现上述立法意图，切实发挥庭前会议的应有功能，当前我们应当扭转庭前会议

---

〔1〕 参见郎胜：《中华人民共和国刑事诉讼法释义》（修正版），法律出版社2012年版，第395页。

〔2〕 参见汪海燕：《刑事诉讼法解释论纲》，载《清华法学》2013年第6期。

〔3〕 参见陈光中主编：《〈中华人民共和国刑事诉讼法〉修改条文释义与点评》，人民法院出版社2012年版，第261页。

“实体化”的倾向，真正实现刑事庭审实质化。具体可从以下几个方面入手：

第一，将庭前会议处理事项严格限定为程序性事项，使庭前会议功能回归立法初衷。如前所述，对于庭前会议处理事项的范围，《刑事诉讼法》第182条第2款确定为“回避、出庭证人名单、非法证据排除等”，此处的“等”字表明除了条文中明确列举的三类事项，还可以包含其他事项。但究竟包含哪些事项，享有司法解释权的机关在界定时必须遵循“合法性原则”，即“解释不能超越法律”。如上所述，由于庭前会议只是庭前准备程序的一部分，而非法庭审理的必经环节，因此，其处理的事项只能限于相关程序性事项，而不应涉及实体性问题的处理，证据的证明力、案件事实的认定以及法律适用等与定罪量刑直接相关的问题只能在庭审环节通过法庭审理的方式加以裁决。据此，相关司法机关应当对最高检《规则》第431条以及最高法《刑诉法解释》第184条第3款作出相应修改，将相关实体性事项从庭前会议处理事项中剔除。

第二，将召集庭前会议的审判人员与参与法庭审理的法官相分离，防止庭前预断。对于召集庭前会议的审判人员，立法或相关司法解释应当作出禁止性规定，明确其不得在后续的法庭审理阶段担任合议庭成员，对案件进行审判。只有将召集庭前会议的审判人员排除在合议庭之外，才可以有效防止其将庭前会议中形成的对相关实体问题或程序事项的认识和判断带入庭审，影响其裁决，甚至直接作为裁判的基础。而相应地，审理案件的合议庭成员因为没有事先参加庭前会议，不可能借此对案件中的实体和程序问题形成先入之见，因此必须以庭审为基础形成自己的认识和裁判，从而促进庭审实质化。

此外，为了促进实质化庭审的高效运行，还应当明确庭前会议的效力问题。刑事诉讼法仅规定庭前会议可以对相关问题“了解情况、听取意见”，未明确之后的具体处理方式。最高法《解释》除了明确庭前会议情况应当制作笔录以外，未对此予以补充解释，也未明确庭前会议笔录的效力。也正因如此，司法实践中，相关诉讼主体对庭前会议解决的事项在庭审过程中再次提出的现象并不鲜见。申请回避、变更管辖等程序性事项亦无法在庭前会议阶段得到彻底解决，进而“很有可能出现在正式的法庭审理过程之中，法官一旦当庭予以受理，就势必会中止庭审过程，影响审判的集中进行”[1]。为此，法律应明确赋予庭前会议对争议事项处理的效力，以保证此后的庭审实质化高效实现。

四、庭审内容：从定罪中心到定罪量刑并重

被告人的刑事责任包括两个部分：定罪和量刑。与之对应，庭审实质化也应包括定罪审理实质化和量刑审理实质化。具体到我国而言，量刑实质化的重要性并不亚于定罪实质化。因为“中国刑事司法的经验显示，绝大多数案件的被告人都作出了有罪供述，控辩双方在这些案件中几乎对被告人是否构成犯罪没有明显的争议”；“从普遍意义上看，中国刑事审判的核心问题是量刑问题，而不是定罪问题”[2]。

量刑成为法庭审理的重心，对我国传统的以定罪为中心的定罪量刑一体化的程序模式提出了挑战。在2012年《刑事诉讼法》修改之前，法庭审理实行“定罪量刑一体化”模式。在这种模式中，法庭审理的重心在于被告人是否构成犯罪，量刑程序依附于定罪程序，法庭并不单独就量刑问题举证、质证和辩论。很明显，此种审理模式仅实现了对定罪部分实质化审理，而量刑程序由于被定罪程序湮灭并未实现实质化，这不仅可能导致实体上量刑不公，也剥夺了当事人在量刑事项上的举证、质证等程序性权利。同时，定罪、量刑证据的混合使用，也易使法官形成预断。量刑证据以及相关材料与定罪的证据材料并不完全相同，一些如前科、累犯等不利于被告人的量刑材料或信息出现在定罪程序中可能使裁判者先入为主，容易促使其形成被告人有罪的心证。另外，在被告方作无罪辩护的情形下，“定罪量刑一体化”模式将会使其陷入两难境地。“如果不做从轻量刑的辩护，辩护律师就无法促使法庭注意那些有利于被告人的量刑情节；如果在法庭辩论中提出从轻量刑意见，又势必与前

[1] 参见陈瑞华：《论彻底的事实审：重构我国刑事第一审程序的一种理论思路》，载《中外法学》2013年第3期。

[2] 参见陈瑞华：《刑事诉讼的前沿问题》，北京大学出版社2010年版，第328页。

面所作的无罪辩护意见相悖，以致大大削弱无罪辩护的效果。"[1]

为消除上述弊端，在2012年《刑事诉讼法》修改之前，我国相关司法机关就进行了量刑程序改革。在此背景下，"相对独立的量刑模式"得以确立，其主要包括：第一，法庭应当将量刑纳入法定审理程序，在法庭调查、法庭辩论等阶段，应当保障量刑活动的相对独立性。在法庭调查阶段，可以先就定罪事实和证据进行法庭调查，再相对集中地就量刑事实和证据进行法庭调查。在辩论阶段，可分别就定罪和量刑问题展开辩论，增强量刑辩论的针对性。第二，明确了检察机关的量刑建议权以及当事人、辩护人、诉讼代理人提出量刑意见的权利。人民法院应当允许并组织公诉人、当事人、辩护人和诉讼代理人就量刑问题发表量刑意见，并注意听取他们的意见。第三，要求法官在刑事裁判文书中，应当说明量刑理由，增强量刑的公开性和透明度。[2]

然而，2012年《刑事诉讼法》并没有明确规定"相对独立的量刑模式"。《刑事诉讼法》第193条第1款规定，"法庭审理过程中，对与定罪、量刑有关的事实、证据都应当进行调查、辩论"。应当说，该条虽然强调对"量刑有关事实、证据"的调查和辩论，但对于量刑程序与定罪程序是"混合一体式"，还是相对独立抑或是完全独立，则语焉不详。而司法解释则确立了"相对独立的量刑模式"，在一定程度上弥补了此缺憾。最高法《刑诉法解释》规定，法庭审理过程中，应当对与量刑有关的事实、证据进行调查；对被告人认罪的案件，法庭调查和法庭辩论主要围绕量刑和其他有争议的问题进行；对被告人不认罪或者辩护人作无罪辩护的案件，法庭调查应当在查明定罪事实的基础上，查明有关量刑事实，而法庭辩论则先辩论定罪问题，后辩论量刑问题。[3]最高检《规则》第399条规定，人民检察院可以提出量刑建议。

在"相对独立的量刑模式"之下，量刑成为与定罪并列的法庭审判

〔1〕 参见陈瑞华：《论量刑程序的独立性——一种以量刑控制为中心的程序理论》，载《中国法学》2009年第1期。

〔2〕 参见《最高法院有关负责人就量刑规范化试点答记者问》，载《人民法院报》2009年6月1日。

〔3〕 参见最高法《刑诉法解释》第225条、第227条、第228条、第231条。

事项，量刑程序的地位得以彰显，量刑依附于定罪的问题得以解决。但该模式仍然存在问题，与庭审量刑实质化还有距离。

在相对独立的量刑程序中，辩方深陷“两难境地”的问题未能得到解决。最高法《刑诉法解释》区分了被告人认罪与被告人不认罪或辩护律师作无罪辩护两种情形。在被告人认罪的案件中，法庭调查和法庭辩论主要围绕量刑问题进行，故不存在问题。在被告人不认罪或辩护律师作无罪辩护的案件中，该问题则较为明显。在相对独立的量刑程序中，定罪和量刑的裁判并未彻底分离，量刑辩护是在定罪问题未得以确定的情形下展开的，一旦被告人及其辩护人放弃参加量刑辩护，有可能在被告人被定罪的情形下丧失量刑辩护的机会。在这种压力之下，辩护方往往采取一方面作无罪辩护，另一方面在假设被告人被定罪的基础上，提出被告人应当或可以减轻、从轻的量刑辩护策略。而这种策略无疑使无罪辩护的效果削弱，甚至推翻己方的无罪辩护意见。

更为严重的是，在法庭调查中对量刑证据进行调查，其中一些证据可能使裁判者形成先入为主的有罪心证。因为定罪与量刑的基础不同，定罪证据与量刑证据或其他材料亦不同。定罪问题，包括罪与非罪，此罪与彼罪，取决于某个行为是否符合犯罪构成要件，关注的是事实，体现刑罚适用的统一性和刚性。而量刑是在定罪的基础上，确定行为人应受何种处罚。这种处罚的依据包括三个部分，第一类是符合特定犯罪构成要件的事实，包括各种犯罪形态，如犯罪预备、中止、未遂；第二类是与犯罪事实无关的法定量刑情节，如自首、立功、累犯、未成年、聋哑等情形；第三类是与犯罪事实无关的酌定量刑情节，这些情节往往体现为行为人个体的一些情形，在很大程度上取决于裁判者的自由裁量，如前科（不包括累犯）、被告人的品行、被告人尤其是青少年被告人的家庭背景甚至社会原因、被告人悔罪的态度、与被害人达成的谅解等。因此，量刑与定罪有很大的不同，它不仅关注相关事实，而且重视行为人的个体情况，在很大程度上体现了刑罚的差异化和个性化。在相对独立的量刑程序中，量刑问题的调查是在查明定罪事实的基础上进行的。虽然最高检《规则》第435条第2款规定，“定罪证据和量刑证据需要分开的，应当分别出示”。但是这种“分别出示”是在同一阶段内进行的。在事实调查环节，量刑证据不仅在定罪证据之后出现，还有可能首先被展现在法庭上。按照我国公诉书的格式，起诉书正文的第一部分载明被告人情况时，就要写明被告人以前受过刑事处罚的情形；即使被告人没有前科，但是如果有控方掌握的其他不利于被告人量刑的材料，如以前一般的违法记录，可能也会在法庭调查阶段的量刑证据材料调查部分展现。而一旦控方提供的不利于被告人的量刑证据被展示，法官在对案件事实的认定过程中，就很难将其与定罪问题完全隔离开，且自由心证不受任何影响。更有可能的情形是，法官将有罪证据与不利于被告人的量刑证据结合起来，以增强其内心确信。在此种情况下，被告方作无罪辩护，将被视为不成立，甚至是“认罪态度不好”；被告方一旦作量刑辩护，则被视为对法官内心确信的补强。如果不能将这些量刑材料与定罪材料完全分开，控方出示的定罪材料和这种不利于被告人量刑材料混合的结果可能促使裁判者形成被告人有罪的心证。

因此，为实现定罪和量刑两个方面的庭审实质化，保障辩护方的量刑辩护权利，我国法律（包括司法解释）应当对我国量刑模式作出进一步的改革，即在程序分流的基础上，对于被告人不认罪的案件，实行独立的量刑程序。

第一，在被告人认罪的案件中，设立以量刑为主的审理模式。按照最高法《刑诉法解释》的思路，以被告人认罪与否、辩护人是否作无罪辩护为标准，对刑事案件进行分流，适用不同的审判程序。对于被告人认罪的案件，保持现有模式不变，法庭审理主要围绕量刑和其他争议问题进行。对于被告人认罪，且符合简易程序、轻微案件速决程序适用条件的案件，法庭审理主要围绕量刑程序和其他争议问题展开的同时，可以进一步简化审理程序，提高办案效率，以便节约更多的司法资源用于办理被告人不认罪或辩护律师作无罪辩护的案件。

第二，在被告人不认罪或辩护律师作无罪辩护的案件中，确立完全独立的量刑程序。在此模式中，定罪与量刑程序完全分离，只有在确定被告人有罪之后，才能进行量刑程序。应当说，此种程序既能够避免辩护陷入上述两难之境地，也可以防止量刑材料对定罪的影响。但是，完全独立的量刑程序也有其不可避免的弊端，即由于程序烦琐导致诉讼效率低下。然而，此种顾虑不应成为抵制实行完全独立的量刑程序的理由。从司法实践的角度考察，随着公诉案件当事人和解程序等庭审替代程序的发展和完善，一些案件在审判前程序中即被分流，而进入法庭审判的案件也以被告人认罪居多。被告人不认罪或作无罪辩护的案件只占极小的比例，即使实现完全独立的量刑程序也不会为法院增加无法承受的负担。

五、庭审实质化的保障条件

从刑事诉讼法的发展趋势看，刑事审判程序正面临着来自审前案件分流、辩诉交易等审判替代措施的挑战。这种挑战带来的直接性后果，即是正式的法庭审理程序适用概率会大幅度降低。但是"无论从刑事司法制度的历史发展角度还是政治和社会需求角度我们都仍然需要和保持一系列恰当的程序来将犯罪与惩罚有机地联系起来"。[1]正式法庭审判，将日益集中到严重刑事犯罪和被告人不认罪的刑事案件上。在此种背景下，刑事审判程序更应当成为实现司法公正、人权保障的载体，成为彰显公平正义的舞台，而这一切的前提则是刑事庭审实现"实质化"。

在全面推进"依法治国"背景下和新一轮的司法改革中，"刑事庭审实质化"的命题被推到风口浪尖。本节仅从制度层面，为庭审实质化的构建提供了初步改革方案。应该认识到，推进审判中心，实现庭审实质化是一项系统工程，其成功不仅有赖于上述诉讼制度的完善或改革，也要依托于司法体制、法官个人素养以及其他与法治因素息息相关的诉讼运行环境。

首先，从司法体制角度考察，审判独立是庭审实质化的制度保障和前提。换言之，如果没有独立审判，庭审实质化只能是空中楼阁。为此，在司法体制上要正确处理党的领导与公正司法的关系，建立相关制度

〔1〕 参见岳礼玲：《刑事审判与人权保障》，法律出版社2010年版，第8页。

和规则，以保证“任何党政机关和领导干部都不得让司法机关做违反法定职责、有碍司法工作的事情，任何司法机关都不得执行党政机关和领导干部违法干预司法活动的要求”。[1]与此同时，还应“明确司法机关内部各层级权限，健全内部监督制约机制”[2]，废除提前介入、请示、报请制度，回归上下级法院之间法定的监督与被监督的关系，并在此基础上探索司法人员的个体独立，实行法院司法事务管理权和审判权分离，使审判人员能够独立于本机关、本部门领导意志独立办案，即实现“法官独立”。

其次，从主体角度考察，庭审实质化要求高素养的裁判者。庭审实质化意味查明事实、认定证据在法庭，要求裁判者在相关文书中阐释心证和结论，也意味裁判者将承担更多的责任。因此，法学素养不高的法官难以承受庭审实质化之重，道德有缺陷的法官甚至可能在“审判独立”“庭审实质化”的面纱下滥用司法权。因此，如何提升裁判者的素养是“庭审实质化”命题下暗含的另一个重要课题。

再次，从程序保障角度考察，庭审实质化需要以完善的辩护制度和较为发达的法律援助制度为依托。庭审实质化的具体要求是认定证据在法庭、查明事实在法庭、裁判结果形成于法庭。因此，对于庭审的准备尤其是审前控辩双方证据材料的收集以及控辩双方在庭审中的质证、辩论的专业素养等对于裁判的结果起到决定性的作用。就此而言，庭审实质化意味控辩双方的对抗性增强，庭审的技巧性甚至可能决定裁决的结果。“比赛的原理是：当司法战场尘埃落定时，正义自然会以胜利者的姿态显现。这种诉讼的缺陷在于最终的裁决常常是对律师杰出技巧的奖赏，而不是对案件的实质所作的宣判。”[3]因此，庭审实质化是司法公正的必要非充分条件，在很大程度上是“形式正义”的命题。为了使被追诉人获得实质正义，有必要完善辩护制度，增强被追诉方收集证

---

〔1〕《中共中央关于全面推进依法治国若干重大问题的决定》，人民出版社2014年版，第21页。

〔2〕同上书，第23页。

〔3〕M.Green, “The Business of the Trial Courts”, *in The Courts, the Public and The Law Explosion*, Jones ed, Cambridge: Cambridge University Press, 1965, pp.721-722.

据的能力、拓展控方证据信息披露的途径和范围，同时完善法律援助制度，在扩大援助范围的基础上提升辩护的有效性。只有在完善辩护制度和法律援助制度的前提下，庭审才有可能在形式正义的基础上实现实质正义。

最后，庭审实质化还需要与之对应的社会"容纳"环境。审判具有中立性和亲历性等特征，但是普通民众包括媒体对案件的判断有时具有间接性、情感性、非理性等特征。在畅通涉法涉诉信访渠道、建立穷尽法律救济程序后的依法终结制度基础上，对案件处理过程中的社会舆论，司法机关同样应理性对待。与此同时，社会也应当尊重司法的权威性。为此，相关法律要规范媒体对案件的报道，媒体或舆论不得为吸引眼球采用带有倾向性、预判性的表述，不得煽动民意。在此基础上，对社会舆论要给予尊重并加以科学引导，实现司法与民意的有机、良性互动。唯有如此，才有可能为庭审实质化提供合适的土壤并使其生根。

第三节 直接言词原则

审判案件以庭审为中心，要求事实证据调查在法庭，定罪量刑的辩论在法庭，裁判结果形成于法庭。为避免庭审流于形式，法庭应当注重听取当事人双方的意见，把握案件争议焦点，引导双方当事人针对争点充分发表意见。由此可见，以审判为中心以及庭审实质化对于法庭审判的要求，均包含在了直接言词原则的价值内核之中，汲取了直接言词原则的精华部分。例如，二者均强调法庭是法官发现案件事实的唯一场所；强调法庭审判应是整个刑事诉讼的核心，可以说二者有着共同的价值理念。因此，推进以审判为中心的诉讼制度改革，必然要求贯彻直接言词原则。

一、直接言词原则的基本内涵

（一）直接言词原则的含义

直接言词原则是大陆法系国家诉讼制度的基本原则，在刑事诉讼和民事诉讼中均被视为圭臬。其最早起源于德国刑事诉讼，经历了上百年的发展现已成为德国刑事诉讼的基石。在德国的学术习惯中直接言词原则是直接审理和言词审理这两项原则的合并称谓。可以说直接言词原则并没有超出直接审理原则和言词原则之外的特殊内涵，而之所以合并则是因为两项原则涵义相似，作用相辅相成。

直接审理原则又称为在场原则，是在程序上对于法官的审判行为做出的外在要求，它要求法官必须亲自参加诉讼，亲自出席法庭调查、听取诉讼双方的言词交锋，并且判决的作出必须是基于其在法庭上形成的对于案件的直接印象。如德国学者克劳思·罗科信就认为："直接原则乃指法官以从对被告人之讯问及证据调查中所得之结果、印象，才得作为其裁判之基础。"〔1〕

直接审理原则有两个基本要求：第一，法官与各诉讼参与人的直接有效的参与，法官作为裁判者应该用亲眼看和亲耳听的方式在法庭上感受真实发现的每一步进程，能够与被告人、鉴定人、证人、辩护人等进行即时的交流，以最直接的感官对于案件形成自由的心证。因此，书面材料或是被转述的他人证言等不具有直接感知效果的证据是不能被作为裁判依据的。第二，证据的调查者与案件的裁判者应具有同一性。法官对于案情的感知应该是直接的，对于证据的查证不得委托他人代而为之，更不能在没有亲自审查案件的情况下接受其他法官对于案件的印象，采信其他调查人员的报告。法官的同一性、案件审理的连续性在此被严格要求。

言词原则又称为口头原则、言辞审理原则，该原则与书面审理原则是一对反义概念。言词原则要求法庭的审理应以言词交锋的形式进行，

---

〔1〕 参见卞建林：《直接言词原则与庭审方式改革》，载《中国法学》1995年第6期。

除非法律有特殊规定，未以言词方式提出或者调查的证据不得作为法官判决的依据。是否朗读书面证言、能否与证人直接交流或者法官是否从卷宗里获取案件信息，都不是言词原则与书面原则的区别。言词原则所真正强调的是“一种生动鲜活的语言”，也就是说当庭的所有参与方能够及时发问并补充发言，而且这些疑问能够得到及时有效的回答，能够在证人身上完全而充分地展开具体的生活细节。在法庭上转述不在场的第三人的先前证言，虽然是以言词的方式提出证据，但是由于对于证据无法以问答的形式展开具体的细节，因此是不符合言词原则要求的。

总体来说，言词原则有以下两层含义：第一，法庭上的证据调查应当以言词交锋的方式进行，通过鲜活的语言和即时的问答来充分地展开案件细节从而发现案件真实。第二，只有在法庭上以言词的方式提出，并且经过了诉讼各方充分质证后的证据，才有资格成为法官判决的依据，也就是说，审前的案卷材料、证人未出庭的书面证言等无法以言词方式审查的书面材料是不能成为判决依据的，其强调的是法官心证的来源。《法国刑事诉讼法典》第427条第2项规定：“法官只能以提交审理并经过辩论的证据为依据作出判决。”《日本刑事诉讼法典》第43条第1款规定：“判决，除本法有特别规定的以外，应当根据言词辩论而作出。”

（二）直接言词原则对刑事审判的要求

直接言词原则对于出席庭审的主体有以下要求：首先，审判法官的同一性。法官应当自始至终完整地参加法庭审判，在审判的过程中不得更换法官。如果中途更换法官而又没有重启审判程序，那么继任的法官对于之前的审判是无法形成直接鲜活之印象的，他的心证只能来源于庭审笔录等书面材料，这是不被直接言词原则所允许的。此外法官还必须有一定的精力和能力来感知案件，因此如果法官因为不具备专业知识或者精力不济而无法以适当的方式审查证据或者不能坚持长时间的法庭审理，那么该法官也不是合格的法官。这也是为什么在大陆法系国家的法庭上都会有候补法官的席位。其次，法庭审判必须在各方主体出席法庭的情况下进行，公诉方、被告人、证人、鉴定人等都应亲自出席法庭参加诉讼活动。法庭不得以书面证言为裁判的依据，无论此书面材料是由控方、辩方还是证人提出的。因为此种间接的证据在裁判者和案件事实之间竖起了一道屏障，使裁判者无法直接感知案件事实，只有以言词方式提出的证据才能够消除这种隔阂，使法官更能接近案件真实。

直接言词原则对于法庭审判方式有以下要求：法官应亲自参与法庭审判活动。如果法官不能自始至终地直接参与法庭审判活动，那么其对于案件的认知就只能来源于书面的案件记载材料，从而无法对于案件建立直接的联系，这与书面审理几无二致，是不符合直接言词原则要求的。此外，审判活动应当以言词审理的方式进行。只有以言词方式进行的审判才有即时的互动性，更有利于法官对于案件形成直观的印象，发现案件真实。

直接言词原则对于庭审过程有以下要求：法庭审判应当在一定的时间内持续进行，而不得无故中断，直至判决生效为止，此又称为集中审理原则。因为虽然法官具有专门的职业素养，但是作为一名普通人其精力和记忆力也是有限的，如果审判由于无故中断而间隔时间过长，那么法官在法庭上形成的对于案件的清晰、鲜活的印象将逐渐减退，法官与言词证据的直接联系也会被打破，从而就不得不基于模糊的印象而作出裁判，无法保证裁判的准确性。

很多国家和地区都对集中审理原则作出了规定，如《德国刑事诉讼法典》第229条关于中断审判之最长时间的规定："中断审判期间总计不超过10日的，可以恢复审判的进行；中断期间超过10日的，法庭应重新开始审判程序。"我国台湾地区"刑事诉讼法"第293条也规定，审判非一次期日所能终结者，除有特别情形外，应于次日连续开庭，如下次开庭因事故间隔至15日以上者，亦应更新审判程序。

（三）直接言词原则的价值

首先，直接言词原则有利于保障程序的正当性。公正应以看得见的方式实现，法学理论发展到今天，对于程序正义的推崇已经和实体公正不相上下了。而直接言词原则实为保障程序公正所不可或缺之原则。

直接言词原则有助于保障法官的中立地位。在直接言词原则的指导下，任何证据都应当以言词的方式在法庭上提出，并且诉讼各方都能够充分地表达对于案件和证据的看法。另外，法官作出判决的依据也只能是这些以言词方式提出并经过言词辩论的证据，审判前控方的书面侦查材料不得作为定案根据，这样法官就不会像在书面审理原则下那样，会在审前受到诉讼单方过度的影响，从而能够以中立而且从容的态度参加审判活动，保证了其中立性。

直接言词原则有利于保障平等对抗。在直接言词原则下辩护方有充分的机会参与法庭审理，对证据和案情自由地表达意见，如此则与控方在法庭上拥有了平等的机会和权利，形成了平等的对抗。

直接言词原则保证了各方对于刑事诉讼的参与性。纠问式诉讼中，判决是依照书面材料秘密作出的，被告人、证人并不会被传唤出庭，进而无法保障自身的权利更无法影响诉讼结果。而直接言词原则要求诉讼各方参与人均应当出席法庭，并当庭以言词的形式提出观点，提供证据。这有效地保证了诉讼的参与性。

直接言词原则是公开原则有效实施的重要前提。可以说直接言词原则是实质上实现审判公开的必要条件，如果没有直接言词原则作为保障，那么审判公开将沦为走过场。假如法官还是依照书面侦查材料判案，诉讼各方不能在法庭上以言词方式进行交锋，公开的审判也仅仅是一场为了公开而公开的肤浅表演，无论两造或是法官均沦为了演员。这种情况在我国也是备受关注的一个问题，很多学者则称之为“程序失灵”。

直接言词原则能有效规制审判前程序，防止刑讯逼供。直接言词原则要求法官的裁判依据只能是在法庭上提出的言词证据，而且诉讼各方也都有权对证据充分地发表意见，因此以刑讯逼供为手段而获取的证据很容易在法庭上被揭穿，从而抑制刑讯逼供的发生。

其次，直接言词原则有利于发现实体真实。直接言词原则能够保障案件事实被全面地呈现在法官面前。控辩双方能从不同的侧面提出有利于己方的证据，防止了法官因偏听偏信而作出不当判决。另外，证人、鉴定人等其他诉讼参与人也都必须出席法庭接受询问，无疑更利于法官全面地了解案情。直接言词原则创造了一种由诉讼各方共同参与、法庭集中审理的环境，在此环境中，控辩各方所提出的证人均需出庭并以言词陈述的方式提供证言，任何一方均有机会向对方的证人进行质证。[1]这无疑能够使法官从多个方面全面地了解案情，从而发现实体真实。

直接言词原则要求法官及其他诉讼各方均直接参加法庭审理，这就使得法官能够在法庭上对于案件形成最为直观的印象。同时，控辩双方、证人、鉴定人等在法庭上的言词交锋也能最大限度地为法官呈现真实，避免了在证人不出庭作证的情况下，其无法质证的书面证言对于案件的歪曲。另外，除了当庭质证的物证、书证、证人证言外，法官还能够从出庭提供言词证据的证人身上发现案件的蛛丝马迹。例如，证人的语气音调、神态表情、呼吸频率等信息都是法官判断证据真实性的有效途径，尤其是当有相反的证据证明相左的案件事实时，这种对于法官亲历性和证据的直接言词性的要求则显得尤为必要。

二、我国刑事诉讼如何探索贯彻直接言词原则

（一）探索贯彻直接言词原则

在我国，由于立法上没有明确规定直接言词原则，导致司法实践中证人出庭率低。放眼域外，由于直接言词原则可保证裁判者对证据材料调查的亲历性，实现以审判为中心，因此受到诸多国家的青睐。诸多大陆法系国家把直接言词原则作为审判的基本原则予以规定。如《德国刑事诉讼法典》第250条规定，“对事实的证明如果是建立在一个人的感觉之上的时候，要在审判中对他询问。询问不允许以宣读以前的询问笔录或者书面证言而代替”；第261条规定，“对证据调查的结果，由法庭根据它在审理的全过程中建立起来的内心确信而决定”。[2]《法国刑事诉讼法典》也有类似的规定，即第427条规定，“法官只能以在审理过程中向其提出的，并在其当面经对席辩论的证据为其做出裁判决定的依据”；第

---

〔1〕 参见马文高：《完善证人出庭作证机制》，载《河南政法管理干部学院学报》2014年第4期。

〔2〕《德国刑事诉讼法典》，李昌珂译，中国政法大学出版社1995年版，第95、103、106页。

452条规定，“证人口头作证”。[1]在英美法系国家，与直接言词原则相对应的是传闻证据规则（hearsay rule），其内涵与直接言词原则近似，[2]在英美法系的证据法中占有重要地位。回视我国，《刑事诉讼法》并没有明确规定直接言词原则，这直接导致证人出庭率过低。证人能够出庭作证是直接言词原则实现的基础，然而证人出庭率过低一直是困扰我国刑事诉讼发展的一个难题。虽然1996年《刑事诉讼法》修改在我国确立了控辩式的庭审方式，以期改变过去“书面裁判主义”泛滥的情形，保障法庭审判的实质性，但是，实践中不到5%的证人出庭率还是为当时法律修改的成效蒙上了一层阴影。由于证人普遍不出庭，从而导致了大量书面证言的适用，控辩双方对于这种“死”的证据不能展开有效的言词辩论，法官从中也难觅真实，使法庭审判沦为了走过场的“秀”。这种缺乏参与性的审判无法实现直接言词原则，也极易招致社会公众对于审判结果的怀疑。

为了解决这一司法困境，2012年《刑事诉讼法》修改将关于证人出庭作证的条款作为重点修改和完善的对象，以期能够提高证人出庭率，提高法庭审判的实质功能。虽然新法在完善庭审模式，保障证人出庭作证方面取得了较大进步，但是一些关键性制度设计的不合理有可能会使美好的愿望成为泡影。首先，第187条规定只有法院认为证人出庭确有必要时，证人才应当出庭作证。这一项赋予了法官对于证人出庭与否的最终决定权，很多学者认为这一项规定会架空证人出庭制度。因为无论证据多么重要，控辩双方对于证据的争议多大，法官都能够对于证人出庭一票否决，可以说赋予了法官过大的自由裁量权。其次，第187条第3款规定了经人民法院通知，鉴定人拒不出庭作证的，鉴定意见不得作为定案的根据。但是如果证人拒不出庭作证其证言效力如何法律并没有规定。最后，审判委员会凌驾于法官之上，庭审的亲历者无权作出最后的裁判。这种“审而不判，判而不审”的裁判模式显然是对直接言词原则的违反。

---

〔1〕 参见［法］贝尔纳·布洛克：《法国刑事诉讼法典》，罗结珍译，中国法制出版社2006年版，第246、295页。

〔2〕 传闻证据规则是英美法系一项古老的证据规则，其内涵是指除非属于任何的例外情况，在诉讼过程中，提供口头证据以外的人所做的陈述，其提出该陈述的目的是证明其所述事实，应当予以排除。参见齐树洁：《英国证据法》，厦门大学出版社2002年版，第455页。

2012年《刑事诉讼法》修改的一个重点就是要改变刑事审判证人出庭率过低的问题，然而现实结果是这一问题并没有得到更好的解决，我们不禁要对此进行反思。我们认为此次刑诉法有关促进证人出庭作证的修改，并没有切中问题的要害，也就是并没有解决最主要的问题。我国刑诉法修改将大量篇幅用在了规定强制证人出庭作证的措施，对于证人及其家人的保护，以及对于证人经济损失的补偿。但是没有明确规定直接言词原则。事实上，要提高证人出庭率，就必须探索建立直接言词原则，这也是推进以审判为中心的诉讼制度改革的必然要求。具体而言，首先，应当明确，控辩双方对证人证言有异议或者证人证言对定罪量刑有重大影响，辩方提出申请证人出庭作证的，法院应当通知该证人出庭作证，否则该证人证言不能作为定案根据。〔1〕这符合联合国公约的要求。联合国《两权公约》第14条第3款（戊）项规定，在判定对他提出的任何刑事指控时，人人完全平等地有资格"讯问或业已讯问对他不利的证人，并使对他有利的证人在与对他不利的证人相同的条件下出庭和受讯问"。

其次，应当严格限制法院采信被告人庭前供述的情形。我们认为，法院只能在部分特殊案件，如贪污贿赂案件、恐怖活动犯罪案件中采信被告人的庭前供述，同时应当审查此类案件庭前供述获取的合法性问题。如果庭前供述是通过刑讯逼供等非法方法获得的，那么即使庭前供述与其他证据相互印证，根据非法证据排除规则也应当予以排除。当然，应当承认的是，司法一体化的公、检、法关系，使书面证言更受青睐。"司法一体化是指，在把刑事诉讼视作国家为维护统治阶级的根本利益而开展的追究、惩罚犯罪活动的前提下，主张国家机关广泛和深入地介入刑事诉讼，形成一体化的刑事司法体制，以有效地惩罚犯罪。"〔2〕作为相互配合的三机关，法官并没有高出检察院的特殊地位，在法庭审判中法院断然不会冒着破坏检法关系的风险而贸然否定书面证言的实际效力。因此如果想要否定书面证言的效力，保证证人出庭率，进而创造直

〔1〕 关于2012年修改后的《刑事诉讼法》第187条关于证人应当出庭作证的规定存在的问题及改革措施，在本章第二节有详细论述，此处不赘。

〔2〕 参见左卫民：《价值与结构——刑事程序的双重分析》，法律出版社2003年版，第144页。

接言词原则在我国刑事司法领域生存的土壤，就必须先要重置公、检、法三机关的关系，形成真正的等腰三角形审判结构而法院则要处于最高的顶点，这样法院才有意愿和魄力来否定书面证言的效力，证人出庭率才能够得到保障。

（二）我国探索贯彻直接言词原则的障碍

探索贯彻直接言词原则需要消耗大量的诉讼资源。将书面审理程序与口头审理程序相比较，前者可以省略传唤、询问等环节，大大节约时间成本、经济成本的支出。[1]直接言词原则的价值寓于对法庭审理方式和法官审判行为的规范上。它要求控辩双方和各诉讼参与人能够通过直接和言词的方式在法庭上激烈对抗以求揭示证据价值、还原案件真相，而法官的裁判只能以其在此种庭审中所形成的鲜活印象为依据。那么裁判者越是事必躬亲，各诉讼参与人越是能充分行使其在法庭上的权利，直接言词原则就越能得到彰显。因此为了探索贯彻直接言词原则，法庭就需要为各方提供一个充分行使权利和表达意见的平台，这样的审判模式当然会比普通的诉讼模式消耗更多的诉讼资源。

由此可见，在有限的诉讼资源下，将直接言词原则的价值要求运用于所有的案件审判，现阶段是无法完成的，必须要做到有所取舍。我国地域辽阔、人口众多，刑事案件更是数不胜数，据统计每年我国法院所要审理的刑事案件在80万件至100万件，在这种情况下再充足的司法资源也显得杯水车薪。然而在我国，并不存在类似于辩诉交易、协商性司法等在控辩双方的合意下，能够大幅简化诉讼程序的制度。如此我们的刑事诉讼程序就不能做到有的放矢，无法将有限的司法资源投入到迫切需要以完美的庭审模式来发现真实的案件中去。

法官素质无法达到直接言词审判的要求。职权主义诉讼模式下的直接言词审理方式，要求法官具有一定的法庭驾驭能力。由于直接言词原则要求下的刑事判决不能够依据书面案卷材料而作出，所以法庭的当庭质证与辩论就成为发现案件真实的唯一途径。因此法官作为法庭审

---

〔1〕 参见刘玫、程衍：《贯彻直接言词原则》，载《检察日报》2015年7月16日。

判的主导者必须对于案件事实的查明拥有敏锐的直觉，也就是说法官需要能够明确了解案件的争点并且判断每一项证据是否具有证明力，从而决定法庭质证的范围。如果质证的范围过大不仅会造成诉讼的拖沓而且会扰乱法官心证的形成，影响裁判的真实性。同样如果质证范围过于狭窄则会造成案件信息披露不够充足，从而影响法官对于案件的全面审视，进而导致判决的片面性，毕竟在直接言词的审判模式下法官是不被允许查阅书面案卷的。因此法官作为审判程序的控制者，其实际能力对于直接言词原则的实质贯彻还是至关重要的。不仅如此，法官在参加庭审过程中的信息萃取能力也是必不可少的。法官对于各诉讼主体在法庭上所作出的言词表达应有高度的敏感性和现场反应能力。直接言词原则要求法官认定事实的唯一依据应当是法庭上各诉讼主体的言词交锋。然而控辩双方呈现于法庭上的言词往往是相互对立的，其中既有符合实际的陈述又有歪曲事实的狡辩，如何从中去伪存真依靠的就是法官的素质和能力。由于呈现于法庭的信息往往是庞大而杂乱的，因此要从中厘清实质争议，萃取有益的信息，从而作出正确的判决是相当困难的。如果缺失这种能力，法官自然无法应对即席中的直接言词可能带来的证言反复性、重叠性和复杂性等其他因素，以致形成混乱模糊的法庭印象，最终还是要以阅读书面案卷材料的方式作出裁判，如此职权主义下的直接言词审判就会被架空。

法官驾驭庭审、甄别事实的能力并不是轻易获得的，而是要经过积久的理论学习和不计其数的实践锤炼才能拥有的。然而在我国，虽然大部分法官理论功底深厚，审判经验丰富，但是工作在审判一线的法官，则有相当一部分审判能力不足，无法在直接言词的审判模式中独当一面，这也成为阻碍我国审判制度改革的一个主要原因。

法庭实际审判并不等于书本理论，在运用法律处理实际纠纷时对法律的理解绝不是抽象的字面含义，而是必须与现实案例相结合来理解其具体含义，在这种情况下如果要求每一个法官都抛开案卷材料，而仅仅凭借其在法庭上形成的鲜活印象而以直接言词的方式裁判案件，不仅法官没有这个能力和信心，而且作为有直接利害关系的当事人也不愿将自身利益置于如此不成熟的法庭审判模式之下。可以说法官的综合素质是我国贯彻直接言词原则的一个非常大的障碍。

（三）清除障碍，保障直接言词原则的贯彻和实施

想要全部案件都以完美的程序进行审判是不切实际的，直接言词原则只能实现在部分刑事案件中，因此我们就需要在刑事诉讼过程中做到有的放矢，对于那些争议不大、事实清楚的案件就没有必要以完备的直接言词程序进行审理。

首先，将直接言词原则适用的范围限定于第一审普通程序当中。之所以对于法庭审判有直接言词的要求，其中非常重要的一个原因就是各方积极参与，以言语互动方式进行的法庭审判，能够更清晰、真切地还原案件事实。我国《刑事诉讼法》第225条第1款第3项规定，二审人民法院认为原判决事实不清楚或者证据不足的，可以查清事实后改判；也可以裁定撤销原判，发回原审人民法院重新审判。因此，对于二审程序，只有需要查清事实而改判的情况才涉及案件事实的发现，因此也只有这种情况才需要在庭审中贯彻直接言词原则。那么其他无论是涉及法律适用方面的改判，还是裁定发回重审的案件，笔者认为均可以书面、不开庭的方式审理。

《刑事诉讼法》第208条规定，简易程序的适用条件包括：案件事实清楚，证据充分；被告人承认自己所犯罪行，对指控的犯罪事实没有异议。因此，既然案件事实和罪行基本已经确定，那么就没有必要按照直接言词原则来进行简易程序了，也能为普通程序的直接言词审理节省宝贵的诉讼资源。另外，2012年《刑事诉讼法》修改，扩大了简易程序的适用范围，除特殊情况外基层法院的一审案件都可以适用简易程序，这样绝大多数案件都可以简化审理，能大大地节约诉讼资源，为直接言词原则的贯彻夯实基础。

其次，增加坦白制度对于犯罪嫌疑人的吸引力，鼓励其主动认罪。如果犯罪嫌疑人在侦查阶段就能坦白认罪，那么随后的审判阶段坦白的被告人同意适用简易程序的可能性也会大为提高，这是一个一举两得的措施，能够在侦查和审判阶段双双提高效率。

最后，扩大可以适用附条件不起诉制度的案件范围。我国2012年《刑事诉讼法》在第五编特别程序中的未成年人刑事案件诉讼程序中赋予了检察院附条件不起诉的权力，这符合诉讼经济的要求，能有效提高诉讼效率。为推动司法资源的优化配置，构建可对刑事案件进行繁简、难易分流的程序机制无疑是其中一个非常重要的办法。附条件不起诉制度可以实现审前案件分流，在起诉环节就能最终处理了一部分案件，从而减少审判的负担，使人民法院可集中更多的力量放在重大复杂的刑事案件处理上。[1]但是在我国，现实情况是附条件不起诉制度的适用范围过于狭窄。《刑事诉讼法》第271条规定："对于未成年人涉嫌刑法分则第四章、第五章、第六章规定的犯罪，可能判处一年有期徒刑以下刑罚，符合起诉条件，但有悔罪表现的，人民检察院可以作出附条件不起诉的决定。"因此为了能更好地发挥附条件不起诉的作用，节约诉讼资源，提高诉讼效率，扩大附条件不起诉制度的适用范围是非常必要的。具体来说，笔者建议如下：对于符合下列条件的案件，检察院可以酌定附条件不起诉——犯罪嫌疑人涉嫌《刑法》第四、五、六章所规定的犯罪，可能判处1年有期徒刑以下刑罚，犯罪情节轻微的案件；对于未成年人、75岁以上老年人以及盲、聋、哑人和限制行为能力人，可放宽至可能判处3年有期徒刑以下刑罚的案件；另外，对于除渎职罪以外的过失犯罪，由于其主观恶意小所以很多情况下并不需要刑罚就能实现矫治的效果，因此对其也可放宽至3年有期徒刑以下刑罚。如此一来有更多的案件可以不经过法庭程序即告终结，能有效地提高效率，节约资源。

〔1〕 参见陈光中、彭新林：《我国公诉制度改革若干问题探讨》，载《法学研究》2011年第4期。

第四章 人权刑事司法保障

在现代民主法治国家，人权应当得到充分的保障。我国改革开放以来，人民的人权意识不断提高，国家对人权的保障日益加强，人权事业取得了长足的进步。“国家尊重和保障人权”于2004年载入宪法，成为我国宪法的一项重要原则。2012年《刑事诉讼法》修改时在坚持惩罚犯罪与保障人权并重的指导思想下，着力加强了人权保障，在第2条任务中增加规定“尊重和保障人权”。但是人权事业的发展是一个过程，并且是与经济发展、政治文明进步相适应的。因此，在新一轮司法改革背景下，十八届三中全会《决定》和十八届四中全会《决定》均明确指出要“完善人权司法保障制度”“加强人权司法保障”，并要求“强化诉讼过程中当事人和其他诉讼参与人的知情权、陈述权、辩护辩论权、申请权、申诉权的制度保障”。本章拟从刑事司法的视角阐述无罪推定原则的确立、不被强迫自证其罪在我国的理解与贯彻、一事不再理原则、辩护制度的改革与完善以及被害人权益保障等问题。

第一节 无罪推定原则

一、无罪推定原则的起源与发展

无罪推定（presumption of innocence）是现代法治国家

的一项重要刑事司法原则，被称为刑事法治领域的王冠上的一颗明珠。无罪推定原则的起源可追溯至古代罗马法的“有疑，为被告人的利益”和“一切主张在未证明前推定其不成立”这两项著名原则。在8世纪，法兰克法律也有体现无罪推定原则的表达：并非起诉本身，而是有罪判决使之成为真正的罪犯。[1]1764年，贝卡里亚在其不朽的著作《论犯罪与刑罚》中写道：“在法官判决之前，一个人是不能被称为罪犯的。只要还不能断定他已经侵犯了给予他公共保护的契约，社会就不能取消对他的公共保护。”[2]贝氏这一思想的提出，是在“天赋人权”“自由平等”等近代启蒙思想引导下，向中世纪纠问式诉讼制度盛行的有罪推定原则提出的挑战，反映了新兴市民阶级废除封建专横司法制度的时代要求，体现了刑事司法走向民主法治的发展方向。

无罪推定原则被纳入立法，最早是法国《人权宣言》。1789年法国《人权宣言》第9条规定：“任何人在宣判有罪之前应当视为无罪。”[3]在美国，1895年联邦最高法院通过案例明确宣布了在刑事司法中实行无罪推定的原则，该判例写道：“一项指控不应被宣判有罪，除非有排除合理怀疑的证据证明有罪……无罪推定，是在刑事审判时，如果被告人不能被证明有罪，按照法律作出有利于公民的结论。”[4]

---

〔1〕 See Richard M.Fraher, Ut nullus describatur reus prius quam convincatur: Presumption of innocence in medieaval Canon law? , Proceedings of the Sixth International Congress of Medieval Canon Law, Berkeley, California, 28 Juli-2 August 1980, at 493（1985）[cited in Francois Quintard-Morénas, The Presumption of Inocence in the French and Anglo-American Legal Traditions, 58 Am.J.Comp.L.107, 113-14（2010）].

〔2〕 参见［意］贝卡里亚：《论犯罪与刑罚》，黄风译，中国法制出版社2005年版，第37页。

〔3〕 法国《人权宣言》第9条法文原文为：“Article 9-Tout homme etant presume innocent jusqu'a ce qu'il ait ete declare coupable, s'il est juge indispensable de l'arreter, toute rigueur qui ne serait pas necessaire pour s'assurer de sa personne doit etre severement reprimee par la loi.”

〔4〕 在Coffin v. U.S.一案的判决中，涉及无罪推定的原文表述为：“A charge that there cannot be a conviction unless the proof shows guilt beyond a reasonable doubt does not so entirely embody the statement of presumption of innocence as to justify the court in refusing, when requested, to instruct the jury concerning such presumption, which is a conclusion drawn by the law in favor of the citizen by virtue whereof, when brought to trial upon a criminal charge, he must be acquitted unless he is proven to be guilty.” 参见Coffin v. U.S., 156 U.S.432（1895）。

第二次世界大战以后，在联合国及其所属组织的推动下，无罪推定被载入国际人权公约，成为一项重要的国际刑事司法准则。1948年12月10日，联合国大会通过的《世界人权宣言》第11条第1款规定："凡受刑事控告者，在未经依法公开审判证实有罪前，应视为无罪，审判时必须予以行使辩护权所需之一切保障。"[1] 1966年通过并于1976年生效的联合国《两权公约》第14条第2款规定："凡受刑事控告者，在未依法证实有罪之前，应有权被视为无罪。"[2]

随着人权保障理念的不断发展，无罪推定原则不仅在美、英、法、加等西方法治发达国家得以确立，也成为亚、非、拉诸多国家和地区的一项重要的宪法性原则。考察各国宪法规定，可以发现，无罪推定原则在各国宪法条文的具体表述上主要采取与联合国公约相一致的表达方式，明确规定任何人凡在未依法证实有罪之前，应有权被推定为无罪。如英国1998年颁布的《英国人权法》附表1第6条关于"接受公平审判的权利"规定："二、被控告刑事犯罪的每个人均应被假定无罪，直到依据法律证明其为有罪。"[3] 1982年《加拿大宪法》第11条关于"刑事与刑罚程序"第4项规定："任何被指控为犯罪的人有权：……（四）在由一个独立的、公正的法庭举行公平和公开的审判，并按照法律证明其有罪之前，应推定其为无罪……"《葡萄牙共和国宪法》第32条第2款规定："任何被告人在证明其有罪以前应被推定为无罪……"《大韩民国宪法》第27条规定："……（4）刑事被告人在被判为有罪之前，应推定为无罪。"《俄罗斯联邦宪法》第49条第1款规定："每个被指控犯罪的人，在其罪行未经联邦法律规定的程序所证实，未被法院作出的已经发生法律效力的判决确认之前，均被视为无罪。"1982年《土耳其共和国宪法》第38条规定：

---

〔1〕《世界人权宣言》第11条第1款（英文版）："Everyone charged with a penal offence has the right to be presumed innocent until proved guilty according to law in a public trial at which he has had all the guarantees necessary for his defence."

〔2〕《公民权利和政治权利国际公约》第14条第2款（英文版）："Everyone charged with a criminal offence shall have the right to be presumed innocent until proved guilty according to law."

〔3〕本书所引用的现行宪法条文均出自《世界各国宪法》，中国检察出版社2012年版。

"任何人在法院证明其有罪前推定无罪。"

当然,也有个别国家采取区别于联合国公约表述的模式。如《意大利共和国宪法》第27条第2款规定:"在终局性判决作出之前,被告不得被认为有罪。"

颇堪玩味的是,虽然无罪推定原则作为刑事司法的一项重要原则在世界各国均得到普遍承认,并被写入各国宪法,但是该原则并没有同时规定于各国的刑事诉讼法中,相反,从各国立法来看,无罪推定原则写入刑事诉讼法典的时间通常晚于宪法规定。以法国为例,法国早在1789年的宪法性法律文件《人权宣言》中第9条即规定了无罪推定原则(条文内容见上文),但法国1808年制定的世界上第一部刑事诉讼法典却没有规定无罪推定原则,直到2000年无罪推定才被正式写入刑事诉讼法典的序言。序言第3项规定:"每个犯罪嫌疑人或被告人在其被确定为有罪之前均推定为无罪。禁止侵犯其无罪推定的权利,否则,依据法律应当予以赔偿并处罚。"又如,俄罗斯早在1993年生效的《俄罗斯联邦宪法》中即明确规定无罪推定原则(条文内容见上文),但该原则进入刑事诉讼法典则是八年后的事情。俄罗斯于2001年11月通过新的《俄罗斯联邦刑事诉讼法典》,在第14条规定了与宪法相同的无罪推定原则及其相关内容,即"1.刑事被告人在未依照本法典规定的程序被证明有罪并由已经发生法律效力的刑事判决确定其有罪以前,应被认为无罪。2.被告人没有证实自己无罪的义务。3.难以排除对一个人的有罪怀疑,则应当作出对被告人有利的解释"。其他一些大陆法系国家和地区也逐渐把无罪推定原则写入刑事诉讼法典,形成无罪推定原则的刑事诉讼法典化时代,如我国台湾地区"刑事诉讼法"第154条规定:"被告未经审判证明有罪确定前,推定其为无罪。"

二、无罪推定原则的内涵与意义

(一)无罪推定原则的内涵

关于无罪推定原则内涵的认识,两大法系的观点不尽相同。英美法系一般认为无罪推定原则仅为一项证据规则,用以分配证明责任,即被告人有罪的事实需要由控方举证加以证明，而被告人无罪的事实不需要加以证明；只要控方没有证据证明被告人有罪或者证明被告人有罪的证据不充分，就应推定被告人无罪。这种观点的代表性学者有塞耶和威格摩尔。塞耶在《论刑事案件中的无罪推定》一文中明确指出，无罪推定除了将证明责任分配给控方以外，并没有其他更多意义。[1]而大陆法系国家则认为，无罪推定原则既包括证明责任分配意义上的内涵，也是正当程序的构成要素，是保护犯罪嫌疑人、被告人自由的壁垒。[2]法国正是持这种观点的典型国家。[3]

尽管两大法系在无罪推定原则的内涵上有不同的理解，但是两大法系有一点是一致认可的，即认定犯罪的证明责任由代表国家的控方承担，这是无罪推定原则的应有之义。控方只能通过确实充分的证据来推翻无罪之推定，从而实现追究犯罪的目的。有学者指出："当人们所面对刑事指控的被告人应当被推定无罪时，它的真实内涵是控方应当承担证明被告人有罪的责任。"[4]作为无罪推定的基本内容之一，"证明被告人有罪的责任由控诉一方承担"意味着"诉讼的起点由被告人无罪开始，证明的天平首先向有利被告人一侧倾斜，控方的责任是逐一搬出证明被告人有罪的砝码堆放在对被告人不利的一侧，直至天平完全向被告人有罪一侧倾斜达到法律要求的定罪标准"。[5]

需要指出的是，联合国人权组织认为，证明责任分配只是无罪推定原则的基本内容之一，并非无罪推定原则之全部内容。联合国人权事务

---

〔1〕 See James Bradley Thayer, The Presumption of Innocence in Criminal Cases, 6 *Yale L.J.*, 1897, pp.185-186.

〔2〕 See Francois Quintard-Morénas, The Presumption of Innocence in the French and Anglo-American Legal Traditions, 58 *Am.J.Comp.L.107, 125-33(2010)*.

〔3〕 See, e.g., Jean-Francois Chassaing, Jalons pour une histoire de la presumption d' innocence, in Juger les juges: Du Moyen Age au Conseil superieur de la magistrature 232 (2000), cited in Francois Quintard-Morénas, The Presumption of Innocence in the French and Anglo-American Legal Traditions, 58 *Am.J.Comp.L.*107, 125(2010).

〔4〕 Glanville Williams, *The Proof of Guilt: A Study of the English Criminal Trial*, 2d ed., Stevens & Sons, 1958, p.152.

〔5〕 参见[加]阿兰·W.麦威特:《外国刑事诉讼制度探微》，法律出版社2000年版，第153~154页。

委员会在2007年通过的第32号一般性规定中指出:“无罪推定是保护人权的基本要素,要求检方提供控诉的证据,保证在排除所有合理怀疑、证实有罪之前,应被视为无罪,确保对被告适用无罪推定原则,并要求根据这一原则对待受刑事罪行指控者。所有公共当局均有责任不对审判结果作出预断,如不得发表公开声明指称被告有罪。”[1]根据联合国人权事务委员会的上述规定,结合法国、俄罗斯等国关于无罪推定原则的具体规定,可以看出无罪推定原则除了具有证明责任分配的内容以外,还具有以下三项基本内容:

第一,达到排除合理怀疑证明标准。无罪推定原则要求“有罪证明”应当达到法律规定的证明标准,如果不能达到法定的证明标准,不能确定任何人有罪。根据联合国的相关文件,这一法定的证明标准就是“排除合理怀疑”(beyond a reasonable doubt)。所谓排除合理怀疑,是指要求事实裁判者对被告人有罪不存在任何符合常理的怀疑,即有一种坚定的信念(abiding conviction)。按照这一要求,对被告人作出有罪判决必须建立在确凿、充分的证据基础之上,在有罪证明未能“排除合理怀疑”的情况下,不得认定被告人有罪。其实,根据联合国相关文件的表述,无罪推定对有罪的证明,质言之,就是要“证实”。“排除合理怀疑”“内心确信”只是证实的具体表述而已。

第二,被刑事指控者证实有罪之前应被“推定”无罪。这是无罪推定原则的关键内容。所谓推定,即“根据已知的或已证的某个事实或一组事实,得出一个事实存在的法律推理或假设”。[2]“大多数推定作为证据规则,在某个案件中用以得出确定的结论,除非反对的一方提出其他证据推翻该结论。推定将举证责任或者说服责任转移给反对的一方,然

---

〔1〕《联合国人权事务委员会第13号一般性意见:第14条》,载http://www1.umn.edu/humanrts/chinese/CHgencomm/CHhrcom13.htm,最后访问日期:2016年12月20日。

〔2〕《布莱克法律词典》(第9版),West出版社2009年版,第1304页。“presumption”的词条解释为“A legal inference or assumption that a fact exists, based on the known or proven existence of some other fact or group of facts”。

后由他来设法推翻该推定。”[1]由此可以看出，受刑事指控者被推定无罪并不意味着其在实际上无罪，而只是在刑事诉讼过程中使其处于无罪的地位，要求控方通过提供证据等推翻该推定。

第三，存疑案件的处理应有利于被指控人。在无罪推定原则的要求下，存疑有利于被指控人包含两层意思：一是案件在有罪无罪存疑时，应当作出无罪判决，亦即“疑罪从无”。具体而言，如果控方提出的证据不足以排除合理怀疑地认定被告人有罪时，应当作无罪处理。二是在案件定罪确定的前提下，罪重罪轻存疑时，应当作出罪轻判决，此即“罪重罪轻从轻”。具体而言，如果控方提出的证据确定足以认定被告人有罪，但是无法确定罪重罪轻时，应当作出罪轻判决。总而言之，“疑罪从无”“罪重罪轻存疑时从轻”是现代法治理念中无罪推定所应当包含的基本内容。

(二)无罪推定原则的意义

无罪推定原则是现代民主法治下刑事诉讼的基础性原则，其重大意义有以下几个方面：

第一，无罪推定原则赋予被追诉人刑事诉讼的主体地位，是现代国家司法程序法治文明的首要标志。在封建专制时期，刑事诉讼奉行“有罪推定”，被追诉人只是受拷问被追究的客体，不是刑事诉讼活动的主体，被追诉人在法庭审理过程中不享有与控诉一方对等的诉讼地位，无平等对抗之可能。无罪推定原则赋予了被追诉人在刑事诉讼中的主体地位，被追诉人在被判为有罪之前被推定为无罪，只有这样才能充分实现控辩平等对抗，法院居中判定案件事实，实现刑事诉讼的价值和具体任务。

第二，确立无罪推定原则，有利于保障被追诉人的诉讼权利。犯罪

〔1〕《布莱克法律词典》，(第9版)，West出版社2009年版，第1304页。“Most presumptions are rules of evidence calling for a certain result in a given case unless the adversely affected party overcomes it with other evidence.A presumption shifts the burden of production or persuasion to the opposing party, who can then attempt to overcome the presumption.”(大多数推定是在特定案件中用以得出某个结论的证据规则，除非对方用其他证据推翻了该推定。推定将举证责任或者说服责任转移给对方承担，由对方尝试推翻该推定。)

是对社会秩序的破坏，既侵犯了国家和社会利益，也使公民的权益受到直接的严重侵犯，因此，国家就必须对犯罪进行追究和惩罚。在追究、惩罚犯罪的过程中，国家专门机关容易出现主观臆断、有罪推定、超越权力乃至滥用权力的现象。如在侦查过程中为获得认罪口供而进行刑讯逼供等，这严重侵犯被追诉人的诉讼权利，并有错捕错判，损害司法公正之虞。确立无罪推定原则，要求在刑事诉讼过程中应以无罪的地位来对待被追诉人，并为其提供一系列的程序性保障措施，如赋予其不被强迫自证其罪权、充分的辩护权、申诉权，以及获得公正审判等诉讼权利，这显然有利于被追诉人的人权保障，使刑事司法程序民主化、正当化。

第三，从方法论意义上讲，无罪推定原则开启了法治思维的典范。法治思维是人们特别是执法司法人员按照法律的原理和规律来思考、分析和解决社会矛盾和司法纠纷的思考模式，体现了法律特质和适用法律的规律。众所周知，刑事诉讼是国家追究犯罪、打击犯罪的过程。既追究犯罪，又推定被追诉人无罪，二者从普通思维或从认识论上来说是存在矛盾的。试想：一个公民被立案、侦查，进而拘捕、起诉，通常是基于所收集的证据对其产生重大犯罪嫌疑，而无罪推定却视为其无罪，而且在罪疑的情况下，不是“实事求是”地作出疑罪判决，而是作出无罪判决。这种处理方式说明无罪推定是典型的法治思维方法。推定本身只有在法治思维下才能产生，无罪推定只不过是一种先假定然后再证明的法治思维方法，这种思维方法要求先假定被追诉人无罪，然后通过收集证据并根据证据断定案件事实，这显然与一般思维逻辑不同，较之通常对待问题、解决问题的方式有独特之处。

三、无罪推定原则在我国刑事诉讼中曲折发展

无罪推定已经成为衡量刑事诉讼制度民主和文明的一项重要标准，遵循这一原则已经成为现代法治国家的理性选择。在我国，伴随着刑事诉讼立法和司法改革的曲折发展，无罪推定原则的确立问题却一直争论不休。至今，我国的宪法和刑事诉讼法尚未确立无罪推定原则，但是，

该原则的精神在刑事司法中逐步得以彰显和加强。

（一）无罪推定原则在新中国的发展历程

无罪推定原则在新中国的发展过程可以分为四个阶段：

第一阶段，是20世纪50年代刑事诉讼法的草拟阶段。1954年，我国第一部宪法经第一届全国人民代表大会第一次会议全票通过，[1]标志着我国进入社会主义社会法制建设的启动阶段。1956年，中国共产党第八次全国代表大会在京召开。会议明确提出“要逐步系统地制定完备的法律，健全社会主义法制”。董必武在中共八大的发言中也强调了健全社会主义法制的重要性，他指出：“工人阶级领导的国家必须建立健全的法制，才能更有效地发挥国家的职能和保障人民的权利。”[2]在五四宪法和中共八大社会主义法制建设的背景下，理论界基本上肯定无罪推定原则。1957年草拟的《中华人民共和国刑事诉讼法（草案）》第5条规定：“被告人在有罪判决发生法律效力以前，应当假定为无罪的人。”这是新中国迄今在立法草案中明确规定无罪推定原则的唯一草案。但可惜只是昙花一现，其后进行的整风反右运动将该原则定性为“资产阶级反动原则”而遭到批判并被废弃。

第二阶段，是1979年《刑事诉讼法》颁布实施时期。当时在“解放思想、实事求是”方针的指导下，我国学者纷纷对如何对待无罪推定原则进行反思和探讨，但是，由于观念上存在分歧而未能被刑事诉讼立法采纳。

第三阶段，是1996年第一次修正《刑事诉讼法》前后。在这段时期，学术界就是否应该吸收无罪推定原则进行了热烈的讨论，大多数学者对无罪推定原则持肯定态度。最终在1996年《刑事诉讼法》第12条规定：“未经人民法院依法判决，对任何人都不得确定有罪。”[3]

第四阶段，是第二次修正《刑事诉讼法》过程中的讨论。随着经济、

---

〔1〕 因我国第一部宪法在1954年颁布，故被称为“五四宪法”。

〔2〕 参见《中国共产党第八次全国代表大会》，载解放军报网络版：http://www.chinamil.com.cn/item/new16/txt/qgdbdh/08.htm，最后访问日期：2013年7月6日。

〔3〕 对该法条，我国学者将其称为“无罪推定原则”“近似无罪推定原则”或者无罪推定原则精神的集中体现。

社会的发展及人权和法治观念的提升，学者对无罪推定原则立法化的呼声越来越高，[1]在2012年修正的《刑事诉讼法》中，无罪推定原则精神得到进一步贯彻和彰显，但是，仍然没有正式确立无罪推定原则。

（二）无罪推定原则精神的彰显与进一步完善

无罪推定原则之精神在修改后的刑事诉讼法中得到了彰显，如细化了证明标准中的"证据确实充分"的理解，把排除合理怀疑写入法律，[2]增加规定了不得强迫任何人证实自己有罪原则[3]等。但仍未真正到位，有待进一步完善。主要有以下几方面：

（1）2012年《刑事诉讼法》第12条继续保留原规定问题。原法"未经人民法院依法判决，对任何人都不得确定有罪"的规定，尽管体现了无罪推定原则的基本精神，但并非是国际惯用的无罪推定原则的规范表述。从国际惯用之无罪推定原则的表述来看，强调的是被指控人在刑事诉讼过程中所处于的被推定为无罪的地位，因此，无罪推定原则要求在刑事诉讼中赋予被指控人推定无罪所应享有的诉讼权利；而我国《刑事诉讼法》第12条之规定所强调的是人民法院的定罪权，即强调只有法院有权对被告人进行定罪，侧重点并不在于强调被指控人在刑事诉讼中的境遇问题。这种侧重点的差异，表明了我国只是吸收了无罪推定的核心内容，并未完全确立无罪推定原则，也反映了我国立法在被追诉人的人权保障问题上仍然有待完善和发展。

（2）证明责任的分配问题。2012年《刑事诉讼法》增写了举证责任的分配，即"公诉案件中被告人有罪的举证责任由人民检察院承担，自

[1] 陈光中教授主持的《中华人民共和国刑事诉讼法——再修改专家建议稿与论证》中第10条规定了两款内容，其中第1款规定："在人民法院依法作出生效裁判确定有罪以前，任何人应当被推定为无罪。"第2款规定："不能认定犯罪嫌疑人、被告人有罪或无罪的，按无罪处理；不能认定犯罪嫌疑人、被告人罪重或罪轻的，按罪轻处理。"参见陈光中：《中华人民共和国刑事诉讼法——再修改专家建议稿与论证》，中国法制出版社2006年版，第4页。另外，在其他相关论著中也主张载入刑事诉讼法典，例如：陈卫东：《模范刑事诉讼法典》（第2版），中国人民大学出版社2011年版；陈瑞华、田文昌：《〈中华人民共和国刑事诉讼法〉再修改律师建议稿与论证》，法律出版社2007年版。

[2] 具体内容请参见本章第二节。

[3] 具体内容请参见本章第三节。

诉案件中被告人有罪的举证责任由自诉人承担”。[1]由此明确了犯罪嫌疑人、被告人有罪的证明责任由控诉一方承担，被指控人在被证实有罪之前处于无罪的地位，不承担证明自己无罪的证明责任。这一举证责任的分配方式的确立符合无罪推定原则之要求，是此次刑事诉讼法修改的一个进步。

（3）“存疑有利于被指控人”问题。如上文所述，存疑有利于被指控人是无罪推定原则的重要内容之一，其要求做到“疑罪从无”和“罪重罪轻存疑时从轻”两个方面。也就是说，如果现有证据既不能证实被追诉的被告人的犯罪行为，也不能完全排除被追诉被告人实施了被追诉犯罪行为的嫌疑，根据无罪推定原则，应当作出无罪判决；如果控方提出的证据确定足以证实被告人有罪，但是无法确定罪重罪轻时，应当作出罪轻判决。

回视我国2012年《刑事诉讼法》第195条规定：“……证据不足，不能认定被告人有罪的，应当作出证据不足、指控的犯罪不能成立的无罪判决。”这种对“证据不足”的“疑案”处理方式，就是无罪推定原则的具体适用，体现了无罪推定原则的精神。

但是，我国的“存疑有利于被指控人”原则之贯彻并不彻底。这种不彻底性主要表现在以下几个方面：一是“证据不足”的“疑案”无罪判决是“有所保留”的结果。根据无罪推定原则的要求，当证据不足不能认定被告人有罪的，所作出无罪判决与证明达到清白程度的同等看待。但是，根据我国刑事诉讼法要求作出的却是另眼看待的判决，第195条规定：“……（二）依据法律认定被告人无罪的，应当作出无罪判决；（三）证据不足，不能认定被告人有罪的，应当作出证据不足、指控的犯罪不能成立的无罪判决。”此条第三项规定的判决就是实务部门通称的“存疑无罪判决”。司法解释更是明确规定对于这类无罪判决，即便已经生效，如果出现“新的证据”证明被告人有罪，在不撤销原有无罪判决的情况下也可以重新对其提起诉讼。最高人民法院《刑诉法解释》第181条规

〔1〕《刑事诉讼法》第49条。

定:“依照刑事诉讼法第一百九十五条第三项规定宣告被告人无罪后,人民检察院根据新的事实、证据重新起诉的,应当依法受理。”第244条规定:“对依照本解释一百八十一条第一款第四项规定受理的案件,人民法院应当在判决中写明被告人曾被人民检察院提起公诉,因证据不足,指控的犯罪不能成立,被人民法院依法判决宣告无罪的情况;前案依照刑事诉讼法第一百九十五条第三项规定作出的判决不予撤销。”也就是说,根据上述第三项规定所作出的证据不足的无罪判决,明明已经生效,却不按已生效裁判的纠错机制——审判监督程序办理,而可以不撤销判决直接起诉,这显然既不符合无罪推定原则的要求,也违背了刑事诉讼法关于审判监督程序的规定。如今,《刑事诉讼法》第195条有缺陷的规定暂时不可能修改,但是不符合无罪推定精神和法治原则的司法解释完全是可以修改的。

二是2012年《刑事诉讼法》只体现了“疑罪从无”的要求,并没有规定“罪重罪轻存疑时从轻”的相关内容。这不能不说是一种缺漏。更需指出的是,即便是规定了疑罪从无原则,但是司法实践中也难以彻底贯彻实施。事实上,对于有罪无罪存疑的案件,司法实践中往往采取“疑罪从轻”的做法,尤其是对于重罪案件更是如此。在一些死刑案件中,如果出现有罪无罪存疑时,司法机关有时会放弃“疑罪从无”原则,仍然判决被告人有罪,但又不判死刑,而是留有余地地判死缓、无期或有期徒刑。正是这种“疑罪从轻”“留有余地”的做法导致了冤案错案的发生,佘祥林案、赵作海案、浙江叔侄案、萧山冤案等就是这种做法所形成的典型冤案。因此,当务之急是要摒弃疑罪从轻、留有余地的做法,坚决贯彻疑罪从无原则。其实,疑罪从无是一种无奈的价值选择。因为疑罪是在法定程序框架下已经无法查清事实真相,对这种案件作有罪处理(包括从轻)存在冤枉无辜的可能,而作无罪处理又存在放纵犯罪的风险。在宁纵毋枉和宁枉毋纵这两种重打击犯罪或者重保障人权的价值上,我们遵循无罪推定原则之要求,选择了疑罪从无原则,并载入十八届四中全会《决定》之中,这是完全符合民主法治精神的。

无罪推定原则被世界上众多国家刑事诉讼和刑事证据立法所采用,

对尊重和保障人权发挥了重要作用，其科学性和可行性也经受住了许多国家司法实践的检验。尽管如此，我国的刑事诉讼法仍然没有完全确立，其中，除了我国刑事司法资源等客观条件限制之外，法律观念滞后也是一个主要原因。党的十八大提出，我国要“加快建设社会主义法治国家”，要“运用法治思维和法治方式深化改革、推动发展、化解矛盾、维护稳定能力”，为此，在刑事立法和司法实践中应当进一步确立无罪推定原则，将刑事司法中的人权保障提到更高的水平。

第二节　不得强迫自证其罪权

不被强迫自证其罪，如同无罪推定，被视为现代法治国家刑事诉讼中的不证自明之理。然而，综观不被强迫自证其罪在西方法治国家的适用，可谓众说纷纭。在美国，“第五修正案的自我归罪条款在很大程度上是一个没有解答的谜，是一个在我们权利法案中的戈尔迪乌姆结。从一开始它就缺少一个可以容易确认的基本原理……今天情况并没有变得更好：该条款继续模糊和令人困惑”。[1]在欧洲，因对不被强迫自证其罪的理解不一，英、法等国在欧洲人权法院审理的数起案件中均遭败诉。对此，有学者甚至指出：“不被强迫自证其罪在不同的时间、不同的地点、不同的环境会有不同的含义。”[2]2013年1月1日生效实施的我国《刑事诉讼法》第50条增加规定了“不得强迫任何人证实自己有罪”，标志着我国已经确立不被强迫自证其罪。那么，在我国当前的社会环境下，应当如何解释和适用不被强迫自证其罪呢？本章拟对此进行探讨，以期有助于2012年《刑事诉讼法》的顺利实施。

---

〔1〕 参见［美］阿希尔·里德·阿马：《宪法与刑事诉讼》，房保国译，中国政法大学出版社2006年版，第46页。

〔2〕 David M.Paciocco and Lee Stuesser, *Essential of Canadian Law: The Law of Evidence*, Irwin Law, 1996, p.154.

一、不得强迫自证其罪权的权利主体

凡是在刑事诉讼中确立不被强迫自证其罪的国家，均无一例外地认为自然人之被追诉人是不被强迫自证其罪的权利主体。综观国际社会对不被强迫自证其罪的权利主体之争论，主要集中在作为被追诉人的单位和证人是否享有不被强迫自证其罪权。

（一）作为被追诉人的单位是否享有不被强迫自证其罪权

不被强迫自证其罪起源于17世纪后期的英国刑事司法，于18世纪在美国得到进一步的发展；当时英美国家法律不承认单位的犯罪主体资格，因而不可能探讨单位是否享有不被强迫自证其罪权的问题。随着资本主义工商业的发展，西方法治国家普遍在19世纪末20世纪初逐步确立了单位的犯罪主体资格。单位拥有犯罪主体资格，意味着单位可能成为刑事诉讼中的犯罪嫌疑人和被告人，由此便引发了作为犯罪嫌疑人、被告人的单位是否像自然人一样享有不被强迫自证其罪权的问题。

对此，西方国家大致有两种不同的观点。第一种观点以美国为代表，否定单位犯罪嫌疑人、被告人享有不被强迫自证其罪权。在美国，由于宪法第五修正案规定不被强迫自证其罪的权利主体采用的是“任何人”（no person）之表达方式，因而在19世纪末的时候曾有一些法院认为公司可以通过其雇员援引不被强迫自证其罪权；但是，美国联邦最高法院自1906年开始，逐渐宣布诸如“公司”“工会”“合伙”之类的法人组织体（artificial entity），不得主张不被强迫自证其罪权。而且，根据所谓的“集合组织”（collective entity）原则，一个组织体的记录保管人，不得为了保护该组织体，而援引其本人的不被强迫自证其罪权。简言之，一个集合性组织体不是“个人”，不能主张该项特权，即便由此可能会让某组织体或者个人被定罪亦是如此。[1]第二种观点以英国和澳大利亚为代表，认为单位和自然人一样，享有不被强迫自证其罪权。例如，“在判例法上，1934年的一个判例赋予公司反对自我归罪的权利，该判例在英国

〔1〕 参见［美］约书亚·德雷斯勒等：《美国刑事诉讼法精解》（第1卷），吴宏耀译，北京大学出版社2009年版，第460页。

和澳大利亚都得到接受，但在美国则没有得到接受”。“在制定法上，按照澳大利亚公司法典第67条(1)的规定，公司享有自然人所享有的一切权利，因此，公司也可以主张不被强迫自证其罪权”。[1]

不被强迫自证其罪之所以能成为现代法治国家刑事诉讼中的基本原则，是因为不被强迫自证其罪与保障人之尊严和自由紧密相关，诚如德国联邦宪法法院所言：“公民在对自己不利的刑事诉讼程序中拒绝积极合作的权利，是从基本法第1条和第2条所保障的人的尊严和自由引申而来的，并且是法治国家概念的组成部分。”[2]考察上述国家关于单位是否享有不被强迫自证其罪权的争论，出现分歧的主要原因是单位是否像自然人一样享有人格尊严权。对于单位是否享有人格尊严权，理论界有两种完全相反的观点。一种观点认为，“团体(单位，法人)人格是用作区分团体有无民法上独立财产主体地位的纯法律技术工具，既无社会政治性，亦无伦理性。人格权是一个历史性概念，其保护的是专属自然人人格所具有的那些伦理性要素，不能以同等含义适用于团体人格。法人的名称权、名誉权等权利无精神利益，实质上是一种财产权，且不具有专属性，非为任何团体人格存在之必需，故法人无人格权”。[3]另一种观点则认为，团体既然具有法律人格，则对其人格利益的保护当然产生人格权；团体可以享有权利主体的尊严及价值为保护内容的人格权。[4]就立法及判例而言，西方主要国家的民法典，如《法国民法典》《德国民法典》《日本民法典》等均没有对法人的人格权作出明确规定，但有些判例在一定的程度上承认法人享有人格权。[5]正是由于在理论上对单位是否享有人格权存有争议，西方国家对作为犯罪嫌疑人、被告人的单位是否享有不被强迫自证其罪权持有不同的看法。

---

〔1〕 参见易延友：《沉默的自由》，中国政法大学出版社2001年版，第238页。

〔2〕 参见[德]托马斯·魏根特：《德国刑事诉讼程序》，岳礼玲等译，中国政法大学出版社2004年版，第79页。

〔3〕 参见尹田：《论法人人格权》，载《法学研究》2004年第4期。

〔4〕 参见史尚宽：《民法总论》，中国政法大学出版社2000年版，第153页。

〔5〕 参见吴汉东：《试论人格利益和无形财产利益的权利构造》，载《法商研究》2012年第1期。

根据我国2012年《刑事诉讼法》第50条的规定，享有不被强迫自证其罪的权利主体是“任何人”。对于此处的“任何人”，我们主张作狭义的解释，即仅仅指自然人，将单位犯罪嫌疑人和被告人排除在外，理由有三：首先，如上所述，是否承认法人人格权，在理论上直接影响着单位犯罪嫌疑人、被告人是否享有不被强迫自证其罪权。对此，虽然我国早在1986年颁布的《民法通则》已经在一定程度上认可了法人人格权，但在近些年我国民法典草案的讨论中，理论界越来越倾向于否定法人人格权。理论上对法人人格权之否认，无疑将使单位犯罪嫌疑人、被告人享有不被强迫自证其罪权成为无源之水。其次，我国市场经济机制还不够完善，与经济活动相关的单位犯罪正处于高发期。从我国刑法对单位犯罪的规定来看，绝大多数单位犯罪均与市场经济活动有关。目前，我国总体犯罪形式虽然平稳，但与市场经济相关的单位犯罪却呈高发态势，[1]因而从维护社会公共利益的角度来看，当前对单位犯罪采取更加严厉打击之刑事政策、适当限制其权利是有必要的。最后，我国2012年《刑事诉讼法》刚刚确立不被强迫自证其罪，如何保证其有效实施还需要在实践中不断地探索与总结，因而从稳妥性方面考虑，目前适当限制不被强迫自证其罪的权利主体是必要的，待积累了一定的实践经验后再考虑单位犯罪嫌疑人、被告人的不被强迫自证其罪之权利主体资格。

（二）证人是否享有不被强迫自证其罪权

在证人是否享有不被强迫自证其罪权问题上，西方国家有三种不同的做法：一是赋予证人相对的不被强迫自证其罪权。在英美法系国家，虽然普遍承认证人享有不被强迫自证其罪权，但是证人在行使该权利时受证人作证豁免制度的限制。例如，在美国，根据国会通过的有关豁免立法及联邦最高法院的判例，只要追诉方承诺对证人的证言涉及的犯罪不予追诉或者将来不会以该证言为证据追诉证人，则该证人必须出庭作证，不得以不被强迫自证其罪权为由拒绝作证。[2]再如《加拿大证据

---

〔1〕 参见李林：《中国法治发展报告（2012年卷）》，社会科学文献出版社2012年版，第80页。

〔2〕 参见［美］伟恩·R.拉费弗等：《刑事诉讼法》，卞建林等译，中国政法大学出版社2003年版，第497页。

法》第5条第1款、第2款规定:“证人不得以回答可能致罪为由,或以可能致使他在王室或其他人起诉之民事程序中承担责任为由,拒绝回答提问”“如果证人以可能致其有罪或致其在王室或其他人起诉之民事程序中承担责任为由拒绝回答问题,而且若非根据本法或省级立法,该证人本应被免予回答提问,那么即使此人依据本法或省级立法被强迫回答,其回答亦不得在此后的任何刑事审判或其他刑事程序中被使用或采纳为于其不利的证据,除非他被控在此作证中犯有伪证罪”。[1]澳大利亚《1995年证据法》第128条亦有类似规定。由此看来,在英美法系国家,证人享有的不被强迫自证其罪权是相对的,国家可以通过作证豁免的方式强迫证人作出对其不利的陈述。二是赋予证人绝对的不被强迫自证其罪权。例如,《德国刑事诉讼法典》第55条规定:“……每个证人均可以对如果回答后有可能给自己、给第53条第(一)款所列亲属成员中的一员造成因为犯罪行为、违反秩序而受到追诉危险的那些问题,拒绝予以回答。(二)对证人要告知享有拒绝证言权。”再如《日本刑事诉讼法典》第146条规定:“任何人,都可以拒绝提供有可能使自己受到刑事追诉或者受到有罪判决的证言。”需要强调的是,德、日等国不仅在立法上明确证人享有不被强迫自证其罪权,而且没有像英美法系国家那样确立证人作证豁免制度;更有甚者,日本最高法院的判例认为,“对于所谓的洛克希德案件,为了从拒绝作证的美国人那里获得证言,日本检察官提供了事实上具有免责效果的不起诉意见书,根据该意见书获得了嘱托询问证人笔录,(但)判例否定了该笔录的证据能力”。[2]这意味着即便司法机关以免除证人刑事责任为由,也不得强迫证人放弃不被强迫自证其罪权。三是完全否定证人享有不被强迫自证其罪权,例如在法国,“证人应当说出其所知道的全部事实……如果证人隐瞒事实,提供伪证,即使其这样做是为了避免本人受到刑事追诉,亦将受到刑罚。这种宥恕理由(为避免其本人受到刑事追诉而隐瞒事实),在某些外国法律中被看成是

〔1〕 参见何家弘、张卫平:《外国证据法选译》,人民法院出版社2000年版,第1234页。

〔2〕 参见[日]田口守一:《刑事诉讼法》,张凌等译,中国政法大学出版社2010年版,第280页。

基本的理由，但却不为法国法院判例所承认”。[1]

联合国《两权公约》第14条第3款规定：“在判定对他提出的任何刑事指控时，人人完全平等地有资格享受以下的最低限度的保证：……（庚）不被强迫作不利于他自己的证言或强迫承认犯罪。”据此规定，能否得出证人享有不被强迫自证其罪权之结论，理论界看法不一。有外国学者认为，“禁止自我归罪的根源在于英国的普通法，而现在则一般地属于公正审判的基本精神……该权利仅与被告有关。而在另一方面，证人可能不得拒绝作证”。[2]我国学者在解释联合国《两权公约》时认为，“不被强迫自证其罪也适用于证人，在证言可能导致他自己有罪的情况下，证人可以引用不被强迫自证其罪的权利保护自己，拒绝透露有关事实”。[3]我们认为，鉴于联合国《两权公约》在具体罗列权利时，已经明确规定享有权利的前提是“在判定对他提出的任何刑事指控时”，而遭受刑事指控的人只能是犯罪嫌疑人和被告人，并不包括证人，因而联合国《两权公约》没有直接赋予证人享有不被强迫自证其罪权。

针对我国2012年《刑事诉讼法》第50条规定的“不得强迫任何人证实自己有罪”，有关部门的解释是：“‘不得强迫任何人证实自己有罪’是对司法机关收集口供的原则性要求。”[4]这里立法部门认为不被强迫自证其罪仅仅是对收集口供之要求，似乎暗含有不被强迫自证其罪仅仅适用于犯罪嫌疑人和被告人，而不适用于证人之意。不过，我国理论界在解释此条时一般认为，2012年《刑事诉讼法》第50条规定的不被强迫自证其罪适用于证人。[5]笔者赞同此观点，主张我国在解释不被强迫自

---

〔1〕 参见[法]卡斯东·斯特法尼等：《法国刑事诉讼法精义》，罗结珍译，中国政法大学出版社1999年版，第564页。

〔2〕 参见[奥]曼弗雷德：《民权公约评注》，毕小青等译，三联书店2003年版，第260页。

〔3〕 参见杨宇冠：《人权法——〈公民权利和政治权利国际公约〉研究》，中国人民公安大学出版社2003年版，第293页。

〔4〕 参见全国人大常委会法工委刑法室：《〈中华人民共和国刑事诉讼法〉释义及实用指南》，中国民主法制出版社2012年版，第46页。

〔5〕 参见陈光中主编：《〈中华人民共和国刑事诉讼法〉修改条文释义与点评》，人民法院出版社2012年版，第58页；宋英辉：《中华人民共和国刑事诉讼法精解》，中国政法大学出版社2012年版，第53页。

证其罪的权利主体时将证人纳入其中，理由有三：首先，从我国2012年《刑事诉讼法》的规定来看，享有不被强迫自证其罪的权利主体是“任何人”，认为这里的“任何人”包括“证人”，在法律条文的解释上不仅不存在任何障碍，而且顺理成章。其次，不被强迫自证其罪的核心精神是维护任何人不被强迫自己反对自己之基本的人性尊严，如果只是禁止强迫犯罪嫌疑人和被告人但允许强迫证人作出对其不利的陈述，则依然会践踏现代法治国家确立不被强迫自证其罪之目的。最后，如果不赋予证人不被强迫自证其罪权，则可能会引发侦查机关故意将一些犯罪嫌疑人视为“证人”进行询问，从而逃避不被强迫自证其罪之约束，以达到让“证人”自证其罪之目的。当然，在赋予我国证人享有不被强迫自证其罪权的同时，还需要进一步明确证人的此种权利是绝对还是相对的，以及此种权利如何行使等，对此笔者将另行撰文阐述。

二、不得强迫自证其罪权的保护客体

强迫一个人自证其罪的方式有多种多样，如强迫其作出自我归罪的陈述，或者强迫其交出对自己不利的实物证据，或者强迫其利用自己的身体配合国家追诉，是否所有这些方式都是不被强迫自证其罪保护的范围呢？对此，西方国家无论在理论还是实践中均存在激烈争议。近些年来我国理论界对不被强迫自证其罪的研究鲜有研究成果专门讨论其保护范围。为此，笔者拟对我国不被强迫自证其罪的保护范围略陈己见，以期有助于2012年《刑事诉讼法》的顺利实施。

（一）强迫被追诉人作出自我归罪的陈述

被追诉人对案件事实之陈述，尤其是坦白认罪的陈述，对于查明案件事实真相发挥着非常重要的作用，因而在刑事诉讼发展史上甚至有“口供是证据之王”“无供不定案”之说。考察不被强迫自证其罪的起源，我们可以发现，不被强迫自证其罪正是在反对强迫被追诉人陈述的基础上产生，因而不被强迫自证其罪首要的保护范围便是不得强迫被追诉人作出自我归罪的陈述。

国际社会对不被强迫自证其罪的规定，均明确表明了被追诉人有权不被强迫作出自我归罪的陈述。如联合国《两权公约》第14条第3款(庚)项规定:“不被强迫作不利于他自己的证言或被强迫承认犯罪。”(“Not to be compelled to testify against himself or to confess guilty.”)《美洲人权公约》第8条第2款第7项规定:“有权不被迫作不利于自己的证言,或被迫认罪。”(“The right not to be compelled to be a witness against himself or to plead guilty.”)美国宪法第五修正案规定:“任何人有权在刑事诉讼中不被强迫作为反对自己之证人”。(“No person shall be…compelled in any criminal case to be a witness against himself.”)加拿大《权利和自由宪章》第11条规定:“任何受到刑事指控的人有权不被强迫在针对自己的诉讼程序中充当证人。”(“Not to be compelled to be a witness in proceedings against that person in respect of the offence.”)《日本宪法》第38条第1款规定:“不得强迫任何人做不利于自己的供述。”在大陆法系之法国和德国的刑事诉讼法中,立法对不被强迫自证其罪的规定均体现在有关沉默权的规定之中。因此,综观境外立法规定,国际社会对不被强迫自证其罪的立法表述几乎等同于不被强迫作出自我归罪的陈述。

我国2012年《刑事诉讼法》第50条对不被强迫自证其罪的规定是:“不得强迫任何人证实自己有罪”。相比于联合国《两权公约》之规定,从立法措辞来看,我国用“证实自己有罪”代替了公约中“作不利于自己的证言或承认犯罪”。所谓“证实”,是指“证明其确实”。[1]因此,仅从字面含义来理解,“不得强迫任何人证实自己有罪”就是“不得强迫任何人证明自己确实有罪”,禁止的是强迫被追诉人证明自己确实有罪,至于强迫被追诉人提供证据证明自己有罪但尚未达到“确实”的程度之行为似乎可以认为不在禁止之列。显然,在保障被追诉人人权方面,这与联合国《两权公约》规定的不被强迫自证其罪存在差距,因为联合国《两权公约》对所有的强迫被追诉人作出不利于自己的陈述之行为均予禁止。正是基于此,在刑事诉讼法修改过程中,有学者认为,在条文表

〔1〕 参见中国社会科学院语言研究所词典编辑室:《现代汉语词典》,商务印书馆1996年版,第1608页。

述上采用“证实”二字，明显背离了该原则“禁止强迫作不利于自己的陈述”之要求，因此建议参照联合国《两权公约》的表述进行修改。[1]

从文义解释的角度来看，上述主张不无道理。不过，笔者认为，如此理解可能不符合立法之本意，理由是：第一，有违立法目的。探讨法律条文之本意，离不开对其立法目的的追问。依笔者之见，我国2012年《刑事诉讼法》规定不被强迫自证其罪之立法目的就是为了规范侦查机关的取证行为。对此，第十一届全国人大常委会王兆国副委员长于2012年3月8日向全国人大代表所作的《关于〈中华人民共和国刑事诉讼法修正案（草案）的说明〉》曾明确指出：“为从制度上进一步遏制刑讯逼供和其他非法收集证据的行为，维护司法公正和刑事诉讼参与人的合法权利，有必要在法律中对非法证据的排除作出明确规定。据此，修正案草案在刑事诉讼法规定严禁刑讯逼供的基础上，增加不得强迫任何人证实自己有罪的规定。”鉴于此立法目的，我国2012年《刑事诉讼法》规定的“不得强迫任何人证实自己有罪”当然是为了减少乃至杜绝侦查机关强迫犯罪嫌疑人陈述之非法行为。第二，将“证实”解释为“证明”在我国刑事诉讼法中早有先例。在我国2012年《刑事诉讼法》第50条中，除了本次新增加规定的“不得强迫任何人证实自己有罪”中有“证实”一词外，该条中原有的“审判人员、检察人员、侦查人员必须依照法定程序，收集能够证实犯罪嫌疑人、被告人有罪或者无罪、犯罪情节轻重的各种证据”之规定也采用了“证实”一词。对于认定犯罪嫌疑人、被告人有罪，当然需要公安司法机关收集确实、充分的证据来证实；但对于认定犯罪嫌疑人、被告人无罪，根据无罪推定延伸出的疑罪从无之要求，在有罪证据达不到确实、充分之程度时即可作出，并不需要证实其无罪。因此，此规定中的“证实”只能理解为“证明”，而非“证明其确实”。第三，将“不得强迫任何人证明自己有罪”中的“证实”解释为“证明其确实”没有任何实践意义。这是因为：根据“孤证不能定案”之证据法常识，任何单一的证据均无法确实、充分地证明案件主要事实，因此即便

---

〔1〕 参见张媛：《立法初步确立“反对强迫自证其罪”原则，专家建议进一步修改为“不得强迫任何人承认自己有罪”》，载《法制日报》2011年12月26日。

可以强迫被告人陈述，但仅凭被告人的口供亦无法“证实”其有罪。

因此，在强迫被追诉人陈述方面，我国2012年《刑事诉讼法》规定的“不得强迫任何人证实自己有罪”理所当然地包括两种情形：一是不得强迫被追诉人作出承认犯罪的陈述，即强迫被追诉人坦白、完整地供述其犯罪事实；二是不得强迫被追诉人作出任何可能证明自己有罪的陈述，即被追诉人关于其犯罪的任何片段的陈述或可能间接导致其有罪的陈述。对此，诚如我国立法者在解释本条时所言：“我国参加了《公民权利和政治权利国际公约》，‘不得强迫任何人证实自己有罪’的规定与公约规定的精神是一致的。”〔1〕

需要指出的是，对于上述联合国《两权公约》规定中的“作不利于他自己的证言”，有学者主张作广义的理解，认为“不利于他自己的证言”，既包括可能证明自己有罪的证言，也包括可能证明其近亲属有罪的证言，因而不被强迫自证其罪原则包含有任何人享有近亲属拒绝作证特权之义。〔2〕诚然，提供证言证明其亲属有罪对自己是不利的。因此，单纯从字面含义来看，无论是汉语中的“作不利于他自己的证言”，还是英文中的“testify against himself”，似乎都可以理解为包含提供证明近亲属犯罪的证言之义，因而上述解释不无道理。但是，从此国际公约制定的背景来看，此种解释可能有些牵强，不符合公约起草者之本意。一方面，联合国《两权公约》第14条第3款规定：“在判定对他提出的任何刑事指控时，人人完全平等地有资格享受以下的最低限度的保证……”这意味着享有此权利的主体是遭受犯罪追诉的人，诚如西方学者所言：“该权利仅与被告（被追诉人）有关。而在另一方面，证人可能不得拒绝作证。”〔3〕另外，公约此项规定吸收了美国宪法第五修正案之规定：“任何人有权在刑事诉讼中不被强迫作为反对自己之证人。”在美国刑事诉讼中，

〔1〕 参见全国人大常委会法工委刑法室：《〈关于修改中华人民共和国刑事诉讼法的决定〉条文说明、立法理由及相关规定》，北京大学出版社2012年版，第47页。

〔2〕 参见陈光中主编：《〈中华人民共和国刑事诉讼法〉修改条文释义与点评》，人民法院出版社2012年版，第59页。

〔3〕 参见［奥］曼弗雷德·诺瓦克：《民权公约评注》，夏勇等译，三联书店2003年版，第260页。

被告人属于证人之范畴，被告人在法庭上接受询问称为作证，因而“强迫作为反对自己之证人”是指刑事审判中强迫被告人接受询问。也许正是基于上述原因，我国理论界均将上述国际人权公约和西方国家宪法中的相关规定概括为不被强迫自证其罪或不被强迫自我归罪。因此，联合国《两权公约》及国际社会中的不被强迫自证其罪并不包含近亲属拒绝作证特权之义。虽然我国2012年《刑事诉讼法》规定的“不被强迫任何人证实自己有罪”无法将近亲属拒绝作证特权包含在内，但是与联合国《两权公约》对此的规定也是一致的。

目前，在世界刑事司法实践中与强迫被追诉人陈述紧密相关的一个重要问题是测谎是否违反不被强迫自证其罪。对此，国外理论界有不同的认识，如在日本，“测谎仪检测是否侵犯沉默权？测谎仪检测是通过记录犯罪嫌疑人回答提问时的脉搏、呼吸、出汗等生理变化，发现犯罪嫌疑人‘撒谎’的检测。有的学说认为，检查的结果只是生理变化，而不是犯罪嫌疑人的供述（非供述说）。有的学说认为，因为回答提问时是内心变化，所以检测结果也应视为犯罪嫌疑人供述的一种（供述说）。因此，这个问题是沉默权的问题，沉默权是可以放弃的，只要犯罪嫌疑人表示同意，就可以进行测谎检测”。[1]笔者认为，随着测谎技术的发展，现代测谎实际上有两种类型：一种是要求被测试人对测谎专家所提问题作出回答；另一种是只需被测试人倾听测谎专家的提问，不需要被测试人对提问作出回答。在要求被测试人作出回答的情况下，虽然最后用来帮助发现案件事实真相的是测谎结论，而非被测试人对问题的回答；但是，测谎结论的形成建立在被测试人回答的基础之上，测谎结论与被测试人的回答可谓毛与皮之关系。一旦测谎结论对被测试人不利，就意味着被测试人的回答是在自证其罪。因此，此种情形下进行的测谎，如果不是在被测试人自愿的情况下进行，就侵犯了被测试人的不被强迫自证其罪权。在不要求被测试人回答的情况下，测谎的进行只需要被测试人倾听测谎专家的提问，此时测谎结论的形成依赖的仅仅是被测试人的身体本身，而非

〔1〕 参见［日］田口守一：《刑事诉讼法》，张凌、于秀峰译，中国政法大学出版社2010年版，第106页。

其陈述。在被测试人不同意的情况下，此种测谎是否违反不被强迫自证其罪，实际上是国家强迫利用被追诉人的身体成为对其不利的证据是否违反不被强迫自证其罪的问题，对此将在本节第三部分予以分析。

最后，需要特别指出的是，综观国际社会对不被强迫自证其罪之规定，在保护被追诉人不被强迫陈述方面，均限于不被强迫作不利于自己的陈述。至于被追诉人对自己有关姓名等身份信息的陈述是否受不被强迫自证其罪保护，境外有不同的观点。日本学者认为："犯罪嫌疑人的沉默权是综合性的沉默权，对沉默权的事项没有限制。因此沉默权也包括犯罪嫌疑人的姓名。"〔1〕但是，英美法系国家的理论和制度设计均认为："嫌疑人、被告人的姓名、年龄等身份情况，一般不在沉默权规则保护之列。对于警察这种'例行公事'的询问（如'你的姓名''你的年龄''你的住址'等问题），嫌疑人不享有沉默权。"〔2〕

笔者认为，尽管从广义的角度讲，被追诉人陈述个人身份信息也可能构成自证其罪，因为查明被追诉人的身份常常是定罪的必要条件。但是，澄清个人身份信息也有助于尽快解除其嫌疑身份；而且，任何人的姓名等身份信息本身就是公开的，是其正常生活和工作的前提。事实上，《中华人民共和国居民身份证法》第15条就赋予了人民警察依法查验居民身份证以核对公民身份信息之权力。基于此，笔者认为，强迫被追诉人陈述个人身份信息不应纳入我国不被强迫自证其罪保护的范围之内。

（二）强迫被追诉人交出实物证据

如上所述，有关国际人权公约和境外的成文法对不被强迫自证其罪的规定，一般只是明确不得强迫被追诉人承认犯罪或者作出对其不利的陈述。然而，实施了犯罪行为的被追诉人一般都知道本案中的实物证据存放于何处，有些实物证据甚至被被追诉人刻意掩藏在一些难以为人发现的地方。对于这些实物证据，追诉机关一般可以通过搜查和扣押程序

---

〔1〕　参见［日］田口守一：《刑事诉讼法》，张凌、于秀峰译，中国政法大学出版社2010年版，第106页。

〔2〕　参见易延友：《沉默的自由》，中国政法大学出版社2001年版，第211页。

依法提取。但是，在追诉机关不愿意或者因不知道掩藏地点等而未能够通过搜查和扣押提取的情况下，追诉机关强迫被追诉人交出可能证明其有罪的实物证据是否违反不被强迫自证其罪原则呢？

在美国，联邦最高法院于1886年在博伊德诉美国案中认为，强迫被告拿出私人文件或者个人的财产，并将其作为反对他的证据使用，等同于强迫他成为反对自己的证人。〔1〕不过，在大约一个世纪以后，联邦最高法院于1976年在菲舍尔诉合众国案以及随后的系列案件中认为，反对强迫自证其罪的特免权仅保护具有言词性或语言交流性的证据；认为第五条修正案保护特定私人性或个人性的文件中的隐私利益的看法没有理论根据，第五修正案是否适用于提供物体的命令取决于强迫被追诉人提供该物体之情形所产生的思想言词是否包含有自我归罪的风险。具体来说，只有在警察已经知道该实物证据的存在，并且能够证明这些证据的存放地点的情况下，强迫嫌疑人提供该证据，才不受不被强迫自证其罪的保护，因为在此种情况下强迫被追诉人提供证据的行为可以被看作警察的强制搜查行为；相反，在警察事先根本不知道该证据是否存在，或者不知道该证据存放于何处的情况下，被追诉人因警方之强迫而提交证据的行为，具有自证其罪的思想交流，因而受不被强迫自证其罪保护。〔2〕

在英国，传统上认为被追诉人的私人文件受不被强迫自证其罪保护。实践中，对“私人文件”的解释曾非常宽泛，如在一起伪造案件中，法院认定作为海关官员的被告有权拒绝提供海关账册，因为这些账册是“一个私人问题”，强迫提交的话就意味着“强迫被告人提供反对自己的证据”。〔3〕不过，此传统自20世纪80年代后开始改变。根据英国1986年《破产法》与1987年《刑事司法法》的规定，书面文件受不被强迫自证其罪保护的内容基本上已被废除，因为法律规定，采纳这种书面文件是否

---

〔1〕 参见［美］阿希尔·里德·阿马：《宪法与刑事诉讼》，房保国译，中国政法大学出版社2006年版，第117页。

〔2〕 参见［美］约翰·W.斯特龙：《麦考密克论证据》，汤维建等译，中国政法大学出版社2004年版，第263页。

〔3〕 参见彭伶：《不被强迫自证其罪原则研究》，中国政法大学出版社2007年版，第87页。

会导致公平审判的原则受到削弱完全属于法官单独行使自由裁量权决定的事项。[1]由此看来，英美法系国家早期基于实物证据，尤其是书面文件反映了被追诉人的内心想法而将其纳入不被强迫自证其罪的保护范围；但是，自20世纪七八十年代以后，成文法和判例趋向于对“言词陈述”的外延进行限制，逐渐将强迫被追诉人提交实物证据排除在不被强迫自证其罪的保护范围之外。

德国在立法上只是对讯问被追诉人的程序要求作出了规定，直接或间接地赋予了被追诉人沉默权，对不被强迫自证其罪本身没有作出明确规定，但是在理论上认为不被强迫自证其罪原则完全可以从宪法关于人的基本权利条文中推导出来，[2]因而无法从立法措辞上来判断强迫被追诉人交出实物证据是否违反不被强迫自证其罪原则。不过，德国宪法法院的判例和一些单行法律对此问题有所涉及。例如，德国宪法法院于1980年在没有立法授权的情况下曾认为：一个宣告破产的人按照前《破产法》第100条的规定向接收人提供了关于其经济状况的所有信息，在对该人的刑事起诉中使用此信息会侵犯其反对强迫自证其罪的特权，从而侵犯了该人受宪法保护的个人尊严。而且，此判例被1994年修订后的《破产法》所吸收，该法第97条第1款规定，破产者为履行义务所提供的信息，不得未经其同意而在对其不利的刑事诉讼程序中使用。[3]

法国与德国类似，刑事诉讼法典只是对讯问时被追诉人享有沉默权作出了规定，至于强迫被追诉人交出实物证据是否违反不被强迫自证其罪并无明确规定。不过，欧洲人权法院于1993年在芬克诉法国案中认为，虽然公约对不被强迫自证其罪没有作出明确规定，但是被追诉人享有不被强迫自证其罪权是《欧洲人权公约》第6条规定的公正审判之应

〔1〕 Sybil Sharpe, The Privilege against Self-incrimination: Do We Need a Preservation Order?, *Anglo-American Law Review*, p.516.转引自易延友：《沉默的自由》，中国政法大学出版社2001年版，第230页。

〔2〕 参见［德］约阿希姆·赫尔曼：《〈德国刑事诉讼法典〉中译本序言》，载《德国刑事诉讼法典》，李昌珂译，中国政法大学出版社1995年版，第14页。

〔3〕 参见［德］托马斯·魏根特：《德国刑事诉讼程序》，岳礼玲等译，中国政法大学出版社2004年版，第192页。

有之义，强迫被告交出可能证明自己有罪的文件违反了不被强迫自证其罪原则。[1]值得注意的是，在判决行文过程中，欧洲人权法院一直将保持沉默与不被强迫自证其罪两个词组并列使用（“...to remain silent and not to contribute to incriminating himself”），似乎蕴含沉默权与不被强迫自证其罪是两种并列的权利，从而使得不被强迫自证其罪超越了沉默权的保障内涵。欧盟于2000年颁布的《保护欧洲经济利益刑事法典》沿袭了欧洲人权法院的观点，该法第31条规定：“除了依据内国法或共同体法而来的特定文件提出义务外，任何人皆无以积极方式直接或间接自我入罪的义务。”[2]

基于上述考察，大体可以得出的结论是：英美法系国家早期基本上将强迫被追诉人交出实物证据纳入不被强迫自证其罪的保护范围，不过自20世纪80年代以后司法机关通过对“言词陈述”进行严格解释的方法，逐渐将部分实物证据排除在不被强迫自证其罪的保护范围之外。在大陆法系国家，传统上不被强迫自证其罪的保护范围不包括实物证据，但是自20世纪90年代以后逐渐将书面文件纳入到不被强迫自证其罪的保护范围之内。与德国和法国相比，美国和英国虽然在一定的程度上将强迫被追诉人交出实物证据纳入不被强迫自证其罪的保护范围；但是，在为其寻找理论根据时，仍然将被追诉人被迫交出实物证据与自我归罪性的陈述紧密联系起来，只有强迫被追诉人交出实物证据的行为具有自我归罪性的陈述之性质时，才受不被强迫自证其罪保护。究其原因，可能是因为：英美法系国家的不被强迫自证其罪是从沉默权延伸而来，而沉默权保护的客体仅限于言词陈述；在美国，还可能与其宪法第五修正案将不被强迫自证其罪表述为“任何人有权在刑事诉讼中不被强迫作为反对自己之证人”有关，因为证人作证就是以言词的方式向法庭提供证言。反观大陆法系的法国和德国，因国内法及《欧洲人权公约》均没有对不被强迫自证其罪作出明确规定，反倒给司法机关在实践中解释不被强迫自证其罪提供了较大的空间，可以径直将强迫被追诉人交出实物证

---

〔1〕 ECHR, Funke v.France, 1993, Series A no.256-A, § 44.

〔2〕 参见林钰雄：《论不自证己罪原则》，载《台大法学论坛》2005年第2期。

据的行为视为违反不被强迫自证其罪。

在2012年《刑事诉讼法》出台之前，我国理论界对强迫被追诉人交出实物证据是否受不被强迫自证其罪保护有不同的看法。有的学者认为不被强迫自证其罪等同于沉默权，因而不被强迫自证其罪的保护范围仅限于人的言词陈述；还有学者认为不被强迫自证其罪与沉默权是两种不同的权利，彼此独立。〔1〕针对我国2012年《刑事诉讼法》第50条规定的"不得强迫任何人证实自己有罪"，立法部门的解释是："'不得强迫任何人证实自己有罪'是对司法机关收集口供的原则性要求，是指不得以任何手段迫使任何人认罪和提供证明自己有罪的证据。"〔2〕此解释尽管认为不被强迫自证其罪包含"不得以强迫手段迫使任何人提供证明自己有罪的证据"之内容，而且由此似乎能延伸出我国不被强迫自证其罪保护任何人有权不被强迫交出可能证明自己有罪的实物证据之义；但是立法者在解释时明确该原则是"对司法机关收集口供的原则性要求"，说明立法者认为我国2012年《刑事诉讼法》规定的不被强迫自证其罪之保护范围并不包括禁止强迫被追诉人交出实物证据。

我们认为，强迫被追诉人交出对自己不利的实物证据与强迫被追诉人作出不利于自己的陈述，在本质上并无差异，都是强迫被追诉人自己弹劾自己，是对人之本性和尊严的践踏，诚如德国联邦宪法法院所言："公民在对自己不利的刑事诉讼程序中拒绝积极合作的权利，是从基本法第1条和第2条所保障的人的尊严和自由引申而来的，并且是法治国家概念的组成部分。"〔3〕因此，基于程序主体性原理，从维护人的尊严出发，在理论上应当将不得强迫被追诉人交出实物证据纳入不被强迫自证其罪的保护范围。就立法语言的表达而言，我国2012年《刑事诉讼法》第50条采用"不得强迫任何人证实自己有罪"之表述，显然可以解释为包

〔1〕 参见樊崇义：《从"应当如实回答"到"不得强迫自证其罪"》，载《法学研究》2008年第2期。

〔2〕 参见全国人大常委会法工委刑法室：《〈中华人民共和国刑事诉讼法〉释义及实用指南》，中国民主法制出版社2012年版，第130页。

〔3〕 参见［德］托马斯·魏根特：《德国刑事诉讼程序》，岳礼玲等译，中国政法大学出版社2004年版，第79页。

含有不得强迫被追诉人提交可能证明自己有罪的实物证据。反观联合国《两权公约》规定的“不被强迫作不利于他自己的证言或被强迫承认犯罪”，在文义解释上反而很难包容“不得强迫被追诉人交出可能证明自己有罪的实物证据”之义。由此看来，我国2012年《刑事诉讼法》对不被强迫自证其罪之规定，没有采用联合国《两权公约》之通常表述，虽然在保护被追诉人自由陈述方面略显欠缺，但可谓塞翁失马，如此规定正好使不被强迫自证其罪摆脱了其保护的范围仅限于言词陈述之束缚。

不过，需要特别强调的是，将强迫被追诉人交出实物证据纳入不被强迫自证其罪的保护范围，并不意味着国家不能通过强制的方法获取实物证据。因为不被强迫自证其罪禁止的只是强迫被追诉人自己交出实物证据，至于侦查机关通过强制搜查和扣押的方式获取实物证据则与不被强迫自证其罪无关。在被追诉人拒绝提交的情况下，侦查机关可以通过强制搜查和扣押的方法收集实物证据。因此，如果侦查机关放弃可以依法采用的强制搜查和扣押，硬是强迫被追诉人交出实物证据，则其违法性就显得非常突出。

一旦在理论上认为强迫被追诉人交出实物证据违反不被强迫自证其罪，就需要考虑由此取得的实物证据之证据能力问题。从上述英美德法等国家的相关判例来看，只要法院认定该实物证据的取得违反不被强迫自证其罪，则相应的证据均被排除。我国2012年《刑事诉讼法》第54条第1款规定：“收集物证、书证不符合法定程序，可能严重影响司法公正的，应当予以补正或者作出合理解释；不能补正或者作出合理解释的，对该证据应当予以排除。”据此，我国2012年《刑事诉讼法》对非法实物证据的排除在很大的程度上比较模糊，总体来看不够彻底和到位。鉴于不被强迫自证其罪是被追诉人的基本权利，而且我国刑事诉讼法对搜查和扣押的程序控制并不像西方国家采取司法审查那样严格，侦查机关启动搜查和扣押相对比较容易，因而侦查机关放弃搜查和扣押手段不用，故意强迫被追诉人交出实物证据就具有明显的恶意，为此笔者建议：对侦查机关强迫被追诉人交出实物证据之违反不被强迫自证其罪行为，法院应当采取最为严厉的证据排除措施。唯有此，强迫被追诉人交出实物证据之非法行为才能得到有效的遏制，不被强迫自证其罪保护的被追诉人之主体地位才能得到真正的维护。

(三)强迫被追诉人利用其身体积极配合国家追诉

辨认是刑事诉讼中查明案件事实真相的重要手段，我国2012年《刑事诉讼法》已将辨认笔录作为法定的证据种类之一。在被追诉人作为辨认人的情况下，被追诉人无论是以口头还是行为的方式进行辨认，均是被追诉人的意思表示。因此，任何强迫被追诉人辨认的行为，均可以视为是强迫被追诉人作出对其不利的陈述，因而违反不被强迫自证其罪。对此，国际社会并无争议。然而，在被追诉人作为辨认对象的时候，强迫被追诉人站在特定的地点接受辨认；更有甚者，基于保证辨认结果准确的需要，强迫被追诉人模仿真正的犯罪人案发时的言行举止或者穿上特定的服饰以便证人或者被害人辨认，是否违反不被强迫自证其罪？

与此同时，随着现代科学技术的发展，DNA鉴定、指纹鉴定、笔迹鉴定、声纹鉴定等法庭科学技术的运用日益广泛。然而，这些技术手段的运用，需要从被追诉人身上提取血液或者要求被追诉人作出捺指印、书写特定的文字、说出特定的话语等行为。在被追诉人拒绝配合的情况下，强制从被追诉人身上抽血或者强迫要求其身体从事这些特定的行为，又是否违反不被强迫自证其罪？简言之，不被强迫自证其罪的保护范围是否包括禁止国家追诉机关强迫被追诉人利用其身体来指控自己有罪？

在美国，许多法院在19世纪晚期和20世纪早期的时候主张，强迫被告将其身体物质作为物证使用，如强迫被告接受身体检查、提供脚印或者指纹，均是在强迫被告成为反对自己的证人，因而违反不被强迫自证其罪。[1]不过，此做法在20世纪后期开始改变，其中标志性的判例是联邦最高法院于1966年审理的施梅伯诉加利福尼亚州案。在该案中，联邦最高法院以5：4的裁决认为，“该权利禁止强迫‘交谈’或‘指证’，但是使得嫌疑人或被告人成为‘实物证据’的逼迫行为不侵犯该权利。因此，

〔1〕 参见[美]阿希尔·里德·阿马：《宪法与刑事诉讼》，房保国译，中国政法大学出版社2006年版，第119页。

不被强迫自证其罪对下列强制行为不提供保护：提取指纹、拍照或测量、为辨认准备笔迹和语言、在法庭上露面、站立、设定姿势、走步或者做特殊的动作”。[1]在随后的1967年，联邦最高法院在美国诉韦德案中再次以5∶4的裁决认为：“仅仅是强迫被告在审判前展示他的容貌以便目击者观察并不属于强迫被告提供证据；基于辨认的需要，强迫被告在证人可以听见的范围内说话，甚至说出可疑劫匪说过的话，并不是强迫他作出‘证明’性质的陈述；要求他提供声音以确认其身体特征，并非要求他说出罪行，因而并不违反不被强迫自证其罪。”[2]

由此看来，美国联邦最高法院总体上认为强迫被追诉人的身体成为实物证据或其来源不属于不被强迫自证其罪的保护范围；不过，值得注意的是，5∶4的裁决结果本身说明最高法院内部对此存有激烈的争议。究其原因，是因为美国联邦最高法院在著名的米兰达诉亚利桑那州案中曾对不被强迫自证其罪存在的政策基础作出如下阐述：“政府必须‘尊重人格不受侵犯’，而且政府必须‘依靠自己的独立劳动’来提供不利于被告人的证据。”[3]强迫利用被告人的身体作为证据指控其有罪，显然不符合必须“依靠自己的独立劳动”之要求，因而违反了此政策基础。事实上，在英美法系国家也有一些学者认为强迫被追诉人的身体成为对其不利的证据，违反了不被强迫自证其罪，如有学者认为：“一束DNA说出了千言万语。即使被告人有权利保持沉默，DNA样本最终也会将被告人的内心想法说出来，这违背了宪法第五修正案不被强迫自证其罪之根基”[4]“自我归罪的证据可以被用来指代从被告人身上获得的任何事物，如血液、呼出的气体，或身体上的其他东西。这一概念还被描述为侦查程序中获得的所有在被告人参加的情况下产生的证据，例如，辨认的结果、被告人参与的侦查实验结果等，甚至还包括通过其陈述发现的实物

---

〔1〕 Schmerber v. California, 384 U.S.757(1966).

〔2〕 United States v. Wade, 388 U.S.218(1967).

〔3〕 参见[美]伟恩·R.拉费弗等：《刑事诉讼法》，卞建林等译，中国政法大学出版社2004年版，第416页。

〔4〕 Jill C.Schaefer, Profiling at the Cellular Level: The Future of The New York State DNA Database, 14 *Alb.L.J.Sci. & Tech.*550(2004), p.572.

证据”。[1]

在德国，成文法对强迫被追诉人的身体成为证明其有罪的证据是否违反不被强迫自证其罪并无明确规定；不过，判例认为，“虽然犯罪嫌疑人没有义务作口头陈述，但是他的身体可以用作证据……在医院里，被告人被捆绑在床上以抽取血样。但是，他不能被强迫提供口中或肺里的气体做呼吸分析测试，因为呼气是一种积极的行为”“法院曾经规定，强奸案件的被害人，如果只听到犯罪嫌疑人的声音但没有看到他的脸，允许其偷听犯罪嫌疑人和警察在警局的谈话，虽然犯罪嫌疑人不能被强迫提供声音的样品。法院还在没有明确法律授权的情况下，准许犯罪嫌疑人和证人之间进行强制性的当面对质，并且可以强迫犯罪嫌疑人同意剪去他最近长出的胡子，强迫犯罪嫌疑人戴上被银行拍摄下来的抢劫犯所戴的面具”。[2]据此，德国法总体上也认为强迫被追诉人的身体成为对其不利的证据没有违反不被强迫自证其罪。

综上所述，美国和德国在总体上都认为强迫被追诉人的身体成为对其不利的证据没有违反不被强迫自证其罪。事实上，综观境外法治国家的刑事司法，均允许追诉机关依法强制采集被追诉人的身体样本，无一例外地认为此种行为与不被强迫自证其罪原则不相抵触。究其原因，可能在于：与其他实物证据不同，被追诉人的身体证据与被追诉人的身体紧密相连，只能在被追诉人本人主动配合或者被动忍受的情况下才能获取；离开了被追诉人之身体，国家通过其他途径难以获得被追诉人的身体证据。也许正是基于此，在通过其他途径能够获得被追诉人身体证据的情况下，再强迫被追诉人提供能够反映身体特征的证据可能就会被认为违反了不被强迫自证其罪。例如，同样是强迫被追诉人提供笔迹样本，美国联邦最高法院对此的态度大相径庭。联邦最高法院于1967年在吉尔伯特诉加利福尼亚州案中基于笔迹样本属于实物证据，裁定不被强

〔1〕 David M.Paciocco and Lee Stuesser, *Essential of Canadian Law: The Law of Evidence*, Irwin Law, 1996, p.154.

〔2〕 参见［德］托马斯·魏根特：《德国刑事诉讼程序》，岳礼玲译，中国政法大学出版社2004年版，第77～78页。

迫自证其罪权并不禁止强迫嫌疑人提供笔迹样本；[1]但是，联邦最高法院在1988年的多伊诉美国案中，又将被追诉人被迫制作的笔迹样本纳入言词证据的类型，认为强迫被追诉人提供笔迹样本违反了不被强迫自证其罪权。[2]究其原因，是因为联邦最高法院认为以下两种情形下强迫被追诉人提交笔迹样本存在差别：在吉尔伯特诉加利福尼亚州案中，追诉方只不过是强迫被追诉人交出已经存在的笔迹样本；而在多伊诉美国案中，警方强迫被追诉人现场通过书写制作笔迹样本，法院认为被追诉人制作笔迹样本之行为本身表达了被追诉人的意思，即“这是我的笔迹”。笔者认为，美国联邦最高法院之所以对强迫犯罪嫌疑人提供笔迹样本的这两种行为进行区分，是因为被追诉人的笔迹，在其个人档案及有关记录中均能获取到，没有必要非得强迫被追诉人临时制作。

但是，在个别问题上，美德两国对强迫被追诉人的身体成为对其不利的证据是否违反不被强迫自证其罪也存在一些细微的差异。例如，对于警方强迫被告人开口说出特定的语言以供辨认之行为，在美国不会认为违反不被强迫自证其罪，在德国则认为违反了不被强迫自证其罪。究其原因在于：美德两国对于强迫被追诉人的身体成为对其不利的证据是否违反不被强迫自证其罪所依据的理论根据有所差别。在理论根据上，美国依然是以宪法第五修正案为基础，视强迫利用被追诉人的身体为对其不利的证据不属于强制被追诉人陈述，因而不受第五修正案保护。反观德国，虽然认为强迫利用被追诉人的身体成为对其不利的证据并不违反不被强迫自证其罪，但是却以不得强制被追诉人以积极的行为配合为前提，也就是说：国家可以强制从被追诉人身上提取血样，但却无权径直地要求被追诉人提交血样；可以强制地剪去被追诉人的胡子，但却无权强迫被追诉人自己剪下自己的胡子；可以让辨认人偷听被追诉人的声音，但却无权强迫被追诉人主动提供声音样本。简言之，按照德国法之理论，“不自证己罪的射程距离，仅止于被告‘积极’自证己罪义务的禁止，并未免除其‘消极’的忍受义务，因此，当被告作为强制处分或

〔1〕 Gilbert v. California, 388 U.S.263(1967).
〔2〕 Doe v. United States, 487 U.S.201(1988).

其他调查证据方法的对象时，例如抽血检测、身体勘验或（与证人或共同被告）对质等，国家纵使课予被告忍受义务，亦不违反不自证己罪原则”。[1]

鉴于西方法治国家原则上认为强迫利用被追诉人的身体成为对其不利的证据与不被强迫自证其罪原则不相抵触，加之被追诉人的身体证据常常具有只能从其身体上获取的特殊性，同时考虑到我国2012年《刑事诉讼法》刚刚确立不被强迫自证其罪原则，笔者认为，目前我国不被强迫自证其罪保护的范围不宜过宽，应当允许国家强制地从被追诉人身体上采集人体物证或者强迫被追诉人以特定的方式接受辨认。不过，在具体理论根据的借鉴上，与美国法确立的不被强迫自证其罪的保护范围限于言词陈述相比，德国法确立的禁止强迫被告积极自证其罪但不免除其消极忍受义务更具有科学性，与我国2012年《刑事诉讼法》第50条规定的“不得强迫任何人证实自己有罪”在内涵上也更趋一致。因此，在强迫被追诉人利用其身体配合国家追诉方面，不被强迫自证其罪的保护范围仅限于强迫被追诉人积极地、主动地利用其身体配合国家追诉，至于强迫被追诉人消极地忍受其身体被利用则不在不被强迫自证其罪的保护范围之内。据此，笔者认为，本文第一部分提到的在不要求被测试人对测谎专家提出的问题作出回答的情况下，基于被追诉人负有消极忍受义务，因而强制对被追诉人进行测谎并不违反不被强迫自证其罪。当然，此种情形下的强制测谎能否进行，还取决于现有的测谎技术能否保证测谎结果的准确性。

需要指出的是，我国2012年《刑事诉讼法》第130条第1款已经增加规定，在进行人身检查的时候，“可以提取指纹信息，采集血液、尿液等生物样本”。遗憾的是，该条第2款虽然规定：“犯罪嫌疑人如果拒绝检查，侦查人员认为必要的时候，可以强制检查”，但是对侦查机关强制采集人体物证没有作出明确规定。笔者认为，从理论上讲，对犯罪嫌疑人强制检查与强制采样是两种不同的行为，二者对犯罪嫌疑人基本权利之

---

〔1〕 参见林钰雄：《刑事诉讼法》（上册），中国人民大学出版社2005年版，第129页。

影响存在较大的差异；在我国2012年《刑事诉讼法》仅规定“可以强制检查”，但没有明确规定“可以强制采样”的情况下，如果严格按照法治国家法律保留原则之要求，侦查机关无权强制采集犯罪嫌疑人的身体样本。但是，从我国侦查实践的需求出发，允许侦查机关强制采集人体物证是必要的，我们相信立法机关的本意也应当是如此。为此，笔者建议，可以考虑对2012年《刑事诉讼法》第130条第1款和第2款作出新的解释：既然第130条第1款赋予了侦查机关在人身检查的时候，可以采集人体样本，这就意味着只要“人身检查”是合法的，在人身检查过程中进行的采样就是合法的；而第2款赋予了侦查机关强制进行人身检查的权利，结合第1款的规定，只要侦查机关强制进行的人身检查是合法的，在此过程中对人体样本的收集也就具有相应的合法性。

（四）结语

西方学者曾言：“不被强迫自证其罪原则在不同的时间、不同的地点、不同的环境会有不同的含义。”[1]随着现代司法文明的发展，充分考虑不被强迫自证其罪所蕴涵的保障人权、个人自由以及被追诉人的主体性地位等因素，对不被强迫自证其罪的解释已突破其诞生时期的仅限于禁止强迫陈述的狭隘内涵，呈现扩大化解释的发展趋势。我国2012年《刑事诉讼法》没有采用联合国《两权公约》等国际社会有关不被强迫自证其罪的通行表述，而是规定“不得强迫任何人证实自己有罪”，无疑为此种扩大化解释提供了可能。基于此，笔者认为，我国2012年《刑事诉讼法》规定的不被强迫自证其罪的保护范围应当界定为：在刑事诉讼中被追诉人虽有消极忍受国家追诉之义务，但享有不被强迫以各种方式积极证明自己有罪之权利。

三、不得强迫自证其罪的核心内涵

我国2012年《刑事诉讼法》在增加规定“不得强迫任何人证实自己有罪”的同时，不仅没有在立法上明确规定被追诉人享有沉默权，而且

〔1〕 David M.Paciocco and Lee Stuesser, *Essential of Canadian Law: The Law of Evidence*, Irwin Law, 1996, p.154.

还保留原刑事诉讼法中的“犯罪嫌疑人对侦查人员的提问，应当如实回答”之规定，由此在理论界引发了我国刑事诉讼法是否已经确立沉默权的讨论。

（一）不被强迫自证其罪是否包含沉默权

在有关刑事司法的国际人权公约中，有的仅规定不被强迫自证其罪，而没有规定沉默权，如联合国《两权公约》《保护所有遭受任何形式拘留或监禁的人的原则》；有的仅规定了沉默权，但没有规定不被强迫自证其罪，如联合国《少年司法最低限度标准规则》；还有的同时规定了不被强迫自证其罪和沉默权，如《国际刑事法院罗马规约》。西方国家的立法也是如此，如美国在联邦最高法院确立米兰达规则之前，仅规定了不被强迫自证其罪，但在立法和判例上并没有明确规定沉默权；在德国，刑事诉讼法规定了沉默权，但无论是宪法还是刑事诉讼法，均没有对不被强迫自证其罪作出明确规定；在日本，宪法对不被强迫自证其罪作出了规定，刑事诉讼法则明确规定了沉默权。我国2012年《刑事诉讼法》仅规定了不被强迫自证其罪，但没有对沉默权作出明确规定。笔者认为，我国2012年《刑事诉讼法》规定的“不得强迫任何人证实自己有罪”包含有被追诉人享有沉默权之义。

首先，沉默权是不被强迫自证其罪的应有之义。判断不被强迫自证其罪是否包含沉默权之内涵，关键是看不被强迫自证其罪是否包含有沉默权之核心内容。依笔者之见，刑事诉讼中的沉默权，核心内容是犯罪嫌疑人、被告人针对国家机关之讯问，享有回答与不回答之权利；判断犯罪嫌疑人、被告人的沉默权是否被侵犯，其标准是国家机关是否采取了违背犯罪嫌疑人、被告人意愿的方式进行讯问。依据不被强迫自证其罪之要求，国家机关无权以强迫的方式获取犯罪嫌疑人和被告人的供述；在犯罪嫌疑人、被告人拒绝回答的情况下，讯问主体也无权采取任何违背被讯问人意志的方法进行讯问，因而犯罪嫌疑人、被告人自然就享有回答与不回答的自由。由此可见，在保障犯罪嫌疑人、被告人自由陈述方面，不被强迫自证其罪原则与沉默权具有相同的内涵。正是基于此，在西方国家的相关法律文献中，常常是不被强迫自证其罪与沉默权两个概念混合使用，如在布莱克法律词典中，对沉默权（right to remain silence）的解释是“参加不被强迫自证其罪权”（see right against self-incrimination）。[1]欧洲人权法院则认为，“不自我归罪主要关注点在于‘尊重被告人保持沉默的自由意志’”。[2]总之，不被强迫自证其罪是个宏观的、抽象的诉讼原则，沉默权是个技术性的具体法律制度，两者虽然是不同的概念，但是作为保障被追诉人自由陈述的沉默权完全被包含于不被强迫自证其罪之中。

其次，是否确立告知义务不是判断沉默权是否已经确立的必要条件。诚然，西方一些国家通过判例或者刑事诉讼法典规定，警察在讯问犯罪嫌疑人之前应当告知犯罪嫌疑人有权保持沉默或者拒绝回答。相比之下，我国2012年《刑事诉讼法》没有类似的规定，因此有部分学者认为我国没有确立沉默权。对此，笔者认为，一个人是否享有某项权利，不在于是否必须有人告诉他享有此权利，而是法律是否实实在在地规定了此项权利；警察在讯问犯罪嫌疑人前告知其有权保持沉默，不是在赋予犯罪嫌疑人沉默权，而是在提醒犯罪嫌疑人依法享有沉默权。因此，不能以我国2012年《刑事诉讼法》没有明确规定讯问主体在讯问犯罪嫌疑人之前应当告知被讯问人享有沉默权为由否定我国已经确立了沉默权。在此，《法国刑事诉讼法》有关沉默权规定的立法变迁颇值得我们注意，“2000年6月15日的法律规定了被拘留人的沉默权。措辞是被拘留人有权不回答侦查人员的问题。由于该权利促使被拘留人的情况对侦查的效率和被嫌疑人的权利都可能产生不利影响，为了避免该权利的告知促使被拘留人沉默，2002年3月4日的法律将被拘留人的沉默权改为：‘侦查机关应当告知被拘留人可以在作出声明、回答侦查人员提出的问题或保持沉默之间进行选择’。”[3]显然，这里对沉默权告知方式的变化并不影响我们判断《法国刑事诉讼法典》是否已经确立沉默权。总之，

---

〔1〕 Bryan A.Garner, *Black's Law Dictionary*, 8th edition, Thomson West, 2004, p.1352.

〔2〕 参见［瑞士］萨拉·J. 萨默斯：《公正审判——欧洲刑事诉讼传统与欧洲人权法院》，朱奎彬、谢进杰译，中国政法大学出版社2012年版，第197页。

〔3〕 参见陈卫东等：《法国刑事诉讼法改革的新进展》，载《人民检察》2004年第10期。

是否确立告知义务不是判断沉默权是否已经确立的必要条件。

最后，我国侦查实践中已经存在的犯罪嫌疑人权利义务告知制度为进一步加强犯罪嫌疑人沉默权的保障提供了可能。无论是在修正之前还是在修正之后，我国刑事诉讼法虽然赋予了犯罪嫌疑人、被告人系列诉讼权利，但是除了规定在审判阶段法官有义务告知被告人有权申请回避等诉讼权利以外，对侦查和检察人员是否有义务告知犯罪嫌疑人享有何种诉讼权利则没有规定。不过，我国公安部门和检察机关在近些年的侦查实践中，已经确立了犯罪嫌疑人诉讼权利义务告知制度，如公安部《公安机关适用刑事羁押期限规定》第5条规定："对犯罪嫌疑人第一次讯问开始时或者采取强制措施时，侦查人员应当向犯罪嫌疑人送达《犯罪嫌疑人诉讼权利义务告知书》，并在讯问笔录中注明或者由犯罪嫌疑人在有关强制措施附卷联中签收。犯罪嫌疑人拒绝签收的，侦查人员应当注明。"而且，公安部还将《犯罪嫌疑人诉讼权利义务告知书》作为公安机关的法定文书进行管理，统一了告知的内容。在此文书中，列举了我国刑事诉讼法规定的犯罪嫌疑人享有的全部诉讼权利和义务。基于此，在新刑事诉讼法生效实施以后，如果公安部门将犯罪嫌疑人享有不被强迫自证其罪权列入《犯罪嫌疑人诉讼权利义务告知书》，无疑将等同于侦查机关告知犯罪嫌疑人享有不被强迫自证其罪权，从而可能形成具有我国特色的犯罪嫌疑人沉默权告知制度，即在告知的形式上，不是专门单独的告诉，而是笼统、综合性的告诉；在告知的内容上，不是明确地告诉犯罪嫌疑人享有沉默权，而是告诉其享有不被强迫自证其罪权。

总之，将2012年《刑事诉讼法》规定的不被强迫自证其罪解释为我国已经确立了沉默权，在理论上，既体现了加强人权保障的立法精神，也符合不被强迫自证其罪包含沉默权之基本理论，诚如学者指出："目前在大多数国家沉默权——无论是否在立法中明确规定——是体现不被强迫自证其罪原则的不可或缺的部分。"[1]在实践中，随着我国犯罪嫌疑人诉讼权利义务告知制度的进一步完善，立法规定的默示的沉默权还可能

〔1〕 参见彭伶：《不被强迫自证其罪原则研究》，中国政法大学出版社2007年版，第113页。

发展成为明示的沉默权。

（二）“应当如实回答”是否有违不被强迫自证其罪

我国2012年《刑事诉讼法》第118条保留了1996年《刑事诉讼法》第93条中的“犯罪嫌疑人对侦查人员的提问，应当如实回答”之规定。所谓“应当如实回答”，立法部门当时的解释是：“既不能夸大，也不能缩小；既不能隐瞒，也不能无中生有，或者避重就轻。”[1]强调“不能隐瞒”，意味着犯罪嫌疑人无权拒绝回答问题。基于此，我国理论界普遍认为，“如实回答义务”有违不被强迫自证其罪；一旦不被强迫自证其罪进入刑事诉讼法典，“如实陈述义务”之规定应予废除。[2]在2012年3月全国人大讨论刑事诉讼法修正案期间，鉴于该修正案一方面增加规定“不得强迫任何人证实自己有罪”，另一方面又保留“应当如实回答”之规定，社会各界纷纷提出质疑，认为这两个规定相互矛盾。对此，立法部门有关负责同志指出：“这次刑事诉讼法修改明确规定不得强迫任何人证实自己有罪。这样的规定对司法机关是一个刚性的、严格的要求。至于犯罪嫌疑人应当如实回答，是从另外一个层面、另外一个角度规定的。我国刑法规定，如果犯罪嫌疑人如实回答了问题，交代了自己的罪行，可以得到从宽处理。刑事诉讼法作为一部程序法，要落实这一规定。犯罪嫌疑人要回答问题的话，就应当如实回答；如实回答，就会得到从宽处理。这是从两个角度来规定的，并不矛盾。”[3]

诚然，我国1996年《刑事诉讼法》规定的“应当如实回答”之立法原意是：犯罪嫌疑人对侦查人员的提问，不仅有义务回答，而且还必须如实回答。从这个角度来讲，“应当如实回答”与不被强迫自证其罪确实是相互矛盾的。但是，在2012年《刑事诉讼法》颁布以后，如果通过合理的解释能够避免法律条文的硬性冲突，则可以而且应该抛弃原有的解

---

〔1〕 参见全国人大常委会法工委刑法室：《〈刑事诉讼法〉条文说明、立法理由及相关规定》，北京大学出版社2008年版，第251页。

〔2〕 参见樊崇义：《从“应当如实回答”到“不得强迫自证其罪”》，载《法学研究》2008年第2期。

〔3〕 参见陈菲等：《推进民主法制进步的重大举措——全国人大常委会法工委负责人就刑诉法修改回答中外记者提问》，载《人民日报》2012年3月9日。

释。基于此，笔者认为，在2012年《刑事诉讼法》颁布后，应当根据不被强迫自证其罪的要求，重新解释“应当如实回答”之规定。事实上，在本次刑事诉讼法修改之前，已经有学者认为可以对“应当如实回答”作出另外一种解释，即“应当如实回答”是指应当“如实”回答，而不是“应当回答”，也就是说，犯罪嫌疑人对侦查人员的提问，有选择是否回答的权利，但如果他选择了回答，就负有“如实”回答的义务。[1]此解释与上述立法部门有关负责人主张的“犯罪嫌疑人要回答问题的话，就应当如实回答”之观点无疑是一致的；而且，按照此解释，犯罪嫌疑人事实上享有沉默权，不存在与不被强迫自证其罪相矛盾的问题，因而应当为我国立法及司法部门在解释此规定时所采纳。

一旦按照上述方法解释“应当如实回答”，就意味着在我国刑事诉讼中犯罪嫌疑人虽享有沉默之权利，但同时承担真实陈述之义务。关于沉默权与真实陈述义务之关系，境外大致有两种不同的观点：一种是认为被追诉人享有沉默权，同时有真实陈述之义务，即无说谎之权利。如在英美国家，被追诉人一旦放弃保持沉默的权利，就必须实话实说，否则将被以伪证罪追究刑事责任；即便是对于经审理后被依法宣告无罪的人，如果事后查明被告在庭审中为自己作证时提供了虚假的证词，依然可以就其伪证行为追究刑事责任。[2]在日本，也有学者认为：“沉默权仅仅是允许不供述，而不是允许‘谎言的自由’。”[3]另一种观点认为，被追诉人享有沉默权，但无真实陈述之义务，即不会因说谎而遭受制裁。如我国台湾地区有学者认为，“被告既无陈述之义务，亦无真实陈述之义务，但亦无说谎的权利，不过被告纵使说谎（例如，被告提出的抗辩经证明为虚假），也无制裁的法律效果，最多仅会影响法院对其陈述的采信程度而已”。[4]在德国，“被告在陈述时有无‘真实之义务’，对此亦无定论。在文献中，大多数的主张均反对被告具有此真实之义务……对被告之说

〔1〕 参见樊崇义：《刑事诉讼法实施问题与对策研究》，中国人民公安大学出版社2001年版，第343页。

〔2〕 参见孙长永：《沉默权制度研究》，法律出版社2001年版，第79页。

〔3〕 参见[日]松尾浩也：《日本刑事诉讼法》，丁相顺译，中国人民大学出版社2005年版，第128页。

〔4〕 参见林钰雄：《刑事诉讼法》（上册），中国人民大学出版社2005年版，第129页。

谎，在程序上并无处罚之规定”。[1]显然，我国2012年《刑事诉讼法》在此问题上之规定，可以视为是采取了英美法系之立法例。

当然，与之不同的是，英美法系国家对故意作虚假陈述的被追诉人会以伪证罪追究刑事责任，而我国刑法没有将犯罪嫌疑人、被告人纳入伪证罪之犯罪主体。在此，笔者认为，在我国2012年《刑事诉讼法》已经确立不被强迫自证其罪之后，有必要对“‘抗拒从严’之批判”进行重新认识。传统的“抗拒”与“坦白”呈现二元对立关系，是以犯罪嫌疑人、被告人没有沉默权为前提的，故意作虚假陈述或者保持沉默都被视为“抗拒”。因此，将保持沉默视为“抗拒”而对其“从严”进行批判是正当的。然而，对故意作虚假陈述的犯罪嫌疑人、被告人，一概否定“从严”的科学性似乎也值得深思。犯罪嫌疑人、被告人故意作虚假陈述，一方面可能会误导公安司法机关的正常工作，另一方面表明犯罪嫌疑人、被告人缺少悔罪心理。事实上，在德国，虽然理论界多数人主张被告人有权说谎，但是在判例上，“如被告顽固说谎以致足使法官认定其不知悔改，并有碍真相之调查时，会加重其刑罚”。[2]基于此，在对待犯罪嫌疑人、被追诉人陈述的问题上，笔者认为科学的做法是：尊重沉默，即允许犯罪嫌疑人、被告人享有沉默权，并按照刑法规定的基准刑量刑；鼓励坦白，将此作为可以从宽处罚的法定情节；惩罚说谎，将此作为可以从重处罚的法定情节。一旦我们确立“尊重沉默、鼓励坦白、惩罚说谎”的量刑规则，那么将我国2012年《刑事诉讼法》中的“应当如实回答”理解为享有沉默权，但负有真实回答之义务就顺理成章了，如此一来与不被强迫自证其罪也能保持一致。

四、不得强迫自证其罪权的适用空间

在行政执法等非刑事诉讼程序中，基于查明案件事实真相之要求，有关人员可能会被要求对案件事实进行陈述或者提交相关证据。而且，该案件事实最终可能与被调查人涉嫌犯罪有关。由此需要回答的问题

---

〔1〕 参见[德]克劳思·罗科信：《刑事诉讼法》，吴丽琪译，法律出版社2003年版，第229页。
〔2〕 同上书，第229页。

是：不被强迫自证其罪的适用空间是否仅限于刑事诉讼之中？

（一）不被强迫自证其罪在境外非刑事诉讼程序中的适用

综观西方主要法治国家的立法及判例，将不被强迫自证其罪适用于非刑事诉讼程序具有一定的普遍性。在美国，联邦最高法院对第五修正案的解释是："可以在任何程序，无论是民事程序还是刑事程序，是正式程序还是非正式程序，主张该项权利，只要所作回答在未来的刑事程序中可能被用作对其定罪的证据。因此，个人享有可以在大陪审团审判中、在民事审判中、在立法听证或行政听证中、在警察局接受讯问时，以及在诸多情形下援引第五修正案的特权，只要他将要提出的证言在美国刑事诉讼中可能被用作反对他的证据。"〔1〕在德国，宪法法院于1980年在某破产案件中认为，一个宣告破产的人按照前《破产法》第100条的规定向接收人提供了关于其经济状况的所有信息，在对该人的刑事起诉中使用此信息会侵犯其不被强迫自证其罪的特权，从而侵犯了该人受宪法保护的个人尊严。而且，此判例之观点被1994年修订后的《破产法》所吸收，该法第97条第1款规定，破产者为履行义务所提供的信息，不得未经其同意而在对其不利的刑事诉讼程序中使用。〔2〕《德国营业竞争限制防止法》第46条第5项规定，负有提供资料义务之人，对于可能引起其本身或特定亲属受刑事追诉或行政处罚之问题，得拒绝答复。〔3〕在日本，最高法院于1972年在川琦民商案件中认为："自我负罪拒绝特权也适用于刑事程序以外的行政程序。"〔4〕

此外，欧洲人权法院也极力主张不被强迫自证其罪适用于刑事诉讼程序以外的其他程序。在欧洲人权法院于1993年审理的芬克诉法国案中，法国海关依据《法国海关法》之规定，要求芬克提交其在海外银行账

〔1〕 参见［美］约书亚·德雷斯勒等：《美国刑事诉讼法精解》（第1卷），吴宏耀译，北京大学出版社2009年版，第251页。

〔2〕 参见［德］托马斯·魏根特：《德国刑事诉讼程序》，岳礼玲等译，中国政法大学出版社2004年版，第192页。

〔3〕 参见王立达：《我国行政调查制度之法制化》，载《宪政时代》第22卷第4期。

〔4〕 参见［日］田口守一：《刑事诉讼法》，张凌、于秀峰译，中国政法大学出版社2010年版，第105页。

户的相关资料，遭到了芬克的拒绝，因此海关向法院申请启动行政处罚程序，随后法院批准了海关提出的给予芬克罚金的处罚申请。为此，芬克以侵犯其不被强迫自证其罪权为由向欧洲人权法院申诉。在此案中，虽然追诉机关始终没有启动对芬克的刑事追诉，但是欧洲人权法院认为，海关强迫芬克提交账户资料的意图是启动刑事追诉；在芬克拒绝的情况下，以行政处罚的方式强迫其交出相关资料，侵犯了公民的不被强迫自证其罪权。[1]在桑德斯诉英国案中，基于英国公司法规定：为了对抗法人欺诈等非法行为，公司负责人有义务如实回答行政调查员的询问，否则将受到罚款及拘禁等处罚，桑德斯作出了有关陈述；随后，追诉机关对桑德斯的刑事程序启动，桑德斯在行政调查中的陈述被法院作为定罪的证据采纳。为此，桑德斯向欧洲人权法院申诉，欧洲人权法院认为，桑德斯的陈述虽然是在启动刑事追诉之前所为，但是一旦在后来的刑事程序中法院使用了先前依法强制而来的证据，就会构成对不被强迫自证其罪权之侵犯，因而撤销了英国法院的定罪判决。[2]

考察不被强迫自证其罪在境外非刑事诉讼程序中的适用情况，可以发现其在非刑事诉讼程序中适用必须满足一定的前提条件，即只有当其他程序中的调查活动与刑事追诉存在关联性时，不被强迫自证其罪才能延伸至非刑事诉讼程序中适用。这种关联是指该调查活动虽独立于刑事诉讼程序本身，但是该调查活动与后来的刑事追诉活动在案件事实真相的查明上密切相关。而且，根据上述欧洲人权法院对芬克诉法国案的判决，“这种关联性不必以实际上已经进行刑事追诉为限，也包含了‘项庄舞剑，意在沛公’，以未来的刑事追诉为导向的取证行为”。[3]之所以如此，可能主要是因为：如果在这类程序中强制收集的证据可以在刑事诉讼程序中作为定罪证据使用，则可能会诱使国家机关故意采用行政调查等非刑事诉讼程序，规避不被强迫自证其罪的适用。当然，如果行政调查等非刑事诉讼程序与刑事诉讼程序不存在关联性，基于利益权衡标

---

〔1〕 See ECHR, Funke v. France, 1993, Series A No.256-A, § 44.

〔2〕 See ECHR, Saunders v. United Kingdom, Reports 1996-VI.

〔3〕 参见林钰雄：《刑事诉讼法》（上册），中国人民大学出版社2005年版，第28页。

准在不同领域的具体判断，国家可能会要求被调查人履行一些积极配合义务，但此时被调查人无权以不被强迫自证其罪权为由拒绝。

综观不被强迫自证其罪在西方法治国家的行政调查等非刑事诉讼程序中的适用情况，大致有两种不同的模式：一是在行政调查等非刑事诉讼程序中直接适用不被强迫自证其罪，即赋予被调查人在行政调查等非刑事诉讼中有权拒绝回答调查机关的询问及提交可能证明自己有罪的材料，如上文提到的《德国营业竞争限制防止法》第46条第5项规定。二是在行政调查等非刑事诉讼程序中间接适用不被强迫自证其罪。在此模式下，被调查人负有积极的义务配合行政机关之调查，但在此调查中行政机关获取的此类证据除非征得被调查人同意，否则不得在以后的刑事追诉程序中作为定罪的证据使用。对此，德国宪法法院在上述破产案中曾经指出："课予破产人答询义务的破产法本身规定，并不违宪。因为破产程序不同于两造当事人的程序，而且还要考虑债权人的利益；破产人对于因其而财产受损的债权人，有着特别的义务关系……破产人于破产程序的答复或陈述，不得作为刑事追诉的证据来使用。"〔1〕基于对现代行政调查的有效性之考虑，西方法治国家在有关公司法、税收征收法、反不正当竞争法等民商法、经济法领域，均规定相关人员有积极协助配合调查的义务，因而对于不被强迫自证其罪在行政调查等非刑事诉讼程序中的适用，更多的是采取间接适用模式。

（二）不被强迫自证其罪在我国非刑事诉讼程序中的适用

不被强迫自证其罪能否适用于我国行政执法等非刑事诉讼领域尚未有明确的法律依据。相反，"在我国大部分有关行政调查的法律中都明确规定了公民有义务协助行政主体的行政调查，相当多的法律、行政法规还规定了公民违反该义务将受到行政制裁"。〔2〕例如，我国《行政处罚法》第37条第1款规定："行政机关在调查或者进行检查时……当事人或者有关人员应当如实回答询问，并协助调查或者检查，不得阻挠。询问或者检查应当制作笔录。"我国《监察法》第18条第1款的规定："监察机

〔1〕 参见林钰雄：《刑事诉讼法》（上册），中国人民大学出版社2005年版，第33页。

〔2〕 参见汤俪瑾：《论行政调查中的不得自证己罪原则》，载《行政法学研究》2010年第1期。

关行使监督、调查职权，有权依法向有关单位和个人了解情况，收集、调取证据。有关单位和个人应当如实提供。”第20条第1款规定：“在调查过程中，对涉嫌职务违法的被调查人，监察机关可以要求其就涉嫌违法行为作出陈述……”总之，综观我国现行所有法律规定，在刑事诉讼以外的执法领域，即便被调查人配合调查可能暴露出其犯罪事实，被调查人也无权拒绝，因此不被强迫自证其罪不可能直接适用于我国刑事诉讼以外的其他执法领域。基于不被强迫自证其罪在我国实施的法制基础比较薄弱，加之即便在西方法治国家不被强迫自证其罪直接适用于行政执法等非刑事诉讼领域的情况并不普遍，笔者认为，在我国行政法律等领域直接引入不被强迫自证其罪的条件并不成熟。

那么，是否应当允许不被强迫自证其罪间接适用于我国行政执法等非刑事诉讼领域呢？有学者持否定意见，认为将该原则适用于我国行政执法等领域缺乏明确的法律依据。西方国家之所以允许其适用于非刑事诉讼程序，是因为不被强迫自证其罪不仅被视为该国刑事诉讼的基本原则，而且为宪法所明文规定，因而为其扩张至非刑事诉讼程序适用提供了法律依据；反之，我国仅有刑事诉讼法的规定，将其延伸至行政执法等非刑事诉讼领域适用缺乏法律依据。〔1〕笔者对此结论原则上表示赞同，但是认为其所持的理由值得商榷。一旦一国确立不被强迫自证其罪，其适用的阀门之开启，关键不在于处于何种执法程序，而是国家拟将通过强迫手段获取的归罪性陈述等证据用来定罪。对此，美国学者就指出：“务必注意：尽管在非刑事追诉的情形下个人亦可主张这一特权，但是，只有当强迫获得的归罪性陈述在刑事案件中用以反对陈述人时，才会产生是否违反宪法第五修正案权利的问题。”〔2〕因此，即便我国仅有刑事诉讼法规定不被强迫自证其罪，刑事诉讼法本身也无权适用于非刑事诉讼程序；但是，只要在行政执法等非刑事诉讼程序中获取的证据进入

---

〔1〕 参见万毅：《论“不被强迫自证其罪”条款的解释与适用》，载《法学论坛》2012年第3期。

〔2〕 参见［美］约书亚·德雷斯勒等：《美国刑事诉讼法精解》（第1卷），吴宏耀译，北京大学出版社2009年版，第251页。

刑事诉讼之中，就会间接产生不被强迫自证其罪的适用问题。

不过，值得注意的是，我国2012年《刑事诉讼法》第52条第2款规定："行政机关在行政执法和查办案件过程中收集的物证、书证、视听资料、电子数据等证据材料，在刑事诉讼中可以作为证据使用。"对此规定，立法部门的解释是："该款规定涉及的证据材料范围是物证、书证、视听资料、电子数据等实物证据，不包括证人证言等言词证据。该款规定的'可以作为证据使用'，是指这些证据具有进入刑事诉讼的资格，不需要侦查机关再次履行取证手续。但这些证据能否作为定案的根据，还需要根据刑事诉讼法的其他规定由侦查、检察、审判机关进行审查判断。经审查如果属于应当排除的或者不真实的，不能作为定案的根据。"〔1〕据此，对于行政机关在行政执法和查办案件过程中获取的被调查人之归罪性陈述，无论是否侵犯当事人的不被强迫自证其罪权，在刑事诉讼中均不能作为证据使用。在我国当前的司法实践中，对于行政机关在行政执法和查处案件中收集的被调查人之言词证据，也不会在刑事诉讼中直接作为证据使用，而是要求侦查机关重新收集。基于此，笔者认为，对在我国行政执法等非刑事诉讼领域中涉及的言词证据之收集而言，是否允许间接适用不被强迫自证其罪没有实质意义。

因此，探讨不被强迫自证其罪能否间接适用于我国行政执法等非刑事诉讼领域之关键，就是如何对待行政机关在行政执法和查办案件过程中收集的实物证据在刑事诉讼中的使用问题。根据上述立法部门之解释，对于行政机关在行政执法和查办案件过程中收集的实物证据，公安司法机关"需要根据刑事诉讼法的其他规定由侦查、检察和审判机关进行审查判断"，而且，"经审查如果属于应当排除的或者不真实的，不能作为定案的根据"。对此，笔者认为，立法部门对此条款之解释在一定程度上为不被强迫自证其罪间接适用于我国行政执法等非刑事诉讼领域提供了可能。因为对于行政机关依照行政法律规定收集的实物证据，公安司法机关有权而且应当根据我国刑事诉讼法有关不被强迫自证

〔1〕参见全国人大常委会法工委刑法室：《〈刑事诉讼法〉条文说明、立法理由及相关规定》，北京大学出版社2008年版，第49页。

其罪之规定进行审查，并排除违反不被强迫自证其罪所取得的证据。但是，此种可能性能否转变为现实则取决于我国当前的法治环境。如前所述，当前我国行政法律大量规定被调查人在接受行政调查时有义务交出实物证据。对于行政机关根据行政法律规定依法强迫被调查人交出的实物证据，公安司法机关在刑事诉讼中均以违反不被强迫自证其罪为由予以排除，如此做法在我国缺乏不被强迫自证其罪之法制传统的社会背景下恐怕不太现实。因此，虽然在法律根据上允许不被强迫自证其罪间接适用于我国行政执法等非刑事诉讼领域不成问题，但是基于对当前我国法治发展现状之考虑，目前不宜将不被强迫自证其罪间接适用于行政执法等非刑事诉讼领域。当然，随着我国法治的不断发展，我国在行政法律领域将逐步确立不被强迫自证其罪，那么不被强迫自证其罪在行政执法等非刑事诉讼领域的全面适用也就水到渠成了。

第三节　一事不再理原则

在我国目前的刑事诉讼立法与司法实践中，对被告人的同一犯罪行为进行重复追诉是一种司空见惯的现象。显然，重复追诉既不利于维护法院生效判决的权威性和终局性，也不利于保护被追诉者的权利。正是基于重复追诉所可能带来的弊端，1966年联合国《两权公约》第14条第7项明确规定："任何人已依一国的法律及刑事程序被最后定罪或宣告无罪者，不得就同一罪名再予审判或者惩罚。"[1]联合国《两权公约》的这一规定在大陆法系和英美法系中分别被表述为"一事不再理"和"禁止双重危险"。我国已于1998年10月正式加入联合国《两权公约》，按照"条约必须信守"的国际法准则，我国的刑事诉讼立法中必须明确贯彻公约中的基本内容，事实上，十八届四中全会《决定》也对相关内容作了调整，即把"有错必纠"改成"依法纠错"，并要求"维护裁判权威"。因

〔1〕 参见陈光中主编：《刑事诉讼法（修正）实务全书》，中国检察出版社1996年版，第577页。

此，刑事诉讼法中关于重复追诉的立法规定必须予以修改。

目前，对于如何通过贯彻联合国《两权公约》中禁止重复追诉的基本精神来改革我国的刑事审判制度，一些国内知名的刑诉学者已经进行了系列研究。但是，笔者认为，上述学者甚至包括一些国外刑诉专家的研究前提以及结论似乎都还有待于进一步推敲。如大多数的学者将大陆法系的“一事不再理”原则与英美法系的“禁止双重危险”原则予以等同[1]。事实上，虽然“一事不再理”与“禁止双重危险”是禁止重复追诉在两大法系中的不同表达，但它们无论是在理论基础、含义、适用范围以及制度设计上都存在重大差异。无疑，如果没有深入了解“禁止双重危险”与“一事不再理”之间的差异，也就难以在国内立法中设计出科学的禁止重复追诉制度。鉴于此，本节拟以大陆法系中“一事不再理”原则所赖以存在的理论基础——既判力理论为切入点，系统分析大陆法系“一事不再理”与英美法系“禁止双重危险”之间的区别与联系，然后结合中国的现实情况，提出我国禁止重复追诉的立法模式选择以及制度设计，以此为修改刑事诉讼法提供立法参考。

一、既判力与一事不再理原则

在大陆法系的诉讼理论中，既判力又被称为实质上的确定力，是指生效判决对法院和当事人在实体上的拘束力。具体表现是，判决一经确定，当事人不得就判决确定的法律关系另行起诉，也不得在其他诉讼中就同一法律关系另行起诉，法院也不得作出与判决所确定的内容相矛盾的判决。在西欧法律传统的诉讼法学说上，关于既判力的理论从来就占有十分重要的地位，有关既判力的学说一直被认为是诉讼法的基础

---

〔1〕 参见谢佑平、万毅：《一事不再理原则重述》，载《中国刑事法杂志》2001年第3期；陈光中、[加]丹尼尔·普瑞方廷：《联合国刑事司法准则与中国刑事法制》，法律出版社1998年版，第78～79页；张毅：《刑事诉讼中的禁止双重危险规则论》，中国人民公安大学出版社2004年版，第20～28页；See Jay A.Sigler, *Double Jepardy*, New York: Cornell University Press1969, pp.122-124; Jennifer E.Costa, *Double Jeopardy and Non Bis in Idem*, U.C.Davis J.Int'l L. & Pol'y, Spring, 1998。

理论之一。[1]目前，我国民诉学者对大陆法系的既判力理论有比较系统的介绍，而刑诉学者则基本没有涉及。事实上，刑事诉讼中对判决实质确定力的要求程度甚至比民事诉讼更为强烈，因为在刑事诉讼中，如果对被告人的同一犯罪行为已经作出了生效的判决，而国家仍可以反复多次进行追诉的话，那么，被告人就会因为同一行为而长期处于焦灼和巨大的精神折磨之中，而且在多次追诉的前提下，即使被告人是无辜的，也增加了一次他被错误定罪的风险。因此，英国上议院议员迈克默特（Macdermott）曾明确指出，关于既判力的格言在刑事诉讼中的适用性一点也不弱于民事诉讼。[2]下文中，笔者结合刑事诉讼的本质及运作特征，对既判力及其与一事不再理原则的关系进行系统阐述。

从历史上来看，既判力理论产生于古罗马法中诉权消耗的法理与制度。古罗马法学家从朴素的唯物世界观出发，认为物质一旦运动必然带来消耗，诉权的行使也会带来诉权的消耗进而导致实体权利的消灭。按照诉权消耗理论，衍生出了既判力理论及其相关规则：第一，所有的诉权都会因为诉讼系属而消耗，同一诉权或同一诉讼请求权只能有一次诉讼系属。因此，原告不能针对同一诉权重复起诉。第二，如果当事人针对同一已经经过审理并作出判决的案件再次提起诉讼，被告人可以实施“既判事项的抗辩”或“诉讼系属的抗辩”，使原告的诉讼请求不能系属。这两条诉讼规则之间虽然是紧密联系的，但是差异也是比较明显的：第一条诉讼规则可以制止诉讼的原告重新起诉，但是败诉的被告方仍然可以针对已决事由另行起诉；而第二条诉讼规则可以产生比较完全意义上的“一案不二讼”的效果，因为该条规则与诉权因诉讼系属而消耗相比，明确承认了前诉判决对于后诉具有约束力，即败诉的原审被告方也不得另行起诉，否则，原审原告可以提出既判之抗辩，请求法院予以驳回。

与既判力相关，大陆法系的刑事诉讼理论认为，法院的裁判可分为

---

〔1〕 参见王亚新：《对抗与判定——日本民事诉讼的基本结构》，清华大学出版社2002年版，第338页。

〔2〕 参见张毅：《刑事诉讼中的禁止双重危险规则论》，中国人民公安大学出版社2004年版，第73～74页。

形式裁判和实体裁判。实体裁判是判断被告人应否定罪与量刑的判决，包括有罪判决与无罪判决两种。形式裁判是根据程序上的理由停止诉讼的裁判，如受理案件的法院有无管辖权的裁判。[1]法院的裁判都会产生确定力，确定力按其法律效果上的不同分为形式确定力和实体确定力，实体确定力也就是既判力。形式确定力是指裁判已经正式生效，诉讼法律关系已告消灭，当事人不能通过常规的诉讼程序（如上诉渠道）来寻求救济；实质确定力是指裁判一经确定，当事人之间的权利义务关系就会按照判决所确定的内容固定下来，不再容许轻易改变。因裁判的确定所带来的这种实体方面的效果，即实体确定力（既判力）。[2]形式裁判大多情况下并不涉及当事人之间的实体权利义务关系，因此，形式裁判一般只具形式确定力；实体裁判一旦具备形式确定力以后，就会将当事人之间的权利义务关系以判决的形式予以固定下来，即具实体确定力。

在传统的大陆法系国家的诉讼理论中，既判力与一事不再理之间的关系尚无定论。但大多数学者还是将一事不再理原则等同于既判力，或者认为两者虽然用语不同，但本质和目的是一致的。如日本诉讼法学家三月章就认为，所谓判决的既判力，不过是诉讼上表现了一事不再理的理念而已。[3]田口守一也持上述观点，实体确定力，其内容的效力是产生执行的效力，其外部的效力是产生一事不再理效力。而且，既判力这一用语就意味着实体确定力，但从具体效果来看，多数情况下把一事不再理称为既判力。[4]但是，也有学者认为一事不再理原则不能涵盖既判力的内容及其范围，因为尽管既判力的实际作用主要体现在能够产生一事不再理的法律效果，但是既判力的另一表现是禁止后诉法院作出与前诉法院生效判决相矛盾的事实和法律认定。因此，既判力与一事不再理原

〔1〕 参见［日］田口守一：《刑事诉讼法》，刘迪、张凌、穆津译，法律出版社2000年版，第284页。

〔2〕 参见王亚新：《对抗与判定——日本民事诉讼的基本结构》，清华大学出版社2002年版，第336页。

〔3〕 参见王福华：《民事判决既判力——由传统到现代的嬗变》，载《法学论坛》2001年第3期。

〔4〕 参见［日］田口守一：《刑事诉讼法》，刘迪、张凌、穆津译，法律出版社2000年版，第296页。

则存在本质上的差异。[1]笔者认为，一事不再理原则强调的是法院判决的终局性、权威性和安定性，其逻辑前提之一无疑是“已决事实即视为真实”，如果不承认这一逻辑前提，实质上就是将法院所有的生效裁判都假定为错判，这样一事不再理原则也就失去了赖以存在的基础。而一旦“已决事实即视为真实”成为一事不再理原则的逻辑前提，那么，后诉判决通常也就不能作出与前诉判决相矛盾的事实认定。因此，笔者认为，无论对既判力的概念还是本质以及适用范围作何理解，有一点是无疑的：一事不再理原则是既判力理论在诉讼中的具体体现。

大陆法系的既判力理论要求在诉讼中遵循一事不再理原则，具体到刑事诉讼中，为了维护法院生效裁判的终局性、安定性与权威性，禁止对已有生效判决调整的被告人的同一行为进行重复追诉。当然，为了在判决的既判力与公正性之间寻找适度的平衡，对于已经生效的实体判决，如果在认定事实或者适用法律上存在明显错误，特别是因这种错误导致无辜的被告人被定罪量刑时，应该通过特别程序予以变更。对此，联合国人权事务委员会于1984年专门颁发了第13号《一般评论》(general comment)，评论指出：“在审查国家报告时，经常可以看到针对第14条第7款的适用范围所表达出来的不同意见。有些缔约国甚至感到有必要就有关恢复刑事案件的程序作出保留……这种对一事不再理含义的理解可以鼓励缔约国重新考虑它们对第14条第7款所作的保留。”[2]著名人权法学者曼莱德·诺威克对此的解释是：“在例外情况下允许新的审判(a new trial)并不等于对‘一事不再理’原则的违反。”[3]虽然，作为一事不再理原则的例外，大陆法系国家都规定了针对生效的错误判决进行再次审理的程序，但是每个国家甚至是同一国家的不同历史时期对再审程序的规定也存在较大差异。下文中以法国与德国为例予以说明。

---

〔1〕 参见王福华：《民事判决既判力——由传统到现代的嬗变》，载《法学论坛》2001年第3期。

〔2〕 参见张毅：《国际人权公约与刑事再审规则》，载陈光中主编：《刑事再审程序与人权保障》，北京大学出版社2005年版。

〔3〕 Manfried Nowak, *UN Covenant on civil and political rights-CCPR Commentary*, Gutenbergsty: N.P.Engel Publisher, 1993, p.273.

（一）法国

1.能够产生既判力裁判的种类以及适用前提。在法国，法院能够产生既判力的裁判包括形式裁判和实体裁判。形式裁判中只有预审法庭根据法律理由作出的不起诉裁定才具既判力，能够产生一事不再理的法律效果；而所有的刑事实体判决，一旦正当上诉救济途径被使用殆尽，立即具备既判力，产生一事不再理的法律后果。

另外，法国的刑事法院作出的实体裁判能够产生一事不再理的法律后果是有一定的前提条件的，这种前提条件按照目前法国的立法界和学术界的观点就是“同一违法事实”。长期以来，对于“同一违法事实”如何理解，法国司法部门和理论界之间一直存在争论，最高法院以前将“违法事实同一”解释为“同一法律意义上的行为”，即要求违法事实与罪名认定都必须一致。按照这种解释，对于被告人实施的同一行为，如果检察院按照甲罪名进行起诉未被法院定罪，检察院还可以重新以乙罪名再行起诉。学者们则认为，判决的既判力丝毫不得动摇，禁止对同一行为进行重复追诉，“诉讼原因同一”应该理解为“事实同一”，即对同一行为无论以什么罪名进行了一次追诉，就不应允许以另外的罪名再行起诉，否则就违反了一事不再理原则。法国最高法院在1956年的一起判例中已经开始采纳了理论界的观点，1958年颁行并适用至今的《法国刑事诉讼法典》就明确规定采用“违法事实同一”的做法，该法第368条规定：“任何人经依法宣告无罪，不得因同一事实再行受到拘捕或者控诉，即使以不同的罪名拘捕或者控诉，亦同。”〔1〕

2.再审与一事不再理原则。在法国，对于已具既判力的有罪裁判，一律只能向最高法院申请再审，最高法院对于申请再审的案件通常并不审理案件事实，而只复议法律问题。同时，最高法院对申诉案件原则上只宣告撤销原判或维持原判。不过，最高法院一旦作出撤销原判或者再审的决定，通常情况下是将案件交由与终审判决法院同级的法院进行审

〔1〕 参见［法］卡斯东·斯特法尼、乔治·勒瓦索：《法国刑事诉讼法典》，罗结珍译，中国政法大学出版社1998年版，第879～883页。

理。[1]启动最高法院的再审程序的途径可以分为两类：一是申请人直接向最高法院提出再审申请。二是具备再审申请权的主体向欧洲人权法院提出法国法院所作出的终审判决严重违反了公正程序，侵犯了被告人人权。欧洲人权法院经审查认为申请理由成立，然后作出判决或者与判决相类似的裁决，申请人以此裁判为依据，向法国最高法院申请再审。这两类不同的启动申请再审程序方式既有差别又有共同之处，分述如下：

首先，差别主要体现在申请理由上。根据《法国刑事诉讼法典》第622条的规定，第一类直接向最高法院申请再审的理由至少应该具备以下条件之一：一是认定被告人构成杀人罪并科处刑罚后，发现有证据表明原来认定的被害人仍然活着；二是对同一案件事实的判决不能相互吻合；三是在法庭上作伪证的证人因作伪证而受到科刑判决；四是对被告人科罪判刑之后，发现了原来在审理案件时尚未发现的新事实或证据，这些新的事实足以对被判刑人有罪产生疑问，而并不要求其足以确认被判刑人无罪。[2]第二类向最高法院申请再审的前提条件是，法国法院在审理案件时严重违反了《欧洲人权公约》中规定的下列人权保障条款之一：侵犯了为准备辩护而获得适当的时间和便利的权利；侵犯了拥有自由选择辩护人的权利；侵犯了公正受审的权利。[3]

其次，这两类申请再审的共同之处体现在：第一，有权申请再审的主体是相同的。包括司法部长、最高法院的检察长、被判刑人（或其法定代理人）以及被判刑人死亡后其权利义务的继承人。第二，由最高法院重审委员会审查再审申请的理由，如果认为再审理由不成立，重审委员会应该驳回申请人提出的再审申请；如果认为再审理由成立，重审委员会应该将案件提交给最高法院刑事庭，由最高法院刑事庭主持重新审理。第三，启动这两类申请再审的前提是再审结果只能有利于被告人，

---

〔1〕 参见刘新魁：《法国刑事再审制度研究》，载陈光中主编：《刑事再审程序与人权保障》，北京大学出版社2005年版，第76～79页。

〔2〕 参见［法］卡斯东·斯特法尼、乔治·勒瓦索：《法国刑事诉讼法典》，罗结珍译，中国政法大学出版社1998年版，第869页。

〔3〕 参见［法］雅克·博里康：《法国法律中的向“最高法院提出再审上诉”》，朱琳译，载陈光中主编：《刑事再审程序与人权保障》，北京大学出版社2005年版，第70页。

任何可能加重被告人刑罚或者使其处于更加不利位置的再审，在法国都是绝对禁止的。

（二）德国

1.既判力裁判的种类及其中断情形。在德国，立法上对能够产生既判力的裁判种类及其既判力的强弱程度都作了明确规定，分述如下：

（1）具有绝对既判力效力的裁判。绝对的既判力裁判包括：法院作出的所有刑事实体判决、《德国刑事诉讼法典》第260条第3款所规定的"有程序障碍存在时，判决书应当宣布停止程序"、所有只能用立即抗告提出不服的裁定、《德国刑事诉讼法典》第349条第2款所规定的终结诉讼程序的裁定。

（2）具有相对既判力效力的裁判。具有相对既判力裁判主要是法院作出的中止诉讼程序裁定，如法院因提起公诉的理由不充分作出的驳回起诉裁定、法院在法定情形下作出的拒绝开始审判程序裁定等，这些中止诉讼程序的裁定，只有在发现新事实和新证据，或者事后发现有重大违反法令的情况时，才能重新启动诉讼程序。〔1〕

2.一事不再理原则与再审程序。在德国，有四种例外情形可能会导致既判力的中断，其中，再审程序是导致既判力中断的最主要情形。与法国相比，德国的一事不再理原则表现出两点明显不同：

首先，德国的"一事"既包括被告人的"同一行为"，同时还包含"同一行为"的关联行为。如被告人因盗窃汽车并无证驾驶的定罪量刑判决生效后，又有事实表明他曾对搭乘妇女在车内实施了强奸，但此时不能对他重新起诉强奸罪。〔2〕同时，在罪行性质的认定方面，如果在判决生效后，发现被告人的犯罪行为比判决认定的性质要严重得多，也不得再次追诉。如伤害罪的被害人在判决获得最终效力后因为所受的伤而死亡，也不得对被告人再行追诉。〔3〕

---

〔1〕 参见［德］克劳思·罗科信：《刑事诉讼法》，吴丽琪译，法律出版社2003年版，第481～483页。

〔2〕 参见［德］托马斯·魏根特：《德国刑事诉讼程序》，岳礼玲等译，中国政法大学出版社2004年版，第218页。

〔3〕 同上。

其次，德国的再审程序分为有利于被告人和不利于被告人的再审两种情形。这两种不同性质的再审理由既有共同之处，也有一定程度的差别。分述如下：

第一，相同的再审理由：（1）对判决有重要影响的书证被证明是伪造的；（2）证人或鉴定人故意或过失作虚假的证词；（3）参审的法官、陪审法官犯有与案件有关的违反职责的犯罪。

第二，只能在有利于被告人前提下启动的再审理由是：（1）作为刑事判决基础的民事判决已经被撤销；（2）作为判决依据的法律或法律解释已经被联邦宪法法院宣布为违宪时；（3）判决生效之后发现了对被告人有利的新事实或新证据。

第三，只能在不利于被告人前提下启动的再审理由是：（1）被判无罪被告人在法院或法院之外作了令人相信的实施了犯罪的自白；（2）根据刑罚处罚令作出的简易刑事判决生效后，发现了新的事实或证据。[1]

二、禁止双重危险与人权保障

在英美法系国家中，任何人不因自己的同一行为遭受重复追诉被表述为禁止双重危险原则。虽然禁止双重危险原则与大陆法系的一事不再理原则都渊源于古希腊和古罗马，也是由古罗马教会法中所确立的"即使是上帝也不能对同一个犯罪人进行两次惩罚"发展而来。[2]但是，禁止双重危险与一事不再理原则赖以存在的理论基础呈现较大区别：在崇尚自由价值优先的英美国家中，传统观念认为国家的追诉权力应该受到限制，禁止对被告人的同一犯罪行为进行多次追诉，以避免将其置于极端不利的境地。因此，英美学者主要是从为了减少错误定罪的风险、为了减少审判过程带来的痛苦、出于终局性的需要、出于激励有效的侦

〔1〕 参见［德］克劳思·罗科信：《刑事诉讼法》，吴丽琪译，法律出版社2003年版，第543～545页。

〔2〕 See RobertMatz, Dual Sovereignty and the double Jeopardy Clause: if at first you don' t convict, Try, Try again, 24 *Fordham Urb.L.J.*, 1997, p.353.

查和起诉的需要等方面来阐述该原则的基本价值。[1]美国联邦最高法院的布莱克法官在格林诉合众国(Green v.United States)[2]一案中对禁止双重危险的核心价值进行了经典归纳：拥有各种资源和权力的国家不应当被允许因为一个公民的一件被指控的犯罪而反复作出使他得到定罪的努力，以至于把他置于尴尬、消耗和使其意志遭受痛苦折磨的状态之中，迫使其生活在一种持续的焦灼和不安全中，同时增加其(即使是无罪的)被判定有罪的可能性。因为如果允许二次追诉，公诉人可以利用自身所拥有的权力资源，从第一次公诉失误中获得利益，他或者她可以分析第一次公诉策略上的失误，积累经验，甚至还可以会见第一次审判的陪审团成员，并且利用第一次庭审中已经查明的案件事实来支持第二次公诉。[3]而被告人却不得不一次又一次地证明自己是清白无辜的，这样，既增加了无罪的被告人被错误定罪的可能性，又使得他的辩护成本大大增加。[4]

由上可知，与大陆法系一事不再理原则强调裁判的既判力不同，英美法系国家的禁止双重危险的价值基础主要是立足于限制国家的追诉权和保障被告人人权，也正是基于这一原因，在英美普通法系国家都将禁止双重危险作为最基本的权利保护原则。[5]理论基础上的重大差异，决定了两大法系之间在设置禁止重复追诉的制度设计上也会呈现出巨大的反差。与大陆法系国家相似，英美法系各个不同国家甚至是同一国家不同地区之间，禁止双重危险原则在制度设计上也存在一定的差异。以美国和英国为例：

(一)美国

1.禁止双重危险原则的理解及其适用区域。禁止双重危险原则旨在

---

〔1〕 See Ian Dennis, "rethinking Double Jeopardy: justice and finality in criminal process", *criminal law review*, 2000.

〔2〕 355 US 184 2 L ed 2nd p.199 at p.201(1957).

〔3〕 See Matz, sup ra note 13, p. 372.

〔4〕 See Jennifer E.Costa, Double jeopardy and Non Bis in idem: Princi p le of fairness, 4 *U.C.Davis J.Int'L. & Pol'y* 181, Spring, 1998.

〔5〕 See RobertMatz: Dual Sovereignty and the double Jeopardy Clause: if at first you don' t convict, Try, Try again, 24 *Fordham Urb.L.J.*,1997, p.353.

避免对同一犯罪行为进行重复追诉或者惩罚，因此，“危险”自何时产生以及“同一罪行”如何界定是该原则的首要问题。

首先，对于“危险”自何时产生，美国联邦最高法院确立通过判例的方式进行了规定：如果不是由陪审团进行审理，“危险”始于第一位证人宣誓完毕；[1]在陪审团审判的案件中，“危险始于陪审团挑选完毕并宣誓就职之时”；[2]对于被告人主动承认有罪的案件中，“危险”始于法庭接受被告人有罪供述时。[3]

其次，美国对于认定在什么情况下构成“同一犯罪”一直存在争议。但总体来看，目前联邦和各州主要是遵循1932年在布洛克伯格诉合众国（Blockburger v.United States）[4]中所确立的标准，按照该标准，如果一个法条中所要求证明的事实之中有一项事实是另一法条所不要求证明的，那么，这两个不同法条所规定的犯罪就是两个不同的犯罪。简言之，布洛克伯格规则确立了两个判断标准：一是只要相关法条规定的犯罪构成要件相同就是同一犯罪；二是即使犯罪构成要件不完全相同，但如果存在包容关系，也应视为同一罪。例如，谋杀罪包含过失杀人罪、故意伤害罪包含非法伤害罪、夜盗罪包含盗窃罪。显然，从严格意义上讲，只有第一个标准下的同一罪才是罪名相同的同一罪，而第二个标准下的同一罪并不是罪名相同的同一罪，只是在处理上按照同一罪进行而已。

美国的刑事审判中对禁止双重危险原则贯彻得相当严格，自第一次危险产生之时起，原则上对被告人的同一犯罪行为就不得进行重复追诉。但僵硬地实施禁止双重危险原则有时会放纵犯罪，因此，美国最高法院通过判例确立了以下几种例外：第一，在发生“吊死的陪审团”（陪审团的意见不一致）的情况下，检方可以对被告人重新起诉，法院据此可以重新进行审判。[5]第二，如果被告人申请动议要求法官宣布误审（mistrial），而法官认为动议成立，并且动议不是检方有意造成的，检方

---

〔1〕 See Serfass v. United States, 420 U.S.377, 388(1975).

〔2〕 See Downum v. United States, 372 U.S.734, 735-738(1963).

〔3〕 See Bally v. Kemna, 65 F.3d 104, 107(8 th Cir.1995).

〔4〕 284 U.S.299, 304(1932).

〔5〕 参见李义冠：《美国刑事审判制度》，法律出版社1999年版，第132~133页。

可以重新提出公诉。但如果误审是检方造成的，被告将永远无罪释放；如果误审是由检方提出的，检方必须证明误审是“明显必然”（manifest necessity）才能重新起诉。例如，当起诉书明显必然地错误地指控了最基本的犯罪构成事实就属于“明显必然”的情形。[1]第三，如果被告方上诉成功，上诉法院将案件退回初审法院，退回的理由并非证据不充分，那么检方可以对被告重新起诉。在美国，对于控方的上诉权进行了严格限制，无罪判决通常是绝对禁止控方上诉的，即便是判决被告人有罪的案件，控方也不得提起上诉，除非是被告人上诉成功之后，控方才能提起上诉。需要特别指出的一点是，在被告人上诉的前提下，他就失去了禁止双重危险原则的保护，因为该原则本质上是立足于权利保障的，被告人上诉就意味着他主动地放弃了该权利，希望通过重新审判获得有利于己的判决结果。[2]第四，虽然美国对控方针对定罪问题的上诉限制较多，但对控方针对量刑的上诉限制却比较宽松。比如，在联邦司法系统中，只要检察官认为，法院裁量的刑罚不合法或违背量刑的基本原则时，即可向上诉法院提起上诉。如果上诉法院认可检察官上诉，则可以指令区法院重新裁量刑罚。在重新裁量刑罚时，在针对同一犯罪的法定刑幅度以内，可以重新加重原判刑罚。[3]第五，非常救济途径。

另外，禁止双重危险原则适用区域范围只限于一个独立司法区，而美国联邦和各个州都拥有独立的司法主权，禁止双重危险允许联邦与州以及两个独立的州对同一犯罪行为进行追诉。[4]具体而言，在适用区域范围上，禁止双重危险允许在以下三种例外情形下进行重复追诉：第一，不同州对同一犯罪都有管辖权时；第二，州和联邦政府对同一犯罪都有管辖权时；第三，州或者联邦与另一个国家对同一犯罪都有管辖权时。[5]也正是基于这一原因，美国一些学者认为，在两个以上的州或者联邦政

〔1〕 Illinois v.Sommerville, 410 U.S.458, 468-469(1973).

〔2〕 See United States v. Dinitz, 424 U.S.611(1976).

〔3〕 See United States v. Difrancesco, 449 U.S.117(1980).

〔4〕 See United States v. Lanza, 260 U.S.377, 382(1922); Heath, 474 U.S.p. 88.

〔5〕 See ErinM.Cranman, The dual sovereign exception to double jeopardy: A champion of justice or a violation of a fundamental right? 14 *Emory I nt'l L.Rev.1641,* Fall, 2000.

府或者州政府与联邦政府与其他国家之间出现同一犯罪事实时，禁止双重危险原则就面临比较尴尬的境地。[1]

2.间接救济程序（人身保护令制度）。在美国，对于生效的刑事判决是禁止启动再审程序予以审理的。同时，一审法院的无罪判决一经作出立即产生法律效力，即使事后发现在审理过程中存在严重错误也不得上诉或者启动再审程序。因此，美国学者指出："禁止双重危险原则保护的最为本质的东西就是保护当事人在无罪裁判作出后再遭重新追诉。"[2]但是，对于生效的有罪判决，正在被羁押的被告人如果认为原审过程中侵犯了宪法赋予自己的正当程序权利，还是可以通过特别程序（主要是人身保护令制度）获得救济的。

在美国，人身保护令本质上属于一种民事诉讼程序，其适用的范围不仅包括因有罪判决被羁押的囚犯，还包括未决羁押的嫌疑人，囚犯如果认为法院侵犯了自己的宪法权利并穷尽了所有正当救济途径，就可以申请联邦人身保护令要求释放，并撤销原判决。人身保护令的申请以及审理程序的特点是：

第一，申请人通常就是被羁押的囚犯，他只有在已经无法通过州级法院得到救济的前提下，并证明原审法院侵犯了他的宪法权利时才能提出申请。

第二，应诉者是监狱的监狱长，受理申请的法院是关押地法院而非原审法院，法院通常会指令应诉者说明囚犯的申请不被准许的理由，如果应诉者不予答复，囚犯的申请理由就会被视为真实。

第三，一旦收到应诉者的回复，法院必须就囚犯的申请理由是否正当举行听证会。同时，法院必须尊重原审法院对事实问题的判定，而不得审判诸如证人的可信性、证据证明力等之类问题。

第四，如果经过听证之后证明原审法院确实存在以下情形：在法庭

---

〔1〕 See Robert Matz, Dual Sovereignty and the double Jeopardy Clause: if at first you don' t convict, Try, Try again, 24 *Fordham Urb.L.J.*,1977,p.353.

〔2〕 William S.McAninch, Unfolding the law of double jeopardy, *South Car olina Law Review*, 1993.

审判之前，被告人的案情被不适当地予以公开，致使审判的公正性受到影响；在预审（preliminary hearing）、法庭审判或者上诉程序中被非法剥夺了法律援助的机会；在上诉程序中被非法剥夺查阅审判案卷的机会；控方故意使用了错误证据，而法官也没有加以纠正；被告人在作有罪答辩或者接受审判时心神丧失；被告人非自愿的有罪供述成为判决根据；控方没有向被告人披露对其有利的证据。[1]那么，法院就会发布人身保护令，原审定罪量刑判决就会被撤销，并立即将囚犯予以释放。

（二）英国

英国和美国作为普通法系的两大代表国家，在禁止双重危险原则的适用问题上既有相同之处，但也存在一定的差异。分述如下：

1.禁止双重危险原则的理解与适用。在英国，首先，“危险”始于法院针对被告人的同一犯罪行为已经作出了裁判。因为英国长期以来一直奉行“前经开释”或“前经定罪”原则，也就是说，被告人关于双重危险的抗辩必须以法院先前已就被指控的同一犯罪作出过有效的无罪或有罪裁判为前提，否则，因尚未有任何危险附着，此等抗辩即不成立。[2]其次，对于“同一罪行”的概念理解就是罪名相同的犯罪。如果针对被告人实施的相同或者相似的事实，如果第一次起诉的罪名与第二次起诉的罪名不相同，也就不存在前已有判，也就不发生禁止双重危险的问题。

2.控方的上诉权。在英国，对于尚未生效的有罪判决，被告人享有比较广泛的上诉权。但控诉一方对有罪裁判的上诉权受到较大程度的限制，一般只能就有关法律问题即量刑方面提出上诉；对于无罪判决，英国的传统做法是一经作出，控诉方就不得提出上诉。但是，近年来有所改变，在以下三种情形下，控诉方有权在上诉期限届满之前提出上诉：第一，对于治安法院作出的无罪判决，控方可以以该判决“在适用法律上有错误或超越管辖权”为由向高等法院的王座庭提出上诉。第二，在

---

〔1〕 参见陈瑞华：《问题与主义之间——刑事诉讼基本问题研究》，中国人民大学出版社2003年版，第321页。

〔2〕 参见张毅：《刑事诉讼中的禁止双重危险规则论》，中国人民公安大学出版社2004年版，第190～191页。

上诉法院刑事庭对原审法院的有罪判决予以撤销并改作无罪判决的情况下，只要上诉法院确认其判决涉及具有普遍重大意义的法律问题，并且在征得上诉法院或上议院许可的情况下，控方可以向上议院提出上诉。同样，对于高等法院王座庭作出的撤销原审法院有罪判决而改作的无罪判决，控方也可以向上议院提出上诉。第三，对于通过正式程序审理的案件，2003年11月英国颁布了一个新法律文件——《2003年刑事司法法》(Criminal Justice Act 2003)，该法赋予了控诉方一项新的上诉权利，即针对在陪审团被要求对证据进行评价之前法官作出的无罪裁定或者决定，控诉方有权提出上诉。[1]

3.非常救济程序。在英国，传统上，对于无罪判决控诉方也不能在实体上请求启动再审程序予以变更。但是上述做法已经发生了改变，现在控方在特定条件下或按照特定的方式，可以对无罪裁判提出再审要求。具体包括两类：一类是带有瑕疵的无罪判决。所谓带有瑕疵的无罪裁判，是指在原审判程序中，由于存在妨碍司法的犯罪行为而导致的本不应当作出的无罪裁判；另一类是被判决无罪的严重犯罪案件（杀人、强奸、贩毒、损害和恐怖主义等29类犯罪），如果发现令人信服的新证据，可以对原无罪判决进行重新审理。[2]

对于生效的有罪判决，英国规定了专门的再审程序，启动这种再审程序的前提条件是必须有利于被追诉人。以前受理和初步审查被告人的申诉是内政部的职能，但是由于其工作效率低下，1995年英国议会通过了一项新的刑事上诉法，并成立了刑事案件审查委员会专门负责当事人的申诉。该委员会既接受了原属内政部审查当事人申诉的全部职能，同时管辖范围也有了进一步扩大：不仅接受了对原定罪不服的申诉，而且接受了对原判刑不服的申诉；不仅可以处理对治安法院原判不服的申诉，而且可以受理对刑事法院原判不服的申诉。对于被判有罪的当事人的申诉，英国没有规定时限。关于刑事案件审查委员会就其接受的申诉

---

〔1〕 参见张毅：《国际人权公约与刑事再审规则》，载陈光中主编：《刑事再审与人权保障》，北京大学出版社2005年版。

〔2〕 同上。

向上诉法院提交的时间,《1995年刑事上诉法》也没有作出限制,而是规定其可以在任何时候将申诉提交上诉法院。对于刑事案件审查委员会决定不服的复审案件,刑事案件审查委员会应将其作出这一决定的理由书面通知申诉人。需要指出的是,凡由刑事案件审查委员会提交的案件,一般都会引起复审程序。[1]

三、两大法系禁止重复追诉制度之比较

由上可知,在理论基础上,既判力是大陆法系的核心诉讼理论,在民事诉讼和刑事诉讼程序中都普遍适用,之所以要求在诉讼中必须遵循一事不再理原则,主要是为了保障法院判决的终局性、权威性和安定性,尽量避免法院对同一事实作出相互矛盾的判决。具体到刑事诉讼中,要求对被告人的同一行为不得进行重复追诉,主要也是以强调判决的安定性为价值取向,致力于维护法院判决的权威性和终局性;而作为英美法系正当程序核心内容之一的禁止双重危险原则,仅仅只能在刑事诉讼程序中适用,其理论基础在于限制国家追诉权的膨胀,以人权保障为价值取向,希望通过禁止双重危险原则来平衡控辩双方的实质不对等,从而保证刑事诉讼活动能够按照公平的游戏规则来进行,所以美国学者称其本质为“权利保障规则”。两大法系中禁止重复追诉在理论基础与价值取向上的重大差异,决定了一事不再理原则与禁止双重危险在具体的制度设计上也存在较大不同。具体而言,体现在以下四个方面:

第一,适用的前提条件不同。大陆法系一事不再理原则只能针对法院作出的已具既判力的判决以及个别的程序性裁判,否则,如果裁判尚未具备既判力,一事不再理原则就不会对检察官的重复追诉行为产生任何约束力;英美法系的禁止双重危险原则适用的前提条件是“危险已经构成”,虽然英美法系各个国家内部对“危险已经构成”的理解并非完全一致,但总体来说,它们对重复追诉的禁止性规定更为苛刻。以美国为例,只要陪审团成员一经选定且宣誓就职之后,危险即已构成,控诉方不得再行起诉和

---

〔1〕 参见张毅:《国际人权公约与刑事再审规则》,载陈光中主编:《刑事再审与人权保障》,北京大学出版社2005年版。

上诉，法院也不得对被告人的同一犯罪行为进行第二次审判。

第二，对“同一罪名”的理解不同。目前大陆法系的一事不再理原则中，“同一罪名”事实上指的仅仅是“同一犯罪行为”，即事实行为，而不涉及法律评价。被追诉者实施的任何一项违法行为，只要法院已经对此作出了生效判决，追诉方就不得以任何其他的罪名另行起诉。而英美法系国家实行诉因制度，诉因的构成包括事实与法律评价两个方面，因此，无论是美国还是英国，只要控诉方两次起诉的罪名不一致，通常情况下并不被认为违反了禁止双重危险原则。以英国1964年确立的“康奈利规则”为例，在该案中，被告人康奈利涉嫌在实施抢劫的过程中致人死亡。康奈利先是受到故意杀人罪的指控，但被法院作出无罪判决。后来，控诉一方又依据同一事实，以抢劫罪的罪名对康奈利进行指控。被告人提出“前已有判”作为抗辩，认为控诉方的起诉违背了禁止双重危险原则。英国上议院最终裁定，“同一犯罪”包含构成犯罪的事实和使该犯罪成为某种犯罪的法律性质两个方面。为适用该规则，必须在事实和法律两方面都可判定为同一罪。在本案中，不存在前已有判的前提，抢劫与故意杀人不是同一犯罪，检察官以抢劫罪的罪名对康奈利的重新起诉是成立的，不违反禁止双重危险原则。[1]

第三，对控诉方的上诉权限制程度不同。在大陆法系国家，只要上诉期限尚未届满即不具备既判力的刑事判决，一事不再理原则对控诉方的上诉权限没有任何限制，控诉方拥有与被告方完全相同的上诉权利；而在英美法系国家的禁止双重危险原则中，通常不允许控诉方提出上诉，对一审有罪判决的上诉权专属被告人一方，通常只有在被告方上诉成功后控诉方才可以提出上诉。特别是针对一审的无罪判决，一般一经作出即产生法律效力，控诉方即使认为无罪判决在认定事实或者适用法律上存在错误，也不得提出上诉，即使是在极其例外的情况下，控诉方针对无罪判决以适用法律存在错误提出了上诉，但这种上诉并不会导致实体判决结果的变更，二审中也不能改判被告人有罪。

〔1〕 Connelly v. DPP, AC 1245, 1339-1340(1964).

第四，对于启动变更生效判决的特殊救济程序的规定不同。在大陆法系的一事不再理原则中，再审程序旨在纠正原生效判决中所存在的事实或者法律错误，本质上是一种纠错程序，因此，如果原生效判决在认定事实或者适用法律上存在错误，控诉方和被告方都可以申请重审。不过法国、奥地利、希腊等多数国家禁止启动不利于被告人的再审程序，而德国等少数大陆法系国家则例外；而在英美法系国家，控辩双方原则上对生效判决都不能申请重新审理，但是如果被告人对有罪判决不服，可以申请特别的救济程序，而控诉方通常情况下则不能申请重新审理。因此，在英美法系国家，刑事案件的重新审理程序是为了保障被追诉人的权利，避免其被错误定罪，本质上是一种特殊的权利救济程序。

综上所述，虽然两大法系在刑事诉讼中都禁止重复追诉，但是大陆法系的一事不再理原则与英美法系的禁止双重危险原则无论是在价值取向、理论基础还是制度设计上都存在重大差异。如何评判这二者之间的优劣，任何一个法学研究者都可能难以得出确切的答案，因为法律根植于文化传统及配套的制度环境，援引比较法学家梅利曼的话说就是："'孰优孰劣？'一般而言，这是一个愚蠢的问题。正如问法语是否比英语优越一样笨拙。因为'优'是针对具体对象而言，肯定没有一个人会说意大利人的处境比普通法系国家人的处境更优裕，或是说大陆法系国家人的处境比美国人的处境更糟。"[1]

四、我国禁止重复追诉的立法模式与制度设计

（一）立法模式选择

上文中我们已经详细分析了大陆法系的一事不再理原则与英美法系的禁止双重危险原则之间的重大差异，无疑，如果要在刑事诉讼中贯彻联合国《两权公约》中禁止重复追诉的基本要求，首要问题是立法模式的选择——究竟应该是借鉴一事不再理还是禁止双重危险。对此，笔者认为，无论是从我国的诉讼制度设计还是现实国情等诸多方面来看，似乎

〔1〕参见［美］约翰·亨利·梅利曼：《大陆法系》，顾培东等译，法律出版社2004年版，第130页。

都应该以大陆法系的一事不再理原则为立法模式选择。其理由是：

首先，从配套的制度环境来看，英美法系的禁止双重危险原则是建立在陪审团事实审裁的基础之上的。在英美法系国家，定罪与量刑程序截然相分离，定罪的事实认定完全委诸陪审团，陪审团的事实审裁是"上帝的声音"，即使是庭审法官甚至上诉审法官认为陪审员的事实认定是错误的，也必须将其视为真理，因此，在英美法系国家中，陪审团成员一经选定并宣誓就职之后或者一审裁判作出之后，禁止双重危险原则就开始发生约束力，控辩双方均不得就事实问题提出上诉。同时，英美法系国家的上诉审程序通常只是对原审法院的笔录进行书面审理，上诉审法官既不能亲眼目睹也不能亲耳聆听证人作证，也就根本不可能质疑陪审团对案件事实的认定与证人证言的评价。而在我国与大陆法系国家中，既没有设置陪审团的事实审裁制度，也没有将一审中的事实认定视为绝对真理的逻辑前提，且立法上还规定上诉审法院通常还要对一审的事实认定与适用法律采取直接开庭的方式进行重新审理。因此，如果我们试图选择英美法系的禁止双重危险作为立法模式，就不得不将二审程序甚至是整个刑事诉讼程序推倒重来，并建立陪审团的事实审裁机制，这显然是既不现实又不可能的。

其次，选择一事不再理原则是与我国一直沿袭大陆法系的做法相吻合的。任何一项立法都是历史和文化的传承，以既判力为理论基础的一事不再理原则既是大陆法系的传统标志之一，也是贯穿于其民事诉讼程序与刑事诉讼程序的根本制度。长期以来，我国的刑事诉讼立法一直是以借鉴大陆法系国家的做法为主，因此，如果选择禁止双重危险的立法模式，实际上是背离我国的这一立法传统的。虽然细微的制度是可以通过法律移植来予以变更的，但是对标志性制度的法律移植起决定作用的却是制度本身所依赖的文化传统和历史积淀。例如，拿破仑试图在他统治下的法国引进英美法系的陪审团制度，最终该制度却沦为拿破仑镇压其政敌的工具，适用不到一年就被废止；我国的刑事诉讼法在庭审阶段大量移植了英美对抗制诉讼的合理因素，但是，从实施的现状来看，依然是强职权主义色彩浓厚。从这两个事例中可以逻辑地推导出这样一个结论：如果选择与我国立法传统相违背的禁止双重危险原则，最终也是难以在司法实践中得到贯彻的。

再次，从我国的宪政体制来看，英美法系禁止重复追诉的立法模式与检察机关法律监督者的地位不相符合。依据宪法以及刑事诉讼法的规定，作为国家专门的法律监督机关的人民检察院，在刑事诉讼中对法院的审判活动依法进行监督，其监督的职责主要通过抗诉权来实现。如果我们选择英美法系的禁止双重危险原则作为立法模式，就意味着检察院既不能对一审尚未生效的判决提起抗诉，也不能对已具既判力的判决通过抗诉启动再审程序，因此，英美法系的禁止双重危险原则与我国的宪政体制以及检察院的法律监督者的地位是不相符的。而在以既判力为理论依据的一事不再理原则中，作为国家追诉机关的检察院对尚未产生法律效力的一审判决既拥有与被告人几乎完全相同的上诉权，也可在特殊情况下针对生效判决启动再审程序，因此，选择一事不再理原则作为我国禁止重复追诉的立法模式，并不会对我国人民检察院的法律监督者的地位造成太大的影响。

最后，从我国的现实国情来看，英美法系的禁止双重危险原则似乎难以为广大的社会民众所接受。司法权的行使是以社会民众的支持与认同作为前提条件的，因为“司法依赖于民众的信赖而生存。任何司法的公正性，在客观性与可撤销性方面的价值观，决不能与司法的信任相悖”。〔1〕甚至在司法独立观念深入人心的美国，法官在审理案件时还是很注重社会舆论的，因为在他们看来，“法院是一个政治机构，它的权力依靠公众的服从和尊重”。〔2〕目前，我国正处于社会转型阶段，司法腐败现象一定程度上还是存在的，广大社会民众对此也有一些不满情绪。在英美法系的禁止双重危险原则中，陪审团一经选定并宣誓就职或者一审判决作出之后，作为控诉方的检察官即使认为存在严重错误，既不能提出上诉，通常也不能通过其他的途径要求法院重新审理。因此，如果在立

〔1〕 参见［德］拉德布鲁赫：《法学导论》，米健等译，中国大百科全书出版社1991年版，第119页。

〔2〕 William Mishler & Reginald S.Sheehan：Public opinion，the attitudinal Model，and Supreme court decision making：A Micro-Analytic perspective，58 *J.Of Pol*.169，173（1996）.

法模式上选择禁止双重危险原则，由于检察院通常不能启动二审和再审程序，这样势必会导致大量一审判决中将事实上有罪而被判无罪或者重罪而被轻判的被告人逃脱法律惩罚，这样无疑会加剧社会民众对司法腐败的不满情绪，从而造成司法的信任危机。

（二）一事不再理原则与我国再审程序的制度设计

目前，刑事再审程序存在诸多弊端，简言之，按照有些学者的归纳、概括就是"五无限"：申诉主体、时间、审级、次数及申诉和再审理由五个方面没有限制。[1]上述弊端使得改革我国刑事再审程序成为近年来学界与司法实务部门探讨的热点问题，这些有益的探索无疑可以很大程度上避免现行再审程序的固有弊端。但是，笔者认为，在设计再审程序时，应该贯彻联合国《两权公约》中禁止重复追诉的相关内容，明确规定以大陆法系的一事不再理原则作为立法模式，在判决的既判力与保证被告人权利、公正与效率之间寻求适度的平衡。具体而言，我国刑事再审程序的制度设计应该包括以下六个方面的内容：

1.调整刑事诉讼活动的基本原则，在宪法和刑事诉讼法中将一事不再理原则确立下来。当今绝大多数的法治国家都将一事不再理或者禁止双重危险原则规定在其宪法或者刑事诉讼法典中，这一做法无疑具有普遍意义。同时，从法律体系的完整性来看，在刑事诉讼法中明确规定一事不再理原则是确有必要的。因为刑事诉讼法设置了专章的"任务和基本原则"篇，一事不再理原则无疑应该属于"任务和基本原则"篇中的内容之一。另外，禁止重复追诉是公民所享有的宪法性权利，宪法中也规定了指导刑事诉讼活动的一些基本原则，如三机关分工负责、互相配合、互相制约等，因此，在国家的根本大法——宪法中明确规定一事不再理原则也是理所当然的。对于一事不再理原则的条文表述，笔者认为，应该借鉴大陆法系的传统表述："除本法另有规定的以外，如果法院对任何人的同一行为已经作出了生效的判决，人民检察院或者人民法院不得对其再次追诉或者审判。"

〔1〕 参见沈德咏：《最新再审司法解释适用与再审改革研究》，人民法院出版社2003年版，第239页。

2.明确区分有利于被告人和不利于被告人的再审。在大陆法系国家中，法国、意大利、比利时和希腊等国家的立法中只规定了有利于被告人的再审，而德国以及奥地利等国家明确将再审区分为有利于被告人和不利于被告人两种情形。回视我国，我国再审程序遵循“实事求是，有错必纠”的基本理念，对于已生效的错误判决，不区分错判有利于被告人还是不利于被告人，一律改判。这种“有错必纠”的做法容易使裁判处于不稳定的状态，损害了司法的公信力、权威性。因此，国内有些学者主张应该借鉴法国的做法，只能是有利于被告人结果的再审才能启动，而对被告人不利的刑事再审则必须绝对禁止。[1]但笔者认为，上述学者的观点虽然不乏可取之处，但在中国的现实条件下，这一提法似乎难以为社会民众以及立法者采纳。因为我国目前正处于社会转型时期，一些党政干部的严重贪污腐败现象以及严重危害社会秩序的暴力犯罪还是大量存在的，如果上述案件中的被告人通过贿买证人或者贿赂司法人员的方式逃避了刑事制裁，在判决生效后才发现了上述妨碍司法公正的罪行，检察院却不能通过提起抗诉的方式重新予以追究的话，不但广大的社会民众难以接受这种结果，而且也会动摇党和政府惩罚腐败的信心与决心。因此，应明确规定有利于被告人和不利于被告人的两种再审情形，不过启动这两种再审理由应该作出不同的具体规定。这是中国现实条件下的需要，也符合十八届四中全会《决定》的要求。十八届四中全会《决定》明确把“有错必纠”改成“依法纠错”，并要求“维护裁判权威”。这与现行“确有错误应当纠正”的规定不一致，因此应当修改刑事诉讼法，使之符合十八届四中全会《决定》的要求。

3.申诉期限与申诉次数作出明确规定或者调整。目前，各级信访单位以及人民法院和人民检察院每年都要受理大量的刑事申诉案件，但这些申诉绝大部分属于重复申诉和无理申诉，造成了大量的资源浪费。以云南为例，云南三级法院2001年刑事申诉总量达到了11，022件，这还不包

---

〔1〕 参见张远忠：《审判监督工作改革理论研讨会综述》，载沈德咏主编：《审判监督指导与研究》（第1卷），人民法院出版社2001年版。

括各级信访部门以及人民检察院受理的申诉案件。[1]学界将实践中申诉数量较大的原因之一归结为申诉主体无限。对此，笔者认为，如果说1979年《刑事诉讼法》中对申诉主体范围的规定过于宽泛的话，那么，现行《刑事诉讼法》对申诉主体范围的规定则是比较合理的。因为1979年《刑事诉讼法》中规定的申诉主体包括当事人、被害人及其家属以及其他公民。“其他公民”的范围显然极为广泛，因此，如果说1979年《刑事诉讼法》的申诉主体无限是可以理解的。但1996年修改刑事诉讼法时已经将有权提起申诉的主体修改为当事人及其法定代理人、近亲属，这一修改显然大大缩小了其范围。同时，就诉权保护的角度而言，刑事判决的结果与当事人及其法定代理人、近亲属存在直接的利害关系，赋予他们的刑事申诉权是应有之义。2012年修改的《刑事诉讼法》保留了1996年修改时对申诉主体的规定，笔者认为是合理的，似乎并不存在申诉主体无限的问题。

如果希望减少目前刑事申诉数量过多的问题，笔者认为，可从两个方面着手，首先，应该在立法上明确规定申诉的次数，因为实践中大量的申诉都是重复申诉。因此，应该明确规定申诉人已经提出一次申诉而被驳回，没有新的事实或者证据，不得再次提出申诉；其次，对申诉期限作出适度的调整。虽然欧洲国家的法学界和立法机关都普遍认为再审程序是在穷尽了普通救济程序之后的特殊救济程序，很难预知新证据、新事实等情况出现的时间。因此不可能限制提出申诉的期限。[2]但是笔者认为，考虑到中国千百年来有冤必申的传统所可能导致的大量重复申诉，我们不宜完全照搬国外的做法，应该在立法上对申诉期限作出一定的限制性规定。对此，《最高人民法院关于规范人民法院再审立案的若干意见（试行）》第10条指出：人民法院对刑事案件的申诉人在刑罚执行完毕后两年内提出的申诉，应当受理；超过两年提出申诉，具有下列情形之一的，应当受理：可能对原审被告人宣告无罪的；原审被告人在本

〔1〕 参见董治良：《云南省关于刑事再审程序改革研讨的情况和思考》，载陈光中主编：《刑事再审与人权保障》，北京大学出版社2005年版，第332页。

〔2〕 参见岳礼玲：《欧洲再审制度之比较及经验借鉴》，载陈光中主编：《刑事再审程序与人权保障》，北京大学出版社2005年版，第278页。

条规定的期限内向人民法院提出申诉，人民法院未受理的；属于疑难、复杂、重大案件的。不符合前款规定的，人民法院不予受理。笔者认为，该司法解释比较符合中国的现实情况，但是考虑到刑事再审制度设计应该尽量向被告人一方进行倾斜，故需要作适度调整：只要是对被告人有利的再审申诉，不受期限的限制；被害人提出申诉的，应该在判决之后两年之内提出，否则不予受理。

4.取消本级法院自行启动再审程序的权力。因为本级法院自行启动再审程序针对的是本院作出的生效裁判，难以做到客观、公正对待。司法实践中，当事人向原作出生效裁判的法院提出再审的申诉，往往很快就被驳回。

5.明确规定启动有利于被告人和不利于被告人再审结果的法定理由。我们应该借鉴德国和奥地利等欧洲国家的先进立法经验，在立法上明确区分启动不利于被告人和有利于被告人的再审理由。具体而言，启动不利于被告人再审程序的法定理由仅限于以下四种情形之一：（1）被告人以威胁、利诱、胁迫或者贿买的方式，导致证人、被害人与鉴定人提供伪证的；（2）公安人员、检察人员、审判人员在办理该案过程中收受贿赂、徇私舞弊以及枉法裁判的；（3）被告人在公开场合作出了令人信服的有罪自白的；（4）可能判处十年以上有期徒刑的严重危害社会治安以及国家安全类犯罪，如果原生效判决因为证据不足作出了无罪判决，发现新事实或者新证据可以证明其罪成立的。启动有利于被告人再审结果的法定理由是：（1）发现了原审过程中未收集到或者未被采纳的证据，可能推翻有罪判决的；（2）主要证据不充分或者不具有证明力的；（3）原判决依据的主要事实被依法变更或者撤销的；（4）据以定罪量刑的主要证据自相矛盾的；（5）引用法律条文错误或者违反《刑法》第12条的规定适用失效法律的；（6）违反法律关于溯及力规定的；（7）量刑明显不当的；（8）审判程序不合法，影响案件公正裁判的；（9）审判人员在审理案件时索贿受贿、徇私舞弊并导致枉法裁判的。

6.适当地提高受理再审案件管辖法院的级别，并针对不同性质的再审申请作出相异的受理规定。目前，刑事司法实践中绝大多数刑事再审案件都由原审人民法院管辖，这种做法的弊端是很明显的：首先，通常情况下，原审法院重新组建的合议庭并不愿意轻易改正原判中的错误，因为一旦改判，就意味着该法院办理了一起错案，原审合议庭中的本院同事也可能因此受到相应的惩处；其次，目前我国司法行政化的色彩浓厚，大多再审案件由于案情复杂，原审合议庭在作出判决之前事先大多已经请示过院长甚至已经提交给审判委员会讨论，而目前在全国各级法院中，只要是再审案件，合议庭在作出判决之前必须提交审判委员会讨论，而审判委员会通常难以更改原来对案情的认识和对法律的理解，这样也会导致由原审法院进行再审难以纠正生效裁判中错误的情况；再次，对申诉人而言，他们往往对原审法院怀有成见，如果仍由原审法院主持再审案件的审理，即使再审后作出了公正的判决，他们通常也不愿意接受再审判决的结果，因此，从法律效果与社会效果的统一来看，也不宜由原审法院受理再审案件；最后，由原审法院审理再审案件必然会导致当事人申诉次数过多以及再审次数过多。因为如果当事人对原审法院的再审结果不满的话，还可以向上级法院以及原审法院再次提出申诉，这样就容易导致反复启动再审程序，不利于维护生效判决的稳定性。

基于上述原因，应该在立法上明确规定，再审案件原则上应该由原审法院的上一级别法院审理，特殊情况下，上级法院可以指令与原审级别相同的另一法院受理。

第四节　辩护制度

一、我国辩护制度的历史发展

辩护制度是衡量一个国家诉讼文明与否的重要标志之一。“刑事诉讼的历史就是辩护权扩充的历史”。〔1〕我国现代意义上的刑事诉讼制度，

〔1〕　参见［日］田口守一：《刑事诉讼法》，张凌等译，中国政法大学出版社2010年版，第107页。

包括辩护制度的确立、发展和完善很大程度是建立在法律移植基础上的。因此，我国辩护制度近现代发展史在很大程度上也是一部移植史。

我国辩护制度并非古已有之，现代意义上的辩护制度是在清末修法的背景下从西方移植进来的。最早规定辩护制度的立法是清末修律制定的《大清刑事民事诉讼法草案》(1906年编成)。该草案的很多制度，包括律师准入制度、考核制度、律师职责很大程度上借鉴了日本的规定。[1]之后由沈家本主持、日本刑事法学家冈田朝太郎参与起草完成的《大清刑事诉讼草案》(1910年完成)同样深受日本辩护制度的影响。它规定了律师可以参加诉讼及作为辩护人享有的权利。此外，有关辩护制度的立法还有北洋政府制定的《律师暂行章程》(1912年制定)、《律师登录暂行章程》(1912年制定)、《刑事诉讼条例》(1921年颁行)，国民党政府制定的《刑事诉讼法》(1928年公布)、《律师章程》(1928年公布)、《律师法》(1941年公布)。这些关于辩护制度的规定，虽然由于种种原因未在刑事诉讼活动中得到切实实行，但是吸收了很多西方的辩护理念，为此后我国辩护制度发展奠定了基础。

我国社会主义辩护制度的建立历经坎坷。早在1932年中华苏维埃共和国时期，中央执行委员会颁布的《裁判部暂行组织及裁判条例》第24条曾规定："被告人为本身的利益，可派代表出庭辩护，但须得法庭的许可"。我国的第一部宪法——1954年《宪法》第76条明确规定："被告人有权获得辩护。"1954年《人民法院组织法》第7条规定："被告人有权获得辩护。被告人除自己行使辩护权外，可以委托律师为他辩护，可以由人民团体介绍的或者经人民法院许可的公民为他辩护，可以由被告人的近亲属、监护人为他辩护。人民法院认为必要的时候，也可以指定辩护人为他辩护。"但是，"文化大革命"时期，社会主义法制遭到践踏，刚刚建立起来的辩护制度受到严重摧残。"党的十一届三中全会以后，实行了拨乱反正，在党中央加强社会主义民主和法制的方针指引下，开始

[1] 参见赵晓耕、陆侃怡：《清末诉讼法改革对于律师制度的借鉴——以1906年〈大清刑事民事诉讼法草案〉为视角》，载《北方法学》2011年第1期。

了恢复和重建辩护制度的工作。”[1]

1978年《宪法》重新确立了辩护制度在国家法制中的重要地位。1979年《刑事诉讼法》不但规定了被告人的辩护权，而且还对辩护制度作了专章规定。这标志着我国辩护制度的正式建立。“1979年《刑事诉讼法》在一定程度上无疑是移植苏联体制的产物。一方面，此次法律制定在整体上呈现出大幅借鉴、多面学习特点，从立法理念、诉讼原则到具体的制度架构、技术规范、法律术语等，无一不镌刻着《苏俄刑事诉讼法典》的印记。”[2]这导致1979年《刑事诉讼法》规定的辩护制度具有浓重的苏俄色彩。在这种背景下，辩护制度呈现以下特点：有关辩护制度的条文只有区区5条；而且辩护人只能在审判阶段参与诉讼活动，享有的诉讼权利极为有限；控辩不平等，法庭权力过大且不够中立等。

从20世纪80年代初以来，我国积极参与联合国在预防犯罪和刑事司法方面的活动，参与起草和制定相关刑事司法的国际法律文件，如《少年司法最低限度标准规则》、联合国《律师作用基本原则》等。[3]而且，随着改革开放的不断扩大，我国与西方国家在政治、经济、文化等领域不断地加深交流与合作，“自由”“民主”“人权”等价值理念和“正当程序”“保障人权”“控辩平等”等刑事诉讼理念源源不断输入我国并且深刻影响我国刑事诉讼的研究、立法和司法实践。在这种大背景下，1996年《刑事诉讼法》不仅借鉴了大陆法系的现代审问式诉讼模式，而且吸收了英美法系当事人主义的对抗制色彩。[4]集中到辩护制度上，可谓法律移植色彩浓厚。首先，将律师介入侦查的时间提前至侦查阶段。“二战”之后，西方

---

〔1〕 参见陈光中：《刑事诉讼法》(第5版)，北京大学出版社、高等教育出版社2013年版，第141页。

〔2〕 参见左卫民：《当代中国刑事诉讼法律移植：经验与思考》，载《中外法学》2012年第6期。

〔3〕 参见陈瑞华：《修正后的中国刑事诉讼法典——从刑事司法国际标准角度的分析》，载《现代法学》1996年第5期。

〔4〕 1996年3月12日在第八届全国人民代表大会第四次会议上，全国人民代表大会常务委员会法制工作委员会主任顾昂然作的《关于〈中华人民共和国刑事诉讼法修正案（草案）〉的说明 》中提到：“我国社会主义民主和法制建设不断发展，社会情况有了变化，司法实践中积累了不少经验，也反映出一些问题，需要总结实践经验，联系现代法制建设的发展，对刑事诉讼法进行补充修改。”

国家，如英、美、德等，辩护人介入诉讼的时间普遍提前到侦查阶段。[1]联合国《律师作用基本原则》第1条就明确规定："所有的人都有权请求由其选择的一名律师协助保护和确立其权利并在刑事诉讼的各个阶段为其辩护。"其次，扩大了刑事法律援助的范围。1996年《刑事诉讼法》对于刑事法律援助的范围的规定也明显借鉴了一些国家的做法，如英国法律援助的案件范围从谋杀案件扩展到所有的刑事案件，美国指定辩护的范围包括被告人可能判处死刑而没有聘请律师的，由于无知、智障、文盲或类似原因无法为自己进行充分辩护的，因贫穷而请不起律师的。[2]

1996年《刑事诉讼法》实施以来，我国学界不断加强对西方司法制度的研习，大量有关刑事诉讼法的西方译著相继出版，加之我国于1998年签署联合国《两权公约》，西方国家的刑事司法理念和制度进一步影响我国刑事司法的立法和研究。2012年《刑事诉讼法》对辩护制度的移植在拉近与西方法治国家距离的同时，也注重"立足我国仍处于并将长期处于社会主义初期阶段的基本国情和阶段性特征，既要与时俱进，又不超越现阶段的实际，不盲目照搬外国的司法制度和诉讼制度"。[3]此次修改明确了侦查阶段律师的辩护人地位，修改相关规则力图解决"会见难"和"阅卷难"问题，提前刑事法律援助的时间，扩大刑事法律援助的范围，同时完善对辩护律师的执业保障等。

综观我国刑事辩护制度的法律移植与发展完善过程，不难发现其具有以下特点：第一，移植方式上，由整体移植转为部分移植。1979年《刑事诉讼法》规定的辩护制度是对苏联辩护制度大面积、全盘式的移植，着力于如何"构建"我国的辩护制度。此种状况既是意识形态亲和性在法律上的体现，也与我国相关法律基本空白需要重新构建息息相关。与之相比，1996年和2012年《刑事诉讼法》都是在原有规定的基础上对辩

---

〔1〕 参见陈光中：《刑事诉讼法》（第5版），北京大学出版社、高等教育出版社2013年版，第140页。

〔2〕 参见汪海燕：《贫穷者如何获得正义——论我国公设辩护人制度的构建》，载《中国刑事法杂志》2008年第2期。

〔3〕 参见王兆国：《关于〈中华人民共和国刑事诉讼法修正案（草案）〉的说明》（2012年3月8日第十一届全国人民代表大会第五次会议）。

护制度进行部分修缮。第二，移植对象上，由单一化走向多元化。1979年《刑事诉讼法》移植的对象只限于苏联辩护制度，而1996年和2012年《刑事诉讼法》对辩护制度的移植对象扩展到大陆法系国家和英美法系国家的辩护制度，以及联合国刑事司法准则中有关辩护制度的规定。第三，移植效果上，由"照搬照抄"到"因地制宜"。与1979年《刑事诉讼法》相较而言，1996年《刑事诉讼法》，尤其是2012年《刑事诉讼法》更加注重辩护制度本土问题的解决，而非一味地全盘移植国外"先进"的规定。在法律移植时，一方面强调"联系现代法制建设的发展""与时俱进"，又强调"总结实践经验""不超越现阶段的实际，不盲目照搬外国的司法制度和诉讼制度"〔1〕。另一方面，对域外辩护制度的移植相较于构建时期多了一层浓厚的"甄别"色彩。

虽然两次《刑事诉讼法》的修改促进了辩护制度的发展，但是，无论是立法层面还是实践层面，辩护制度依然存在诸多问题。如前文所提及，在刑事辩护中，旧的"三难"（"会见难""阅卷难""调查取证难"）依旧在一定程度存在，新的"三难"（"发问难""质证难""辩论难"）又出现，刑事法律援助仍然处于较低水平，存在死刑复核程序中难以有效辩护等问题。仅就移植层面而言，其主要原因有：首先，任何事物成长都是一个循序渐进的过程，辩护制度的完善也不可能一蹴而就，它需要"法律工匠"通过多次的移植，使"他山之石"与"本土资源"最终相互交融与契合。其次，法律移植的内容不够全面，辩护律师的诉讼权利仍然有限，与西方一些国家和联合国有关文件的要求还有一定差距。根据整体和部分关系原理，部分是整体的部分，部分离开了整体就不能有效发挥相应的功能，因此，辩护制度移植的残缺性必然导致辩护制度移植的效果不佳。最后，辩护制度法律移植效果的不理想与整个法治环境不健全、经济欠发达、民众的传统理念等也有一定关系，如在公、检、法"联合办案""先定后审"的背景下，法定的辩护权只能是"纸面上"的权

〔1〕 参见顾昂然：《关于〈中华人民共和国刑事诉讼法修正案（草案）〉的说明》（1996年3月12日在第八届全国人民代表大会第四次会议）；王兆国：《关于〈中华人民共和国刑事诉讼法修正案（草案）〉的说明》（2012年3月8日在第十一届全国人民代表大会第五次会议）。

利；对于无力聘请律师的被追诉人而言，法律即使规定最为“发达”“全面”的辩护权，也只能是望“法”兴叹；在“舆论审判”的背景下，辩护权也有可能被虚置。

二、律师调查取证权

调查取证权作为辩护律师的一项权利，不仅有利于保障辩护功能的实现，维护被追诉人的合法权利，而且有助于实现控辩平等、程序正义。从内容上来说，辩护律师调查取证权包括自行调查取证权和申请调查取证权。在我国，律师调查取证权存在的主要问题表现为：不能调查取证、不想调查取证、不敢调查取证。

第一，不能调查取证。2012年《刑事诉讼法》虽确立了律师在侦查阶段辩护人的地位，但是由于立法的模糊和矛盾，各界对辩护律师在侦查阶段是否享有调查取证权尚未达成共识。原因在于：2012年《刑事诉讼法》第41条原封不动地照搬1996年《刑事诉讼法》第37条有关调查取证的规定，只字未改。由于第41条第1款规定的申请调查取证的对象是人民检察院、人民法院，第2款规定的向被害人一方调查取证时许可的对象亦是人民检察院、人民法院，而人民检察院、人民法院对应的诉讼阶段是审查起诉和审判阶段。因此，辩护律师在侦查阶段似乎没有调查取证权。但是，2012年《刑事诉讼法》第40条规定辩护人收集的“三种证据”〔1〕应当及时告知公安机关、人民检察院，这样看来，辩护律师在侦查阶段似乎又有调查取证权。有学者从法律确定侦查阶段律师辩护人身份的角度、法律所界定的辩护人职责角度、落实其他相关规定的角度论证了辩护律师在侦查阶段享有调查取证权。〔2〕然而，相关解释性文件对这个问题都采取回避的态度。〔3〕在司法实践中，一些公安司法机关对于侦查阶段，辩护

---

〔1〕“三种证据”是指有关犯罪嫌疑人不在犯罪现场、未达到刑事责任年龄、属于依法不负刑事责任的精神病人的证据。

〔2〕参见汪海燕：《合理解释：辩护权条款虚化和异化的防线》，载《政法论坛》2012年第6期。

〔3〕虽然最高检《规则》第51条、公安部《规定》第55条规定，人民检察院、公安机关应当对辩护律师收集的三类证据进行审查核实，但是只是回应了2012年《刑事诉讼法》第40条，并没有从根本上解决问题。

律师收集证据的资格提出质疑甚至明确该证据具有不可采性。

第二，不想调查取证。2012年《刑事诉讼法》第60条规定："凡是知道案件情况的人都有作证的义务"，第52条第1款规定："人民法院、人民检察院和公安机关有权向有关单位和个人收集、调取证据。有关单位和个人应当如实提供证据。"然而，根据第41条的规定，辩护律师调查取证时要经过有关单位和个人的同意，向被害人一方调查取证时需要经过"双重同意"，即不仅要经过被害人一方的同意，还需要经过司法机关的许可。从上述规定可以看出，刑事诉讼法只赋予公安司法机关强制取证权，而辩护律师的调查取证权并没有实际保障效力。而一些证人害怕打击报复，也不愿或不敢配合律师调查取证。而且，被害人多与辩护方相互对立，一般也不会同意辩护方调查取证。即使同意，还得经过司法机关的许可，可谓"困难重重"。造成辩护律师缺乏调查取证的动因，除了自行调查取证需经同意外，还在于申请调查取证也往往遭到司法机关的拒绝。最高检《规则》第52条第2款规定的"认为需要"，[1]最高法《解释》第51条、第52条第一款规定的"认为确有必要"，[2]概念模糊，主观性极大，可操作性不强，司法机关往往以"不需要""没有必要"而将辩护律师的申请拒之门外。有调查显示，律师申请检察院收集调取证据并且成功的案件只有0.96件（673个律师回答），只占同期律师办案的7%，大部分申请被以各种理由拒绝。[3]

第三，不敢调查取证。如果说律师职业的风险集中于刑事辩护，那么刑事辩护的风险则集中于调查取证。辩护律师调查取证面临的刑事责任风险，主要来源于《刑法》第306条有关辩护人、诉讼代理人毁灭证

---

〔1〕 最高检《规则》第52条第2款规定："人民检察院认为需要收集、调取证据的，应当决定收集、调取并制作笔录附卷；决定不予收集、调取的，应当书面说明理由。"

〔2〕 最高法《解释》第51条规定："辩护律师向证人或者有关单位、个人收集、调取与本案有关的证据材料，因证人或者有关单位、个人不同意，申请人民法院收集、调取，或者申请通知证人出庭作证，人民法院认为确有必要的，应当同意。"第52条第1款规定："辩护律师直接申请人民法院向证人或者有关单位、个人收集、调取证据材料，人民法院认为确有收集、调取必要，且不宜或者不能由辩护律师收集、调取的，应当同意。人民法院收集、调取证据材料时，辩护律师可以在场。"

〔3〕 参见陈瑞华主编：《刑事辩护制度的实证考察》，北京大学出版社2005年版，第12页。

据、伪造证据、妨害作证罪（下文称律师伪证罪）的规定。在2012年《刑事诉讼法》修改之前，辩护律师被以律师伪证罪追究刑事责任的情形并不鲜见。“据不完全统计，自1997年至2005年最少有500名律师因涉嫌该罪而被拘捕、起诉，其中绝大部分人（占80%）最终被宣判无罪。”〔1〕之前的李庄“涉嫌伪造证据、妨害作证罪”案和后来的广西北海律师伪证案等一系列案件，使得刑事辩护界风声鹤唳，辩护律师对于调查取证，畏手畏脚、犹豫回避。在2012年《刑事诉讼法》修改之后，虽然试图完善追诉律师伪证罪的程序，但是，悬挂在律师头上的“达摩克利斯之剑”并没有消失。〔2〕

如果说不能调查取证、不想调查取证涉及的是合理的侦查阶段调查取证权和调查取证效力有无的问题，那么不敢调查取证则属于不当的执业风险大小的问题。故而，解决问题的关键在于将侦查阶段调查取证权和调查取证的效力“由无变有”，执业风险“从大化小”。“由无变有”需要“取法乎外”，即通过法律移植的方法解决前两个问题；“从大化小”则需“取法乎内”，即通过自我完善的方式解决后一个问题。

第一，立法应当明确规定辩护律师在侦查阶段享有调查取证权。在实行侦查双轨制的英美法系国家，辩护律师在侦查阶段自然享有调查取证的权利。大陆法系的一些国家的辩护律师也享有这种权利。在法国，辩护律师在实践中有权在侦查阶段进行调查取证。〔3〕在日本，辩护人在侦查阶段的工作之一就是收集有利于犯罪嫌疑人的证据，或请求证据保全。〔4〕根据《俄罗斯联邦刑事诉讼法典》第53条和相关条文的规定，

---

〔1〕 参见张大海：《司法职业共同体视角下的律师执业困境与对策》，载《中州学刊》2010年第5期。

〔2〕 对于刑事辩护律师调查取证风险的原因分析，参见汪海燕：《律师伪证刑事责任问题研究》，载《中国法学》2011年第6期；杨晓静：《刑事辩护律师调查取证的执业风险与防范》，载《中国刑事法杂志》2010年第8期。

〔3〕 参见陈卫东等：《法国刑事诉讼法改革的新进展——中国人民大学诉讼制度与司法改革研究中心赴欧洲考察报告之一》，载《人民检察》2004年第10期。

〔4〕 参见［日］田口守一：《刑事诉讼法》，张凌等译，中国政法大学出版社2010年版，第110页。

辩护律师在侦查阶段亦享有此权利。[1]应当说，我国已经具备明确侦查阶段律师调查取证权的现实基础。从立法层面考察，2012年《刑事诉讼法》确立了律师在侦查阶段的辩护人地位，地位的变化亦昭示着权利的变化。环顾海外，多数国家律师在侦查阶段以辩护人的身份参加诉讼活动，同时享有调查取证权。“如果仅仅将1996年刑事诉讼法规定的侦查阶段‘提供法律帮助的律师’改称为‘辩护律师’，而实际其诉讼权利并未变化或变化不大，那么，这种变化就是‘名不符实’。只有侦查阶段辩护律师享有相应的权利，才可谓名至实归。”[2]另外，只有在侦查阶段赋予律师调查取证权，才有可能使得控辩双方站在同一起跑线，才有可能改变控辩失衡的局面，在一定程度上实现“控辩平等”。

第二，立法保障辩护律师调查取证权的行使。无论是英美法系国家还是大陆法系国家，对辩护律师调查取证限制较少，律师可以自由地调查收集证据，既不需要控方许可，也不需要调查对象的同意。[3]而且，两大法系的司法机关对辩方调查取证的申请，一般都不能随意拒绝。《美国联邦刑事诉讼规则》第15条规定：“由于特殊情况，从司法利益考虑，一方面当事人预备提供的证人证词需要先行采证并保存至审判中使用时，法院可以根据该当事人的申请和对有关当事人的通知，命令将有关书籍、纸张、文件、记录、录音或其他不属于特权保密范围的材料展示。”[4]在日本，被起诉之后第一次审理之前，被告方可以申请证据保全，法官接到请求后根据总则的规定采取保全措施。对驳回扣押请求的裁判，可以提出准抗告。[5]《德国刑事诉讼法典》第163条规定：“被指控人请求收集对他有利的证据时，如果它们具有重要性，应当收集”。[6]为了

〔1〕 参见陈光中、汪海燕：《侦查阶段律师辩护问题研究——兼论修订后的〈律师法〉实施问题》，载《中国法学》2010年第1期。

〔2〕 参见汪海燕：《合理解释：辩护权条款虚化和异化的防线》，载《政法论坛》2012年第6期。

〔3〕 参见李明、欧超荣：《律师调查取证权研究》，载《江西社会科学》2007年第6期。

〔4〕 参见陈卫东主编：《刑事诉讼法资料汇编》，法律出版社2005年版，第122页。

〔5〕 参见［日］田口守一：《刑事诉讼法》，张凌等译，中国政法大学出版社2010年版，第118页。实际上，证据保全申请并没有被广泛利用，但是至少立法上赋予辩方这种权利，是否积极行使则在于辩方。

〔6〕 参见陈卫东主编：《刑事诉讼法资料汇编》，法律出版社2005年版，第122页。

保障辩护律师的调查取证权，确保其愿意调查取证，应当取消控方许可、被调查取证人同意的规定。但是，不能强制被调查人接受调查，因为律师的调查取证权在本质上是一种“私权利”，不应具备强制力因素，如在德国，辩护人没有强制取证权，只能以公民身份收集信息。[1]

为保障辩护人申请调查取证有效行使，我国法律应明确以下几个问题：首先，应当明确拒绝调查取证申请的理由或情形，如与案件事实没有关联；事实明显，无收集证据的必要；免证事实；等等。其次，明确审查批准的期间、实施调查取证的期限、审查的形式和作出决定的方式。最后，完善救济措施。当人民检察院、法院拒绝辩护律师的调查取证申请时，辩护律师应当有权请求其上级就此决定的合法性和合理性进行审查。对于司法机关无理由拒绝调查举证时，应当作为“其他违反法律规定的诉讼程序，可能影响公正审判的”情形而撤销原判，发回重审。

第三，降低辩护律师调查取证的风险。律师伪证罪的立法缺陷及其引发的问题，“并不意味着律师毁灭、伪造证据或者其他一些妨碍作证的行为就不被追究刑事责任”。[2]为了降低律师辩护风险，首先在实体上，刑法规定应当与刑事诉讼法相关规定一致，即应删除《刑法》第306条“改变证言”的情形。同时，为了维护辩护律师与被追诉人之间的信任关系，应当从实体上禁止被追诉人揭发律师伪证罪适用立功制度的做法，同时明确被追诉人揭发律师伪证罪的证据材料不具可采性。在程序上，除应由办理辩护人所承办案件的侦查机关以外的侦查机关办理，而且立案时间应当在辩护律师所承办的案件的裁判生效之后。另外，在形式上，不应当将律师伪证罪单列，而应将《刑法》第306条和第307条整合为一条，规定除证人以外的主体都可以成立毁灭证据、伪造证据、帮助毁灭、伪造证据、妨害作证罪。[3]

---

〔1〕 参见[德]托马斯·魏根特：《德国刑事诉讼程序》，岳礼玲等译，中国政法大学出版社2004年版，第66页。

〔2〕 参见汪海燕：《律师伪证刑事责任问题研究》，载《中国法学》2011年第6期。

〔3〕 关于律师伪证罪的完善的相关阐述，参见汪海燕：《律师伪证刑事责任问题研究》，载《中国法学》2011年第6期。

三、辩护人阅卷权

依据控辩“平等武装”理念，辩护律师应当有权获取控方收集的证据材料和相关信息。控辩“平等武装”要求控辩双方诉讼地位平等，能够平等地参与诉讼，辩方针对控方的指控有相对应的防御资源和方法。由于辩方在诉讼资源、取证能力等方面处于天然弱势地位，只有将控方的证据信息展示给辩方才有可能实现实质意义上的控辩平等。

辩方获取控方证据信息在英美法系体现为证据开示制度，在大陆法系为卷宗阅览制度。无论是证据开示制度还是卷宗阅览制度，其宗旨都在于保障控辩平等以实现司法公正。两者的差异源于英美法系和大陆法系不同的起诉方式：“起诉状一本主义”和卷宗移送制度。在美国，证据开示主要是通过审前动议完成，预审程序也是辩方获取控方信息的好机会。控方应当展示的证据包括被告人的陈述、被告人的前科记录、文件和物品、科学报告和专家证人的证词概要等。英国的检察官不仅要将所有在法庭审判中用作控诉的证据展示给辩方，而且还应当通过“初次展示”和“第二次展示”的程序展示不准备在审判过程中使用的所有材料。[1]在法国，辩方可在案件提起预审后在档案保管室查阅全部案件材料，包括预审等阶段新形成的案卷资料。[2]德国的辩护律师几乎在任何诉讼阶段都享有查阅卷宗以及查看由官方保管的物证的权利。[3]《日本刑事诉讼法典》第299条第1款规定：“检察官和被告人或者辩护人请求询问证人、鉴定人、口译人或者笔译人时，应当预先向对方提供知悉以上的人的姓名及住所的机会。在请求调查证据文书或证物时，应当预先给予对方阅览的机会。”

我国2012年《刑事诉讼法》第38条对辩护律师阅卷权进行了修改，不仅改善了审查起诉阶段阅卷范围限于诉讼文书、技术性鉴定材料的状

---

〔1〕 参见陈瑞华：《英美刑事证据展示制度之比较》，载《政法论坛》1998年第6期。

〔2〕 参见尤广辉：《国外解决律师阅卷问题的两种制度模式及其借鉴意义》，载《中国刑事法杂志》2003年第3期。

〔3〕 参见宋英辉、孙长永、朴宗根等：《外国刑事诉讼法》，北京大学出版社2011年版，第289页。

况，而且解决了审判阶段阅卷不够全面的问题。但是，依然存在诸多问题需要加以解决：

首先，阅卷范围问题。根据刑事诉讼法的规定，辩护律师阅卷的范围——“本案的案卷材料”显然较之修改前规定的“诉讼文书、技术性鉴定材料”及“所指控的犯罪事实的材料”更广，应当包括本案所有的诉讼文书及全部证据材料。最高检《规则》第47条也作了此种理解。〔1〕但是，实践中辩护律师只能复制书面的卷宗而不能复制载有审讯被追诉人、询问被害人或者证人的录音、录像的光盘。“在现有法律框架内，讯问同步录音录像本身不能作为证明犯罪事实的证据，而以工作性资料对待是适宜的，出庭时，笔录仍是举证质证的法定证据，但当被告人或辩护律师对讯问笔录提出异议或提出讯问过程可能存在刑讯逼供时，录音录像可以作为证明证据合法性的证据使用。”〔2〕这种观点和做法显然侵犯了辩护律师的阅卷权。从理论上讲，讯问等的录音录像具有双重性质，在证明案件事实方面，它本质上是口供——口供既可以通过笔录的方式也可以通过录音录像的方式加以固定，但是无论以哪种方式对其进行固定都不影响其本身的性质；在证明讯问过程的合法性时，它又是一种视听资料。因此，审讯被追诉人、询问被害人或者证人的录音、录像属于证据材料，当然属于律师阅卷的范围。在国外的立法例中也有体现。如在俄罗斯，律师有权查阅录音录像得到法律明确规定，即侦查人员根据刑事被告人及其辩护人的请求应当向他们提交照片、录音录像资料、电影胶片以及其他侦查行为笔录的附件。〔3〕

其次，阅卷阶段问题。我国辩护律师阅卷的时间始于检察院对案件审查起诉之日，在侦查阶段，辩护律师无权阅卷。一些国家规定辩护律师在侦查阶段就可以查阅案卷。如，《德国刑事诉讼法典》规定在任何

---

〔1〕 最高检《规则》第47条规定：“自案件移送审查起诉之日起，人民检察院应当允许辩护律师查阅、摘抄、复制本案的案卷材料。案卷材料包括案件的诉讼文书和证据材料”。

〔2〕 参见孙谦：《关于修改后刑事诉讼法执行情况的若干思考》，载《人民检察》2015年第7期。

〔3〕 参见程滔：《卷宗阅览与证据展示之选择——兼论辩护律师阅卷权的完善》，载《中国司法》2007年第9期。

诉讼阶段，律师都可以查阅卷宗。在侦查阶段，只有在例外情况，即危害调查目的之时才能拒绝其查阅案卷。在俄罗斯，辩护人自参加刑事诉讼时起就可以了解拘捕笔录、适用强制处分的裁决，有犯罪嫌疑人、被告人参加的侦查行为的笔录，以及其他向犯罪嫌疑人、刑事被告人出示或应该向犯罪嫌疑人、刑事被告人出示的其他文书；在侦查终结时辩护人有权了解刑事案件的所有材料，从案卷中摘抄任何材料的任何部分，复制（包括使用技术手段）刑事案件的任何材料。[1]在侦查过程中，由于很多证据尤其是言词证据处于一种不固定状态，再加之在一些案件中如果过早地披露证据信息，势必会影响侦查。在此阶段一般情形下，侦查机关没有必要向辩方展示证据信息。但是，关于犯罪嫌疑人被采取强制措施的信息应及时向辩护律师披露。此种信息一般既不涉及侦查机密、与侦查保密无关，而且对于犯罪嫌疑人基本权利保障又非常重要。而我国辩护人无权获悉相关的信息，无疑是一种立法缺陷。因此，我国应当借鉴其他一些国家的做法，规定辩护人有权知悉“适用强制处分的裁决”。另外，法律应规定在侦查终结时，辩护律师就有权阅卷。因为此时案件已经侦查终结，侦查收集证据行为基本结束，证据也已经固定，辩方干扰侦查行为的可能性已经很小。《刑事诉讼法》第159条规定，在案件侦查终结前，辩护律师提出要求的，侦查机关应当听取辩护律师的意见。试想，如果辩护律师不能查阅侦查机关收集的证据材料如何提出有效的意见？因此，我国可以借鉴俄罗斯的做法，规定辩护律师自侦查终结时享有阅卷权。

再次，阅卷方式、时间、次数问题。根据《刑事诉讼法》第38条的规定，阅卷的方式包括查阅、摘抄和复制。而且，最高法《刑诉法解释》第47条和最高检《规则》第49条还明确规定可以采用复印、拍照和扫描等方式复制案件材料。但是，实践当中，有的机关采用“三选一”的操作方法限制辩护律师阅卷权。由于有些案件重大复杂，案件材料非常之多，而且随着诉讼进程的推进，案件材料数量会不断增加，内容也可能会发

〔1〕 参见程滔：《卷宗阅览与证据展示之选择——兼论辩护律师阅卷权的完善》，载《中国司法》2007年第9期。

生变化。因此，有必要保障而不得限制辩护律师阅卷的时间和次数。联合国《律师作用基本原则》第21条规定："主管当局有义务确保律师能有充分的时间查阅当局所拥有或管理的有关资料、档案和文件，以便使律师能向其当事人提供有效的法律协助，应当尽早在适当的时机提供这种查阅的机会。"我国法律和相关解释应当体现此文件精神。

最后，提供阅卷便利方面的问题。为了保障和便利辩护律师实现阅卷权，应当设置相应的配套设施，比如，设置专门的阅卷场所，配备打印、复印机。英国的警察局中设有专门的证据展示官员，负责及时向检察官提交和向辩护方展示证据材料的工作。而法国也设置了专门的档案保管室以供辩方查阅案卷。另外，复制案卷时不能"漫天要价"，而应合理收费。〔1〕

四、律师在场权的构建

律师在场权有广狭义之分。广义上的律师在场权是指，公安司法机关在进行讯问被追诉人、勘验、搜查、扣押、审讯等活动时，律师有权在场。狭义的律师在场权是指在侦查阶段，侦查人员讯问犯罪嫌疑人时，律师有权在场，即"侦讯在场权"。本节从狭义角度对此问题进行讨论。应当说，律师在场权既是辩护人的重要诉讼权利，也是其行使辩护权的重要形式。律师在场权不仅具有遏制刑讯、保证供述任意性的功用，还具有改变实践中倚重口供现象，促使控辩平等，合理化诉讼结构等实体价值和程序价值。

正因为律师在场权具有重要功用与价值，现代很多国家都通过判例或规范确立了律师在场权。无论是实行当事人主义的英美法系国家，还是采取混合制诉讼模式的意大利，甚至是依然具有较为浓重职权主义色彩的德国和法国，都相继确立了律师在场权制度。当然，受诉讼模式、

---

〔1〕　据了解，有的司法机关以单位不提供复印或者没有复印件为借口拒绝辩护律师复印。还有的司法机关对辩护律师复印案卷收取高额费用，如有一法院对复印卷宗每页收取3元费用，结果收取近3万元之多。参见《卷宗复印每页3元有人一次就付了3万元》，载http://news.ifeng.com/gundong/detail_2013_01/16/21232349_0.shtml，最后访问日期：2013年12月13日。

口供供需、司法体制乃至社会发展水平等因素的影响，律师在场权在不同语境下呈现出不同的表现形式。

在美国，律师在场权确立于1936年联邦最高法院关于Brown v. Mississippi的判决，并于1966年的Miranda v. Arizona判决中臻于完备。[1]最初，律师在场更多是被告人有权获得律师帮助这一宪法性权利在刑事诉讼中的体现。但是，渐渐地，律师在场权被赋予了保障被追诉人不得强迫自证其罪特权的内涵和意义。一方面，犯罪嫌疑人、被告人供述的自愿性成为联邦法院关注的焦点，一系列相应的程序和制度被设立以确保犯罪嫌疑人、被告人的不得强迫自证其罪特权，律师在场权便是诸多保障措施之一。另一方面，尽管美国法初期以自白是否出于"自愿性"为证据能力之判断标准，但却有实证研究显示：在警察讯问嫌疑犯的过程中，将受过训练的观察者置于其间，观察者亦不能有效分别何种自白为自愿，何为非自愿。[2]律师在场权便成为判断自白自愿性的客观标准，即在警察讯问时，律师应在场；如果律师不在场，警察不能进行讯问，否则该自白就不具有可采性。正是因为律师在场权具有宪法性权利性质，所以美国对律师在场权的保障极为周密和严格。在警察讯问过程中，只要嫌疑人坚持律师到场，没有律师在场就不能讯问犯罪嫌疑人；对于请不起律师的犯罪嫌疑人，还将会免费为其指定一名律师；警察一旦违反上述规范，除非其能证明嫌疑人明知、理智地放弃该项权利，否则警察所获取的犯罪嫌疑人口供就会被判定为非法证据而排除于法庭之外。

意大利混合制诉讼模式的改革确立了律师在场权制度。根据《意大利刑事诉讼法》的规定，无论是司法警察还是检察官在没有律师在场的情况下对被追诉人进行讯问所得的任何供述在任何阶段均不得作为证据。值得注意的是，意大利对律师在场权的要求甚至比美国更为严苛。只要司法警察讯问犯罪嫌疑人时辩护律师不在场，无论犯罪嫌疑人是否

---

〔1〕 Mascolo, Edward Gregory, Miranda v. Arizona Revisited and Expanded: No Custodial Interrogation Without the Presence of Counsel, Conn.B.J., 1994(68), p.305.

〔2〕 参见王兆鹏：《美国刑事诉讼法》，北京大学出版社2005年版，第315页。

自愿放弃该项权利，警察所获得的供述都不具有证据能力。与意大利类似，《俄罗斯联邦刑事诉讼法典》第53条第1款规定："自准许参加刑事案件之日起，辩护人有权参加对犯罪嫌疑人、刑事被告人的讯问以及其他有犯罪嫌疑人、刑事被告人参加的或者根据犯罪嫌疑人、刑事被告人的请求或者辩护人自己的请求而依照本法典规定的程序进行的诉讼行为"。[1]并且，对于司法警察在没有律师在场的情况下所获取的犯罪嫌疑人供述，法律也禁止对供述内容进行直接或间接的引用。从这个意义上来说，意大利和俄罗斯不仅建立了律师在场权制度，还为侵犯律师在场权的行为设立了严格的法律后果。

作为英美法系国家的典型代表，英国也确立了律师在场权制度。根据《1984年警察及刑事证据法》第58条的规定，任何一个受逮捕拘禁于警察局的人，均有权接见律师，接受律师的咨询，除非具有第58条第8项所规定的与共犯串供，或妨碍犯罪所得财物之回复等法定之例外事由，否则不得加以限制，且限制方式仅为"暂缓接见"。而所谓的接见律师和接受律师的咨询，按照运作规程（codes of practice）的规定，包含了辩护人于嫌疑人被侦查讯问时在场的权利。除非被拘捕人因依《1984年警察及刑事证据法》第58条第8项之事由被暂缓接受律师的法律援助，或因等待律师到达将导致侦查上不合理的延迟外，被拘捕人享有使其辩护人于侦查讯问时陪同在场的权利。律师在此过程中，为寻求侦讯问题或争点的明确化、挑战不适当的侦讯问题或方式、建议其当事人对某些问题不予回答或认为有必要提供其进一步的法律意见者，可以介入或中断讯问。但是，对于侵犯律师在场权的法律后果，英国并没有美国、意大利和俄罗斯规定得严格。对于警察违反规程的规定，即不当或不法限制犯罪嫌疑人的律师在场权，只有在经法院综合考量所有因素，包括取证的情形以及允许使用证据会对程序造成的不公平，才会决定是否需要否定以此获得证据的证据能力。

与上述国家不同，德国和法国的律师在场权制度经历一个渐进发展

---

〔1〕《俄罗斯联邦刑事诉讼法典》，黄道秀译，中国政法大学出版社2003年版，第49页。

的过程。作为职权主义诉讼模式的典型代表，法国和德国的刑事诉讼一直保持着职权主义的传统和色彩。在审前阶段，辩护方的力量始终处于一个较为薄弱的状态，在很长的一段时间里，对于警察讯问犯罪嫌疑人，两国法律也未赋予辩护人在场的权利，法国的律师只有在预审时享有律师在场权，而德国的律师则是可以参加检察院对被告人的讯问。然而，近年来，这一情形发生了改变，在警察讯问犯罪嫌疑人的程序上，欧洲人权法院发挥了重要的作用。萨尔迪热诉土耳其案件以及此后的判例法清楚地表明，犯罪嫌疑人在警察讯问前与讯问过程中均享有获得法律帮助的权利。而2010年7月，法国宪法委员会也作出裁决，犯罪嫌疑人在警察讯问之前及讯问过程中应当有权获得法律建议，并且应当由警察告知其享有沉默权。在目前的警察拘留制度中，犯罪嫌疑人没有被告知享有沉默权，在其被警察讯问时也没有律师在场，该制度违反了《欧洲人权公约》第6条，并因此构成违宪。〔1〕至此，律师在场权制度在法国建立起来。

针对我国是否应当建立律师在场权制度，存在不少争议。否定者认为我国不适宜建立律师在场制度，理由主要是口供依旧重要，律师在场妨碍侦查，影响效率；可以通过录音录像制度、非法证据排除规则等措施来达到律师在场的作用等。〔2〕大部分学者主张我国应当确立律师在场权。笔者认为，应当在我国刑事诉讼法和相关法律，如看守所法中确立讯问时律师在场权。因为我国已具备建立讯问时律师在场权的观念和相关规则的基础。在观念层面，"尊重和保障人权"不仅是宪法原则，也是刑事诉讼法的一项基本任务；在规则层面，2012年《刑事诉讼法》不仅明确侦查阶段律师辩护人的身份和诉讼权利，而且还确立了非法证据排除规则等；在司法体制层面，十八届四中全会《决定》要求构建以审判为中心的诉讼制度。这一系列改革措施不仅要求发展辩护制度、充实辩护权，也为我国确立讯问时律师在场权夯实了基础。

---

〔1〕 参见［英］杰奎琳·霍奇森：《法国刑事司法——侦查与起诉的比较研究》，张小玲、汪海燕译，中国政法大学出版社2012年版，中文版序第4页。

〔2〕 参见宋英辉：《刑事诉讼法学研究述评（1978-2008）》，北京师范大学出版集团、北京师范大学出版社2009年版，第179页。

应当承认，在短时间内建立“西方式”的律师在场权制度存在现实困难。首先，尚未形成诉讼化的审前程序。到目前为止，我国审前程序在构造上仍未形成基本的“诉讼形态”，不存在裁判者中立、控辩双方平等交涉的司法格局，法院只是在检察机关提起公诉之后进行裁判及其有关的诉讼活动，在侦查阶段拥有诉讼决定权的是侦查机关或检察机关。在此审前诉讼形态下，律师在场权的有效行使可能会面临较大的困难，律师在场权遭受侵犯时，辩护律师难以向中立的裁判者申请救济。在此基础上建立的律师在场权可能会遭遇权利难以行使的尴尬。其次，刑事辩护率过低。由于刑事业务和非刑事业务发展的不平衡以及律师职业发展地域上的不平衡，全国平均的辩护率只有20%～30%[1]，并且受制于侦查阶段辩护律师作用的有限性，可以合理预见，侦查阶段辩护律师参与的刑事案件比例将低于全国刑事案件的辩护率。在一些经济发展滞后的地区，刑事诉讼侦查阶段的辩护率甚至远低于全国的平均水平。在此形势下，要在全国范围内，甚至于在所有刑事案件中均建立讯问犯罪嫌疑人时的律师在场制度无疑将面临巨大的困难。最后，侦查对口供的依赖掣肘律师在场权的设立与行使。律师在场权，作为辩护权在侦查讯问阶段的扩展，使原本封闭的侦查讯问过程变得相对公开，并在一定程度上填补了辩方与控方在此阶段“力量”上的差距，使侦查机关获得被追诉人供述的难度加大，客观上成为制约口供有效取得的机制。但是，另外，社会治理水平低下，证据客观化生成机制缺乏、侦查技术含量不高使侦查机关缺乏必要的证据获取手段，二者共同导致侦查机关在客观证据获取能力上的不足，从而催生了侦查机关过分追求犯罪嫌疑人、被告人供述的行动意向。[2]因此，巨大的口供需求与律师在场权俨然成为了一对矛盾体。

基于上述现实，按照“有限理性”的思维，可以采取循序渐进的方

〔1〕 有关我国2004~2011年刑事案件辩护率的数据，参见陈永生：《逮捕的中国问题与制度应对——以2012年刑事诉讼法对逮捕制度的修改为中心》，载《政法论坛》2013年第4期。

〔2〕 参见刘方权：《认真对待侦查讯问——基于实证的考察》，载《中国刑事法杂志》2007年第5期。

式构建我国律师在场权制度。在现阶段，可以将律师在场的案件范围限定为未成年人犯罪案件以及被告人可能判处十年以上有期徒刑、无期徒刑、死刑的案件，以及其他特殊类型的案件，如检察机关侦查的案件。在这些案件中，当侦查人员对犯罪嫌疑人进行讯问时，辩护律师不仅可以在场观察，还应当能够适时地提出意见。这是因为律师在场权本质上是一种辩护权，而非监督权，单纯的在场观察和监督混淆了辩护律师和法律监督人员的诉讼地位和职能。在立法确立律师在场权的同时，应当规定相应的保障措施，如律师值班制度。在犯罪嫌疑人没有聘请辩护人之前，讯问应该由值班律师在场；在委托或者相关机关指定辩护律师之后，讯问时辩护律师应有权在场。与此配套，法律应明确规定除特殊情形下（如第一次讯问），讯问的时间应在正常上班时间开始，侦查机关有告知律师讯问的时间、地点之义务。

为了防止律师在场权的虚化，如果辩护律师无法到场，讯问时值班律师应在场。与此同时，法律还应当明确，对于侵犯律师在场权而获得的供述，即侦查人员讯问犯罪嫌疑人时辩护律师应当在场而未在场，应当适用非法证据排除规则，不得作为定案的根据。

五、刑事法律援助制度改革与公设辩护人制度的构建

被追诉人获得律师帮助的权利既是保障被追诉人现实享有诉讼权利的关键，也是保证诉讼程序公正、裁判结果权威的核心。2012年《刑事诉讼法》对刑事法律援助进行了较大完善，但是仍存在诸多问题。

第一，刑事法律援助的范围有待进一步扩大。根据2012年《刑事诉讼法》的规定，刑事法律援助的范围包括“因经济困难或者其他原因”“盲、聋、哑人”“尚未完全丧失辨认或者控制自己行为能力的精神病人”“可能被判处无期徒刑、死刑”“未成年人犯罪嫌疑人、被告人”没有委托辩护人的情形和强制医疗程序中被申请人或者被告人没有委托诉讼代理人的情形。2012年《刑事诉讼法》在原来的基础上将“尚未完全丧失辨认或者控制自己行为能力的精神病人”“可能被判处无期徒刑”的情形纳入刑事法律援助的范围。然而，尚未完全丧失辨认或者控

制自己行为能力的精神病人和可能判处无期徒刑的案件占刑事案件的比例非常之低，分别为不到1%和5%。[1]有学者经过调研发现，就M市中院而言，尚未完全丧失辨认或者控制自己行为能力的精神病人的指派辩护率可能增加0.54%左右，三年期间可能判处无期徒刑的被告人指派辩护率可能仅增加2.86%。[2]由此可见，2012年《刑事诉讼法》扩展的刑事法律援助范围非常有限。比较而言，我国与西方许多国家的刑事法律援助范围有较大的差距。英国法律援助的案件范围包括所有刑事案件；美国指定辩护的范围包括被告人可能判处死刑、贫穷、无知、智障、文盲或类似原因而没有请律师的；在日本，"于审判适用死刑或无期或最高刑期超过三年惩役监禁的案件"适用强制辩护。为了有效维护犯罪嫌疑人、被告人的合法权益，应当进一步扩大我国刑事法律援助的范围。当然，我国刑事法律援助的发展应与社会政治经济发展条件相适应。从我国的现实出发，笔者建议我国刑事辩护法律援助的推进可以采取"两步走"的方式：第一步，建议在刑事诉讼法修改时规定，对于可能判处3年有期徒刑以上刑罚的案件，应当对其提供刑事辩护法律援助。从刑法理论来说，一般认为将法定最低刑为3年以上有期徒刑的犯罪视为重罪，其他犯罪为轻罪。[3]作为重罪来说，应该有辩护律师的介入。考虑到部分落后贫困地区以此为标准具有实际困难，我们也可以对这些地区的标准放宽为5年有期徒刑以上。第二步，在未来条件成熟时进一步将刑事法律援助扩展至可能判处有期徒刑以上刑罚的案件，全面提升人权保障的水平。在现阶段规定"可能判处3年有期徒刑以上刑罚的案件应当提供刑事辩护法律援助"尽管跨度比较大，但不会过多增加我国相关经费负担。据相关数据反映，2012年，全国法院判处3年以下有期徒刑占生效判决人数的76.65%，2013年占80.61%，2014年占82.73%。而在不到20%的比例中，还有一部分是自行委托辩护人以及按照现行法律需要提供法律援助的（如未成年人，可能判处无期徒刑、死刑等被追诉人）。因此，

---

〔1〕 参见陈永生：《刑事法律援助的中国问题与域外经验》，载《比较法研究》2014年第1期。
〔2〕 参见左卫民：《中国应当构建什么样的刑事法律援助制度》，载《中国法学》2013年第1期。
〔3〕 参见张明楷：《刑法学》，法律出版社2011年版，第94页。

将刑事法律援助范围扩展到3年以上，不会成为我国司法资源难以承受之重。此外，笔者注意到，浙江省在2015年就已经推行“基层人民法院审理的一审刑事案件，被告人经济困难且可能被判处3年以上有期徒刑”的案件可以为其提供刑事辩护的法律援助。〔1〕可以预见在我国三五年以后，国家的财政实力不断增强、律师队伍逐年壮大，更足以承担这样的改革重任。

需要明确指出的是，可能判处三年有期徒刑刑罚的标准是对于一般的被追诉主体而言，但对于现行刑事诉讼法规定的特殊主体，即“未成年人；盲、聋、哑人；尚未完全丧失辨认或者控制自己行为能力的精神病人”，不受可能判处刑罚的刑期限制。

第二，刑事法律援助的阶段需要明确予以延展。根据2012年《刑事诉讼法》的规定，刑事法律援助的阶段包括侦查、审查起诉、一审审判阶段，对于是否包括二审、再审和死刑复核阶段，语焉不详。此前，虽然已有相关的司法解释规定刑事法律援助的阶段包括二审，但将案件范围限定到死刑案件的二审程序。〔2〕另外，最高法《刑诉法解释》第42条规定：“高级人民法院复核死刑的案件，被告人没有委托辩护人的，应当通知法律援助机构指派律师为其提供辩护。”然而，对于其他案件的二审、死

---

〔1〕 浙江省高级人民法院、浙江省人民检察院、浙江省公安厅、浙江省司法厅颁布的《关于加强和规范刑事法律援助工作的意见》第五点：具有下列情形之一，犯罪嫌疑人、被告人没有委托辩护人，本人又提出法律援助申请的，人民法院、人民检察院可以商请法律援助机构指派律师为其提供辩护：（一）有证据证明犯罪嫌疑人、被告人认知能力较差的；（二）共同犯罪案件中，其他犯罪嫌疑人、被告人已委托辩护人的；（三）案件有重大社会影响或者社会公众高度关注的；（四）犯罪嫌疑人、被告人作无罪辩解或其行为可能不构成犯罪的；（五）人民法院认为起诉意见和移送的案件证据材料可能影响正确定罪量刑的；（六）基层人民法院审理的一审刑事案件，被告人经济困难且可能被判处3年以上有期徒刑的；（七）中级人民法院审理的一审刑事案件；（八）人民检察院抗诉的案件；（九）其他需要商请法律援助机构指派律师提供辩护的情形。

〔2〕 《最高人民法院关于第二审人民法院审理死刑上诉案件，被告人没有委托辩护人的是否应为其指定辩护人问题的批复》（1997年11月20日发布）规定：“《中华人民共和国刑事诉讼法》第三十四条第三款关于被告人可能被判处死刑而没有委托辩护人的，人民法院应当指定承担法律援助义务的律师为其提供辩护的规定，也应当适用于第二审死刑案件。即第一审人民法院已判处死刑的被告人提出上诉或者人民检察院提出抗诉，被告人没有委托辩护人的，第二审人民法院应当为其指定辩护人”。之后，《最高人民法院、最高人民检察院关于死刑第二审案件开庭审理程序若干问题的规定（试行）》（2006年9月21日公布，2006年9月25日施行）第6条也坚持了这一立场。

刑复核、再审阶段的符合条件的被告人是否应当给予刑事法律援助，相关法律和司法解释都没有明确规定。为符合条件的犯罪嫌疑人、被告人提供覆盖诉讼全过程的法律援助得到一系列国际法律文件的认可。如联合国《死刑犯权利保障措施》第5条规定："任何被怀疑或被指控犯了可判死刑罪的人有权在诉讼过程每一阶段取得适当法律协助。"1985年《联合国少年司法最低限度标准规则》(又称《北京规则》)第15条规定："在整个诉讼程序中，少年应有一名法律顾问代表，或在义务提供法律援助的国家申请这种法律援助。"联合国《律师作用基本原则》第1条规定："所有人都有权请求由其选择一名律师协助保护和确立其权利并在刑事诉讼的各个阶段为其辩护。"因此，我国应当立法明确规定刑事法律援助的阶段包括二审死刑复核、再审阶段，以履行国际条约的义务，最大限度地保护这些被追诉人的辩护权。

第三，经济困难的认定标准亟待修改。2012年《刑事诉讼法》《法律援助条例》并未具体规定经济困难标准，仅有《法律援助条例》第13条作出了抽象和授权性的规定："本条例所称公民经济困难的标准，由省、自治区、直辖市人民政府根据本行政区域经济发展状况和法律援助事业的需要规定。"[1]大部分省市以是否享受最低生活保障或者低收入家庭待遇来确定是否为经济困难。如《北京市法律援助条例》第10条规定："公民申请法律援助的经济困难条件，按照国家和本市低收入家庭认定标准执行。"《广东省法律援助经济困难标准规定》第3条规定："本规定所称的法律援助经济困难标准，应当同时具备以下条件：(一)申请人的家庭属于低收入户；(二)申请人个人及家庭没有本规定第七条规定的价值较大的资产。"2004年《重庆市法律援助条例》第14条规定："城镇居民经济困难的标准按照住所地区县(自治县、市)人民政府规定的最低生活保障标准执行；农村居民经济困难的标准按照区县(自治县、市)人民政府规定的农

〔1〕"两院两部"《法律援助规定》第4条也给予抽象的规定："公民经济困难的标准，按案件受理地所在的省、自治区、直辖市人民政府的规定执行。"

村贫困人口生活标准执行。"[1]以最低生活保障标准或低收入户标准来确定经济困难标准是不合理的。这是因为：其一，生活保障标准与经济困难标准性质不同；其二，经济困难标准参照生活保障标准将导致众多被追诉人请不起辩护律师；其三，经济困难标准参照生活保障标准将不利于实现刑事法律援助的宗旨。[2]司法部《关于进一步推进法律援助工作的意见》提出，要"扩大法律援助覆盖面。……进一步放宽经济困难标准，使法律援助覆盖人群从低保群体逐步拓展至低收入群体。加快建立法律援助范围和标准的动态调整机制，促进法律援助与经济社会协调发展"。可见，放宽经济困难标准，动态调整法律援助范围和标准是今后努力的方向。

第四，"政府责任，律师义务"的规定使得刑事法律援助的效果不尽如人意。国务院《法律援助条例》第3条中明确规定："法律援助是政府的责任。"[3]同时，国务院《法律援助条例》第6条、2012年修订的《律师法》第42条规定了律师提供刑事法律援助的义务。[4]这种"政府责任，律师义务"的规定给政府"转嫁"法律援助责任留下巨大的空子可钻。由于法律规定的粗糙和缺漏，造成政府不仅怠于履行相关责任，而且将本该属于自己的法律援助责任"摊派"给律师。而事实上，接受"行政摊派"的，即承担刑事法律援助的律师都是一些执业年限较短、资历较浅的律师，他们在经验、能力方面的欠缺致使法律援助的质量不高。因此，刑事法律援助的效果也就可想而知。国家是承担法律援助责任的当然主体。其主要原因有：其一，从被追诉人面临危险的来源考察，无论是被追

---

〔1〕 以是否享受最低生活保障标准待遇来确定为经济困难的省还有安徽、江西、广西、辽宁、新疆等。少数几个省的经济困难标准高于最低生活保障标准。如《湖北省法律援助条例》第13条规定："公民经济困难的标准，按照受理申请的法律援助机构所在县（市、区）公布的城乡居民最低生活保障标准的1.5倍以内执行。"《上海市法律援助若干规定》第6条规定："法律援助对象经济困难的标准，应当高于本市最低生活保障标准的数额。具体标准，由市人民政府另行规定。"《浙江省法律援助条例》（2005年）第8条规定："经济困难的标准，由县级以上人民政府按不低于本地城乡居民最低生活保障标准的1.5倍确定。"

〔2〕 参见汪海燕：《责任、范围和标准：刑事法律援助制度的隘口》，载顾永忠主编：《刑事法律援助的中国实践与国际视野》，北京大学出版社2013年版，第169～170页。

〔3〕 根据《法律援助条例》第3条和第5条的规定，政府的责任主要包括政府"为法律援助提供财政支持"和相关政府司法行政部门应当"根据需要确定本行政区域的法律援助机构"。

〔4〕 《法律援助条例》第27条、第28条还规定了对律师事务所和律师的处罚。

诉人在诉讼中被限制、剥夺人身自由的危险，还是在生效裁判定罪之后，被剥夺财产、人身自由甚至生命的危险，都来源于国家。国家应当为被追诉人提供相应的防御权利和保障机制，以消除自身行为给被追诉人带来的不合理危险，保障被追诉人受到公正的追诉与审判。其二，从对国家、社会秩序与安宁和个人自由平等保护的角度考虑，国家有责任为被追诉人提供免费的法律帮助。现代民主国家不仅是大众利益的代表者，而且也应是个人权利的保护神。如果说国家追诉犯罪是对集体权利的保护，那么国家为没有能力获取律师帮助的被追诉人提供法律帮助，彰显了国家对公民的个人权利的保护。其三，国家承担刑事法律援助责任是实现法律面前人人平等的必然要求。平等权是中国公民的一项基本权利，它是指公民同等地依法享有权利和履行义务。我国公民人人平等地享有辩护权，但是被追诉人因经济困难或者其他原因没有聘请辩护律师，影响辩护权的有效行使，造成事实上的不平等。因此，国家承担刑事法律援助责任并非赋予受援人特权，而是保障公民在辩护权上实质性的平等。[1]

国家承担刑事法律援助责任得到了世界各国法律的肯定。英国早在《1867年囚犯辩护法》修正案中就规定了可以从国库中开支辩护律师费用。在美国，刑事法律援助的模式是公设辩护人制度。国家设立公共辩护机构，聘请律师从事刑事法律援助活动，而其中75%以上的费用都来自税收，[2]即由国库开支。《日本宪法》第37条第3款规定："在任何时候，如果被告不能够通过自己的能力获得胜任的律师的帮助，他应得到国家指派的律师的帮助。"1977年《印度宪法》第42次修正案第38条A款明确规定，国家有义务和责任为穷人提供平等的司法和免费法律援助。联合国《两权公约》第14条第3款第（丁）项规定，受刑事控告者有权"出庭受审并亲自替自己辩护或经由他自己所选择的法律援助进行辩护；如果他没有法律援助，要通知他享有这种权利，在司法利益有此需

---

〔1〕 参见汪海燕：《责任、范围和标准：刑事法律援助制度的隘口》，载顾永忠主编：《刑事法律援助的中国实践与国际视野》，北京大学出版社2013年版，第162～164页。

〔2〕 参见肖沛权：《我国刑事法律援助制度改革若干问题探讨》，载《中国司法》2011年第5期。

要的案件中，为他指定法律援助，而在他没有足够能力偿付法律援助的案件中，不要他自己付费”。《联合国少年司法最低限度标准规则》第三部分“审判和处理”中规定：“在整个诉讼程序中，少年应有权由一名法律顾问代表，或在提供义务法律援助的国家申请这种法律援助。”因此，明确刑事法律援助的责任在于国家不仅符合国际潮流趋向，而且有助于从根本上解决刑事法律援助效果不佳的问题。

2012年《刑事诉讼法》第34条将“承担法律援助义务的律师”改为“律师”，这一细微的变化昭示着立法者在刑事法律援助责任的归属这一问题上立场的转变，即由“国家责任，律师义务”变为“国家责任”。但是，这种变化并没有使法律援助责任的归属明确化。“两办”《完善法律援助制度意见》在“总体要求”的“指导思想”中强调，“健全体制机制，坚持和完善党委政府领导、司法行政机关具体负责、有关部门协作配合、社会力量广泛参与的中国特色社会主义法律援助制度，紧紧围绕经济社会发展和人民群众实际需要，落实政府责任……”“两办”《完善法律援助制度意见》要求从完善经费保障体制、加强基础设施建设和加强机构队伍建设方面提高法律援助保障能力。在经费保障体制方面，中央财政要引导地方加大对法律援助经费的投入力度，省级财政要为法律援助提供经费支持，市、县级财政要将法律援助经费全部纳入同级财政预算，根据地方财力和办案量合理安排经费。在基础设施建设方面，加大法律援助基础设施建设投入力度，鼓励支持地方加强临街一层便民服务窗口建设、法律援助工作站（点）建设和信息化建设。在机构队伍建设方面，探索法律援助队伍专业化、职业化发展模式，加强教育培训，加大政府购买法律援助服务力度等。这一系列的规定表明国家不仅在思想上认识到了法律援助的国家责任，而且在行动方面迈出了重要的步伐。

现今世界，刑事法律援助的实施模式主要有两种：社会律师模式和公设辩护人模式。社会律师模式下，国家为承担刑事法律援助的义务而向社会律师购买法律服务。公设辩护人模式是指国家直接设立公务员人员（公设辩护人）专职从事法律援助工作的模式。相较于社会律师模式，公设辩护人模式具有专业性、收入和办案资源得到保障、办案质量易于监管等优势，有利于保障法律援助的质量；公设辩护人模式运作专业化、成本支出具有可控制性和可预测性、注重服务效率等特点使其相较社会律师模式更容易控制成本。[1]目前我国刑事法律援助采用的是社会律师模式。然而，扩大刑事法律援助的范围，延展刑事法律援助的阶段，降低经济困难的标准，使国家承担法律援助的责任进而改善刑事法律援助的效果必然要求律师数量、质量的双重改变，即一方面大量的律师参与到刑事法律援助当中，另一方面律师的素质、水平、技能必须有所保障。而解决这一问题的关键在于建立符合我国国情的公设辩护人制度，使刑事法律援助从社会律师模式转向公设辩护人制度。公设辩护人制度不仅可以应对律师数量大量增加的需要，而且可以改善我国辩护率低的现状，提升辩护效果。更为重要的是公设辩护人制度使国家真正承担法律援助的责任，矫治“国家责任、律师义务”的异化。

其实，在我国构建公设辩护人制度具有现实可行性。首先，我国具备构建公设辩护人制度的经验基础。“我国早在1928年国民政府时期的刑事诉讼法中就明确了公设辩护人制度，并于1939年制定了《公设辩护人条例》，此条例在我国台湾地区一直沿用至今。”[2]新中国成立后由国家出资的“国办所”，现在法律援助中心的公设律师的做法，以及上海市等地对公设辩护人制度的试点都为公设辩护人制度提供经验基础。其次，我国具备构建公设辩护人制度的经济基础。现今我国已成为世界第二大经济实体，2012年的财政收入已经达到8.31万亿元之多，有学者做过计算，中国律师每年的税收就足以供给公设辩护制度所需经费。[3]最后，我国具备构建公设辩护人制度的人力基础。我国目前有620多所法学院（系），每年源源不断地输出大量法律人才。据统计，自2002年首次国家司法考试实施截至2014年，我国有50多万人通过国家司法考试。根据全国律协2013

〔1〕 参见谢佑平、吴羽：《公设辩护人制度的基本功能——基于理论阐释与实证根据的比较分析》，载《法学评论》2013年第1期。

〔2〕 参见汪海燕：《贫穷者如何获得正义——论我国公设辩护人制度的构建》，载《中国刑事法杂志》2008年第3期。

〔3〕 《顾永忠在2010年于上海举办的“公设辩护人制度基本内容与发展前景理论研讨会”上的发言》，载http://www.fdprocedurallaw.com/listall.asp? id=725，最后访问日期：2013年12月9日。

年8月26日向社会公布的《中国律师行业社会责任报告(2013)》统计显示:截至2012年年底,中国(不含港澳台地区)律师数量为232,384名,律师平均年增长速度为9.1%。[1]公设辩护人制度不仅可以解决大量法科学生的就业问题,而且有利于缓解刑事法律援助从业人员不足的压力。我国应当借鉴域外公设辩护人制度,按照以下思路构建符合我国国情的公设辩护人制度。第一,公设辩护人的性质。在我国,公设辩护人是指通过国家司法考试,具有律师从业资格,为符合条件的特别是贫穷的被追诉人提供刑事法律援助的国家公职人员。公设辩护人具有国家公务员和辩护律师的双重属性。公设辩护人以国家公务员身份代表国家履行刑事法律援助职责,以律师身份为被追诉人提供专业的刑事辩护服务。国家提供工资、福利等待遇,使其能够安心地从事刑事法律援助工作。第二,公设辩护人的组织体系。由于公设辩护人具有国家机关工作人员的性质,因此,公设辩护人的组织机构应当是政府的一个职能部门或机构。基于此,可以在政府内设置公设辩护人办公室。由于实行联邦与州法院双重司法体制,美国公设辩护人组织分联邦和州两个层次。州层面分为州立和县立公设辩护人项目,前者设有全州性公设辩护人组织,后者则由州各地方进行管理。州项目因具有节省经费、维护公设辩护人的独立性以及确保被告人获得同等质量的辩护服务的优势而得到发展和倡导。[2]我国可以借鉴美国州项目的经验,设立省级公设辩护人办公室统一监督、管理,并在县级政府下设公设辩护人办公点,负责大部分刑事法律援助工作。当然,在特殊情况下也可以聘请社会律师进行相关的刑事法律援助。第三,公设辩护人的任职资格。公设辩护人具有律师身份,其与社会律师一样凭借专业的知识技能履行法律援助工作。就此而言,公设辩护人的任职资格与一般的律师无异。除此之外,由于公设辩护人属于国家工作人员,还应当具备国家公务员的一般条件,即通过相关的资格考试或其他考核。第四,公设辩护人的权利与义务。公设辩护人的权利与义务应与其性质相对应。公设辩护人作为与法官、检察官相并列的法律工作人员,其待遇

〔1〕 载http://iask.sina.com.cn/b/5tnR6WCBV.html,最后访问日期:2015年9月11日。
〔2〕 参见吴羽:《美国公设辩护人制度运行机制研究》,载《北方法学》2014年第5期。

应当与他们相同，其薪酬、晋升、奖惩等应比照二者的规定。对于诉讼中的权利与义务，公设辩护人一般应当与辩护人相同。但是，由于公设辩护人是国家公职人员，其行使的权利与承担的义务应当具有自己的独特性。第五，公设辩护人援助案件的范围。正如前文所述，公设辩护人刑事法律援助的范围不仅应当包括2012年《刑事诉讼法》第34条规定的情形，而且应当包括可能判处3年有期徒刑以上的和年满75周岁的老年犯罪嫌疑人、被告人没有委托辩护律师的情形。公设辩护人的刑事法律援助阶段应当包括侦查、起诉、一审、二审、死刑复核以及再审阶段。至于是一个公设辩护人负责一两个阶段还是负责整个诉讼阶段则根据具体情况决定。由于公设辩护人制度的初衷在于使贫穷的被追诉人获得法律援助，因此不能将最低生活保障标准或低收入户标准作为经济困难标准，而应当放宽刑事法律援助的经济标准。

“两办”《完善法律援助制度意见》做出了有益的探索，规定要建立法律援助值班律师制度，法律援助机构在法院、看守所派驻法律援助值班律师。这对建立公设辩护人制度具有奠基意义。如何将值班律师制度纳入公设辩护人制度的轨道以发挥法律援助的功能，还有待实践进一步探索。当然，刑事法律援助是一个系统工程，不仅需要完善的制度，而且需要观念的转变，财政的大力投入，律师以及社会各界的积极参与，如此方能使刑事法律援助发挥救助贫弱、保障人权的重要作用。

六、有效辩护制度

辩护制度的发展、辩护权的发达与权利观念勃兴、政治昌明、诉讼制度的“现代化”如影随形。以今天的文明为视角，辩护权被关注的不是有无问题，而是数量上的“多少问题”和质量上的“高低问题”。如果说前文关于辩护制度的讨论更多是关于辩护权的“量”，而有效辩护制度则关乎辩护权的“质”。“享有有效辩护权作为一项发展性的宪法性权利上升为基本人权是大势所趋，也是对人权保障的更高追求。”[1]

---

〔1〕参见彭江辉：《有效辩护与辩护质量——美国有效辩护制度窥探》，载《湘潭大学学报》2015年第4期。

美国联邦最高法院最早在鲍威尔诉阿拉巴马案中确立被告人获得律师有效帮助是其宪法性权利。[1]"美国最高法院最初依据宪法第十四修正案的正当程序原则要求实现'有效辩护',然而其在具体判例中认定'有效辩护'的依据是宪法第六修正案中的'取得律师帮助为其辩护',自此,'有效辩护'原则的依据正式从美国宪法第十四修正案正当程序条款调整为美国宪法第六修正案中的规定。"[2]后来,美国联邦最高法院通过一系列案例将有效辩护制度的适用从联邦扩大到州,从死刑案件扩大到所有案件,并且逐渐确立了无效辩护的标准。[3]"有效辩护被视为被告人的宪法权利,并将无效辩护与程序错误并列为上级法院撤销原判、发回重审的依据,这是美国刑事诉讼制度的特殊经验。"[4]美国有效辩护制度包括程序上的有效辩护与实质上的有效辩护,后者的判断标准主要有辩护缺陷标准[5]和损害结果标准[6]。被告人可通过提起无效辩护之诉以保证辩护质量和有效性,法院一旦认定律师的辩护无效,那么原审

---

〔1〕 参见[美]伟恩·R.拉费弗、杰罗德·H.伊斯雷尔、南希·J.金:《刑事诉讼法》,卞建林、沙丽金等译,中国政法大学出版社2003年版,第599页。

〔2〕 Jeffrey Levinson, "Don't let sleeping lawyers lie: raising the standard for effective assistance of counsel", *American Crimal Law Review*, 2001(1), pp.147-178.

〔3〕 参见申飞飞:《美国无效辩护制度及其启示》,载《环球法律评论》2011年第5期。

〔4〕 参见陈瑞华:《刑事诉讼中的有效辩护问题》,载《苏州大学学报》2014年第5期。

〔5〕 律师辩护缺陷最初的标准是"嘲讽正义的闹剧标准",也即律师的辩护已经糟糕到震撼法官的良心,致使庭审的整个程序变成了一场对正义嘲讽的闹剧。该标准的确立,主要是基于联邦最高法院这样的预设:很少有律师不犯错误,对律师不能施加过多的要求,并且就司法效率而言,审查辩护律师在原审中的全部辩护行为并非明智之举,而以审判程序在整体上是否丧失公正为缺陷的判断标准更为科学。闹剧标准确立后广受学者们的批评,诸如过于主观化;过于依赖对程序公正的解释,忽视律师的具体辩护表现;该标准对有效辩护门槛的降低易使初审法院懈怠为贫穷被告人指定律师提供辩护等。随后,通过凯乐诉沙利文案[Cuyler v.Sullivan, 466U.S.335(1980)]、斯特里克兰诉华盛顿案[Strickland v.Washington, 466 U.S.668(1984)]、博格诉肯普案[Burgerv.Kemp, 483U.S.776(1987)]、基米尔曼诉莫里森案[Kimmelman v. Morrison, 477U.S.365(1986)]、威廉姆斯诉泰勒案[Williams v.Taylor, 529U.S.362(2000)]、维根斯诉史密斯案[Wiggins v.Smith, 539U.S.510(2003)]和罗比拉诉比尔德案[Rompilla v. Beard, 545U.S.374(2005)],联邦最高法院开始转向合理且有效的辩护标准。

〔6〕 损害结果在实质有效辩护判断标准中的地位是,只要法院认定不存在损害结果,律师的辩护即为有效,而当法院认定被告人受到损害,则律师的辩护并非必然无效。法院在无效辩护的判断过程中,缺陷代理和损害结果并非存在固定顺序。参见彭江辉:《有效辩护与辩护质量——美国有效辩护制度窥探》,载《湘潭大学学报》2015年第4期。

法院的判决即被推翻，案件将被发回重审。“英国、加拿大、牙买加、澳大利亚以及我国香港特别行政区等国家和地区亦通过判例确立被告有效辩护权和审查无效辩护的标准。”[1]欧洲人权法院在Artico v. Italy案中强调，“公约意图保障的权利是实际的和有效的，而非理论的或虚幻的”。欧洲大陆国家受欧洲人权法院裁判的影响，也注重保障辩护的有效性。俄罗斯1993年宪法也规定“人人享有合格律师帮助的权利”。[2]有效辩护制度也得到联合国相关文件的认可，如第八届联合国预防犯罪和罪犯待遇大会通过联合国《律师作用基本原则》指出，“鉴于充分保护人人都享有的人权和基本自由，无论是经济、社会和文化权利或是公民权利和政治权利，要求所有人都能有效得到独立的法律专业人员所提供的法律服务”。

对于何为有效辩护，有学者将其分为广义上的有效辩护和狭义上的有效辩护：“前者主要指辩护权及其保障机制，包括立法、司法、律师职业文化等多个层面，联合国有关文件确立了刑事辩护的国际标准，而欧洲学者提出了有效辩护的评估标准；后者乃是美国法中的特殊制度安排，主要关注律师辩护的质量，并确立了律师有效辩护的行为标准和无效辩护的认定标准。”[3]还有学者将有效辩护分为形式辩护与实质辩护，认为“形式辩护也即辩护制度本身的内容，而辩护制度运行的外围环境则被视为实质辩护”。[4]譬如，检察官和法官所承担的保护被追诉人正当利益的义务则为实质辩护，被追诉人及其辩护人的辩护则相应地被称为形式辩护。“要追求效果上的辩护，达到有效辩护，就是要使得实质辩护与形式辩护均为有效辩护。”[5]另有学者从被追诉人是否享有充分的辩护权、是否能获得辩护律师帮助的角度作出如下定义：“有效辩护原则，

---

〔1〕 参见吴常青、王彪：《论我国死刑案件无效辩护制度构建》，载《西部法学评论》2012年第2期。

〔2〕 同上。

〔3〕 参见熊秋红：《有效辩护、无效辩护的国际标准和本土化思考》，载《中国刑事法杂志》2014年第6期。

〔4〕 同上。

〔5〕 参见蔡墩铭：《刑事诉讼法论》，台湾五南图书出版股份有限公司1993年版，第82页。

至少应当包括以下几层意思：一是犯罪嫌疑人、被告人作为刑事诉讼当事人在诉讼过程中应当享有充分的辩护权。二是应当允许犯罪嫌疑人、被告人聘请合格的能够有效履行辩护义务的辩护人为其辩护，包括审前阶段的辩护和审判阶段的辩护，甚至还应当包括执行阶段提供的法律援助。三是国家应当保障犯罪嫌疑人、被告人自行充分行使辩护权，设立法律援助制度，确保犯罪嫌疑人、被告人获得律师的帮助。”〔1〕但是，有效辩护不仅关注被追诉人能否获得辩护，而且关注被追诉人能否获得高质量、充分的辩护。因此，笔者认为，有效辩护应当是指辩护人积极履行辩护职责，依据法律充分、有效维护被追诉人的实体和程序权利。

刑事辩护是否“有效”取决于以下几个方面因素：第一，律师享有广泛的诉讼权利，包括准备辩护的权利，如会见权、阅卷权、调查取证权；行使辩护的权利，如举证权、质证权、辩论权、辩护意见被采纳权；救济的权利，如申诉权、复议权、上诉权等。〔2〕第二，律师应当具备良好的职业素养、辩护素质与技能，并且在个案中能充分地行使各项诉讼权利，制定良好的辩护策略，充分维护被追诉人的实体权利和程序性权利。第三，立法应营造良好的律师执业环境，侦查机关和司法机关应当保障律师诉讼权利的充分行使；同时，应当最大限度降低辩护人不合理的执业风险等。

有效辩护是无效辩护的对称。有效辩护制度是无效辩护制度发展的前提和基础，而无效辩护制度反过来保障有效辩护制度的运行。〔3〕从这个意义上来说，有效辩护制度与无效辩护制度是不可分割的统一体。有

〔1〕 参见宋英辉：《刑事诉讼原理》，法律出版社2007年版，第112页。

〔2〕 有学者将律师的辩护权利分为准备辩护的权利、实行辩护的权利和救济的权利，在此作为借鉴。参见顾永忠、李竺娉：《论刑事辩护的有效性及其实现条件——兼议“无效辩护”在我国的引入》，载《西部法学评论》2008年第1期。

〔3〕 一方面，通过无效辩护制度，被追诉人可以在有效辩护权受到侵害的情况下获得重新审判的机会，以此确保审判的公正性；另一方面，该制度还能预防无效辩护的发生，一旦律师的辩护行为被确认为无效，则该律师的声誉、执业前景等将因此受到负面影响，故而该制度可以对律师形成震慑作用，督促律师自觉提高辩护质量。反之，对有效辩护的完善也会促进无效辩护制度不断发展，实际上判断是否构成无效辩护的标准在一定程度上便是看该行为是否达到有效辩护的要求，有效辩护的内容越完善，无效辩护的判断标准就越清晰。参见沈毅：《美国无效辩护制度及其借鉴》，西南政法大学2014年硕士学位论文。

学者指出，“在我国引入有效辩护与无效辩护的概念，需要正本清源，保持足够的审慎”。[1]有效辩护与无效辩护属于美国法的特殊制度安排，在可预见的未来，“中国引入无效辩护制度的可能性是很小的”。[2]理由如下：“我国刑事诉讼法存在诸多问题，不具备引入无效辩护的立法基础；我国司法上有法不依、违法不纠现象突出，并且在相当长的时间内难以彻底改观；我国在相当长时间内律师的人数及经济因素等影响辩护率的客观原因难以获得明显改善；我国现行诉讼模式下建立无效辩护制度的重要性不非常突出。”[3]还有学者认为，“综合考虑我国的诉讼模式、刑事辩护率、制度可行性等因素，在我国目前尚不宜建立无效辩护制度倒逼律师辩护质量的提高以及对被告人的权利进行救济”。[4]此外，也有学者对我国引入无效辩护制度提出设想，认为“我国无效辩护制度构建可从死刑案件入手，缘于死刑辩护行业标准在提高案件质量上存在不足和我国诉讼模式转型需要构建无效辩护制度”。[5]而就目前来看，“在所有案件中都借鉴美国无效辩护制度的时机尚不成熟，故而率先在死刑案件的审判阶段将无效辩护制度应用于委托辩护与指定辩护，不仅可行，而且紧急”。[6]

笔者认为，基于保障辩护效果之重要性以及我国整体刑事辩护效果不佳的现状，在我国构建有效辩护制度有其必要性。第一，在立法层面，随着我国对刑事诉讼法和律师法的修改，被追诉人的权利保障体系包括辩护权不断扩充、完善，建立了较为完善的刑事辩护规范体系。第二，在国家治理层面，随着司法体制改革和以依法治国为核心的国家治理能力现代化转型的深化，法治生态环境正在逐步培养。十八届四中全

〔1〕 参见熊秋红：《有效辩护、无效辩护的国际标准和本土化思考》，载《中国刑事法杂志》2014年第6期。

〔2〕 参见陈瑞华：《刑事诉讼中的有效辩护问题》，载《苏州大学学报》2014年第5期。

〔3〕 同上。

〔4〕 参见熊秋红：《有效辩护、无效辩护的国际标准和本土化思考》，载《中国刑事法杂志》2014年第6期。

〔5〕 参见吴常青、王彪：《论我国死刑案件无效辩护制度构建》，载《西部法学评论》2012年第2期。

〔6〕 参见申飞飞：《美国无效辩护制度及其启示》，载《环球法律评论》2011年第5期。

会第一次鲜明提出“法治工作队伍”的概念，明确指出律师队伍是其中的重要组成部分。政法部门关于保障律师执业权利的制度设计相继出台，建设法律职业共同体逐渐成为共识，优化律师执业环境、构建司法机关与律师新型健康互动关系等局面日益彰显，辩护运行环境也在日益改善。[1]第三，在行业层面，与律师有效辩护相关的规范体系初步形成，包括法律援助在内的律师辩护质量控制体系正在建立。如中华全国律师协会制定了《律师办理刑事案件规范》，有些地方律师协会开始尝试制定旨在规范律师辩护的规范指导意见。[2]在趋向上看，十八届三中全会《决定》明确要求“完善律师执业权利保障机制和违法违规执业惩戒制度，加强职业道德建设，发挥律师在依法维护公民和法人合法权益方面的重要作用”。在整体上，我国律师辩护质量也呈现不断提高的发展趋势。第四，在规则层面，刑事诉讼法已规定了违反有效辩护的程序性制裁措施或者其他后果。最为典型的是，《刑事诉讼法》第227条将“剥夺或者限制了当事人的法定诉讼权利，可能影响公正审判的”作为裁定撤销原判，发回原审人民法院重新审判的情形之一。而“剥夺或者限制了当事人的法定诉讼权利”就包括一审法院剥夺或者限制了被告人的辩护权。我国律师法和相关行业规范对于律师不尽职责的行为也规定了一系列的惩戒措施，如警告、没收违法所得、停止执业等处罚。毫无疑问，通过建立有效辩护制度、厘清辩护质量标准及其相关程序不仅有利于有效实现被追诉人的辩护权，而且也有利于推动司法权运作法治化进程。因此，结合我国实际情形，借鉴域外相关经验构建我国有效辩护制

---

〔1〕 2014年12月，最高人民检察院检察长曹建明组织召开了律师界代表座谈会，听取律师对检察工作的意见建议，提出构建新型健康良性互动检律关系；北京律协与北京高院、检察院也建立了常态化的例会制度，定期开展法官与律师之间的业务研讨，对立案难、律师权益保护等问题进行协商。参见《法治兴，则律师兴（鉴政·关注律师执业）》（上），载《人民日报》2015年8月19日，第17版。“司法人员和律师应平等相待、相互尊重；相互支持、相互监督；正当交往、良性互动。构建两者之间这种新型关系，主动权在政法机关。”“保障律师执业权利，最重要的是把法律规定的律师执业权利落实到位”。参见孟建柱在全国律师工作会议上的讲话，载http://news.china.com/domestic/945/20150821/20244201_all.html#page_2.，最后访问日期：2015年9月8日。

〔2〕 参见陈瑞华：《刑事诉讼中的有效辩护问题》，载《苏州大学学报》2014年第5期。

度的时机已经成熟。但是，需要注意的是，由于诉讼结构、律师执业环境等因素的不同，构建有效辩护制度或者无效辩护制度应当充分考虑我国“本土”因素。

第一，关于有效辩护、不充分辩护与无效辩护的外延问题。“有效辩护”与“无效辩护”并不是一种非此即彼的外延关系。某个辩护行为不是有效辩护，并不一定就属于无效辩护并导致无效辩护的后果。“无效辩护是指律师的辩护存在严重的缺陷，以至于对辩护的效果带来了不利的影响。律师在辩护中没有尽职尽责，或者在提供有效辩护方面存在缺陷和不足，并不必然意味着形成了无效辩护。要构成无效辩护，律师除了存在辩护方面的缺陷以外，还要对辩护造成较为严重的消极后果。”〔1〕在实践中，有很多辩护行为并不充分，或者有瑕疵，并不一定导致辩护行为无效或者其他严重的程序性后果（如发回重审）。如在法庭审理中，辩护方虽没有及时提出控方某一方面的错误（如逻辑瑕疵或者程序上的轻微违法），但并未影响案件的最终处理，因此并不一定导致整个程序无效，也没有必要对辩护律师进行过分处罚。在有效辩护和无效辩护之间允许存在一个“不充分辩护”的空间。不充分辩护和无效辩护的程序后果和实体后果应当有所不同。在程序上，不充分辩护不一定导致程序倒流或者其他程序补救措施；在实体上，对于辩护人而言，不充分辩护的消极后果不能与无效辩护同日而语。否则，有可能导致程序的过度烦琐，司法资源也可能难以承受其重，而一些律师也有可能因严苛的后果而不愿意承接案件。

第二，关于无效辩护的类型问题。在美国，有效辩护制度主要针对由于辩护律师辩护不力而导致严重后果的情形。但是，在我国，形成无效辩护的原因更加复杂，很多案件不是因为辩护人辩护不力，而是因为公安司法机关阻碍辩护人行使辩护权导致无效辩护。在这种背景下，因国家机关侵权导致的无效辩护更应该受到关注。因此，在我国无效辩护制度构建过程中，应当根据无效辩护的原因，将无效辩护分成国家侵权

〔1〕 参见陈瑞华：《刑事诉讼中的有效辩护问题》，载《苏州大学学报》2014年第5期。

型无效辩护与辩护律师不称职型无效辩护，并据此规定相应的消极后果。国家侵权型无效辩护，主要是指公安司法机关违法禁止或阻碍辩护律师行使会见权、阅卷权、调查取证权以及法庭调查、辩论等权利。辩护律师不称职型无效辩护，主要包括懈怠行使辩护职责，包括不会见被追诉人、不认真阅卷、辩护策略的明显失误、法庭上懈怠行使辩护权等。对于无效辩护的判断标准，应当根据无效辩护的不同类型来确定。《刑事诉讼法》第14条规定："人民法院、人民检察院和公安机关应当保障犯罪嫌疑人、被告人和其他诉讼参与人依法享有的辩护权和其他诉讼权利。诉讼参与人对于审判人员、检察人员和侦查人员侵犯公民诉讼权利和人身侮辱的行为，有权提出控告。"因此，只要公安司法机关有严重侵犯犯罪嫌疑人、被告人的辩护权的行为，就应当认定为国家侵权型无效辩护。关于辩护律师不称职型无效辩护，1984年联邦最高法院在斯特里克兰（Strickland）一案，确立了无效辩护的权威判断标准：其一，法院必须确定律师的辩护行为是否存在缺陷；其二，法院必须确定律师的缺陷行为对被告人的辩护是否带来损害和不利。[1]因此，我国可以参考美国斯特里克兰标准，界定判断无效辩护的要件：在行为上，没有行使或者不充分行使法律赋予的辩护职责，如没有会见犯罪嫌疑人、被告人，没有阅卷或者阅卷不充分，应该收集证据材料而没有收集或者收集不充分等；在结果上，被追诉人的诉讼权利没有得到充分维护，并造成处理结果严重不公。

第三，关于无效辩护的后果。美国关于无效辩护最为典型的后果是原审判程序无效，发回重审。但是，我国并不属于当事人主义对抗式诉讼，以审判为中心的诉讼制度还未形成，刑事诉讼的纵向构造属于典型的"三阶段并重"，而实践中，审前甚至侦查行为或结果对裁判起着至关重要的作用。审前及时救济较之审判阶段的救济具有同样甚至更重要的意义。也正因如此，在我国，无效辩护的后果应当具有"本土"色彩，体现为救济的及时性和多样性。如对于认定一审行为有无效辩护的情形，

〔1〕 参见林劲松：《美国无效辩护制度及其借鉴意义》，载《华东政法学院学报》2006年第4期。

则应宣告一审程序无效，发回重审；但是，在审前，针对公安检察机关侵犯辩护权的行为，包括非法禁止辩护人会见、阅卷、调查取证，相关诉讼参与人有权申诉、控告，在构建“以审判为中心”诉讼制度的背景下，如果犯罪嫌疑人或者辩护人对于侵犯辩护权的申诉、控告处理结果不服，有权向法院最终寻求救济。对于此类行为，显然通过“发回重审”方式解决问题并不能奏效。另外，如果因为公安司法机关导致辩护无法充分行使，还应明确对证据的可采性产生的影响，如剥夺会见权可能导致对供述的可采性产生影响，剥夺阅卷权可能导致相应的证据材料丧失可采性。

对于辩护律师不称职型无效辩护可以建立程序内与程序外（或者说程序与实体）的救济，包括程序性制裁、民事赔偿和执业惩戒。如果被告人认为辩护律师的辩护构成无效辩护，则可以在上诉中直接提出无效辩护的主张。为了防止当事人滥用此权利，仅将无效辩护作为上诉理由的，则应当设置一个书面审查程序。经过审查，一旦无效辩护成立，二审法院应当裁定撤销原判，发回原审法院或指定其他同级法院重新审判。为促使辩护人的有效辩护，除在程序上明确消极后果外，还应建立民事赔偿和职业惩戒这两种救济方式。从民法的角度来说，辩护律师的不称职行为是一种失职行为，是违反委托合同义务的行为。民事损害赔偿这种经济性的制裁，有助于督促辩护律师积极履行辩护义务。从职业伦理的角度来看，积极称职地为被告进行辩护是律师职业伦理对辩护律师最基本的要求。[1]根据律师行为违反职业伦理的严重程度对其予以职业惩戒，包括行政处罚和行业处分，如通报批评、警告、罚款、暂时停止执业，严重的取消辩护律师资格，甚至吊销律师执照。“明确律师辩护不力的评价标准及法律后果，这不仅是对不负责任辩护律师行为的有效惩戒，同时

〔1〕 目前，中国刑事司法实践中存在律师的辩护活动并非以说服裁判者接受其意见为目标，而有“表演性辩护”、死磕和司法掮客之虞。无论是“配合性表演”还是“对抗式表演”模式，主要是由于如下原因：刑事庭审的空洞化和刑事审判权的异化；辩护律师执业环境不佳；律师辩护质量控制机制匮乏；律师对“被追诉人自主性辩护权”侵蚀；等等。上述因素综合作用，给律师能否坚守职业伦理和职业底线带来巨大挑战。参见李奋飞：《论“表演性辩护”——中国律师法庭辩护功能的异化及其矫正》，载《政法论坛》2015年第3期。

也是对当事人的救济。"[1]这样,就可以对其本人以及他人进行威慑,以有效减少不称职行为的发生。此外,还应探索构建有效辩护适用的配套措施,譬如,加强对刑事辩护律师的管理和监督,设立律师"有效辩护"的评估机制,强化刑事辩护律师监管机制;"确立律师进行'有效辩护'的积极动力机制,加大对法律援助的投入,提高刑事案件收费标准并改革刑事案件收费方式以将律师的收益与其付出的劳动挂钩"[2]等。

七、死刑复核程序中的辩护权保障

死刑复核程序作为被判死刑的被告人的最后救济途径,其辩护权的保障对于维护被告人的合法权益、防止错杀有着重要意义。最高人民法院统一行使死刑核准权已9年,死刑复核程序中辩护权的保障存在比较严重的问题,主要问题表现为:大部分被告人在死刑复核期间没有获得律师辩护;死刑复核程序中律师的辩护人地位没有被认可;死刑复核程序中律师行使辩护权存在诸多障碍。

第一,大部分被告人在死刑复核期间没有获得律师辩护。我国《刑事诉讼法》第34条第3款规定,被告人可能被判处死刑,没有委托辩护人的,人民法院应当通知法律援助机构指派律师为其辩护。最高法《刑诉法解释》第42条规定:"对下列没有委托辩护人的被告人,人民法院应当通知法律援助机构指派律师为其提供辩护:(一)盲、聋、哑人;(二)尚未完全丧失辨认或者控制自己行为能力的精神病人;(三)可能被判处无期徒刑、死刑的人。高级人民法院复核死刑案件,被告人没有委托辩护人的,应当通知法律援助机构指派律师为其提供辩护。"据此,高级人民法院在死刑复核时对没有委托辩护的被告人应当指定辩护,最高人民法院在死刑复核时不适用指定辩护。在当前的死刑复核实践中,最高人民法院不会为没有委托辩护人的被告人指定辩护;如果已被判处死刑的被告人及其近亲属在最高人民法院死刑复核期间向法律援助机构申请援助,

---

〔1〕 参见林铁军、刘雯:《审前阶段律师的有效辩护》,载《中国律师》2014年第9期。

〔2〕 参见罗瓘:《"有效辩护"在中国刑事司法中的引入与适用》,载《武汉科技大学学报》2014年第5期。

法律援助机构不会受理。

在我国当前的死刑复核实践中，被告人委托辩护的比率并不高。笔者于2014年6月19日在“中国裁判文书网”上进行检索，将审理法院设定为“最高人民法院”，裁判时间设定为“从2013年1月1日至12月30日”，将文书类型设定为“刑事裁定书”，将关键词设定为“死刑”，由此检索到了最高人民法院2013年作出的49份死刑复核裁定书。〔1〕阅读此49份裁定书后，笔者发现：仅有7份裁定书有“听取了辩护律师意见”的表述。随后笔者专门电话咨询了最高人民法院从事死刑复核的数位法官，得到的反馈意见是：在最高人民法院的死刑复核程序中，如果有辩护律师当面或者以书面形式向合议庭反映了意见，那么裁定书就会有“听取了辩护律师意见”的表述；否则，就不会出现此类表述。这说明在此49起最高人民法院复核的死刑案件中，只有14.29%（7/49）的案件中被告人委托了律师辩护，高达85.71%的案件中被告人没有获得律师辩护。

死刑案件中被告人委托辩护率较低之结论也为相关学者的研究印证，如有学者通过实证分析后指出：“基于这些数据，我们可以发现若干或许有点令人意外的现象，其一是法律援助成为被告人获得辩护的重要甚至是主要手段，指定辩护比率已与委托辩护并驾齐驱……法律援助已成为严重犯罪尤其是可能判处无期徒刑或死刑案件的最主要甚至是压倒性的辩护方式。”〔2〕因此，在最高人民法院死刑复核中委托辩护率较低、又没有指定辩护的情况下，大多数被告人无法获得律师的帮助，其辩护权之有效保障便无从谈起。

第二，死刑复核程序中律师的辩护人地位没有被认可。2007年3月9日颁布的“两院三部”《办理死刑案件意见》第40条规定：“死刑案件复核期间，被告人委托的辩护人提出听取意见要求的，应当听取辩护人的意见，并制作笔录附卷。辩护人提出书面意见的，应当附卷。”我国《刑事

---

〔1〕 虽然最高人民法院目前在大力推行裁判文书网上公开，但是对死刑复核裁定书的公开数量还非常有限，仅“选择其中具有法律适用指导意义的裁判文书进行公布”。参见杨维汉：《最高人民法院生效裁判文书将全部上网公布》，载《北京日报》2013年7月3日。

〔2〕 参见左卫民：《中国应当构建什么样的刑事法律援助制度》，载《中国法学》2013年第1期。

诉讼法》第240条规定："最高人民法院复核死刑案件，应当讯问被告人，辩护律师提出要求的，应当听取辩护律师的意见。"这些规定为辩护律师介入死刑复核程序提供了法律依据。然而，从当前死刑复核实践来看，笔者认为，最高人民法院尚未认可律师在死刑复核程序中的辩护人地位。首先，最高人民法院的死刑复核裁定书不载明律师身份信息。人民法院在裁判文书上以辩护人的称呼载明律师身份信息，既是对律师的尊重，又是对律师辩护人地位的认可。人民法院的一审、二审、再审刑事裁判文书，只要存在委托辩护或指定辩护，都会在被告人的基本信息之后以辩护人的称呼列明律师的身份信息。然而，在最高人民法院统一规范后的死刑复核裁定书中，找不到介入死刑复核程序的辩护律师的任何身份信息。其次，最高人民法院对律师的辩护意见在死刑复核裁定书中既不载明，也不作出回应。通观最高人民法院的死刑复核裁定书，看不到律师的任何辩护意见及是否被采纳的表述。对此，最高人民法院有关领导解释："目前最高法院的刑事裁定书是格式文件，裁定意见较为简单，但律师的辩护意见在承办人的审查报告、评议报告里都会提到，并非不理会律师辩护意见。"[1]最后，最高人民法院的死刑复核结果不通知、复核裁定书不送达辩护律师。目前，最高人民法院在裁定核准死刑后，会将死刑复核裁定书及死刑执行命令经由高级法院发送至中级法院，但不会送达律师。实践中有的辩护律师是在死刑执行完毕后从被执行死刑人的近亲属处才得知最高人民法院已经作出了核准死刑的裁定书。例如，在广受社会关注的曾成杰集资诈骗案中，辩护律师甚至在曾成杰被执行死刑后都未收到最高人民法院的死刑复核裁定书。[2]总之，最高人民法院在死刑复核程序中的上述做法反映出其没有将律师作为辩护人的诉讼主体对待，充其量是把听取律师意见当作类似于国家机关工作人员听取普通公民意见，律师在死刑复核程序中没有获得辩护人之地位和享受辩护人之名分。最高人民法院如此对待辩护律师，使得外界无从知晓律师在死

---

〔1〕 参见刘长：《最高法院调研律师介入死刑复核问题》，载中国财经新闻网：http://china.caixin.com/2010-10-18/100189033.html，最后访问日期：2014年6月6日。

〔2〕 参见谢寅宗：《律师：未收到死刑复核裁定书》，载《东方早报》2013年7月15日。

刑复核程序中究竟做了多少工作，尤其是在近亲属被通知领取被告人骨灰时辩护律师却不知道被告人已被核准死刑，这容易使辩护律师在当事人近亲属面前处于非常尴尬的境地，有时甚至会感觉无法向当事人近亲属交代。不过，需要指出的是，在查阅高级人民法院的死刑复核裁定书后，笔者发现，大部分高级人民法院在死刑复核裁定书中都会列明辩护律师的身份信息、辩护意见以及对辩护意见是否采纳作出回应。

第三，死刑复核程序中律师行使辩护权存在诸多障碍。在当前的死刑复核实践中，鉴于最高人民法院尚未承认律师的辩护人地位，律师在行使具体的辩护权利时存在诸多障碍。首先，辩护律师通过正常途径难以见到最高人民法院死刑复核案件的承办法官。在最高人民法院死刑复核之前的诉讼程序中，律师凭借律师执照等相关手续到公安司法机关的办案场所一般能查到办案人员的姓名和联系方式，目前一些地方司法机关甚至专门为律师提供了网络查询服务。然而，在最高人民法院复核死刑案件时，律师通过正常途径难以知悉承办法官的姓名及联系方式，律师要想见到承办法官，“正常程序不是打电话，也不是邮寄信件，而是去最高人民法院的人民来访接待室排队、领号、等通知”“最高法院接待室每周三、六、日不接待信访，其他时间，死刑复核律师可以夹杂在众多上访者中间排队递交约见法官、递交法律文件、证据的申请”。[1]而且，即便见到了，法官只会收下律师递交的材料或当面听取意见，不会告知律师其姓名和联系方式，如果律师以后还想向法官补充发表意见的话，也难以直接约见，还得再走一次类似于上访的程序。其次，律师到看守所会见被告人时常受到阻碍。最高人民法院并不反对律师在死刑复核期间到看守所会见被告人，但是，实践中的情况是：律师到看守所会见时，有的看守所允许律师会见，但也有一些看守所以各种理由拒绝律师会见，尤其是在死刑复核程序中才介入案件的新律师往往难以会见到被告人。之所以如此，是因为：看守所基于监管安全的考虑，担心律师会见后引起被告人心理情绪波动，因而以需要最高人民法院批准或者法律

〔1〕 参见杨明：《死刑复核律师遭遇程序困境》，载《瞭望东方周刊》2009年第46期。

没有明确规定死刑复核期间可以会见等理由拒绝律师会见。在被看守所拒绝会见后，如果律师求助于最高人民法院，希望协助安排会见，最高人民法院的法官一般会以不方便与看守所联系为由拒绝协助。再次，律师在死刑复核期间无法查阅案卷。在死刑复核期间，最高人民法院拥有完整的案卷材料。但是，当律师向最高人民法院死刑复核法官提出阅卷请求时，大部分法官会以法律没有明确规定或无类似先例为由拒绝律师阅卷，有的法官则答复：案卷中有下级法院合议庭评议笔录和审判委员会讨论记录，而此类笔录是不得查阅、复制的，所以不能允许律师到最高法院查阅、复制案卷。[1]没有案卷材料，律师就“难为无米之炊”，其辩护成为无源之水、无本之木。目前，死刑复核律师获得案卷材料的唯一的途径是向原一审、二审律师复印。如果原审律师不愿意或者其复印的案卷材料本身就不全，那么死刑复核律师就无法获得完整的案卷材料。事实上，实践中原审律师基于案卷材料的保密等理由，拒绝给死刑复核律师复印案卷的情形比较常见。最后，律师在死刑复核期间的调查取证及相关权利缺乏保障。律师在死刑复核期间自行调查收集证据一般不存在障碍，最高人民法院死刑复核法官也会接收律师提交的证据材料。但是，在律师调查取证遇到自身无法克服的困难而申请最高人民法院调查时，法官一般会以没有法律根据为由拒绝。即便辩护律师向最高人民法院提交了其调查收集到的对被告人有利的证据，但由于死刑复核是不开庭审理，没有对证据的法庭调查程序，根据“证据必须经过法定的调查程序查证属实才能作为定案的根据”之要求，此类证据往往难以为最高人民法院所采纳。此外，根据《刑事诉讼法》第41条的规定，辩护律师向被害人或者其近亲属、被害人提供的证人调查取证时，需征得人民法院许可。相应地，在死刑复核期间，律师在向这些人调查取证时，如向最高人民法院提出许可申请，法官会以无法律根据为由拒绝；如不向最高人民法院提出许可申请，又会面临较大的取证风险。

总之，在最高人民法院的死刑复核程序中，律师开展辩护工作面临重

---

〔1〕 参见王健：《死刑复核：一个刑辩律师的苦恼》，载《民主与法制时报》2008年4月3日。

重困难。对此，北京市尚权律师事务所发布的《新刑诉法实施状况调研报告（2013年度）》就曾指出：在接受问卷调查的办理过死刑复核案件的90名辩护律师中，57.8%（52人）的律师认为在这一程序中最难的环节是“当事人及其辩护人得不到案件诉讼阶段的通知，知情度弱”，25.6%（23人）的律师认为“辩护人约见法官难”，67.8%（61人）的律师认为“辩护人在此期间阅卷难”，38.9%（35人）的律师认为“辩护人在此期间会见难”。[1]

死刑复核程序中律师辩护人地位的模糊和权利行使的不畅，使其在该程序中不得不采取一些或明或暗的方式，动用一切可能动用的老乡、同学及朋友等社会关系去打听承办法官的姓名和联系方式，以及争取当面向法官陈述辩护意见的机会和行使相关权利。此种做法，过多地依赖人情世故，既扭曲了辩护律师与法官之间的正常关系，容易滋生司法腐败；又使一些虽业务精良、但不善于公关的刑事辩护律师难以进入死刑复核辩护市场。当前我国死刑复核程序中辩护权保障不足的现象，可以说是由传统封闭的死刑复核程序遗留下来的司法惯性、有关部门对死刑数量过分敏感的神秘主义观、司法资源配置相对不足以及死刑复核程序的审判属性尚未得到全面的认可等多方面原因所共同造成的。鉴于此，最高人民法院、最高人民检察院、司法部、公安部从完善工作机制的角度出发，应当采取有效措施，进一步加强死刑复核程序中被告人辩护权利保障。

第一，建立死刑复核程序指定辩护机制。在近些年的司法实践中，最高人民法院要求高级人民法院在死刑复核时对没有委托辩护人的被告人指定辩护，却排斥指定辩护在最高人民法院死刑复核程序中的适用，主要原因可能是认为该指定辩护难以落实。因为根据《刑事诉讼法》第34条的规定，如果指定辩护适用于最高人民法院的死刑复核程序，那么最高人民法院的指定辩护通知应当向司法部法律援助中心发出；然而，目前司法部法律援助中心只负责全国法律援助的宏观管理和指导，并未设立负责个案法律援助工作的职能部门，更无具体办理法律

〔1〕 北京市尚权律师事务所：《新刑诉法实施状况调研报告（2013年度）》，载北京市尚权律师事务所官网：http://www.sqxb.cn/content/details16_1644.html，最后访问日期：2014年6月6日。

援助案件的公职律师。值得注意的是：根据最高法2014年12月公布的《死刑案件听取律师意见办法》第2条的规定，律师接受法律援助机构的指派，担任死刑复核案件辩护律师的，应当在接受指派之日起三个工作日内向最高人民法院相关审判庭提交有关手续。中共中央办公厅、国务院办公厅于2015年6月印发的《关于完善法律援助制度的意见》也明确要求，加强刑事法律援助工作，建立法律援助参与刑事和解、死刑复核案件办理工作机制，依法为更多的刑事诉讼当事人提供法律援助。司法部、财政部印发的《关于律师开展法律援助工作的意见》第8条也明确规定，发挥辩护律师在死刑复核程序中的作用。组织律师办理死刑复核法律援助案件，依法为死刑复核案件被告人提供辩护服务。据此，最高人民法院已经认可了指定辩护适用于其办理的死刑复核案件。尽管如此，这并不是要求所有的死刑复核案件均应当获得法律援助辩护。笔者认为死刑复核案件，人命关天，死刑复核程序是最后一道把关程序，因此死刑复核案件必须实现刑事律师辩护参与的全覆盖。也就是说，除了本人聘请辩护律师以外，全部都要指定辩护律师参与案件。

对于最高人民法院在死刑复核程序中如何指定辩护，有学者建议："被告人没有委托辩护人的，由最高人民法院依法为其指定辩护人，该辩护人原则上应当由在一审、二审程序中已经被指定过的承担法律援助义务的律师继续担任，除非被告人拒绝该律师继续担任他的辩护人。在后者情形下，由最高人民法院另行指定辩护人。"〔1〕笔者认为，由一审、二审程序中承担过法律援助的律师在死刑复核程序中继续为被告人辩护，从保证辩护质量来看，显然不是最好的选择。因为律师在担任过该案一审、二审辩护人后，继续在死刑复核程序中作为辩护人，固然有熟悉案情的优势，但容易形成思维定势，难以在死刑复核程序中提出新的辩护意见；一旦一审、二审辩护方案不当，在死刑复核程序中很可能会继续沿袭先前固有的辩护思路。此外，考虑到一审、二审辩护词已经进入审判卷宗，最高人民法院死刑复核法官在阅卷时都能够看到，因此由原审律师继续

〔1〕 参见顾永忠：《关于加强死刑案件辩护的若干问题》，载《法学家》2006年第4期。

担任死刑复核程序中的主要辩护人，难以达到非常理想的辩护效果。

基于对死刑复核法律援助质量和节省司法资源的考虑，笔者建议，最高人民法院在办理死刑复核案件时，如果被告人没有委托辩护人，应当通知司法部法律援助中心，司法部法律援助中心应当为每名被告人指派律师为辩护人。

第二，明确死刑复核程序中辩护律师享有的具体权利。具体而言：一是建立死刑复核案件承办法官查询机制。辩护律师通过正常程序和途径查到承办法官的姓名和联系方式是其与法院确立辩护关系，进而行使具体辩护权利的前提。最高法《死刑案件听取律师意见办法》第1条规定："死刑复核案件的辩护律师可以向最高人民法院立案庭查询立案信息……最高人民法院立案庭能够立即答复的，应当立即答复，不能立即答复的，应当在二个工作日内答复，答复内容为案件是否立案及承办案件的审判庭。"在颁布《死刑案件听取律师意见办法》的同时，最高人民法院同时向社会公布了各刑事审判庭的联系电话。根据最高法《刑诉法解释》第344条和最高人民法院党组《关于印发我院立案一庭、立案二庭主要职责的通知》(法组〔2009〕97号)的规定，实践中死刑复核案件移送流程和承办法官的确定方式是：高级人民法院将拟复核的死刑案件报送至最高人民法院立案一庭，立案一庭在进行形式审查后认为符合立案条件的，再将案件分配到各刑事审判庭，然后由各刑事审判庭负责人将案件分给审判长，最后由审判长确定承办法官。而且，在最高人民法院的五个刑庭中，除刑二庭负责全国危害国家安全和经济犯罪死刑案件核准外，其余四个刑庭按照省级辖区负责全国各高级法院报送的其他死刑案件，并且会定期轮换辖区。鉴于此，笔者认为，最高法《死刑案件听取律师意见办法》规定律师首先在立案庭查询立案情况、然后再与相应的刑事审判庭电话联系的做法总体上是在朝着有利于解决问题的方向发展，但值得进一步观察的是：鉴于立案庭答复的内容仅限于"是否立案及承办案件的审判庭"，那么辩护律师能否顺利地通过各刑事审判庭对外公布的电话得知承办法官的姓名和办公电话？还是永远只能通过该电话、然后让接此电话的内勤人员给承办法官传话，甚至电话常常无人接听或者占线？显然，比较合理的做法是前者，但愿笔者的想法是杞人忧天。

二是明确辩护律师对死刑复核裁判文书享有的相关权利。首先，建议最高人民法院参照刑事一审、二审裁判文书样式，修改其于2009年颁布的死刑复核案件法律文书样式，明确在死刑复核裁判文书首部中的被告人基本情况之后，以辩护人的身份列明律师的姓名及所属律师事务所；在正文部分概括律师的辩护意见要点，并明确采纳情况及具体理由。最高人民法院对死刑复核裁判文书作出如此改革，并不需要耗费太多成本，甚至可以说是举手之劳，这是因为：在目前的司法实践中，对辩护律师提出的辩护意见，死刑复核法官在评议案件时一般都会考虑，而且会将这些意见写进案件审查报告和评议报告中，因而只需在起草裁判文书时作简单的"复制"和"粘贴"就可以完成。其次，明确规定最高人民法院应当将死刑复核裁判文书及时送达律师。在近些年的死刑复核实践中，最高人民法院死刑复核裁判文书不送达辩护律师，对被告人的送达则是委托给中级法院；而中级法院一般是在接到死刑执行命令后才向被告人送达死刑复核裁定书，这样可以在向被告人宣告死刑复核裁定后尽快执行死刑。之所以如此，是因为法院担心被告人及家属提前知道死刑核准结果后，会增加看守所监管被告人的难度，以及引发被告人家属上访、喊冤等。最高法《死刑案件听取律师意见办法》第9条规定："复核终结后，受委托进行宣判的人民法院应当在宣判后五个工作日内将最高人民法院裁判文书送达辩护律师。"从先前实践中不向辩护律师送达到要求法院在宣判后5个工作日内必须将死刑复核裁判文书送达给辩护律师，这无疑是进步。然而，此种进步一方面依然无法让律师摆脱当事人虽被执行死刑、但不知道复核结果的尴尬，因为实践中法院常常是在宣判的当天执行死刑。另一方面，不利于律师帮助被告人与近亲属的会见。根据最高法《刑诉法解释》第423条规定，在执行死刑前，罪犯和近亲属有相互主动会见对方的权利。辩护律师在罪犯被执行死刑前及时获得死刑复核裁判文书，告知死刑复核结果，有助于帮助罪犯与近亲属行使会见权。鉴于此，同时参照实践中法院宣布一审、二审裁判文书时一般通知律师到庭的做法，笔者建议，受委托的法院在向被告人宣布最高人民法院死刑复核裁判文书时，应当通知辩护律师到场，并在宣判后当即将死刑复核裁判文书送达辩护律师。

三是明确辩护律师在死刑复核期间享有阅卷、会见及调查取证权。阅卷、会见和调查取证权是律师有效辩护的三大基本权利。最高法《死刑案件听取律师意见办法》第4条规定："辩护律师可以到最高人民法院办公场所查阅、摘抄、复制案卷材料。但依法不公开的材料不得查阅、摘抄、复制。"此规定可谓是最高法《死刑案件听取律师意见办法》的最大亮点，从制度层面上完全解决了死刑复核期间辩护律师阅卷难的问题，期待最高人民法院下一步能够为各刑事审判庭配足相应的内勤人员以及提供充足的阅卷场所、复印设备等，从而使辩护律师能够便捷地阅卷。不过，最高法《死刑案件听取律师意见办法》对一直以来存在的死刑复核期间会见难、调查取证难的问题没有涉及。

在当前死刑复核实践中，致使辩护律师难以会见到被告人的主要障碍在于看守所拒绝安排律师会见。因此，解决死刑复核程序中辩护律师会见难的问题，需要最高人民法院商请公安部，督促各地公安机关所属的看守所依法保障死刑复核期间辩护律师会见权。在具体安排会见程序上，建议依据我国《刑事诉讼法》第37条第2款的规定办理。鉴于各地看守所隶属于公安部门管理，最高人民法院无权直接要求看守所保障律师会见权，但看守所基于监管压力的考虑往往希望最高人民法院尽快作出核准或者不核准的裁定，笔者建议：在死刑复核期间，看守所拒绝律师会见的，最高人民法院不得作出核准死刑的裁定。

针对前述辩护律师在死刑复核程序中调查取证面临的问题，笔者建议，在死刑复核程序期间律师调查取证问题上，依据《刑事诉讼法》第41条的规定办理，即在死刑复核期间，辩护律师经证人或者其他有关单位和个人同意，可以向他们收集与本案有关的材料，也可以申请最高人民法院收集、调取证据；辩护律师经最高人民法院许可，并且经被害人或者其近亲属、被害人提供的证人同意，可以向他们收集与本案有关的材料。此外，基于现代证据裁判原则的要求，如果辩护律师在死刑复核期间向最高人民法院提交证据，则最高人民法院应当通知最高人民检察院死刑复核监督检察官及辩护律师到场，以听证的方式听取双方对新证据的意见。

第三，强化死刑复核检察监督中律师发表辩护意见的程序保障。《刑事诉讼法》第240条第2款规定："在复核死刑案件过程中，最高人民检察院可以向最高人民法院提出意见。最高人民法院应当将死刑复核结果通报最高人民检察院。"最高法《刑诉法解释》第357条规定："死刑复核期间，最高人民检察院提出意见的，最高人民法院应当审查，并将采纳情况及理由反馈最高人民检察院。"考虑到最高人民检察院是国家的法律监督机关，其向最高人民法院提出的意见包括应当核准和不应当核准死刑两个方面，因而如何从程序上保证辩护律师能在最高人民检察院对死刑复核的法律监督中，积极反驳最高人民检察院提出的应当核准死刑或者建议最高人民检察院提出不应当核准死刑的意见，便显得尤为重要。结合刑事诉讼法和相关司法解释的规定，笔者建议，从以下两个方面强化死刑复核检察监督中律师发表辩护意见的程序保障。

一是赋予辩护律师对最高人民检察院提出建议核准死刑的法律监督意见的抗辩权。在我国当前的司法体制下，检、法两家级别和地位平等，而且检察院拥有内涵极为丰富的法律监督职能。因此，在最高人民检察院向最高人民法院提出应当核准死刑的法律监督意见时，被告人将处于非常不利的地位。此时从程序上保证辩护方能够作出有效的回应，对于阻止最高人民法院作出核准死刑的裁定至关重要。不过，我国《刑事诉讼法》和司法解释没有对此作出规定。为此，笔者建议，赋予辩护律师对最高人民检察院死刑复核法律监督意见的抗辩权，具体程序可以考虑设计为：最高人民法院在死刑复核中自收到最高人民检察院有关建议核准死刑的意见之日起5日内，应当通知辩护律师；辩护律师有权到最高人民法院查阅、摘抄、复制此意见，并在自收到通知之日起20日内向最高人民法院提出书面答辩意见或者申请听证；辩护律师提出听证申请的，最高人民法院应当通知最高人民检察院，组织听证程序，由最高人民检察院和辩护律师当面向合议庭陈述相关意见。

二是强化辩护律师向最高人民检察院申诉的程序保障。最高检《规则》第608条规定:“死刑复核期间当事人及其近亲属或者受委托的律师向最高人民检察院提出的不服死刑裁判的申诉,由最高人民检察院死刑复核检察部门审查。”而且,根据最高检《规则》第604条还可以看出,最高人民检察院非常重视不应核准死刑意见的审查。在我国刑事诉讼法没有规定辩护律师有权向最高人民法院申诉的情况下,最高人民检察院坚持检察机关的客观义务,从捍卫法律尊严、确保法律统一实施出发,赋予辩护律师向最高人民检察院的申诉权,无疑具有进步意义。然而,从最高检《规则》前后相关规定来看,最高检《规则》只是将辩护律师的申诉作为其发现需要立案进行法律监督的材料来源,并无对辩护律师的申诉如何处理的规定。事实上,最高人民检察院有关部门负责人在构建我国死刑复核法律监督制度时,就曾主张:“经审查认为被告人及其近亲属的申诉确有根据的,应当将其申诉材料以及检察机关审查认定的情况和意见,及时函送最高人民法院……经审查和必要的调查核实,认为申诉理由不成立的,应当向被告人及其近亲属说明不予采纳的理由,并告知其如果不服,还可以向最高人民法院申诉。”[1]为此,结合最高检《规则》第610条规定,笔者建议,最高人民检察院死刑复核检察部门在接到辩护律师的申诉后,应当在7日内作出是否立案的决定,并告知辩护律师;立案受理后,最高人民检察院死刑复核检察部门应当在作出是否拟向最高人民法院提出死刑复核法律监督意见的决定之日起7日内,将审查结果告知辩护律师。

第五节 公诉案件被害人的权利保障

“人权保障”一直是刑事司法所追求的基本价值,也是刑事诉讼发展的导向性原则。我国刑事司法一直以来都表现出打击犯罪有余而保障人权不足。不过,此种情况在刑事诉讼法1996年和2012年两次修改

〔1〕 参见万春:《死刑复核法律监督制度研究》,载《中国法学》2008年第3期。

后得到了一定程度的缓解。“尊重和保障人权”这几个字在2012年《刑事诉讼法》第2条中的出现，表明了刑事司法职能从侧重打击犯罪开始往打击犯罪与保障人权并重发展。虽然“尊重和保障人权”并没有放在《刑事诉讼法》第1条中，显得力道不足。不过，仍不可谓不是一大进步举措。

一、刑事被害人及相关概念

“被害人”这一概念来源于拉丁文“*victima*”，最初的含义主要有两个方面：一是在宗教仪式上向神供奉的祭品；二是因他人行为而受到侵害的个人、组织、道德或法律秩序。[1]目前就被害人学、犯罪学、诉讼法学中所研究的“被害人”来说，都是采用它的第二个含义。[2]在不同的法律关系中研究被害人，会得出不同的概念。对被害人概念的界定，我国学术界的观点并不一致，种种定义不下十几种之多。[3]

我国对刑事被害人、被害人、犯罪被害人等相关概念一直有诸多学说。通常来说，学者普遍将被害人分为广义和狭义，犯罪被害人或者

---

〔1〕 参见周国均、宗克华：《刑事诉讼中被害人法律地位之研讨》，载《河北法学》2003年第1期。

〔2〕 1985年联合国大会通过《为罪行和滥用权力行为受害者取得公理的基本原则宣言》，将被害人定义为“个人或整体受到伤害，包括身心损伤、感情痛苦、经济损失或基本权利的重大损害的人，这种伤害是由于触犯了会员国现行刑事法律，包括那些禁止非法滥用权力的法律的行为或不行为所造成的”。显而易见，这里所谓的被害人是指遭受犯罪行为侵害的自然人。参见谢佑平：《刑事诉讼国际准则研究》，法律出版社2002年版，第203页。

〔3〕 从被害人学的角度来看，关于被害人的概念主要存在着广义和狭义两种理解。广义上的被害人包括一切经历了痛苦和压迫，承受了非正义的不幸结果的个人，其内容涵盖了包括身体上、精神上、生理上还有社会上等诸多方面的内容。狭义的被害人仅指犯罪行为的受害者，即犯罪行为所造成的损失或损害的承担者，从刑事诉讼角度来看，被害人也有广义和狭义之分，广义的被害人，是指遭受犯罪行为直接侵害的人，而狭义的被害人专指公诉案件的被害人。还有人主张程序被害人的概念，所谓程序被害人，是与实体被害人相对而言的一个概念，是指自身并没有遭受犯罪行为的直接侵害，基于法律拟制的由实体被害人的法定代理人、近亲属或者法律规定的有关机构（或团体）担当的参加刑事诉讼的诉讼参与人。参见［德］汉斯·约阿希姆·施奈德：《国际范围内的被害人》，许章润等译，中国人民公安大学出版社1992年版，第 68 页；陈光中：《刑事诉讼法学》（新编），中国政法大学出版社1996年版，第49页；刘根菊：《关于公诉案件被害人权利保障问题》，载《法学研究》1997年第2期；刘万奇：《刑事被害人论纲》，载《法制与社会发展》2001年第2期。

刑事被害人是狭义上的，属于广义被害人的一部分。1985年联合国第40/34号决议通过的《为罪行和滥用权利行为受害者取得公理的基本原则宣言》将“受害者”定义为：“系指个人或整体受到伤害，包括身心损伤、感情痛苦、经济损失或基本权利的重大损害的人，这种伤害是由于触犯会员国现行刑事法律，包括那些禁止非法滥用权力的法律的行为或不行为所造成，而不论加害于他的犯罪者是否被指认、逮捕、起诉或判罪，也不论犯罪者与受害者的家庭关系如何。”〔1〕

国内学者对被害人的定义也多有不同，比如，张智辉认为“被害者，亦称被害人，是加害人的对称。‘被害人’一词，来自拉丁文*victima*，原意指宗教礼仪上对神的祭品，也指因外力而遭受损害或承受不利后果。现代多在第二意义上使用。在广义上，被害人可以用来指一切因他人的行为、自然现象、意外事故、战争、滥用公共权力等外界因素而遭受痛苦或死亡的个人、蒙受损失或者承受不利后果的法人和各种社会团体以及遭到破坏或干扰的道德秩序、法律秩序乃至国际秩序。狭义的被害人主要是犯罪被害人，即因他人的犯罪行为而使其合法权益受到直接侵害的自然人、法人和国家”。〔2〕王大伟认为：“广义被害人涵盖人为侵害的受害人、混合侵害的受害人与自然侵害的受害人。在人为侵害中，包括触犯刑法的行为、触犯民法的行为与触犯行政法的行为，即所有的人为侵害。混合侵害是人为侵害和自然侵害的结合体。狭义被害人可分为刑事被害人和犯罪被害人。”〔3〕

而对于刑事被害人和犯罪被害人这两个概念之争也经过了较长时间的发展。

有些学者认为，犯罪被害人和刑事被害人是两个相同的概念。“在我国，‘被害人’一词，仅指刑事被害人”〔4〕“笔者认为，‘犯罪被害人’

〔1〕 参见陈光中、[加]丹尼尔·普瑞方廷主编：《联合国刑事司法准则与中国刑事法制》，法律出版社1998年版，第231页。

〔2〕 参见张智辉：《理性地对待罪犯》，法律出版社2003年版，第127页。

〔3〕 参见王大伟：《中小学生被害人研究——带犯罪发展论》，中国人民公安大学出版社2003年版，第45页。

〔4〕 参见王建民：《被害人概念及其分类》，载《政法论坛》1989年第1期。

与‘刑事被害人’这两个不同的称谓在实质上并无二致。但使用‘刑事被害人’的称谓更为可取。我们的基本理由在于，刑事被害人的称谓更能贯彻和体现储槐植先生所力倡的刑事一体化的重要思想。具体来说，刑事被害人不仅是犯罪被害人学的核心范畴，而且也应当是刑事法领域中包括刑法学、刑事诉讼法学、刑事执行法学在内的其他学科的重要的理论关注点”。[1]这类学者立足于刑事司法实践，“强调‘侵害是由犯罪行为造成的’这一特征，对于我们从刑事法律角度，充分保障被害人的合法权益，在司法实践中及时认定刑事被害人，具有不可忽视的意义。同时对建立刑事被害人的赔偿制度，完善法制有着建设性的意义”。[2]

另外一些学者认为，犯罪被害人概念涵盖了刑事被害人，犯罪行为不仅包括刑事犯罪，还包括刑事违法行为。“因他人的犯罪行为（一般也包括尚不构成犯罪的违反刑事法律的行为）而受到伤害、损失或困苦的个人和实体”[3]“犯罪被害人是犯罪学研究的范畴之一，研究被害人同研究犯罪人的目的一样，都是为了进行犯罪预防。因此，犯罪被害人概念中的犯罪行为应当是犯罪学中的犯罪”。[4]

由于刑法学和犯罪学对犯罪的定义不同导致学界不仅对刑事被害人、犯罪被害人的内涵有争议，外延也尚无定论。在刑事诉讼领域，由于对被害人的内涵没有一个统一的界定标准，在被害人的外延的界定上亦出现了不同的认识。主要体现在对于自诉案件中的被害人以及遭受犯罪行为侵害的法人或非法人团体甚至国家，是否可以成为刑事被害人，学界没有形成一致的结论。[5]有些学者认为被害人仅为自然人；[6]另一部分则认为除了自然人以外还应当包含法人；[7]而国家在一部分学者

---

〔1〕 参见杜永浩、石明磊：《论刑事被害人的界定》，载《湖北警官学院学报》2003年第2期。

〔2〕 参见王建民：《被害人概念及其分类》，载《政法论坛》1989年第1期。

〔3〕 参见郭建安主编：《犯罪被害人学》，北京大学出版社1998年版，第5页。

〔4〕 参见康树华、张小虎主编：《犯罪学》，北京大学出版社2004年版，第159页。

〔5〕 参见赵国玲：《中国犯罪被害人研究综述》，中国检察出版社2009年版，第5页。

〔6〕 参见王大伟：《中小学生被害人研究——带犯罪发展论》，中国人民公安大学出版社2003年版，第45页。

〔7〕 参见王建民：《被害人概念及其分类》，载《政法论坛》1989年第1期。

看来也可以是被害人；[1]社会也成为相当一部分学者对被害人范围的定义；[2]最后，还有学者将其范围扩大至了道德或法律秩序。[3]

鉴于笔者主要讨论的是刑事犯罪中被害自然人的权利保护问题，所以，在下文中仅将刑事被害人的范围限于自然人。

二、我国刑事被害人诉讼权利的发展

（一）1979年《刑事诉讼法》的相关规定

1979年《刑事诉讼法》作为我国第一部有关刑事诉讼程序的法律于1980年1月1日开始施行。对于1979年《刑事诉讼法》中有关被害人的规定，有学者作出了以下总结：

第一，被害人有权在受到不法侵害时向公安机关或检察院提出控告。第二，检察院在作出免予起诉或不起诉的决定时，应当送达被害人，并且被害人可以提出申诉。第三，被害人有权提起附带民事诉讼。第四，在法庭调查阶段，经过审判长许可，被害人可以向被告人发问。第五，法庭调查后，被害人有权发言并参与辩论。第六，有权对第一审判决、裁定中附带民事诉讼部分提起上诉。[4]

虽然1979年《刑事诉讼法》对被害人权利有了一些规定，但是相比较对被告人权利的保护来说就显得薄弱很多。比如，申请回避权；对证人和鉴定人的发问权；辨认证据权；对未出庭证人的证言笔录的发表意见权；申请新证人到庭，调取新物证，申请重新鉴定；上诉权等，这些都是被害人所不享有的权利。由此可以看出，1979年刑事诉讼法对被害人的保护严重不足，特别是一些基本权利的缺失已经损害司法公正和司法权威。例如，被害人不享有申请回避的权利，导致与本案有利害关系的司法工作人员有可能参与案件的办理。对公安机关和检察机关的不立

---

〔1〕 参见赵可、周纪兰、董新臣：《一个被轻视的社会群体——犯罪被害人》，群众出版社2002年版，第3页。

〔2〕 同上。

〔3〕 参见许章润主编：《犯罪学》（第2版），法律出版社2004年版，第120页。

〔4〕 参见郑金火：《谈谈公诉案件被害人的诉讼权利及律师的代理问题》，载《政治与法律》1987年第3期。

案决定也没有救济措施。

总体来说，1979年《刑事诉讼法》在被害人保护方面只是起到了一个奠基作用，并没有在加强被害人保护的道路上前行得太远。

（二）1996年《刑事诉讼法》的相关规定

1996年，我国对《刑事诉讼法》进行了一次较大的修正。特别是修正后的第82条，将被害人纳入了“当事人”的范围，正式以法律形式赋予了被害人以当事人的诉讼地位。另外，1996年《刑事诉讼法》也赋予了被害人更多的权利，具体如下：

第一，被害人有控告犯罪行为和申请复议的权利。特别是人民法院、检察院或者公安机关认为没有犯罪事实，或者犯罪事实显著轻微，不需要追究刑事责任不予立案时，控告人可以申请复议。

第二，1996年《刑事诉讼法》第28条、第29条和第30条规定当事人有权要求相关人员进行回避，同时第82条又规定被害人属于“当事人”范围，所以被害人也被赋予了申请回避的权利。此举对于保障司法公正有着极其重要的意义。

第三，被害人有权委托诉讼代理人。诉讼代理人的介入可以更好地帮助被害人行使自己的权利，更好地保护被害人的合法利益。

第四，直接起诉的权利。被害人对于检察院决定不起诉的案件不仅可以向上一级检察院申诉，也可以不经过申诉直接向人民法院起诉。此种规定赋予了被害人一定程度上独立的诉讼权利和法律人格，不仅可以解决被害人“告状难”的问题，同时也是对检察院起诉权的一种制约。[1]

第五，请求公诉机关抗诉的权利。鉴于1979年《刑事诉讼法》并没有规定被害人可以对一审未生效判决提起上诉，而被害人作为刑事案件的受害方，一旦出现对一审判决不满，难免会出现通过其他途径表达诉求的情况，引起更多社会矛盾。因此1996年《刑事诉讼法》赋予了被害

〔1〕 参见许永强：《刑事法治视野中的被害人》，中国检察出版社2003年版，第139页。

人及其法定代理人针对第一审判决请求检察机关抗诉的权利。[1]此种规定可以在一定程度上缓解被害人表达诉求困难的局面，但是是否抗诉的决定权还是在检察机关手中。

第六，对作为证据的鉴定结论申请补充鉴定和重新鉴定的权利。证据作为案件定罪、量刑的基础，直接影响到整个刑事审判过程，不应当将被害人排除在整个证据的采纳、认定程序之外。所以1996年《刑事诉讼法》改变了1979年《刑事诉讼法》只赋予被告人可以申请补充鉴定和重新鉴定的做法，被害人也可以对作为证据的鉴定结论申请补充鉴定和重新鉴定。[2]

相较于1979年《刑事诉讼法》，1996年《刑事诉讼法》在对被害人的权利保障上有了一个较为长足的进步。虽然学界对于是否赋予被害人当事人地位有过巨大争论，但最终立法赋予被害人诉讼当事人地位是我国刑事诉讼立法的一个重大突破，它表明我国刑事诉讼立法对刑事被害人诉讼权利的法律保护有了重大发展。

（三）2012年《刑事诉讼法》的相关规定

2012年《刑事诉讼法》在对犯罪嫌疑人、被告人权利保障方面有了一个质的飞跃，使得我国刑事诉讼理念向世界先进水平又迈近了一步。但是，单方面或者过分重视犯罪嫌疑人、被告人权利容易造成双方当事人的权利失衡，被害人的诉讼权利有可能因为法律对犯罪嫌疑人、被告人权利保障的倾斜而受到侵害。2012年《刑事诉讼法》对被害人权利做出的相关改进主要体现在以下几点：

第一，被害人的诉讼代理人权利的增加。首先，被害人的诉讼代理人有申请回避、复议的权利，有权接收判决书。1996年《刑事诉讼法》只是规定被害人有权申请司法工作人员回避，诉讼代理人则无此权利，不过2012年《刑事诉讼法》赋予了诉讼代理人上述权利。其次，在送达判决书时，须一并送达诉讼代理人。最后，诉讼代理人认为司法机关及其

---

〔1〕 参见吕宗慧：《论我国保护刑事被害人诉讼权利的新发展》，载《法学评论》1996年第5期。

〔2〕 同上。

工作人员阻碍其依法行使诉讼权利的，有权向同级或者上一级检察院申诉或者控告。

第二，强化了被害人及其诉讼代理人向检察院陈述意见的权利。2012年《刑事诉讼法》规定检察机关听取被害人及其诉讼代理人的意见时，必须记录在案，对于被害人及其诉讼代理人提交书面意见的，必须附卷。

第三，增加了被害人庭审过程中的相关诉讼权利。2012年《刑事诉讼法》进一步强化了被害人对庭审的参与度，规定被害人有权申请法院排除非法证据，有权申请法庭通知有专门知识的人出庭、就鉴定人的鉴定意见提出意见。

第四，完善了被害人获得经济赔偿的措施。首先，财产扣押制度的完善。1996年《刑事诉讼法》第114条规定："在勘验、搜查中发现的可用以证明犯罪嫌疑人有罪或者无罪的各种物品和文件，应当扣押，但与案件无关的物品、文件，不得扣押。"但是，在实践当中侦查活动不只是勘验、搜查，还有其他类型的侦查行为。所以2012年《刑事诉讼法》第139条对此作出了完善："在侦查活动中发现的可用以证明犯罪嫌疑人有罪或者无罪的各种财物、文件，应当查封、扣押；与案件无关的财物、文件，不得查封、扣押。"其次，增加了财产保全措施。2012年《刑事诉讼法》第100条规定，法院在必要的时候，可以采取保全措施，查封、扣押或者冻结被告人的财产。附带民事诉讼原告人或者检察院可以申请法院采取保全措施。最后，增加了特别没收程序。2012年《刑事诉讼法》第280条作出了明确规定："对于贪污贿赂犯罪、恐怖活动犯罪等重大犯罪案件，犯罪嫌疑人、被告人逃匿，在通缉一年后不能到案，或者犯罪嫌疑人、被告人死亡，依照刑法规定应当追缴其违法所得及其他涉案财产的，人民检察院可以向人民法院提出没收违法所得的申请。公安机关认为有前款规定情形的，应当写出没收违法所得意见书，移送人民检察院。没收违法所得的申请应当提供与犯罪事实、违法所得相关的证据材料，并列明财产的种类、数量、所在地及查封、扣押、冻结的情况。人民法院在必要的时候，可以查封、扣押、冻结申请没收的财产。"

第五，加强对被害人及其近亲属的保护。2012年《刑事诉讼法》第62条规定，被害人认为因在诉讼中作证，本人或者其近亲属的人身安全面临危险的，可以向人民法院、人民检察院、公安机关请求予以保护。人民法院、人民检察院、公安机关依法采取保护措施，有关单位和个人应当配合。

2012年《刑事诉讼法》试图通过加强诉讼代理人的权利来保持双方当事人的平衡，也想通过完善被害人庭审权利来增加对抗性，而对被害人较为关心的经济赔偿也作出了相应的改进，这一切都比1996年《刑事诉讼法》做得更为完善。但是，通过和犯罪嫌疑人、被告人相比较，被害人一方的权利拓展显然过于缓慢，无法跟上对方当事人——犯罪嫌疑人、被告人的步伐。虽然说犯罪嫌疑人、被告人是整个刑事诉讼的中心，但毕竟不是全部，正义也不仅仅是犯罪嫌疑人、被告人的正义，同时也是被害人的正义。虽不能说2012年《刑事诉讼法》在被害人权利保护上原地踏步，但相较于犯罪嫌疑人、被告人的相关规定显得诚意不足。

三、国外刑事被害人诉讼权利保障的发展

（一）普通法系国家刑事被害人的地位、权利及发展

普通法系国家一直以来并未赋予被害人当事人的地位，刑事被害人一般以证人的身份参与到刑事诉讼当中。不过从20世纪60年代起，英美及欧洲各国纷纷制定了有关保护被害人的法律。1985年联合国第40/34号决议通过的《为罪行和滥用权利行为受害者取得公理的基本原则宣言》表明，刑事诉讼程序不仅关注被告人的诉讼权益，同时也在不断强化刑事被害人的权益，使得被害人在同犯罪行为进行抗争的过程中处于平等的地位，能够更好地实现所有人的正义。

1.美国

“被告人”一直是美国刑事司法所关心的重点，对于被告人一些最为基本的权利是通过宪法来保护的，而被害人通常是以证人身份参与到诉讼之中。20世纪60年代开始被害人权利保护运动的兴起和被害人学理

论的发展，改变了长期以来被害人只以证人身份参加诉讼的情况。美国在1982年制定了《联邦被害人和证人保护法》，该法极大提升了被害人的法律地位，并且在三个方面对被害人享有的权利进行具体的规定：其一，法院可以发布羁押令用以保护被害人。其二，检察官在量刑阶段所提供的调查报告必须包含“被害人被害的陈述”，从被害人的角度来描述犯罪及其结果，使人们能够注意到作为犯罪结果的被害人所遭受的经济、社会、肉体和精神的损失。其三，进一步保护了被害人获得赔偿的权利。[1]此法虽然没有赋予被害人当事人地位，但是对被害人的权利保护措施却很具体。

1992年美国制定的《被害人权利及损害恢复法》更是从七个方面对被害人的权利作出了具体规定：第一，有受到公平对待及被尊重人格及隐私的权利；第二，有受到保护免被他人侵犯的权利；第三，有得到有关法庭程序通知的权利；第四，除了被害人在场旁听证人的证词可能影响该证词的真实性外，被害人有在公开审判本案时到场的权利；第五，就有关案件情况有向承办检察官咨询的权利；第六，有恢复损害的权利；第七，有得到判决结果的权利。[2]

美国联邦和各州的法律就帮助被害人作了一些规定，如加利福尼亚州1965年制定的《暴力犯罪被害人补偿法》、1984年联邦制定的《犯罪被害人法案》等。另外，美国有的州法律还规定了一些其他有关被害人的权利，比如，准许被害人在诉讼的宣判阶段作出“被害人陈述”，抑或是在逮捕被告人，对被告人的追诉程序中通知被害人等。[3]由此可见，虽然被害人并不以当事人身份出现在美国的刑事诉讼程序中，但是其享有的诉讼权利远远超过一般的证人。

2.英国

自20世纪80年代以后，英国开始注重被害人利益的保护，被害人在

---

〔1〕 参见姚健：《西方国家被害人在刑事诉讼中的地位和权利探究》，载《河南社会科学》2005年第5期。

〔2〕 同上。

〔3〕 参见陈光中、[加]丹尼尔·普瑞方廷主编：《联合国刑事司法准则与中国刑事法制》，法律出版社1998年版，第241～243页。

国家追诉犯罪行为的过程中扮演着十分重要的作用。例如，规定由警察负责指导被害人怎样注意人身和财产安全，案发后如何及时与警察联系；怎样协助侦查；如何出席法庭作证；告知被害人刑事诉讼的进程；就被告人是否被采取有关的强制措施通知被害人；向被害人解释怎样通过法院提出刑事损害补偿方案。〔1〕另外，还采取了以被害人名字命名刑事立法与刑事措施这种做法，利用被害人的困境来赋予国家对犯罪进行更广泛的控制以及采用更具惩罚性的措施之合法性等。〔2〕

有的英国学者将被害人的“权利”划分为两类，即服务性权利与程序性权利。服务性权利：指不影响程序的服务，诸如关于案件进程的信息。程序性权利：比如，被害人的话语权，给予被害人在刑事司法程序中发言的权利并可能因此对被告人产生不利影响。〔3〕

服务性权利主要是为了确保被害人对案件的知情权，被害人的观点能够被司法机关知晓与考虑以及被害人在法庭上能够得到适当的协助与便利。

程序性权利主要是指那些能够影响警告、罚款、辩诉交易、量刑、假释以及释放的由被害人行使的权利。程序性权利存在一定程度的争议，主要是因为程序性权利的存在有可能会影响被告人获得公正审判的权利。但是，自1996年英国引入被害人影响陈述以来，被害人的程序性权利便得到了扩张。例如，(1)参与作出起诉决定的权利，根据被害人权利法所设定的义务，警察局和皇家检控署在作出起诉决定之前应征求被害人的意见，并在决定中考虑被害人的利益；(2)参与辩诉交易决定的权利，被害人权利支持者认为，从被害人的角度来看，辩诉交易是不符合被害人利益的，被害人参与的目的就是否定这一交易；〔4〕(3)提供被害人

〔1〕参见程味秋、卞建林：《简论英国刑事司法制度的近期变革》，载《比较法研究》1999年第1期。

〔2〕参见［英］凯若琳·霍伊尔：《被害人在英国刑事司法程序中的作用》，苗苗、赵远译，载赵秉志主编：《刑法论丛》(2014年第1卷)，法律出版社2014年版，第490～503页。

〔3〕同上。

〔4〕参见杨正方：《刑事被害人问题研究》，中国人民公安大学出版社2002年版，第244页。

陈述的权利，被害人陈述是邀请被害人说明犯罪对其个人及其家人在肉体上、财政上、心理上、社会上以及感情上所造成的损害。[1]

2003年英国通过的《刑事司法法》对保护刑事被害人的权利作出了更为具体的规定，而后，英国内政部做出的《英国2003年刑事司法法立法说明》更是明确指出："为了与被告人的有权针对定罪和量刑的上诉权相平衡，本法将赋予控诉方一项新的上诉权，即针对在陪审团被要求对证据进行评价之前，法官作出的无罪裁定或者决定，控诉方有权上诉。"[2]由此可见，虽然在公诉案件中被害人是以证人的身份参加诉讼的，但检察官在决定是否提起公诉时，要充分考虑被害人的利益。同时，皇家刑事诉讼委员会也提出，如果可能，应当向被害人告知案件的进程和结果，包括不起诉的决定和在一些案件中的保释申请结果或者被上诉获胜的情况。

3.澳大利亚

澳大利亚刑事被害人的含义是指："犯罪过程中遭受另一人伤害的人，这种伤害与实际已发生的或看起来已发生的犯罪行为存在直接的因果关系。这种伤害包括生理上或心理上的伤害、家庭成员的伤亡和财产损失。"[3]澳大利亚刑事受害人主要享有以下权利：

第一，报案选择权。被害人受到犯罪行为侵害后，有权向警方或有关部门报案，也有权不报案。但被害人一旦报了案，则由检察官来决定是否起诉。第二，获得援助的权利。被害者不仅可以获得相关法律规定的援助，还会被检察官告知相关的庭审程序以及应起的作用。第三，对儿童被害人的特别援助与服务。第四，诉讼参与权。诉讼参与权主要体现在：首先，被害人可以陈述其观点。其次，起诉决定、不起诉决定以及辩诉交易应当征求被害人的意见。最后，作为证人参与诉讼的受害人还

---

〔1〕 参见［英］凯若琳·霍伊尔：《被害人在英国刑事司法程序中的作用》，苗苗、赵远译，载赵秉志主编：《刑法论丛》(2014年第1卷)，法律出版社2014年版，第490～503页。

〔2〕 参见陈光中主编：《21世纪域外刑事诉讼立法最新发展》，中国政法大学出版社2004年版，第93页。

〔3〕 参见李柏林：《中澳刑事被害人诉讼地位及权利比较》，载《犯罪研究》2003年第5期。

享有法律规定的证人所应享有的权利。第五，知悉权。第六，受害人人身保护和身份保护权。第七，财产返还和请求赔偿权。第八，暴力犯罪行为被害人获得国家补偿的权利。[1]

（二）大陆法系国家刑事被害人的地位、权利及发展

在西方大陆法系的法国和德国等国家的法律中，对于被害人是根据各国不同的情况赋予其具体的权利和义务的。

1.法国

在法国，虽然被害人不是刑事诉讼当事人，但是，法律却赋予被害人刑事诉讼中的民事原告人的地位，同时获得了广泛的诉讼权利。特别是被害人可以不受检察官的帮助，甚至在与检察官意见相反的情况下启动公诉。另外还包括要求法院改变管辖的权利，听取其证人陈述的权利，就违警罪法院和轻罪法院判决的民事部分上诉的权利，要求预审法官现场勘查的权利，申请重新鉴定的权利，向鉴定人发问的权利，有权以民事当事人身份在法庭上进行辩论的权利等。

总之，如果被害人在开庭前或者开庭期间向法庭提出要求被告人赔偿的请求，从而成为民事当事人，其便享有参与侦查、起诉、审判程序并提出独立诉讼主张的权利。[2]

2.德国

德国在1986年出台了《被害人保护法》，此法做出了许多与德国刑事诉讼程序相对接的改动，着力改善了所有犯罪被害人的地位。[3]1994年10月28日修订的刑事诉讼法在其第5编专门规定了“被害人参加程序”，包含了自诉、附带民事诉讼、对被害人作补偿、被害人的其他权利四章内容。按照德国刑事诉讼法的规定，被害人只在部分公诉案件中处于当事人地位。有的学者认为在德国，被害人只是自诉案件的当事人，

---

〔1〕 参见李柏林：《中澳刑事被害人诉讼地位及权利比较》，载《犯罪研究》2003年第5期。

〔2〕 参见姚健：《西方国家被害人在刑事诉讼中的地位和权利探究》，载《河南社会科学》2005年第5期。

〔3〕 参见［德］约阿希姆·赫尔曼：《被害人保护在德国刑法和刑事诉讼法中的发展——永无止境的发展史》，黄河译，载《安徽大学法学评论》2010年第2辑。

但是也有部分学者认为，在德国被害人在公诉自诉中都处于当事人的地位。[1]

德国刑事诉讼法所规定的被害人权利主要包含以下几种：第一，自诉权。对于部分犯罪案件侵害的被害人，可以自行提起诉讼追究侵害人的刑事责任无须等待检察机关公诉。第二，阅卷权。但此项权利并非被害人本人直接行使，而是通过其委托的律师行使该项权利。第三，获得帮助权。依照法律规定，被害人在提起自诉的时候，享有公诉程序检察官享有的法律救济诉讼活动权。第四，提起附带民事诉讼的权利。第五，以附带民事诉讼原告人身份参加公诉的权利。第六，获得救济权。被害人因符合法定条件而获得诉讼费用救济，用以聘请律师。第七，知情权。法律规定司法机关有义务告知被害人享有的程序性权利。第八，上诉权。被害人作为自诉人或者附诉人有权就独任法官的判决或者陪审法庭的判决向州法院提出上诉。第九，获得国家赔偿权。被害人因遭受故意的暴力犯罪侵害的，可依据法律获得赔偿。第十，取回权。被害人对于被罪犯所夺取的财产或者对于行为人因为犯罪所失去的财产利益可以行使请求权的情况下，国家不能将这些财产依照刑法规定予以收缴。[2]

综上所述，19世纪现代刑事司法体制刚确立的时候，被害人只是边缘化的控告者和证人的角色，起到守门人的作用。如果被害人不告发，就不会启动刑事追诉程序。直到20世纪40年代，被害人这一角色才开始逐渐受到关注。紧接着20世纪后半叶国际上出现了对当时刑事司法体制的批判，认为当时的刑事处罚并没有达到预期目的，是失败的。首先，从累犯比例来看，监狱所关押的累犯比例越来越高，说明刑事处罚没有起到矫正的作用。其次，从被害人角度来看，被害人处在刑事诉讼程序的边缘，他们很难知道犯罪如何发生和处理，导致被害人不相信刑事司法系统。犯罪的赔偿，被害人的心理康复、尊严恢复以及恐惧减少客观

---

〔1〕 参见杨正方：《刑事被害人问题研究》，中国人民公安大学出版社2002年版，第149页。

〔2〕 参见汪建成、黄伟明：《欧盟成员国刑事诉讼概论》，中国人民大学出版社2000年版，第151页。

上都没有实现。这些批判的观点，使被害人重新回到刑事诉讼的焦点位置。所以，20世纪中期开始，被害人逐渐走入刑事司法的大舞台，受到普遍的关注，也正是这种关注使得各个国家的刑事政策出现了调整。而在政策和理念的双重推动之下才造就了当今刑事被害人的地位，推动了被害人学的发展。

在国际层面上对被害人学研究出现了以下几种改变和趋势：

第一，从对被害人的被动救助和援助，过渡到对被害人权利的承认，将被害人权利合法化、立法化。

第二，从对一般犯罪被害人的关注过渡到对特殊被害人群体的关注。如：女性、儿童、少数民族、重复受害者。

第三，从犯罪被害人消极的角色，到赋予被害人一定的权利参与到刑事司法程序。

第四，从关注刑罚转变到重视恢复性司法。

法律规范和保护的并不是某一特定群体的权利，而是对法律关系所有的参与者都应有所考虑。所以，我们在考虑保护被害人的权利时，要注意其与其他诉讼参与人权利的平衡。例如，犯罪人的矫正和回归社会的权利与被害人权利的平衡。让罪犯能够顺利回归社会已经成为现代各国刑事司法制度的共识，这也就意味着刑罚“轻罪化”和“缓刑化”，在这样的前提下被害人的权利便受到了限制。还应注意到来自青少年刑事司法制度的限制。少年儿童的利益应当受到特别关注和保护。当我们对未成年犯罪嫌疑人、被告人权利进行特殊保护时就应当限制成年被害人的权利。此外还有来自于公正审判权的限制。首先，公正审判权意味着有效辩护，有效辩护难免会对被害人权利造成侵蚀。其次，交叉询问权，只有对被害人进行交叉询问才能切实保障被告人的对质权，而这都有可能对被害人造成“二次伤害”。

从20世纪五六十年代开始，被害人权利得到了长足发展，这也就意味着被害人权利要和被告人的权利相协调。20世纪80年代起，国际刑事司法出现了一些新的发展以应对这种趋势。

首先，将补偿和恢复原状作为一种刑罚。比如，德国在普通的刑罚和保安处分之外，把赔偿也作为一种刑罚。赔偿可以作为不起诉或暂缓、假释的条件。[1]恢复性补偿，即由犯罪人补偿被害人因其犯罪行为所遭受的损失。这种补偿可以用金钱也可以返还财产原物或是返还价值相当的替代物，或者直接为被害人提供某种形式的服务或是以任何对方同意的方式进行。在法庭审理结束后，法院可以判决强制犯罪人实施某种补偿措施。在这种强制情形下，犯罪人所返还的财产或补偿的金钱应该限定在被害人所遭受的物质损失范围之内。[2]

其次，刑事和解制度的建立。刑事和解是指“在刑事诉讼程序运行过程中，加害人（被告人或犯罪嫌疑人）与被害人及其亲属以认罪、赔偿、道歉等方式达成谅解与协议以后，国家专门机关不再追究加害人刑事责任或者对其从轻处罚的一种案件处理方式”。[3]其目的是恢复加害人和被害者的和睦关系，并使罪犯改过自新，复归社会。加拿大法律改革委员会1975年率先建议采取审判前的和解或调解等转处措施，解决发生在家庭或邻里等直接社会环境中作为被害人、罪犯互动结果的冲突。美国的印第安纳州1978年在司法实践中适用了刑事和解制度。此后英国、德国、法国、瑞士、奥地利、芬兰等国也相继在司法实践中适用这一模式。[4]我国2012年《刑事诉讼法》也建立起了刑事和解制度，虽然各界对其褒贬不一，但是总体来说，刑事和解的制度是符合现代刑事司法理念的。

恢复性司法制度是行刑理念的一种变化，这种变化不仅有利于被告人的人权保障，也有利于刑罚目的的实现，维护社会稳定。同时，恢复性司法制度并没有将被害人遗忘，反而提升了被害人在恢复性司法制度当中的作用，比如获得被害人谅解、赔偿被害人等都是被告能否获取较轻刑罚的必要条件。通过恢复性司法制度我们可以做到被害人和被告人的权利保护并重，在相互不冲突的基础上达到平衡。

---

〔1〕 参见卞建林、刘玫：《外国刑事诉讼法》，中国政法大学出版社2008年版，第210页。

〔2〕 参见［美］丹尼尔·W. 凡奈思、王莉：《全球视野下的恢复性司法》，载《南京大学学报》（哲学、人文科学、社会科学版）2005年第4期。

〔3〕 参见陈光中：《刑事和解再探》，载《中国刑事法杂志》2010年第2期。

〔4〕 参见刘凌梅：《西方国家刑事和解理论与实践介评》，载《现代法学》2001年第1期。

四、我国现阶段对刑事被害人诉讼权利保障之不足

由于各方面的原因，我国刑事立法、司法在最近几年对犯罪嫌疑人、被告人的保护都有长足的进步，2012年《刑事诉讼法》是这些进步成果的体现，但是，我们也不应该忽视对刑事案件受害一方的保护。对于犯罪嫌疑人、被告人的保护的确是一项重要的任务，但是作为刑事案件的被害人，其受到的损害是已经客观发生了的，而在刑事诉讼程序开始后又被挡在犯罪嫌疑人、被告人的身后，容易被各方所忽视。2012年《刑事诉讼法》在对犯罪嫌疑人、被告人的权利保护上可以说开创了历史，但却没有对被害人的权利给予足够的重视，基本没有对被害人权利进行实质性的修改，实践当中存在许多问题，有一些是立法原因，有一些则是观念等其他原因，总结起来，主要存在以下几方面的问题：

（一）被害人的知情权不足

所谓知情权，又称知悉权，是指公民有权知道他应该知道的事情，国家应最大限度地确认和保障公民知悉、获取信息，尤其是政务信息的权利。[1]通过实证调研可以发现，对于整个刑事案件的进展情况，除了进入到审判阶段，在其他阶段很难做到将案件进展情况有效告知被害人。即使进入到审判阶段，大部分情况下法院也只是通知涉及附带民事诉讼的被害人（附带民事诉讼原告），让其做好出庭的相关准备，而对于其他涉及人数众多的案件中，比如，经济类案件，很难做到通知每一个被害人。同时，有的法官也表示，对于类似强奸案件，到底该不该通知被害人出庭较为困惑。一旦被害人出庭直面被告时难免会出现情绪激动或者对心理造成二次伤害的情况。另外，在调研过程中，有些承办法官出于审限的压力，主观上不太愿意通知被害人出庭，认为不仅通知的程序复杂费时，而且被害人出庭也会拖延庭审时间，还有可能给庭审造成一定混乱。

〔1〕 参见谢鹏程：《公民的基本权利》，中国社会科学出版社1999年版，第261页。

（二）被害人的参与权不足

1.被害人的参与度不够

当下，被害人的参与更多地体现在涉及人身伤害的案件之中，办案机关多会采取书面或当面的方式听取被害人的意见，除此之外的其他案件则很少听取被害人的意见。

2.被害人无量刑建议权

虽然说获得被害人及其家属谅解可以减轻刑罚，但获得谅解的绝大部分方式都是通过给予经济补偿（或者经济补偿加上赔礼道歉）来达成的，难免有“以钱换刑”的嫌疑。被害人作为犯罪行为的直接受害者，其对加害人和加害行为有着强烈的求刑心理，如果忽视被害人对量刑发表意见的权利，不利于抚慰被害人，也不利于被害人对于裁判结果的接受。

3.被害人对刑事部分没有上诉权

《刑事诉讼法》第216条规定：“被告人、自诉人和他们的法定代理人，不服地方各级人民法院第一审的判决、裁定，有权用书状或者口头向上一级人民法院上诉。被告人的辩护人和近亲属，经被告人同意，可以提出上诉。附带民事诉讼的当事人和他们的法定代理人，可以对地方各级人民法院第一审的判决、裁定中的附带民事诉讼部分，提出上诉。”我国刑诉法仅规定被告人对一审裁判不服有权向二审法院提出上诉，但未规定被害人享有相同的权利，而是规定被害人有权针对一审刑事判决要求人民检察院提出抗诉。第218条规定：“被害人及其法定代理人不服地方各级人民法院第一审的判决的，自收到判决书后五日以内，有权请求人民检察院提出抗诉。人民检察院自收到被害人及其法定代理人的请求后五日以内，应当作出是否抗诉的决定并且答复请求人。”根据法条规定，公诉案件的被害人无法对一审判决刑事部分提出上诉，如果公诉案件被害人对一审判决刑事部分不服，只能选择请求检察院进行抗诉，而是否提起抗诉的决定权在检察机关。由于被害人的个人利益并不是检察机关唯一要考虑的因素，两者往往并不能在是否抗诉的问题上达成一致，不仅导致被害人诉求得不到满足，还封死了被害人通过正常途径表达诉求的道路。现实中，被害人要么寄希望于审判监督程序，要么走上上访的道路。这样一来刑事判决根本达不到平诉止讼的目的。

4.被害人委托诉讼代理人制度的缺陷

根据《刑事诉讼法》第44条的规定："公诉案件的被害人及其法定代理人或者近亲属，附带民事诉讼的当事人及其法定代理人，自案件移送审查起诉之日起，有权委托诉讼代理人。自诉案件的自诉人及其法定代理人，附带民事诉讼的当事人及其法定代理人，有权随时委托诉讼代理人。"而《刑事诉讼法》第33条规定："犯罪嫌疑人自被侦查机关第一次讯问或者采取强制措施之日起，有权委托辩护人。"通过对两个法条的对比可以看出，被害人只能在案件移送审查起诉之日起才有权委托诉讼代理人，而犯罪嫌疑人自被侦查机关第一次讯问或者采取强制措施之日起就有权委托辩护人。被害人获得法律专业人士帮助的时间点并没有和犯罪嫌疑人、被告人一致，在案件移送审查起诉之前被害人诉讼权利的行使和保障受到极大的限制。

5.被害方阅卷权的模糊

对被告方而言阅卷无疑是一项十分重要的权利，但是被害人的诉讼代理人能否在审查起诉和审判阶段申请阅卷，现行刑事诉讼法并未涉及。而就实践情况而言，一些地区的确出现了诉讼代理人提出这种申请的情况，同意阅卷和驳回请求的结果都有出现。同意被害人的诉讼代理人阅卷在一定程度上有利于被害人理解相关机关做出的决定，而不同意阅卷主要出于保密的需要。法律上的空白造成了实践操作的混乱，检察机关或法院做出同意或不同意阅卷的决定多少都有一些随意的成分，这对被害方来说是不利的。

（三）被害人没有获得法律援助的权利

根据《刑事诉讼法》第34条的规定："犯罪嫌疑人、被告人因经济困难或者其他原因没有委托辩护人的，本人及其近亲属可以向法律援助机构提出申请。对符合法律援助条件的，法律援助机构应当指派律师为其提供辩护。犯罪嫌疑人、被告人是盲、聋、哑人，或者是尚未完全丧失辨认或者控制自己行为能力的精神病人，没有委托辩护人的，人民法院、人民检察院和公安机关应当通知法律援助机构指派律师为其提供辩护。犯罪嫌疑人、被告人可能被判处无期徒刑、死刑，没有委托辩护人的，人民法院、人民检察院和公安机关应当通知法律援助机构指派律师为其提供辩护。”可以看出，在2012年《刑事诉讼法》修改之后，扩大了犯罪嫌疑人、被告人获得法律援助的情形，对犯罪嫌疑人、被告人的权利保障达到了一个新的高度。但是，2012年《刑事诉讼法》并未相应规定被害人获得法律援助的权利，造成两者之间的不平衡，不符合平等保护的诉讼原理。

（四）被害人获得经济赔偿的不足

1.被害人获得赔偿的范围过窄

第一，在刑事诉讼中，精神损害赔偿一直不属于法定的赔偿范畴。《刑事诉讼法》第99条规定：“被害人由于被告人的犯罪行为而遭受物质损失的，在刑事诉讼过程中，有权提起附带民事诉讼。被害人死亡或者丧失行为能力的，被害人的法定代理人、近亲属有权提起附带民事诉讼。”这就说明被告人能够从被告人处获得赔偿的范围仅限于物质损失，不包括精神损害。同时，据2013年1月1日生效的最高法《刑诉法解释》第138条第2款规定：“因受到犯罪侵犯，提起附带民事诉讼或者单独提起民事诉讼要求赔偿精神损失的，人民法院不予受理。”而《最高人民法院关于适用〈中华人民共和国侵权责任法〉若干问题的通知》第33条规定：“受害人因生命权、健康权、身体权、姓名权、名称权、名誉权、肖像权、隐私权、人身自由权、性自主权、婚姻自主权等人格权以及监护权等身份权受到侵害的，受害人可以请求被侵权人承担精神损害赔偿责任。被侵权人因其他人格利益、死者人格利益、胎儿人格利益、身份利益受到侵害的，可以请求被侵权人承担精神损害赔偿责任。具有人格象征意义的特定纪念物品，因永久灭失或者毁损，受害人除了可以请求财产损害赔偿外，还可以请求人格利益受到损害的精神损害赔偿责任。”两者之间的冲突从而造成了这样一种悖论：不构成犯罪的民事侵权，应给予精神赔偿，而造成更大精神损害、成立犯罪的侵害，反而不支持精神赔偿。

第二，死亡赔偿金和残疾赔偿金未纳入刑事赔偿范围。最高法《刑诉法解释》第155条规定："犯罪行为造成被害人人身损害的，应当赔偿医疗费、护理费、交通费等为治疗和康复支付的合理费用，以及因误工减少的收入。造成被害人残疾的，还应当赔偿残疾生活辅助器具费等费用；造成被害人死亡的，还应当赔偿丧葬费等费用。"作为在赔偿费用中的"大项"，"死亡赔偿金"和"残疾赔偿金"理应单列，该法条中没有"死亡赔偿金"和"残疾赔偿金"，而是以"等"字结束。反而在《最高人民法院关于审理人身损害赔偿案件适用法律若干问题的解释》的第17条中明确列出了"残疾赔偿金"和"死亡补助费"。[1]

以上两点导致了在法定范畴内被害人及其家属能获得赔偿数额是有限的。以"长春盗车杀婴案"为例，长春市中级人民法院依法审理被告人周某某故意杀人、盗窃案，并作出一审判决，以故意杀人罪，判处死刑，剥夺政治权利终身；以盗窃罪，判处有期徒刑5年，并处罚金人民币5万元。数罪并罚决定执行死刑，剥夺政治权利终身，并处罚金人民币5万元，赔偿被害人家属经济损失17，098.5元，二审维持了原判。[2]而如果此案是一起普通的交通肇事纠纷，那么根据《侵权责任法》及《最高人民法院关于审理人身损害赔偿案件适用法律若干问题的解释》的规定，结合《2012年吉林省交通事故及人身损害赔偿标准》，其父母将得到（按照城镇户口标准计算）丧葬费17，098.50元、死亡赔偿金355，931.4元、精神损害赔偿金50，000元，以上合423，029.90元。[3]由此可见，对于造成

〔1〕《最高人民法院关于审理人身损害赔偿案件适用法律若干问题的解释》第17条规定："受害人遭受人身损害，因就医治疗支出的各项费用以及因误工减少的收入，包括医疗费、误工费、护理费、交通费、住宿费、住院伙食补助费、必要的营养费，赔偿义务人应当予以赔偿。受害人因伤致残的，其因增加生活上需要所支出的必要费用以及因丧失劳动能力导致的收入损失，包括残疾赔偿金、残疾辅助器具费、被扶养人生活费，以及因康复护理、继续治疗实际发生的必要的康复费、护理费、后续治疗费，赔偿义务人也应当予以赔偿。受害人死亡的，赔偿义务人除应当根据抢救治疗情况赔偿本条第一款规定的相关费用外，还应当赔偿丧葬费、被扶养人生活费、死亡补偿费以及受害人亲属办理丧葬事宜支出的交通费、住宿费和误工损失等其他合理费用。"

〔2〕参见《长春"盗车杀婴"案凶手周喜军终审维持死刑判决》，载新华网：http://news.xinhuanet.com/legal/2013-07/24/c_116669876.htm，最后访问日期：2015年4月1日。

〔3〕参见《吉林省高级人民法院关于二〇一二年度人身损害赔偿执行标准的通知》。

更大精神损害、构成犯罪的侵害不支持死亡赔偿和精神赔偿，不仅不能彰显公平正义，也不利于抚平被害人及其家属的创伤。

2.被害人很难实际获得判决书中的经济赔偿

被害方从被告人那里获得损害赔偿的概率不高，这里的困难主要集中在执行难上。判决的赔偿得不到充分的执行，一部分原因是被告人受制于其家庭情况导致给予被害方的赔偿不足，被害人几乎不可能从贫困的被告人家人手里得到法律所要求的赔偿。另一部分原因则是，被告方主动给予被害方赔偿往往是期望获得被害方的谅解，以期获得刑罚上的宽大，一旦被害方选择不谅解，其也很难获得被告人的赔偿。

3.被告人获得国家补偿的权利缺失

加害人得到相应的惩罚以及从加害人处获得相应的经济赔偿对被害人来说都是十分重要的，加害人能否得到相应的惩罚受制于其能否归案等原因，也许并不能马上实现，但是获得想要的经济赔偿却可以无延迟地实现。实践中，被害人因受制于被告人的经济条件，或犯罪嫌疑人未归案，或被告人被宣判无罪等原因而无法获得相应财产赔偿，此种情况下可以通过国家补偿机制先予以实现。

但是，我国并没有建立统一的国家补偿机制，只是各个地方依据自身情况建立起了各具特色的刑事被害人司法救助制度。刑事被害人救助，是指对受到犯罪侵害的被害人或其近亲属，在未能获得犯罪分子的赔偿及其他方面的补偿时，由有关方面给予适当经济补助，帮助其暂时解决生活、医疗困难的一种措施。它是一种抚慰性、救济性的体现司法人文关怀的经济资助。通过实际调研我们发现，司法救助在实践中存在以下几个问题：

第一，主要是用来平息矛盾，而不是给予有困难的被害方救助，同时司法救助的范围过窄。据H市统计，2014年整个H市只有3人接受过司法救助。

第二，通过调研我们还了解到，对于司法救助有一些被害人及其家属不愿意接受。究其原因，首先，怕接受司法救助以后司法机关会对被告人从轻发落，将司法救助和被告人赔偿混为一谈。其次，来自周围亲戚和邻居的无形压力，特别是命案中的被害人家属，一旦接受司法救助周围人会产生一种被害人家属“要钱不要命”的舆论，即使是被害人家属内心想接受司法救助也会屈从于周围的压力而放弃。

第三，没有一整套统一的制度。有的省负责刑事被害人司法救助的主体是检察机关，有的省的救助主体则是法院。同时，补偿的标准、程序、对象、经费来源等都有很大差异。

五、完善我国刑事被害人诉讼权利及其保障制度

(一)保障知情权

知情权作为联合国《两权公约》等国际人权法所确认的一项基本权利，各国普遍将其规制在宪法之中。知情权作为一项贯穿整个刑事诉讼程序的权利，在刑事诉讼的各个阶段都不可或缺。(1)立案阶段。立案阶段被害人主要应当享有立案通知权、保守秘密权、申请复议权、申请回避权等。(2)侦查阶段。侦查阶段被害人有权获知犯罪嫌疑人涉嫌的罪名、强制措施使用的情况、案件进展程度、相关鉴定意见的情况、案件是否起诉等情况。(3)起诉阶段。对于处于起诉阶段的案件，被害人应当被告知有权发表意见、有权委托诉讼代理人、如何提起附带民事诉讼、如何获得法律帮助、案件的进展和处理情况等。(4)审判阶段。对于认定案件事实的主要证据、有关被告人信息情况，被害人有权向审判机关查询，审判机关应当予以答复。被害人也应当被告知有权提起附带民事诉讼，有权申请检察院提起抗诉等。(5)执行阶段。执行阶段往往是最容易忽视被害人知情权的阶段。对于犯罪的执行情况，执行变更等事项都应当告知被害人，并且在决定变更执行事项之前应当通知被害人并听取其意见。

现阶段被害人的知情权往往被公安和司法机关忽视，是因为对于侵犯被害人知情权的行为缺乏制裁机制。公安和司法机关的办案思维还是停留在如何“办”案，如何给被告人定罪，即便是对人权的保障也是更多地关注犯罪嫌疑人、被告人的权利。被害人权利很少进入公安和司法机关的视野，为了保障被害人知情权的规定得以遵守和实施，应当建立

责任追究制度，对违反告知义务的机关和个人予以相应处理。

(二)对刑事被害人参与权的完善

1.健全被害人及其委托代理人陈述意见权的保障机制

为确保被害人权利的实现，许多国家相继在审查起诉阶段设立了听取被害人意见的程序。在英国审查起诉采用抗辩方式进行，被害人有权在预审法庭上向预审法官陈述自己对证据和案件处理的意见与态度。[1]在美国，被害人参加诉讼则主要以"被害人状态陈述"的形式。[2]我国刑事诉讼法及有关司法解释中虽然把听取被害人及其委托人的意见作为审查起诉的必经程序，但没有明确规定检察机关听取被害人及其诉讼代理人意见的方式、程序及责任。司法实践中，各地做法不尽相同，效果也不甚理想。因此，应进一步完善审查起诉阶段听取被害人及其诉讼代理人意见的程序。建议明确检察院履行告知被害人有陈述意见权利的义务。在听取意见程序的具体设计上，建议补充规定被害人向检察机关陈述意见时，其委托的律师有在场的权利；被害人陈述的内容应当包括案件事实、对是否起诉及定罪量刑的态度与看法，对于这些内容，检察机关应当作出书面笔录，提交给法庭。此外还应明确检察机关不履行告知义务、没有听取被害人意见或者没有作笔录并提交法庭的责任等。

2.赋予被害人量刑建议权

被害人量刑建议权在其他国家已有先例，如，在美国，量刑阶段，陪审团或法官会收到一份判决前的报告，其中包括被害人影响陈述(victim impact statements)，该陈述涵盖了被害人在资金、人身以及感情等方面所受到的影响，一些州允许被害人或者其代表人出席量刑听证会并直接发表意见，即"被害人告谕"(victim allocution)。[3]在英国，1996年的《被害人宪章》启动了被害人个人陈述方案(victim personal

---

〔1〕 参见卞建林:《刑事起诉制度的理论与实践》，中国检察出版社1993年版，第193页。

〔2〕 参见郭建安:《犯罪被害人学》，北京大学出版社1998年版，第21页。

〔3〕 See Karen L.Kennard, "The Victim's Veto: A Wayto Increase Victim Impact on Criminal CaseDispositions", *California Law Review*, March, 1989, Vol.77, pp.417-453.

statement scheme)在英格兰和威尔士的试点，并于2001年10月正式实施。[1]

普通法系国家的定罪和量刑是两个独立的程序，而我国并非如此，但这并不表示在实践当中我们就丝毫不用在意被害人的意见。实践中已经出现将被害人意见作为判决依据的情况。[2]赋予被害人量刑建议权不仅能够提升被害人在刑事诉讼中的地位，抚平其复仇情结；同时还可以使无法完全由国家公诉机关代表的个体利益得以实现。

3.被害人上诉权的完善

对于是否应当赋予被害人上诉权学界存在较大的争议。否定性观点的主要理由有：(1)会改变原审法律关系，改变诉讼结构。(2)二审若由被害人承担控诉职能，被害人难以完成任务。(3)会破坏上诉不加刑原则。(4)上诉权和抗诉权的行使会产生矛盾。(5)会导致上诉权的滥用，增加二审工作负担。[3]持肯定性观点的学者也给出了自己的理由：(1)被害人的上诉权不会导致诉讼结构失衡。当检察院不提起抗诉时表明国家机关已经退出了诉讼，不再发生作用。(2)被害人的上诉权与上诉不加刑原则之间是一个价值选择问题，不能因为强化被告人权利而损害被害人权利。(3)公正要优先于效率，所以不能因为节省司法资源而剥夺

〔1〕 参见刘军：《被害人参与量刑的理论与实践》，载《法学论坛》2009年第6期。

〔2〕 2008年1月8日，被告人宋某明携带一把水果刀找马某索要拖欠的560余元工资，在一公交车站附近发生争执，宋某明持刀扎了马某10多刀，马某当场死亡。事后，宋某明打急救电话想救治马某，并在现场等警察到来。2008年6月26日，北京市第一中级法院对此案公开审理，宋某明对所犯罪行供认不讳。民事赔偿阶段，马某的母亲梁某红哭着说："我今天想跟法庭说，能够轻判他就轻判他吧。都是父母养的，我的儿子已经死了，就是判他死刑，我儿子也活不了了。宋某明还年轻，我就当是行好了，不要求严惩他。"此言一出，曾经认为自己死定了的宋某明"哇"地哭出了声。法官、检察官也一一泪下。宋某明被带出法庭前，扑通一声跪在梁某红跟前磕了个头。2008年7月15日，被告人宋某明以故意伤害罪被判处有期徒刑12年。求情义举首次被写入判决书，并作为从轻判处的依据。参见《北京青年报》2008年7月16日。

〔3〕 参见刘根菊：《关于公诉案件被害人权利保障问题》，载《刑事诉讼法专论》，中国方正出版社1998年版，第104～105页；陈光中、徐静村主编：《刑事诉讼法学》，中国政法大学出版社1999年版，第367页；谢佑平主编：《刑事诉讼法学论点要览》，法律出版社2000年版，第533页；陈光中等主编：《刑事诉讼法修改建议稿与论证》，中国方正出版社1995年版，第316～318页。

被害人的上诉权。[1](4)被害人上诉后的二审仍应当由检察机关负责支持公诉。(5)抗诉请求权常常不能实现,所以应当要保障被害人的上诉权。(6)赋予被害人上诉权是国际趋势,并有先例可循。(7)赋予被害人上诉权是程序公正和恢复被害人受到侵犯的公正的要求,也是新型诉讼模式——平衡模式的要求。[2]笔者同意赋予被害人上诉权这一观点,这不仅有利于被害人的心理和权利得到满足,也有利于社会"创伤"的愈合。而被害人的上诉权会促进被告人积极悔过和赔偿,以期获得被害人的谅解,这样有助于实现刑罚的目的。并且,被害人只有在检察院不提起抗诉的情况下才可以自行提出上诉,这样的设计可以避免权利和权力之间的相互冲突。

4.完善公诉案件被害人委托诉讼代理人制度

完善被害人诉讼代理制度。犯罪被害人不仅会受到犯罪行为的侵害,在刑事诉讼中,还存在再次受害的风险。一方面,由于侦查人员、检察人员、审判人员、被告人辩护律师等的诉讼活动,被害人为维护自身的权益必须被动地回答、叙述所遭受的痛苦经历,其中有些经历属于被害人的隐私或者有辱被害人的人格,从而使被害人再次经受心理上的伤害;另一方面,由于国家专门机关官员的不当态度和方式,被害人也可能会因此在司法活动中受到心理伤害。上述情形被称为被害人的"二次受害",这也表明了法律为被害人设立代理制度的必要性。由于刑事诉讼法对被害人代理制度规定的过分简单,影响到被害人合法权益的实现。根据联合国《为罪行和滥用权力行为受害者取得公理的基本原则宣言》第6条第c项的规定:"国家有义务确保便利的司法和行政程序以满足被害人,在整个法律过程中向被害人提供适当的援助。"这表明被

---

〔1〕 参见姜福先、张明磊:《论刑事公诉案件被害人的上诉权》,载《中国刑事法杂志》2005年第2期。

〔2〕 参见陈卫东:《刑事二审程序论》,中国方正出版社1997年版,第125~128页;宋英辉:《刑事程序中被害人权利保障问题研究》,载《政法论坛》1993年第5期;魏彤:《加强和完善对犯罪被害人的刑事诉讼权利的法律保护》,载《诉讼法理论与实践》,中国政法大学出版社1997年版,第73~75页;黄太云:《刑事诉讼制度的重大改革》,载《中国法学》1996年第2期;杨正万:《刑事被害人问题研究》,中国人民公安大学出版社2002年版,第318~319页。

害人在刑事诉讼的各个阶段有获得律师帮助的权利。所以，为了保障被害人在立案阶段的权利，应当将被害人委托代理人的时间提前到侦查程序。

5.保障被害方阅卷权

阅卷是诉讼代理人了解案情的重要途径之一，如果诉讼代理人无法查阅、摘抄、复制本案的案卷材料，其便不能有效地履行自身的职责，无法有力地维护被害人的合法权益。建议立法赋予刑事被害人的诉讼代理人查阅案卷的权利，考虑到刑事附带民事诉讼的案件不同于一般民事案件，我们可以作如下区分：律师作为诉讼代理人，可以直接查阅、摘抄、复制本案的案卷材料；其他的诉讼代理人，经过人民检察院和人民法院许可，可以查阅、摘抄、复制本案的案卷材料。

（三）建立和完善被害人刑事法律援助制度

法律援助制度是国家以法律化、制度化的形式，为某些经济困难或特殊案件的当事人提供免费或减费的法律援助，以保障其利益得以实现的一项法律制度，是世界各国普遍采用的司法救济制度。[1]其对象既包括被告人也包括被害人。我国虽已确立了刑事法律援助制度，但却没有对被害人的法律援助问题给予应有的重视。虽然“两院二部”《法律援助规定》明确了刑事案件的受害人可以申请法律援助，同时最高人民法院的司法解释也对未成年被害人的法律援助作了一些规定。但是，也仅仅是明确了被害人可以去申请援助，既未规定公安司法机关可以转交法律援助机构给予指定代理，更未规定“应当”提供法律援助的情形，与犯罪嫌疑人、被告人的权利相去甚远。笔者认为，应通过立法等方式明确赋予被害人获得法律援助的权利，在具体获得法律援助的程序和机构设置等方面可参考犯罪嫌疑人、被告人的规定，同时应对被害人获得法律援助的条件、无偿获得法律援助的适用对象等问题予以明确规定。

〔1〕 参见叶青：《中国〈法律援助条例〉述评》，载《华东政法学院学报》2003年第6期。

(四)对刑事被害人请求赔偿和补偿制度的完善

1.将精神损害赔偿纳入赔偿范围

我国相关刑事法律规定，附带民事诉讼的请求赔偿范围仅限于犯罪行为所造成的物质损失，对于因被告人的犯罪行为造成的精神损失，被害人不得提起附带民事诉讼。然而，我国相关民事法律却将民事损害赔偿的范围扩大到精神损害赔偿。刑事附带民事诉讼虽然是附带在刑事之中的民事诉讼，但是并不能改变其民事诉讼的本质，其所要解决的是民事损害赔偿问题，所以实体上应受民事法律的调整。另外，对不构成犯罪的民事侵权，支持精神赔偿，而对于构成犯罪的侵权，反而不支持精神赔偿，不仅有失公平，也不利于被害人权利的保护。因此，附带民事诉讼的赔偿范围应与民事诉讼相一致。

2.死亡赔偿金和残疾补偿金应纳入赔偿范围

通过长春盗车杀婴案我们可以看出，法院并没有支持死亡赔偿金，也就是说死亡赔偿金并不包含在法条的“等”字当中，法院更倾向于将其归入精神损害赔偿中。但是,《最高人民法院关于审理人身损害赔偿案件适用法律若干问题的解释》第17条规定：“受害人遭受人身损害，因就医治疗支出的各项费用以及因误工减少的收入，包括医疗费、误工费、护理费、交通费、住宿费、住院伙食补助费、必要的营养费，赔偿义务人应当予以赔偿。受害人因伤致残的，其因增加生活上需要所支出的必要费用以及因丧失劳动能力导致的收入损失，包括残疾赔偿金、残疾辅助器具费、被扶养人生活费，以及因康复护理、继续治疗实际发生的必要的康复费、护理费、后续治疗费，赔偿义务人也应当予以赔偿。受害人死亡的，赔偿义务人除应当根据抢救治疗情况赔偿本条第1款规定的相关费用外，还应当赔偿丧葬费、被扶养人生活费、死亡补偿费以及受害人亲属办理丧葬事宜支出的交通费、住宿费和误工损失等其他合理费用。”第18条规定：“受害人或者死者近亲属遭受精神损害，赔偿权利人向人民法院请求赔偿精神损害抚慰金的，适用《最高人民法院关于确定民事侵权精神损害赔偿责任若干问题的解释》予以确定。”比较第17条第2款和第3款的相关规定，不难得出该解释实质是将“残疾赔偿金”“死亡补偿费”作为受害方的收入损失纳入“物质损失”范畴的。同时，第17条和第18条在逻辑上则构成并列关系，相互之间不能涵盖，也就是说“残疾赔偿金”“死亡补偿费”并不在“精神损害”之列。另外，《最高人民法院关于适用〈中华人民共和国侵权责任法〉若干问题的通知》第4条规定：“人民法院适用侵权责任法审理民事纠纷案件，如受害人有被抚养人的，应当依据《最高人民法院关于审理人身损害赔偿案件适用法律若干问题的解释》第二十八条的规定，将被抚养人生活费计入残疾赔偿金或死亡赔偿金。”将被抚养人生活费计入残疾赔偿金或死亡赔偿金也从另一方面印证了“两金”是“物质损失”而非“精神损失”。

综上，基于附带民诉的“民事”属性以及被害人权益保护的角度，应当将“残疾赔偿金”“死亡补偿费”纳入赔偿范围，以此来全面实现法律的公平、正义。

3.建立刑事被害人国家补偿制度

被害人遭受犯罪侵害后，身心和财产会受到一定程度的损失，有些被害人甚至还可能会陷入绝境，国家有责任给予被害人迅速有效的补偿。刑事被害人所遭受的损失，有些可以通过附带民事诉讼解决，但更多的是附带民事诉讼所不能解决的。从20世纪60年代开始，许多国家相继建立刑事被害人的补偿制度，新西兰于1963年设立刑事损害补偿法庭，成为第一个对被害人进行补偿的国家，随后各国都开始建立了对被害人补偿的制度。[1]在我国，建立被害人国家补偿机制显得十分必要。

对于被害人国家补偿制度的理论依据，学界有着不同的观点。目前主要学说有国家责任说、社会契约说、社会福利说、社会保险说、公共援助说、被期待说、命运说、平衡保护说、预防犯罪说等。笔者认为，很难以某一种单一的学说作为国家补偿完全的理论基础，应当对以上观点进行有效的兼容并包。

---

〔1〕 参见孙谦：《构建我国刑事被害人国家补偿制度之思考》，载《法学研究》2007年第2期。

关于补偿原则。我国学者对国家补偿原则进行了很多有益的探讨,例如,有的学者提出及时补偿原则:对于犯罪嫌疑人未归案的案件,短期内难以办结的案件,而被害人又遭受了较严重的伤害和损失的,国家补偿应当及时、迅速;特殊保护原则,也就是对具备特殊特征的被害人给予非常规照顾和优待的处理原则。[1]还有学者提出了公平正义原则:国家补偿是保护需要帮助的弱者,因此在具体制度设计上要充分考虑被害人在犯罪发生过程中所起到的作用;损害与补偿相适应原则,即国家向被害人所提供的补偿,应当和被害人因犯罪所遭受的损失相适应。[2]

笔者认为,国家补偿作为被告人赔偿的一个补充,不能够成为被告人赔偿的替代措施。所以国家补偿原则除了上述几个原则以外还应当包含补充性原则。国家补偿是被告人赔偿的一种补充,在犯罪嫌疑人、被告人无力或暂时无法赔偿的情况下,国家先行给予被害人一些物质补偿。

关于补偿对象和范围。国外国家补偿的主要对象和范围分为以下几种:(1)不确定具体的犯罪类型。只规定国家补偿的基本原则,而不对具体的类别作明确规定,如新西兰。(2)补偿范围比较广泛的类型。只要符合条件的,均可以获得国家补偿,也就是说只要是刑法上的犯罪被害人,都可以作为国家补偿的对象,如加拿大等国。[3](3)只对特定犯罪被害人进行补偿的类型。例如,美国就只对没有过错的暴力犯罪的被害人进行国家补偿;[4]有的国家把精神病患者及未达到刑事责任年龄的少儿行为的被害人作为补偿的对象。[5]

通过对域外经验的借鉴以及我国现实情况的考虑,我们在设计国家补偿时不宜开口过大,应当将符合“无法从犯罪或其他途径得到充分的

---

〔1〕 参见董士昙:《犯罪被害人权利保护的理论与实践》,载《法学论坛》2005年第2期。

〔2〕 参见赵可:《建立我国犯罪被害人国家补偿制度的构想》,载《河南公安高等专科学校学报》2007年第3期。

〔3〕 参见赵国玲:《犯罪被害人补偿:国际最新动态与国内制度构建》,载《人民检察》2006年第17期。

〔4〕 参见许永强主编:《刑事法治视野中的被害人》,中国检察出版社2003年版,第171页。

〔5〕 参见康树华主编:《犯罪学通论》,北京大学出版社1992年版,第566页。

赔偿或补偿、被害人和加害人之间不具有亲属关系、被害人对遭受侵害没有责任或责任较小以及依一般社会观念补偿不失妥当之处”等条件的下列情形列入国家补偿的对象和范围：“（1）被害人及依靠被害人生活的人确实陷入了生活困难；（2）应以自然犯罪被害人为限；（3）应以故意犯罪、特别是暴力犯罪所引起的对人的生命、健康以及精神的损害为重点。”〔1〕

关于补偿机构和程序。对于决定和执行国家补偿的具体机构，学界有研究认为，既然并不是所有的刑事诉讼程序都会到审判阶段，而那些没有进入到法庭审理的案件往往也会给被害人带来巨大的损失，所以应当允许被害人或遗属向负责侦查案件的公安机关提出国家补偿申请。〔2〕

〔1〕 参见董士昙：《犯罪被害人权利保护的理论与实践》，载《法学论坛》2005年第2期。

〔2〕 参见郑洲蓉：《构建我国犯罪被害补偿制度之设想》，载《湖北民族学院学报》（哲学社会科学版）2006年第4期。

第五章　刑事证据制度改革

证据制度是诉讼制度的灵魂，也是司法公正的基石。刑事司法活动首先就是在收集、审查、判断、运用证据准确认定案件事实的基础上正确适用法律，公正处理案件。可以说，证据制度是否健全是体现一个国家诉讼制度民主、法治程度的重要标志。2012年《刑事诉讼法》再修改及尔后的司法解释都把证据制度作为重点领域进行了改革完善，确立了证据裁判原则、非法证据排除规则、排除合理怀疑标准等。十八届四中全会《决定》明确要求“全面贯彻证据裁判原则”“健全落实……疑罪从无、非法证据排除等法律原则的法律制度”。本章拟对证据裁判原则、非法证据排除规则和排除合理怀疑等问题进行阐述。

第一节　证据裁判原则

一、证据裁判原则的历史源流

证据裁判原则不是自古有之，而是司法制度发展到一定历史阶段的产物。自人类社会产生了解决纠纷的诉讼活动以后，裁判者就力求发现案件真实，而且随着社会的进步，裁判者发现真实的模式、原则和制度也呈现出阶段性的演进。国内外诉讼法学者通常以欧洲大陆为视角将其概括为三个阶段，即神明裁判、法定证据和自由心证。也有学者把历史上的证明方式划分为两次重大转化，即第一次从神证到人证为主的转化；第二次从人证到物证为主的转化。进而把发现真实的方式分为三个阶段，第一是神誓和神判阶段；第二是以当事人和证人的陈述为主要证明方式的阶段；第三是以物证或科学证据为主要证明手段的阶段。〔1〕笔者则认为，从世界范围来看，将证明方式的发展进程划分为神明裁判、口供裁判和证据裁判三个阶段更为准确。这三个阶段也是人类对诉讼的认识由非理性走向理性的过程。

（一）神明裁判阶段

在古代奴隶社会和封建社会前期，由于生产力落后，人类处于愚昧状态，在司法证明上盛行“神明裁判”制度。在当时的诉讼中，如果双方当事人对案件事实有争议，就要根据神的示意来判断，将神的示意作为认定案件事实的唯一依据。因为当时的人们相信只有神能明辨是非、知道案件事实的真相。神判方式多种多样，通行的有水审、火审等。水审包括冷水审判法、沸水审判法等；火审则通常以烈火或烙铁是否导致灼伤和伤口愈合方式判断是非。法兰克王国的《萨利克法典》第53条规定了沸水审：“如果有人被判处（把手放入）沸水锅的考验，那么，双方可以达成协议，使被判决者可赎回自己的手，并须提出共同宣誓的证人。”〔2〕公元9世纪法兰克人的《麦玛威法》则规定了火审制度：“凡犯盗窃罪必须交付审判。如在审判中为火所灼伤，即认为不能经受火的考验，处以死刑。反之，不为火所灼伤，则可允许其主人代付罚金，免处死刑。”古巴比伦的《汉穆拉比法典》包含大量神明裁判的内容，如第2条规定了水审制度：“设若某人控他人行妖术，而又不能证实这事，则被控行妖术的人应走河边，投入河中。如果他被河水制服，则揭发者可以取得他的房屋；反之，如果河水为这人剖白，使之安然无恙，则控他行妖术的人应处死，而投河者应取得揭发者的财产。”

〔1〕 参见何家弘：《神证·人证·物证——试论司法证明方法的进化》，载《中国刑事法杂志》1999年第4期。

〔2〕《世界著名法典汉译丛书》编委会：《萨利克法典》，法律出版社2000年版，第34页。

（二）口供裁判阶段

随着社会的发展，人类认识能力的提高，证据制度从神判走向人判，证据在诉讼中得到了一定程度的重视。但当时实行口供主义，以采用合法的刑讯手段取得的被告人口供作为定罪的主要根据。口供被称为“证据之王”，被视为最有价值的证据。如欧洲中世纪后期实行法定证据制度的代表性法典《加洛林纳刑法典》规定：被告人在法庭上的供认被认为是完全证据中的最好证据，足以认定犯罪。[1]在口供裁判阶段，刑讯是刑事诉讼“整个大厦的中心”，是获取被告人口供的合法手段。如《加洛林纳法典》和法国于1670年颁布的《刑事诉讼敕令》都规定，调查官为查明“事实真相”可以采取一切手段，包括对嫌疑人和证人实施秘密的或公开的刑讯逼供。

尽管这一时期司法裁判者也采用证人证言、物证和书证等其他证据，但是由于主要依靠刑讯获得的口供定罪，因而不能认为已经产生了证据裁判原则。

（三）证据裁判阶段

证据裁判原则发轫于资产阶级革命时期，在18世纪的欧洲大陆，资产阶级革命胜利夺取政权以后，在民主、自由、人权的思想指导下，废除了刑讯逼供和法定证据制度，确立了自由心证原则。1808年《法国刑事诉讼法典》第342条规定：法律仅要求陪审员深思细察，并本诸良心诚实推求已经提出的对于被告不利和有利的证据在他们的理智上产生了何种印象。法律只向他们提出这样的问题：“你们已经形成内心的确信否？”现行《法国刑事诉讼法典》第353条保留了上述条文原意，只是在文字上略有简化。[2]这一条著名的规定自由心证原则的条文，强调的是

〔1〕 参见《中国大百科全书·法学》（修订版），中国大百科出版社2006年版，第68页。

〔2〕 现行《法国刑事诉讼法典》第353条规定：“在重罪法庭休庭前，审判长应责令宣读下列训示，并将内容大字书写成布告，张贴在评议室最显眼处：法律并不考虑法官通过何种途径达成内心确信；法律并不要求他们必须追求充分和足够的证据；法律只要求他们心平气和、精神集中，凭自己的诚实和良心，依靠自己的理智，根据有罪证据和辩护理由，形成印象，作出判断。法律只向他们提出一个问题：你是否已形成内心确信？这是他们的全部职责所在。”参见《法国刑事诉讼法典》，余叔通、谢朝华译，中国政法大学出版社1997年版，第131～132页。

事实裁决者对证据审查判断的自由裁量，但它又体现出内心确信的根据是提交给法庭的对被告人有利和不利的证据，也就是说它包含证据裁判原则的内涵。后来德国在1877年制定的《德国刑事诉讼法典》中参考法国上述条文确立了内心确信原则，即现行法典第261条："对证据调查的结果，由法庭根据它在审理的全过程中建立起来的内心确信而决定。"法、德两国的刑事诉讼法典至今只规定自由心证原则而未另专门规定证据裁判原则。意大利、俄罗斯的刑事诉讼法典也是如此。日本则不同。日本在法国影响下于1876年制定的《断罪依证律》将原《改定律例》规定的"凡断罪，依口供结案"的典型的口供主义表述，修改为"凡断罪，依证据"；并规定"依证据断罪，完全由法官确定"。这样就把法国的自由心证原则在日本分别规定为证据裁判原则和自由心证原则。[1]"凡断罪，依证据"应当说是世界上最早正式规定证据裁判原则的条文。这一条文被现行的《日本刑事诉讼法典》所继承，该法第317条规定："认定事实，应当依据证据。"如今许多大陆法系国家和地区也规定了这一原则。如《韩国刑事诉讼法典》第307条规定："认定事实，应当根据证据。"我国台湾地区"刑事诉讼法"第154条也规定："犯罪事实应依证据认定之，无证据不得认定犯罪事实。"

英美法系国家的法律上并没有证据裁判原则的条文规定，但这并不表示英美法系国家否认该原则；相反，英美法系国家认为在刑事诉讼中坚持证据裁判原则是不言而喻的。英美法系国家的证据制度中有大量关于证据可采性和关联性的规则，这些规则与证据裁判原则的基本精神完全一致。事实表明，这些国家非常强调认定案件事实必须依靠证据。

二、证据裁判原则在我国刑事诉讼中的确立

在我国古代社会，诉讼中曾出现过神明裁判的做法，据《说文解字》中的解释，"法"字古代写为"灋"，其意是"刑也。平之如水，从水。廌所以触不直者去之，从去"。但中国神判消失得较早，并未在我国古代

〔1〕 参见［日］松尾浩也：《日本刑事诉讼法》(下卷)，张凌译，中国人民大学出版社2005年版，第4页。

社会占据统治地位，在夏、商、周三代法律中未见有记载。在我国古代长期的封建专制刑事司法中，定罪以口供为最重要根据并兼采其他证据。没有被告人的供认，一般是不能定罪的。明律"吏典代写招草"条王肯堂笺释说："鞫问刑名等项，必据犯人之招草，以定其情。"[1]清律同条夹注也指出："必据犯者招草以定其罪。"明律、清律中虽规定对不应拷讯的被告人"皆据众证定罪"，但实际上被告人无口供是很难定罪的，正如《清史稿·刑法志》中所指出的："断罪必取输服供词。律虽有众证明白即同狱成之文，然非共犯有逃亡，并罪在军流以下，不轻用也。"[2]为了获得被告人口供，刑讯是被普遍采用的合法手段。尽管这一时期司法裁判者也采用证人证言和物证等证据，但是并不因重证据而轻口供；相反，查明案件事实真相首先依靠合法刑讯获得的口供，因而并没有产生证据裁判原则。

在清朝末年，清政府面临内忧外患，被迫走上变法之路。作为变法的重要组成部分，《大清刑事民事诉讼法草案》于1906年正式编成。该草案的刑事诉讼部分承袭日本、德国等大陆法系国家的刑事诉讼制度，有关规定体现了证据裁判的精神。该草案第74条规定："承审官确查所得证据已足证明被告所犯之罪，然后将被告按律定拟。"第75条也规定："被告如无自认供证而众证明白、确凿无疑即将被告按律定拟。"[3]这是中国第一部体现证据裁判精神的诉讼法典草案。可惜由于遭受各省保守力量的反对，该草案被搁置而未予以颁行。

在新民主主义革命时期，包括中央苏区、抗日革命根据地和解放区，中国共产党领导的革命政权于探索中形成了实事求是的作风，表现在司法裁判上则强调应当依据充分证据查明案件事实真相。1931年12月13日中央执行委员会非常会议通过的《中华苏维埃共和国中央执行委员会训令》（第六号）就规定："在审讯方法上……必须坚决废除肉刑，而采

---

〔1〕 参见（清）薛允升：《唐明律合编》（五），中国书店出版社2010年版，第699页。

〔2〕 参见陈光中：《陈光中法学文选》（第1卷），中国政法大学出版社2010年版，第60页。

〔3〕 《修订法律大臣沈家本等奏进呈诉讼法拟请先行试办章程折并清单》，载《大清法规大全·法律部》（卷十一）"法典草案一"，政学社石印本，总第1860页。

用收集确实证据及各种有效方法。”[1]其后，1940年8月13日公布的《晋察冀边区目前施政纲领》第17条规定：“对汉奸审判须依确实证据。”毛泽东在《论政策》中也强调应以口供以外的证据作为定案根据，他指出：“对任何犯人，应坚决废止肉刑，重证据而不轻信口供。”1942年公布的《陕甘宁边区保障人权财权条例》更明确地规定了证据裁判原则：“逮捕人犯不准施以侮辱殴打及刑讯逼供，强迫自首，审判采取证据主义，不重口供。”[2]

中华人民共和国成立后，中央继承司法工作的革命传统，在相关的法律文件中继承了证据裁判的精神，继续强调应当以口供以外的证据作为认定案件事实的主要依据。最高人民法院在1956年10月写出的《各级人民法院刑、民事案件审判程序总结》中，指出：“在法庭调查阶段，必须把案情彻底查清，取得确凿的证据……被告人的供词，必须经过调查研究，查明确实与客观事实相符的，方可采用。”[3]

自20世纪50年代后期到70年代后期，我们的国家经历了一连串的政治运动，法制受到极大破坏。由于刚刚从整风、“反右”、“文化大革命”等政治运动中走出来，大量的冤假错案促使我们进行沉痛的反思。[4]为了保证历史的悲剧不再重演，“文化大革命”结束以后制定的1979年《刑事诉讼法》第35条规定：“对一切案件的判处都要重证据，重调查研究，不轻信口供”，要求定罪要达到“事实清楚，证据确实充分”的证明标准。虽然立法上没有证据裁判原则的条文规定，但是上述规定本身就是

---

〔1〕 参见武延平、刘根菊等：《刑事诉讼法学参考资料汇编》（上），北京大学出版社2005年版，第10页。

〔2〕 参见同上书，第119页。

〔3〕 参见韩延龙：《中华人民共和国法制通史》（下），中共中央党校出版社1998年版，第60～61页。

〔4〕 1978年下半年到1981年年底，全国各级人民法院集中力量对“文革”期间判处的120余万件刑事案件进行复查，按照“全错全平，部分错部分平，不错不平”的原则，纠正冤假错案30.1万件，改判率为25%，涉及当事人32.6万余人，使一大批人昭雪了沉冤。1983年到1987年年底，全国各级人民法院对“文革”前判处的涉及起义投诚人员、台胞台属、侨胞侨属、少数民族、知识分子等方面的案件和提出申诉的其他政治性案件进行复查，共复查案件78.9万余件，其中改判了28.6万多件，占36.31%。参见赵震江：《中国法制四十年（1949—1989）》，北京大学出版社1990年版，第369页。

证据裁判精神的具体体现。随后在1996年修改刑事诉讼法时又增加规定了疑罪从无的规定，但仍未确立证据裁判原则。

我国直至2007年才在司法解释中首次明确规定证据裁判原则。2007年出台的“两院三部”《办理死刑案件意见》中提出：“坚持证据裁判原则，重证据、不轻信口供。”2010年“两院三部”《办理死刑案件证据规定》重申了这一重要原则，明确规定“认定案件事实，必须以证据为根据”。

需要指出的是，证据裁判原则只在刑事司法解释中得到确立，没有在2012年刑事诉讼法修改时正式加以规定，但是证据裁判精神在刑事诉讼法中得到了进一步体现，即更加注重证据的证据资格和证明力问题；而且随后出台最高法《刑诉法解释》第61条再次规定：“认定案件事实，必须以证据为根据。”十八届四中全会《决定》以党中央权威文件的形式确认了证据裁判原则，这必将指导立法机关在下一步制定或修改法律时将该原则正式规定于法律之中。

由上可知，我国刑事诉讼中证据裁判原则的确立并不是一蹴而就的，而是经历了口供裁判——证据裁判精神体现——证据裁判原则的漫长发展之路。这种发展路径根植于我国的特定环境，符合我国的诉讼文化和诉讼制度发展的实际情况。

三、我国贯彻证据裁判原则若干问题之思考

（一）案件事实的理解问题

在刑事诉讼中，需要运用证据加以证明的对象是案件事实。如何正确理解案件事实是贯彻执行好证据裁判原则的关键所在。为了进一步明确对案件事实的证明，修改后的《刑事诉讼法》增加了对量刑事实进行证明的条款，即第193条第1款规定：“法庭审理过程中，对与定罪、量刑有关的事实、证据都应当进行调查、辩论。”强调对量刑事实的证明，是对司法实践中“同案不同判”“量刑不公导致涉诉上访”“量刑辩护难”等问题的回应，也是证据裁判原则的要求，无疑是一个值得肯定的进步。但是，这只解决了需要运用证据加以证明的案件事实的范围，并没有真正厘清何为“案件事实”本身，因此需要进一步明确。

笔者认为，刑事诉讼中的案件事实一般包括三个层面的内容：一是案件客观事实即案件本源事实，它是不依司法人员和任何其他诉讼主体的意志而独立存在的。这种案件事实具有客观性、确定性、过去性的特点，也就是说，它是发生于过去的、客观存在的而且不随时间的流逝而改变的事实。二是当事人主张的事实，这种事实在诉讼的过程中有可能发生变化，如犯罪嫌疑人、被告人的口供所提供的案件事实，因为种种因素的影响在侦查中与在庭审中可能大不相同。三是司法机关及其司法人员根据证据所认定的案件事实，这种事实被学界称为法律事实。包括侦查机关的移送起诉意见书、检察机关的起诉书和人民法院的判决裁定书所认定的案件事实。[1]证据裁判原则要求必须以证据对案件事实进行认定，就是要求司法人员在刑事诉讼中通过收集、审查和判断证据将案件客观事实正确转化为法律事实，最大限度地实现案件客观事实与法律事实的统一。换句话说，就是要努力做到，使根据证据认定的事实符合客观真相。这是全面贯彻证据裁判原则的关键所在，也是司法人员在诉讼中实现实体公正的前提。

（二）证人出庭作证问题

贯彻执行证据裁判原则既要保证裁判所依据的证据具有证据资格，又要确保证据经过法庭的审查判断，接受控辩双方的充分质证。证人出庭作证制度正是保证证人证言接受控辩双方充分质证的重要制度。1996年《刑事诉讼法》对证人出庭作证制度的规定过于原则，且存在矛盾，[2]这为司法实践中证人不出庭作证打开了方便之门，导致我国刑事审判

---

〔1〕 关于刑事诉讼中案件事实的理解，参见陈光中：《刑事证据制度改革若干理论与实践问题之探讨——以两院三部〈两个证据规定〉之公布为视角》，载《中国法学》2010年第6期。

〔2〕 1996年《刑事诉讼法》第47条规定："证人证言必须在法庭上经过公诉人、被害人和被告人、辩护人双方询问、质证，听取各方证人的证言并且经过查实以后，才能作为定案的根据。法庭查明证人有意作伪证或者隐匿罪证的时候，应当依法处理。"根据此规定，证人必须在法庭上经过双方询问、质证，其证言才能作为定案的根据。但是，该法第157条又规定："公诉人、辩护人应当向法庭出示物证，让当事人辨认，对未到庭的证人的证言笔录、鉴定人的鉴定结论、勘验笔录和其他作为证据的文书，应当当庭宣读。审判人员应当听取公诉人、当事人和辩护人、诉讼代理人的意见。"也就是说，在证人未出庭作证的情况下，法庭允许宣读庭前证言，并且一旦查证属实，同样可以作为定案的根据。显然，在证人是否必须出庭作证的问题上，1996年《刑事诉讼法》第47条和第157条之间存在矛盾。

中证人不出庭作证的情况非常普遍。据统计，从全国范围来看，刑事案件中证人出庭率仅为1%左右。[1]这既侵犯了被告人的质证权，又不利于证据裁判原则的贯彻执行，而且还不利于查明案件事实真相。2012年《刑事诉讼法》进一步完善了证人出庭作证制度，不仅明确了证人出庭范围，增加规定了证人强制出庭制度，而且对证人出庭作证费用的负担方式以及对证人的保护等作了详细规定。[2]这无疑对保障证人出庭作证提供了良好条件。然而，现行规定仍有不足与隐忧。例如，2012年《刑事诉讼法》第187条规定："公诉人、当事人或者辩护人、诉讼代理人对证人证言有异议，且该证人证言对案件定罪量刑有重大影响，人民法院认为证人有必要出庭作证的，证人应当出庭作证。"这一规定把证人是否出庭的最终决定权赋予法院，在控辩双方对其有异议且证人证言对定罪量刑有重大影响的情况下，证人是否出庭还必须由法院决定。这可能导致证人必须出庭的情形被化解，无法有效提高证人出庭率。又如，虽然2012年《刑事诉讼法》规定了证人保护制度，并对特定案件的保护措施作了详细规定，但是并没有进一步规定证人保护的程序，对于应向哪个机关申请保护，公、检、法三机关如何提供具体保障等尚缺规定，这有可能导致三机关互相推诿。因此，十八届四中全会《决定》明确提出要"完善证人、鉴定人出庭作证制度"。这有待通过司法解释乃至修改法律加以解决。

（三）口供补强规则问题

口供补强规则，是指只有被告人的口供不足以认定被告人有罪，必须有补强口供的证据。[3]仅凭被告人口供不能定案，而要求对口供以其他证据加以支持或印证正是证据裁判原则的要义所在。我国1996年《刑事诉讼法》第46条是关于口供补强规则的规定："对一切案件的判处都要重证据，重调查研究，不轻信口供。只有被告人供述，没有其他证据的，不

〔1〕参见左卫民、马静华：《刑事证人出庭率：一种基于实证研究的理论阐述》，载《中国法学》2005年第6期。

〔2〕参见2012年《刑事诉讼法》第59条、第62条、第63条、第187条、第188条。

〔3〕参见陈光中主编：《证据法学》，法律出版社2013年版，第275页。

能认定被告人有罪和处以刑罚；没有被告人供述，证据充分确实的，可以认定被告人有罪和处以刑罚。”2012年《刑事诉讼法》第53条第1款保留了这些规定，且随后出台的最高法《刑诉法解释》第83条对此作了进一步细化规定：“审查被告人供述和辩解，应当结合控辩双方提供的所有证据以及被告人的全部供述和辩解进行。被告人庭审中翻供，但不能合理说明翻供原因或者其辩解与全案证据矛盾，而其庭前供述与其他证据相互印证的，可以采信其庭前供述。被告人庭前供述和辩解存在反复，但庭审中供认，且与其他证据相互印证的，可以采信其庭审供述；被告人庭前供述和辩解存在反复，庭审中不供认，且无其他证据与庭前供述印证的，不得采信其庭前供述。”这无疑为贯彻执行证据裁判原则提供了较好的保障。

然而，我国2012年《刑事诉讼法》关于口供补强规则的相关规定尚不完善，尤其是对于共犯口供能否作为其他共犯口供的补强证据的问题仍没有明确规定，需要进一步明确。笔者认为，应当进一步明确规定仅有共犯的口供作为其他共犯口供的补强证据不能认定被告人有罪。这是证据裁判原则的应然要求，也是由共犯口供的性质所决定的。从本质上来说，共犯的口供仍然属于“被告人供述”，如果允许仅凭共犯之间的口供来印证案件事实就定案，那么就是允许仅凭被告人供述进行定案，这显然不符合证据裁判原则关于应当以口供以外的其他证据作为定案主要依据的应然要求，不利于证据裁判原则的贯彻执行。鉴于此，应当明确规定不能仅仅以共犯的口供作为补强证据，即使共犯的口供相互印证，也应当需要其他证据补强，才能认定被告人有罪。

（四）疑罪从无问题

疑罪，是指刑事诉讼中对被告人的定罪存在疑问，无法确定有罪或无罪。疑罪可能是事实认定问题也可能是法律适用问题，实践中主要是运用证据认定事实问题，即有罪证据尚未达到确实充分的法定证明标准。是否将疑罪作无罪处理，是贯彻证据裁判原则中非常重要的问题。

我国古代就有疑罪从无的思想主张。《尚书·大禹谟》中就有“与其杀无辜，宁失不经”的名言。汉代贾谊进一步阐释说：“诛赏之慎也，故与其杀不辜者，宁失于有罪也。故夫罪也者，疑则附之去已。”又说：“疑罪从去，仁也；疑功从予，信也。”[1]但是在古代法律上对疑罪是采取有罪从轻原则的。如《尚书·吕刑》中记载：“墨辟疑赦，其罚百爰。”《唐律》中规定：“诸疑罪各依所犯以赎论。”现代法治国家则按照无罪推定原则的“不能证实有罪，就推定为无罪”的要求，将疑罪作为无罪处理。

我国1979年《刑事诉讼法》未规定疑罪从无原则，1996年《刑事诉讼法》才对此原则加以明确规定。1996年《刑事诉讼法》第162条规定，“证据不足，不能认定被告人有罪的，应当作出证据不足、指控的犯罪不能成立的无罪判决”。但是在司法实践中，司法机关由于怕放纵犯罪，又考虑难以面对被害人和社会民众的质疑，往往采取疑罪从轻的处理方式，如佘祥林案、赵作海案、张氏叔侄案等冤案都是在这种思维逻辑指导下造成的。其实，疑罪从无是一种无奈的价值选择。因为疑罪在法定程序框架下已经无法查清事实真相，对这种案件作有罪处理（包括从轻）存在冤枉无辜的可能，而作无罪处理又存在放纵犯罪的风险。在宁纵毋枉和宁枉毋纵这两种重保障人权或者重打击犯罪的价值上，我们遵循无罪推定原则之要求，选择了疑罪从无原则，并载入十八届四中全会《决定》之中，这是完全符合民主法治精神的。正如培根所说的：“一次不公正的审判，其恶果甚至超过十次犯罪。因为犯罪虽是无视法律——好比污染了水流，而不公正的审判则毁坏法律——好比污染了水源。”

第二节　非法证据排除规则

一、非法证据排除规则的历史沿革

（一）非法证据排除规则在域外的发展

从制度渊源来看，非法证据排除规则发轫于英美法系。英美法系与

〔1〕《新书·大政》。

我国非法证据排除规则相对应的概念，包括两个部分，一个是自白排除法则，另一个是狭义的非法证据排除规则。自白排除法则来源于英国历史上的普通法，即基于不当的自白或者不自由的自白不具有证据的可采性，不能作为定案的根据。美国法继承了此原则。1791年美国宪法第五修正案规定了不得强迫自证其罪原则，即"任何人……不得强迫成为不利于己的证人"。此规定最开始仅是为了排除虚伪的自白，防止冤假错案的发生，因而，自白是否排除的标准是自白的"任意性"或"自愿性"。但是，20世纪40年代后，此标准发生了变化，自白可采性的标准不仅仅是"供述的任意性"，还包括"程序的合法性"。自白排除的根据也随之由"自白的非任意性"发展为"程序的违法性"；自白排除规则的主要目的，已经不仅仅是为了防止自白的虚伪性，而且是为了纠正并预防警察对公民权利的侵害和威胁。〔1〕美国的非法证据排除规则主要是针对违反美国宪法第四修正案而言的。在1914年的威克斯诉合众国一案（Weeks v. United State）〔2〕中，被告人要求排除联邦警察在未持任何司法令状情况下所搜查扣押的文件、信件、财物。联邦最高法院指出，联邦警察的行为违反了美国宪法第四修正案，因此裁定这些证据不得在联邦法庭上使用。非法证据排除规则作为一项重要的诉讼规则，与人权保障、程序公正等现代法治理念紧密相连，因此逐渐被其他国家和联合国有关国际人权公约所认可。1984年通过的联合国《禁止酷刑公约》第15条也规定："每一缔约国应确保在任何诉讼程序中不得援引任何确属酷刑逼供作出的陈述为证据，但这类陈述可引作对被控施用酷刑逼供者起诉的证据。"

（二）非法证据排除规则在我国的确立过程

我国1979年《刑事诉讼法》明确规定禁止非法取证，要求"审判人员、检察人员、侦查人员必须依照法定程序，收集能够证实被告人有罪或者无罪、犯罪情节轻重的各种证据。严禁刑讯逼供和以威胁、引诱、欺骗以及其他非法的方法收集证据"。1996年《刑事诉讼法》保留了此

〔1〕 参见李心鉴：《刑事诉讼构造论》，中国政法大学出版社1992年版，第270页。

〔2〕 232 U.S 383（1914）.

规定。在随后出台的刑事诉讼法相关司法解释中虽有非法言词证据排除的规定,[1]但由于相关解释没有规定举证责任、证明标准等,缺乏可操作性,在司法实践中难以有效执行。在司法实践中,非法取证甚至刑讯逼供现象并不鲜见,杜培武案、佘祥林案、赵作海案等冤案极大地冲击、损害了我国司法的公信力和权威性。在此背景下,最高人民法院、最高人民检察院、公安部、国家安全部和司法部于2010年5月30日联合发布《非法证据排除规定》和《办理死刑案件证据规定》。前者详细规定了非法证据排除规则的排除范围、非法言词证据的排除程序、举证责任的分配以及证明标准等,标志着非法证据排除规则在我国以司法解释的形式确立;后者统一了死刑案件的证据适用标准。可以说,相对于以前的有关法律、解释,这两个规定具有历史的进步意义,即将非法证据排除的范围从言词证据扩展至实物证据,而且还比较详细地规定了排除非法口供的操作程序。这两个证据规定使我国证据制度的基本框架基本得以确立。也因此,有学者将它们称为"司法改革的重大成果"[2]"刑事司法改革的重大突破"。[3]2012年《刑事诉讼法》第54条规定:"采用刑讯逼供等非法方法收集的犯罪嫌疑人、被告人供述和采用暴力、威胁等非法方法收集的证人证言、被害人陈述,应当予以排除。收集物证、书证不符合法定程序,可能严重影响司法公正的,应当予以补正或者作出合理解释;不能补正或者作出合理解释的,对该证据应当予以排除。"此外,2012年《刑事诉讼法》还详细规定了非法证据排除的证明责任(第57条)、证明标准(第58条)以及排除程序(第56条)等,标志着非法证据排除规则在我国立法上的正式确立。

非法证据排除规则写入我国《刑事诉讼法》无疑是程序法治观念增

---

〔1〕《最高人民法院关于执行〈中华人民共和国刑事诉讼法〉若干问题的解释》(1998年6月29日通过)第61条规定:"严禁以非法的方法收集证据。凡经查证确实属于采用刑讯逼供或者威胁、引诱、欺骗等非法的方法取得的证人证言、被害人陈述、被告人供述,不能作为定案的根据。"《最高人民检察院人民检察院刑事诉讼规则》(1998年12月16日修订)第265条规定:"严禁以非法的方法收集证据。以刑讯逼供或者威胁、引诱、欺骗等非法的方法收集的犯罪嫌疑人供述、被害人陈述、证人证言,不能作为指控犯罪的依据。"

〔2〕参见樊崇义:《司法改革的重大成果》,载《检察日报》2010年6月2日。

〔3〕参见陈瑞华:《刑事司法改革的重大突破》,载《人民公安报》2010年6月4日。

强的产物，顺应了人权保障不可逆的时代洪流，不仅是对母法精神的具体回应，也是落实《刑事诉讼法》关于“尊重和保障人权”规定的具体表现。

二、非法证据排除规则的改革与完善

非法证据排除规则业已写入我国《刑事诉讼法》，并在司法实践中发挥作用。然而，从司法实践来看，我国非法证据排除规则还存在诸多问题。也正因如此，十八届三中全会《决定》和十八届四中全会《决定》明确提出要“严格实行非法证据排除规则”，“健全落实罪刑法定、疑罪从无、非法证据排除等法律原则的法律制度。完善对限制人身自由司法措施和侦查手段的司法监督，加强对刑讯逼供和非法取证的源头预防，健全冤假错案有效防范、及时纠正机制”。在新一轮的司法改革中，改革者应当注意我国非法证据排除规则与域外规则的主要差别，并对我国非法证据排除规则进行改革与完善。

（一）非法证据排除规则的理念基础问题

毫无疑问，我国非法证据排除规则体现了规范权力、保障人权的立场，要求对一些违反法定程序的证据进行排除。但与此同时，这一规则又根据非法取证与证据客观性、可靠性之间的关联，分别设立了对部分言词证据的“绝对排除”和对实物证据的“相对排除”。

由于言词证据的可靠性受外界影响较大，“棰楚之下，何求而不得”，通过刑讯逼供和采用暴力、威胁等非法手段取得的言词证据不可靠，极易造成冤假错案。基于此种担忧，我国立法规定上述几种非法言词证据应强制排除。与此形成对照的是，对实物证据的排除，则属于一种“可补正的排除”，其条件是“不符合法定程序”“可能严重影响司法公正的”，并且“不能补正或者作出合理解释”。之所以作出此种规定，是因为“违法收集物证、书证的情况比较复杂，物证、书证本身是客观证据，取证程序的违法一般不影响证据的可信度。而且许多物证、书证具有唯一性，一旦被排除就不可能再次取得”。[1]不难发现，立法者对于非法实物证据采取了比较“宽容”的态度，而“宽容”又是基于证据的客观性和唯一性。因此，无论是非法言词证据排除，还是非法实物证据排除，立法者在很大程度上均考虑了非法取证与证据真实性、可靠性之间的关联。这与域外一些国家非法证据排除规则强调证据的合法性有很大的不同。如在美国，“威慑”理论是确立非法证据排除规则的重要依据。“威慑”理论认为通过排除以非法手段获取的证据来否定警察的“成果”，是为了威慑警察将来可能的违法取证行为。[2]也就是说，刑事诉讼中的证据是否能够得以排除，主要基于证据的合法性考虑，被排除的证据并不是因为其不可靠，而是因为采用了违反宪法的手段；排除证据的目的并不是保障事实认定的准确性，而是震慑法律实施官员的违宪行为。在日本，1978年之前，其判例认为，扣押收集程序违法不会改变物体的性质和形态，因而不会改变其作为该种形态的证据价值。1978年，日本最高法院在判决中宣示，在符合以下条件时，应当否定通过非法搜查、扣押取得的证据：（1）证据物的收集程序存在忘却宪法及刑事诉讼规定的令状主义的重大违法情形的；（2）从抑制将来的违法侦查的角度看将该证据物作为证据是不适当的。[3]很显然，日本非法证据排除规则与美国相关理念一脉相承。《俄罗斯联邦刑事诉讼法典》第75条规定了“不允许采信的证据”：“违反本法典的要求而获得的证据不允许采信。不允许采信的证据不具有法律效力，不得作为指控的根据，也不得用来证明本法典第73条规定的任何情况。”[4]不难看出，俄罗斯也是以“程序违法性”作为非法证据排除标准的。非法证据排除规则的理念基础不同，势必会折射出该规则的其他内容方面的不同，尤其是在排除范围上。

---

〔1〕 全国人大常委会法制工作委员会刑法室编：《〈关于修改中华人民共和国刑事诉讼法的决定〉条文说明、立法理由及相关规定》，北京大学出版社2012年版，第56页。

〔2〕 United States v. Calanda, 414 U.S 338 (1974), pp.347-348.

〔3〕《日本刑事诉讼法简介》，载《日本刑事诉讼法》，宋英辉译，中国政法大学出版社2000年版，第31页。

〔4〕《俄罗斯联邦刑事诉讼法典》，黄道秀译，中国人民公安大学出版社2006年版，第75页。

（二）关于非法证据排除的范围问题

根据2012年《刑事诉讼法》第54条第1款的规定（条文内容见上文），对于以“威胁、引诱、欺骗”方式取得的犯罪嫌疑人、被告人的供述以及以“引诱、欺骗”等方式取得的证人证言和被害人陈述是否排除，法律本身语焉不详。最高法《刑诉法解释》第95条第1款规定：“使用肉刑或者变相肉刑，或者采用其他使被告人在肉体上或者精神上遭受剧烈疼痛或者痛苦的方法，迫使被告人违背意愿供述的，应当认定为刑事诉讼法第五十四条规定的‘刑讯逼供等非法方法’。”最高检《规则》第65条也作了类似的规定。[1]应当说，相关解释明确将非法言词证据排除的范围扩展至“精神上遭受（剧烈）痛苦”的非法方法，此为进步；但是，对于一切形式的引诱、欺骗方法一般不会使被讯（询）问者“当时”遭受精神上的痛苦，因此不在排除之列，此为遗憾。

这种局面的出现很有可能与司法实践中难以界定“威胁、引诱、欺骗”和适当的侦查策略、侦查技巧之间的区别，甚至如何理解我国传统的刑事政策有关。如向犯罪嫌疑人宣讲“坦白从宽、抗拒从严”的刑事政策是否构成了“威胁”“引诱”；在司法实践中，侦讯人员利用“囚徒困境”心理，明示或者暗示犯罪嫌疑人其他的共犯已经交代（可能其他共犯并没有供述），是否为“欺骗”；利用犯罪嫌疑人长期被羁押的心理或者生理煎熬，承诺其供述后让其会见家人或者改善羁押期间的物质条件，是否为“引诱”。显然，如果完全排除任何形式的通过威胁、引诱、欺骗取得的供述以及通过引诱、欺骗取得的证人证言和被害人陈述，会给侦查工作带来很大困难，也没有任何一个国家对侦查采取如此之高的标准。但是，如果选择另一种极端，即对以任何形式的威胁、引诱、欺骗

---

〔1〕 最高检《规则》第65条规定：“对采用刑讯逼供等非法方法收集的犯罪嫌疑人供述和采用暴力、威胁等非法方法收集的证人证言、被害人陈述，应当依法排除，不得作为报请逮捕、批准或者决定逮捕、移送审查起诉以及提起公诉的依据。刑讯逼供是指使用肉刑或者变相使用肉刑，使犯罪嫌疑人在肉体或者精神上遭受剧烈疼痛或者痛苦以逼取供述的行为。其他非法方法是指违法程度和对犯罪嫌疑人的强迫程度与刑讯逼供或者暴力、威胁相当而迫使其违背意愿供述的方法。”但是，最高检《规则》与最高法《刑诉法解释》还是有一定的区别，如最高法《刑诉法解释》对于“刑讯逼供”的解释增加了“迫使被告人违背意愿供述”的主观标准；最高检《规则》还单独解释了“其他非法方法”。

取得的供述以及通过引诱、欺骗取得的证人证言和被害人陈述都承认其可采性，也会存在一些严重问题。这是因为，有些通过威胁、引诱、欺骗等方式取得的犯罪嫌疑人供述以及通过引诱、欺骗方式取得的证言有可能违背陈述的自愿性，从而导致证据材料的虚假。如侦查人员威胁犯罪嫌疑人说："如果不交代罪行，我到学校去找你儿子（或女儿）了解情况。"这种通过"威逼"方式对犯罪嫌疑人产生精神上的强制，与对其屈打成招的效果有时差别不大——只不过一种是精神上的折磨，另一种是肉体折磨。更为严重的是，一些以威胁、引诱、欺骗等手段进行的违法取证行为，与刑讯一样影响了司法的权威性和权力的公信力——而这正是法治社会之大忌。[1]

基于此，笔者认为，对于是否排除通过威胁、引诱、欺骗取得的言词证据，立法应当考虑以下两方面因素：第一，以威胁、引诱、欺骗等方式取得的言词证据是否影响该证据的真实性。在有些情形下，即使侦查机关以法律并不禁止的"引诱""欺骗"方式取得的供述也有可能是虚假的，如有些办案机关承诺改善羁押期间犯罪嫌疑人的物质生活条件，或者许诺对其取保候审等，而犯罪嫌疑人为了尽早摆脱被羁押期间的"困境"，也有可能作虚假供述。另外，对证人以及未成年人等采用引诱、欺骗的手段很有可能使其提供虚假证据。[2]对于通过影响证据真实性的方式取得的证据也应当排除。第二，以损害法律保护的重大法益或基本社会价值的方式取得的言词证据也应排除，包括以威胁对犯罪嫌疑人亲属采取不利行为的方式（因为触及人伦底线）、许诺讯问者不能兑现的司法利益的方式（因为违背司法诚信）、破坏法律维护的法律关系的方式（如侦查人员伪装成律师，破坏律师与当事人之间的信任关系）取证等。除此之外，法律还应赋予法官在排除非法证据方面的自由裁量权，即对于一个非法证据是否排除，法官可以基于违法程度、带来的消极后果以及证据价值进行考量，并最终决定是否排除。因此，在立法形式上可以采取明确列举加概括方式界定排除的范围。

---

〔1〕 参见汪海燕：《评关于非法证据排除的两个〈规定〉》，载《政法论坛》2011年第1期。

〔2〕 参见龙宗智：《欺骗与刑事司法行为的道德界限》，载《法学研究》2002年第4期。

对于非法取得的证人证言、被害人陈述，我国学界有不同的观点。一些学者认为，应当将通过暴力、威胁、欺骗等非法手段取得的证人证言和被害人陈述纳入排除的范围；也有学者主张，排除的范围不包括非法取得的证人证言和被害人陈述。[1]这种观点可能深受美国法的影响。笔者认为，一个国家确立何种内容的非法证据排除规则是其对多重冲突价值权衡之后选择的结果，最终需要并且能够（至少期待）解决本国的问题。这也正如科克所说："情理是法律的生命。"在我国司法实践中，对证人甚至被害人使用暴力、威胁等方法取证的现象并不鲜见，如赵作海案中，办案机关就对证人采取暴力手段取证。这些非法的行为不仅侵害了证人、被害人的人身权利以及其他权利，而且很有可能迫使证人、被害人提供虚假证据，同时这些行为玷污了司法的纯洁性和权威性，因此，从威慑理论考量，排除这些非法证据是必要的。另外，在我国排除以暴力、威胁、引诱等方式取得的证人证言和被害人陈述还有一个特殊的背景，即在我国证人出庭率非常低，在无法对证人进行质证的前提下，排除以非自愿性手段取得的言词证据，也是保证这些证据材料真实性的必要手段。其实，将非法证据排除的范围延伸至"证人证言、被害人陈述"与相关的人权公约也是相契合的。如联合国《禁止酷刑公约》第1条对"酷刑"作了界定，认为酷刑"是指为了向某人或第三者取得情报或供状，为了他或第三者所为或涉嫌的行为对他加以处罚，或为了恐吓或威胁他或第三者，或为了基于任何一种歧视的理由，蓄意使某人在肉体或精神上遭受剧烈疼痛或痛苦的任何行为，而这种疼痛或痛苦是由公职人员或以官方身份行使职权的其他人所造成或在其唆使、同意或默许下造成的"。[2]

2012年《刑事诉讼法》还明确了非法实物证据排除规则。按照第54条的规定，排除非法物证和书证要同时具备两个条件。第一个条件是，取证"不符合法定程序，可能严重影响司法公正"；第二个条件是，不能"补正或者作出合理解释"。也就是说，如果能够补正或者作出合理解

〔1〕 参见郑旭：《非法证据排除规则》，中国法制出版社2009年版，第209页。

〔2〕 参见汪海燕：《评关于非法证据排除的两个〈规定〉》，载《政法论坛》2011年第1期。

释的，则不排除。最高法《刑诉法解释》第95条第2款对何为“可能严重影响司法公正”作了进一步解释，规定：“认定刑事诉讼法第五十四条规定的‘可能严重影响司法公正’，应当综合考虑收集物证、书证违反法定程序以及所造成后果的严重程度等情况。”但是，对于哪些允许补正，哪些不允许补正，没有明确的具体规定，自由裁量空间过大，而且对于如何补正，或者何为“合理解释”，刑事诉讼法以及相关司法解释皆语焉不详。如通过非法搜查、扣押等方式取得的物证、书证是否可以采信，通过侵犯公民隐私权等方式非法获取的录音带或者日记一类物品是否应当排除？以“犯意型诱惑侦查”[1]方式取得的物证能否作为定案的根据？比较权威的官方解释是，“可能严重影响司法公正”是指收集物证、书证不符合法定条件程序的行为明显违法或情节严重，可能对司法机关办理案件的公正性、权威性以及司法的公信力产生严重的损害。“补正”是指对取证程序上的非实质性的瑕疵进行补救，如在缺少侦查人员签名的勘验、检查笔录上签名等。“合理解释”是指对取证程序的瑕疵作出符合逻辑的解释，如对书证副本的复制时间作出解释等。[2]笔者认为，按照此种理解，“补正”“合理解释”基本上针对的是取证“瑕疵”或者证据形式上的缺陷，与“可能严重影响司法公正”所造成的后果——严重侵犯公民基本权利、严重损害司法权威性和公信力，并不是一个层面的“概念”。正如前文所述，非法证据排除规则设置的理论基础之一是规范权力、保障人权，而不是单纯保证证据的真实性或可靠性。“在现代刑事诉讼中，案件事实真相是否得到正确再现并不是最重要的，关键在于发现案件事实真相的手段和方式是可接受和令人信服的。非法证据排除规则正是在这个意义上才有足够的生存空间。”[3]基于此，对于实物证据的排除就没有必要再添置不能“补正或合理解释”的条件。如果结合惩罚犯罪、维护秩序的诉讼价值考量，笔者认为，法律可以规定，在非法取

---

〔1〕“诱惑侦查”分为“机会提供型诱惑侦查”和“犯意诱发型诱惑侦查”。对于毒品案件，还有“数量诱惑侦查”。

〔2〕参见全国人大常委会法制工作委员会刑法室编：《〈关于修改中华人民共和国刑事诉讼法的决定〉条文说明、立法理由及相关规定》，北京大学出版社2012年版，第56页。

〔3〕参见王超：《论法院难以排除非法证据的深层次困境》，载《社会科学》2013年第7期。

证严重影响司法公正的前提下，法官应在综合考量证据的价值与非法取证的消极后果等因素之后作出是否排除的裁断。

还需要指出的是，2012年《刑事诉讼法》在非法证据排除的范围上并没有涉及“毒树之果”的排除问题。“毒树之果”是指以非法方法收集的证据为线索，进一步使用合法方法收集的证据。其中，用非法方法收集的证据是“毒树”，在该证据的基础之上使用合法方法收集的证据是“毒树之果”。在美国，除“毒树”以外，“毒树之果”原则上也属非法证据排除的范围之列。当然，受不同时期刑事政策等多重因素的影响，“毒树之果”理论在美国也相继确立了“独立来源”的例外、“必然发现”的例外或“因果联系削弱”的例外等，[1]并形成自身的一套理论体系。

我国学者曾就应否借鉴国外的理论和制度排除毒树之果发生过争论，并形成承认说和否定说两种不同观点。某一具体诉讼制度或程序的确立是由诉讼价值观下的诉讼目的决定的，它根植于该国的法文化传统，并受制于该国特定时期犯罪率的高低甚至是政治上的需要。毋庸置疑，立法上关于“毒树之果”是否应当排除这一问题的缺失，容易导致在司法实践中以侵犯公民权利方式获得的非法证据为线索衍生的证据公然或变相地被采用，这种令人担忧的状况亟待改变。为有效遏制非法取证行为，切实保障人权，我国立法应当移植或借鉴国外的“毒树之果”理论完善我国的非法证据排除规则。

借鉴国外的“毒树之果”理论完善我国的非法证据排除规则，首先要解决的是重复自白的可采性问题。在我国刑事诉讼的审前程序中，一般都对犯罪嫌疑人进行不止一次的讯问，从而产生多次审前供述。在实践中，第一次讯问一旦供了，犯罪嫌疑人在随后进行的讯问中大多就不再抗拒而继续做出供述。如果查明第一次供述系侦查人员采用刑讯逼供等非法方法取得，那么后面的多个重复自白是一并排除还是仍然可以采用？对此，公检法部门普遍认为，以暴力手段获取犯罪嫌疑人供述的，应当排除，但此后没有再刑讯逼供而犯罪嫌疑人继续供述的，出于打击

〔1〕 参见汪海燕：《论美国毒树之果原则——兼论对我国刑事证据立法的启示》，载《比较法研究》2002年第2期。

犯罪的目的，对后续的这些供述可以不排除。而辩护律师则普遍认为，如果仅仅排除第一次讯问取得的供述，而后在刑讯压力没有消除的情况下重复供述的内容如果不排除，则非法供述的排除毫无意义。例如，在一个贩毒案中，被告人有五次供述，经过辩方努力排除了其中一次供述，但是其他四次照样采用，最后对被告人判处了无期徒刑。在该案中，非法证据的排除只是取得了表面上的成功，对实体结果没有任何影响。

对于重复自白的排除，外国对其是否排除，做法不尽相同。我国目前主要有三种观点：第一种观点认为应当一排到底，即只要前面存在非法取证，则后面的重复供述就全部排除；第二种观点认为应“单个排除”，即哪一次是非法取证就排除哪一次的证据，其他的供述不排除；第三种观点认为应“同一主体排除”，即侦查机关有一次刑讯逼供行为，侦查机关取得的所有供述就都排除，到审查起诉阶段，因为消除了被告人的心理影响，检察机关的供述笔录可以采用。我们基于惩治犯罪与保障人权平衡之考虑，主张“同一主体排除”说，[1]即如果讯问主体不是同一的，则后一主体取得的供述不受前一主体非法取证的影响。但条件是讯问时必须要有正式告知程序或者被讯问人在侦查阶段就有辩护律师的帮助，因为很多犯罪嫌疑人搞不清楚讯问人的身份是否发生了变化及该变化对犯罪嫌疑人自身的影响。

当然，通过列举的方式来完善非法证据排除规则并非易事，借鉴国外的毒树之果理论完善我国的非法证据排除规则，应当根据收集证据违法行为的严重程度来确定毒树之果是否排除。一般而言，根据收集证据的违法行为与刑事诉讼程序二者相违背的程度以及收集证据主体主观恶性的大小，可将非法取证行为分为三类：构成犯罪的违法取证行为；严重违法的取证行为；较轻微违法取证行为。严重违法与轻微违法在一般条件下，应以是否侵犯嫌疑人或被告人的宪法性权利为准。其他情形下的违法行为是否构成“严重违法”，应由法官结合违法取证的具体情况行使自由裁量权判定。“毒树之果”如果是由构成犯罪或虽没构成犯

---

〔1〕 参见陈光中、郭志媛：《非法证据排除规则实施若干问题研究——以实证调查为视角》，载《法学杂志》2014年第9期。

罪但严重违法的行为取得的证据衍生而来的，则不具有可采性。违法收集证据达到犯罪或严重违法程度，正如前述，不仅违反了刑事诉讼法，影响了司法公正，而且也蹂躏了宪法，严重侵犯了人权。此时，在追求实体真实与程序正义之间，我们应选择程序正义。例如，以采取刑讯逼供的方式取得了被告人的供述然后根据供述的内容发现了相应的物证，如赃物，在此种情况下，如果肯定“毒树之果”的定案效力，就有违公正之基本理念——文明社会绝不允许以超越法律授权范围之外的暴力方式取证。另外，在特殊情况下，我们可以借鉴美国的“毒树之果”原则设立若干例外。这些例外包括“独立来源”的例外、“最终必然发现”的例外和“稀释”的例外。而对于轻微程序违法的，在权衡实体真实与正当程序之间，程序应作出一定的让步。对于此类证据，不仅其取得的方式危害性较较小，而且从我国现实国情来看，一方面治安状况并不理想；另一方面由于处于经济转型时期，新的犯罪类型不断出现，存在刑事立法相对滞后、司法资源紧缺以及侦查技术较为落后的状况。这使我国诉讼立法在“安全”与“自由”的价值选择上，不可对“秩序”“安全”等价值视而不见。例如，公安机关在对被告人第一次讯问或采取强制措施之日起未告知嫌疑人聘请律师的权利，根据在此种情形下取得的口供的内容再获得物证，这时获取的物证不宜排除。但是，如果言词证据是侦查人员通过对证人或被害人使用非法手段获得的，又以该言词证据为线索获得了其他证据，则在此种情形下，其他证据具有定案的效力。因为衍生证据的取得并没有侵犯犯罪嫌疑人、被告人的合法权益，不能因为司法人员对第三人实施违法行为而让被告人获益。如果该违法行为对证人、被害人造成伤害的，证人或被害人可以通过诉讼途径请求国家机关赔偿，并对司法人员根据过错程度给予相应的处罚。

（三）关于非法证据排除规则的适用阶段问题

在西方国家，非法证据通常是在审判阶段予以排除的。以适用非法证据排除规则的典型国家——美国为例，其非法证据的排除阶段是审判阶段；与之相对应，法官成为非法证据排除的裁判主体。与西方国家的通行做法不同，我国2012年《刑事诉讼法》第54条第2款规定：“在侦查、审查起诉、审判时发现有应当排除的证据的，应当依法予以排除，不得作为起诉意见、起诉决定和判决的依据。”由此可见，我国的非法证据排除规则不仅适用于审判阶段，而且适用于侦查阶段和审查起诉阶段。换言之，除了法官以外，侦查机关和检察机关也是审查证据合法性的主体。检察机关成为排除的主体，主要是因为在我国检察机关行使法律监督权。与国外的公诉机关只承担起诉职能不同的是，我国检察机关是专门的法律监督机关，负有监督侦查活动合法性的职责。基于这种职责，检察机关在审查批准逮捕、审查起诉过程中如果发现侦查机关的证据是通过非法手段取得的，那么应当本着客观公正的立场，对非法证据予以排除。然而，侦查机关成为排除的主体，显然与其承担的控诉职能不相符合。众所周知，侦查机关履行的基本职能是控诉职能，加之证据本来就是由侦查机关所收集的，要求其“自觉”排除非法证据，这显然只是一种美好的愿景而已。因为如果侦查机关能够自觉排除非法取得的证据，那么在取证时他们就不会采取非法手段取证了。一项针对非法证据排除规则实施问题的实证调研也证实了侦查机关很难“自觉”排除非法证据。调研结果显示，目前实践中的非法证据排除主要发生在审查起诉阶段和审判阶段。[1]由此可见，法律规定侦查机关成为非法证据排除的主体是不符合法理也无实效的。此问题有必要通过修法或解释予以解决。

需要强调的是，我们对治理刑讯不能抱有毕其功于一役的心态。这不仅是因为非法证据排除规则是多重价值冲突和妥协的产物，而且规范无论是作为经验或教训的总结，抑或是理性构建的产物，其本身固有的滞后性、不周延性在所难免。更为重要的是，非法取证行为产生的原因是多重的，有些是法律本身的罅隙给刑讯留下了余地，有些与司法体制甚至是政治体制紧密相连，有些则是“封建（或传统）思想余孽”的产物等。

因此，防止和治理刑讯等非法取证的手段也应当具有多样性。毋庸置疑，强化程序法治观念、摈弃程序工具主义、秉持司法文明等理念是治理非法取证的“王道”。但就目前而言，在将非法证据排除规则合理

〔1〕 参见陈光中主编：《非法证据排除规则实施问题研究》，北京大学出版社2014年版，第6页。

化的同时，还应当加强有关配套措施的技术性构建，如改变不合理的激励奖惩机制（包括废除“命案必破”“限期破案”等），改变法外权力机构对案件的非法干涉，从体制上将看守所与侦查机关分离，明确拘留后将犯罪嫌疑人移交看守所的期限，改变侦查中心主义、口供中心主义，完善法律援助制度，明确讯问时律师在场权等。这些是当务之急，也是力所能及的。这些内容在其他章节有所详述，此处不赘。

第三节　排除合理怀疑证明标准

一、排除合理怀疑的历史源流

在论述排除合理怀疑的历史源流之前，有必要厘清“排除合理怀疑”这一专门法律用语的表述问题。与“排除合理怀疑”相对应的英语表述是“Beyond Reasonable Doubt”。从语词原意来说，“Beyond”一词直译应为“超越”，因此“Beyond Reasonable Doubt”直译应为“超越合理怀疑”。但由于联合国官方文件的中文文本翻译成“排除合理怀疑”（本节后面将涉及），且我国刑事诉讼法也采用“排除合理怀疑”的用语，因而我们认为应当统一采用“排除合理怀疑”之表述。

按照美国一些学者的观点，排除合理怀疑标准最初起源于1798年都柏林系列叛国案件的审判之中。[1]这种判断在很大程度上忽略了对美洲殖民地案件的考察。其实考察早期美国法可以发现，早在1770年波士顿大屠杀案件的审判中，排除合理怀疑便已出现。在Rex v. Wemms案中，辩护律师在结案陈词中提醒陪审团注意，当陪审团对被告人有罪存在怀疑时，陪审团应当作出无罪判决。而控方虽然同意辩方关于陪审团对案

---

〔1〕 这种观点以原美国联邦最高法院大法官May、Wigmore以及 McCormick为主要代表。May在一篇写于1876年的论文中指出，排除合理怀疑在都柏林1798年审判的Finney案与Bond案中首次出现。See John Wilder May, “Some Rules of Evidence: Reasonable Doubt in Civil and Criminal Cases”, *10 Am.L.Rev.*, 1876, pp.642, 657-658.

件有怀疑时应作出无罪判决的观点，但认为陪审团的怀疑应当是合理的怀疑。控方指出：

……理性的最大进步是使诉讼成为最后的争议解决手段，这种手段在本质上不承认在缺乏证据的情况下得出的结论是真实的，也不认为在有存疑之处的情况能得出确定的裁决。因此，如果在对诉因进行询问的时候，证据不足以使你排除合理怀疑地确信被羁押的所有或任何一人是有罪的，那么，基于仁慈和法律的理性，你应当判决他们无罪。然而，如果证据足以使你确信他们有罪，并达到排除合理怀疑的程度，法律之正义要求你宣布他们有罪，而且法律的仁慈在对他们的公平、公正审判中得到了实现。[1]

尽管控方的观点最后没有得到本案审理法官的采纳，但这表明了排除合理怀疑在1770年便已出现，而且把排除合理怀疑与法官确信结合在一起适用。

明确要求适用排除合理怀疑标准的为英国1783年的John Largent案。在此案中，法官向陪审团指示，如果在审查了证据以后，在你脑海里对他实施犯罪仍然存在任何合理怀疑，那么他有权获得你们作出的无罪判决。[2]在1783年的另一起案件中，法官向陪审团指示："你们必须清楚地确信犯罪事实是如此令人憎恶，其导致的结果是如此应当受到刑罚惩罚，那么，你们对公众和正义的全部职责就是，判决被告人有罪。相反，如果你认为仍然存在合理怀疑的理由，无论是怀疑其警告被害人的事实，还是怀疑这种伤害是导致其死亡的原因，那么你都应当判决被告

---

〔1〕 L.Kinvin Wroth, Hiller B.Zobel, *Legal Papers of John Adams, Volume 3.Cases 63 & 64: The Boston Massacre Trials Chronolgy.Index*, Cambridge, MA: The Belknap Press of Harvard University Press, 1965, p.271.

〔2〕 See John Largent, OBSP (Apr.1783, #314), pp.491, 499 (theft from the mails).http://www.oldbaileyonline.org/browse.jsp? id=t17830430-67-defend847 & div=t17830430-67 & terms=if|on|viewing|the|evidence|any|reasonable|doubt#highlight.See also Barbara Shapiro, "Changing Language, Unchanging Standard: From 'Satisfied Conscience' to 'Moral Certainty' and 'Beyond Reasonable Doubt'", 17 Cardozo J.Int' l & Comp.L.2009, pp.261, 276.Also see John H.Langbein, *The Origins of Adversary Criminal Trial*, Oxford: Oxford University Press, 2003, p.263.James Q.Whitman, *The Origins of Reasonable Doubt: Theological Roots of the Criminal Trial*, New Haven: Yale University Press, 2008, p.193.

人无罪。”[1]

之后，排除合理怀疑在英国刑事司法中不断得以适用，并成为英国刑事诉讼中的定罪标准。如在1784年的理查纵火案中，法官向陪审团指示道：“如果存在合理怀疑，在这种情况下，这种怀疑要求你们作出对被告人有利的裁决。”[2]在1786年的约瑟夫谋杀案中，法官向陪审团指示：“先生们，如果你们从整体的角度上确信他是有罪的话，那么你应当判决其有罪；如果你发现存在任何合理的怀疑，那么你们应当判决其无罪。”[3]

从美国法的实践来看，排除合理怀疑最早在北卡罗来纳州的司法实践中作为有罪证明标准予以适用。在1828年的State v. Cochran案中，北卡罗来纳州最高法院明确指出，无论是轻罪案件还是死刑案件，排除合理怀疑都是合适的定罪标准。[4]尔后美国各州纷纷采取排除合理怀疑标准，要求陪审团作出有罪判决必须排除合理怀疑。至1949年马里兰州正式把排除合理怀疑确立为定罪标准后，排除合理怀疑在美国各州正式成为定罪标准。需要指出的是，直至1970年美国联邦最高法院才把排除合理怀疑作为一项宪法性要求适用于美国联邦法院系统。在温舍普案中，大法官布伦南指出，要求证明达到排除合理怀疑标准能使“每个人在其日常生活中相信在没有使合适的事实裁定者极大确定地信服其有罪的情况下，其政府不能判决其在一起刑事案件中有罪。除非对指控被告人的犯罪构成要素的证明均达到排除合理怀疑的程度，否则第十四修正案的正当程序条款保护被告人免受被判有罪”。[5]

---

〔1〕 The Proceedings of the Old Bailey Ref: T17831210-4.Quoted in James Q.Whitman, *The Origins of Reasonable Doubt: Theological Roots of the Criminal Trial*, New Haven: Yale University Press, 2008, pp.197-198.

〔2〕 Richard Corbett, OBSP (July.1783, #670), pp. 879, 895 (arson).http://www.oldbaileyonline.org/browse.jsp? id=t17840707-10-person161 & div=t17840707-10 & terms=there|is|a|reasonable|doubt#highlight.2013/2/3.

〔3〕 Joseph Rickards, OBSP (Feb.1786, #192), pp. 298, 309 (murder).http://www.oldbaileyonline.org/browse.jsp? id=t17860222-1-person52 & div=t17860222-1#highlight.

〔4〕 See State v.Cochran, 13 N.C.56, 57-58, 2 Dev.63, 64-65 (1828).

〔5〕 *In re* Winship, 397 U.S.358 (1970).

排除合理怀疑作为有罪证明标准，由于美国法律文化的强势影响，逐渐被其他国家和地区采纳及适用。大陆法系国家和地区在法律规定内心确信（自由心证）作为有罪证明标准的同时在司法实践中也逐渐援引排除合理怀疑的表述。如德国联邦上诉法院于1990年在一起刑事案件的判决中指出："只要在理性争辩的基础上，存在合理的怀疑（vernuenftigezweifel），初审法院就不能对其定罪。"[1]日本的司法实践也是如此。日本的司法裁判表明刑事诉讼证明只要达到高度盖然性即可。有的日本学者指出，高度盖然性与排除合理怀疑二者是同一判断的表里关系，前者是双重肯定的评价方式；后者是排除否定的评价方法。[2]在我国台湾地区的司法实践中，排除合理怀疑也已经得以适用。如台湾地区"最高法院"1987年台上字4986号判例中，"排除合理怀疑"被援引作为有罪的证明标准。[3]

同样，排除合理怀疑也被国际公约所确认，成为一项重要的刑事司法准则。人权事务委员会在1984年的第13号一般性意见中对联合国《两权公约》所规定的无罪推定原则进行解释时明确指出，"基于无罪推定，对控诉的举证责任由控方承担，疑案的处理应有利于被指控人。在对指控的证明达到排除合理怀疑的程度之前，不能推定任何人有罪。而且，无罪推定暗含着被指控的人享有按照这一原则对待的权利。因此，所有的公共当局都有义务不得预断审判结果"。[4]后来第13号一般性意见被2007年的第32号一般性意见取代，该解释仍然为第32号一般性意见

---

〔1〕 BGH NStZ 402（1990）.转引自［德］托马斯·魏根特：《德国刑事诉讼程序》，岳礼玲、温小洁译，中国政法大学出版社2004年版，第149页。

〔2〕 参见［日］田口守一：《刑事诉讼法》，张凌、于秀峰译，中国政法大学出版社2010年版，第272页。

〔3〕 我国台湾地区"最高法院"在该判例中写道："诉讼之证明，须于通常一般之人均不致有所怀疑，而得确信其为真实之程度者，始得据为有罪之认定，倘其证明尚未达到此一程度，而有合理之怀疑存在时，事实审法院复已就其心证上理由予以阐述，叙明其如何无从为有罪之确信，因而为无罪之判决，尚不得任意指为违法。"参见林钰雄：《严格证明与刑事证据》，法律出版社2008年版，第162页。

〔4〕 《联合国人权事务委员会第13号一般性意见》第1条、第7条，载http://www1.umn.edu/humanrts/chinese/CHgencomm/CHhrcom13.htm，最后访问日期：2013年1月22日。

所沿用。[1]

二、排除合理怀疑在西方的含义及其面临的挑战

(一)排除合理怀疑的含义

对于排除合理怀疑概念的理解,关键在于对“合理怀疑”的理解。英美法系国家法律界对“合理怀疑”一词是否需要进一步解释而展开了长期争论。一般表现为两种学说:(1)否定说,即认为“合理怀疑”一词具有不证自明的属性,因而无须作进一步解释。如果对该术语进行解释,“不会使陪审团对其有更清晰的理解”,[2]相反,只会“更加令人困惑且会降低正当程序条款所要求的证明标准”。[3](2)肯定说,即认为应当对合理怀疑作进一步解释,因为即使是有着深厚法律知识和丰富审判经验的法官,也常常会对定义“合理怀疑”一词的意思感到困难。[4]

以上学说从各自的角度来看都有一定的合理性。那么,排除合理怀疑在司法实践中的理解是否存在分歧呢?答案是肯定的。根据美国联邦最高法院的判例,联邦最高法院对于应否对合理怀疑作进一步解释并没有明确的态度,其一方面认为“合理怀疑”一词属于不证自明的概念,也许难以再进一步对其进行定义,[5]另一方面对大量下级法院关于“合理怀疑”的定义进行处理,评判其定义是否符合宪法的要求。这种模棱两可的态度导致联邦巡回法院和各州法院系统形成了不同做法:有些法

---

〔1〕《联合国人权事务委员会第32号一般性意见》第30条规定:“无罪推定是保护人权的基本要素,要求检方提供控诉的证据,保证在排除所有合理怀疑证实有罪之前,应被视为无罪,确保对被告适用无罪推定原则,并要求根据这一原则对待受刑事罪行指控者。所有公共当局均有责任不对审判结果作出预断,如不得发表公开声明指称被告有罪。”参见《联合国人权事务委员会第32号一般性意见》第30条,载http://www1.umn.edu/humanrts/chinese/CHgencomm/CHhrcom32.html,最后访问日期:2013年1月22日。

〔2〕 United States v. Glass, 846 F.2d 386, 387(7th Cir.1988).

〔3〕 Murphy v. Holland, 776 F.2d 470, 475(4th Cir.1985).

〔4〕 事实上,审理法官在一些案件中错误地定义了“合理怀疑”一词。See e.g., Lanigan v.Maloney, 853 F.2d 40, 45-48(1st Cri.1988), cert.denied, 109 S.Ct.788(1989); United States v.Pinkney, 551 F.2d 1241, 1244-1246(D.C.Cir.1976); Lansdowne v. State, 412 A.2d 88, 93(Md.1980); United States v.Alvero, 470 F.2d 981, 982-983(5th Cir.1972).

〔5〕 See Holland v. United States, 348 U.S.121, 140(1954).在该案中,联邦最高法院指出:“尝试对‘合理怀疑’一词进行解释并不会经常使陪审团对该术语有更清晰的理解。”

院要求对合理怀疑进行定义，有些法院禁止对合理怀疑进行定义，还有些法院采取由审理法院自由裁量的方式决定是否进行定义。这些概况，国内外论著已有详述，此处不赘。[1]

需要进一步探问的是，主张应当对排除合理怀疑进行解释的学者和法院是如何对其进行解释的呢？从英美法系国家的理论与司法实践来看，法律界对排除合理怀疑的解释可谓人言人殊。择其要者，主要的解释方法有如下几种：

一是把排除合理怀疑定义为道德确定性。道德确定性（moral certainty）是17世纪中期新教神学家回应天主教徒关于宗教真理具有绝对确定性（absolute certainty）理论而引入或然确定性（probable certainty）理论所提出的，这种确定性不要求确信达至排除所有怀疑的地步，只要根据自身的观察和经验，在考量证人证言的基础上，对事物性质理解的确信没有合理怀疑即可。换言之，即使在理论上存在怀疑的余地，在实践中也缺乏产生怀疑的真正理由或理性根据。美国许多法院采用这种方式来界定排除合理怀疑标准。如在Cage v. Louisiana案中，联邦最高法院虽然否定了一个含有“道德确定性”一词的合理怀疑指示，但同时指出，“法院不诘难此指示中使用‘道德确定性’一词”，否定的原因在于指示中的另外一些用语——“实质的”和“严重的”——提高了根据合理怀疑标准作出无罪判决所要求的程度。[2]

二是采取类比法，把作出有罪判决所要求的确定性与日常生活中作出决定时所要求的确定性进行类比。根据美国联邦巡回上诉法院以及各州的司法实践，存在两种不同的类比方式。其一，把排除合理怀疑标准与人们在日常生活中作出重要决定时所应达到的相信程度进行类比。[3]按照这种类比方式，排除合理怀疑是指一个谨慎之人在对其生活有重大影响的事项准备采取行动的时候，要求相信的程度达到足以使其

---

〔1〕 参见陈永生：《排除合理怀疑及其在西方面临的挑战》，载《中国法学》2003年第2期。

〔2〕 498 U.S.39（1990）.

〔3〕 See Larry Laudan, *Truth, Error, and Criminal Law: An Essay in Legal Epistemology*, New York: Cambridge University Press, 2006, p.37.

采取行动的地步。其二，把排除合理怀疑标准中的合理怀疑类比成那种会使谨慎之人犹豫不决的怀疑。根据这种定义方式，理性的怀疑是一种会对人们的相信产生怀疑以致人们根据这种怀疑对是否行动犹豫不决。相反，如果存在的怀疑并非理性的怀疑，那么这种怀疑不会导致人们犹豫不决。在这种定义下，陪审团只能根据其在日常生活中个人的重要事项作出决定前犹豫不决的怀疑程度判决被告人无罪。联邦第二巡回上诉法院正是采取此种定义方式的典型代表。其在标准陪审团指示中指出："合理的怀疑是一种基于理由和一般常识的怀疑——这种怀疑类型会使一个理性之人在行动之前犹豫不决。因此，排除合理怀疑的证明，是如此的令人信服，以致你们在日常生活中面临重要事项作出决定时会毫不犹豫地据此采取行动。"[1]

三是把合理怀疑定义为有理由根据的怀疑。根据这种定义方法，所谓合理怀疑，是指有理由根据的怀疑。换言之，合理怀疑就是能够给出理由的怀疑，那么没有理由根据的任意猜测、推测等不属于合理理由的范畴。美国第八巡回上诉法院的标准陪审团指示即采取这种定义方式：合理怀疑应当是"一种基于一定理由的怀疑"。美国学者杰西卡也认为："合理怀疑并非'幻想的'的怀疑，也不是一种'仅仅可能的怀疑'或是怪诞的怀疑或推测的怀疑。"[2]

四是对合理怀疑进行量化。定义或澄清排除合理怀疑标准的另外一种常见方法是量化排除合理怀疑的确信程度。如有法官在一起案件中就将排除合理怀疑定义为95%的可能性。[3]法官温斯坦曾向纽约东区地区的10名法官调查他们认为陪审员根据排除合理怀疑标准作出有罪判决应当达到怎样的确定性。结果见表5-1：

---

〔1〕 Edward J.Devitt et al., *Federal Jury Practice and Instructions*, § 12.10, West Pub. Co., 354(4th ed.1987).

〔2〕 Jessica N.Cohen, "The Reasonable Doubt Jury Instruction: Giving Meaning to A Critical Concept", *22 Am.J.Crim.L.*, 1995, pp.677, 694.

〔3〕 See United States v. Schipani, 289 F.Supp.43, 57(E.D.N.Y 1968).

表5-1　纽约东区法官关于证明标准的概率统计[1]

法官	优势证据标准	清楚且令人信服标准	清楚、明确且令人信服标准	排除合理怀疑标准
1	50+%	60%~70%	65%~75%	80%
2	50+%	67%	70%	76%
3	50+%	60%	70%	85%
4	51%	65%	67%	90%
5	50+%	标准难懂且没有任何帮助		90%
6	50+%	70+%	70+%	85%
7	50+%	70+%	80+%	95%
8	50.1%	75%	75%	85%
9	50+%	60%	90%	85%
10	51%	难以作量化估算		

从表5-1可以看出，所有法官一致认为排除合理怀疑标准为最高证明标准。在对排除合理怀疑标准所应达到的程度上，9名法官给出了量化的概率。其中，最高为95%，最低为76%。这些概率表明，法官认为陪审员适用排除合理怀疑标准裁定被告人有罪的量化概率应当在85%~90%。另外，学者麦考利在1982年一项关于美国联邦法院法官量化有罪证明标准的最低限度要求的调查结果显示，参与调查的171名法官中，126 名法官认为排除合理怀疑标准的最低要求应等于或高于90%的确定性，11名法官认为最低要求是等于或高于75%的确定性，也有1名法官认为达到50%的确定性即可。[2]换言之，绝大多数联邦法官认为排除合理怀疑标准的最低要求应当等于或高于90%的确定性。美国联邦巡回上诉法院法官也多次提及错

〔1〕 United States v. Fatico, 458F.Supp.388, 411 (1978).

〔2〕 See C.M.A.McCauliff, "Burdens of Proof: Degrees of Belief, Quanta of Evidence, or Constitutional Guarantees?", *35 Vand..L.Rev.*, 1982, pp.1293, 1325.

判无罪与错判有罪之间的适当比率应当是10:1。[1]也就是说，这些法官所期待的合理怀疑概率是91%的确定性。在理论界，学者也对排除合理怀疑标准进行了量化。如有学者认为排除合理怀疑“是指每个陪审员必须95%或99%确信被告人有罪”。[2]也有学者指出，如果用一个1分至10分的评分表表示的话，排除合理怀疑的证明只需达到9分即可。[3]

五是把排除合理怀疑定义为对被告人有罪的一种坚定信念，即要求陪审团对被告人有罪持有一种坚定的信念（abiding conviction）。加利福尼亚州法院的模范陪审团指示（model jury instruction）即采取这种定义方式：“合理怀疑应作如下定义：它并非仅仅可能的怀疑，因为所有与人类活动有关的事项，在根据盖然证据的情况下，均存在可能的怀疑或想象的怀疑。它是在对案件所有证据进行整体的比较与考虑之后案件所处的一种状态，即在这种条件下陪审员不能说他们对被告人有罪持有一种坚定的信念，对指控事实的真实性达到道德确定性的程度。”[4]美国第五巡回上诉法院也曾对把排除合理怀疑标准定义为对被告人有罪持有一种坚定的信念这种做法持肯定态度。

六是从多角度对排除合理怀疑进行定义。如有学者采取基于理由的怀疑、类比法以及实质性的怀疑等方式对合理怀疑进行定义：“排除合理怀疑不要求控方对被告人有罪的证明达到排除一切可能的怀疑的程度。这一标准中的怀疑只是一种合理的怀疑。合理怀疑是一种建立在有理由根据和一般常识基础上的怀疑——是一种使理性之人产生犹豫的怀疑。因而排除合理怀疑的证明必须达到这样一种令人确信的程度：一个理性之人在日常生活中面临最重要的事项时不会犹豫并进而据此采取

---

〔1〕 See Goetz v. Crosson, 967 F.2d 29, 39 (2d Cir.1992) (Newman, J., concurring); United States v. Greer, 538 F.2d 437, 441 (D.C.Cir.1976); Bunnell v.Sullivan, 947 F.2d 341, 352 (9th Cir.1991) (en banc) (Kozinski, J., concurring); Furman v. Georgia, 408 U.S.238, 367 n.158 (1992) (Marshall, J., concurring).

〔2〕 参见[美]爱伦·豪切斯泰勒·斯黛丽、南希·弗兰克：《美国刑事法院诉讼程序》，陈卫东、徐美君译，中国人民大学出版社2002年版，第72页。

〔3〕 参见[美]乔恩·R.华尔兹：《刑事证据大全》，何家弘译，中国人民公安大学出版社2004年版，第313页。

〔4〕 114 S.Ct.p. 1244.

行动的程度。”[1]这种定义不仅得到一些学者的认可，[2]而且在一些法院得以适用。[3]

从上述排除合理怀疑的解释来看，虽然主流观点在解释上存在争论与分歧，但以下两点是较为一致的：其一，排除合理怀疑标准的解释应当体现诉讼认识所能达到的最高程度；其二，排除合理怀疑本身不要求达到百分之百确定无疑的地步。

（二）排除合理怀疑面临的挑战

排除合理怀疑在实践中也遭受了一些批评与诘难。如在美国，有质疑排除合理怀疑的内涵过于模糊和抽象。有学者通过实证调研数据指出，陪审员对排除合理怀疑的含义往往感到困惑，排除合理怀疑并非一个明确的概念。如科尔等6位学者就针对排除合理怀疑的含义是否明确做了一项实验。实验挑选了606名大学生担任陪审员参与模拟审判。其中，一些模拟审判在陪审团指示中引用司法实践中实际运用的排除合理怀疑定义；而其他模拟审判的陪审团指示则不涉及任何排除合理怀疑的界定。[4]实验结果显示，在排除合理怀疑不作解释的情况下，陪审员之间以及陪审团之间存在很不一致的意见，而且出现了更多审判被宣告无效的情形。因此，研究人员得出结论：合理怀疑一词的概念对模拟陪审员而言并非显而易见，真正的陪审员对合理怀疑的定义必然也存在不少

---

〔1〕 Edward J.Devitt, Charles B.Blackmar, *Federal jury practice and instructions: civil and criminal*St.Paul: West Pub.Co., § 11.14(3d ed.1977).

〔2〕 如学者L.Sand.J.Siffert, W.Loughlin & S.Reiss在另一标准陪审团指示中指出：“（合理怀疑）是建立在有理由根据和一般常识基础上的怀疑。它是一个理性之人在认真衡量了案件所有证据之后所产生的怀疑。这种怀疑是会促使一个理性之人在其日常生活中面临重大事项行动前犹豫不决的怀疑……合理怀疑并不是一种反复无常或突发奇想的念头，也不是一种猜想和猜疑。它也不是逃避履行不令人愉快的义务时的借口。当然，它也不是一种同情。” See 1 L.Sand.J.Siffert, W.Loughlin & S.Reiss, *Modern Federal Jury Instructions* § 4.01(1989).

〔3〕 See e.g., United States v.Witt, 648 F.2d 608, 612(9th Cir.1981)(Anderson, J., concurring); United States v.Ivic, 700 F.2d 51, 69(2d Cir.1983); United States v. Nolasco, 881 F.2d 678, 679(9th Cir.1989), reh' g granted, 901 F.2d 799(9th Cir.1990).

〔4〕 See Kerr, Atkin, Stasser, Meek, Holt & Davis, "Guilt Beyond a Reasonable Doubt: Effects of Concept Definition and Assigued Decision Rule on the Judgments of Mock Jurors", *34 J.Personality & Soc.Psychology*, 1976, pp.282, 285-286.

的困惑。[1]

又如，有学者指出，尽管排除合理怀疑要求达到的90%乃至95%以上的确定性程度，且法官要求陪审员在对被告人作出有罪判决时必须确信被告人有罪，但是实务中陪审员并没有如法官所愿地适用排除合理怀疑。[2]Erik Lillquist教授通过对诸多涉及排除合理怀疑在实践中的理解问题的研究进行分析后得出这样的结论："调研结果显而易见，陪审员对排除合理怀疑的理解从51%到92%不等。"[3]事实上，从另一项研究结果来看，也可以得出同一个结论，即陪审员对排除合理怀疑的含义不甚理解。该项研究以真正的陪审员作为实验对象，实验内容是陪审员对排除合理怀疑的理解。实验结果显示，尽管法官已经对陪审团进行过指示，但接受实验的陪审员中，有23%的陪审员认为，在间接证据对被告人有罪和无罪的证明显示可能性各占一半时，仍应当作出有罪判决。[4]

特别是，有学者提出排除合理怀疑在死刑案件中未必是最佳证明标准。从排除合理怀疑的适用基准来看，无论是死刑案件还是非死刑案件，只要对被告人有罪的证明达到排除合理怀疑的程度，就应当判决被告人有罪。这似乎是无可争辩的。然而，死刑案件与非死刑案件毕竟有所不同，死刑案件的刑罚具有特殊性。基于死刑刑罚的严重性与不可恢复性，死刑案件应当获得高于非死刑案件的必要保障。对于这一点，美国联邦最高法院首席大法官伯格在Ake v. Oklahoma案的指示中早已阐明："在死刑案件中，因所施加刑罚的不可恢复性使其应当获得在其他案

〔1〕 See Kerr, Atkin, Stasser, Meek, Holt & Davis, "Guilt Beyond a Reasonable Doubt: Effects of Concept Definition and Assigued Decision Rule on the Judgments of Mock Jurors", *34 J.Personality & Soc.Psychology*, 1976, p. 292.

〔2〕 See Nancy Pennington & Reid Hastie, "Algebraic Models of Decision Process", ed.Reid Hastie, in *Inside the Juror: The Psychology of Juror Decision-Making*, 1993, p.84.

〔3〕 Erik Lillquist, "Recasting Reasonable doubt: Decision Theory and the Virtues of Variability", *36 U.C.Davis L.Rev.*, 2002, pp.85, 112.

〔4〕 See Strwan, Buchanan, "Jury Confusion: A Threat to Justice", *Judicature*, Vo.59, 1976, pp.480–481.

件不作要求的保障。"[1]那么，死刑案件适用与非死刑案件同等的排除合理怀疑标准，是否有漠视死刑案件被告人权利保护之虞？从这种思路出发，有学者批评指出排除合理怀疑在死刑案件中未必是最佳证明标准。批评者认为排除合理怀疑标准与死刑案件的特殊性和重要性是不相符的。他们指责适用排除合理怀疑标准导致死刑案件的错判率超过了可接受的范围，并以此指出排除合理怀疑不宜作为死刑判决的证明标准。

仙德教授就是此学派的代表人物。他在一篇论证死刑案件应当提高证明标准的文章中对排除合理怀疑标准进行了批评。他指出：

美国司法制度以判决中可能危及之权益的性质与重要性为参考来界定证明标准或可接受的错案率。这个标准（排除合理怀疑）旨在减少个案错判的数量以及向社会传递所涉权益重要性的信息。生命权乃判决中可能危及的最根本权益。我们相信，目前在美国死刑刑罚制度中的错误执行率并不在一个可接受的范围之内，社会有责任尝试降低这种错误发生的频率。[2]

为了进一步说明美国死刑案件的错判率不在可接受的范围内，仙德教授通过援引一组实证研究数据有力地证明死刑案件出现了令人吃惊的错判率，进而指出应当适用高于排除合理怀疑的证明标准。[3]仙德

---

〔1〕 Ake v. Oklahoma, 470 U.S.68, 87(1985).See Leonard B.Sand, Danielle L.Rose, "Proof Beyond All Possible Doubt: Is There a Need For a Higher Burden of Proof When the Sentence May be Death?" *78 Chi.-Kent L.Rev.*, 2003, pp.1359, 1367.

〔2〕 Leonard B.Sand, Danielle L.Rose, "Proof Beyond All Possible Doubt: Is There a Need For a Higher Burden of Proof When the Sentence May be Death?", *78 Chi.-Kent L.Rev.*, 2003, pp.1359, 1367.持这种批评意见的学者还包括Liebman、Craig M.Bradley、Margery Malkin Koosed、Jon O.Newman、Robert D.Bartels 等。See James S.Liebman et al., *A Broken System, Part II: Why There Is So Much Error In Capital Cases, and What Can Be Done About It*, 397–99 (2002).Craig M.Bradley, "A (Genuinely) Modest Proposal Concerning the Death Penalty," *72 Ind. L.J.*1996, p.27; Margery Malkin Koosed, "Averting Mistaken Executions by Adopting the Model Penal Code's Exclusion of Death in the Presence of Lingering Doubt", *21 N.Ill.U.L.Rev.*2001, pp.111–124; Jon O.Newman, "Make Judges Certify Guilt in Capital Cases", *Newsday*, July 5, 2000, at A25; Robert D.Bartels, "Punishment and the Burden of Proof in Criminal Cases: A Modest Proposal", *66 Iowa L.Rev.*, 1981, p.914; Erik Lillquist, "Recasting Reasonable doubt: Decision Theory and the Virtues of Variability", *36 U.C.Davis L.Rev.*, 2002, pp.85–112.

〔3〕 See Leonard B.Sand, Danielle L.Rose, "Proof Beyond All Possible Doubt: Is There a Need For a Higher Burden of Proof When the Sentence May be Death?", *78 Chi.-Kent L.Rev.*, 2003, pp.1362–1364.

所援引之数据乃由哥伦比亚大学利伯曼教授所率领的研究团队对1973年至1995年美国判处死刑的5760个刑事案件进行研究后得出的。[1]研究结果显示，每100个死刑判决中，就有41个判决在州的直接上诉程序（direct appeal）中因“严重错误”（serious error）被推翻且要求重新审理。其余的59（100−41）个判决进入州的定罪后救济程序（state post-conviction stage）。在进入州的定罪后救济程序的这59个案件中，至少10%（59×10%=5.9≈6）的判决因为“严重瑕疵”（serious flaws）被推翻且要求重新审理。剩下的53（59−6）个判决进入第三道救济程序，即联邦人身保护令程序。在该程序中，40%（53×40%=21）的判决由于严重错误被推翻，需重新审理。由此可见，每100个死刑案件中，经过直接上诉、州的定罪后救济程序以及联邦人身保护令程序救济后因为错误被推翻而需重新审理的案件达68个（41+6+21）。[2]利伯曼教授继而对该68个案件重新审理后的处理结果做进一步研究。结果如图5−1所示[3]：

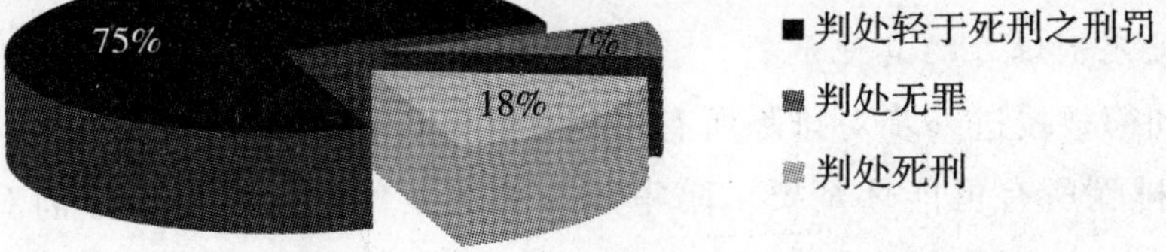

图5−1 被推翻的68个案件经重新审理后的处理结果示意

---

〔1〕 1993年，美国联邦参议院司法委员会委托哥伦比亚大学法学院对全美死刑的适用进行研究。该研究历时7年，于2002年结束。研究小组分别于2000年与2002年提交了两份报告，即“A Broken System：Error Rates in Capital Cases 1973~1995”（2000）以及“A Broken System, Part II：Why There Is So Much Error In Capital Cases, and What Can Be Done About It,”（2002）。该两份报告一经公布，就在美国刑事司法界引起了极大轰动，并为诸多学者研究所引用。该两份报告见哥伦比亚大学法学院官方网页：载http：//www2.law.columbia.edu/instructionalservices/liebman/以及http：//www2.law.columbia.edu/brokensystem2/index2.html，最后访问日期：2013年1月28日。

〔2〕 See James S.Liebman, “Capital Attrition：Error Rates in Capital Cases（1973~1995）”, *78 Tex.L.Rev.*2000, p.1852.

〔3〕 Ibid.See also Death Penalty Information Center, *A Summary of the Columbia University Study by Prof.James S.Liebman*, available at deathpenaltyinfo.org.

从图5-1可以看出，这68个案件经重新审理后，除了18%（68×18%=12）的案件又被判处死刑外，其余82%（68×82%=56）的案件要么被判处轻于死刑之刑罚（占75%，即68×75%=51），要么被判处无罪（占7%，即68×7%=5）。[1]由此可见，每100个死刑案件中，有56个案件出现错判，死刑案件的错判率高达56%。其中，无辜者被错判死刑的案件比例高达5%。由此可以看出，美国死刑案件的错判率确实令人吃惊。[2]

在此基础上，仙德教授指出应当通过提高死刑案件证明标准来减少错判案件的数量。在对死刑案件适用哪种证明标准的问题上，仙德认为应当适用排除所有可能怀疑的标准。仙德指出：

如果提高判处死刑所需之证明标准至少可以在理论上减少错误判决的案件数量的话，那么我们认为也应当作出这种改变……因此，我们建议，陪审团在决定是否对被告人适用死刑前应当重新衡量有罪判决的正确性。如果陪审团排除所有可能怀疑（beyond all possible doubt）地认定被告人有罪，那么应当判处被告人死刑。否则，就应当由法官对被告人判处死刑以外的其他刑罚。[3]

仙德教授进一步对排除所有可能怀疑标准的内容作出了阐释。其认为，“排除所有可能怀疑要求陪审团在死刑案件进入量刑程序前对案件事实的认定必须达到绝对确定（absolutely certain）的程度。这意味着陪审团应当对残余怀疑（residual doubts）——合理怀疑与绝对确定之间所

---

〔1〕 See James S.Liebman, “Capital Attrition: Error Rates in Capital Cases (1973~1995)”, 78 *Tex.L.Rev.*2000, p.1852.

〔2〕 另外，美国西北大学法学院和密歇根大学法学院“冤假错案研究中心”在2013年2月发布的“全美改判无罪案件登记系统”研究报告显示，美国错判比例在2.3%至5%，其中8%的当事人被判处过死刑。参见孔繁勇：《2013年美案件纠错量创历史新高》，载《法制日报》2014年2月11日。

〔3〕 See Leonard B.Sand, Danielle L.Rose, “Proof Beyond All Possible Doubt: Is There a Need For a Higher Burden of Proof When the Sentence May be Death?”, 78 *Chi.-Kent L.Rev.*2003, p.1367.

存在的怀疑——予以考虑”。[1]

从其他批评者的意见来看，他们对死刑案件应当适用何种证明标准也采取不同的措辞。如克雷指出：“在我看来，应当向陪审团指示，除非他们一致同意对被告人是谋杀者身份的认定没有怀疑(no doubt)，否则他们不应当判处死刑。换言之，如果任何陪审员对被告人有罪仍然持有细小的怀疑(lingering doubt)，那么就不应当判处死刑。”[2]又如，伊丽莎白指出：“阻止对无辜者执行死刑的一种方法可能是提高控方的证明标准，即提高对公民执行死刑所需之证明标准。要求在判处被告人死刑之前必须证明至‘排除所有怀疑’的程度将使死刑适用于那些陪审团绝对确信并在道德上确定他们所判决的被告人是真正犯罪人的案件中。”[3]此外，也有学者采取“排除任何怀疑”的提法。[4]虽然批评者在措辞上分别采取“没有怀疑”“排除所有怀疑”“排除任何怀疑”等不同提法，但在证明的程度上均要求达到绝对确定的程度。[5]在这些批评者看来，死刑案件适用排除任何怀疑标准的理论基础主要有二：一是平衡理论。根据平衡理论，刑事证明标准的设置是错判有罪与错判无罪之间平衡的结果。在批评者看来，按照平衡理论，死刑案件应当适用比普通案件更高的证明标准，因为死刑案件中错判有罪所带来的伤害——可能错误执行死刑——比普通案件更大。亦即，错误剥夺公民生命所带

---

〔1〕 See Leonard B.Sand, Danielle L.Rose, “Proof Beyond All Possible Doubt: Is There a Need For a Higher Burden of Proof When the Sentence May be Death?”, 78 *Chi.-Kent L.Rev.*2003, p.1368.

〔2〕 Craig M.Bradley, “A (Genuinely) Modest Proposal Concerning the Death Penalty”, *72 Ind.L.J.*, 1996, p.27.

〔3〕 Elizabeth R.Jungman, Note, “Beyond All Doubt”, *91 Geo.L.J.*, 2003, p.1083.

〔4〕 See James S.Liebman et al., *A Broken System, Part II: Why There Is So Much Error In Capital Cases, and What Can Be Done About It*, 397-99 (2002).Margery MalkinKoosed, “Averting Mistaken Executions by ‘Adopting the Model Penal Code’s Exclusion of Death in the Presence of Lingering Doubt”, *21 N.Ill.U.L.Rev.*2001, pp.111-124; Jon O.Newman, “Make Judges Certify Guilt in Capital Cases”, *Newsday*, July 5, 2000, at A25; Robert D.Bartels, “Punishment and the Burden of Proof in Criminal Cases: A Modest Proposal”, *66 Iowa L.Rev.*, 1981, p.914.William Glaberson, “Killer’s Lawyers Seek to Raise Standard of Proof for Death Penalty”, *N.Y.Times*, Jan, 11, 2004, p. 27.

〔5〕 为行文方便，下文统一使用“排除任何怀疑”提法。

来的伤害远比错误判处监禁刑所带来的伤害更大。[1]二是社会价值理论(societal values theories)。批评者指出:"证明标准反映了陪审团判决被告人有罪所应持有的确信程度——它是关于社会所能忍受的错误程度的表述。目前在民事案件和刑事案件中适用不同的证明标准反映了社会关于不可避免的事实裁定错误的忍受程度之选择。在民事案件中,社会选择了较低的证明标准……在刑事案件中……法院适用更为严格的'排除合理怀疑'标准。这一严格标准增加了放纵有罪之人的风险,但有助于确保无辜者不被定罪。在刑事案件中这种更为严格证明标准的选择反映了美国对自由价值的强调。如果社会认为生命权是比自由权更值得关注的权利的话,那么应当要求控诉方在剥夺公民生命前适用比这(排除合理怀疑)更高的证明标准。"[2]

需要指出的是,学者对排除合理怀疑标准的质疑与批评已经对司法实践产生了影响。实践中已有律师在死刑案件的上诉程序中明确提出,应当对死刑案件的陪审团作出如下指示:要求陪审团对死刑案件的被告人有罪的认定应当达到"排除任何怀疑"的程度。[3]此外,马萨诸塞州的州长委员会在2003年也建议,如果该州重新适用死刑的话,那么应当对死刑案件采取"对被告人有罪没有怀疑"(no doubt about the guilt of the defendant)标准。[4]

实际上,联合国也已经认真考虑到适用排除合理怀疑标准存在错判的较大风险,因此对死刑案件规定了更为严格的证明标准。联合国经社理事会第1984/50号决议通过的《死刑犯权利保障措施》第4条就规定:"只有在对被告的罪行根据明确和令人信服的证据而对事实没有其他解释余地的情况下,才能判处死刑。"此处的"对事实没有其他解释余地"

---

〔1〕 See Erik Lillquist, "Recasting Reasonable doubt: Decision Theory and the Virtues of Variability", *36 U.C.Davis L.Rev.*, 2002, pp.148-151.

〔2〕 Elizabeth R.Jungman, Note, "Beyond All Doubt", *91 Geo.L.J.*, 2003, pp.1085-1086.

〔3〕 Brief of Appellant at 338, People v. Mateo, 2 N.Y.3d 383 (2004) (No.21).For a newspaper account of the argument, see William Glaberson, "Killer' s Lawyers Seek to Raise Standard of Proof for Death Penalty", *N.Y.Times*, Jan, 11, 2004, p. 27.

〔4〕 Scott S.Greenberger, "Panel Offers Death Penalty Plan; State Would Use Standard of 'No Doubt'", *Boston Herald*, Sep, 24, 2003.

(leaving no room for an alternative explanation of the facts)与上述西方学者提出的"排除任何怀疑"在严格要求上是一致的。

三、我国排除合理怀疑的法制化

我国刑事诉讼法从1979年制定到1996年修改,有罪判决的证明标准一直表述为"案件事实清楚,证据确实、充分"。但司法部门在实践中感觉到"案件事实清楚,证据确实充分"标准过于原则,不易把握。还有学者指出该标准过于偏重对证明标准客观层面的表述,而忽略了法官内心确信程度的主观层面。[1]在此背景下,加之西方理念与普遍适用排除合理怀疑的影响,实务界和学者主张引入西方的排除合理怀疑标准之声逐渐上升。最终,排除合理怀疑通过地方性法规与司法解释的不断积累而在立法上正式确定下来。

溯源排除合理怀疑的法制化,最早的规定可见于江苏省高级人民法院于2003年8月28日颁布的《关于刑事审判证据和定案的若干意见(试行)》(以下简称《意见(试行)》)。该《意见(试行)》第66条规定:"对死刑案件应做到案件事实清楚、证据确实、充分,排除一切合理怀疑,否则不能判处死刑立即执行。"[2]尔后诸多省份也尝试在证据法规中规定排除合理怀疑。如上海市高级人民法院于2006年12月27日印发的《上海法院死刑案件审判规程(试行)》第7条规定:"死刑案件定案证据必须做到'案件事实清楚,证据确实、充分',应当排除合理怀疑,保证定罪证据的确定性和唯一性。"又如,河南省高级人民法院、河南省人民检察院、河南省公安厅于2008年3月25日联合发布的《关于规范死刑案件证据收集审查的意见》第69条规定:"死刑案件的证明标准必须达到犯罪事实清楚,证据确实、充分,并且能够排除一切合理怀疑。"广东省高级人民法院于2008年10月16日印发的《关于办理刑事案件若干问题的指导意见》第47条也规定:"审判人员综合案件全部证据加以分析判断,认

---

〔1〕 参见陈瑞华:《刑事证据法学》,北京大学出版社2012年版,第260页。

〔2〕 具体内容,请参见http://blog.sina.com.cn/s/blog_55d3358501008658.html,最后访问日期:2013年12月23日。

为案件事实清楚，证据确实、充分，并排除一切合理怀疑，依照法律认定被告人有罪的，应当作出有罪判决……”

2007年，我国的司法解释正式把排除合理怀疑作为有罪判决应当遵循的证明标准予以规定。最高人民法院于2007年8月28日印发的《最高人民法院关于进一步加强刑事审判工作的决定》第13条规定：“坚持‘事实清楚，证据确实充分’的裁判原则。确定被告人有罪，必须达到事实清楚、证据确实充分的法定证明标准。认定犯罪的事实不清、证据不足，特别是影响定罪的关键证据存在疑问，不能排除合理怀疑得出唯一结论的，要依法作出证据不足、指控的犯罪不能成立的无罪判决。”〔1〕嗣后2010年6月1日公布的“两院三部”《办理死刑案件证据规定》第33条也明确规定了此标准：“没有直接证据证明犯罪行为系被告人实施，但同时符合下列条件的可以认定被告人有罪：……（四）依据间接证据认定的案件事实，结论是唯一的，足以排除一切合理怀疑。”〔2〕

排除合理怀疑后来在2012年修改刑事诉讼法时得到进一步确认，被正式写入法典。现行《刑事诉讼法》第53条规定：“证据确实、充分，应当符合以下条件：（一）定罪量刑的事实都有证据证明；（二）据以定案的证据均经法定程序查证属实；（三）综合全案证据，对所认定事实已排除合理怀疑。”尔后公检法三机关出台的法律解释也明确规定了排除合理

---

〔1〕 首次明确规定排除合理怀疑标准的司法解释是最高人民检察院于2005年6月10日印发的《最高人民检察院关于进一步加强公诉工作强化法律监督的意见》。该意见指出，“制定和完善公诉案件证据标准。……坚持重证据、重调查研究、不轻信口供的原则，据以定案的证据必须形成完整链条，排除合理怀疑”。然而，此处的排除合理怀疑标准是作为公诉标准提出的，而非有罪判决应当遵循的证明标准。

〔2〕 《关于审理死刑案件审查判断证据若干问题的规定》的草稿中第7条曾规定：“在死刑案件中，对被告人犯罪事实的认定，必须达到证据确实、充分的标准，被告人实施犯罪行为排除一切合理怀疑。”但因为最高人民检察院认为这样的规定突破了刑事诉讼法证明标准的范围，因而提出了不同的意见，最终全国人大法工委在修改该规定时删掉了“排除一切合理怀疑”的表述。

怀疑标准。[1]

需要指出的是，我国立法增加规定排除合理怀疑标准并非否定原有的“案件事实清楚，证据确实、充分”证明标准，而是作为其中“证据确实、充分”的重要条件之一，是对原有证明标准的一种细化和补充完善。在这点上，我国刑事诉讼中的排除合理怀疑标准较之西方国家的通行做法有很大不同。在西方英美法系国家，排除合理怀疑是作为独立的证明标准存在的，是法官向陪审团指示的唯一有罪证明标准。我国立法在引入排除合理怀疑的同时，保留原有“案件事实清楚，证据确实、充分”证明标准的做法，我们认为是妥当的，符合我国国情，且与我国传统的诉讼文化一脉相承。我国古代刑事立法特别强调对案件的证明要达到事实明白无疑的地步，才能判决被告人有罪。如唐朝《唐律疏议》规定：“若赃状露验，理不可疑，虽不承引，即据状断之。”[2]宋朝《宋刑统》规定：“今后凡有刑狱，宜据所犯罪名，须具引律、令、格、式……事实无疑，方得定罪。”[3]清朝《大清律例》规定，“凡在外审理案件，应照案内人犯籍贯，批委该管地方官审理明白，申详完结”，“如有情事未明，务须详细指驳”。[4]这种要求依据确实证据查明事实无疑才能定案的传统也为新民主主义革命时期的革命根据地所继承和发扬。革命根据地时期与解放战争时期，中国共产党领导的革命政权就强调在刑事诉讼中应当收集确实充分的证据以查明案件事实真相。如1931年12月13日

---

〔1〕 最高法《刑诉法解释》第105条规定：“没有直接证据，但间接证据同时符合下列条件的，可以认定被告人有罪：（一）证据已经查证属实；（二）证据之间相互印证，不存在无法排除的矛盾和无法解释的疑问；（三）全案证据已经形成完整的证明体系；（四）根据证据认定案件事实足以排除合理怀疑，结论具有唯一性；（五）运用证据进行的推理符合逻辑和经验。”最高检《规则》第63条规定：“人民检察院侦查终结或者提起公诉的案件，证据应当确实、充分。证据确实、充分，应当符合以下条件：（一）定罪量刑的事实都有证据证明；（二）据以定案的证据均经法定程序查证属实；（三）综合全案证据，对所认定事实已排除合理怀疑。”公安部《规定》第66条规定：“公安机关移送审查起诉的案件，应当做到犯罪事实清楚，证据确实、充分。证据确实、充分，应当符合以下条件：（一）认定的案件事实都有证据证明；（二）认定案件事实的证据均经法定程序查证属实；（三）综合全案证据，对所认定事实已排除合理怀疑。”

〔2〕《唐律疏议》，刘俊文点校，中国政法大学出版社1999年版，第593页。

〔3〕《宋刑统》，薛梅卿点校，法律出版社1999年版，第551页。

〔4〕《大清律例》，田涛、郑秦点校，中国政法大学出版社1999年版，第587页。

中央执行委员会非常会议通过的《中华苏维埃共和国中央执行委员会训令》(第六号)规定:“在审讯方法上……必须坚决废除肉刑,而采用收集确实证据及各种有效方法。”[1]华北人民政府于1948年颁布的《关于县市公安机关与司法机关处理刑事案件权责的规定》中也明确指出:“若被告仅有嫌疑,没有积极的证据可以证明被告确系犯罪时,即不能论罪判刑。”[2]这种传统在中华人民共和国成立后得以延续。如最高人民法院在1956年10月出台的《各级人民法院刑、民事案件审判程序总结》中就指出:“被告人的供词,必须经过调查研究,查明确实与客观事实相符的,方可采用。”[3]由此可见,保留原有的“案件事实清楚,证据确实、充分”证明标准是对我国优良司法传统的继承,也符合中国的语言表达习惯。

尽管我国刑事诉讼法引进排除合理怀疑只是将其作为有罪证明的补充完善,但此次规定仍然具有突破性的重要意义。一方面,能使原有证明标准增加主观裁量因子,更具可操作性。我国原有证明标准注重于对证明标准客观层面的表述,要求裁判者对案件事实的认识必须根据确实、充分的证据。但是,法官对案件事实的认识是否清楚,证据是否确实充分,最终还是要靠法官通过内心感受的程度来判断,这实际上是一种主观状态。这种主观状态在西方国家要求达到排除合理怀疑或内心确信的程度。此次引入排除合理怀疑,着眼于法官从主观上判断是否排除了证据之间的矛盾之处,是否排除了内心所存在之合理怀疑,对案件的事实达到了确信的程度。这样以主观标准补充客观标准,使主客观标准相辅相成,增强了我国有罪证明标准的可操作性,有利于对案件事实的准确认定。另一方面,在排除合理怀疑已经成为世界法治国家以及联合国公约认可的有罪证明标准的背景下,引入该标准,有利于我国刑事立法、司法与世界通行做法的融合与衔接。

---

〔1〕《大清律例》,田涛、郑秦点校,中国政法大学出版社1999年版,第56页。

〔2〕同上书,第59页。

〔3〕参见韩延龙主编:《中华人民共和国法制通史》(下),中共中央党校出版社1998年版,第60～61页。

四、排除合理怀疑在我国刑事诉讼中的解读与适用

排除合理怀疑标准载入我国刑事诉讼法以后，法官在判断案件证据是否确实、充分时，必须在综合全案证据的基础上，判断所认定的事实是否已排除合理怀疑。因而，正确理解与运用排除合理怀疑是保障刑事案件质量、防范冤假错案的关键所在，也是当前理论上和实践上亟待解决的一大难题。

（一）排除合理怀疑的解读

如上所述，排除合理怀疑在西方国家存在很大争议，并不是一个容易准确把握的概念，而在我国司法实践中，诸如什么是“合理怀疑”、如何排除“合理怀疑”等问题也被不断提出并要求作出相应的回答。[1]为此，全国人大常委会法制工作委员会在《〈关于修改中华人民共和国刑事诉讼法的决定〉条文说明、立法理由及相关规定》中对该标准作了语义解释，指出“‘排除合理怀疑’是指对于认定的事实，已没有符合常理的、有根据的怀疑，实际上达到确信的程度”。[2]应当说，这是参考外国通说，对排除合理怀疑作出的一种比较成熟的解读，我们持认同态度，并认为应当对“符合常理的、有根据的怀疑”作进一步细化解读。具体而言应当包括两个方面：其一，指有以新证据事实为根据的怀疑，即根据辩护方的辩护或司法机关的查证，发现新的证据事实足以动摇原有的事实认定，不能排除其他人作案的可能性，因而形成合理的怀疑。其二，通过对现有的证据进行逻辑推理与经验分析，发现证据本身前后矛盾；证据之间存在矛盾，证据不充分，不能形成证据链条，不能得出排除合理怀疑结论。例如，辩护律师没有取得新的证据事实，但通过阅卷，并对定案证据进行逻辑推理、经验分析，指出证人证言之间存在矛盾，被告人口供有非法取得之嫌，且前后不一致，缺乏实物证据印证，仅凭本案现有证据无法确定被告人实施了犯罪。辩护律师由此而产生怀疑，这

---

〔1〕 参见龙宗智：《中国法语境中的“排除合理怀疑”》，载《中外法学》2012年第6期。

〔2〕 全国人大常委会法制工作委员会编：《〈关于修改中华人民共和国刑事诉讼法的决定〉条文说明、立法理由及相关规定》，北京大学出版社2012年版，第53页。

也属于符合常理的、有根据的怀疑。

应当承认，虽然可把排除合理怀疑界定为排除符合常理的、有证据事实根据的怀疑，但因为其在性质上属于主观的证明标准，对其理解最终仍需要回归到对确信程度的把握上。探寻排除合理怀疑的确信程度，西方国家的理论解读和实用经验是否可以搬用到中国，这是十分值得我们深思的问题。如前所述，西方国家主流观点认为排除合理怀疑标准是诉讼认识所能达到的最高程度，用概率表示，则为90%以上，但没有达到唯一性的地步。这种观点的形成在很大程度上是以西方经验主义哲学尤其是洛克经验主义认识论为基础的。诚如美国著名证据法史学家夏皮罗教授指出的："对排除合理怀疑标准的阐明，源于17世纪末期的判例和著述中所包含的与道德上的确定性概念和洛克所表述的可能性的最高程度相联系的丰富的思想。"[1]洛克的或然性理论强调基于生活经验对不同事物的真实性具有不同程度的确信，并指出排除合理怀疑标准被认为是一种最大限度的或然性。与西方国家的分析视角不同，我国应当以辩证唯物主义认识论为指导来解读排除合理怀疑。辩证唯物主义认识论坚持可知论立场，认为客观事实不依赖于人的意志而存在，但人们可以认识它，对客观事实的正确认识就是符合客观事实的认识。诉讼中司法人员对案件事实的认定，可以达到符合客观事实的地步。学界曾就司法人员认定案件事实是否有必要以及是否有可能符合客观真相形成理论争论。这就是客观真实与法律真实之争。笔者认为司法人员对案件事实的认定有必要且有可能符合客观真相，因而应当坚持客观真实论。试想，如果不要求认定的案件事实符合客观真相，那么对案件事实的认定就不存在是非曲直，也就不存在冤假错案了。当然，由于诉讼证明的复杂性与诉讼价值追求的多元性，很难做到对所有事实的认定均符合客观真相，而且也无法满足解决诉讼纠纷的需要，法律真实应当有其适用的空间。但是，这并不等于否定客观真实，在二者关系上，必须坚持以客观真实为主、法律真实为辅的原则，绝不能抛开客观真相而主张

〔1〕 参见[美]巴巴拉·J.夏皮罗：《对英美"排除合理怀疑"主义之历史透视》，熊秋红译，载王敏远主编：《公法》(第4卷)，法律出版社2003年版，第49页。

法律真实。这是由司法规律所决定的，也是由冤案的沉痛教训及活生生的司法实践所启示的，正如十八届四中全会《决定》中所指出的，“健全事实认定符合客观真相、办案结果符合实体公正、办案过程符合程序公正的法律制度”。事实上，最高人民法院的主要领导早已意识到客观真实对于实现实体公正、严防冤假错案发生的重要性，均对客观真实采取维护和支持的态度。〔1〕其实，西方学者在探讨诉讼中的真实时，有时也承认客观真实论。如有英国学者指出，英国的证据规则“宗旨只有一条，就是保证求得案件的客观真实，防止发生冤枉无辜的现象”。〔2〕又如，美国也有学者指出，“在一个得到精心设计的制度中，在特定案件中……司法认定一般可能会达到与实体真实相一致”。〔3〕客观真实落实到证明标准上，就要求对有罪案件事实的认定达到最严格、最高的证明标准，具体而言，即要求对案件事实的认识达到确定性、唯一性，用概率来表示，就是100%符合客观真相。在这点上，我们不能简单地套用西方国家法律界的主流观点来解读我国的排除合理怀疑标准。要求对排除合理怀疑作确定性、唯一性的理解也已经规定在我国的法律解释文件中。最高法《刑诉法解释》第105条第4项规定：“根据证据认定案件事实足以排除合理怀疑，结论具有唯一性。”从学界来说，不仅支持客观真实论者主张唯一性，而且有的学者虽然不一定支持客观真实论，但同样认为“法院

---

〔1〕 如最高人民法院前院长肖扬在第十一届全国人大一次会议上作《最高人民法院2008年工作报告》时指出，“提高审判质量，确保公正司法。正确处理客观真实与法律真实、实体公正与程序公正、法律效果与社会效果的关系，不断提高法官的司法水平和审判质量”（参见《人民法院报》2008年3月11日）。最高人民法院副院长江必新也指出，“把握好客观真实与法律真实的关系，做到二者的辩证统一：首先，必须坚持客观真实第一性、法律真实第二性原则。在任何时候都要尽可能地恢复事物的本来面目，只有在没有办法恢复客观真实的情况下，才通过法律真实来解决案件，终结纠纷”（江必新：《辩证司法观及其应用》，中国法制出版社2014年版，第50页）。最高人民法院院长周强在对十八届四中全会《关于全面推进依法治国若干重大问题的决定》解读的文章中指出，“绝不容许脱离案件的客观真相满足于所谓的法律真实”（参见周强：《推进严格司法》，载《〈中共中央关于全面推进依法治国若干重大问题的决定〉辅导读本》，人民出版社2014年版，第108页）。

〔2〕 参见［英］K.S.肯尼、J.塞西尔·特纳：《肯尼刑法原理》，王国庆、李启家等译，华夏出版社1989年版，第484页。

〔3〕 参见［美］罗伯特·萨摩尔、阿希尔·莫兹：《事实真实、法律真实与历史真实：事实、法律和历史》，徐卉译，载王敏远主编：《公法》（第4卷），法律出版社2003年版，第132页。

认定一个公民有罪当然应当达到100%的真实程度，这是不能打任何折扣的”。[1]

观之者司法实践，结论确定性、唯一性不是可望而不可即的要求，而是能够达到的现实标准。有的案件一开始其事实就明若观火。如2008年发生在上海的杨佳袭警案，杨佳在光天化日之下闯入公安局刺死警察和保安多人的事实在一开始就是确定的。有的案件虽然在一开始扑朔迷离，但是经过缜密的侦查，也能达到确定性，最终真相大白。如2013年发生在浙江的张高平、张辉叔侄冤案，在宣告叔侄二人无罪后，公安机关通过对遗留在死者指甲上的DNA进行鉴定查明了案件的真凶在最后也是确定的。结论确定唯一在司法实践中不仅能够达到，也有必要达到。因为我国将防止冤假错案作为严防坚守的司法底线，对其可以说采取了零容忍的态度。这与上述美国对错案的容忍度可达到10∶1的幅度也迥然不同。

当然，要求对案件的所有细节都证明到确定性、唯一性是不可能的。几乎所有的案件都达不到这种程度，尤其是犯罪主观方面的事实，由于涉及人的内心活动，更难证明至确定的程度。因此，笔者认为，结论确定性是指对案件的主要事实（包括是否存在犯罪事实以及犯罪人是谁等）的证明要达到如此程度。至于其他案件情节，则可不作此要求。而且有时为了强化对某种类型案件的打击力度，对有的犯罪构成事实的证明，尤其是犯罪主观方面的事实如明知等，甚至可以适度降低标准。如贿赂案件，其亲属接受贿赂，被告人是否明知很难证明至确定性的地步。如果也要求达到确定性，只会加大放纵犯罪的风险。因此，可适度降低对这类案件犯罪主观方面的证明标准。这是加大打击此类犯罪力度的需要，也符合联合国相关法律文件的要求。联合国《反腐败公约》就规定对于腐败犯罪案件中的“明知、故意或者目的等要素”可适用推定。[2]按照推定的一般逻辑，只要基础事实存在，即可推断推定事实存在。由

〔1〕 参见陈瑞华：《刑事证明标准中主客观要素的关系》，载《中国法学》2014年第3期。

〔2〕 联合国《反腐败公约》第28条规定：“根据本公约确立的犯罪所需具备的明知、故意或者目的等要素，可以根据客观实际情况予以推定。”

此可见，“推定”的证明要求明显低于排除合理怀疑标准。

（二）排除合理怀疑统一适用于所有刑事案件

为了防止在死刑案件上出现冤案错案，有实务部门的领导人提出死刑案件“要用最高、最严格的证明标准”。[1]笔者认为，对死刑案件适用最严格的证明标准固然必要，因为死刑一旦执行即具有不可恢复性，必须慎之又慎。但如果因此对死刑案件和非死刑案件适用不同的证明标准，这不仅与我国的立法相违背，而且不符合国际通行的做法。首先，从我国法律规定来看，《刑事诉讼法》第195条第1项规定的“案件事实清楚，证据确实、充分，依据法律认定被告人有罪的，应当作出有罪判决”没有区分死刑案件与非死刑案件，针对的是所有刑事案件。因此，作为原有“证据确实、充分”标准的细化，排除合理怀疑也应统一适用于所有刑事案件。其次，在当代刑事诉讼中，世界各国对有罪判决证明标准的表达均是一元化的，如英美法系国家表述为“排除合理怀疑”，大陆法系国家表述为“内心确信”。无论是“排除合理怀疑”还是“内心确信”，都是针对所有刑事案件而言的，并没有因为案件不同而采取二元化的规定。因此，应当明确排除合理怀疑统一适用于所有的案件，不因案件不同而有所区别。

需要进一步追问的是，在排除合理怀疑统一适用的基础上，应当如何对死刑案件适用最严格的证明标准呢？对此问题的回答，还要回到对排除合理怀疑的准确把握上，即必须坚持对主要事实的证明达到确定性、唯一性的程度。唯有此，才能真正把死刑案件办成铁案，保证“零差错”，真正防止冤案错案的发生。与此同时，要适用最严格的证明标准，还要求对证据不足、证明不能达到排除合理怀疑程度的案件，坚决贯彻疑罪从无原则。这是现代司法理念的要求，也是防范冤案错案的重要途径。过去，司法实践中法院迫于社会舆论或被害人及其家属的压力，在有的案件尤其是故意杀人案件的主要事实的证明还没达到确定性的情况下不直接作出无罪判决，而采取一种降格处理的做法，即判处被告人

〔1〕参见赵凌：《庭审“敢于”不走过场　中国法院变革刑事审判》，载http://www.infzm.com/content/95327，最后访问日期：2014年3月8日。

有罪，但不判处死刑立即执行，而是“留有余地”地判处较轻的刑罚。实践证明，这种做法只能防止错杀，但是不能防止错判。佘祥林案、赵作海案、李怀亮案等都是“留有余地”做法酿成的样板错案。因此，在案件证明不能达到排除合理怀疑程度的情况下，不能留有余地，而应当坚决贯彻疑罪从无原则，作出无罪判决。令人欣喜的是，最近出台的最高法《防范冤假错案意见》明确要求“定罪证据不足的案件，应当坚持疑罪从无原则，依法宣告被告人无罪，不得降格作出‘留有余地’的判决”。我们期望，司法实践能够杜绝留有余地的做法，切实贯彻疑罪从无原则，真正做到有效防范冤假错案的发生。

（三）保障排除合理怀疑标准的准确运用，还应当以审判为中心，探索贯彻直接言词原则

排除合理怀疑是裁判者在法庭上认定案件事实所要求达到的证明标准，必然要求以审判为中心将庭审作为认定案件事实的决定性环节。过去，我国刑事司法实践中存在过分看重案卷移送的侦查中心主义倾向，庭审活动在很大程度上异化为对审判前所形成的结论的一种确认程序。这种流于形式的庭审活动既不符合诉讼规律，也使排除合理怀疑标准的适用难以得到保障，因为裁判者在法庭上对案件事实的认定不具有决定性作用，又谈何适用排除合理怀疑标准？因此，坚持以审判为中心，发挥庭审在认定案件事实、判断证据中的决定性作用，既是诉讼规律的要求，也是准确适用排除合理怀疑标准的重要保障。[1]

当然，裁判者在法庭上对案件事实的认定是以证据为根据的，因此，排除合理怀疑标准的准确适用在很大程度上还依赖于裁判者对证据的准确判断。裁判者只有亲自接触证据材料、直接感受证据材料，通过控辩双方的交叉询问及亲自讯问或询问才能准确判断证据的真伪和价值大小，进而准确适用排除合理怀疑来认定案件事实。因此，要准确适用排除合理怀疑标准，必然要求控辩双方举证在法庭、质证在法庭、辩论说理在法庭，这恰恰是直接言词原则的要义所在。如本书第三章所述，

〔1〕 有关以审判为中心的诉讼制度改革，请参见本书第三章内容。

由于直接言词原则可保证裁判者对证据材料调查的亲历性，实现以审判为中心，因此受到诸多国家的青睐。诸多大陆法系国家把直接言词原则作为审判的基本原则予以规定。我国于2012年修改刑事诉讼法时增加多个条文对证人应当出庭作证的情形、作证的经济补偿、证人保护以及强制到庭等问题作了规定，且明确规定“经人民法院通知，鉴定人拒不出庭作证的，鉴定意见不得作为定案的根据”。这为证人、鉴定人出庭接受询问或交叉询问提供了良好条件，初步体现了直接言词原则的精神，对排除合理怀疑标准的适用起配套保障作用。但是，这些规定毕竟不是直接言词原则本身，且现行规定仍有不足之处，相关司法解释的规定甚至有违直接言词原则之虞，不利于排除合理怀疑的正确适用。因此，结合我国的刑事司法实践，笔者认为应当探索贯彻直接言词原则。这是保障排除合理怀疑标准准确适用的需要，也是推进以审判为中心的诉讼制度改革的必然要求。关于我国如何构建直接言词原则，在本书第三章已有详述，此处不赘。

第六章　繁简分流程序改革

在当代社会，除了公正以外，效率已成为衡量一个国家刑事诉讼是否科学与文明的另一重要尺度。世界各国一般都将诉讼效率作为刑事诉讼的重要价值追求。面对日益增多的刑事案件数量，既定的司法资源越来越难以适应实践的需要，对案件进行繁简分流成为世界各国提高诉讼效率的重要途径。我国2012年《刑事诉讼法》整合了1996年《刑事诉讼法》和已有的司法解释中关于“简易程序”和“普通程序简化审”的有关规定，将二者统一规定在简易程序中，扩大了可以适用简易程序的适用范围。为了进一步提高诉讼效率，十八届四中全会《决定》中明确提出“完善刑事诉讼中认罪认罚从宽制度”，实践中“刑事速裁程序”试点工作也在全国18个城市中如火如荼地进行着，这无疑是完善案件繁简分流制度的重大改革举措。在理论上怎么理解以及在实践中应当如何适用认罪认罚从宽制度和刑事速裁程序，是当前司法改革亟待解决的问题。

第一节　认罪认罚从宽制度

一、改革背景

十八届四中全会《决定》提出：“完善刑事诉讼中认罪

认罚从宽制度。”这是“宽严相济”刑事政策在新形势下的完善和发展。“宽严相济”的刑事政策最初表述为“镇压与宽大相结合”，在新民主主义革命时期和中华人民共和国成立初期发挥了严厉打击反革命分子和分化瓦解反革命营垒的重大作用。之后，随着形势的变化，政策的表述也有所变化。1956年，刘少奇在中共八大所作的政治报告中提出：“实行惩办与宽大相结合的政策，凡是坦白的、悔过的、立功的，一律给以宽大的处置。”〔1〕2006年，十六届六中全会《中共中央关于构建社会主义和谐社会若干重大问题的决定》提出“实施宽严相济的刑事司法政策”。宽严相济的刑事司法政策对刑事立法、刑事司法起指导作用，其基本要求为该宽则宽，当严则严。“宽”具体是指通过区别对待来分化瓦解犯罪分子，进而教育、感化和挽救其中的大多数。“严”是指在一定时期和一定范围内，依法着重打击某些严重犯罪。通过“宽”“严”的良性互动，使刑事政策宽严适度，达到打击犯罪、减少矛盾、促进社会和谐的目的。

认罪认罚从宽制度作为“宽严相济”刑事司法政策从宽一面在现阶段的直接体现，是实现繁简分流、提高诉讼效率的良好途径，通过“该宽从宽”明显提升了程序效率。以刑事速裁程序的抽样统计为例，检察机关审查起诉周期由过去的平均20天缩短至5.7天；人民法院速裁案件10日内审结的占94.28%，比简易程序高58.40个百分点；当庭宣判率达95.16%，比简易程序高19.97个百分点。〔2〕

2015年各级法院审结一审刑事案件109.9万件，判处罪犯123.2万人，同比分别上升7.5%和4%。〔3〕在案件增加迅速，而司法资源相对紧张的形势下，作为提升程序效率的重要举措，认罪认罚从宽制度的进一步完善和适用已是势在必行。根据十八届四中全会《决定》精神，《最高人民检察院关于深化检察改革的意见（2013—2017年工作规划）》和最高

〔1〕 中共中央文献编辑委员会：《刘少奇选集》（下），人民出版社1985年版，第254页。

〔2〕《最高人民法院、最高人民检察院关于刑事案件速裁程序试点情况的中期报告》，载http://www.npc.gov.cn/npc/xinwen/2015-11/03/content_1949929.htm，最后访问日期：2016年7月26日。

〔3〕《2016年最高人民法院工作报告》，载http://www.china.com.cn/legal/2016-03/21/content_38072747.htm，最后访问日期：2016年7月26日。

人民法院《人民法院第四个五年改革纲要(2014——2018)》先后提出完善认罪认罚从宽制度。2016年7月22日，中央全面深化改革领导小组第二十六次会议审议通过的《关于认罪认罚从宽制度改革试点方案》(以下简称《试点方案》)中指出，完善刑事诉讼中认罪认罚从宽制度，涉及侦查、审查起诉、审判等各个诉讼环节，要明确法律依据、适用条件，选择部分地区依法有序稳步推进试点工作。“完善”的前提是我国刑事司法中已经存在该项制度。实际上，认罪认罚从宽制度在我国刑法和刑事诉讼法中都已有所体现，如《刑法》第67条规定，对自首的犯罪分子，可以从轻或者减轻处罚；第68条专门规定了立功的从宽处理，与认罪认罚也有一定关联。刑事诉讼程序体现的认罪认罚从宽制度，则包括了现有法律框架内的刑事简易程序、未成年人附条件不起诉制度、刑事和解制度以及正在部分地区试点的刑事速裁程序。

但是，当前刑事诉讼程序和制度在体现认罪认罚从宽精神的同时，也存在制度性问题，有待进一步明确。2016年9月3日，第十二届全国人民代表大会常务委员会第二十二次会议通过了《关于授权最高人民法院、最高人民检察院在部分地区开展刑事案件认罪认罚从宽制度试点工作的决定》(以下简称《试点决定》)，认罪认罚从宽制度将正式在北京、天津、上海等18个城市开始为期2年的试点。试点工作将采用“先行先试”的方式，在确保认罪认罚从宽制度与现有刑事制度的自洽性基础上，有所创新，为认罪认罚从宽制度的完善积累经验。基于此，下文拟就如何遵循诉讼规律并结合司法实际推进认罪认罚从宽制度系统化改革的若干重要问题进行探讨，从而提出一些建议，以期对完善认罪认罚从宽制度有所裨益。

二、认罪认罚从宽制度的内涵解读

根据《试点决定》，认罪认罚从宽制度是指“对犯罪嫌疑人、刑事被告人自愿如实供述自己的罪行，对指控的犯罪事实没有异议，同意人民检察院量刑建议并签署具结书的案件，可以依法从宽处理”。其中，“认罪”“认罚”和“从宽处理”等基本概念必须得到厘清，这是整个制度的理论基础。

（一）何为“认罪”“认罚”

《试点决定》对认罪认罚案件作出了定义，即“对犯罪嫌疑人、刑事被告人自愿如实供述自己的罪行，对指控的犯罪事实没有异议，同意人民检察院量刑建议并签署具结书的案件”。这一定义实则囊括了“认罪”“认罚”的概念。

“认罪”是指“犯罪嫌疑人、刑事被告人自愿如实供述自己的罪行，对指控的犯罪事实没有异议”。这与我国刑法所规定的“坦白”与“自首”相似。坦白是被动供述，自首是主动供述，但两者均包括“如实供述自己的罪行”。而“认罪”除了要求犯罪嫌疑人、被告人如实供述以外，还着重要求他们与司法机关在犯罪事实上达成一致。“认罚”是指被追诉人接受可能给予的刑罚，判断标准是“同意人民检察院量刑建议并签署具结书”。

“认罪”和“认罚”在认罪认罚从宽制度中乃是有机联系的整体，对此有两点需要注意。第一，此处的“认罪”“认罚”都是概括性的，仅包括被追诉人自愿供述犯罪事实，承认其行为已经构成犯罪，并认可检察机关的指控和量刑建议。被追诉人的定罪、量刑待法院判决最终确定。第二，“认罪”“认罚”必须强调自愿性。检察院和法院各自在审查起诉阶段和审判阶段要及时告知犯罪嫌疑人、被告人相应的诉讼权利，确保他们清楚认罪认罚的法律后果；审查认罪认罚过程的合法性，确认是否有刑讯逼供等违法取证行为，确保他们在不受逼迫的情况下自愿认罪认罚。

（二）何为“从宽”

从宽处理包括实体从宽和程序从宽，适用于刑事诉讼的各个阶段。在侦查阶段，主要是程序从宽，表现为侦查机关变更、解除强制措施。在起诉阶段，表现为检察机关采取非羁押性强制措施，或者作出不起诉决定。在审判阶段，主要是实体从宽，表现为法院依据各个具体罪名的规定，在法定量刑幅度内从宽处罚。

认罪认罚从宽不是无限从宽，而是限定在法律范围之内。所谓依法从宽指不得超出现有的刑事法律框架。

从实体从宽角度来看，刑法有关自首、立功的规定为认罪认罚从宽提供了直接依据。更进一步,《最高人民法院关于常见犯罪的量刑指导意见》为鼓励被追诉人尽早认罪,明确指出对于坦白从宽幅度,应当综合考虑如实供述罪行的阶段、程度、罪行轻重以及悔罪程度等情况。其中,当庭自愿认罪的从宽幅度明显低于在审前阶段认罪。[1]从程序从宽角度,法律规范和相关司法实践,对于犯罪嫌疑人、被告人认罪认罚的案件已经显现出减少、限制适用羁押措施的倾向,这使被追诉人在刑事诉讼程序中获得了有利的程序适用。例如,对于刑事和解案件,《最高人民检察院关于办理当事人达成和解的轻微刑事案件的若干意见》中明确规定:"对于公安机关提请批准逮捕的案件,符合本意见规定的适用范围和条件的,应当作为无逮捕必要的重要因素予以考虑,一般可以作出不批准逮捕的决定;已经批准逮捕,公安机关变更强制措施通知人民检察院的,应当依法实行监督;审查起诉阶段,在不妨碍诉讼顺利进行的前提下,可以依法变更强制措施。"在司法实践中,对于达成刑事和解的案件,多地检察机关在批捕阶段认为符合相关规定的一般作出不捕决定,并建议公安机关变更强制措施。[2]又如刑事速裁程序也限制适用逮捕措施。而《最高人民法院、最高人民检察院、公安部、司法部关于在部分地

---

〔1〕《最高人民法院关于常见犯罪的量刑指导意见》规定:"……6.对于坦白情节,综合考虑如实供述罪行的阶段、程度、罪行轻重以及悔罪程度等情况,确定从宽的幅度。(1)如实供述自己罪行的,可以减少基准刑的20%以下;(2)如实供述司法机关尚未掌握的同种较重罪行的,可以减少基准刑的10%~30%;(3)因如实供述自己罪行,避免特别严重后果发生的,可以减少基准刑的30%~50%。7.对于当庭自愿认罪的,根据犯罪的性质、罪行的轻重、认罪程度以及悔罪表现等情况,可以减少基准刑的10%以下。依法认定自首、坦白的除外。8.对于退赃、退赔的,综合考虑犯罪性质,退赃、退赔行为对损害结果所能弥补的程度,退赃、退赔的数额及主动程度等情况,可以减少基准刑的30%以下;其中抢劫等严重危害社会治安犯罪的应从严掌握。9.对于积极赔偿被害人经济损失并取得谅解的,综合考虑犯罪性质、赔偿数额、赔偿能力以及认罪、悔罪程度等情况,可以减少基准刑的40%以下;积极赔偿但没有取得谅解的,可以减少基准刑的30%以下;尽管没有赔偿,但取得谅解的,可以减少基准刑的20%以下;其中抢劫、强奸等严重危害社会治安犯罪的应从严掌握。10.对于当事人根据刑事诉讼法第二百七十七条达成刑事和解协议的,综合考虑犯罪性质、赔偿数额、赔礼道歉以及真诚悔罪等情况,可以减少基准刑的50%以下;犯罪较轻的,可以减少基准刑的50%以上或者依法免除处罚。"

〔2〕《民间纠纷引发犯罪 刑事和解不予批捕》,载http://www.scfzw.net/zfxwmk/html/88-7/7421.html,最后访问日期:2016年4月7日;《安徽寿山:轻微刑案当事人和解可不予批捕》,载http://news.jcrb.com/jiancha/jcdt/201005/t20100531_362782.html,最后访问日期:2016年4月7日。

区开展刑事案件速裁程序试点工作的办法》(以下简称《速裁程序办法》)原则上限制逮捕措施的适用，其第3条规定："适用速裁程序的案件，对于符合取保候审、监视居住条件的犯罪嫌疑人、被告人，应当取保候审、监视居住。违反取保候审、监视居住规定，严重影响诉讼活动正常进行的，可以予以逮捕。"对于符合取保候审、监视居住条件的，《速裁程序办法》强调"应当"取保候审、监视居住；对于违反取保候审、监视居住规定的，也不能一概予以逮捕，必须要达到"严重影响诉讼活动正常进行"的程度，而且此时仍是"可以"予以逮捕，保留了充分的从宽空间。

除此之外，各地在探索"认罪认罚从宽制度"的试验中，已出现了上述"程序从宽"的做法。2016年3月初，宜兴市检察院出台《关于建立轻微刑事案件认罪认罚从宽处理机制的意见》，在实体处理从宽之外体现了程序从宽的精神："符合取保候审条件的犯罪嫌疑人将优先采取取保候审强制措施，对于确有羁押必要的，将尽快办结。"〔1〕浙江省平阳县自2015年6月实施认罪认罚从宽机制以来，犯罪嫌疑人或被告人的平均羁押天数减少了4.6天。〔2〕

三、认罪认罚从宽制度的实施问题

(一)案件范围

根据《试点方案》，认罪认罚从宽制度适用于"犯罪嫌疑人、刑事被告人自愿如实供述自己的罪行，对指控的犯罪事实没有异议，同意人民检察院量刑建议并签署具结书的案件"。由此，该制度原则上适用于所有刑事案件，不仅包括轻罪案件，还应当包括可能被判处无期徒刑、死刑的重罪案件。特别是对于重罪案件，直接关乎被追诉人的重大人身、财产权益，案件处理一般而言更为困难、复杂而且可能更受社会关注，适用认罪认罚从宽制度要更加慎重，但并非不能适用，有的重罪案件甚

〔1〕《最高人民法院、最高人民检察院关于刑事案件速裁程序试点情况的中期报告》，载http://www.npc.gov.cn/npc/xinwen/2015-11/03/content_1949929.htm，最后访问日期：2016年7月26日。

〔2〕《被告人认罪认罚可依法从宽处罚》，载http://www.zjcourt.cn/art/2016/6/1/art_4_9786.html，最后访问日期：2016年7月13日。

至更需要适用。拓宽认罪认罚从宽制度的适用范围，有利于重罪案件的及时、准确处理，能够更好地实现化解不断激增的案件压力的制度初衷。尤其是可能判处死刑的案件，通过认罪认罚从宽制度也可以贯彻“少杀慎杀”的刑事政策，减少死刑立即执行的适用。

为了确保公正，《试点方案》规定以下三类案件不适用认罪认罚从宽制度：第一，犯罪嫌疑人、被告人属于尚未完全丧失辨认或者控制自己行为能力的精神病人。因为这类犯罪嫌疑人、被告人的有罪供述的自愿性往往难以确认。而且，他们即便不认罪不认罚，根据《刑法》第18条，仍然可以从轻或者减轻处罚。第二，未成年的犯罪嫌疑人和被告人，他们的代理人和辩护人对未成年人认罪认罚有异议的。因为这类情况比较复杂，要慎重对待。何况未成年的犯罪嫌疑人、被告人即便不认罪认罚，依据刑事诉讼法和刑法的有关规定，遵照“教育、感化、挽救”的方针，仍应当对他们从轻或者减轻处罚。如果未成年人案件适用认罪认罚制度，则应当“宽”上加“宽”。第三，犯罪嫌疑人、被告人可能不构成犯罪，以及有其他不宜适用的情形。这样做是为了严格防范在认罪认罚从宽制度的实施过程中出现冤案、错案。除了这三类情况，《试点方案》规定“对犯罪性质恶劣、犯罪手段残忍、社会危害严重的犯罪分子，其坦白认罪不足以从轻处罚的，也必须依法严惩”。也就是说，一些罪大恶极的案件的犯罪嫌疑人、被告人，即便表示认罪认罚，也不应有从宽余地，而应当严惩不贷。

（二）办理程序

为了充分发挥有效惩罚犯罪、优化司法资源配置的价值，认罪认罚从宽制度的办理程序应当借鉴速裁程序试点的改革经验，做到合法、合理、有效的简化。如对被告人的讯问或者发问可以省略；证据可以不逐个直接审查，但是重大案件特别是可能判处死刑从宽处理的案件，重要实物证据要在法庭上出示审查，证人、鉴定人应当出庭接受询问。并且，所有认罪认罚案件要保障被告人的最后陈述权。

同时，为了切实保障人权，确保司法公正，《试点方案》增置了必要的配套程序措施，如权利告知程序。在侦查阶段，公安机关、人民检察院应当告知犯罪嫌疑人其享有的诉讼权利和认罪认罚可能导致的法律后果，听取犯罪嫌疑人及其辩护人或者值班律师的意见；在审查起诉阶段，人民检察院应就指控罪名及从宽处罚建议等事项听取犯罪嫌疑人及其辩护人或者值班律师的意见；在审判阶段，法院应当告知被告人享有的诉讼权利和认罪认罚可能导致的法律后果，审查被告人的有罪供述的真实性、合法性，听取辩护律师的意见和被告人的最后陈述。

此外，《试点决定》中提出"严密防范并依法惩治滥用职权、徇私枉法行为，确保司法公正"。从宽处理绝不能违法处理，程序的简化不能牺牲正当程序和发现真实的价值追求，否则就与认罪认罚从宽制度的初衷背道而驰。这旨在防范认罪认罚从宽制度的违法操作，严禁违法诱骗犯罪嫌疑人、被告人认罪，对本应无罪的案件作出有罪判决；严禁违法适用认罪认罚从宽制度，对本不该从宽处理的案件作出从宽处理。

此外，笔者认为应当赋予被追诉人在各个阶段的程序启动权和变更权。这不仅符合认罪认罚从宽制度的协商色彩，也是尊重被追诉人程序主体地位的体现。但综观我国现有制度，被追诉人仅有启动刑事和解程序的权力。在简易程序、未成年人附条件不起诉和刑事速裁程序中，被追诉人只能被动地接受或者表示异议，不享有任何积极的程序选择权。这显然不利于认罪认罚从宽制度中合意的形成。相比而言，在英美法系的"辩诉交易"制度中，被追诉人享有充分的程序控制权，不仅可以主动要求适用辩诉交易，而且在此后的程序进行中也可随时撤回。意大利1988年刑事司法改革中设置了5种简易程序，其中就包括"基于当事人请求而适用刑罚"。程序权利的缺失不仅易引发被追诉人的不满情绪，甚至可能导致上诉率的增高，违背提高诉讼效率的初衷。因此，应当赋予被追诉人在各个阶段的程序启动权和变更权。被追诉人在各个诉讼阶段都可提出适用认罪认罚从宽制度的请求，此后，被追诉人也可以申请将认罪认罚从宽程序变更为普通程序。

（三）证据问题

1.证明标准的同一性

考察域外制度，英美法系对于一般案件采用"排除合理怀疑"的证明标准，但在辩诉交易中往往降低证明标准，如在美国的阿尔弗德案中，美国联邦最高法院认为，如果辩诉交易中的证据可以证明被告人有罪达到了“压倒性证据”（overwhelming evidence）的程度，则可以判定被告人有罪，这显然低于“排除合理怀疑”的证明标准。但以德国为代表的大陆法系国家的认罪协商制度并未降低证明标准，这是由于他们对于真实的发现采用职权探知原则，认为法官负有尽可能客观公正地发现案件事实真相的义务，〔1〕被追诉人的认罪不能作为确信其有罪的唯一证据。早在1998年，德国联邦最高法院就在确立认罪协商指导方针的一则判决中明确指出，法院必须审查被告认罪自白的可信度，必要时应当调查其他证据以确认自白的真实性，否则可能因违反实质真实原则而违法。〔2〕

根据《试点方案》的规定，我国认罪认罚从宽制度坚持“案件事实清楚，证据确实、充分”的证明标准，即根据《刑事诉讼法》第160条、第168条、第172条、第195条的规定，无论是普通程序、简易程序、刑事和解程序，还是认罪认罚从宽制度都应当坚持证明标准的同一性。这种设计显然不同于辩诉交易制度，而近似德国的认罪协商制度。同时，需要注意，我国认罪认罚从宽制度的证明标准是基于本土法律语境，具有鲜明的中国特色。这是因为我国刑事诉讼坚持客观真实与法律真实的辩证统一，〔3〕无论在何诉讼阶段，司法机关都必须对基本事实进行“实质审查”，坚持案件“事实清楚，证据确实、充分”的证明标准，不能因为其程序从简而降低证明标准，严防在认罪认罚从宽制度实施过程中出现冤假错案。

那么何为“事实清楚，证据确实、充分”，根据刑事诉讼法和相关法律解释，所谓“犯罪事实清楚”是指必须查清与定罪量刑有关的能证明犯罪嫌疑人有罪、无罪、罪轻、罪重，从轻、减轻或者免除刑罚的事实和

---

〔1〕 参见［德］汉斯·普维庭：《现代证明责任问题》，吴越译，法律出版社2000年版，第52～54页。

〔2〕 参见林钰雄：《干预处分与刑事证据》，北京大学出版社2010年版，第159～160页。

〔3〕 客观真实与法律真实相结合的具体解读，参见陈光中：《刑事诉讼法》（第6版），北京大学出版社2016年版，第173～175页。

情节。2012年《刑事诉讼法》对“证据确实、充分”作了三点解释：一是定罪量刑的事实都有证据证明；二是据以定案的证据均经法定程序查证属实；三是综合全案证据，对所认定事实已排除合理怀疑。

笔者历来认为，我国刑事诉讼法规定的证明标准要求司法机关对主要事实、关键事实的证明要达到结论唯一性、确定性，客观上符合事实真相。由于被追诉人已经认罪，为了防止“被迫认罪”和“替人顶罪”，特别是冤错案件的发生，必须对犯罪事实已经发生、犯罪分子是谁等主要事实的证明达到确定无疑的程度。尤其是认罪认罚从宽制度的适用范围可扩展至死刑案件，这就要求严格掌握证明标准。

但是，认罪认罚从宽制度坚持“案件事实清楚，证据确实、充分”的有罪证明标准，并不意味着一些次要的事实、情节都要达到此种程度。就司法实践经验来看，“基本事实”清楚和“基本证据”确实、充分，就可以认为达到了刑事诉讼法所要求的证明标准。其中，“基本事实”是指影响被追诉人定罪量刑的主要犯罪事实和情节。“基本证据”是指能够证明案件基本事实存在的证据。需要着重指出的是，“两个基本”不同于“事实基本清楚，证据基本确实、充分”。“事实基本清楚，证据基本确实、充分”的说法和做法是对于“两个基本”的误读，这导致定罪量刑事实的粗糙认定，既不能准确、及时查明案件事实，也容易导致冤错案件。认罪认罚从宽制度正是由于程序从简，更要摒弃偏离的证明标准，贯彻一元的证明标准，实现公正与效率的统一。

2.证据规则适当从简

为保障事实查明和维护被追诉人诉讼权利，限制法官“预断”，世界法治国家在刑事诉讼中普遍建立了一系列证据规则，其中最具有代表性的就是英美法系的传闻证据规则和大陆法系的直接言词原则。但这些证据规则在被追诉人已经自愿承认所指控犯罪事实的案件中往往显得过于冗长，对公正、及时地解决这些案件的价值形成限制。因而，无论是英美法系的辩诉交易制度还是大陆法系的认罪协商制度，都不同程度地采用较一般程序更为灵活、自由的证据规则。如《美国联邦证据规则》第802条原则地规定了传闻证据不可采：“传闻不可采，除非下列法律或者规则另有规定：联邦制定法；本证据规则；或者最高法院制定的其他规则。”[1]但“传闻证据排除”规则的重要例外情形之一就是辩诉交易，传闻证据在此程序中是可采的。《德国刑事诉讼法典》第250条规定：“对事实的证明如果是建立在个人的认识上的，在法庭审理中应当对其询问。询问不允许以宣读以前的询问笔录或者书面证言而代替。”[2]但《德国刑事诉讼法典》在“简易程序”部分第420条对直接言词原则作出了限制性规定：“对证人、鉴定人或者共同犯罪嫌疑人的讯（询）问，允许宣读以前的讯（询）问笔录以及宣读含有出自他们的书面声明的文件进行代替。”[3]

一般认为，我国刑事诉讼中的法官负有依职权主动查明案件事实的义务。《刑事诉讼法》第191条规定：“法庭审理过程中，合议庭对证据有疑问的，可以宣布休庭，对证据进行调查核实。”但在刑事简易程序中，庭审质证可以适当简化，最高法《刑诉法解释》第295条规定：“公诉人、辩护人、审判人员对被告人的讯问、发问可以简化或者省略；对控辩双方无异议的证据，可以仅就证据的名称及所证明的事项作出说明；对控辩双方有异议，或者法庭认为有必要调查核实的证据，应当出示，并进行质证；控辩双方对与定罪量刑有关的事实、证据没有异议的，法庭审理可以直接围绕罪名确定和量刑问题进行。”由此，认罪认罚从宽制度的证据规则可以适当简化。如庭审质证适当简化，如果控辩双方对与定罪量刑有关的事实、证据没有异议的，法庭审理可以直接围绕罪名确定和量刑问题进行。当然，对可能判处无期徒刑、死刑的案件，在适当从简的同时，法院应当注意对关键性证据的质证、核实。

（四）法律援助

辩护律师的有效参与不仅有利于保障被追诉人的辩护权，防范冤错案件，也有助于推动认罪协商及后续程序的顺利进行。美国学者在研究认罪案件时十分强调辩护律师的作用，他们指出，虽然被追诉人名义上

---

〔1〕 参见王进喜：《美国〈联邦证据规则〉（2011年重塑版）条解》，中国法制出版社2012年版，第253页。

〔2〕 参见［德］托马斯·魏根特：《德国刑事诉讼法典》，岳礼玲译，中国检察出版社2016年版，第108页。

〔3〕 同上书，第154页。

享有认罪或不认罪的绝对权利，但是他们经常会发现，在没有辩护人的情况下自己根本不享有任何保护。[1]美国宪法第六修正案明确规定了被告人有权获得律师帮助为其辩护，该项权利在辩诉交易中被认为是被告人享有的最重要的权利。[2]大陆法系国家在认罪协商程序中也往往为被追诉人提供免费律师辩护，如《德国刑事诉讼法典》第418 条规定："预计判处自由刑至少六个月的，对尚无辩护人的犯罪嫌疑人，就初级法院快速审理程序对其指定辩护人。"[3]

根据《刑事诉讼法》第34条的规定，"犯罪嫌疑人、被告人是盲、聋、哑人，或者是尚未完全丧失辨认或者控制自己行为能力的精神病人，没有委托辩护人的，人民法院、人民检察院和公安机关应当通知法律援助机构指派律师为其提供辩护。犯罪嫌疑人、被告人可能被判处无期徒刑、死刑，没有委托辩护人的，人民法院、人民检察院和公安机关应当通知法律援助机构指派律师为其提供辩护"。可以看到，这一范围同认罪认罚从宽制度的要求仍有一定差距。根据十八届四中全会"完善法律援助制度"的要求，"两办"《完善法律援助制度意见》进一步提出，法律援助机构在法院、看守所派驻法律援助值班律师。健全法律援助参与刑事案件速裁程序与刑事和解、死刑复核案件的办理工作机制。辩护律师在法院和看守所值班后，被追诉人在整个刑事诉讼程序中都可以及时向值班律师咨询法律问题，获得法律援助。这有助于被追诉人在整个刑事诉讼程序中及时认罪协商。

《试点方案》也提出完善法律援助制度，建立看守所值班律师制度，为犯罪嫌疑人、被告人提供便捷、有效的律师帮助；扩大法律援助范围。笔者主张根据十八届四中全会《决定》中"扩大法律援助范围"的精神，将所有认罪认罚案件都纳入援助范围，并借此有效改善辩护律师参与刑事案件比率较低的现象。

---

〔1〕 参见［美］乔治·费希尔：《辩诉交易的胜利——美国辩诉交易史》，郭志媛译，中国政法大学出版社2012年版，第6页。

〔2〕 参见陈光中主编：《辩诉交易在中国》，中国检察出版社2003年版，第227页。

〔3〕 参见［德］托马斯·魏根特：《德国刑事诉讼法典》，岳礼玲译，中国检察出版社2016年版，第154页。

(五)被害人的参与

按照正当程序的要求，与程序结果有利害关系的人有权参加该程序并得到提出有利于自己的主张的机会。[1]我国刑事诉讼中的被害人作为当事人和认罪认罚从宽制度的主要利害关系人之一，理应参与其中。《试点方案》强调刑事被害人的有效参与，人民法院、人民检察院和公安机关办理认罪认罚案件，应当听取被害人及其代理人的意见，并将被告人与被害人是否达成谅解协议作为量刑的重要考量因素，要敦促刑事犯罪嫌疑人、被告人向被害人赔礼道歉、退赃退赔、赔偿损失，保障被害人尽早获得损害赔偿和心理安抚，有效地减轻诉累，及时化解矛盾，修复社会关系。

但在认罪认罚从宽制度中，诉讼关系的主要主体是人民法院、人民检察院、公安机关和犯罪嫌疑人、被告人。被害人虽然是侦查、审查起诉或审判阶段的诉讼主体，但不是诉讼关系的主要主体，这一点同刑事和解是有明显区别的。而且，被害人的要求往往带有较强烈的个人情绪，同司法机关往往存在较大分歧。在司法实践中，有的案件在被追诉人认罪认罚的情况下，被害人坚持要求从严处理，导致认罪认罚从宽制度难以落实。

因此，笔者认为应当赋予被害人在认罪认罚从宽制度中发表意见的权利。被害人及其诉讼代理人提出书面意见的，应当附卷。司法机关审查案件时应当主动听取被害人及其诉讼代理人的意见，并记录在案。但需要注意，被害人意见仅是适用认罪认罚从宽的重要因素之一，而非适用条件之一。区别于刑事和解制度，若犯罪嫌疑人、被告人一方和被害人一方无法达成和解，司法机关仍然可以依照认罪认罚从宽制度作出从宽处理。

(六)上诉程序

在英美法系的辩诉交易制度中，检察官为提升指控的成功率，通常要求被告人必须放弃提出上诉的权利，而法官只核实案件的基础事实。这意味着被告人能够以放弃上诉权为代价，换取有利的罪名和量刑。

---

〔1〕 参见[日]谷口安平:《程序的正义与诉讼》(增补本)，王亚新译，中国政法大学出版社2002年版，第11页。

大陆法系的认罪协商制度，更为强调实体真实，为防止被告人因受到非法压力和欺骗而认罪，强调当事人在协商中不能放弃上诉权。如《德国刑事诉讼法典》第35a条规定："如按第257c条以协商的方式作出的判决，要告知相关人员在任何情况下他有权自由决定是否上诉。"〔1〕第302条特别指出协商的内容不能放弃上诉权："如果以协商的形式达成判决（第257c条），则不能放弃提起法律救济程序。"〔2〕

我国台湾地区则采取了"以不能上诉为原则，上诉为例外补充"的折中模式，其"刑事诉讼法"第 455-10条明确规定，依协商程序所为之科刑判决，不得上诉。但为保证实质公正，下列情形允许被告人提出上诉：(1)协议双方合意撤销或撤回协商申请；(2)被告协商之意思非出于自由意志；(3)被告人所犯之罪不在可以认罪协商的范围内；(4)被告人还有其他较重的犯罪事实；(5)法院认为应免刑、免诉或不受理；(6)协商判决违反法定刑范围。

笔者认为我国的认罪认罚从宽制度不宜取消被告人提出上诉的权利。因为我国审判程序以实现司法公正为首要目的，认罪认罚从宽制度更要严防冤错案件的发生，上诉程序的纠错、监督的审级功能必不可少。当然，司法实践中不能排除个别案件的被告人在获得从宽处理后滥用上诉权的情况，不仅造成司法资源的浪费，更会有损司法权威，有违认罪认罚从宽制度的初衷。那么，在保证被告人的认罪认罚从宽制度享有充分的上诉权的同时，也应当设立相应的上诉审查程序，此处可以借鉴《刑事诉讼法》第223条第2款的规定，"第二审人民法院决定不开庭审理的，应当讯问被告人，听取其他当事人、辩护人、诉讼代理人的意见"。这种二审不开庭审理的程序设计，一方面可以发挥认罪认罚从宽制度的效率功能，另一方面保持了二审的纠错、监督职能。具体而言，被告人提出上诉后，二审开庭前以阅卷的形式审查认罪认罚的事实、证据基础。如果有证据证明一审案件事实确有重大错误的，应当正式开庭审理。否

〔1〕 参见［德］托马斯·魏根特：《德国刑事诉讼法典》，岳礼玲译，中国检察出版社2016年版，第9页。

〔2〕 同上书，第120页。

则，可直接驳回被告人的上诉。

四、侦查机关撤销案件问题

《试点方案》中提出，对于犯罪嫌疑人自愿如实供述涉嫌犯罪的事实，有重大立功或者案件涉及国家重大利益，经公安部或者最高人民检察院批准，侦查机关可以撤销案件，检察院可作不起诉决定。在我国，侦查机关包括公安机关、检察院、国家安全机关、军队保卫部门、监狱和海关走私犯罪侦查部门等，这些机关各自对法定范围内的案件享有侦查权。该规定最大的特点在于，赋予侦查机关在特定情形下直接作出撤销案件决定的权力，这相当于赋予侦查机关作出无罪处理的实体处置权（以下简称撤销案件权）。笔者认为对于撤销案件权应当慎重对待，要全面、充分地研判这一规定是否符合现有法律框架和“以审判为中心”的改革精神，考察域外法律制度中是否有类似先例。

（一）撤销案件权突破了我国现有法律框架，并有违“以审判为中心”的精神

1.宪法角度

《宪法》第140条规定，“人民法院、人民检察院和公安机关办理刑事案件，应当分工负责，互相配合，互相制约，以保证准确有效地执行法律”。《刑事诉讼法》第7条规定了相同内容。根据该规定，法院依法行使审判权，检察院依法行使检察权，公安机关依法行使侦查权。在认罪认罚从宽程序中，撤销案件相当于无罪处理，撤销案件权相当于赋予侦查机关将有罪案件作无罪处理的权力，这侵犯了法院的审判权，与“分工负责”的三机关关系相冲突。另外，公安机关和检察院的撤销案件的决定仅各自经公安部和最高人民检察院批准即可作出。这种通过上下级领导关系作出的决定，缺乏不同性质机关之间的权力制约，与“互相制约”的三机关关系相冲突。可见，撤销案件权有违宪法设定的三机关职权及其互相关系的精神。

2.刑法角度

撤销案件权，不仅是免除了被追诉人的刑罚，更是直接免除了他的

罪名，这与我国刑法规定存在冲突。第一，撤销案件权以“有重大立功或者案件涉及国家重大利益”为条件，涉及国家重大利益的案件极可能与外交相关，但撤销案件权与刑法规定的外交豁免权存在本质差别。《刑法》第11条规定，“享有外交特权和豁免权的外国人的刑事责任，通过外交途径解决”。刑事责任的外交豁免属于国际惯例，不以犯罪嫌疑人认罪为前提，处理结果一般为驱逐出境。显然，外交豁免案件不能归入认罪认罚从宽制度中。

第二，撤销案件权超越了《刑法》第68条的规定。《刑法》第68条规定，“有重大立功表现的，可以减轻或者免除处罚”，这仅仅意味着，具有重大立功表现的被追诉人至多可以被免除处罚，而不能被免除定罪。此外，刑法也并未规定，若案件涉及国家重大利益的，可以免除被追诉人的定罪处刑。

3.刑事诉讼法角度

撤销案件权与刑事诉讼法相关程序设计相冲突。第一，撤销案件权以“有重大立功或者案件涉及国家重大利益”为适用条件，但这一条件并不符合《刑事诉讼法》第15条规定的不予追究刑事责任的6种情形。首先，“有重大立功或者案件涉及国家重大利益”案件一般属于重罪案件，显然尚在追诉期限，不属于告诉才处理的案件，也不具有犯罪嫌疑人死亡的特殊情形，由此这类案件不符合第15条规定的（一）、（二）、（四）、（五）情形。其次，撤销案件权适用的情形，不属于《刑事诉讼法》第15条第3项规定的“经特赦令免除刑罚的”。因为根据《宪法》第67条，特赦是由全国人民代表大会常务委员会行使的特殊职权，是指对特定范围的犯罪分子免去其刑罚的部分或者全部。换言之，特赦不是针对个案，而是针对特定种类案件。撤销案件权是直接对所有符合条件的被追诉人免除追诉，与特赦不同。最后，目前为止，除了《刑法》《刑事诉讼法》以外的其他法律都没有规定免予追究刑事责任的情形，因而撤销案件权也不符合《刑事诉讼法》第15条第6项的规定。

第二，撤销案件权与刑事诉讼法规定的侦查机关在侦查终结时的职权相冲突。《刑事诉讼法》第160条规定：“公安机关侦查终结的案件，应当做到犯罪事实清楚，证据确实、充分，并且写出起诉意见书，连同案卷材料、证据一并移送同级人民检察院审查决定；同时将案件移送情况告知犯罪嫌疑人及其辩护律师。”这条规定可以从两方面理解：公安机关侦查终结时，若认为是有罪案件，必须移送检察院审查起诉；若认为是无罪案件，才能作撤销案件的处理。但撤销案件权的对象都是侦查机关经过侦查认为有罪的案件，因为认罪认罚从宽制度的适用前提为“犯罪嫌疑人、刑事被告人自愿如实供述自己的罪行，对指控的犯罪事实没有异议”。那么，依据《刑事诉讼法》，侦查机关只能将案件移送检察院审查起诉。

4.“以审判为中心”角度

在刑事诉讼中，“以审判为中心”的诉讼制度改革乃是从各个方面凸显法院的审判权，是对公、检、法三机关关系的发展和完善。无论是定罪还是免责，原则上都是审判权的内容，最好由法院作出；退一步而言，可以交由检察院以法律监督机关的身份作出。撤销案件权的实体处分效果已然与法院的审判权等量齐观，这与“分工负责，互相配合，互相制约”的三机关关系相冲突，与“以审判为中心”的精神相违背。

司法实践中还会面临撤销案件决定书的内容与效力问题。在认罪认罚从宽程序中，被告人自愿认罪，并且往往已被采取拘留、监视居住甚至逮捕等限制人身自由的强制措施。依照程序法治原则，只有根据正式的法律文书才可以真正撤销案件，还犯罪嫌疑人自由、无罪之身。那么，公安机关作出的撤销案件的决定书至少需要对立案罪名、犯罪嫌疑人认罪情况和重大立功或者案件涉及的国家重大利益作出必要的明示。撤销案件的决定书是否能囊括上述重要内容？决定书的实体效力是否能与法院作出的不予追究刑事责任的裁决书相等同？这是撤销案件权所面临的实践难题。

（二）考察域外相关制度，尚无侦查机关直接撤销有罪案件的经验可循

1.相关国际公约

司法实践中，如腐败犯罪、跨国有组织犯罪等犯罪案件取证困难，为了有效打击此类犯罪，一些国际公约规定可以以“减轻处罚”或者“不

予起诉”为条件，鼓励犯罪嫌疑人或者被告人提供实质性配合。这一国际刑事准则内容与我国认罪认罚从宽制度的内核相契合。如联合国《反腐败公约》第37条“与执法机关的合作”第1款规定：“各缔约国均应采取适当措施，鼓励参与或者曾经参与实施根据本公约确立的犯罪的人提供有助于主管机关侦查和取证的信息，并为主管机关提供可能有助于剥夺罪犯的犯罪所得并追回这种所得的实际具体帮助。”联合国《打击跨国犯罪公约》第26条第1款亦作出了相同规定。犯罪嫌疑人提供的“实质性帮助”，在我国法律语境中，与重大立功相类似。

但笔者认为联合国《反腐败公约》和联合国《打击跨国犯罪公约》这部分规定与撤销案件权仍有区别。联合国《反腐败公约》第37条第3款规定，“对于在根据本公约确立的犯罪的侦查或者起诉中提供实质性配合的人，各缔约国均应当考虑根据本国法律的基本原则就允许不予起诉的可能性作出规定”。联合国《打击跨国犯罪公约》第26条第3款也作了相同规定。虽然两份公约并未明确规定不予起诉决定的作出主体，而将该程序事项交由各缔约国基于“本国法律的基本原则”予以规定。但参考条约原文，该款用immunity from prosecution，其意指“不予起诉”，而非“不予侦查”。若以该条约为依据，结合我国法律规定，对于在侦查和起诉中有重大立功的人的罪行豁免，只能由作为公诉机关的检察院作出不起诉决定，而非由侦查机关作出撤销案件的决定。

2.英美法系的辩诉交易和大陆法系的认罪协商

我国认罪认罚从宽制度的建构，借鉴了英美法系的辩诉交易和大陆法系的认罪协商，前者以美国为代表，后者以德国为代表。但在两大法系的同类制度中，并没有赋予侦查机关撤销案件权的先例。

美国的辩诉交易制度和德国的认罪协商制度对被追诉人作出从宽处理，与撤销案件权存在明显区别。根据《美国联邦刑事诉讼规则》第11条规定，辩诉交易由检察官主导，在控辩双方之间进行，但辩诉交易内容对于法官并不存在强制效力。对被告人从宽处理的判决，仍由法官经过审查独立作出，而非由检察官或者警察直接作出。被告人和检察官协商内容可以包括提出对被告人有利的刑期、以较轻的罪名追诉和减少起诉的罪名等内容，但不包括直接撤销案件或者撤回起诉。根据《德国刑事诉讼法典》第257c条规定，法官是认罪协商的主导者：由法官提出协商提议，经被告人和检察官同意后成立，法官再根据协商内容对被告人作出从宽量刑的判决。认罪协商标的较美国辩诉交易有所限缩，仅限于提出量刑的上限和下限，不能包括有罪宣告、矫正和保安处分。

可见，无论是大陆法系还是英美法系，根据被告人的有罪答辩所作的从宽处理，一般都由法官以判决的形式作出。相比而言，我国案件撤销权的主体单一，仅为侦查机关；虽要求“经公安部或者最高人民检察院批准”，但仍属于侦查机关内部行为。此外，我国的撤销案件权相当于对被追诉人作出无罪处理，这显然超出了前述两个国家法律所允许的协商范畴。

3.污点证人制度

污点证人制度，又称污点证人作证豁免制度，是指国家为了取得重要证据，或者追究主犯的严重罪行，鼓励同案或者其他案件中罪行较轻的犯罪嫌疑人提供关键证据，对他们作出不予追究刑事责任的承诺。这实质上是一种区别于辩诉交易或者认罪协商的司法交易，交易标的是国家的追诉权和犯罪嫌疑人拒绝作证权。我国未明确规定污点证人制度，美国、加拿大和德国等许多国家则都有相应的规定。

比较而言，污点证人制度中的作证豁免与我国的撤销案件权相类似，都是免除了国家追诉，等同于刑事免责，在终局效果上是一致的。但两者在具体程序上，特别是作出刑事免责决定的主体上具有明显不同。

在德国，对于《德国法院组织法》第120条第2–7项规定的州高等法院所管辖的危害国家公共安全的恐怖犯罪，《德国刑事诉讼法典》第153e条规定：“如果在行为之后至其得知行为被发觉之前，行为人就联邦德国的存在或者安全或者宪法秩序的危险的避免有所贡献的，经《法院组织法》第120条规定的有管辖权的州高等法院的同意，联邦总检察长可以对此行为不予追诉。如果行为人在行为后作出如下的贡献，即向有关部门告发了其所了解的，有关内乱、危害民主法治、叛国或者危害外部安全的企图的，同样适用此规定。”[1]

在美国，污点证人制度的依据包括“刑事免责”案例和相关规定。美国联邦最高法院在1896年的布朗案[2]中肯定了“刑事免责”的合宪性。《美国法典注解》第18卷第6001条至第6005条[3]具体规定了刑事免责问题。第6002条规定：“在联邦法院或大陪审团、联邦行政机关、国会、国会两院联席委员会、众议院或参议院等中进行的程序中，凡基于‘拒绝自证其罪特权’而拒绝供述、作证或提供证据的公民，当上述机关根据本条例赋予其刑事免责，以此要求所作的供述、作证或提供证据时，该公民就必须服从上述机关的命令，按要求进行供述、作证或提供证据。公民在上述命令之下所作的供述、证言及提供的证据（以及由此直接或者间接获得的所有信息），不得被用于以追究该公民的刑事责任为目的的任何案件中，除非以伪证罪、虚伪供述罪及违反强制作证命令而对其进行追诉以外。”

根据该一般性条款，第6003条作了具体展开，在联邦法院或者大陪审团审判程序中，如果检察官认为需要对某位证人进行刑事免责，需要经司法部部长（the Attorney General）或者其他司法长官同意，向法官申请豁免刑事责任的裁决。根据美国三权分立的组织体系，司法部虽然从属于行政体系，但是就职权而言，司法部兼管检察机关，司法部部长是检察机关的最高司法长官。根据第6005条的规定，联邦议会程序中刑事免责的命令，则由司法部部长直接向法官申请，再由法官作出刑事免责的裁决。根据第6004条的规定，部分联邦行政机关在行政程序中，经司法部部长同意，可以直接作出刑事免责的命令（根据第6001条的规定，此处的联邦行政机关包括州政府、司法部、国家国土安全局和国防部等）。尽管这些机关经司法部部长同意，可以直接作出刑事免责的命令，但是一般比较慎重。如根据《美国国防法》第719条，[4]在涉及国家安全

〔1〕《世界各国刑事诉讼法》编辑委员会：《世界各国刑事诉讼法》（欧洲卷·上），中国检察出版社2016年版，第285页。

〔2〕 Brown v. Walker 161 U.S.591（1896）.

〔3〕 18U.S.C.A. § 6001-6005.

〔4〕 32C.F.R. § 719.122.

的案件中，国防部对于被追诉人的刑事免责的命令，经司法部部长同意，仍会交由享有军事法庭审判权的法官审查作出。

由上可见，污点证人的豁免在西方国家是存在的，但是为保障程序法治化，该豁免决定一般情况下由法院作出，特定情况下由检察机关的最高司法长官（包括美国司法部部长）作出，而警察、国家安全机关等侦查机关都无权单独作出决定。

综上所述，我国实施认罪认罚从宽制度涉及方方面面，试点方案要作全盘思考。若赋予侦查机关在“有重大立功或者案件涉及国家重大利益”情况下的撤销案件权，将明显突破我国现有法律框架。考察域外相关制度，这种撤销案件权尚无经验可循，并与当下正在推进的“以审判为中心”的诉讼体制改革有所违背。质言之，在认罪认罚从宽制度中赋予侦查机关撤销案件的权力，与社会主义法治原则相背离，我们认为应当慎之又慎。

笔者不否认司法实践可能存在有重大立功或者涉及国家重大利益，需要作免责处理，且不宜对社会公开的案件。但这种特殊案件不一定要由侦查机关直接作出撤销案件的决定。笔者建议应当将这种案件交由最高人民检察院或者最高人民法院进行审查后，再作出不公开形式的不予追究刑事责任的决定或者裁决。

五、认罪认罚从宽制度的立法思路

我国《刑事诉讼法》中体现认罪认罚从宽精神的具体条文、制度并不鲜见，但未能形成制度化、体系化的规定。随着认罪认罚从宽制度进入试点阶段，试点工程将为制度的完善提供有益的经验。为了发挥更有力的制度功能，认罪认罚从宽制度需要更为刚性的法律依据，立法者必须重视这一立法问题。

有关认罪认罚从宽制度如何载入《刑事诉讼法》的问题，有学者认为，认罪认罚从宽制度可以作为特别程序来设计，主要适用于罪行较轻的案件。我们并不赞同这一观点，因为现有的刑事简易程序、未成年人附条件不起诉制度、刑事和解制度以及正在部分地区试点的刑事速裁程序，本身就具有认罪认罚从宽制度的性质。如果单独设立特别程序，势必存在交叉、重复。而且认罪认罚从宽制度如果不能涵盖可能适用死刑在内的重罪案件，便不能充分发挥认罪认罚从宽制度的制度功能。

笔者认为，可以直接将认罪认罚从宽制度作为一项基本制度，载入《刑事诉讼法》第一章“任务和基本原则”之中。具体条文可表述为：“人民法院、人民检察院和公安机关对于真诚承认犯罪、自愿接受惩罚并且积极退回赃款赃物的犯罪嫌疑人、被告人，应当依法从宽处罚。对认罪认罚从宽的案件，在程序上依法适当简化。对于罪行极其严重、不能从宽处理的犯罪嫌疑人、被告人不适用认罪认罚从宽制度。”

第二节　刑事速裁程序

2014年6月27日，十二届全国人大常委会通过了《关于授权最高人民法院、最高人民检察院在部分地区开展刑事案件速裁程序的试点工作的决定》，首开刑事诉讼法试验性立法的先河。根据该决定，刑事速裁程序试点两年期满后，对实践证明可行的，应当修改完善法律；对实践证明不宜调整的，恢复施行有关法律规定。2014年8月22日，最高人民法院、最高人民检察院、公安部和司法部联合印发了《关于在部分地区开展刑事案件速裁程序试点工作的办法》(以下简称两高两部《速裁程序办法》)，这项试验性立法试点工作正式在全国18个城市全面推开。[1]对于刑事速裁程序试验性立法试点的最终结果，必须交给司法实践来回答。但是，从国际比较的视野来探讨刑事速裁程序的法律定位和立法导向，对于准确评价刑事速裁程序的试点效果，把握未来刑事速裁程序的立法导向具有重要的现实意义。本节选取英美法系和大陆法系具有代表性国家的快速审理刑事案件的相关程序，与中国的刑事速裁程序进行横向比较，以探索中国刑事速裁程序试验性立法的未来导向。

---

〔1〕 刑事速裁程序试点18个城市分别为：北京、天津、上海、重庆、沈阳、大连、南京、杭州、福州、厦门、济南、青岛、郑州、武汉、长沙、广州、深圳和西安。

法律比较的前提是被比较的对象彼此间在功能上或性质上具有典型的共性，否则任何比较都会偏离比较的目的，也就没有比较的意义。因此，在进行比较之前，必须最大限度地寻找刑事速裁程序的国际共性。从刑事诉讼的国际立法上来看，刑事简易程序是刑事案件快速处理的简便程序，从广义上应当包括刑事速裁程序，但是并不完全等同于刑事速裁程序。在中国出台刑事速裁程序试点之前，中国学者对简易程序的研究，大都是广义上的研究，极少有针对简易程序中的内部结构性的分层研究。根据中国目前试点的刑事速裁程序的适用条件和审理案件的方式，刑事速裁程序位于中国刑事审判程序的最底端，是对目前双层结构的简易程序〔1〕的再次切分，也即立法机关将刑事诉讼法中的独任法官的简易审判部分切分出一块（被告人认罪且案件事实清楚的，可能判处一年有期徒刑以下的特定范围的轻微刑事案件）来单独适用刑事速裁程序。此外，从国际上来看，适用刑事快速处理程序的轻微刑事案件，被告人应当认罪，并且案件事实清楚、证据充分，这是刑事速裁程序的另外一个带有普遍性的共同点。据此，以中国的刑事速裁程序的案件适用范围为基本参照，本节研究的比较法意义上的刑事速裁程序，限定为适用被告人认罪的，且案件事实清楚、证据充分，可能判处一年以下有期徒刑的轻微刑事案件的刑事快速审理程序。

一、刑事速裁程序的适用范围

由于中、美、德三国在有关犯罪的定义上的差别，中国对犯罪的定性在程度上明显高于美国和德国以及世界上很多其他国家，导致这三个国家的刑事速裁程序在立法的结构上存在明显的差异。程序法在程序自治方面有相对独立性，但是没有实体法的前提就不可能有程序法的附着，因此程序法必须服从于实体法的根本目的。考察刑事速裁程序必须结合刑事实体法的相关规定，才可能全面把握刑事速裁程序适用案件的范围。

〔1〕 被告人认罪且案件事实清楚的3年有期徒刑以下案件的独任法官审的简易程序和被告人认罪且案件事实清楚的3年以上15年以下有期徒刑案件的合议庭审的简易程序。

由于各国文化传统的差异，导致犯罪构成和定义存在区域性的差异。只有部分极具犯罪本质的严重侵犯国家、社会、组织和个人利益的不法行为，例如叛国、纵火、杀人、强奸、抢劫等行为，在人类社会中普遍性地被理所当然地认为是犯罪。但是，犯罪乃是一个相对的概念，犯罪没有绝对性的内涵，同样内涵的不法行为，在不同时代或不同的国家，可能是犯罪，亦可能不属于犯罪。[1]美国和德国等国在法律上的犯罪界定和刑事责任的承担方式上与中国都存在很大的差异，导致彼此间在比较法意义上的刑事速裁程序的适用范围也存在很大差异。总体上，比较法意义上的刑事速裁程序适用的条件，可以划分为客观条件和主观条件，前者指罪刑条件和事实条件，后者即指被告人主观认罪或对量刑的意见等。

美国是普通法国家的代表，其关于犯罪的定义与德国法和中国法很不同。凡是行为本身具备犯罪的客观要件（犯罪行为）和主观要件（犯罪心理）的，都有可能被指控和定罪。[2]因此，在比较法意义上的刑事速裁程序适用的案件范围其实相当宽泛。当然，事实上美国并没有与中国完全对应的刑事速裁程序。美国刑法基本上是判例法的总结，只有对具体的犯罪行为的描述，而没有法典对普遍性的犯罪进行抽象的定义。这就如英语中只有山羊、绵羊的概念，而没有抽象的羊的概念一样。其判例法对具体犯罪的判定，完全不同于中国刑法的高门槛制，而是低门槛制。这样，中国意义上的适用于刑事速裁程序的案件，就可能不仅局限于一年以下有期徒刑的刑事处罚和微罪等刑事犯罪了。美国采取的一元化的犯罪模式，不同于中国的二元化（刑事犯罪与行政治安处罚）模式。由此，美国的轻微刑事案件的快速处理程序，适用的案件就包括大量类似于我国社会治安管理处罚中的行政违法行为。[3]另外，美国的快

---

〔1〕 参见林山田：《刑法通论》（上册），北京大学出版社2012年版，第108～109页。

〔2〕 参见［美］约书亚·德雷斯勒：《美国刑法精解》，王秀梅等译，北京大学出版社2009年版，第75页。

〔3〕 有关美国微罪的界定和解释可参见美国《联邦刑事诉讼规则》咨询委员会的附注（1990）部分：根据美国法典（18U.S.C. § 19）的规定，微罪为轻罪的B级、C级，或者是很轻微的违法，并且该罪处罚的罚金数额限定在个人5000美元以下，单位犯罪在10，000美元以下。

速处理案件的程序并没有案件的特定类型的限制，不像中国刑事速裁程序在适用上还存在特定的罪名限制。虽然美国在制定法上将轻罪的界限定为可能判处一年以下有期徒刑的犯罪，但是，美国的刑事诉讼法并没有规定针对一年以下有期徒刑犯罪的专门的刑事快速审理程序。对于可能判处一年以下有期徒刑的轻罪和微罪案件的处理程序，虽然联邦和各州都有差异，但总体上是由州内区法院的辩诉交易程序和基层治安法庭的轻罪审理程序两种程序来交错适用。在适用辩诉交易程序时，除了上述客观条件之外，还要求案件的基本事实清楚，即适用辩诉交易的案件必须具有事实基础。至于主观条件，在辩诉交易中，被指控人不仅要认罪，而且要与指控方达成量刑协议，即便该协议对法院没有约束力。

德国是大陆法系国家的代表，其刑法和犯罪构成理论相当发达，并且其早期通过对日本法的输出，从而对中国传统的刑法理论和犯罪构成理论影响较大。〔1〕虽然如此，德国刑法有关犯罪的构成和犯罪的界定，与中国目前的刑事法律关于犯罪的定义仍然存在很大的差别。根据《德国刑法典》第12条的规定，重罪为最低刑为一年或一年以上的违法行为。据此，德国的轻罪应当为可能判处一年以下的较轻自由刑或者罚金刑的违法行为。〔2〕另外，由于德国的刑法采取二元结构，在刑事责任体系中除了刑罚之外还有保安处分。〔3〕因此，比较法上的刑事速裁程序的范围在德国的适用范围也比较宽泛，包括一年以下有期徒刑的案件和保安处分的案件。但是在比较法意义上的刑事速裁程序的适用案件范围上，中德之间的差异与中美之间的差异存在明显的不同。首先，德国刑事诉讼法对可能判处一年以下有期徒刑的轻微刑事案件适用独立的快速审理程序。这种简易程序和中国试点的刑事速裁程序在适用范围上具有很

〔1〕 参见王立民：《论清末德国法对中国近代法制形成的影响》，载《上海社会科学院学术季刊》1996年第2期。

〔2〕 《德国刑事诉讼法》，宗玉琨译注，知识产权出版社2013年版，第146页。另外，除非特别指出，本节引用的德国刑事诉讼法条文均出自宗玉琨的《德国刑事诉讼法》的弗莱堡译本。

〔3〕 参见［德］克劳斯·罗克辛：《德国刑法学》，王世洲译，法律出版社2005年版，第3页。

大的相似性。与中国不同的是，德国的刑事简易程序没有专门罪名的限制，仅规定不允许适用于未成年人（已满14周岁未满18周岁）犯罪的案件。与美国不同的是，德国存在专门针对一年以下有期徒刑的案件快速审理程序，美国仅仅设有对不需要监禁的微罪处理程序。当然，德国除了一年以下有期徒刑的案件处理之外，还存在处罚令程序和保安处分程序等其他简便的处理刑事案件的程序。除了罪与刑条件之外，德国适用简易程序和处罚令程序的，也都要求有事实基础。同时，被指控人对指控并没有异议，但是并没有需要同意检察官量刑建议的硬性要求。

中国的刑事速裁程序目前尚处于试点阶段，刑事速裁程序案件的适用范围受到比较严格的控制。根据两高两部《速裁程序办法》，刑事速裁程序适用的条件既有积极条件（肯定性条件），也有消极条件（否定性条件）。积极条件包括客观条件和主观条件两大类。客观条件包括：(1)刑事速裁程序试点案件的适用范围为危险驾驶、交通肇事、盗窃、诈骗、抢夺、寻衅滋事、非法拘禁、毒品犯罪以及行贿犯罪以及在公共场所实施的扰乱公共秩序的犯罪，情节较轻，依法可能被判处一年以下有期徒刑、拘役、管制的案件，或者依法单处罚金的案件；（2）案件事实清楚，证据确实、充分。主观条件包括：(1)犯罪嫌疑人、被告人承认自己所犯罪行，对指控的犯罪没有异议的；（2）当事人对适用法律没有争议，犯罪嫌疑人、被告人同意人民检察院提出的量刑建议的；（3）犯罪嫌疑人、被告人同意适用速裁程序的。除了上述适用速裁程序的积极性条件外，两高两部《速裁程序办法》还规定了否定性的禁止条件。这些否定性的条件包括：(1)犯罪嫌疑人、被告人是未成年人、盲、聋、哑人，或者是尚未完全丧失辨认或者控制自己行为能力的精神病人的；（2）共同犯罪案件中部分犯罪嫌疑人、被告人对指控的事实、罪名、量刑建议有异议的；（3）犯罪嫌疑人、被告人认罪但经审查认为可能不构成犯罪的，或者辩护人作无罪辩护的；（4）被告人对量刑建议没有异议但经审查认为量刑建议不当的；（5）犯罪嫌疑人、被告人与被害人或者其法定代理人、近亲属没有就赔偿损失、恢复原状、赔礼道歉等事项达成调解或者和解协议的；（6）犯罪嫌疑人、被告人违反取保候审、监视居住规定，严重影响刑事诉讼活动正常进行的;(7)犯罪嫌疑人、被告人具有累犯、教唆未成年人犯罪等法定从重情节的;(8)其他不宜适用速裁程序的情形。

与美国和德国相比,中国刑事速裁程序试点的案件范围及适用条件的限制是相当苛刻的,这可能导致刑事速裁程序的试点在实践中适用率不会太高。但是,从试验性立法的稳健性角度考虑,两高两部《速裁程序办法》规定的这些积极条件和消极条件,虽然有些并不是很合理,但是对于降低试点可能引发的风险具有积极的作用。当然,根据试点的不断推进和经验的积累,这些有关刑事速裁程序适用的诸多积极条件和消极条件都需要在试点的基础上,在未来的相关立法中进行必要的调整。

二、刑事速裁程序中的被告人的权利

在刑事快速审理程序中,由于被告人认罪和庭审的普遍形式化,被告人的基本权利无疑会受到冲击。同时,由于是在检控机关主导下的刑事速裁程序,刑事指控机关基本上控制了案件的程序走向和案件的预期结果。在某种意义上,刑事速裁程序实际上是法院让渡部分的司法权来获得司法的效率。正因如此,刑事速裁程序中被告人的权利保护就构成了刑事速裁程序正当化的核心,各国刑事快速处理程序在致力于提高案件审理效率的同时,都注意保护被告人在这些特别程序中享有的基本权利。由于中、美、德三国存在刑事被告人权利保护法律位阶的差异,因此,在比较法意义上的被告人权利保护程度也存在差别。

美国的宪法对刑事被告人的权利进行了高位阶的保护,而且在实践中是通过宪法的司法化来实现的。[1]无论是实行陪审团审判,还是在辩诉交易和微罪处理程序中,被告人都同样享有宪法上的基本权利。但是,美国法律同时允许被告人对自己的宪法权利予以放弃,因此在辩诉交易和微罪处理程序中,被告人只要认罪并选择这两种程序来审理案件,就必须放弃部分宪法上的权利。以加利福尼亚州为例,只要被告人

---

〔1〕 Akhil and Reed Amar, *The Constitution and Criminal Procedure: First Principles*, Yale University Press, 1997, pp.145, 159.

进行认罪答辩，无论是重罪还是轻罪，都必须书面正式声明放弃宪法性权利，包括陪审团审判权、法庭审判权、当面质证和交叉询问权、沉默和不自证其罪权、提交证据和抗辩权、为自己作证的权利、放弃预审权等。这些放弃的权利都详细地列在被告人必须填写的表格上，否则被告人就无法进行正式的认罪答辩，法院也不会接受被告人的认罪答辩。[1]由此可以看出，在刑事快速处理程序中，被告人享有的宪法上正当程序的权利基本上被迫放弃了。

在美国的治安法院中，对于轻微的刑事案件的处理方式并没有本质上的改革。独任的法官对于被处刑的罪犯情况知道得很少。大多数案件的轻罪犯已经答辩有罪，最多与检察官、辩护律师或法官花费几分钟时间就能解决问题。而且轻罪案件中的被告人通常不是判决前量刑的调查对象，因此判决所处罚的比例较大的案件是罚金而不是监禁。美国的司法管理调查委员会在对轻微犯罪司法官的处理程序的调查报告中，总是指责治安法官审理的不公正和腐败问题。被告人的权利在刑事速裁程序中受到很多的限制，大量的刑事速裁案件中没有律师代理。虽然近年来美国地方法院开始尝试通过替代性的刑事诉讼调解等方式来缓解刑事速裁程序中的弊病，但是目前的效果并不是很清楚。[2]因此，美国学者对这种有悖正当程序的快速审判程序进行了激烈的批评，这些批评主要是围绕被告人权利保护不足而展开的。但是快速审理案件的辩诉交易和微罪处理程序由于受到法律实务部门的欢迎和支持而长期得以适用。然而，尽管如此，美国在刑事快速处理的程序中，还是赋予了被告人若干基本权利，譬如法律援助的权利、被询问时享有律师在场权（如果被告人不主动放弃该项权利）、法律告知权、认罪听证权、自愿性认罪权、有限上诉权等。这些基本的法律权利可以保证被告人在刑事快速审理程序中，行使程序和实体上的抗辩权，确保刑事快速处理案件程序

〔1〕 *Plea Form with Explanations and Waiver of Rights-felony*(criminal), from Approved for Optional Judicial Council California, CR-101 Rev.January 1, 2010, Penal Code, § 1016.www.courtinfo.ca.gov.

〔2〕 参见[美]爱伦·豪切斯泰勒·斯黛丽、南希·弗兰克:《美国刑事法院诉讼程序》，陈卫东、徐美君译，中国人民大学出版社2009年版，第303～330页。

可以正常运行。

相比之下，德国刑事被告人的基本权利主要规定在刑事诉讼法中。例如，《德国刑事诉讼法典》第136条规定，在询问被指控人时，应当向被指控人告知其被指控的犯罪行为和列入考虑的刑罚规定，并向被指控人指明，其依法享有就指控作出陈述或对案件保持沉默的自由，并可随时地、甚至在询问前咨询其选任辩护人等。此外，《德国刑事诉讼法典》第136a条规定的禁止询问方法，包括不管被告人自愿还是不自愿，都不得用虐待、疲劳战术、伤害身体、施用药物、折磨、欺诈或催眠等方法损害被指控人意思决定之自由。此外，德国属于《欧洲人权公约》的缔约国，受到《欧洲人权公约》的规制，其中规定的被告人免遭酷刑和公正审判的权利对德国具有同样的约束力。上述关于被告人在刑事诉讼中的基本权利，在特别程序中并没有表明可以被克减。除了法庭审理程序的简化之外，被告人在快速处理案件的程序中，包括处罚令程序、保安处分程序和简易程序中，都享有宪法和刑事诉讼法的基本权利。在这方面，由于德国的简易程序适用比例比较低，[1]因此总体上，相较于美国刑事被告人来说，在德国，刑事被告人享有更广泛的诉讼权利。

与美国和德国刑事快速处理案件程序中被告人享有的权利比较，中国试点的刑事速裁程序中的被告人的权利保护规定更类似德国的快速审理案件中被告人的权利保护模式。根据全国人大常委会的《试点决定》和两高两部《速裁程序办法》规定，被告人在刑事速裁程序中享有以下基本权利：速裁程序选择权、自愿认罪权、非法证据排除权、辩护权、法律援助权、出庭受审权、最后陈述权、有条件不公开审理权、上诉权等。司法机关在审理刑事速裁程序案件中，并没有要求或强迫被告人放弃某些实体性或程序性的权利。因此，除了直接言词原则所保障的权利之外，被指控人在刑事速裁程序中享有绝大部分在普通程序中享有的基本权利。这说明，中国在进行刑事速裁程序的试验性立法的策略上相对

---

〔1〕 2003年的数据表明，只有4%的案件以这种特殊程序的方式来解决，并且，该程序也受到德国学者的强烈批评，参见《德国刑事诉讼法》，宗玉琨译注，知识产权出版社2013年版，第290页。

稳健，基本上保障了被告人享有刑事诉讼的基本权利，也即审理案件的程序相对简化，但是被告人享有的诉讼权利并没有因程序简化而被大幅度克减。当然任何事物都有相对性，中德两国由于刑事被告人的权利克减的程度比较小，必然会导致刑事速裁程序的适用率比较低，其在实践中的效率明显没有美国快速处理案件程序的效率高。保障被告人的基本诉讼权利和提高案件的诉讼效率在刑事速裁程序中是一对主要矛盾，根据本国的实际，正确处理这对矛盾，有利于在二者之间建立相对平衡的关系，真正体现和发挥刑事速裁程序的价值和功能。

三、刑事速裁程序的审理方式

刑事快速审理程序的审理方式不同于普通程序或陪审团程序，内部层级的结构性差异，导致了刑事速裁程序缺乏稳定可比性的审理模式。中、美、德三国在比较法上的刑事速裁程序的审理方式，虽然在庭审简化和快速审结方面存在共同点，但是由于法律传统和快速审理案件程序的结构性差异，彼此间仍然存在比较大的差别。

在美国刑事案件快速处理的两层程序中，就审理方式而言，辩诉交易的案件审理方式比起美国治安法官的微罪处理程序更加接近中国的刑事速裁程序的审理模式。但是，美国的辩诉交易和中国的刑事速裁程序在审理方式上仍存在很大的差别。首先，在庭前审查方面，美国法院在确立案件是否可以进入辩诉交易程序审理之前，设立了专门的认罪答辩的听证程序。中国刑事诉讼法虽然有庭前会议的法律规定，但是在两高两部《速裁程序办法》中并没有规定庭前关于自愿性认罪的听证。其次，美国的指控检察官与被告人可以就指控罪名的降级和量刑减让达成书面协议，只要该协议本身没有违反法律规定，法院基本上是照单全收。中国的刑事速裁程序中，检察官具有量刑建议权，被指控人没有权和检察官就量刑建议的内容进行讨价还价。最后，在法庭对辩诉交易的确认阶段，法官主要对辩诉协议的文本进行形式审查，而并不围绕证据等事实问题进行实质性的法庭调查。中国的刑事速裁程序则需要有法庭调查，即便很简化，且由于规范性的速裁法庭程序尚待建立，相关的试验性立法的规范性文件也反映出法庭审理的程式化程度并不高。

德国的快速案件审理程序存在三个层次，即处罚令、保安处分和简易程序，就审理方式而言，简易程序的案件审理方式更加接近中国的刑事速裁程序。譬如，简易程序需要由检察院主动提起(《德国刑事诉讼法典》第418条)。法庭审理的方式可以简化，特别是法官有权在不影响实质性证据调查的前提下可自由确定证据调查的范围(《德国刑事诉讼法典》第420条第4款)。被告人拒绝使用简易程序的，可以转入正式法庭审理程序等。除了上述相似处之外，还存在诸多的不同。譬如，德国的检察官在提起公诉时，不需要向法庭递交公诉书，公诉在法庭审理开始时口头提起(《德国刑事诉讼法典》第418条第3款)。法庭审理无须传唤被指控人，仅当被指控人不自愿到场参加法庭审理或未被解送到法院时才对其传唤(《德国刑事诉讼法典》第418条第2款)。此外法庭指定律师辩护仅适用于可能判处六个月以上的自由刑案件(《德国刑事诉讼法典》第418条第4款)，中国在刑事速裁程序的强制性辩护方面没有类似的限制。另外，德国法庭审理的预留时间也比中国的要长。德国简易程序审理的案件，自法院收到申请至开始法庭审理，不得超过六周(《德国刑事诉讼法典》第418条第1款)，而根据两高两部《速裁程序办法》第15条的规定，人民法院适用速裁程序审理案件，一般应在七个工作日内审结。可见，中国刑事速裁程序的效率比德国简易程序的效率更高。

如果把美国的辩诉交易审理方式和德国的简易程序审理方式进行比较，显然美国的辩诉交易审理方式对于中国刑事速裁程序的完善更具借鉴意义。第一，美国辩诉交易制度的发展历史比较长，德国的简易程序制度不仅历史短，而且在很大程度上是借鉴了美国的辩诉交易制度，也可以说是德式辩诉交易。第二，德式辩诉交易审理方式虽然比较简化，但是仍然保留了庭审的实质性内容，这和德国传统的纠问式诉讼制度有密切关系。而美国具有抗辩式诉讼传统，特别强调控辩双方的意思自治，因此更加强调控辩协商，法庭审理的形式化色彩比起德国来更加浓厚。第三，中国的刑事速裁程序和美国辩诉交易制度在技术设计上更相近，特别强调被告人的自愿认罪和程序选择权，以及尊重检察官的量刑建议权，因此在审理方式方面虽然形式上类似德国，但是本质上更接近美式辩诉交易制度。因此，就审理方式和技术层面借鉴的角度而言，美国的辩诉交易制度，特别是其有关审理的技术性、法庭程式设计等方面，对中国的刑事速裁程序的完善更具借鉴和参考价值。

四、对刑事速裁程序试验性立法的思考

刑事速裁程序的试验性立法已经在18个重点城市展开，这项试验性立法的进程已经产生了广泛的影响。基于中、美、德三国的刑事快速审理程序的上述比较，可以看出中国的刑事速裁程序的试验性立法具有鲜明的本土特点。美国和德国这两大法系特具代表性国家的刑事快速审理程序，为从更大范围地观察和思考中国的刑事速裁程序试验性立法的走向提供了国际经验参照。

（一）刑事速裁程序试验性立法的特点和反思

为了维护法律的稳定性，试验性立法在立法史上并不鲜见。美国20世纪关于快速审判法的试验性立法进行了为期5年的过渡期试验，最终该项立法在美国成为正式法律，既保持了此前立法的延续性，又保持后续立法改革的稳健性。[1]德国在引进美国的辩诉交易进行简易程序的立法前，也进行过充分的酝酿。中国刑事速裁程序的试验性立法，在确保试点有序合法的前提下，探索实践立法、民主立法、科学立法之路，为推动中国刑事诉讼制度的稳步改革和完善提供了新的路径。中国当下的刑事速裁程序试验性立法，具有以下几个鲜明的特点：

首先，全国人大常委会的授权《试点决定》，为试验性立法提供了合法性依据。由于刑事速裁程序试点的内容突破了2012年《刑事诉讼法》，为了维护法律的稳定性和严肃性，最高人民法院专门就该试点向全国人大常委会作专题说明。该项试点在全国人大常委会层面进行了专题讨论。全国人大常委会随后发布《试点决定》，授权"两高"进行试点。这种试验性立法可以避免传统的自下而上或自上而下的多头试点，

---

〔1〕 See Richard S.Frase, "The Speed Trial Act of 1974", *The University of Chicago Law Review*, vol.43, No.4, (Summer, 1976), pp.667–668.

也可避免对国外立法成果的简单移植，防止立法改革的盲目性和随意性。当然，从试验性立法方案的可行性角度，有关试验性立法顶层设计的研判还可以扩展到实务部门和专家层面，这样不仅可以在社会上形成更加广泛的共识，而且能够为试验性立法提供更多的智识上的支持。

其次，刑事速裁程序的试验性立法，以法院为中心，公检法司统筹互动，形成系统性合力试点的局面。刑事速裁程序的试点，法院发挥主导性作用，检察机关、公安机关和司法行政机关协助配合，体现了以审判为中心的刑事司法规律。虽然全国人大授权的是两高，但是正式推进试验性立法的《速裁程序办法》是由两高两部四家联合签署，这样就全方位地保证了试验性立法试点的统筹运行，避免传统的司法改革项目试点各自为政、相互掣肘的问题。当然，在试点过程中，对于司法机关就试验性立法统筹配合的效果还需要接受实践的检验，并需要对此进行专门的系统性总结，为今后相关的试验性立法改革提供经验性支持。

最后，刑事速裁程序的试验性立法，试点时间周期短，试点地域覆盖面较大。本次试验性立法选择18个城市进行为期两年的试点，从试点周期看，时间只有两年，应当说从试验性立法的角度看，时间上比较合适，但是，如果从各方面的复杂情况考虑，这个周期似乎稍显短。这样大范围的试点，规定三年的试点期限可能会使试点工作推进得更加从容。从试点的地域范围来看，所选择的14个省区的18个城市作为试点单位，既考虑了地域上的分布性，也考虑到了这些地区日常刑事案件的存量，应当说试点城市的覆盖面是比较有代表性的。唯一欠缺的是，西部地区的试点城市在其中所占的比例太少，这可能会导致对经济欠发达地区试点效果的取样不足问题。当然，这是一次试验性立法，本身就具有试的性质，不可能做到周全，而是需要总结相关的经验，以留待未来其他试点参考。

（二）刑事速裁程序立法上的功能性定位

从对美国和德国快速审理案件立法模式的比较分析中可以看出，中国刑事诉讼中的简易程序结构上过分单调是其突出的问题。刑事速裁程序的试点为解决这个问题提供了新的突破，即要在简易程序之外创设新的速裁程序的独立层级，在刑事诉讼中形成合议庭审理的简易程序、独任审判的简易程序和刑事速裁程序三个层次的刑事快速处理程序。根据全国人大常委会授权的试点《决定》和两高两部的《速裁程序办法》，刑事速裁程序的案件适用范围具有特定类别的指向性，即主要适用的是日常多发的犯罪案件，并且该类犯罪情节较轻、依法可能判处一年以下有期徒刑、拘役、管制的案件，或者依法单处罚金等常见的轻微犯罪案件。这和刑事诉讼中适用简易程序的案件，罪名范围没有特定的指向有很大差别，并且该类案件的量刑层次也相对更低。不仅如此，刑事速裁程序的审理方式更加形式化，这种简化的方式突出了庭审的形式审查功能，与过去的简易程序与普通程序的实质审查存在明显差别。更为重要的是，刑事速裁程序的适用，无论是案件的侦查，还是起诉、审判的各个环节，诉讼效率都有显著提高。根据《速裁程序办法》第15条规定，人民法院适用速裁程序审理案件，一般应在受理后的七个工作日内审结。这个规定比《刑事诉讼法》规定的简易程序案件20日内审结的审理期限缩短了13天。另外，审查起诉的期限也有所缩短。根据《速裁程序办法》第8条规定，人民检察院一般应当在案件受理之后8个工作日内作出是否提起公诉的决定。这个审查起诉的期限比《刑事诉讼法》规定人民检察院审查起诉要求一个月的期限缩短了22天。从检察院的审查起诉到法院的一审案件结束，适用速裁程序审理的案件，整体期限最长不超过15日，比《刑事诉讼法》规定的法定期限实际上简省35天。由此可以看出，正在试点的刑事速裁程序在提高刑事案件的办案效率方面明显优于简易程序和普通程序。

当然，在刑事速裁程序之外，还可以借鉴美国的微罪审理程序和德国的处罚令程序，在刑事诉讼法中创设第四个刑事快速处理案件的程序层级，即建立独立的处罚令书面审程序。处罚令程序属于程式化快速审理刑事微罪案件的国际通行方式。所谓处罚令程序，是指负责初期侦查的法官依照检察官的请求，就公诉案件中检察官认为只应当适用财产刑的案件，或者替代监禁刑而科处财产刑的案件，无须经过侦查或者法庭审判而直接发布处罚令的简易程序。在处罚令程序中，起诉状和答辩状可以采用法院印制好的表格，也可以口头进行。例如，德国的处罚令书面审理程序，完全舍弃开庭审理，被告人不需要出庭，处罚令直接由检察院提出书面申请，之后法官审查刑事案卷，对符合法定条件的案件直接签发处罚令，程序非常简便。[1]由于我国目前的刑事速裁程序的审理还是要求普遍开庭，采取完全的书面审理的方式条件还不成熟。当然，也不排除在未来的改革设计中，创设不开庭的书面审理方式，以进一步提高刑事速裁案件的审理效率。对于创设处罚令程序的改革，可以分两步走：第一步，在刑事速裁程序试点结束后，可以探索在新刑法中对于刑事速裁程序适用单处罚金刑的，可直接适用处罚令书面审程序；第二步，在治安处罚案件中限制人身自由的司法化及相关问题得到解决的恰当时机，治安处罚令程序的适用面将大范围拓展，处罚令程序就可以成为独立的快速审理案件的程序。

（三）刑事速裁程序的适用范围和条件

根据中国、美国和德国的刑事快速处理程序适用范围的比较，首先可以看出美国的适用范围最大，其次是德国，最后是中国。中国的刑事速裁程序试验性立法适用范围比较窄有其特定的历史背景，其适用率不高的主要原因在于，试验性立法的条件限制过于苛刻。刑事速裁程序适用范围的条件，未来应当考虑进行适当的调整。

（1）对刑事速裁程序适用的积极条件作适当扩展。在刑事速裁程序适用的客观条件方面，可以考虑取消特定专用罪名类别的限制，将更多符合可能判处一年有期徒刑以下条件的案件纳入到刑事速裁程序中来。同时，针对目前列入试验的可能判处一年有期徒刑以下的11种常见罪名的量刑规范以及具体情形作出司法解释，增强司法的可操作性。至于是否可以将刑事速裁程序的适用范围上调为三年以下有期徒刑，这当然是另外一个思路。如果从美国、德国等国家关于重罪与轻罪的界限以一年为限的划分法，我们认为未来的刑事速裁程序仍然以一年有期徒刑以下案件的适用范围为宜。另外，如果上调到三年，必将导致简易程序的独任制审判与现行的速裁程序合并，快速审理程序在结构上仍然保持两个

---

〔1〕 参见［德］托马斯·魏根特：《德国刑事诉讼程序》，岳礼玲、温小洁译，中国政法大学出版社2004年版，第212页。

层级，没有达到试验性立法改革使快速审理案件层次多元化的目的。虽然案件的适用范围将大幅度拓展，但是可能因法官、检察官的量刑裁量权的扩大而导致司法风险加大，因此在立法决策上还是要慎重行事。

（2）在刑事速裁程序否定性条件的范围方面，取消有关禁止性规定。从美国和德国的刑事快速处理程序的适用范围来看，很少有类似中国的禁止性规定。这些禁止性规定，有些是合理的，譬如辩护律师作无罪辩护的案件。其余的，笔者认为大都可以取消。例如：①犯罪嫌疑人身体上的缺陷，并不应当构成对刑事速裁程序的禁止性适用，因为刑事速裁程序对于被告人来说其实在量刑和快速处理案件上是有益的，而犯罪嫌疑人因为身体的残疾就被剥夺适用刑事速裁程序的权利，对他们来说也是不公平的。从立法的表象上来看，这种禁止性规定是保护身体有残障的犯罪嫌疑人和被告人，但实质上是歧视性的立法。②在共同犯罪案件中，部分被告人认罪，部分被告人不认罪，也不应当禁止认罪的被告人适用刑事速裁程序，这同样属于歧视性立法。③对违反取保候审、监视居住规定的，不适用刑事速裁程序，这个规定的道理也不充分，因为对违反取保候审和监视居住适用的处罚并不能牵涉到具体的程序选择权。④对于审查后量刑建议不当的，禁止适用刑事速裁程序，也是不合理的。因为检察院的量刑建议对于法院来说，并没有法律上的约束力，法院有权根据法律作出独立的判决，否则，这样的禁止性规定，就会导致法院庭审的过度形式化。⑤犯罪嫌疑人有加重处罚情节的，仅仅是量刑的规定，不应构成对刑事程序选择权的限制，否则也属于歧视性立法。总之，通过取消适用范围专属罪名的限制，以及取消上述禁止性条件，可以较大范围扩展刑事速裁程序适用的范围，从而解决刑事速裁程序在实践中适用率不高的问题。

（四）刑事速裁程序中的权利保护

从中、美、德三国的刑事快速处理程序中对被告人权利保护的比较可以看出，中国的刑事速裁程序中对被告人诉讼权利保护的程度相对薄弱。主要原因在于中国没有规定讯问被告人时的律师在场权，另外中国刑事辩护的法律援助适用范围总体上还比较窄。从完善中国刑事速裁程序权利保护角度来说，特别是在上述两个问题短期内还无法有效解决的前提下，进一步在程序中加强对被告人权利保护的制度设计是十分必要的。

1.关于权利告知

刑事速裁程序中被指控人的权利保护，首先需要被告人对自己享有的权利有自主性认知。美国的辩诉交易中，有关辩护律师和法官的权利告知部分都设计了十分详细的告知清单。[1]权利告知清单的内容主要包括，要求警察、值班律师、代理辩护律师、检察官、法官分别在不同的阶段对犯罪嫌疑人和被告人享有的各种诉讼权利进行详细的告知和给予清楚的解释。在反复的权利告知基础上，被告人清楚地认识到自愿性认罪的后果、程序选择的后果等。这些都有赖于建立犯罪嫌疑人和被告人的权利告知清单，并按照规定程序向犯罪嫌疑人和被告人履行权利告知的义务。概言之，公正的刑事速裁程序，必须建立在被告人明知、自愿和对承担的量刑后果的心理认知基础之上。

2.关于程序选择权

刑事速裁程序强调尊重被告人程序选择的意愿。在美国的辩诉交易之中，只要被告人选择认罪或不争辩，并且被检察官和法官所接受，就会进入辩诉交易程序，不再存在被指控人自由选择其他审判程序的问题。在德国，根据简易程序的规定，被指控人并不享有程序选择权。简易程序的启动权完全掌控在检察官手中。中国的刑事速裁程序赋予了被告人程序选择权，即便被告人认罪，但如果被告人不愿意适用刑事速裁程序，检察机关和审判机关也必须尊重被告人的选择。在刑事速裁程序的试验性阶段，这个规定对于保护被告人的基本诉讼权利是公平的，但是在未来的正式立法中，建议对这个规定进行限制，即可借鉴美国的经验，只要案件符合基本客观积极性的条件，一旦被告人认罪就必须进入速裁程序，被告人不再享有程序选择权，特别是在正式审判开始后，被指控人不允许撤回程序选择权，以防止该项权利被滥用而导致诉讼成

〔1〕 See Robert L.Segar, Plea Bargaining Techniques, 25 Amjur.Trials 69, Datebase updated April, 2008.

本增加。另外，被告人的程序选择权是程序启动的主导，但是并不等于法院、检察院就完全没有发言权，而是要根据刑事政策和案件的综合情况来决定案件是否适用刑事速裁程序。

3.关于辩护权

从美国和德国的经验来看，刑事速裁程序中特别注重被告人的辩护权利的保护，对没有辩护律师的要给予强制性的法律援助。根据两高两部的试点《速裁程序办法》第4条，建立法律援助值班律师制度，法律援助机构在人民法院、看守所派驻法律援助值班律师。犯罪嫌疑人、被告人申请提供法律帮助的，应当为其指派法律援助值班律师。这项规定为实现速裁程序的律师帮助权和辩护权提供了法律保障。司法部为此还专门下发通知，要求加强值班律师的建设，充分发挥其职能作用，为刑事速裁程序的试点提供高效的法律服务。从实践的反馈情况来看，看守所的值班律师制度已经逐步建立起来，有效地保障了刑事速裁案件被告人羁押期间的法律咨询等问题。但是由于值班律师并不是被告人的代理律师，因此还亟待完善刑事速裁程序案件的法律援助制度。

4.关于上诉权

在刑事速裁程序案件中，被告人是否享有上诉权是一个很有争议的法律问题。在美国的辩诉交易中，检控方在认罪答辩协议中会明确要求被告人放弃上诉权，并把这作为接受认罪答辩的一个条件。因此，在美国绝大多数辩诉交易案件中的被告人是主动放弃上诉权的。但是这并不表明，在美国的辩诉交易中被告人就绝对不享有上诉权，当出现无效辩护、认罪的非自愿情况以及量刑严重偏离法律规定的情形下，被告人仍然具有程序上的上诉权。但是这种上诉权在实践中受到了严苛的司法审查，因此上诉的胜诉概率事实上非常小。在德国，简易程序的被告人对判决具有有限的上诉权，即在上诉前需要由法院作资格审查，如果审查符合上诉条件，则可以上诉，否则就会驳回上诉(《德国刑事诉讼法典》第313条)。中国《刑事诉讼法》规定两审终审，被告人的上诉权是法定的诉讼权，因此要在刑事速裁程序中禁止被告人上诉权的行使，可能存在接受上的困难。从司法实践来看，适用刑事速裁程序的被告人上诉的情况很少，有些仅仅是因为量刑之外的原因而上诉，譬如为避免从看守所被转送监狱收押，而通过上诉来拖延在看守所的服刑时间。因此，如何解决刑事被告人因量刑之外的因素而上诉的问题，还需要根据实际情况的研判加以解决。总体来说，笔者建议借鉴德国有限上诉权的做法，即在刑事速裁程序的上诉程序中设置前置过滤审查程序，淘汰不符合上诉条件的上诉案件。这样，就可能比较好地解决刑事速裁案件因被告人上诉导致司法资源浪费的问题。

5.关于隐私权

被告人的隐私权是否应当得到保护是刑事诉讼中争议很大的问题，但是这个问题主要取决于该项权利与公开审判价值之间的平衡。德国学者就指出，德国的刑事处罚令不仅节约了司法系统的时间和精力，并且由于避免公开审判所招致的麻烦和影响名誉的后果而吸引了许多被告人。〔1〕传统上，只要被告人犯罪都要公开审理，不顾及被告人在审理中的感受，这个过程对被告人来说其实是一种精神上的折磨与惩罚。在特别轻微的刑事速裁程序案件中，试行有条件的不公开审理制度，对轻微案件被告人的隐私、名誉和信息进行必要的保护，体现了刑事诉讼的人文关怀。根据“两高两部”《速裁程序办法》，人民法院适用刑事速裁程序审理案件，被告人以信息安全为由申请不公开审理，人民检察院、辩护人没有异议的，经本院院长批准，可以不公开审理。虽然我国宪法和刑事诉讼法都明确要求除非特别规定，审判一律公开进行，但是，公开审判在保障审判的透明和接受社会监督的同时，也可能会影响被告人的名誉和隐私权保护。因此，在轻微的刑事案件中，允许被告人基于名誉和隐私保护而申请不公开审理，可以在维护司法公正的前提下保障被告人的合法权益不因案件的审理而受到额外损害。虽然这类申请不公开审理的案件，可能由于法律规定告知权的不完善，且需要院长的批准等烦琐程序，或许在实践中运用得并不多，但是这项制度的试验性探索在客观上是有积极意义的。

---

〔1〕 参见［德］托马斯·魏根特:《德国刑事诉讼程序》，岳礼玲、温小洁译，中国政法大学出版社2004年版，第208、212页。

(五)刑事速裁程序的审理机制和组织形式

1.关于速裁审理的操作规程

通过对美国、德国和中国的刑事快速审理程序进行比较,可以看出美国的辩诉交易操作规程非常详细,德国和中国的比较简略。由于刑事速裁程序审理方式的幅度简化,为了保障犯罪嫌疑人和被告人的基本诉讼权利,必须在操作性机制上有更加详细和完备的技术性规定。这些系统性的速裁程序操作规程至少应当包括:人民法院、人民检察院和辩护律师适用速裁程序案件审理、指控和辩护的操作规范。例如,美国律师协会就专门针对认罪答辩,制定了律师参与认罪协商过程的行为和操作性标准。另外,美国还有认罪答辩的专门指南,为整个案件的审理流程提供技术性支撑。从某种意义上来看,制定严格的操作规程,可以有效地防止权力被滥用,防止司法不公等司法风险的产生。

2.关于速裁程序的预审听证程序

关于预审程序,美国的辩诉交易程序中有认罪听证预审程序,而德国的简易程序中并没有明确规定预审程序。[1]中国试点的刑事速裁程序的相关规定并没有设置刑事预审程序。从加快刑事案件程序推进的角度来看,增加预审程序必然导致程序的烦琐并影响审判的效率。但是,如果从维护程序的正当性和确保程序的公正性以及保障被告人权利的角度来看,增加预审程序又是相当必要的。我们认为,对可能判处六个月以上有期徒刑的案件,可以增设认罪答辩的预审听证程序。不仅刑事速裁程序中要增加,对于其他的简易程序审理的案件都需要增加认罪答辩的正式听证程序。在预审听证程序中,法庭主导认罪答辩过程,包括告知被告人享有的各种诉讼权利,也包括程序选择权;确认被告人的认罪是否系自愿,是否存在自己或家人被强迫的情形;确认被告人对审理程序和量刑建议是否清楚和明知;确认和审查证明有关案件犯罪事实的主要证据;听取和审查有关社会调查报告和被告人的量刑证据;听取公诉人、辩护律师、被告人和被害人的主张和意见;等等。通过对上述内

〔1〕 但是,德国的正式公诉程序中有"开启审判程序",类似于美国的重罪预审程序和中国的庭前会议。参见《德国刑事诉讼法》第202a条至第207条。

容的听证，可以保证速裁程序符合正当程序的最低限度要求。

3.关于速裁审理的组织形式

刑事速裁程序的审理组织是保障刑事速裁程序有效运行的中枢。美国的辩诉交易和微罪审理程序都是由独任职业法官来独立行使审判权，这种方式和中国速裁程序的独任法官审理方式比较接近。德国在这方面差别较大，根据《德国法院组织法》第76条的规定，法庭应当由相同表决权的三名职业法官和两名陪审员就罪责和刑罚问题裁判。由于大部分轻微的刑事案件是由德国地方法院设立分庭审理，分庭是由两位名誉法官和一到两名职业法官共同参与裁判。[1]可见，德国刑事简易程序的审判组织形式比较复杂。考虑到中国的实际情况，特别是简易程序中独任法官的设计，刑事速裁程序的试点仍然由独任法官来审理比较合适。但是，由于刑事速裁程序的试点缺乏审理案件的详细的技术性操作规程指引，因此法官的自由裁量权比较大，容易引起权力被滥用和司法不廉洁问题。因此，刑事速裁程序的试点中，独任审判的权力监督机制应当予以完善，特别要加强刑事速裁程序独任法官在审理案件中的行为规则的制定，以避免和减少独任审判中违法、违纪和违规现象的发生。

另外，我国是否需要尽快建立专门的治安法庭来快速审理轻微的刑事案件？美国和德国在处理微罪案件上，大都采用治安法庭的方式，然而，我国和美国、德国在犯罪圈的划定上存在很大差别，因此我国设置治安法庭存在定性的困难，即治安法庭属于刑事法庭还是行政法庭，还是二者兼而有之，这是较难解决的问题。在我国，大量违反治安的案件是由公安机关来处理的，事实上公安机关本身担负了治安法院或轻罪法院的处罚功能。在刑事法体系中，目前的简易程序审理的案件相当于西方的重罪案件。这是刑事速裁程序试点中无法回避的问题。劳动教养制度废止后，我国仍然存在大量的限制人身自由的处罚，比如，对卖淫嫖娼的处理、强制戒毒治疗、限制人身自由的行政拘留处罚等仍然是由

---

〔1〕 参见［德］科劳斯·缇德曼：《德国刑事诉讼法导论》，载《德国刑事诉讼法典》，宗玉琨译注，知识产权出版社2013年版，第36页。

公安机关单方面决定，这与国际人权标准仍然存在相当的差距。这些领域迫切需要解决对限制人身自由的行政处罚司法化问题。从实践的需求来看，我国有必要通过建立刑事治安法庭或治安法院来专门审理轻微的刑事案件和治安违法案件，以统筹解决后劳教时代的限制人身自由司法化问题，这不仅应当实现刑事处罚与行政处罚的无缝对接，也要实现司法程序上的无缝对接。当然，刑事速裁程序的试点，并不意味着当下要立即创设治安法庭或者轻罪法院，但是至少可以为治安法庭或轻罪法院的创设和程序设计积累些经验。

刑事诉讼法不可能是封闭的程序体系，开放和多元的程序是现代诉讼制度发展和进步的常态。在多元和开放的刑事诉讼体系中，刑事诉讼的手段和目的之间的关系将会更加均衡。提倡和实行“简约的法律”，是现代法律回应社会日益复杂化的必然趋势。[1]中国刑事速裁程序试验性立法的试点，通过司法再造来简约法律程序以构造新的诉讼程序，将使中国的刑事诉讼法律更加多元化，也更加体现公正与效率的有机统一。

---

〔1〕 参见［美］理查德·爱波斯坦:《简约法律的力量》，刘星译，中国政法大学出版社2004年版，第29页。

第七章　民事诉讼制度改革

民事诉讼改革作为我国司法改革的重要组成部分，直接关系普通群众的切身利益。十八届三中全会、四中全会《决定》所涉及的民事诉讼司法改革主要包括立案制度、公益诉讼制度和执行制度，此外还涉及证据等制度。本章重点讨论立案制度、公益诉讼制度、庭审制度、民事诉讼的科技化改革、禁反言原则、当事人真实陈述义务和刑事判决在民事诉讼中的预决力规则。

第一节　立案登记制的创建与民事起诉状的改革

一、立案登记制的创建

党的十八届四中全会《决定》第四部分提出，"保证公正司法，提高司法公信力"。其中第2项提出，"改革法院案件受理制度，变立案审查制为立案登记制，对人民法院依法应该受理的案件，做到有案必立、有诉必理，保障当事人诉权。加大对虚假诉讼、恶意诉讼、无理缠诉行为的惩治力度"。2015年2月最高法《民诉法解释》第208条规定："人民法院接到当事人提交的民事起诉状时，对符合民事诉讼法第一百一十九条的规定，且不属于第一百二十四条规定情形的，应当登记立案；对当场不能判定是否符合起诉条件的，应当接收起诉材料，并出具注明收到日期的书面凭证。需要补充必要相关材料的，人民法院应当及时告知当事人。在补齐相关材料后，应当在七日内决定是否立案。立案后发现不符合起诉条件或者属于民事诉讼法第一百二十四条规定情形的，裁定驳回起诉。"2015年4月中央全面深化改革领导小组第十一次会议审议通过的《关于人民法院推行立案登记制改革的意见》提出，"为充分保障当事人诉权，切实解决人民群众反映的'立案难'问题，改革法院案件受理制度，变立案审查制为立案登记制"。立案登记制的实施不仅使我国的起诉受理制度发生了革命性变化，而且对整个诉讼程序的运行产生了重大影响。

（一）立案登记制的概念及其意义

所谓立案登记制，指的是在当事人起诉后，人民法院应当将该起诉的意思表示记录下来，并以此为起点，将由于该起诉而形成的民事案件纳入司法审判轨道进行处理。这可称为"回应型立案"，又称为"柜台式立案"，在当事人的起诉和法院的立案之间，实现了"零距离"，起诉就要登记，登记就意味着立案，立案就标志着诉讼程序的开端。与此前的立案审查制相比，立案登记制有一个重大区别：这就是法院对于当事人的起诉不再进行法律意义上的"审查"，而是见到起诉状就照单全收，将当事人的起诉登记在册。至于当事人的起诉是否符合《民事诉讼法》第119条所规定的起诉条件，则是在立案登记后加以审查判断的事，而非在立案前所需解决之事。过去依照民事诉讼法对起诉条件所进行的审查客观上依然保留，只是在时间上被安排在"立案"这个程序点之后。从这个意义上可以说，民事诉讼法所规定的立案受理制度被现在的立案登记制所取代了。立案登记制取代立案审查制具有重大而深远的意义，主要表现在：第一，保障了诉权。实行立案登记制的本质意义就在于将法院的大门打开，让当事人鱼贯而入，畅通而进，诉权由此获得有力保障。第二，缓解了上访信访压力。实行立案登记制有利于避免部分潜在的上访信访案件，这不仅有利于社会纠纷和冲突的化解以及社会和谐秩序的构建，而且也实现了法院职能的宪法性回归，同时也改善了法院的形象。第三，促成诉讼程序优化改革。实行立案登记制，将诉讼程序的始点大大提前了，原告起诉之时，就是诉讼程序开始之时，二者呈竞合状态，诉讼程序的内在构成获得了极大优化。

（二）立案登记制的程序操作

首先，立案登记制的“审查”。“审查”这个概念带有浓厚的行政化色彩，在民事诉讼法上应当尽量减少对它的使用，立案登记制的一个功能就是消灭对于起诉的所谓“审查”。因此，原告向法院递交起诉状后，法院不得对它进行审查，而只能做表面的“察看”，其依据是《民事诉讼法》第121条关于起诉状格式和记载内容的要求。其次，不予登记的情形及其救济。法院对当事人的起诉有四种情形可以不予登记：一是当事人的起诉，完全不符合《民事诉讼法》第121条所规定的起诉状的格式要求。比如经法院察看，原、被告当事人有一项或两项亏缺，令当事人补正而仍旧缺乏。或者说，起诉状的记载内容过于简约，没有指明诉讼请求、事实理由以及相关的管辖法院等，这种起诉法院就无法登记。二是起诉状中缺乏签名或者当事人的身份证明有缺陷，起诉者究竟为何人，无法确认。但被告身份证明有缺陷，不在此列。三是诉讼代理人的身份证明有缺陷，或者授权委托书缺乏或存疑。四是起诉者未按法定标准预交诉讼费用，但同时提出诉讼费用“缓减免”申请的除外。为防止由“立案难”变为“登记难”，法院应当将不予登记的案件全面公开，说明为何不予登记。当事人对此可以申请法院复议，同时人民检察院应当加强监督。再次，登记后的送达、答辩与审理。登记后法院应及时将起诉状副本发送给被告，被告由此进入诉讼，诉讼中的二造对立格局由此形成。被告进入诉讼后就开始行使答辩权，其答辩的内容分为程序问题与实体问题两类。若有关于起诉权成立要件的程序问题答辩，从而与原告的起诉形成争点，法院即应启动审判权加以判断和解决。此时《民事诉讼法》第109条便发挥作用，成为法院审理判断的依据和准绳。这就完成了“程序问题实体化”“立案问题本案化”的转换过程，而这种转换标志着民事诉讼法的进步。最后，统一使用“驳回起诉”这种解决方式。法院对登记后的案件就起诉权的成立条件是否具备问题进行审理，如果认为原告的起诉不符合《民事诉讼法》第109条的规定，则作出驳回起诉的裁定，诉讼程序就此停止；原告对该裁定可以提出上诉。反之，若认为原告的起诉符合《民事诉讼法》第109条的规定，法院则继续审理本案的实体问题。

（三）实行立案登记制的问题及其解决

首先，关于立案庭的功能转换问题。既然用“立案登记制”取代了“立案审查制”，需要技术含量的立案审查即无必要，而仅需要对当事人的起诉进行表面的“察看”，然后进行登记，这种工作量根本无须现在这种规模的立案庭来做。笔者认为，一般的法院仅需用2~3人从事立案登记工作即可，相应的机构可称为“登记中心”或“登记部”。其次，关于立案调解的问题。由立案登记制取代了立案审查制，立案前进行调解的时间缝隙一点也不剩了。因此，“立案调解”的做法应当摒弃。《民事诉讼法》第122条关于“优先调解”的规定，不宜解释为“立案调解”，在实行立案登记制后，该条可以继续发挥作用，不影响其效力。再次，关于立案受理制度的存废问题。改为立案登记制后，法院只能作出不予登记的决定了，因而“不予受理的裁定”应当弃而不用。立案受理制度虽然还存在，但其含义等同于立案登记，这样一来，“立案”“受理”和“登记”这三个词的含义便不存在实质性差异了。最后，关于繁简分流的问题。在基层法院，所有的案件均可以用简易程序开始，在诉讼进行到一定程度时，如有必要，则可实行程序转换，案件继而按普通程序进行。但如果案件按照级别管辖处在中级及其以上法院，其审判则完全按照普通程序进行，这就不存在繁简分流的问题。

（四）立案登记制的改革效果及应对措施

立案登记制的实施切实保障了当事人的诉权，使“司法为民”的政策得到了落实，有效地抑制了以行政权替代司法权现象的蔓延，此乃我国在保障人权方面的一大进步。但是，立案登记制使法院受理一审民事案件的数量激增，未审结的积案量进一步扩大，审判力量的薄弱和审判资源有限的体制问题进一步突出。“自2015年5月1日实行立案登记制改革以来，全国法院登记立案秩序井然，案件入口更加畅通。从全国总体情况来看，截至2016年3月，全国法院登记立案数量1420万件，同比增长

28.44%。其中，民事起诉979万件，同比增长25.40%。”[1]与此同时，本次司法改革中法官员额制的推行使司法人员的分类更加精细化，由此在一定层面上造成办案人员的有限，这与立案登记制实施以来的案件数量大幅度上升形成冲突，进一步加剧了长期以来的“案多人少”的矛盾。不过同时也要看到，本次司法改革对法官的考评机制也进行了较大力度的科学调整，本着从对司法规律的尊重出发，部分法院对结案率的考评指标予以取缔，理性看待通过正常渠道进入法院但因正常原因未能审结的案件所具有的现实性和合理性，为立案登记制所带来的程序入口后难题提供了程序出口性保障。为此，立案登记制本身具备制度设计的合理性，能够与我国现有的诉讼构造和具体国情相吻合。对立案登记制的实施应置于整体诉讼改革的宏观视角之下，正确审视并积极面对该制度运行所带来的暂时性困难。

二、民事起诉状的功能转型与内容再造[2]

立案登记制的贯行离不开对审前程序各个组成部分的程序功能的通盘考察和整体安排。起诉状作为诉答程序中比较重要的法律文书，其功能的转型和内容的设计关系到审前程序功能的实现以及立案登记制改革的进程和效果。

起诉状作为开启司法程序的钥匙，其功能的界定与内容的设计，一直备受关注。比较法的研究成果已经显示，不同国家在不同历史时期对起诉状在内容与形式方面的要求有很大的变化。其原因很难简单归结为立法的进步或倒退。我们认为，起诉状作为诉答程序最为重要的法律文书，它的内容仅是其承载的程序功能在诉讼上的“投影”，而起诉状的程序功能又是由诉讼的构造、诉答程序的功能、诉讼标的及判决效力制度等多方共同决定的。因此我们将首先分析影响起诉状的功能与内容

[1] 参见盖琳、申亚欣：《立案登记制改革实行一年，全国法院立案数同比增三成》，载《人民日报》2016年5月11日。

[2] 起诉状在各国的诉讼制度中有不同的称谓，日本称为诉状，德国称为起诉书，法国称为传唤状，英国称为案情陈述书，美国则称为起诉书。

的外部因素，探讨对起诉状内容的不同的立法要求形成的原因，并在此基础上对我国起诉状功能的定位与内容的设计提出建议。

(一)我国民事起诉状在功能定位与内容设计方面的问题及原因

1.存在的问题

根据我国《民事诉讼法》第121条的规定，起诉状应当记明下列事项：当事人的基本情况，包括原告的姓名、性别、年龄、民族、职业、工作单位、住所、联系方式，法人或者其他组织的名称、住所和法定代表人或者主要负责人的姓名、职务、联系方式；被告的姓名、性别、工作单位、住所等信息，法人或者其他组织的名称、住所等信息；诉讼请求和所根据的事实与理由；证据和证据来源，证人姓名和住所。

从立法方面来看，我国《民事诉讼法》对起诉状内容的规定似乎与大多数国家的规定没有本质区别。然而，一元化的民事诉讼结构与司法实务中的一些习惯性做法导致我国民事起诉状在功能的定位与内容设计方面存在以下的问题：

首先，过分关注起诉状对法院审判管理的辅助功能。我国民事起诉状的一个重要功能是提供当事人的相关信息，以便法院对管辖权的有无作出判断，同时也为案件受理后的送达工作提供保障。所以在司法实践中，民事起诉状的此部分内容均会得到法院的高度重视，进而成为审查起诉工作的重点。如果原告不能提供相对准确的被告方的信息，法院往往可能以被告不明确为由，拒绝受理案件。但从国外的立法情况来看，起诉状的信息提供功能仅被视为起诉状的一项辅助功能，而不是民事起诉状功能的最核心部分。比如，按照美国某些州的民事诉讼法的规定，如果原告在起诉时不能准确确定被告的名称，可以以不准确的指称起诉，比如："被告，约翰·杜，真实姓名暂时不知。"在原告提起诉讼后，再通过证据开示确定被告的真实名称。同时，如果被告有数人，也允许原告以能够准确确认身份的被告提起诉讼，并在诉讼过程中在逐步确认其他被告的身份后补充和修改起诉状。[1]虽然造成这种差异的主要原因在

---

〔1〕 See Thomas A.Mauet, *Pretrial*, Aspen Publishers, 2005, p.115.

于，中国的法院担负着送达的工作，而在美国的民事诉讼中，送达则主要由当事人完成。因此，我国的法院在审查起诉状的过程中不得不考虑案件送达的便利性与可能性。然而，笔者认为，在《民事诉讼法》明确规定送达工作由法院完成，并且规定了公告送达这种送达方式的前提下，部分法院完全依赖原告提供送达信息，不协助进行任何调查即以原告不能在起诉状中提供被告准确信息为由不予受理的做法是值得商榷的。

其次，事实陈述模糊。如前所述，两大法系国家虽然有不同的审理结构，对民事起诉状诉讼功能的定位也不尽相同。然而，在提高诉讼效率的压力下，均要求原告在起诉状中陈述事实的细节，而不是笼统地提出结论性的事实主张。事实的细节不仅是使事实得以特定化的要素，更为对方当事人对案件进行准备提供了机会与可能。“陈述事实的细节而非结论”这一要求几乎已经成为各国的民事诉讼法对起诉状的通常要求。美国即便在实行通知诉答的阶段，其《美国联邦民事诉讼规则》第9条也要求主张欺诈、错误、特定损害的原告详细陈述事实的细节，而非仅仅陈述事实的结论。[1]比如，在主张欺诈的案件中，原告必须详细陈述被告如何使自己产生了错误的认识，而不是简单主张“被告明知自己对财产无权处分仍与原告签订买卖合同”。[2]在事实陈述的方式方面，美国的规则要求原告对于事实的每一个情境单独分段陈述，这样有助于帮助被告识别原告攻击的重点和角度。

对比我国的情况，立法对于当事人在起诉状中对于事实描述的具体化程度并没有明确的要求。司法实践中，法院对于原告的事实陈述是否足以使案件特定化并使对方当事人有所准备，也没有给予足够的关注。在起诉状的事实陈述方式方面，原告通常按照时间顺序，按照纠纷发生、发展的经过展现事实。从原告的叙述中，被告很难直观地了解原告攻击的重点。同时，原告也习惯于模糊地陈述事实的结论而非支持结论的细节。比如，在离婚诉讼中，原告在起诉状中陈述“被告婚后行为不检，与多名异性有染”这一主张就是一个模糊的结论性主张，基于此主张，被

---

〔1〕 See Thomas A.Mauet, *Pretrial*, Aspen Publishers, 2005, pp.124, 125.

〔2〕 Ibid., 125.

告几乎无从防御。因为无论从"被告'从未'与其他异性有染"还是从"'被告未与'多名'异性有染'"的角度进行防御，其成本都是很高的，甚至是不可能的。正确的陈述方式是详细陈述被告与多名异性有不正当关系的具体事实，以便于被告进行防御。在司法实践中，法院在审查起诉状的过程中，对于原告模糊的结论性描述也很少予以纠正，而是期待依靠之后的程序澄清，这样做的代价就是难以在诉讼程序进行的早期阶段明确争点，而只能采取边审理、边整理争点的分散式的审理方式。

再次，过分强调起诉状对案件事实的法律分析和法律"定性"。在世界范围内，除了法国以外，多数国家的民事诉讼法并不会要求原告在起诉时专门陈述支持其诉讼请求的法律理由。[1]因为按照"法官应当知法"的一般原理，当事人对法律的理解并不能拘束于法院。所以如果在司法实践中出现当事人陈述的法律理由不能够支持其诉讼请求时，法官如果认为其他法律理由可以支持原告的主张，则法官可以不受当事人关于法律理解的拘束，经过释明，直接以其认为正当的法律理由作为判决的基础。而在我国，原告必须在民事起诉状中陈述法律理由的要求显然与大多数国家的立法规定不一致。同时，也与我国当事人法律素质普遍不高、律师代理尚不普遍的现状不符。

复次，立法虽然要求原告在起诉状中陈述法律理由，但是司法实践中，法院在审查起诉时并不关注原告起诉状中对于法律理由的陈述，而是更加关注原告对于纠纷法律性质的界定，这表现为一些法院通过制作格式化的起诉状要求原告在起诉时准确地界定本案的案由。根据2008年《最高人民法院关于实施〈民事案件案由规定〉的通知》，民事案件案由的表述方式原则上确定为"法律关系性质"加"纠纷"。案由制度的存在以及实践中法院要求原告在起诉状中确定案由的做法无形中强化了起诉状在界定争议的法律性质方面的作用。这无疑对原告的案件预判能力提出了很高的要求。不仅如此，在实践中案由一旦确定，一般情况下在诉讼过程中是不允许当事人随意变更的。根据诉讼法及相关实

---

〔1〕《法国民事诉讼法》第56条规定，原告向法院提交的传唤状应当写明诉讼标的并陈述理由。参见《法国新民事诉讼法》，罗结珍译，中国法制出版社1999年版，第15页。

体法的规定，案由的选择将很有可能决定案件审理过程中的举证责任的分配、实体权利的救济方式和救济范围等一系列具体问题，会对当事人的权利产生重大的影响，甚至有可能决定诉讼的结果。而对这样一个重要的问题，要求原告在起诉状中就作出选择，对于原告而言，显然承担着很高的诉讼风险。

最后，起诉状内容欠缺灵活性。如前所述，当今各国民事诉讼法对民事起诉状的基本要求是，起诉状应当提供足够的事实细节，以方便被告对诉讼进行准备。同时，在大陆法系国家由于起诉状界定了法院的审理范围，甚至可能决定既判力的生效范围，因此对于起诉状的变更，必须遵循一定的程序，而不能任意为之。这样，对于提起诉讼的原告而言，必须充分预见其起诉状的内容对其权利可能产生的实质性影响，并有针对性地制定诉讼策略。这使提起诉讼的原告相较于被动应诉的被告必然承担了更多的诉讼责任与风险。因此为了缓和起诉状对原告诉讼行为的拘束作用，各国在民事诉讼程序中采取了不同的应对措施。比如，《美国联邦民事诉讼规则》第8条d款第2项明确允许当事人提出两项或两项以上可替换的或猜测型的事实主张。〔1〕大陆法系国家则通过预备诉的合并制度，明确赋予当事人在同一程序中提出替代性事实主张的权利。〔2〕《德国民事诉讼法》允许当事人在不变更诉的原因的前提下，补充或更正事实主张。〔3〕而日本则在实务中亦允许当事人提出假定性的主张。比如，允许原告提出“自己对于某物所有权的取得是基于买卖关系，假定不是依据买卖而取得所有权，那么就是依据时效而取得所有权”。法院在审理假定性主张时，不必依据主张在实体法上的逻辑顺序，而可以采用其中易于审理或易于形成判决的主张来作出判决。〔4〕

---

〔1〕 See *Federal Civil Judicial Procedure and Rules*, Thomson Reuters, 2010, pp.82, 83.

〔2〕 诉的预备合并是指原告考虑到其所提起之请求有可能一举不足或者理由不能够成立，而同时提起不同的他请求，以备第一位请求无理由时，要求就他请求进行裁判。参见张永泉：《民事之诉合并研究》，北京大学出版社2009年版，第28页以下。

〔3〕 参见《德意志联邦共和国民事诉讼法》，谢怀栻译，中国法制出版社2001年版，第63页。

〔4〕 参见［日］高桥宏志：《民事诉讼法——制度与理论的深层分析》，林剑锋译，法律出版社2004年版，第375～376页。

然而，在我国当前情况下，《民事诉讼法》赋予原告的自由诉讼的空间极为有限。诉的预备合并制度尚未得到立法与司法实践的认同；对于原告在起诉状中提出的假定性的主张，在实务中也很有可能被以“请求不明确”为由驳回；对于原告修改起诉状内容的时间与程序，《民事诉讼法》亦未作出具体规定，仅在《最高人民法院关于民事诉讼证据的若干规定》中规定，当事人申请变更诉讼请求的，应当在举证期间届满前提出申请。凡此种种与起诉状对法律分析和法律“定性”的过分强调相结合，强化了民事起诉状对原告的拘束力，限制了原告自由诉讼的空间。加之《民事诉讼法》并未对被告提出强制答辩要求，由此导致了原被告关系的失衡。

由我国民事起诉状存在的上述问题可见，我国立法及司法实践在民事起诉状的功能定位方面更加注重起诉状在法院事务管理方面的作用，而非其对案件审理本身需要的满足。法院对于原告起诉状审查的重点主要包括：当事人是否具有诉讼主体资格，以确定是否具备起诉条件；当事人的信息是否完善，以方便送达；案件的性质是什么，以方便确定案由或帮助法院明确管辖；诉讼请求的金额是否符合受诉法院级别管辖的标准；等等。而对于起诉状的核心部分，即原告的事实陈述是否足以使案件特定化，是否为被告进行案件的初步准备提供了必要的信息，则不是法院审查工作的重点。由此，必将导致由于起诉状实质内容的空洞化，程序功能的虚化，并进而使被告难以通过答辩状对起诉状的内容进行实质性的回应，当事人也无法通过诉答程序形成攻防的基本态势，诉答程序作为民事诉讼程序起点的“预热”作用难以充分发挥。同时，起诉状内容的灵活性欠佳，也势必会导致原告相对于被告将承担更大的诉讼风险。

2.问题的根源

笔者认为，造成我国民事起诉状内容与功能方面问题的原因主要有以下两个方面：

一方面，审前程序不完善，审前程序的各个环节分工不明确，导致对民事起诉状的诉讼功能定位含混。如前所述，民事起诉状的功能和内容在很大程度上取决于对审前程序功能的理解以及审前程序各个环节分工的细化。在传统的大陆法系民事诉讼程序中，审前与审理程序没有严格区分，也没有真正意义的争点整理程序，起诉状并没有被赋予争点整理的功能，所以立法者对起诉状的形式化要求和法律论证的要求多于对起诉状提供事实细节的要求。只是到了近现代，出于提高审理效率的考虑，大陆法系各国纷纷加强审前程序的建构，甚至逐步确立了独立的争点整理程序，因此才将起诉状视为为准备程序进行初步准备的文件，对于起诉状内容、细节的要求逐步完善。在美国，法典诉答被通知诉答取代的背景也在于，审前程序各个环节的分工逐步明确，诉答程序不再担负争点整理的功能，因此，法律对于起诉状内容的要求逐步放宽。

然而，在我国，审前程序的构建尚未完成，审前程序各个环节的功能区分也未明确。由于此种原因，起诉状在争点整理、事实特定化、提示争议内容方面的功能并未为立法所关注，亦未引起实务部门的重视，起诉状对审判程序的作用没有得到充分的体现。

另一方面，从另一个角度上来看，我国民事起诉状在功能与内容方面存在的某些问题，恰好是我国起诉程序存在问题的一个缩影。按照大陆法系国家的诉讼法理论，诉讼过程在理论上被分为三个阶段：为了让法院就诉讼进行审理、裁决，首先，诉讼必须适法提起（第一阶段），使诉讼适法提起的要件称为“起诉要件”；其次，一旦具备这一要件，事件便系属于法院，其系属在程序上必须适法（第二阶段），使诉讼适法系属所必须具备的要件称为“诉讼要件”；经过以上阶段，最后，就原告的请求进行审理、裁判（第三阶段），要使法院判定原告的请求有理，必须满足实体上的构成要件，使其主张得到认可，称为“权利保护要件”。〔1〕起诉要件、诉讼要件与权利保护要件是随着诉讼程序推进而逐步明确、深入的。而我国《民事诉讼法》在起诉条件的规定上，明显违背了诉讼进行的上述基本规律。混淆了起诉要件与诉讼要件的界限。要求法院在原告起诉阶段就对当事人适格、法院的主管与管辖问题作出判断，从而导

---

〔1〕 参见［日］中村英郎：《新民事诉讼法讲义》，陈刚译，法律出版社2001年版，第152页。

致了起诉的“高阶化”。[1]起诉条件设置的错位直接导致了法院对民事起诉状内容审查重点的偏移。法院必须通过起诉状确定法院对案件的主管与管辖，判断当事人是否适格，原告是否为实体法律关系的主体。至于起诉状记载的事实在内容上是否足以使案件特定化，并为对方当事人初步准备案件提供必要的信息，则不是法院审查工作的重点，并由此导致了起诉状的程序功能被忽视。

(二)我国民事起诉状的功能界定与内容重构

1.功能界定

如前所述，我国民事起诉状功能与内容方面存在的问题主要是由民事诉讼程序的结构性缺陷导致的。因此，欲从根本上解决问题，就必须把民事起诉状功能的界定与内容的完善置于民事诉讼程序本身完善的宏观背景之下。唯有如此，才能使起诉状的功能和内容与民事诉讼程序对其的要求相协调。

我国2012年《民事诉讼法》明确赋予了审前程序整理争点的功能，这一立法的变化为起诉状功能的转型提供了契机。2012年《民事诉讼法》第133条规定，人民法院对受理的案件，认为需要开庭审理的，通过要求当事人交换证据等方式，明确争议焦点。虽然立法的这一规定仅对审前程序的完善提供了一个框架性的构想，但是立法者对审前程序设计的思路已经基本明确，即将争点整理纳入审前程序的正式内容，寄希望于通过充分的审前准备并在整理争点的基础上促进审理的集中化。在这一整体的构想下，我国诉答程序的功能定位也逐步清晰：第一，我国诉答程序应当主要致力于促进审理的集中化，提高诉讼效率。起诉状在内容的设计上也应当有利于这一目标的实现。第二，诉答程序并没有整理争点的功能，因此起诉状仅是证据交换与争点整理的初步准备。这是我国诉答程序定位与其他一些国家诉答程序定位明显的不同之处。以英国为例，英国的民事诉讼程序中没有证据开示制度，主要依赖诉答程序，通过原被告之间的多轮的诉状交换以确定争点。在此背景下，民事

〔1〕 参见张卫平：《起诉条件与实体判决要件》，载《法学研究》2004年第6期。

诉讼法对民事起诉状展现案件事实的全面性、明确性以及真实性等方面，必然提出比较高的要求。《英国民事诉讼规则》不仅要求起诉状的事实陈述必须具体、案情声明应当附诉状明细，同时要求当事人通过事实声明的方式保证诉状内容的真实性。未以事实声明确认的，当事人不得依赖案情声明中列明的有关事项作为证据，法院可撤销未经事实声明确认的案情声明。[1]而在我国民事诉讼中，诉答程序与争点整理程序是分立的，因此诉答程序的功能定位应为：证据交换与争点整理的初步准备。初步准备意味着，起诉状在内容上足以使争议的案件特定化，并提示对方当事人原告拟使用的攻击手段即可。在这一前提下，不宜也没有必要对起诉状所记载的内容的全面性、明确性与真实性提出过高的要求。第三，起诉状并没有辅助法官筛选、过滤案件的作用，英美法系国家对诉状的此项功能定位不适合我国的情况。原因在于，在我国民事诉讼程序中并不存在一个高度当事人主义，高度消耗司法资源的审前程序。因此无须依赖诉答程序筛选适宜通过审前准备而进入正式审理阶段的案件，以控制司法资源的消耗。已经“高阶化”的立案审查制度，若再辅之以立案后的案件筛选，则事实上会进一步将起诉难的影响扩大化。

2.民事起诉状之内容重构

起诉状之功能定位决定了起诉状的内容。为了促进审理的集中化，为争点整理进行初步的准备，起诉状在内容上应做以下几个方面的调整：

（1）弱化起诉状对于法院司法管理工作的辅助作用。如前所述，目前我国民事起诉状的功能主要在于为法院的审判业务管理提供服务。因此，起诉状的信息提供功能受到较多的关注，由此加重了原告在起诉时的风险与负担。通过将起诉要件与诉讼要件相分离的方法，可以使原告在起诉时的信息提供义务得到缓解，比如，如果无法在起诉状中提供被告的准确地址或其他信息，但是只要原告能够确定一个“特定化”的被告，即满足了起诉状对于原告信息提供的要求。

---

〔1〕 参见徐昕：《英国民事诉讼与民事司法改革》，中国政法大学出版社2002年版，第134页。

(2)强化起诉状对于促进争点整理方面的作用。欲使起诉状发挥这一作用,必须强化其在提供事实细节方面的功能。如前所述,两大法系国家在提高诉讼效率的现实压力下,均要求原告于起诉状中提供案件事实之细节。至于哪些事实的细节应被详细陈述,各国的要求不尽相同,总体而言,英美法国家对于事实陈述详细程度的要求更高。英国要求事实之详细程度应达到明确说明诉因所依赖的全部事实,并使对方足以进行答辩的程度。[1]美国近年的标准要求原告的陈述达到使其诉讼请求有“合理依据”的程度。同时立法或实务中要求对欺诈、诽谤、环境诉讼、就业歧视引发的诉讼、专利侵权诉讼等涉及的重要事实的陈述,达到较高的具体化程度。[2]德国在理论上曾有“实质性理论”与“具体化理论”之争。前者认为原告在起诉状中的事实陈述应达到“能够推导出诉讼正当性结论所必需的”事实,而后者则认为,作为诉讼理由,原告只要能够说明产生自己诉讼的法律关系与其他法律关系相区别的特征即可。德国现在通说的理论认为,原告的陈述应当达到说明哪一个事实发生了诉讼系属,并将该请求权明确到可以与其他请求权相区别的程度。[3]总之,国外的立法经验提示我们,起诉状的事实描述应达到使案件特定化的程度是对起诉状事实陈述部分的基本要求。我国在没有赋予诉答程序争点整理功能的背景下,不必要求起诉状的事实陈述达到充分、明确的程度。但是,在复杂的案件中或针对某些重要的,或往往会成为争议重点的事实,比如,对于被告实施侵权行为的方法和经过的事实,可以借鉴美国的立法经验,要求原告详细阐述之。

最后,应当在特定化、具体化的事实陈述与简洁的事实陈述之间取得平衡。要求原告陈述事实的细节而非结论,亦可能导致事实陈述的反复,增加法院和对方当事人审查、阅读的压力与负担。然而,纠纷发生

---

〔1〕 See Stuart Sime, *A Practical Approach to Civil Procedure*, Oxford University Press, 2005, p.139.

〔2〕 See Christopher M.Fairman, The Myth of Notice Pleading, *45 Ariz.L.Rev.*, 2003, p.987.

〔3〕 参见[德]罗森贝克等:《德国民事诉讼法》(下),李大雪译,中国法制出版社2007年版,第686页。

的背景，某些间接事实，甚至当事人双方为解决纠纷曾做过的努力等信息对于法院进行诉前调解、分流案件、适用不同的程序，是很有价值的。对此，日本民事诉讼的做法具有借鉴价值。《日本民事诉讼法》以“训示规范”的方式，要求原告将能够支持其请求的更大范围内的事由或者能够作为请求的间接性原因的事实也记载在诉状上，以使起诉状能够提供案件事实乃至纠纷的背景情况的信息。[1]我国民事诉讼法亦可效仿此种做法，允许当事人在简洁陈述案件事实的同时，以附录形式提供与案件相关的具体信息。

（3）弱化起诉状的法律论证的要求。大陆法系的多数国家要求原告在起诉状中明确诉讼标的，少数国家甚至要求原告陈述支持诉讼请求的法律理由。我国的法律推理方法及诉讼标的、既判力理论与大陆法系国家具有更大的相似性。这就决定了，我国民事起诉状更加偏重于对事实的法律论证而非对事实本身的细节化描述。现有的立法将法律理由作为起诉状的一个单独构成要素，部分法院甚至要求原告在起诉状中明确案由。类似要求对原告的法律素质提出了更高的要求，事实上强化了原告进行法律论证的义务，与法国的做法颇为相似。然而，在大陆法系国家，要求原告在起诉状中明确诉讼标的或进行法律论证是以比较完善的律师强制代理制度为保障的。法国是实行律师强制代理的典型国家，在大审法院进行的诉讼，除了亲权丧失案件、商事租赁案件、海关案件、公有财产案件以及税收争议案件之外，都要求当事人必须选任律师代理诉讼。[2]德国并非在所有的案件中都要求律师强制代理，但是《德国民事诉讼法》第78条规定：“在州法院必须有初级法院或州法院许可的律师，在所有上级法院必须由受诉法院所许可的律师作为诉讼代理人进行诉讼。”[3]在德国的司法实践中，诉状通常都是由律师起草的。在非属于强制律师代理的案件中，原告可以决定不聘请律师，由法院职员为其起草

〔1〕 参见王亚新：《对抗与判定——日本民事诉讼的基本结构》，清华大学出版社2002年版，第31页。

〔2〕 参见［法］洛伊克·卡迪耶：《法国民事司法法》，杨艺宁译，中国政法大学出版社2010年版，第371～373页。

〔3〕 《德意志联邦共和国民事诉讼法》，谢怀栻译，法制出版社2001年版，第16页。

诉状。[1]

我国民事案件并未采行强制律师代理，律师人数占人口比例偏低的现实状况决定了绝大多数民商事案件的原告是在没有专业人员的帮助下进行诉讼的。因此，对于起诉状的法律论证提出较高的要求是没有现实基础的。即使在大陆法系国家，除法国外，也并无其他国家要求原告对案件事实进行法律论证。《德国民事诉讼法》已不再将法律理由作为诉讼合法的必要条件。[2]《日本民事诉讼法》虽然也要求原告在起诉状中指明请求的原因，但是其“请求的原因”仅指使诉讼标的的权利关系之存在（请求），具备理由之事实，而并非指法律上的依据。[3]因此我国民事诉讼法亦应取消要求原告于起诉状中专门陈述法律理由的规定，以减轻原告的诉讼负担。

（4）根据案件类型的不同，对起诉状的事实陈述方式作出类型化与格式化的要求。大陆法系国家的诉讼传统与思维逻辑似乎决定了我国原告在起诉状中陈述的事实应是“法律事实”而非“自然事实”。然而，当事人的法律素质以及律师代理的现状却并不支持这样的结论。应当如何在逻辑理性与司法现实之间取得平衡是我们在设计起诉状的内容时，不得不考虑的问题。对此，我国台湾地区的“民事诉讼法”提供了可供参考的解决方案，即为便利当事人适用简易程序及小额诉讼程序，明定原告于起诉时，可以仅表明请求之原因事实，也可将法律关系作为诉讼标的提起诉讼。比如，甲于某日将其所有之车出租于乙，租赁期限届满后，乙拒绝返还。此时，无论原告以请求返还所有物之事实起诉，或以整个纠纷事实起诉，都是可以的。原告只要表明原因事实，诉即为合法，至于该原因事实该当于何项权利义务或法律关系，乃属于法官依职权适用法律之范围，不能因原告未主张某特定权利，即不依其所主张之

〔1〕参见［德］Dagmar Coester-Waltjen and Adrian A.S.Zuckerman：《律师在德国民事诉讼中的角色》，载［德］米夏埃尔·施蒂尔纳：《德国民事诉讼法学文萃》，赵秀举译，中国政法大学出版社2005年版，第451～452页。

〔2〕参见［德］罗森贝克等：《德国民事诉讼法》（下），李大雪译，中国法制出版社2007年版，第686页。

〔3〕参见［日］新堂幸司：《新民事诉讼法》，林剑锋译，法律出版社2008年版，第157页。

事实以判断何种权利存在，而违背法官知法原则。[1]我国台湾地区“立法”的这一变化以“诉讼标的相对论”为理论支撑，该理论认为诉讼标的的确定，应以两造当事人经由诉讼程序所为之诉讼行为，经审判长阐明权之适当行使，共同加以决定。首先由原告划定诉讼标的之范围，在诉讼程序进行中，诉讼标的之范围则随着双方当事人之诉讼行为而发生变化，最后在判决时确定其范围，并据以划定既判力之客观范围。[2]

台湾地区理论研究的成果及立法的变化提示我们，如果固守旧的理论，坚持以实体法律关系作为起诉状的核心内容，势必会造成理论和立法与实践的脱节。因此可以考虑在简单的民事案件中，或者在原因事实与实体法律关系具有较强的契合性的案件中，比如在婚姻、家庭、继承、劳动争议等纠纷中，允许当事人自由选择以自然事实或法律事实作为诉讼标的提起诉讼，以缓解对事实进行法律分析的苛刻要求。在此类诉讼中，原告只要陈明原因事实（自然事实），即可满足起诉的合法性要求。

对于比较复杂的、专业化程度较高的、实践中律师代理的比例也较高的民事案件，比如公益诉讼类案件、海商和海事案件、知识产权争议案件，可以规定原告应当在起诉状中阐明诉讼标的，并就案件涉及的间接事实和证据进行详细的说明。在此类案件起诉状的事实陈述方式方面，应当采用主要事实与间接事实分别陈述的方式，在明确主要事实的基础上，分别陈述证明主要事实的间接事实，而非按照时间顺序陈述争议的发生过程。这样做的好处在于，通过对事实的梳理，明确提示原告的攻击方法和手段，以便被告进行准备。同时，在强化原告的事实主张责任的同时，应当规定被告的强制答辩义务，否则起诉状在争点形成方面的辅助性功能将无法真正得以体现和落实。

此外，对于常见于各种类型的案件中并且通常会成为争议焦点的被告存在侵权、违约行为的事实，应当附详细的细节说明，以促进争点的形成，并使被告有可能就此问题进行充分的准备。也可以考虑就常见的民事案件提供格式化的诉状，指引当事人提供特定的信息，以促进争点

〔1〕 参见许士宦：《新民事诉讼法》，北京大学出版社2013年版，第71页。

〔2〕 参见黄国昌：《民事诉讼理论之新展开》，北京大学出版社2008年版，第351～357页。

的明确。

(5)增强起诉状的弹性,为原告提供更加广阔的自由诉讼的空间。如前所述,西方国家对于起诉状虽然从特定审理对象、提供细节甚至法律论证方面提出了要求。但是对于原告在起诉状中提出替代性请求、猜想性请求,均持宽容态度,或允许原告一定程度的对起诉状内容的变更权。我国亦有必要通过诉的预备合并制度或猜想性请求的许可,赋予原告在诉讼中根据案件的具体情况,灵活实施诉讼策略的空间与可能,以弱化起诉状对于原告的拘束力,降低原告的诉讼风险。对此,已有学者指出,应当在原告因欠缺专业知识从而不能提供细节性事实时,或因事实发生于对方当事人或第三人的支配领域而无法详尽知晓事实经过时,允许其进行推测性的事实主张。[1]

对于在诉讼过程中,原告修改起诉状的条件与程序,亦应作出更为明确具体的规定。英国民事诉讼中允许当事人在对案件的理解发生错误时,修正诉讼文书,只要这种修正经过全体当事人同意,或者在案情陈述向另一方当事人送达之前修正,或经法院许可并支付修正引起的诉讼费用。[2]《德国民事诉讼法》则允许当事人在不变更诉的原因的前提下,补充或更正事实主张。[3]从国外立法的趋势可以考虑允许我国原告在法庭辩论终结前,在不改变基础事实的前提下修改起诉状中的诉讼请求或间接事实的权利。

第二节 检察机关提起民事公益诉讼试点相关问题

十八届四中全会《决定》提出"探索建立检察机关提起公益诉讼制度"。中央全面深化改革领导小组据此通过了《检察机关提起公益诉讼

〔1〕 参见张海燕:《"进步"抑或"倒退":美国民事起诉标准的最新实践及启示——以Twombly案和Iqbal案为中心》,载《法学家》2011年第3期。

〔2〕 参见沈达明、冀宗儒:《1999年英国〈民事诉讼规则〉诠释》,中国法制出版社2005年版,第172~173页。

〔3〕 参见《德意志联邦共和国民事诉讼法》,谢怀栻译,中国法制出版社2001年版,第63页。

改革试点方案》。2015年7月1日，在十二届全国人大常委会第十五次会议上，通过了《关于授权最高人民检察院在部分地区开展公益诉讼改革试点工作的决定》。7月2日，最高人民检察院印发了《检察机关提起公益诉讼试点方案》，试点工作正式启动。据此规定，拟试点地区包括北京、内蒙古、吉林、江苏、安徽、福建、山东、湖北、广东、贵州、云南、陕西、甘肃13省（区、市）检察院，覆盖沿海和内陆，涉及东中西部地区。试点期限为两年，自授权决定公布之日起算。目前，试点已经结束，检察机关提起公益诉讼已在2017年7月正式写入《民事诉讼法》和《行政诉讼法》。民事公益诉讼的案件范围是检察机关在履行职责中发现的污染环境、食品药品安全领域侵害众多消费者合法权益等损害社会公共利益的案件。检察机关提起公益诉讼已纳入了法治化、制度化发展的轨道，最高人民检察院、最高人民法院已有若干相关的司法解释（含“联合国司法解释”）出台，对检察机关提起公益诉讼进行具体化调整。

一、检察机关提起公益诉讼的意义

（一）有助于对公共利益和国家利益进行有效的法律保护

公共利益和国家利益应当受到法律的有效保护，然而从我国关于公共利益和国家利益保护的立法现实和司法实际来看，法律保护甚为不力。其重要原因之一就在于公益诉讼的诉权主体缺位，涉及公益保护的案件或事件难以纳入司法轨道处理，这就造成了公益受损后无法进行司法救济的“公地悲剧”。检察机关提起公益诉讼便可填补这一空白。

（二）有助于诉讼制度的完善

我国2012年《民事诉讼法》没有明确规定检察机关提起公益诉讼的制度和程序，而该制度和程序的欠缺，严重制约了诉讼制度的体系化构建，从而妨碍了诉讼制度功能的最大化发挥。

（三）有助于完善我国的检察制度

检察机关提起公益诉讼强化和优化了法律监督制度体系及其功能。检察机关行使公益诉权，提起公益诉讼，是其所享有的法律监督权的一种表现形态，是法律监督权内涵的有序延伸。通过公益诉讼的发动，检察机关对民事诉讼和行政诉讼的监督时点得以前移，监督视角发生转换，改变了检察机关在法律监督上一向所处的被动、滞后局面，形成了诉前监督、诉中监督和诉后监督的一体化格局，由此使检察机关的监督职能得以拓展，监督效应达到最大化，监督权威由此大幅提升，中国特色的司法制度由此得以进一步完善。

二、检察机关提起公益诉讼的优势

公益诉讼是与私益诉讼相对而言的，其中民事公益诉讼还可细分为刑事附带民事的公益诉讼、普通的民事公益诉讼和经济领域的公益诉讼。与私益诉讼不同，公益诉讼的一大特点就是可以提起的主体具有多元性和广泛性。除检察机关可以提起公益诉讼外，其他相关的社会团体和组织也可依法提起公益诉讼。相较于其他主体而言，检察机关提起公益诉讼更具有优势。

（一）不会缺位

检察机关是宪法所确立的专门性的法律监督机关，监督公共利益不受非法侵害是其神圣职责，而其他社会团体或组织则有可能基于各种因素无力、懈怠或推诿提出公益诉讼，但这种现象不应也不会发生在检察机关身上。

（二）不会滥权

实践表明，公益诉权如果在一开始就广泛授权，势必导致其滥用，会使该制度产生诸多负面效应。因此，在公益诉讼制度构建中，审慎地确定有限的公益诉权的实施主体，是各国立法的经验，因而是必要的。检察机关提起公益诉讼，其代表公益、维护公益而不存在任何私人动机，因而其滥用公益诉权的客观基础并不存在；尤为重要的是，检察机关提起公益诉讼要严格依法进行，同时受各种责任机制和监督机制的制约，因而能够有效避免公益诉权的滥用。

（三）专业优势

检察机关拥有法律专门人才，更有利于权衡各种法律和政策因素，精准把握提起公益诉讼的度和范围，确保公益诉讼在正确的方向下运行，使公益诉讼始终服务于国家经济、政治、社会等发展的大局和需要。

（四）证据保障

检察机关为了提起公益诉讼可以依法行使其广泛的调查核实权，收集相关证据，使公益诉讼案件得到公平合理的解决。

（五）国库支持

公益诉讼的发动，从开始准备到进行直至最后公益恢复，都需要投入较多经费，我国为社会团体和组织以及公民个人提起公益诉讼所需要的各项配套制度，如基金制度、奖励制度、免费制度以及法律援助制度等均尚待建立健全。在这些配套制度建立健全之前，寄望于检察机关以外的其他主体提起公益诉讼，并使公益诉讼产生出理想效果，尚不现实。相比之下，检察机关提起公益诉讼，则有国库给予坚强支持，其只需将公益诉讼的经费纳入同级政府的预算之中。

（六）职能多元

检察机关内部有多方面的职能机构，而各个职能机构都有一定程度上的公益保护功能，可将检察监督与职务犯罪侦查、预防、侵权渎职检察等职能结合起来，对公益诉讼从民事、行政和刑事等多个视角进行法律监督，从而形成民事、行政和刑事公益诉讼“三位一体”的多元保护模式，由此产生出监督的合力。正由于存在上述优势，也由于检察机关的法律监督机关性质所决定，检察机关提起公益诉讼可谓势所必然，也是公益诉讼制度在我国发展规律的基本体现。

三、检察机关提起公益诉讼的原则、标准和范围

1954年《人民检察院组织法》第4条曾规定：对于有关国家和人民利益的重要民事案件，地方各级检察机关有权提起诉讼或者参加诉讼。该条规定虽已失效，但对现今确定检察机关提起公益诉讼的案件类型和范围仍具有启发意义。公益诉讼纷繁复杂，覆盖领域广，检察机关并非对于所有的公益诉讼都要包揽提出，而是有所限定的。

（一）检察机关提起公益诉讼的原则

1.尊重私权原则。公益诉讼与私益诉讼往往相互混杂，如果通过私

益诉讼能够达到公益保护的目的，则应实行公民诉权优先的原则，鼓励、支持和推动因公益侵权而受损的直接利害关系人优先起诉。检察机关可以对该类诉讼进行全程监督。

2.谦抑审慎原则。检察机关在决定提起公益诉讼前，应当首先尝试其他解决途径。在决定提起民事公益诉讼前，可以督促或支持其他社会团体、组织率先提起公益诉讼，只有在无主体提起公益诉讼时，检察机关才最终提起公益诉讼。即便公益诉讼已启动，若行政机关积极作为，采取了保护公益的有效举措，则检察机关也可撤回诉讼。

3.循序渐进原则。公益诉讼所跨领域广泛，就民事公益诉讼而言，就有狭义民事、经济、社会保障等领域所产生的公益案件。对于检察机关而言，目前只能根据实际情况和条件，按照轻重缓急，采取典型突破、逐步深入、循序渐进的原则，有重点地进行公益诉讼的改革和试点。

4.最终守护原则。检察机关提起公益诉讼责无旁贷，如果其他适格主体受制于各种原因而没有提出公益诉讼，则检察机关不能坐视公益受损的事实而不顾，而必须肩负起提起公益诉讼的最终职责。在此意义上说，检察机关是公益诉讼的“守护神”和“最后堡垒”。

（二）检察机关提起公益诉讼的标准

1.公益性标准。检察机关应当紧紧围绕公益诉讼中的“公益”二字展开法律监督，提起公益诉讼。习近平总书记在中央全面深化改革领导小组会议上审议检察机关提起公益诉讼试点方案时强调指出：“检察机关要牢牢抓住公益这个核心。”因为如果偏移了这个核心，就容易导致作为公权力机关的人民检察院“入侵”私人利益甚至出现公权私用等弊端，就会使该制度走样变形。检察机关通常不提起预防性的公益诉讼，必须有损害国家利益和社会公共利益的行为和事实存在，才能提起诉讼。

2.重大性标准。检察机关所提起的公益诉讼，必须是涉及重大的国家利益和社会公益，且相关侵权行为导致国家利益和社会公益遭受了重大损失。

3.典型性标准。检察机关提起的公益诉讼，应当具有典型意义，通过该案的诉讼解决将对相应的国家立法、公共政策、执法机制、治理系统的完善产生推动作用，以达到“通过一案解决一片”的效果。

4.必要性标准。如果通过检察机关督促起诉、支持起诉、检察建议等监督手段能够达到维护公益的目的，则不宜径直提起公益诉讼，检察机关提起公益诉讼应保持在“非这样不可”的限度内。

（三）检察机关提起公益诉讼的范围

按照上述标准，可在试点中将检察机关提起公益诉讼的案件类型和范围限定在下列各种案件上：国有资产流失案件；环境污染案件；生态和资源保护案件；侵害众多消费者合法权益等损害社会公共利益的案件；其他检察机关认为有必要提起的公益诉讼案件。

四、国外关于公益诉讼的立法规定及其借鉴

公益诉讼的概念和制度可谓源远流长，早在古罗马时代公益诉讼即已存在。在罗马程式诉讼中，有私益诉讼（actiones privatae）和公益诉讼（actiones publicae populares）之分。前者乃保护个人所有权利的诉讼，仅特定人才可提起；后者乃保护社会公共利益的诉讼，除法律有特别规定者外，凡市民均可提起。

降及近代，大陆法系国家的法国首先出现了公益诉讼制度。1806年《法国民事诉讼法典》赋予了检察机关提起和参加民事诉讼的权力，并且对提起和参加民事诉讼的范围作了限定性的规定。该法典规定检察官可以参加“关于国之安宁之诉讼；关于官府之诉讼；关于属于官之土地、邑并公舍之诉讼；关于困贫人不公赠与之诉讼”，且“检察官对于其他之诉讼，若认为自己必要干预时，皆得求其诉讼之报告”。1976年制定的《法国新民事诉讼法典》对检察机关提起和参加民事诉讼的方式、途径及程序作出了较为系统的规定。

在苏联，其检察机关有权参与的公益诉讼包括：一是因国家或合作社组织特别是集体农庄中发生侵用和亏空公款行为而引起的追索款额的案件；二是为集体农庄追索债务人欠款的案件；三是集体农民不纳税或不履行国家交售义务而强制征收其财产的案件；四是对非法解雇员工

应负责任的人追索损失赔偿的案件；五是向造成企业损失的工作人员追索损失赔偿的案件；六是要求那些破坏住宅、以住宅投机或恶意不履行租赁宅地义务以及不付房租的人迁出国家房屋的案件；七是向父母强索子女送交教养的案件，以及在妇女不能适当保护自己子女权利时所提出的确认父子关系的案件等。

在英美法系国家，公益诉讼同样受到立法者的重视。在英国，检察长在早期被视为国王的代表人，其有权参与的民事案件包括四类：一是涉及皇室利益的民事案件；二是告发诉讼案件；三是确认婚生和非婚生子女合法身份的案件；四是缠讼案件。1994年修订的《英国皇家检察官规则》，将"公共利益标准"作为检察官提起公益诉讼的条件之一。

在美国，检察机关参加民事诉讼的范围包括：一是美利坚合众国和各州作为原告时，由检察官起诉和应诉；二是涉及垄断法的民事案件；三是根据《公共权利法》提起的民事诉讼；四是1964年《美国民权法案》第902条授权联邦总检察长，只要证明案件涉及一般公共利益，即可参加私人诉讼；五是根据1960年《被监管人员民事权利法》的规定，总检察长可以参与指控教养矫正机构、精神病院和青少年教养院的案件；六是总检察长在许多州可以代表受欺诈消费的受害人提出要求恢复原状、民事赔偿的诉讼；七是检察官有权参与一方当事人是国家机关、公职人员，而且要求他们赔偿损害的诉讼。

通过对各主要国家有关检察机关提起公益诉讼的上述规定，可见其有以下几个共同点：首先，检察机关提起一定范围内的公益诉讼，不仅源远流长，而且也是各国之通例。无论是英美法系国家还是大陆法系国家，也无论是社会主义国家还是资本主义国家，到了现代社会的发展阶段，检察机关对社会公益的保护都不约而同地承担起了相应的职责。就其本质而言，公益诉讼乃是国家对社会生活进行适当干预的结果。其次，检察机关提起公益诉讼的范围都是有限度的，而不是无所限制、任意扩张的。检察机关是国家的公权力机关，它应始终恪守尊重私权、不干预私权的原则。因此检察机关只能对涉及社会公共利益或国家利益的案件进行介入和干预，区分公益与私益，对于划定检察机关的职权范围至关重要。最后，各国在立法上对检察机关提起公益诉讼都非常重视，立法相对完善。一方面，在民事诉讼法、行政诉讼法等程序法上对检察机关提起公益诉讼作出集中式的规定；另一方面，在其他法律中，对检察机关提起专门领域的公益诉讼也有所涉及。这就形成了集中立法和分散立法相结合的一种综合立法模式，这种立法模式为检察机关提起公益诉讼提供了广阔的发展空间，能够适应实践之需，与时俱进。以上这三点，对我国完善检察机关提起公益诉讼的制度不无启发价值。

五、检察机关提起公益诉讼的若干程序问题

检察机关提起公益诉讼具有不同于一般民事诉讼和行政诉讼的程序制度和规则，通过试点，要探索形成构成公益诉讼的程序要素，从而为实践操作提供一般性的程序准则，同时为将来制定相关法律法规提供指引。具体而言，检察机关提起公益诉讼在程序规则方面主要涉及以下诸点。

（一）检察机关的身份和地位问题

检察机关是作为国家利益和社会公共利益的代表人而提起公益诉讼的，与任何私益无关，因而与私益诉讼中的当事人不可同日而语，不宜称为“当事人”，也不宜将检察机关作为通常意义上的当事人来对待，不宜将其称为“公益诉讼起诉人”，而应将其确定为“民事公诉人”或“行政公诉人”。这两种公诉人与“刑事公诉人”一起，就形成了我国的完整的公诉人制度，公诉制度的体系臻于完善。作为民事公诉人，其在公益诉讼中的身份和地位是双重的：一方面，民事公诉人属于诉讼中的诉讼主体，享有诉讼当事人所应有的诉讼权利，负有诉讼当事人所应负的诉讼义务；另一方面，民事公诉人又是诉讼中的监督者，其对公益诉讼的公正高效以及法院对公益诉讼的中立客观裁判有权实施法律监督。当然，为避免民事公诉人所享有的法律监督权被不当滥用，应使其负起客观义务，并科学设置监督机制，保障其公正履职。在试点过程中，应探索逐步将检察机关在公益诉讼中的诉讼主体角色与监督者角色区别开来，分别由不同的内设机构担负。

（二）公益诉讼的案源

公益诉讼的案源有四个：一是检察机关在履行职责中发现的案件线索。如检察机关的反渎职侵权部门在查办职务犯罪时，发现公共利益或国有资产等受侵害，将该案件线索转移给民行部门进行公益诉讼。二是地方党委、人大和政府转办的案件。三是人民群众举报、控告、申诉、信访等所形成的案件。人民检察院应当构建和完善举报等信息平台，广泛收集损害国家利益和社会公共利益的案件线索，拓展公益诉讼案源，扎紧公益诉讼网络，将公益诉讼有序地纳入司法轨道来进行处理。四是有关社会组织和团体提请检察机关提起的公益诉讼。有关社会组织和团体对于公益诉讼可能“有心无力”，对于它们所提请的公益诉讼，检察机关在疏导的基础上应当全面应对，肩负起捍卫国家利益和社会公共利益的最终职责。

（三）管辖

公益诉讼的案件往往与地方利益密切相关，实践证明，公益诉讼的发动和进行也往往受地方政府干扰，因而在公益诉讼的体制和机制上尤需通过各种途径和方法力避司法的地方化。为此，除继续在人财物上进行省级统管的改革外，目前主要应通过管辖制度的灵活运用，使公益诉讼得以排除地方的干扰。具体而言，应当充分发挥上级检察院和最高人民检察院在管辖确定上的领导和支配作用，通过指定管辖、交叉管辖、集中管辖、提级管辖等制度和程序，合理确定公益诉讼的管辖检察院，确保检察机关能够顺利提起和进行公益诉讼，确保公益诉讼达到预期效果。此外，最高人民检察院还应根据十八届四中全会的要求和精神，积极探索设立跨区域的专门检察院，如环境资源检察院等，完善公益诉讼的检察体制和机制，从而使公益诉讼的法律监督职能得以稳定、有效和充分发挥。

（四）程序步骤

检察机关提起公益诉讼在步骤上分为接受申请或依职权发现案件线索、审查立案、案件评估、调查取证、诉前程序、内部协调、层报决定、确定监督方式、决定提起、法院立案、派员出庭、确定证责、提出处理建议、探索替代性解决方案、上诉或抗诉、裁判生效、付诸执行、检察建议、后续处置、案后回访、公益恢复、政策调整、行政整顿等。

（五）多措并举

检察机关提起公益诉讼并不意味着检察机关就不得采取其他合法的方式间接地维护公共利益和国家利益，比如，检察机关仍然可以督促起诉、支持起诉，仍然可以对涉及公益诉讼的案件进行全程性法律监督，依然可以对侵害公益的严重行为依据刑法规定追究相关责任人的刑事责任，依然可以对违法行使职权或懈怠行使职权的行政机关及其工作人员，采用检察建议、纠正违法通知等形式进行法律监督。在试点地区，上述这些方式可以同公益诉讼形成梯次型组合拳，按比例原则全面履行职责，捍卫公共利益和国家利益不受损害。在非试点地区，除公益诉讼外，上述各种维护公益的监督举措均可采用。尤为重要的是，非试点地区如果有涉及公益诉讼的案件，也可在省级检察院的同意下，实行对公益诉讼的交叉管辖或指定管辖，由试点地区的检察院提起公益诉讼。在试点时期，要充分保护非试点地区对公益诉讼实施法律监督的积极性和能动性，使它们在维护公共利益和国家利益上不掉队、落伍。此外，如有必要，最高人民检察院也可直接提起公益诉讼。

六、检察机关提起公益诉讼试点的目标设定与评估协调

（一）试点的目标设定

试点要有明确的目标意识，试点直接关系到检察机关提起公益诉讼这项重大改革举措的成败得失以及该制度的何去何从，改革只能成功，不能失败，检察机关推进公益诉讼的试点一定要取得理想的预期成效。为此，必须将检察机关提起公益诉讼放在检察改革乃至整个司法改革的宏观格局中谋划和实施，将它视为检察机关内部牵一发而动全身的改革，谋定而后动。公益诉讼的试点目标应确定为以下几点。其一，明确公益诉讼的范围，包括近期范围和远期范围。其二，明确公益诉讼的主体身份，包括称谓和权限。其三，明确公益诉讼的类型，这既包括纯粹的公益诉讼和混合的公益诉讼，也包括民事的公益诉讼和行政的公益诉

讼以及交叉的公益诉讼，还包括民事类的公益诉讼、经济类的公益诉讼、社会类的公益诉讼，此外还有国家利益型的公益诉讼和社会利益型的公益诉讼等。其四，明确公益诉讼中的难点和阻力。公益诉讼属于全新的诉讼形态，其在我国司法实践中的启动与推进，必将遇到诸多难题与阻力，这些难题与阻力有的处在观点层面，有的处在制度层面，还有的处在操作层面。其难点与阻力主要包括来自理论和观念的、来自立法和政策规范与指引的、来自政府部门配合的、来自社会协作的、来自检察机关人力支持和经费保障的、来自法院办案能力和组织结构的、来自公益鉴定和技术辅助的、来自基金管理与公益生态恢复的等诸多方面。这些问题的解决，需要各部门协同配合、紧密合作、通力协调、妥善化解，要克服部门保护主义和地方保护主义这两个“拦路虎”，在公益诉讼的推进中促进经济转型升级、政府行政职能转变以及执法机制优化更新，最后促使我国公益诉讼机制进入新常态，使司法力量成为捍卫公共利益和国家利益的一柄利器。

（二）试点的评估与协调

试点是联结公益诉讼实践操作和公益诉讼立法以及制度完善的桥梁，因此两年的试点期十分宝贵，从试点开始，评估和监督工作就要展开。评估机制要常态化，既包括公益案件试点区域内的评估、区域间的差异评估、公益案件类型化评估、公益案件个案评估以及公益案件动态评估，也包括公益案件的模式评估、主体评估、程序评估、效果评估以及办案质量评估，同时还包括制度评估、试点区域扩大化评估、立法评估以及综合评估等。为了进行好各种评估，有必要成立公益诉讼试点专家咨询和评估委员会，该委员会可以由检察院的人员、法院的人员、专家学者、代表委员等组成，试点结束时，由该委员会提出评估报告和立法、制度、机制等方面的建议。与此同时，尚需重视公益诉讼试点的协调和监督机制构建工作。公益诉讼会涉及方方面面的问题，需要有一个专门的机构对其试点工作进行协调和监督。建议最高人民检察院成立公益诉讼试点领导小组，同时建立由各试点单位部门负责人组成的试点协调小组。协调小组在领导小组的领导下开展工作。

七、立法完善的建议

检察机关提起公益诉讼应当于法有据。目前关于检察机关提起公益诉讼的立法依据，仅有《民事诉讼法》第55条的一条规定，而且这条规定也仅仅提到“法律规定的机关”有权提起公益诉讼，但这里的“机关”是否包含“检察机关”依然不够明确。《人民检察院组织法》尚未修改，其也未规定检察机关有权提起公益诉讼。检察机关提起公益诉讼的试点已经起航，试点结束后亟待将试点期间所积累的经验素材，通过立法化的过程上升为法律规范，从而使检察机关提起公益诉讼切实依法进行。为此，笔者认为，目前亟须将公益诉讼的立法完善工作列入议事日程，具体包括以下诸项：一是通过全国人大常委会的立法解释，对《民事诉讼法》第55条中的“法律规定的机关”作出明确解释，将检察机关提起公益诉讼的职权载明于立法解释的规范性文件中；二是在修改《人民检察院组织法》时，明确规定检察机关有权提起公益诉讼；三是在条件成熟时，修改《民事诉讼法》，将检察机关提起民事公益诉讼的职权和程序予以明确和细化规定；四是积极推动制定“公益诉讼法”的出台，对公益诉讼的司法体制、机制、制度和程序作出系统规范。

第三节　民事庭审程序优质化改革

民事诉讼庭审程序优质化改革这个题目既新又老，一方面，庭审改革作为我国民事诉讼改革、民事审判方式改革的内容，一直占据主导和核心地位；另一方面，在新一轮司法改革的背景下，民事庭审方式究竟如何改革以适应司法改革的需要，或者现代司法改革对庭审方式的改革、民事庭审程序的改革提出了什么样的要求、标准或价值期待，仍须进一步探寻。本节拟围绕民事庭章程序优质化改革这个实践中刚刚提出来的命题进行系统探讨。

一、庭审优质化改革的实践逻辑与内涵解读

(一)改革的实践逻辑

改革离不开“规律”这个关键词,改革因规律而生,沿规律而行。司法改革有其自身规律,诉讼制度也是由低级阶段向高级阶段不断发展的,诉讼制度的生命就在于其不断发展和完善,一旦停止了改革、发展和完善,诉讼制度的生命就停止了。因此,事实也是如此,我国所进行的司法改革和庭审改革,都有其内在的逻辑依据和实践的运行轨迹,并由此形成了改革的若干阶段,后阶段的改革与发展只是建立在前阶段的改革和发展的基础之上的,同时也是对前阶段的超越和创新。总体而言,我国庭审方式或庭审程序的改革主要经历了以下三个阶段。

1.庭审规范化改革

这主要是发生在20世纪90年代初,也就是在1991年《民事诉讼法》全面修订后,由最高人民法院启动进行的审判方式改革,其中对庭审方式的改革提出了进行规范化改革的要求。规范化改革的主旋律就是要落实民事诉讼法关于庭审的各项规定,使庭审在合法性、规范性、标准化等方面达到一个新的高度。这个改革也是有针对性或者指向性的,因为在1991年全面修改《民事诉讼法》以前,我国的庭审程序,在规范性、规则性或标准化方面,一直处于贫弱和模糊化状态。庭审方式比较粗疏、粗放化,受法律规制的程度较低,而且各行其是、政出多门。庭审方式、庭审程序没有一个明确的标本或者模型,庭审规范化的程度较低。

因此,1992年启动的审判方式改革就试图以庭审的规范化改革为主题来推动庭审方式的优化改革。这个规范化的主题,主要的依据就是《民事诉讼法》关于庭审程序的阶段性规定,包括审理前的准备、双方当事人的陈述、法庭调查、法庭辩论、合议庭评议,以及司法裁判文书的宣判制度等,都要纳入规范化的范围来进行调整。规范化改革虽然取得了较大的成就,使人们认识到了庭审方式改革的主要意义,庭审规范化程度也由此得到了提升,但是,此时的庭审规范化改革还停留在初级阶段,主要以形式意义上的规范化为改革的追求。庭审在形式上符合民事诉

讼法对于庭审的各项规定和要求，但实质意义上的规范化改革还没有真正展开，庭审的规范还停留在形式操作的层面，没有进入到实质化层面，庭审走过场、庭审形式化、庭审空洞化等这些问题依然存在。因此之故，庭审改革依然要继续进行，由此进入第二个阶段，此即庭审实质化改革阶段。

2.庭审实质化改革

在21世纪初开始，我国相继进行了2004年第一轮司法改革和2008年第二轮司法改革。基本都是以庭审实质化改革为主要追求目标。[1]庭审实质化的改革主要在于强调庭审对于司法裁判的决定性作用，充实庭审内容，使庭审能够在认定事实、调查证据和适用法律上起基础性、决定性作用，克服庭审走过场、庭审形式主义、庭审虚置等弊端，使庭审回归其应有的本位。这轮改革，最为著名的就是提出要当庭举证、当庭质证、当庭认证和当庭裁判，也就是所谓的“四个当庭”，此外，作为此前提的还要有一个“一步到庭”。一个“一步到庭”加“四个当庭”，构成了这轮改革的主要内容。但是，庭审实质化改革也遇到了一些问题，没有取得预期效果，并造成了反复开庭、庭审疲乏、庭审效率低等弊端。因为这些改革把注意力完全放在庭审阶段，没有能够从诉讼程序的系统性、整体性视角进行改革，而是孤立地、单独地对庭审程序进行改革，尤其是否决定了庭前准备的重要意义，使庭审程序成为无源之水、无本之木，庭审很难具有实质效果。

3.庭审优质化改革

2014年10月十八届四中全会召开后，第三轮司法改革（本轮司法改革）即正式启动。在本轮司法改革中，庭审改革依然是重要内容，但改革的目标已经从庭审实质化迈向了庭审优质化。庭审优质化改革要求应当 将庭审改革置于诉讼程序的整体结构中进行，而且应当放在司法改革的整体背景下进行，从而使庭审改革能够在真正意义上取得实质化、实效化、非空洞化等改革绩效。因此，庭审优质化改革是一个系统

〔1〕 1996年修改刑事诉讼法的任务之一就是克服“庭前实体审，庭审走过场”的弊端，实现庭审实质化。参见龙宗智：《庭审实质化的路径和方法》，载《法学研究》2015年第5期。

意义上的改革，是宏观意义上的改革和微观意义上的改革的结合。目前正在进行中的各项司法改革，其改革的最终成果，归根结底都要落实到庭审优质化的改革之中，并接受庭审优质化的检验、测试。如果庭审优质化改革没有取得应有效果，则本轮司法改革尚不可谓达到了原初目标，实现了预期价值，取得了理想效果。要而言之，本轮司法改革的汇聚点就在庭审优质化改革中。

（二）内涵解读

然而，首先需要明晰的是何为庭审优质化？什么样的庭审才可以被评价为优质化的庭审？由此产生的问题是，优质化对司法制度、诉讼制度、庭审制度的改革提出了什么要求。这需要对"庭审优质化改革"这一命题的内涵进行解读，这是庭审优质化改革的逻辑起点。这些内涵的制度化就是庭审优质化改革的最终状态。

1.以审判为中心的诉讼制度改革：制度背景

十八届四中全会《决定》推出了180多项改革举措，其中一项就是"构建以审判为中心的诉讼制度"。"以审判为中心的诉讼制度改革"是本轮司法改革，尤其是于2016年年初启动的本轮司法改革第二阶段的重中之重。前阶段司法改革的成果要逐渐融合到以审判为中心的诉讼制度改革之中。

以审判为中心的诉讼制度改革，主要是突出法院在纠纷解决中的主导作用、审判在纠纷解决中的关键作用以及庭审在纠纷解决中的核心作用。虽然以审判为中心的诉讼制度改革主要是针对刑事诉讼程序提出，但是它对民事诉讼制度以及行政诉讼制度的改革同样具有指导意义。只有在以审判为中心的诉讼制度改革的大背景下，庭审中心主义的改革才能凸显其制度价值和现实功能。如果以审判为中心的诉讼制度改革没有落脚到以庭审为中心的改革之中，或者以庭审为中心的改革未能实现预期的价值目标，那么以审判为中心的诉讼制度改革便还是一句空话。以审判为中心的诉讼制度改革的成败，关键取决于庭审程序的改革，庭审优质化改革就是为了适应以审判为中心的诉讼制度改革提出来的，或者说庭审优质化改革就是以审判为中心的诉讼制度改革的应有之义。

司法改革的逻辑是：司法改革所有的宏观意义上的改革都要落实到中观和微观层面，反过来也是一样，所有的微观和中观层面的改革，都要在宏观层面的司法改革中找到保障。具体来说，笔者认为法治改革要以司法改革为中心，司法改革要以审判改革为中心，审判改革要以庭审改革为中心。所以，以庭审为中心的改革就提出了庭审程序优质化的价值目标，由此也可以看出，庭审程序优质化改革实际上承载了司法改革的全部期待、全部价值。司法改革的其他内容，归根结底都是为了庭审程序的优质化改革，这是我们司法改革的临门最后一脚，是非常核心的改革，也由此开辟了一个窗口，即人们由此可以观察到司法改革所有的成果，包括法官自主审判、去地方化、去行政化，包括庭审规范化、司法专业化、职业化的水平和程度，包括司法为民、司法民主以及司法公开性、平等性、高效性、文明性等。这些特质和禀赋都是在庭审优质化改革中所要呈现的成果。

2.庭审在各个程序阶段中最为重要

诉讼程序作为程序的一种，和其他程序一样，都有其自身的阶段性和内在的逻辑性。庭审程序是司法程序的最后一站，也是最为关键的一环，司法程序从启动到准备到最后结出司法果实，形成了许多诉讼阶段，各诉讼阶段相互之间有内在的逻辑关系，后一个阶段是在前一个阶段的基础上发展、形成起来的，司法的程序也因此得到汇聚，在庭审程序中得到集中展现，并且为裁判文书所认可、固定化，最终予以展示，形成稳定化的司法成果，由此成为推动法治进步、构建法治秩序的“纽结”。庭审既是对诉讼程序所有成果的检阅，又是司法制度、法律制度发展和完善的一个新的起点，因此，它处在诉讼程序、司法制度乃至整个法律制度的枢纽地位和源头地位。可见，对庭审程序的改革应当置于相当的高度予以俯瞰和设计。

3.庭审的内容对司法裁判有实质性意义

庭审之所以重要，不是因为其处在最后，而是因为其内容对司法裁判能产生基础性、实质性、关键性的决定作用。如果司法裁判脱离了庭审过程，庭审不能赋予司法裁判以内容，庭审的价值就会大大贬损，最后就会被自己否定。庭审程序优质化改革的重要性便在于此。

4.庭审的综合效果达至最优

庭审将会展示司法程序全要素、全方位的效果，它不仅展示司法程序的核心要素，包括事实认定、证据展示、法律适用，还包括庭审营造的司法氛围、司法风格、司法技术、司法能力、司法人员的形象以及司法所产生的普法效果等。所有这些，构成了庭审优质化改革的综合效果。

（三）优质化内容的展开

庭审优质化是可以评估、可以衡量、可以把握的改革目标。主要包括：

1.案件审判的质量最优化

质量是裁判的生命线，低质量就意味着司法裁判缺乏生命力，追求高质量的裁判始终是庭审优质化改革追求的最主要目标。庭审的质量、审判的质量主要包括三大内容：一是庭审的实体质量；二是庭审的程序质量；三是庭审的全要素质量（或曰“制度性质量”）。要改变单纯以实体质量为标准的评价体系，事实上，离开庭审优质化的程序质量指标和要素质量指标，庭审的实体性质量指标也就失去了依托和支撑。

2.案件审判的效率最优化

案件审判不仅要快速、及时、省力、节约费用，同时也要效益最大化、效能最大化，也就是在司法投入和产出的比例上，要以最小的投入得到最优的产出，将经济学上的帕累托最优原理运用和体现在庭审中，兼顾庭审的程序利益和实体利益，尤为重要的是要确保所生产的司法产品在质量上可靠，没有冤假错案，或者说将冤假错案控制在最低限度。讲效率不能离开公正这个质量，只有在公正的基础上，才有效率可言。

3.当事人的司法获得感最优化

当事人在庭审程序中是否感到满意，是否心悦诚服，其信赖度如何？这是检验庭审优质化改革是否成功的根本标准。庭审优质与否，这不是法院说了算，而最终取决于与当事人对司法程序的内心感受，因此当事人是衡量庭审优质化及其程度的话语主体。为此，需要建立当事人给法官打分的制度，在每次庭审后，尤其是在最终的庭审后，要将优质化的具体指标通过表格的形式发给当事人打钩、打分、写评语。这就是司法中的民意测验。比如在有的国家，每当陪审团审判结束，当事人都可获得一张民意测验表来发表对庭审的意见。通过民意测验表达对法官庭审的满意度也是很多国家采用的手法，这是能够直接检验当事人司法获得感的指标。

4.法官的司法审判水平发挥最优

法官在不同庭审中进步的动力是不一样的，庭审优质化改革要求法官调动一切积极因素，在庭审程序中最大限度地展示出法官的庭审才能和庭审艺术。庭审优质化最大的考官是当事人和社会，法官是考生，每一次庭审都是法官的一次赶考，能否交出一份令当事人和社会满意的答卷，关键在于庭审中法官能否有最优表现，这是法官在诉讼全过程中得分最多的权重所在。

5.社会公众对司法审判的认同度较高

现代意义上的司法是开放性司法，现代意义上的庭审也是开放性庭审，是当事人及利害关系人公开对抗、公平论争的平台。司法审判与社会之间要形成有机和谐的互动机制，不能封闭司法，更不能搞司法神秘主义。庭审中既要有序吸纳社情民意，同时也要对社情民意进行反馈，让庭审中所产生的司法价值和司法正能量渗透到人民群众的心灵，使社会公众对司法审判能够点头称赞、表示认同，从而增强司法审判的公信力和可信赖度。公众如果对庭审不予信赖，则意味着对整个司法不予信赖，要使整个司法获得社会认同，首先也最为重要的就是使庭审获得公众的认可和认同。

二、庭审优质化改革的原因考量

庭审优质化改革何以必要？换言之，如果不进行庭审优质化改革，目前我国的民事司法制度是否还能够满足社会发展提出来的需要？是否能够与司法改革的其他方面同步前行？笔者认为答案是否定的。一定意义上可以认为，我国目前进行的司法改革已经到了这样一个阶段：如果不进行庭审优质化改革，那么我国的民事司法改革将寸步难行，或者进行了也将会前功尽弃，意义甚微。

（一）诉讼规律之要求

诉讼自有其规律，这主要可分为三个层面加以认识。

1.司法认识论：由浅入深，由量变到质变的飞跃

诉讼是一种特殊的认知过程，司法三段论就是认识论在司法中的反映。其中大前提是法律规范，小前提是案件事实，结论是司法裁判。司法认识论就是认知案件事实这个小前提。个案之间之所以有所不同，关键是这个小前提——也就是案件事实有所区别。诉讼能否认清这个案件事实，就决定了诉讼水平的高低和层次。这需要按照认识论的原理去构建庭审程序。认识论就是要符合认识的规律，认识的规律是由此及彼、由浅入深、由粗糙到精致、由分散到集中，最后发生由量变到质变的飞跃，庭审就是由量变到质变进行飞跃的阐述和渐变。飞跃过程要恰当地完成，而不应在飞跃过程中遭受挫折，使认识的过程发生阻断。司法认识论的果实，就是量变到质变的飞跃，这个过程虽然在庭审前就已经开始，但此前所有的活动都是为庭审中的认识论提供服务和准备的，对案件事实进行认知的主要环节是在庭审阶段。优质化的庭审程序能保证法官通过庭审活动，实现对案件事实认知的飞跃，形成对案件事实的正确的确定性认知。反之，如果庭审程序不够优质、不够完善、不够科学，比如，庭审次序反复颠倒或者经常被阻断，或者干预性因素能够鱼贯而入，那么，在这样的庭审程序中要做到准确认定案件事实就是困难的，甚至是不可能的。

2.审判逻辑论的要求：由程序到实体

从概念上说，司法审判由两个意义上的诉组成：一是实体意义上的诉，二是程序意义上的诉。这两个诉虽然本质上是一个诉的两个方面，不可分割，同时并存，但从诉讼的整个过程看，这两个意义上的诉还是有阶段上的差异的。在庭审前的各个阶段，司法审判以程序意义上的诉为主，是明线；实体意义上的诉为辅，是一根暗线。但到了庭审阶段，情况就发生了变化，实体意义上的诉占据了主导地位，而程序意义上的诉相对处在较次的地位。因此，诉讼的进程就司法审判的重点而言，是一

个由程序到实体的过程，而在庭审中，实体性质的司法审判越来越重要，为此，庭审优质化改革就显得更有必要。在该意义上说，庭审优质化与庭审实质化和庭审实体化、庭审实效化等概念是同构的、相近的。我们过去较为重视实体上的诉，轻视程序上的诉，这就使庭审流于形式，反复庭审的现象严重，乃至形成了程序正义虚无论的观念，认为程序正义无关紧要。此后程序正义论以及由程序正义论引发的程序意义上的诉，受到越来越多的重视，并进一步形成了如今程序正义和实体正义并重的格局。经过否定之否定的过程，目前我国理论界和实务界已经对诉形成了新的认识，也就是程序正义和实体正义并重。从起诉到案件受理，到审理前阶段，再到庭审，是一步一步由程序或在程序伴随下逐步结出实体果实的过程，庭审主要是以实体结果的产生为目标的。

3.诉讼现象论：诉讼是从分散到聚合的过程

各方诉讼主体，各个诉讼参与人都基于其各自在司法程序中的角色和目标任务，各自完成自己的行为，为诉讼进行各种不同的努力，这些不同方向、不同角色、不同努力形成的成果要到庭审中接受检阅，庭审阶段就是各方主体聚合在一起，各自展现出其诉讼成果的集中性场所。因此，庭审优质化改革乃旨在使庭审对各方主体诉讼程序的成果产生聚合化的效果，并最终固化为司法裁判。

（二）司法规律使然

第一，司法权为事实判断权。判断需要营造一个优质化的“隔音空间”。案件事实的判断是有一个过程的，同时要有一定的氛围和环境保障，优质化庭审可以为案件事实认定和法官司法判断权的行使营造一个空间，排除杂音干扰，使法官能够捕捉到案件真实之所在。辩论地看，案件事实的捕捉是个很微妙的过程，在诉讼法中支配它的原理主要是法官自由心证，法官要自由心证，就需要一个优质化的思考环境和思考空间，优质化的庭审就是为此而营造的。

第二，司法权为规则宣告权。宣告规则需要有一个神圣的制度化场域。庭审中，法官要不断地宣告规则，包括程序规则、证据规则和实体规则。司法审判者是规则的驾驭者、输出者、宣教者。各种与案件有关的规则，都在庭审中经过司法官的口按照审理案件的需要，不断呈现出来。庭审是法律规则最为集中的宣告地，规则是神圣的，宣告法律需要神圣的空间，优质化的庭审就是为此而形成的；法官身穿法袍，头顶国徽，在庄严肃穆的法庭中行使国家的司法权，宣告法律规则，当然需要优质化的庭审氛围。

第三，司法权为纠纷解决权。解决纠纷需向社会昭示孰是孰非。纠纷解决是司法审判的最终目标，司法审判归根到底要能够起到解决纠纷的作用，如果纠纷不能得到解决，那么就意味着庭审优质化的目标没有得到实现。解决纠纷需要良好的解决纠纷的氛围，优质化的庭审就是为此而设。

（三）法治规律之所需

第一，法治是法律的统治。法庭是法律规则的输出与生产车间。就具体案件而言，法律适用在法庭上，法律解释在法庭上，释法说理也在法庭上。在特殊案件中，经过司法裁判，通过个案的解决，法律规则得以明晰化，或者使法律规则获得更新，陈旧的法律规则为新的法律规则所取代。在该意义上说，法庭就是法律规则的集散地和生产场域，优质化的庭审就是法律规则的加工生产的过程。因此，法庭上必须配备相应的法律规则，法律规则应由专门的书记官提供，法官随时可以让其提供解决案件所用的各种法律规则，包括案例，在我国还包括司法解释。

第二，法治是理性的治理。法庭是各方主体汇聚一堂，进行理性沟通、对话交流、求同存异、寻求共识的司法平台。法庭是理性的场域，现代意义上的法治不是官僚性法治，不是科层性法治，不是唯我独尊的父爱主义的法治，而是扁平化的法治，庭审就是提供这样的平台，使各方主体汇聚于法庭，立足于各自不同的角色和立场就案件纠纷解决发表各自不同的意见，进行观点交锋，最终达成共识。这个过程的正当化乃是由优质化的庭审提供的。

第三，法治是神圣的秩序。庭审具有宣示仪式的价值。庭审固然以实体性价值、程序性价值为主导，但除此以外，庭审还有司法仪式逐渐展开和举行司法仪式的价值。理论上批判庭审徒有形式，仅仅是走过场、走程序，这种批判是对的，但是，这仅仅是对案件的实质化解而言的。应当补充明确的是，庄严的氛围、必要的仪式、适度的形式也是优质化庭审所必备的要素。

三、庭审优质化改革要解决的“病症”

明确了庭审优质化的内涵和为什么要进行优质化改革，第三个问题自然就产生了：庭审优质化改革要解决哪些问题、哪些病症？只有这些问题得到了解决，庭审优质化改革的目标方得以实现。深刻地分析，非优质化的庭审存在以下诸问题。

第一，庭审的实质效果不佳。在庭审中，较为严重地存在着法庭调查走过场、法庭辩论走过场、合议庭评议走过场等现象。也就是说，庭审往往流于形式，庭审对司法裁判没有发挥实质性作用，这是庭审程序改革所要解决的最大问题，也是要达到的最上位的目标，即要使庭审回归到真正的状态，使庭审产生出独立性价值和对司法结果的形成性价值，而不仅是工具性价值和形式性价值。

第二，争点整理程序匮乏。法官整理案件事实的争点意识不强，未能形成以争点为核心的庭审结构。争点是庭审的“牛鼻子”，庭审要紧紧围绕争点进行，如果争点不明确，庭审就会漫无边界、不着边际，使庭审缺乏应有的内聚力，缺乏应有的逻辑性。紧紧围绕争议焦点进行庭审，而不是全面铺开、像摊大饼一样进行审判，这是实行诉因审查制的民事庭审与实行全面审查制的刑事庭审的区别所在。但反观我国目前的庭审实际，所谓争点式审判方式还远远没有形成，无关联性的审判还无处不在、无时不有，浪费了大量的司法资源。优质化的庭审方式要有争点意识。

第三，诉讼请求和审判范围不够明确，诉讼请求对审判范围的约束力体现不明显。民事诉讼实行处分权主义和辩论权主义，当事人提出的诉讼请求，确定了诉讼标的，诉讼标的形成审判对象，审判对象构成了审判范围，审判范围就是本案审判权的界限。优质化的庭审，需要法官严格在审判权界限范围内行使权力。而实践中所进行的庭审，总体而言，离这个目标还有一定距离。

第四，法官放任无关联的信息进入诉讼，排除和查清案件疑点的手段比较欠缺。法官通过关联性原则凝聚庭审资源、汇聚庭审力量的能力比较欠缺，使庭审就像撒网打鱼一样，任意性很强，所有的信息不管轻重主次、与案件关联性的紧密程度和对解决案件的重要性程度，均事无巨细、泥沙俱下、鱼龙混杂，很难真正甄别出对案件解决有实质意义的信息和没有实质意义的信息，这样就使庭审很难划定明确的界限，而且庭审的效率始终是低下的。

第五，举证责任分配规则运用不熟练。举证责任是诉讼中非常重要的砝码，它调节着双方当事人的关系，也调整着当事人与法官的关系，左右着诉讼节奏和诉讼步骤。从庭审优质化内在的逻辑在实质层面来看，是由举证责任的分配规则来支配的，而举证责任的分配规则如果运用不熟练，那么举证责任首先由何方当事人承担、在什么时点上进行举证责任的转移、举证责任在什么情况下会倒置以及争点判断的内在逻辑等就不够清晰。所以举证责任的分配及对该规则的运用，是法官驾驭法庭、行使诉讼指挥权的有力杠杆。

第六，诉讼突袭、裁判突袭等现象较为严重。突袭性审判是一个公正合理的诉讼制度所需要极力避免的，包括来自当事人的诉讼突袭和来自法官的裁判突袭。诉讼突袭中尤为甚者是答辩突袭和举证突袭。我国现在还未建立答辩失权制度，被告往往不作事先的答辩，而是到法庭上临时提出答辩意见，这就造成了答辩突袭，使原告无法针对答辩进行有针对性的反驳，从而造成庭审质量不高。不仅如此，在庭审过程中，证据的提供往往出乎法官的意料或者出乎对方当事人的意料，这样的举证在庭审中很难进行有效质证，法官有针对性的认证以及由认证带来的公正的裁判结果也无从谈起。所以，答辩突袭、事实主张的突袭、证据提供的突袭、程序步骤的突袭、实体裁判的突袭等问题大量存在。这种突击性的审判在庭审优质化的改革目标下，乃是必须革除的弊端，唯其如此，方能使庭审在公平的、有所准备的、实质意义上的平等状态下进行。如果常常出现举证突袭或答辩突袭等现象，则必然会延误诉讼进程，导致诉讼中的不公平和低效率，在严重的情况下还会影响裁判质量。

第七，法官阐明权行使无章可循，法官公开心证和法律见解严重不足。现代意义上的庭审和过去神秘主义的庭审有很大区别，现代意义上的庭审是透明化的庭审，这不仅是物理意义和过程上的透明化，更重要的是法官心证的透明化以及法官法律观点或法律见解的透明化，法官和当事人始终处在一个平台上，通过相互沟通、共同理解、相互启发、互动互促，共同达到对案件事实的认识并共同形成案件裁判结果。法官在整个过程中需要从神坛上走下来，需要和当事人处在心灵上的平等地位。虽然在法庭上形成了一定的秩序和距离，但是在司法审判的精神层面，需要和当事人处在同质化、均衡性的地位上，不能凌驾于当事人之上，不能故作神秘，要形成一种商谈性、谈心式庭审氛围。优质化的庭审改革不仅对诉讼当事人、诉讼代理人提出了一系列要求，更重要的是给司法审判中的主角之一——法官提出了更高的要求。庭审优质化的改革要求法官以阳光化的形象出现在庭审中。

第八，法庭调查和法庭辩论之间的制约关系乏力。法庭调查和法庭辩论是庭审中的两个主要环节，各有自己的使命和任务，互相不能替代，但它们之间的内在关联和内在逻辑没有受到足够的重视，从而导致法庭调查和法庭辩论产生混同化、空洞化的弊端。现在有一种观点认为法庭调查和法庭辩论没有必要划分界限，这种观点就是由此而生的。

第九，法庭调解征求意见形同虚设。法庭调解这个问题，是整个庭审优质化改革中绕不开的问题，庭审优质化改革同时伴随着调解和审判关系模式的调整。后面还要论及这个问题，这里仅提一点为例：法院在庭审中，仅仅对当事人要不要调解提出问题，由当事人作答，得到否定性回答后，立即终结调解程序，从而使这个程序的适用流于形式。这对庭审优质化价值产生的冲击很大，不仅使调解流于表象，而且也助长了庭审“空调化”。

第十，最后陈述流于形式。最后陈述是庭审的最后环节，或者说是由当事人参与的最后一个环节，最后陈述后就是法庭评议，然后宣布判决。最后陈述的意义究竟何在？究竟应该如何进行最后陈述？这些问题都是需要提出来进行反思的。庭审优质化改革要消除一切形式化的阶段，只保留对司法神圣性有价值的部分形式，也就是前面讲的“仪式”，比如法官如何走上法庭，法庭整个的格局和庭审中的氛围等。

庭审中的这些问题，使司法公信力、司法权威性、司法效率大打折扣。司法改革是针对庭审当中存在的这些问题而提出来的，所以司法中的改革无论是宏观、中观还是微观的，都与庭审中存在的特殊病症、问题有这样或那样的关系。

四、庭审优质化改革的路径和内容

庭审优质化改革究竟如何进行？可以从以下几个方面进行认识。

（一）改革的层次安排

第一，宏观改革：司法体制改革。要通过司法体制的改革为庭审优质化提供体制保障，也就是要通过“去地方化、去行政化”改革，保证法院能够独立行使审判权，不受干扰。同时，要通过司法改革，保障合议庭和法官个体能够独立审判，使庭审优质化有基本的生存点。反过来，如果法官不能独立审判，案件审判的结果不是产生于法庭内，那么庭审优质化改革就是一句空话，无从说起。所以，司法体制改革，是庭审优质化改革的必然延伸，庭审优质化改革是司法改革中的必要内容。

第二，中观改革：诉讼制度改革。也就是要通过诉讼制度的改革推进庭审优质化改革，主要是通过诉讼模式、诉讼体制和诉讼机制的改革来达到目的。由职权主义向当事人主义推进，同时司法中的民主制度、公众参与制度等都是改革的重要内容。这些改革将会直接影响庭审优质化改革的成效。其中也涉及民事诉讼法的再次修改问题，所以经过这一轮的庭审优质化改革和司法改革，民事诉讼法的再修改也是必然之义。

第三，微观改革：法官素能养成机制改革。法官是庭审优质化改革落脚的第一主体，庭审是否优质，关键取决于主持庭审的法官。庭审程序怎么进行、庭审过程如何安排、当事人的积极性如何调动、怎么排除与庭审无关的信息和外在的干扰以及如何进行突发性事件应对等方面，均考验着法官的素能。不仅如此，在实质层面，包括在事实材料和法律规范之间往返流转的能力、敏锐捕捉案件事实真相的能力、查询和解释适用于本案的法律规范的能力以及综合各种因素进行价值判断和抉择司法导向的能力等，这些都是法官的主要审判技能。概括来说，司法审判能力包括认定事实的能力、适用法律的能力、主持庭审的能力、控制诉讼局面的能力、驾驭程序过程的能力等。应当形成法官在庭审中的能力清单，并针对这些能力需求进行专题培训和常规评估。同时对于法官在法庭上所能实施的行为，也需要有一个明确的清单，分为正面清单和负面清单。法官在法庭上哪些当为，哪些不当为，均需加以明确。可见，庭审优质化改革对于法官而言，就把法官推到了司法改革的风口浪尖，如此一来法官在庭审中就应以主体性、主观性的形象，活生生地展示出司法改革的成果。

（二）庭审优质化改革的基本路径

第一，在司法权限上，从司法审批主义向司法自治主义的转变。我国传统上的司法仰赖于法庭外的审批，具体来说就是请示汇报，庭审对裁判不具有决定性作用，司法的自治性匮乏。也就是说，庭审缺乏应有的动力机制。现在进行的司法改革，就是要使司法者能够依据庭审这个空间，形成裁判结论，实现司法自治。当然，这个自治是在程序内的自治。

第二，在纵向诉讼结构上，从诉讼阶段模糊主义到诉讼阶段清晰主义的转变。诉讼程序是分阶段进行的，每一阶段每一环节都有其应该完成的任务、功能和应当起的作用。案件裁判的结果就是各个诉讼阶段的功能性的、最终的累积和汇聚。诉讼结果虽然是在庭审的最后阶段产生的，但是它却是从诉讼一开始，就处在裁判因素、裁判因子的形成和孕育过程中。每一个诉讼阶段都有其自身的任务和使命，要使每个阶段的作用都能达到优质化。只有每个阶段都能优质化，庭审优质化才有所依托。庭审优质化改革不是空穴来风，不是完全自给自足的改革，它依赖于诉讼程序的系统性改革，从诉答阶段、审前阶段到庭审阶段以及庭后阶段，四个阶段都要有其明确的界限。每一个阶段都要完成其自身应当完成的功能。而目前的现实是诉讼阶段之间的界限并不是很清楚，庭审和非庭审，庭审内和庭审外没有很明确的界限，它们实现的职能，法庭内能完成的，法庭外也能完成，没有明确哪些职能应当在庭审前、庭审中或庭审后完成，司法阶段的混沌状态需要通过庭审优质化改革才能得以消除，从而使司法的诉讼资源能够进行合理配置，并起到各阶段功能自治的效果。

第三，在诉讼模式上，从职权主义到当事人主义的转变。庭审优质化改革不是传统诉讼模式的翻版。传统诉讼模式下，法院实行职权主义主导，职权主导的庭审导致庭审程序的虚无化和空洞化，这是必然之义。在职权主义的诉讼模式下，需要的就是形式化的庭审，不需要实质性的庭审。实质性的庭审、优质化的庭审是在当事人主义的诉讼模式下提出来的要求，正是因为在当事人主义下，当事人才真正是诉讼主体，当事人才能在公正公平的平台上，通过其自身努力，追逐对其最有利的诉讼效果。这就是当事人主义下的庭审。所以，庭审改革离不开诉讼体制、诉讼模式的改革，或者说正是在诉讼模式当事人主义的背景下，才体现出庭审优质化改革的必要性。

第四，在庭审方式上，从卷宗复核主义到卷宗生成主义的转变。卷宗复核主义就是在庭前，在法官的主导下，发挥其职权性作用，收集各方诉讼资料包括证据等材料，形成庭审卷宗，卷宗材料会成为将来判决的依据。在卷宗材料的形成与判决的生成之间，庭审的作用就被限定为对卷宗既有材料的复核，形成了一种复核性的审判方式。传统的裁判方式，就是法官宣布卷宗中的各种材料，宣读并展示各种证据，由法官就卷宗中的材料一件件进行复核，复核完毕，就进入裁判阶段。但是在庭审优质化改革中，对卷宗复核主义要予以消除，要将其转变为卷宗生成主义。作为裁判依据的所有信息，都应该在正式的庭审中形成，如果没有经过正式的庭审，所有裁判依据的各种材料和信息都不能够生成。这是一个重大的挑战，也是一个重大的改革。优质化的庭审不是复核型而是生产型的庭审。

第五，在诉讼性质上，从权力型司法到权利型司法的转变。权力型司法就是法官在司法中，通过运作公权力，进行单向性司法。这种司法容易产生偏断，往往容易丧失中立的立场，使当事人在诉讼中的诉讼地位发生，并且主观主义、片面主义、形式主义的色彩非常浓厚，当事人很难对庭审产生出应有的信赖感。这种权力型司法应当予以改变，也就是庭审的主体不再是法官，法官虽然是非常重要的角色，但真正意义上的主角应该让位于双方当事人。法官是司法裁判者，是诉讼秩序的维持者，是法律规则的宣讲者和诉讼过程的指挥者。庭审的实质性内容，应当由双方当事人通过对抗性的互动机制来推进，法官应由管治型的法官变为服务型的法官，这与政府的改革是遥相呼应的。法官在诉讼中，要承担服务型的角色，耐心地聆听当事人的陈述和辩驳，周全地为当事人充分行使诉权服务，使双方当事人能够通过充分行使诉权，使纠纷抱怨得以释放，使诉讼程序能够产生吸收不满的功能，从而在这个过程中使案件真相、法律争议得到确定和化解。可见，庭审优质化改革是司法民主主义的产物，是与当事人主义的诉讼模式息息相关的。

第六，在案管模式上，从多案同时并存审判主义到一案一审集中审判主义的转变。在庭审中经常看到的弊端是，法官走上法庭把卷宗拿错了，或者法官拿出此前开庭的卷宗材料，拿到法庭上要花很多时间来重温上次庭审的内容，当上次庭审的内容重温完毕后，所剩下的时间已经不多了，这样就使庭审不断处在遗忘、重温这种恶性循环下，庭审质效极为低下，司法资源极为浪费。这需要改变过去案件管理模式和分案模式，使法官手中的案件控制在一定的数量之内，并且原则上要通过一次性集中审判来审结案件。

笔者曾经提出过一个“三三制”改革设想，也就是一个法官手中最多不超过三个案件，每次开庭之间的间隔期不得超过三天，最后一次开庭和宣告裁判之间不能超过三天。后来笔者又加了一个“三”，就是法官对一个案件的庭审次数也不要超过三次。当然这是一种理想的模型或者是期待中的改革愿景。因为法官办案就如同老师上课，一个老师同时上三门以上的课一定会出现问题；法官办案也如同学者写文章，一个学者同时写三篇以上文章，也一定写不好。其实，这比起原本意义上的集中审理主义的要求已经低了许多，在严格的集中主义审判方式下，一个法官在一段时间内只能审一个案子，审完这个案子才能审另一个案子。目前我国只能实现相对的或缓和的集中审理主义。法官手中同时审理的数量被控制在三个以下，它才能够使司法资源调动到最大化程度，才不至于前面审后面忘，才不至于反复像贴烧饼一样进行庭审；中间间隔的时间不能太长，不能隔一个月、两个月才开下一次庭，这样一方面可以使法官对案件审判的记忆始终处在清晰状态，另一方面也能防止各种非正常的因素、干扰性的因素，趁庭审间隔的期限干扰法官的审判思路，影响法官独立公正审判案件。这虽然距离理想意义上的集中审判主义还有很长的路，但是比起现在的多案同时并存（一个法官同时审理十多个乃至几十个案子）的分割审理主义模式，应该说进了一大步。

第七，在裁判模式上，从定期宣判主义到当庭宣判主义的转变。《民事诉讼法》第148条规定了两种宣判模式，一种是当庭宣判，另一种是定期宣判，这两种宣判哪种效果更好？比较效果的优劣、高下，当然是当庭宣判的效果更好。当庭宣判，法官的自由心证没有受到污染，法官在庭审中的记忆没有淡忘，法官对案件解决所获得的信息没有遗漏，因而可以做到精准判决。同时要求当庭审判对当事人而言也是一种正当的诉讼权利。双方当事人对庭审结果的期待在庭审结束之时已处在最高峰，当事人经过漫长的庭审过程，其盼望法官下判，犹如久旱盼甘霖。这就像是庭审吊足了当事人胃口，不给一点粮食，对当事人来讲是极大的失望。这时候我们必然要问，庭审对当事人的意义何在？所以，庭审优质化改革势必提出一个重大挑战性的课题，就是提高当庭宣判率，从以定期宣判为主走向以当庭宣判为主。

当庭宣判涉及一个非常重要的问题就是庭审的结构安排。庭审的结构安排应该原则上就是一次庭审主义。一次庭审主义和所理解的一庭结案主义是不一样的，一次庭审主义不是说只开一次庭，而是说一个案件一次庭审，庭审是一个完整的过程，当中可以根据案件审理需要进行阶段性划分，形成庭审的间隔。比如第一次庭审就是法庭调查，第二次庭审就是法庭辩论，第三次庭审就是补充辩论以及合议庭评议和当庭宣判。这样就很容易将当庭宣判纳入庭审中，而不是单纯地进行当庭宣判，没有审理内容；稍加改变，就可以将定期宣判转化为当庭宣判。在上次庭审结束后，之所以没有当庭宣判，那必然是因为还存在残留问题。残留问题可以在最后一次庭审中予以补充性解决，当事人可以补充辩论，补充辩论完毕后，合议庭继续进行评议，然后当庭宣判。当庭宣判不是要求当庭制作完整的裁判文书，而是要当庭宣读裁判文书主文，主文宣读后就不能改变了，法律上就有既判力了，既判力形成的时间点就是从这时候开始的。排除了各项干预性因素的庭后影响，将会使庭审功能得到最大发挥。

所以，司法审判不能像过去一样，进行了A庭审，两个礼拜后再进行B庭审，B庭审再重复A庭审的内容，补充相关内容，完全重复第一次庭审的过程，再进行法庭调查、法庭辩论、最后陈述，然后休庭。这样的庭审是一种完全的浪费性庭审，毫无必要。对庭审进行合理的分割，按照庭审的环节、阶段进行，可以先进行程序性庭审；程序性庭审结束后，再进行诉辩型庭审——双方当事人陈述，归纳双方争议焦点；再进行下一次庭审，法庭调查；法庭调查结束后再进行法庭辩论；法庭辩论结束后再休庭，合议庭再行研究，形成比较明确的裁判结果；再进行最后一次庭审，最后一次庭审从补充辩论开始，然后是最后陈述，然后合议庭评议，评议结束后再宣布判决。这样的庭审有一定的紧凑感，同时具有确定性和特定性，而且不会重复。每次庭审前，法官都应宣读或简介上次庭审的结果，在此基础上进行本次庭审。庭审结束后法官应当宣布下次进行庭审程序的哪一个环节，如下一次进行法律问题的辩论，事实问题不再重复，法律问题在下一次庭审中加以解决。法律问题辩论时就不用进行事实认定了。第一次庭审时，法官应当宣布庭审的庭前准备的结果。包括案件的争议焦点，双方的论辩主张，这样使每一次庭审之间的衔接天衣无缝，没有重叠的程序，所以当庭宣判并不是做不到，而是稍微转变就可以实现。

第八，在诉讼准据上，应以诉讼法条主义为主，以诉讼自然主义为补充。这是从诉讼逻辑上讲，诉讼应当严格按照法律规定按部就班地推进诉讼进程。在庭审中也是如此。这是诉讼的法条主义,也称程序法定主义。但是诉讼法条主义仅仅是展现了诉讼一半的逻辑进程,对于具体个案,法条主义需要进行个案化调适。非常典型的就是法庭调查的先后顺序,比如,原告先陈述还是被告先陈述、原告先举证还是被告先举证、辩论是谁先谁后,再如,诉讼中是如何举证,是一证一举还是一组一举,又或者是综合举证。这些问题在法律框架中应该因案而异,不能机械照搬法条规定。

但是,笔者不是很赞同法庭调查和法庭辩论混合进行的方法。[1]庭审是由三个环节组成的:第一个阶段双方当事人宣读起诉状和答辩状,这个阶段是当事人的主张责任在发挥作用,通过这个阶段应当明确双方主张的事实,并且有针对性地形成案件事实争议焦点。根据双方当事人诉答形成双方争议焦点,这是主张责任的作用期间。第二个阶段,主张责任履行完毕后,则进入举证责任阶段,这就是法庭调查阶段,当事人要进行证据展示并对证据进行辩驳,聚焦的问题仍然是案件事实,这个事实不是主张意义而是证据意义上的事实。所以,法庭调查应当以证据调查为主要内容。第三个阶段是法庭辩论阶段,法庭辩论阶段的意义在于:在事实层面,把主张责任和举证责任连接起来,通过法庭调查所得到的证据,将双方当事人宣读诉答文书所提出的事实主张连接起来,即用法庭调查中认可的具有证据能力的证据,对当事人所主张的事实进行逻辑上的论证,也就是说服责任的履行期间。证据调查阶段当事人履行的是证据提出责任,而辩论阶段当事人履行的是举证责任中的说服责任。面向法官将证据和事实有机联系起来,这是法庭辩论的基本意义。这个阶段具有对前两个阶段的统合作用,并且承前启后,在事实认定或事实得到统合的基础上,提出法律适用的意见。法律适用的意见是在法庭辩论阶段才得以提出的,法律适用的意见要建立在事实认定的基础上,否则,在法庭上进行法律适用的辩论就无从谈起。因此,就法庭辩

〔1〕 有关法庭调查和法庭辩论的划分问题的讨论,参见章武生:《我国民事案件开庭审理程序与方式之检讨与重塑》,载《中国法学》2015年第2期;张卫平:《法庭调查与辩论:分与合之探究》,载《法学》2001年第4期。

论而言，又应分为事实辩论和法律辩论两个环节，事实辩论在先，法律辩论在后。这就是诉讼的内在逻辑，或者说是诉讼的理性逻辑主义。

现在的法条基本是按此逻辑进行设定的，如果将法庭调查和法庭辩论合二为一，就会造成两个弊端：一是影响当事人在诉讼中的主观能动性，因为当事人主体性的价值主要呈现在法庭辩论阶段，当事人诉讼能力的高低主要也是在这一阶段呈现。二是会使诉讼的内在逻辑混乱，调查中有辩论，辩论中有调查，最终会取消当事人的主张权、举证权以及辩论权。当事人在举证时有辩论，辩论时要举证，使当事人在诉讼阶段的应对思路变得很混乱，这也是法院组织庭审、驾驭庭审能力低下的表现，是粗放型的司法，不符合优质化庭审改革的取向。优质化的庭审是逻辑思维清晰的庭审，而不是混战。否则，会使诉讼层次不清楚，失去应有的逻辑感。不仅如此，裁判文书写作也要遵循这个基本的逻辑，将法庭调查和法庭辩论混同在一起，裁判文书就无法呈现庭审的先后逻辑关系。裁判文书的写作应该直观地对应诉讼全过程，这是诉讼全过程微观的缩影和高度的凝结，裁判文书应当直观并且不失真地反映诉讼过程和全部内容。所以，在诉讼准据上，虽然诉讼自然主义作为辩证司法的原理应容许其存在，但其基础还是诉讼法条主义，自然主义是法官自由裁量权的灵活空间，但要尽可能控制在较小的范围内。

第九，在司法能动的程度上，实现从控制型庭审到回应型庭审的转变。职权主义的庭审就是控制型庭审，庭审中，当事人被称为法官纠问的客体，这其实是当事人和法官之间关系的颠倒，不符合庭审优质化改革的需求。法官在改革中要逐渐从主导性角色变成服务性角色、从能动性角色变成回应性角色。优质化的庭审要将诉讼中的主导权交给当事人去行使，诉讼主张和举证、质证、辩论完全是由当事人主导的，法官的责任是维持良好的庭审秩序，给当事人适当阐明和指导，同时对诉讼中需要补充的某些方面进行职权型补充，如补充提问、补充调查等。虽然目前我国还不能完全走向绝对意义上的回应型庭审，但庭审中职权控制型的比重应当相对缩小。

（三）机制保障

庭审优质化改革需要建立几个机制：

第一，程序分流机制。《民事诉讼法》第122条、第133条有相应的规定，按照程序对称性原则，复杂程度不一的案件所需要的化解程序应该有不同的处理。有的案件需要进入庭审阶段，有的案件不需要进入庭审阶段；有的案件需要进行精密化、优质化庭审，有的案件只需要简约化、快捷化庭审。所以在优质化庭审方式改革中，繁简分流是必然机制，是符合案件性质需要的，是符合解决问题的目的的，也不损害当事人的诉讼权利。

但问题在于，在繁简分流机制中，应当如何对待当事人的程序选择权和程序主体权。我国民事诉讼法所建立的程序有很多，有非诉性的程序，如督促程序；有诉讼和非诉讼相结合的程序，如调解程序、司法确认程序；诉讼程序中有普通程序和简易程序，简易程序中还有小额诉讼程序。普通程序还可以做不同的分类，比如，单一之诉的普通程序和复合之诉的普通程序、财产型的普通程序和人身型的普通程序等。这需要司法者在受案以后庭审以前，对不同案件进行分门别类，将其按照不同需要划入不同程序加以处理，在西方这叫作“诉讼程序的多轨道”，也就是我国现在提出的“简案快结、繁案精审”的基本要义。应当说，这大体上没有问题。但是需要注意的是，“简案快结”是指不损害当事人基本诉讼权利基础上的快结，是在不损失公正价值基础上的快结，而不是简单的案件就可以无视当事人的诉讼权利，简单案件的处理也都有一个优质化的问题，包括诉讼程序优质化、调解程序优质化、简易程序优质化、小额程序优质化等。优质化是对所有案件共同的要求，要实现司法资源和程序资源的分配正义，而不是简单的平均主义。庭审程序的优质化，首先要形成一个良好的、优质化的程序分流机制。

第二，具体诉答机制。诉答是诉讼程序的第一环节，也是诉讼程序的起点，对诉讼程序的范围、诉讼程序的走势和选择适用起到基础性作用。如何发挥诉答机制对庭审优质化的保障作用，这是立法者和司法者要考虑的又一个问题，我国过去甚至包括现在对于诉答在庭审优质化中的作用重视不够。但诉答不是原告起诉、被告答辩就结束了，而具有严谨的功能目标和程序构成。由于对诉答程序不够重视，后面的庭前准备乃至于庭审程序的进行便会积重难返，用现在的话说就是“带病庭审”。案件在前一个阶段所要完成的任务没有完成，就“带病”进入后一个诉讼程序，这必然会导致诉讼程序的阶段性混乱，诉讼的逻辑失调，诉讼的章法紊乱，严重的还可能导致诉讼的方向迷失。因此，诉讼从一开始就要进入到优质化的高度紧张状态，而不是前松后紧，前面粗放后面精细，前面劣质后面优质。

诉答阶段最大的职能或任务，就是形成争议焦点。将各方当事人没有争议的事实和内容，从案件中标注出来，从此在庭审中不再重复，案件的审判一开始就聚焦到案件的争点中，实行焦点式、争点式审判。争点是庭审优质化的“牛鼻子”，抓住了争点，庭审就能发挥出最大的效果，展现出庭审的魅力，如果没有擒住“牛鼻子”，案件的解决就可能陷入泥潭而不能自拔。所以，要形成具体的诉答机制。

笔者认为要进行庭审的改造，双方当事人提出起诉状、答辩状后，司法官员要进行审查，看是否符合诉答的要求，如果不符合《民事诉讼法》第119条、第120条、第121条这三条的要求，就应当按照诉答文书修改程序进行修改。法官应当像老师批改作业一样对待双方当事人的诉答文书，如果双方的诉答文书有欠缺、不够完整、含糊不清，应当退回去让其修改，这不是拒绝受理，而是受理以后在诉答阶段要进行的一项工作。在诉答文书清晰有逻辑的呈现以后，法官对于争议焦点的概括就是水到渠成的事情。在程序运作中不应轻视诉答环节，良好的开端是成功的一半，良好的诉答就是庭审成功的一半，而且是成功的一大半，有许多案件在这个阶段就解决掉了。所以，诉答机制的完善是进行庭审优质化改革的必不可缺的前提条件，要认真对待。

第三，审判预备机制。审理前的准备阶段，是诉讼程序的第二阶段，是承前启后的阶段。承前承的是双方当事人的诉答，启后启的是案件的庭审。诉答的成果要能够制约审理前的准备，审理前的准备要紧紧围绕诉答阶段后形成的争议焦点进行。争点式的审判就包括了争点式的准备。这里面主要有几项任务：

（1）进一步明确争议焦点，对诉答中形成的初步争点，在审前准备时需要重新进行概括。诉讼程序就像一个扇状结构，从诉讼起初，双方的争议问题处在最大化状态，然后逐步缩小，到了庭审时，就形成裁判，化解最后一个焦点。从一定意义上讲，诉讼程序的进行过程，就是争点不断明晰化、不断缩小的过程。这就是争点式诉讼程序、以争点为核心的诉讼程序的基本要领。所以在审判预备机制中，首先要完成争议焦点的再确认。

（2）要进行证据交换，固定证据。任何不进行证据交换、不按举证期限提出的证据，在法庭上就丧失了证据的资格和能力。证据的固定是庭审之前要完成的一大主要任务。这里特别需要强调庭前会议机制。庭前会议是审理前准备的一种方式，在一定意义上讲，也是最主要的方式，其改变了过去法院进行庭审准备单方面依职权完成的传统做法，使审理前的准备产生了在双方当事人的对立之下，通过诉权互动的形式来运作的基本特点。会议式的准备就是其中的一种重要方式。通过设定会议的主题，由双方当事人针对该主题进行各项准备工作，从而使法官对进入庭审的各种前提性问题都有个明确性的结论。

笔者认为可以把庭前会议划分为几种类型：第一种就是明确争点的庭前会议。在明确争点的基础上双方进行必要的准备，就可以进入证据交换的庭前会议。经过证据交换，双方当事人对于争议问题的认识又得到了进一步深化，双方当事人争议的问题由此得到缩小，继而根据实际情况可以进行调解型庭前会议。这主要是为了调解，提前解决纠纷，提前化解纠纷。如果在庭审之前有一些程序性的问题需要解决，包括是否回避、管辖权异议，包括当事人的追加、证据的可采性等问题，可以进行程序性的庭前会议。这是进行庭审准备的一个重要方式。在庭前会议的制度中，最为重要的是要明确庭前会议的结果对此后的庭审具有拘束力。

除此外，审判的预备机制里面必须要完成的事项就是法官的职权调查。我国法官的职权调查是有所保留的，不能完全消除，也不能任意扩张，走向任何一个极端都是错误的，不仅要从中国的国情宏观层面考虑问题，还要从个案解决、追求实质正义的层面来考虑这个问题，要因案而异来确定法官职权调查的范围。以上这些就构成了为优质化庭审做准备的审判预备机制。

第四，争点整理机制。如前所述，争点在诉讼中是由大而小不断变化的，而且争点是有层次的，有一级争点、二级争点、三级争点等。一级争点就是法律要件事实，二级争点就是要件事实下的具体事实，三级争点就是证据事实，四级争点就是辅助事实等。是否善于明确争点以及使争点层次得以清晰化，是考验法官司法能力的重要试金石。要把握好争点，一要有扎实的实体法知识，二要吃透案情。

具体来说，怎么确定争点呢？我们要善于画一个争点图，将一级层次、二级层次、三级层次……n级层次的争点，都用箭头画在图上，像抽丝剥茧一样，形成一个金字塔形的争点结构图。举例说明，比如，在一起因欠款所产生的违约之诉中，原告主张被告欠款不还，被告可能就简单地答辩说根本没有借款这回事。如果这样，本案的争点就比较单一，容易概括。法官就可以在庭审时宣布“本案的争议焦点是借款事实是否发生”。但是，如果被告提出一连串的答辩事实，比如，没有借过款；原告所提供的欠条是虚假的；关于签字真伪的鉴定意见不合法；用于鉴定的检材样本并非被告的笔迹；即使借了钱，时效也已过了；原告曾表示过该笔钱不用还了；等等。在这种情况下，法官应当如何概括争议焦点呢？有的法官将本案争议焦点就概括为一句话：“被告是否需要向原告还款？”这不属于争点，这是双方诉讼请求和答辩请求的焦点，而不是事实争议焦点。正确的做法应当将本案的事实概括为三个争点：争点之一是借款事实是否存在？争点之二是诉讼时效是否已过？争点之三是债务是否已被免除？这三个争点都是根据实体法上的要件事实而确定的，属于一级争点。本案中的争议焦点概括出这三个，就可以了。但是，在庭审时，更为具体的争议焦点还会不断产生。法官对这三个一级争议焦点，应当依序进行审理，先审第一个争议焦点。第一个争议焦点是借款事实是否发生过？原告为此提供欠条作为证据，被告答辩时声称这个欠条是假的，因为上面的签字不是被告本人的，属于伪签。这又形成了一个争议焦点，就是欠条上的签字是否真实？这是第二级争点。原告为此提供鉴定意见作为证据，证明该签字为真实的；被告对此又提出答辩意见，声称鉴定所使用的检材样本有错误，被告为此当场提供自己的笔迹。关于该检材样本是否有错误就成了第三级争议焦点。争议焦点还可能更多、更细。这是由事实主张所形成的。在证据调查和举证时，次序刚好相反，从最后一级争议焦点开始举证质证，这是最为关键的环节。解决了最后的争点，上位的争点就迎刃而解了。比如在本案中，由于检材样本无误，且无其他错误，所以得出结论鉴定意见是正确的；鉴定意见是正确的，因而签字是真实的；签字是真实的，欠条就是真实的；欠条是真实的，欠款事实就是存在的，原告在该争点上应当获得法官的有利的事实认定。解决了第一个争议焦点，再解决第二个争议焦点，解决了第二个争议焦点，再解决第三个争议焦点，依此类推。同样的道理，在对第二个、第三个乃至第n个争议焦点进行庭审时，同样可能发生它们内部的第二级、第三级等争议焦点，举证质证时还是自下而上，自小而大。这样审理起事实问题，就显得层次非常清楚，当事人也能心服口服。总体来说，我们要洞悉实体法对于实体法律关系的各种规范性的结构，按照要件事实、直接事实、间接事实、次要事实以及原因性事实、损害性事实、过错性事实、因果性事实等标准来确定案件争议焦点。

在诉讼中要明确几个确定争议焦点的时间节点，首先，诉答阶段结束后，法官要通过诉答会议来明确双方的争议焦点是什么，告知当事人应当如何进行后续的准备活动，举证责任应当如何分配。其次，经过证据交换进行第二次争议焦点的确定，通过庭前会议确定进入庭审中的争议焦点。进入庭审之中双方当事人经过起诉状和答辩状的宣读，法官要重申庭审前所概括的争议焦点事实，并且征求双方当事人的意见，然后就进行举证质证，包括局部的认证。最后，法庭调查结束后，概括争议焦点，这个争议焦点是用来制约法庭辩论范围的，并且要告知当事人应当完全根据法庭调查中的证据，针对诉答中的争议焦点进行法庭辩论，这就是法庭调查对法庭辩论的制约作用。法庭辩论结束后，根据法庭辩论的状况，法官要再次概括争议焦点，这是第四次概括争议焦点，也是为后续是否调解划定一个范围。

因为明确了争议焦点，证据也清晰无疑，能否调解就是自然而然的事情，一般来说，如果前面的程序完全公正、事实证据清楚，此时的调解率是非常高的。换言之，如果在此阶段没有形成调解，说明前面还有审判的死角盲点，还有不到位的地方，形成了当事人心目中的疑点保留，即原告方当事人的判断、法官的判断以及被告方当事人的判断没有汇合到一起，形不成共识，调解由此无法达成。如果是优质化的庭审，三方的判断本质上是一样的，求同存异才有可能。如果各方主体对案件事实认识大体一致或本质一致，那么调解就是瓜熟蒂落、水到渠成的事情。为什么说调解是审判的审判，是优质的审判，法谚所谓“瘦的调解胜过胖的判决”就是这个意思，而判决是低质的审判，因为判决本身就意味着双方当事人之间以及他们与法官之间对案件的某种分歧依然存在，所以强制力才有出现的空间。

二审也是这样，也有争议焦点。二审是续审，法官要宣读一审判决，由双方宣读上诉状答辩状，紧接着概括二审的争议焦点。二审是一审的继续，不是一审的重复，要充分尊重一审在查明事实中的作用，也就是说，一审、二审审级职能要实行分离，二审有二审的职能，一审有一审的职能，各自负责，一审认定事实错误导致二审认定错误的，责任应由一审法官承担。如果是二审法官没有审判到位，二审应当处理而没有处理的，二审应该承担相应的司法责任。司法责任要点对点、量对量地评估，不能实行最后的责任主义。具体来说，如果在诉答阶段没有完成诉答任务，从而出现错误的，应当由主持诉答的法官承担责任，比如合议庭委托法官进行诉前准备，就是所谓的受托法官，如果他发生了错误，就应该由其负责，要定岗到人，责任到位。所以，现代意义上的庭审、优质化意义上的庭审，是界限十分清晰、权利和责任十分明确的一种庭审。

第五，平等保障机制。优质化的庭审内含着平等保障机制，通过该机制，双方当事人和代理人的主观能动性得以充分发挥，包括双方代理人能动性的充分发挥。如前所述，法官的定位，概括来说是程序意义上的角色，是裁判者而不是运动员。但是双方当事人如何进行平等对抗，能否形成平等对抗机制，是法官的责任，法官要恰当行使阐明权，进行诉讼指导，采取必要的措施，保证当事人的地位平衡。在平等保障上，既要慎重又要勇为，包括对弱势方当事人在适当的时候要指定代理人。我们现在没有规定指定代理人制度，但这完全可以通过制度的转换达成目的，如对当事人进行法律援助，由当事人进行委托，将指定代理变为委托代理，这是完全可以的。法院要善用法律援助制度，将法律援助导入庭审之中，使法律援助制度成为调节双方当事人的诉讼地位、实现司法公正、提高诉讼效率的重要武器。

第六，法庭对审机制。实行对审主义是民事诉讼的基本原则，当事人充分调动诉讼能动性进行诉讼中的平等对抗，这是庭审能否达到优质化的根本保障。如果当事人能动性没有调动起来，处于消极应对状态，那么所谓的对审机制就不可能形成。所以庭前要下大功夫，做足功课。应当考虑建立对当事人在庭前进行适当培训的机制，使其具备起码的诉讼常识，从而做到有备而来。

第七，裁判说理机制。裁判文书改革是司法改革的重要内容，裁判文书改革的关键就是裁判要说理。最高人民法院于2018年6月颁布了《关于加强和规范裁判文书释法说理的指导意见》，进一步加强和规范人民法院裁判文书释法说理工作，提高释法说理水平和裁判文书质量。根据该"意见"，裁判文书释法说理的目的是通过阐明裁判结论的形成过程和正当性理由，提高裁判的可接受性，实现法律效果和社会效果的有机统一，主要价值体现在增强裁判行为公正度、透明度，规范审判权行使，提升司法公信力和司法权威，发挥裁判的定分止争和价值引领作用。该"意见"提出，裁判文书释法说理，要阐明事理，说明裁判所认定的案件事实及其根据和理由，展示案件事实认定的客观性、公正性和准确性；要释明法理，说明裁判所依据的法律规范以及适用法律规范的理由；要讲明情理，体现法理情相协调，符合社会主流价值观。该"意见"指出，要围绕证据审查判断、事实认定、法律适用进行说理，反映推理过程，做到层次分明；要针对诉讼主张和诉讼争点、结合庭审情况进行说理，做到有的放矢；要根据案件社会影响、审判程序、诉讼阶段等不同情况进行繁简适度的说理，简案略说，繁案精说，力求恰到好处。“意见”提出，要根据案情是否重大复杂、诉讼各方争议程度、审判程序类型、案件社会影响大小、文书种类等不同情况进行繁简适度的说理，并分别提出“应当加强释法说理”和“可以简化释法说理”的具体情形，遵循文书制作的技术格式规范、语言文字规范等，从注重改革的系统性、整体性、协同性的要求出发，提出了指引机制、考核机制、评估评价机制、评查监督机制等配套建设要求。那么，问题在于，理从何而来？理从法庭而来，从庭审而来，而不是庭后闭门造车造出来的。裁判文书中的说理要像镜子一样，将审判的全过程反映出来。如果不进行认真的庭审和庭前准备，不进行认真的诉答准备，那最后裁判文书在说理方面就会成为无米之炊，就会显得干瘪。不充分说理的裁判文书就像鸡肋一样，读不出味道来，也反映不出庭审中法官做了什么，当事人有什么样的言和行，以及整个诉讼的演进轨迹如何。高超的裁判文书应该非常形象地反映整个庭审过程。

诉答文书之所以要有修改机制，是因为要将诉答主张、诉辩意见从起诉状、答辩状中摘录出来，使之原汁原味地成为裁判文书的一个组成部分。这是裁判文书的基石。裁判文书既要具有描述性，又要具备说服力，要夹叙夹议、生动活泼、深入浅出，要使社会公众、后来的人们、上级司法机关、任何监督者都能够从裁判文书中看到双方当事人在诉讼中表现出的精神状况、对立程度，法官做了什么工作，法官的工作责任心、投入的工作热情以及法官水平如何，而不是像八股文一样，将“原告诉称”概括地说一说，“被告辩称”概括地说一说，“证据如下”列一列，“本院认为”三言两语，就算是认定了案件事实，最后依据法律规定作出“裁判如下”。这种简单的三段论没有任何说服力，不符合优质化庭审的要求。

裁判文书不仅要把双方当事人的诉辩对立观点呈现出来，同时也要把举证过程中的所有证据，不管是否有关联性、合法性、客观性，都要写入裁判文书中，法官不能任意剪裁。同时，对方的反映和对方的质证意见，不管有没有道理，也要全部写入裁判文书中。这对代理人也是一个约束，使其不能任意而为，不能让其任意否定本有真实性、合法性、关联性的证据，任意制造诉讼中的麻烦，严重丧失诉讼诚信原则，违反真实义务，因为后来者的评判会给予其一定的负面评价，使其有所畏惧。然后再根据以上举证质证情况，撰写法官如何认证，认证完毕后，如何进行事实认定，包括事实认定的理由、结论及整个过程。事实认定要像讲故事一样呈现出整个案件的全貌。在事实认定的基础上，再写如何进行法律评价，也就是法律是如何规定的，如何理解如何解释，有何种观点，为什么不适用其他解释和学说等，在此充分阐述法官对法律的理解，法官的法学功底也在此得到呈现。在适用法律的基础上，形成判决的主文，判决主文要照应当事人的诉辩请求。这样的一篇裁判文书，一切浑然天成，没有任何雕琢的痕迹，不需要绞尽脑汁。裁判文书是最终的司法产品，这种司法产品将产生多方面的意义：一是使当事人服判息诉，个案得到了解决；二是使社会公众得到了法制宣传教育；三是为法学理论研究者提供了充分的研究素材；四是法治秩序、法律体系的完善由此也得到了推动。裁判中如有闪烁的法学思想，这就是法官作出的“伟大判决”，相当于发表了一篇案例分析的论文，这种案例分析比学者的案例分析更加具有说服力，因为法官亲自审理了案件，将来可能要转换为指导性的裁判，转化为判例性裁判，对将来纠纷的解决会起到一定的指引和参考作用。

（四）优质化改革的制度保障

第一，独立审判制度。优质化的庭审是一种倒逼机制，为了使庭审达到最优质化的程度，就必须发挥出法官的最大限度的能动性；要发挥出法官的能动性，就必须使其有权有责；要使其有权有责，就必须确保法官能够不受任何干预地独立审判；法官要独立审判，法院必须首先要能够独立。因此，机构独立要先行，其次是法官的个体化独立。反过来说也是一样，没有法院的独立就没有法官的独立；没有法官的独立，就没有法官的司法能动性和司法责任心；没有法官的司法能动性和司法责任心，优质化的庭审方式和高层次的庭审水平就无从谈起。因此，对于庭审，任何人都不能干预，外人干预下的庭审就没有意义，庭审结果还不如汇报结果，导致法官没有动力，当事人也没有参与庭审的积极性。所以，独立审判，尤其是法官独立审判，是优质化审判的前提因素。

第二，司法责任制度。谁裁判谁负责，只有在优质化庭审中才可以提出这个要求，如果审判是流水线的一个环节，那么“谁审判谁负责”中的“谁审判”就是模糊的，“谁负责”也是模糊的，司法责任制的追究就是一句空话。优质化的庭审不仅需要动力机制和激励机制，也需要压力机制和重力机制，使庭审既要快步前进，又要踏石留痕、抓铁留印。只有这样的庭审，才有可能成为优质化的庭审。如果庭审中，法官漫不经心，松垮拖拉，整个庭审就会变得非常枯燥乏味，不仅效率低下，而且质量也不会高。

第三，公开司法制度。我们要时刻记住，现代意义上的庭审是一个公共论坛上的庭审，它不再是公权力独步的领域。庭审是面向整个社会，向社会展示公平正义，展示法律规则，展示各种社情民意，汇聚各种社情民意的领域，现代的庭审一定是公开的、透明的、开放的。这就要求：(1)司法庭审要贯彻言词审判主义，要尽量地让当事人多说话、尽量地让代理人多辩论、尽量地让证人和鉴定人多到庭、尽量地敞开法庭的大门让社会公众来旁听、尽量地让新闻媒体来监督和宣传报道。(2)法官要消除神秘主义司法的心理和色彩，法官不能守口如瓶、惜字如金，故作神秘主义。现代的庭审是协同主义下的庭审，既不是传统意义上的职权主义的法官唱独角戏，也不是当事人主义下的法官消极裁判，而是既要发挥出当事人及其代理人在庭审中的能动性、积极性，也要发挥出法官在庭审中的高度职权作用，要同时调动出两个积极性，这两个积极性一个都不能少，少一个积极性就不能称为优质化庭审。可见，优质化庭审是一支合奏曲，法官相当于指挥，当事人是歌唱演员。指挥得不行，唱得也就不行。因此，优质化庭审下的法官，不仅要独立公正，而且要善于沟通和调控，既入乎当事人其中，又出乎当事人其外；既要与当事人保持心灵上的零距离，显示出司法的亲和性、温暖性，使司法尽可能人性化，又要像“不粘锅”那样，超脱于当事人的案情，始终保持独立性、中立性，居中裁判。这便称为法官心证的公开和法律见解的公开，这种公开是司法公开这个原则和概念中的最新含义，这是对历史上的法官两个极端的否定之否定，法官过于职权化和过于消极化都无法适应优质化庭审的需要。这就要求法官不仅要学习和积累实体法知识，更要学习和积累程序法知识，只有真正掌握了现代程序法精神和程序正义理论、能够娴熟地运用民事诉讼法的各项规定的法官，才能适应庭审优质化的需求。

第四，人民陪审制度。在庭审优质化改革中，人民陪审员制度的作用是不可小觑的，它对赋予庭审优质化的正当性以及庭审结果的可接受性具有至关重要的意义。可以预断人民陪审员制度的改革，司法民主化的改革将成为我们将来司法改革的也是庭审制度改革的一个非常重要的内容，预示着司法改革和庭审优质化改革的方向。庭审是否优质，人民的口碑最重要，人民陪审员在法庭上的形象和作用的发挥，直接关系到人们对庭审是否优质的评价。现在提出的大合议制，笔者认为很有必要。要增加合议庭的人数，增加人民陪审员参与审判的人数，使其达到一定的人数规模，形成其发挥作用的正当化基础。不要忘了群众的力量很伟大，要善于发挥群众的力量，群众的力量发挥得越充分，庭审就越优质。

十八届四中全会提出人民陪审员制度改革重在事实认定而不是法律适用，但这不是人为限制或缩小陪审员发挥作用的空间。现在有一种看法认为，人民陪审员不能对法律适用发表意见，只能对事实认定发表意见，这种理解是偏颇的。人民陪审员重点对于事实认定发表意见，这要求我们充分尊重人民陪审员对事实认定的意见，而且这种尊重要有一定的拘束力，需要后续的制度保障。人民陪审员对法律适用不是不能发表意见，只是没有对事实认定发表的意见那么有拘束力而已，不能剥夺或者限制人民陪审员对法律适用发表意见的权利。法律是反映人民意志的法律，人民对法律如何理解本身就是其意志的体现，何来没有权利之说？更何况，法律的理解离不开社情民意，要把社情民意有效导入司法中，主要就是通过对法律的理解和适用，而不是通过事实认定。事实认定需要从陪审员那里获得经验法则，法律适用需要从陪审员那里获得社情民意。陪审员要为司法审判提供两方面营养：一是经验法则，二是社情民意。2017年12月十二届全国人大常委会第三十一次会议通过了《中华人民共和国陪审员法》。制定一部专门的人民陪审员法，有利于扩大司法领域的人民民主，切实保障人民群众对审判工作的知情权、参与权、监督权，实现司法专业判断与群众朴素认知的统一，让人民群众在每一个司法案件中感受到公平正义。

第五，法律援助制度。法律援助如何走进法庭，法官如何运用法律援助制度来为平等保护当事人行使诉权服务，是摆在我们面前的课题。法律援助不仅是司法行政机关的责任，司法行政机关提供了法律援助的可能性，供给法律援助的力量，如何利用法律援助力量为司法服务，则是法官的任务。要建立法律援助的诉内与诉外的衔接机制，在尊重当事人意愿的前提下，要确保法律援助落实到位，做到应援尽援、应助尽助。只有法律援助切实发挥作用了，当事人的诉讼地位才有望保持平衡；当事人诉讼地位平衡或趋于平衡了，庭审优质化的目标才能够达成。

第六，证人鉴定人出庭制度。庭审优质化对两个诉讼原则提出了特别的要求：一是直接审理原则，也就是判案的法官应当直接审案，不审案就不能判案，通常所谓没有调查就没有发言权，说的就是这个道理。没有亲自审理案件，没有亲自询问证人鉴定人，没有亲自询问当事人，没有亲自参与主持法庭调查和法庭辩论，就不可能对案件事实有真切的感受，也就不可能对案件事实作出准确的判断。自由心证的证据制度就是建立在这个原则基础之上的。二是口头言词原则，也就是庭审应当采用口头表达的方式，而不得采用书面审理的方式。要体现口头主义的审理方式，就要求当事人、证人和鉴定人尽量出庭接受询问，用口头的形式来表述案情、证词和鉴定意见。口头言词原则和直接审理原则是联系在一起的，书面审理原则和间接审理原则又是关联在一起的。优质化的庭审必然以口头主义和直接主义为主，以书面主义和间接主义为辅。而证人鉴定人通过口头形式提供证据，才能最大限度地实现案件的真实，才能最大限度地活跃庭审气氛，才能最大限度地克服司法中的形式主义和官僚主义作风。应该继续完善诉讼制度，确保证人鉴定人到庭作证，同时切实保障证人鉴定人的合法权益。

第七，严格规则主义。优质化的庭审是一种用规则化的秩序编织而成的过程，庭审优质化不是一幅水墨画，而是一幅工笔画，其所进行的每一步都要有规则的支撑，都要有规则化的依据；按照各项法律规则按部就班地进行的庭审，才是有说服力的庭审，才是高水平的庭审，也才能够说是优质化的庭审。法官在庭审中固然有一定的裁量权，但这种裁量权只能栖息于规则的缝隙中，而不能脱离规则任意驰骋。这里所谓法律规则，主要是指程序规则、证据规则和带有程序内容的实体规则，如举证责任分配规则、推定规则。在证据规则中，优质化的庭审要特别关注传闻规则、举证规则、心证公开规则。除此之外，对庭审有序化起保障作用的法庭规则也十分重要。

五、庭审优质化改革应当注意的几个问题

（一）要做到几个"否定"

第一，先定后审，庭审虚无主义。要实现庭审的充实化、实效化乃至优质化，充分的庭前准备是不可或缺的。庭前要做足准备，需要做到心中有数，直到条件非常成熟、非开庭不可时，才能进行开庭。没有做好充分的准备就匆匆走上法庭，这种庭审就是不结果实的庭审。庭审的资源不能轻耗，庭审是神圣的，一定要富有意义地进行。因此，这里似乎存在一个矛盾或悖论，一方面要做好审前准备，另一方面又不能先定后审。但这其实是不矛盾的。"先定后审"自然要受到否定，否定的是先请示领导或上级，领导或上级给出案件的处理结论后，再进行开庭，从而导致庭审走过场，使庭审完全成了形式主义的产物。庭审优质化所需要的审前准备是排除请示汇报的审前准备，是法官主导下由双方当事人参与进行的审前准备，而不是先形成一个案件的结论。经过这样的准备，法官对案情已然成熟于心，也有了对案件处理的大致意见，但这个意见是得之于程序内而不是程序外，是正当的意见，也是优质化庭审所需要的意见。法庭是社会化的场域，法官在开庭前需要形成一个确定性、有指向性的意见。但这些意见都要拿到法庭上，要经受法庭的公开

检验，这些意见是可以调整修正的。“先请示汇报”认可后的庭审没有意义。这是个非常辩证的关系。

第二，反复庭审，庭审无限主义。庭审不能机械地规定次数，但是理想的庭审或优质化的庭审一定不能多次开庭、反复开庭，庭审的次数要少，庭审的质量要高，质高量少的庭审才是通过庭审方式的改革和司法改革所要追求的。在这方面我国的庭审具有深刻的教训，也有许多值得汲取的经验。教训在于：其一，对庭审的重要性认知不足。庭审是解决案件、当事人行使诉权、法院行使审判权、其他诉讼参与人行使诉讼参与权、人民检察院行使法律监督权的关键阶段，它与此前的审前程序和诉答程序以及此后的裁判文书的形成程序等均有显著的差异，其重要性和价值性是最突出的。因此应当对庭审怀有某种敬畏之心，不能将它与其他诉讼环节和诉讼阶段同视，应当审慎地对待开庭审理。其二，庭审的内部是分环节的，不同的环节具有不同的任务和功能，它们之间具有相互制约和相互支撑的关系，不能混作一团，不分彼此，来回颠倒。其三，庭审的结果直接塑造裁判的结果，不能将庭审与裁判在结果上分割开来，也就是不能“你辩你的，我判我的”或者“你审你的，我判我的”，从而造成辩与审的分裂、审与判的脱离。但是我国的庭审也有可以总结和传承的经验，其中最为主要的就是法官和当事人及其诉讼代理人在庭审中都有所作为，而不是单纯地强调法官的职权或当事人的诉权。因此，笔者认为，庭审优质化的改革虽然不能机械地为庭审规定一个次数，但至少要提出一个要求：就是每次庭审的内容都不能重复，每次庭审后都应当有一个成果汇总，确认本次开庭究竟解决了什么问题，将这些问题和成果记录在卷，从而成为下一次开庭的起点，没有特别的理由，不能轻易否定上次开庭的结果和所提出的下次庭审要解决的问题。在本次庭审与下次庭审之间要形成一个内在制约关系，而不是一次又一次重复过去的“故事”。概括地说，优质化的庭审不排斥多次开庭，但非常忌讳重复开庭、随意开庭。

第三，审而不判，庭审不结果主义。庭审的过程就仿佛是培土灌水，培土灌水的目的是开花结果。如果庭审仅要求当事人培土灌水，但当事人培土灌水后产生什么效果却不得而知，这对当事人的辛勤劳动就没有作出一个负责任的交代，在司法实践中常常看到，法院开庭进行的轰轰烈烈，最后审判长一敲法槌，宣布休庭就走了，当事人对此很是失望，诉讼代理人对此颇感困惑，旁听的观众对此也甚觉迷茫。就像球场上的比赛，比了半天，裁判吹一下哨子，就宣布比赛结束了，且不说谁输谁赢，即使说双方得分多少，也一概不知。这样只有比赛没有输赢的庭审，长期形成了一个习惯，对当事人而言，无异于给他们传递了这样一个信息：庭审并不决定诉讼的胜败，甚至连一定的影响力也不见得有。这对当事人进行实际的庭审努力无疑是泼了一瓢冷水，从根本上弱化了乃至取消了他们从事庭审活动的动力源。这就是我们现在庭审走过场的根本原因，也是庭审空洞化的主要成因。

当然这里说庭审要有结果，并不是一定指诉讼案件的最终结果，还包括阶段性的结果。每次庭审完结后，主审法官或审判长应当向当事人当庭概括一下本次开庭所取得的成果。比如："本次庭审进行了法庭调查，明确了双方的争议焦点如下……同时对以下证据的真实性、关联性和合法性进行了确认……下次开庭进行法庭辩论。"这也是庭审的成果，不过这不是形成判决主文的最终成果，而是庭审的阶段性成果。庭审的最终成果，也就是双方当事人谁胜谁败的诉讼结果，是由庭审的阶段性成果拼接而成的，前一次庭审的成果成为后一次庭审的逻辑起点，后一次庭审是在前一次庭审的基础上继续前行的，庭审的这种先行后继的关系，构成了庭审的逻辑结构，也形成了庭审的一体化状态。

第四，先审后定，庭审降格主义。先定后审要受到否定，同样，先审后定也要受到否定。因为先审后定与先定后审一样，都否定了庭审的实际作用和实质效果，庭审仍然是走过场，审判依然流于形式主义，诉讼的结果还是通过请示汇报或庭审外的阅卷等活动而形成的。先审后定的本质在于，没有经过充分的准备就一步到庭，获得了一个没有开庭前形成预断的"美名"，但是却换来了庭审后请示汇报或者阅卷"补课"的否定性评价。因为如果不做充分的审前准备而实行一步到庭的话，无论法官如何富有经验，只要案情稍微复杂一些，就难以达到通过一次庭审就当庭宣判的效果，这样的庭审一定是粗糙的、浮在表面的，而且一旦当事人临时提出新的证据或新的主张等，主审法官一定会乱了手脚，庭审就会失控。因此这种匆忙上阵的庭审不能不草草收兵，最后收效甚微，甚至颗粒无收。这种庭审其实就是浪费时间、精力和费用。正所谓“庭前不努力，庭中乱阵脚”，又所谓“庭审空洞化，庭后忙阅卷”。庭审没有实际效果，要形成裁判只有三种途径：一是请示汇报，将案件的审判权推诿出去；二是再次开庭，徒增开庭次数和成本；三是庭后“补课”，通过非常规的询问、调查、阅卷来弄清案件事实。这三种做法都是错误的。请示汇报不符合司法改革的要求，谁裁判谁负责的制度因此难以落实。再次开庭必然使开庭被视同儿戏，而且前面的基础打得不好，再次开庭的效果纵好也有限。通过庭后“补课”来裁判，这是常规的做法，而正是这种常规的做法，使庭审降了格，也就是淡化了庭审的意义和价值，对庭审的“声誉”造成了负面影响。因此，我们既要反对先定后审，也要反对先审后定，而要提倡庭审裁判主义，裁判的结果理应形成于法庭，法庭就是生产裁判文书这一司法产品的“加工厂”或“车间”。

(二)避免几个“误区”

第一，司法“白板论”。现在有一种观点，认为法官开庭前，脑子里对于案件事实应当一无所知，就像一块白板一样。这种“司法白板论”是错误的。前已说过，我们反对先定后审，反对的是还没有开庭就已有了定案的结果，并不是反对在开庭前对案件事实要有所了解，对证据材料要有所熟悉，对适用于本案的法律问题要有所把握。通过这种庭前准备，或许法官已经心中有数了，但也不属于先定后审，因为这种结果是自然而然形成的，是法官自己形成的而不是上级确定的，是内在的判断而不是外在的判断，也是通过庭审可以改变的结果。事实上，优质化的庭审恰恰是要做好充分的庭前准备，反对一片空白地走上法庭。笔者认为，如果法官对案件事实尚不甚了了，就不应当仓促开庭；只有到法官对案件事实基本清楚时，才能做到从容的审判、优质的庭审。在20世纪90年代我国民事审判方式改革时，就曾提出过“一步到庭论”。这个观点后来遭到质疑，现在已经基本认识到这个弊端了，这是不科学的理论。

"司法白板论"就是"一步到庭论"的翻版,也是错误的。

第二,程序法官和实体法官"分离论"。诉是统一的诉,程序问题和实体问题是不容易分离的,法官不能轻易分离,将程序法官和实体法官人为地分割过来是不妥的。在同一个合议庭内,不能将案件的程序事项交给一个法官处理,而将实体事项交给其他法官处理。对于案件的解决而言,程序事项和实体事项具有相等的意义和价值,不能厚此薄彼,认为程序事项可由某一个法官处理,而实体事项由合议庭处理。也不能认为程序事项不必通过庭审解决,而只有实体事项才必须通过庭审来解决。比如当事人适格问题,这本身就不能说是一个纯粹的程序事项,也不是一个纯粹的实体事项,这应当通过庭审来处理。

第三,卷宗依据论。有种观点认为,裁判的内容都要在卷宗中找到依据,这个观点有其正确的成分,也有错误的地方。正确的部分在于:法院最终的判决,其争点如何、事实主张如何、证据如何、法律观点如何等,都必须在卷宗中找到依据,凡是未经庭审的材料,均不得进入卷宗;凡是不在卷宗中的材料,均不得成为判决的依据,这就是卷宗的基本价值和主要功能所在。尤其是现在电子卷宗要更全面、客观、完整,保存庭审的最大化信息,其对司法裁判的支撑作用更加明显突出。但是,这些由文字记载下来的信息是有限的,而人心是最活跃的因素,法官是要依据内心的判断来裁判案件,而不是依据卷宗中的文字符号来裁判案件。法官判决错误了,要自己负责,而不能说卷宗错了所以出现偏差,将责任推向卷宗,这是不负责任的推卸和推诿。司法责任制不在于追究卷宗中的错误,而在于追究判决中的错误,而判决是法官意志的体现,法官要对自己的意志、自己的良知负责,而不是对卷宗负责。

(三)配套改革

第一,法院调解制度改革。庭审优质化改革有一个绕不过去的话题,这就是法院调解和法院审判的关系问题。总的来说,目前关于这个问题有"调审分离论"和"调审合一论"之争。笔者主张"调审分离论",调解应当先行,在审前程序中就应该进行调解,调解主要存在于审理前的准备阶段。在审前阶段,通过庭前会议、证据交换、争点整理程序、法官的职权调查等活动，双方当事人如果能够调解，此时时机是最好的。首先，此时当事人还没有真正走上法庭，纠纷还未公开激化，调解的氛围最好。其次，此时案件事实已经基本清楚，孰是孰非基本上有了一个判断，调解的条件趋于成熟。如果在审前阶段案件未能调解成功，那么，可以预断，进入庭审后的调解成功率是非常低的。我们经常见到的情形是，法官在法庭辩论结束后，问当事人是否愿意调解，当事人一般回答不愿意调解。这就使庭审中的调解基本上流于走过场，实际效果甚微，而且有形式主义之嫌，这就导致了“庭审调解虚置化”现象。这对调解制度只有负面影响，而没有正面的好处。而如果经过庭审，当事人确实改变了此前的看法，愿意调解了，实际上也是水到渠成的结果，而不是法官调解的结果，因此应当通过诉讼和解来处理。所以实行调审分离具有一举三得的功效：一是使调解不受审判的影响，不致发生“以判压调”的现象，因而保全了调解的本质——自愿；二是使审判不受调解的影响，不致发生将调解中的偏见带入审判中的问题，因而保全了审判的本质——公正；三是拯救了诉讼和解制度，使之能够独立地发挥作用，而不致要么被撤诉吸收，要么被调解吸收，从而丧失了独立的制度价值。尤其是，实行了调审分离，使调解者不是单纯的法官，调解中可以邀请大量相关人员参与，其主体是委员会的形式，而不是某一个合议庭，更不是独任审理。实现调审分离后，庭审直指判决，就使庭审一直处在严格规则主义的控制下进行，而不致因调解的出现使诉讼规则和其他法律规则“软化”。须知，诉讼规则和其他法律规则一旦“软化”，所谓庭审优质化就难以实现了，也难以衡量了。

第二，代理制度改革。诉讼代理制度的完善与否，直接关系到庭审能否达到优质化及其优质化的程度高低，因为道理很简单，如果当事人一方或双方缺乏足够的参与庭审的能力以及相应的辩论能力，那么，他们就不可能正确地提出诉讼请求、正确地选择诉讼标的、正确地主张事实、正确地提出法律观点和法律意见，到了庭审时，就不能正确地应对法庭调查，不能正确地进行法庭辩论，也不能正确地行使诉讼权利，因此，虽然当事人有诉讼行为能力，他们能够亲自进行诉讼，但是他们却不能胜任参与优质化庭审的任务。庭审优质化不仅对法官提出了高要求，而且对当事人也提出了高要求，对当事人的高要求最终只能落实到诉讼代理人身上。因此之故，目前庭审优质化改革需要考虑两个与代理有关的制度：一是强制代理主义，也就是在庭审优质化的主阵地——普通程序中，要逐渐实现律师强制代理主义；不实行律师强制代理主义，庭审优质化一般而言只能是一个理想的目标而已。首先，可以考虑在最高人民法院及其派出法庭层面实行律师强制代理主义，其次，在再审案件中实行律师强制代理主义，最后，将律师强制代理主义推广到所有的普通程序案件。至于简易程序、小额诉讼程序、非诉讼特别程序等，则没有实行律师强制代理主义的必要。二是指定代理制度。在目前不实行律师强制代理主义的阶段，作为过渡性制度措施，应当确立指定代理人制度。也就是说，当事人没有聘请律师作为诉讼代理人，而由其本人亲自进行诉讼，但实践表明，该当事人缺乏足够的能力和知识水平进行有效的诉讼，尤其不能有效地进行庭审活动，也就是其缺乏辩论能力。在当事人缺乏辩论能力时，应当赋予法官为其指定诉讼代理人的权限和职责，必要时通过法律援助来指定代理。我国本来有指定代理人制度，但经过1991年《民事诉讼法》修改，将指定代理人制度取消了，现在看来这是不妥的，应予恢复。

第三，失权裁决制度改革。诉讼中，要规定失权制度，一旦当事人没有认真行使诉讼权利，法官也尽到了足够的阐明义务，该失权就应该失权，尤其是证据失权。树立一个规则必须有所牺牲，如果对迟来的证据总是迁就，那庭审的优质化目标永远达不成。

（四）解决好几个矛盾

第一，"案多人少"与庭审优质化之间的矛盾。"案多人少"的矛盾在庭审优质化改革中会变得尖锐起来，因为庭审优质化改革始终要控制一定的案件量，案件量过多，势必会影响庭审优质化目标的实现，比如，集中审理主义的目标是庭审优质化的题中之意，而集中审理主义反对一个法官同时审理多个案件，一个法官同时审理多个案件，就不能做到连续审理和不间断审理，而只能采用间断式审理方式。因此，在庭审优质化改革中，有两项工作是必须要做的：一是实现对案件的总量控制，使进入法院处理的案件量保持在合理的限度内；二是在诉讼程序自身范围内，要做好程序分流工作。对案件总量的控制涉及法院在解决民事纠纷的各种机制中的定位问题，法院只能解决一定量的民事纠纷，而不可能对所有的民事纠纷大包大揽、全盘垄断。目前笔者提出的“大调解格局”就旨在解决这个问题。要充分发挥对民事纠纷的司法前处理机制的作用，包括人民调解、仲裁解决、各种社会化调解以及民事纠纷的行政解决。这种多元化纠纷解决机制是一个系统工程，属于国家治理体系和治理能力现代化中的课题。一个国家法治发达程度如何，关键不是看法院能办多少案件，而是看社会救济能够提前化解多少案件。社会救济是司法救济的第一道防线，这道防线对提前解决民事纠纷、减少民事纠纷的案件总量起着重要作用。但社会救济对民事纠纷提前解决和过滤这个作用发挥得好不好，与法院有密切关系。法院越公正，社会救济的作用发挥得就越充分；法院的权威性和公信力越低，民事纠纷的社会化解决的功能就越差。社会救济和司法救济这二者之间的关系是辩证的，二者一损俱损，一荣俱荣，对民事纠纷的全面解决起连带作用、负连带责任。民事纠纷的社会救济工程构筑成功了，那么，其自然而然的结果便是，进入法院需要进行司法救济的案件就是“必须诉讼”的案件，这种必须进行诉讼的案件量应当是较为稳定的，相对而言也是可控的。法院这个稀缺的资源、审判这块宝贵的“好钢”，就要用在这相对少数的复杂疑难案件上。但即便如此，对于进入法院大门的案件仍需要进行程序分流，我们现在惯于称为“繁简分流”。其实，与社会救济的“大调解格局”相对而言，司法救济则需要形成一个“大诉讼格局”。《民事诉讼法》第133条对此新增加了一个规定，这就是程序分流机制。按照程序分流机制，对法院受理的案件，应当有一个初步的职权性判断，看看这些案件进入什么程序较好，如普通程序、简易程序、小额程序、督促程序、调解程序、司法确认程序、直接申请执行程序等。这是诉讼案件的内部分流，此外还有诉讼案件的外部分流。诉讼案件的外部分流就是对进入法院的案件，经过初步审查后，如果认为比较适合通过社会救济来解决，则还可以将案件分派出去，比如进行委托调解，由商事组织进行调解，或者在当事人的同意下，直接转交人民调解来调解解决，或者通过行政机关的调处来解决，甚至于通过当事人双方的协商，通过仲裁来解决等。要改变一个观念，就是进入法院的案件，都只能通过法院来解决，而且由法院来解决，就只能通过庭审来解决，通过庭审来解决，就只能通过判决来解决。留在庭审中解决的案件，一定是数量较少的具有典型意义或有一定复杂度的案件。只有对这些经过适当的程序分流机制留下来的案件，才有可能进行优质化的庭审。因此，优质化的庭审是一个倒逼机制，它倒逼此前的所有程序都是优质化的。法院要成为一个纠纷解决中心，变成案件批发站，对重大复杂疑难案件进行优质化庭审。优质化的庭审不仅要解决个案，还要推动诉讼机制和整个法律秩序的完善。可见，优质化的庭审是多元化解纷机制这片“绿叶”扶出来的“红花”，它不可能独善其身。

第二，庭审优质化与审案法官司法能力尚待提高之间的矛盾。庭审优质化对参与诉讼的方方面面主体都提出了新的更高的要求，尤其是，对法官提出了极高的要求和挑战。这里也存在一种辩证的关系：一方面，庭审优质化一定能够不断推动法官司法能力的提高，法官由此将得到很大的进步。在过去的审判中法官水平难以有进步，归根结底是因为庭审的低质化并由此所导致的请示汇报办案模式。现在由于庭审优质化而产生的压力变大了，挑战变多了，法官的进步也更大了。法官通过审案得到进步是对法官最大的回馈。另一方面，目前我国法官的审案水平还处在需要不断提升的阶段，在这个新旧庭审方式转换期间，法官从事优质化庭审的水平亟待提高，而这种处在较低层次的法官审案水平也在相当大的程度上制约着庭审优质化的改革。这就要求我们：首先，庭审优质化改革必须要深化推进，这个改革的方向不能动摇。其次，庭审优质化改革要由点到面逐渐展开，不宜不分地区差异、不分审级差异、不分案件类型差异等而“一刀切”。这里可以提出一个“非均衡的庭审优质化改革模式”的命题，即在这种非均衡的改革模式中，在一审程序和二审程序中，二审程序的庭审优质化改革应当先行一步；在法院的庭审优质化改革中，中级及其以上的法院应当先行一步；在发达或较为发达的区域与落后或相对落后的区域之间，较为发达的区域法院应当首先展开庭审优质化改革；在商事案件和传统民事案件之间，商事案件更加容易推行庭审优质化改革；在人身关系型案件和财产关系型案件之间，财产关系型案件应当率先进行庭审优质化改革；等等。从而在庭审优质化改革中，呈现出一种阶梯式推进的制度态势，最终达到民事诉讼庭审全面优质化的理想目标。与此同时，在通过员额制对法官进行遴选和配置的过程中，也要考虑到庭审优质化的新需求，将优质的法官优先配置到优质化的庭审之中去，由此产生出一种示范效应，促使庭审优质化改革全面开花结果，最终使新型的庭审模式完全取代传统的相对滞后的庭审模式，实现我国民事庭审模式的新陈代谢和时代更迭。

第三，庭审优质化与司法行政化有所保留之间的矛盾。庭审优质化是在司法去行政化改革的基础和前提下提出来的后续改革目标。如果司法去行政化不够彻底，比如说，还是实行以前那样的庭审前请示、庭审后汇报、判决时审批的做法，那么，庭审优质化改革就基本上是一句空话，因为庭审优质化改革缺乏内在的动力机制。本轮司法改革以"两去"为总目标，去地方化是为去行政化开辟道路的，归根结底要去行政化，因此，司法的去行政化改革又是改革的重中之重。但是，我国的去行政化司法改革需要有一个过程，而不可能一步到位，也就是完全实行法官独任制审判和合议制审判并不现实，因而司法的行政化必然有所保留，比如，作为集体行权的审判委员会还是要适当介入具体个案的司法审判，有一些重大复杂疑难的案件，还是需要提交给审判委员会进行把关、定夺；再如，有一些案件，虽然不需要提交审判委员会裁断，但仍需要向院长庭长汇报，并由他们审批，签发裁判文书。此外，还有大量的案件需要通过专业性的法官会议来讨论参谋，这虽然与审委会的决策制和院长庭长的审批制有所不同，但毕竟表明，有一些案件的答案不是在庭上形成，而是在法官会议上或法官会议后形成的，这也在一定程度上弱化了庭审优质化的指标性效果。这样就在庭审优质化改革与传统的行政化的司法裁判方式之间形成了一定的冲突，行政化的司法裁判方式制约了优质化的诉讼庭审方式的最终形成和全面实现。为此，笔者提出以下建议，用以解决或缓和司法行政化必要残留对庭审优质化改革所产生的负面影响：(1)尽量扩大无须提交审委会决策的案件范围，将审委会对司法个案的决策权范围尽可能地缩小。(2)改革审判委员会讨论决定司法个案的程序结构，对审判委员会讨论决定司法个案的程序也来一个优质化改造。比如，实行专业化的审判委员会制度，取代过去普适化的审判委员会制度；尽量使审判委员会的成员亲自旁听案件，减少制约庭审优质化改造的书面审理，使直接言辞原则最大化地适用于审判委员会讨论决定个案领域；实行审委会“准庭审模式”，将当事人及其代理律师适度地引入审判委员会讨论决定案件的程序过程之中，使其能够对抗性地行使一定的辩论权；如果确有必要，关键证人和鉴定人也可被要求参与审委会的听证程序；等等。(3)应当逐渐取消院长庭长的实质性审批权，改而成为程序性审批权，最终实现全面取消院长庭长个案审批权的目标。因为如果案件确属重大复杂或影响广泛，那么可将案件提交审委会讨论决定，而不必保留院长庭长的传统意义上的个案审批权。尤其值得注意的是，即便案件被提交审判委员会讨论决定，也不意味着合议庭审判案件就无须按照优质化庭审的目标来要求自己，审判委员会也要发挥对合议庭的监督指导作用，如果认为合议庭的庭审没有达到优质化的目标要求，审判委员会则不仅应当对合议庭的庭审提出指导性纠正意见，同时在必要时，比如案件事实尚未查清时，可将案件“发回”合议庭重审。审判委员会重在对法律适用问题进行把关决策，而不宜对事实和证据问题进行讨论决定，要按照司法改革提出的要求，将审判委员会的职权限制在法律层面，而不得渗透到事实认定层面。换句话说，在事实认定层面，庭审优质化对合议庭审判提出的要求并没有因为案件要提交审判委员会讨论决定而取消或有所弱化，在衡量和评估的指标上，其与完全独立性审判是一样的。

总体来看，庭审优质化改革在庭审规范化改革和庭审实质化改革的基础上，又提出了诸多新的改革要求，实际上它包容了此前所进行的各种改革的积极成果，更加深刻地揭示了诉讼规律、司法规律和法治发展规律的客观要求，与此同时，庭审优质化改革的逐步深入推进，也将不断地提出新的改革诉求，更加融贯地汇聚和整合着各项改革举措和各种改革元素，各种传统的、新创的、本土的、外来的审判方式和诉讼观念，都要相继被提出，接受庭审优质化改革的拷问和检验，在中国特色庭审优质化的改革面前决定去留的命运。

第四节　民事诉讼的科技化改革

习近平总书记指出："没有信息化就没有现代化。"十八届五中全会提出实施网络强国战略、互联网行动计划、国家大数据战略、维护信息安全等重大部署，将信息化与社会治理紧密结合起来，人民法院也进行科技化改革，其中明确提出推动"智慧法院"建设。毋庸置疑，"智慧法院"建设是国家网络强国战略的一个组成部分，也是电子政务在司法领域中的体现。所谓"智慧法院"，是指以确保司法公正高效、提升司法公信力为目标，充分运用互联网、云计算、大数据、人工智能等现代科学技术，促进审判体系和审判能力现代化，实现司法审判及其管理高度智能化运行所形成的法院。可见，"智慧法院"与智能化司法是实质等同的概念。智能化司法是司法跨进大数据时代的产物，是大数据对司法发挥作用所产生的结果。在该方式中，智能化贯彻于始终，成为司法自里而外的全部表达形态。

根据全国首部《中国法院信息化第三方评估报告》，截至2015年年底，最高人民法院建立了10套远程提讯系统，地方法院建立了2154套远程提讯系统。此外，各地方法院还利用手机APP、微博、微信等新媒体，与当事人及其诉讼代理人实现了即时互动、随时参与的沟通模式。可以说，我国"智慧法院"的建设已处在世界先进行列。

一、智能化司法的重要意义

司法的透明性是司法的全面而高度或彻底的公开性，它是司法公开性的升级版和最高形态。人民法院通过智能化法庭建设，将法庭中产生的全部文字、音频、视频信息自动保存到系统中，做到“每案一光盘”，并同时进行录音录像，实行网上庭审直播。这样就将司法的全过程，以电子化、网络化、视听化等形式，完整地公开于社会，使每个人足不出户就可分享司法的全部信息，从而实现了司法与人民之间真正的“零距离”，司法由此回归其天职，实现了司法来自于民、回归于民。

首先，智能化司法有助于提升司法的公正性，这是因为智能化司法本身包含着透明性，由此引入对司法的普遍而经常的监督性，同时还因为电子化司法具有显著的客观性和可检阅性，由此大大压缩了主观主义、偏颇主义司法的存在空间，从而更容易使司法获得民众的理解和信赖，公正性据此得到实现。大量数据显示，通过智能化法庭审案，其服判息诉率、自觉履行率、调解率等有所提升，二审改判发回率、申诉率、再审率等有所下降，司法公正得到明显强化。

其次，智能化司法为提升司法效率提供了一个预想不到的捷径，数字的无空间特性缩短了司法的长时间性需求。因为在这个过程中，司法的纸质化操作和人力资源投入大大减少，司法的高效获得了几何式增长的可能与现实。数据显示，法院审理案件和执行案件所需要的平均时间大大减少了；平均审理天数、平均执行天数、平均上诉案件移送天数有所减少。值得一提的是，法院的“当前存案工作量”也发生了锐减效果。与此同时，旨在提升效率的简易程序在适用率上有所提升，每案的平均审理天数也大大减少。可见，智能化司法对司法效率的提升表现在各种诉讼的所有环节。

再次，智能化司法为便民诉讼提供了极大的推动力和有效的保障力。如浙江法院在所有的人民法庭均实现了司法的网络化操作，包括网络立案、网络视频庭审、网上银行缴纳或退缴诉讼费用、网上处理涉案款项等。这些重要的诉讼环节通过网络化运作，为当事人节省了大量的时间成本、经济成本和人力成本，使当事人解除了诸多因诉讼而产生的后顾之忧和现实困扰，使其由宪法所保障的诉权在电子化司法的平台上得到了最大化实现。不仅如此，电子化司法对当事人以外的其他诉讼参与者也带来了诸多参诉便利，比如，证人可以通过远程视频作证、调解者可以通过网络进行便利化调解、鉴定人可以通过视听平台提供及时的鉴定意见等，这样便使原来处在低位运行的证人作证率、鉴定人到庭率等得以提升。

最后，智能化司法使司法的可监督性或可问责性的制度体系得以全面更新和优化，从而使这一制度系统能够更加有效地产生出制约司法、引领司法的作用。例如，浙江法院基于智能化管理体制和模式，专门设置了适用于人民法庭的审判执行质量和效率评估体系，并从该评估体系中形成有效的"评估数据"，据此对各法庭的公正性、效率性等诸多表现进行动态排序，实时监督。这样的一种数据系统，不仅使外在的监督更为全面、深入与客观，同时使司法的内部监督也形成了常规机制，法官、法庭和法院不仅可以随时进行自我评估，同时还可更加容易地相互评估和相互监督，以期共同进步，提升整体的司法水平。

二、智能化司法的丰富内涵

智能化司法在智能化知识方面会遇到挑战。智能化知识是一个新型的知识系统，计算机化是其中的核心内容。因此，在数据化时代，法官们应当通过培训形成以计算机学为其工作理念和模式的知识结构。

首先，从传统司法向智能化司法转换的过程也会面临挑战。智能化司法引起了诉讼过程的无纸化、司法管理的无中心化或多中心化、司法场域的直观化和扁平化、司法信息的"云计算"化等方面的变化，这些变化与传统司法所显示出的特征迥然不同。要实现传统司法向智能化司法的转变，就必须要破除传统的司法理念与行为范式，与时俱进地跟上时代发展的需要。与此同时，还要注意保留传统司法中所包含的优良元素，比如，传统司法的人性化、易懂性、简易化特点等，使传统与现代无缝对接，尽量减少这一转换过程所带来的负面效应。

其次，智能化司法的功能开发面临着挑战。智能化司法不是用数字为司法披上时代的外衣，更不能止步于为数字而数字的设备安置，也不是用智能化形式与传统的纸质化进行简单对换，而是要在智能化的平台上充分发掘其潜在的各项功能，以实现司法功能的全面升级，有效地提升司法品质，助推法治中国建设。

再次，数据客观化层面的考验。智能化司法的全部生命力在于数据的客观化，数据的客观化也包含着数据的全面性；如果失去数据的客观性，则智能化司法势必会陷入司法的假象之中，终究于公正司法无补。司法数据的客观性保障绝非仅限于数据技术性上的自信与进步，更为根本的则在于开发智能化、利用智能化的人的自律与自信。在此意义上说，司法智能化也检验着司法技术伦理水平的高低。

最后，数据信息的孤岛化与割据化。智能化司法的优势在于信息共享与系统整合。如果司法数据不能在更大范围内被使用和相融合，则智能化司法的意义仍然是有限的。应当将司法数字化从法官个体到法庭、法院进行多层次安排、多结构组合，克服司法数据的分而治之的状态。

三、智能化司法未来发展的现实路径

首先，实现智能化司法能力的四个“提高”。一是提高司法数据的收集能力。收集司法数据最为关键，应实现和保持其完整性、精准性、一致性和及时性。二是提高利用司法数据的能力。智能化司法绝非仅仅某些管理人员或技术人员的事情，而与每个法官息息相关。因此，要大力开展司法数据能力的培训与教育，使智能化司法的知识必备体系被每一个法官娴熟地掌握。三是提高消除司法差异的能力。通过数字化司法，其最终效果要实现司法能力的平衡发展，消除目前所存在的司法能力在地域和层级上的差异，使司法能力均质化提升。四是提高以智能化司法提升司法公正性和效率性的能力。智能化司法就其本质而言乃是利用科技信息技术解放司法的生产力，使司法的公正性和效率性得以在智能化司法的助推下明显提升。

其次，做到智能化司法的四个“嫁接”。智能化司法的要义在于实现司法数据的大汇聚，并对此种司法数据进行自动化分析与处理，从而得出某种预设的结论。因此，需要架起司法数据的信息桥，防止信息阻断。鉴于此，应做到四个“嫁接”：一是在数字法庭内实现各个司法环节的数据嫁接；二是在数字法庭相互之间做到数据嫁接；三是使司法数据与多元化纠纷解决机制的数据进行系统化嫁接;四是在司法数据与相邻的社会管理部门的数据进行信息嫁接。

最后,处理好智能化司法的四个“关系”。一是要处理好智能化司法的管理性与便民性的关系。智能化司法的出发点与着力点在于司法的便民性,在此基础上,才产生利用司法的智能化提升司法管理能力的功能,二者间的关系不能颠倒,更不能将智能化司法窄化为智能化司法管理。为此,需要在引导民众进行智能化诉讼方面多做工作,防止民众因为智能化而产生望讼却步的心理;同时通过对案件的大数据分析,引导当事人理性选择诉讼策略和解纷机制。二是处理好局部智能化与全面智能化的关系。智能化不能仅仅停留于诉讼程序的某些“显眼”环节,如庭审直播、微博短信等,而要深入到司法办案的全程与细节,使之产生多种多样的数据化,以使司法评估趋于全面平衡、司法监督进入深层次。三是处理好智能化司法的诉讼功能与延伸功能的关系。智能化司法可被分解为多个层次,从法官到法庭,从法庭到法院,从部分法院到全部法院,形成一个数据化的塔形结构,从而使其诉讼功能得以全面发挥。更为重要的是,司法的大数据要与社会的大数据相对接,使司法智能化的功能效应得以逐层扩散,尤其要使与司法相关领域的管理机构与部门能够有效地使用司法大数据,服务于社会治理体系和治理能力现代化的提升。四是处理好智能化司法与司法改革之间的关系。法院信息化建设与司法改革一起组成人民司法事业发展的车之两轮、鸟之双翼,智能化司法产生了司法便民、司法公正与司法效率等功能,人民法院的司法能力也得以整体提升。

第五节　民事诉讼禁反言原则问题

现代社会是诚信社会,市场经济是信用经济。“人无信不立,国无信不强”,信用与诚信是和谐社会的坚定基石。不可否认,当前存在的信任缺失现象,严重羁绊了社会诚信建设的步履。诉讼领域不诚信诉讼泛滥，损害了司法公信，严重影响公正高效司法。摆脱诚信危机、遏制不诚信诉讼，诚信诉讼制度建设以及信用教育引导愈显重要。自2012年《民事诉讼法》首次明确规定了诚实信用原则以来，对于该原则内涵与外延的探讨日趋深入。最高法《民诉法解释》更是通过多种方式，将这一原则逐步具体化为具有可操作性的司法准则。其中，对于诉讼禁反言原则的规定即是这一具体化过程的体现。

一、禁反言的当事人行为的理想化图景

民事诉讼作为纠纷解决的过程，为纠纷主体行使权利，实现利益的最大化提供了空间与可能。然而，在实践中，某些当事人出于利益的考虑，根据攻防的需要，在诉讼中的不同时刻，采用不同的诉讼策略，实施矛盾的诉讼行为，或对事实作出不一致的主张。如果民事诉讼法对当事人的这种做法听之任之，不加干涉，则程序的安定必将无法得到保障。对方当事人的合法权益，也势必会受到影响。因此，对于当事人在诉讼中反复无常、矛盾的言行，各国的立法均持否定态度，并基于不同的政策依据，给予必要的限制，体现为民事诉讼中的禁反言原则。

（一）维护当事人信赖利益的大陆法系图景

在大陆法系国家，对当事人不得从事矛盾行为的要求是通过诚实信用原则实现的。该原则要求法院、当事人及其他诉讼参与人在审理民事案件和进行民事诉讼中必须公正、诚实、善意。[1]禁反言原则作为诚实信用原则规范当事人行为的具体形式，在大陆法系国家是指这样一种原则：当事人在诉讼上或诉讼外为某种行为的结果，使对方当事人相信其行为将出现一定的法律状态，因而决定其态度。这时只要客观上来看当事人的相信是合理的，就应受法律保护。前一个当事人后来不应采取矛盾的态度，背叛后一当事人的信任而损害其正当利益。[2]

大陆法系国家传统理论上的禁反言规则主要针对当事人在诉讼中反复无常的诉讼“行为”，后来通过学者的扩张性解释，将其适用于当事人

---

〔1〕 参见张卫平：《民事诉讼法》，法律出版社2005年版，第27页。

〔2〕 参见［日］兼子一、竹下守夫：《民事诉讼法》，白绿铉译，法律出版社1995年版，第79页。

在诉讼中的“主张”。二者在适用条件方面略有差异。

1.适用于行为的禁反言规则

依据大陆法系国家的民事诉讼法理论，诉讼行为可以分为取效行为和与效行为两种类型。取效行为旨在促使法院或者法院机构作出某种裁判和提供资料对裁判进行说明。其特征在于，取效行为没有独立的效力，它们的效力仅仅在于导致具有某种内容的裁判，尤其是判决，只有通过该裁判，只有在该裁判中并且只有以该裁判的力量才会发生效力。〔1〕常见的取效行为的类型有请求、权利主张、事实陈述、攻击防御手段等。大陆法系国家的传统理论认为，对于取效诉讼行为，在经法院裁判确认之前，实施行为的当事人可以自由撤回。因此，一般认为对于此类行为不适用禁反言的规定。与此相对，与效诉讼行为是指，在程序之内直接设定某种诉讼效力（诉讼法律状况）的当事人行为，它有时甚至可以在诉讼之外发生效力。〔2〕常见的与效行为包括撤回诉讼、同意对方的行为、异议、陈述或者宣誓等。与效行为因可以直接引起诉讼上的法律效果，并且不可随意撤回，因此是禁反言原则作用的主要对象。

在大陆法系国家，对于行为的禁反言规则的设计，是围绕保护对方当事人的信赖利益展开的，由此，是否应当禁止某一矛盾行为，主要取决于该行为是否影响了对方当事人的信赖利益。具体而言，禁反言的适用必须满足以下几个条件：

首先，当事人有矛盾的行为。这是禁反言原则适用的前提。两个矛盾的行为通常发生在前后两个诉讼中，但是也不排除前一行为发生在诉讼之外。当事人在诉讼程序之外实施的行为，如果能够使诉讼中的对方当事人产生有理由的信赖，那么，实施该行为的当事人，将受到禁反言规则的拘束。

其次，对方当事人对该行为产生了信赖，并实施了相应的行为。在大陆法系国家，禁反言规则的核心目的在于保护相对方的信赖利益。然

〔1〕 参见［德］罗森贝克等：《德国民事诉讼法》，李大雪译，中国法制出版社2007年版，第431页。

〔2〕 同上书，第434页。

而，"信赖"作为个体的内心状态，很难为外界直接观察。所以是否存在信赖，需要法官根据个案的具体情况作出判断。比如，在继承人收到把死者作为被告的诉状后，选任了诉讼代理人，申请承继诉讼。在一审、二审程序中亲自参加了诉讼，但是在得到第二审被告败诉的判决后主张，被告已经死亡，自己所实施的诉讼行为无效。对此，日本最高法院认定，继承人全程参与诉讼的行为足以使对方当事人产生信赖利益，所以依据禁反言的规定，不允许他的主张。[1]对方当事人除了有理由信赖矛盾行为以外，还需要根据这一信赖，实施了相应的行为。比如，在前述案件中，由于继承人对自己当事人的身份没有提出异议，所以对方当事人聘请诉讼代理人参与了诉讼。之所以要求对方当事人必须已经基于信赖而实施诉讼行为，是因为只有如此，反言方的反言行为才有可能对对方当事人的利益产生直接的影响，也才能够纳入禁反言原则保护的范围。

最后，如果允许矛盾行为的存在，将会给基于信赖而行为的当事人造成不公平的后果。也就是说，对于基于信赖而行事的当事人而言，如果允许反言行为，则他的利益将会遭受不合理的损失。

保护当事人基于信赖而产生的利益，是大陆法系国家禁反言原则设置的初衷。但是，随着理论的发展与完善，学者们倾向于多角度地权衡适用禁反言原则的妥当性。比如，有学者认为，关于贯彻保护相对方对于先行行为的信赖是否必要和适当，在各个具体案件中，主要取决于同行为矛盾的程度、背离实体真实的盖然性、否定矛盾举动给相对方带来的不利益、相对方运用其他方法救济的可能性等内容的综合比较衡量。[2]

2.适用于"主张"的禁反言规则

大陆法系国家传统的禁反言规则仅适用于排除当事人在诉讼中的矛盾行为，这种对禁反言规则的传统认识经过日本学者竹下守夫教授的解读，扩张性地适用于当事人对于事实问题的"主张"，并成为审判理由产生拘束力的理论支撑。竹下教授认为，基于矛盾举动禁止的原则，前诉

---

〔1〕　参见［日］兼子一、竹下守夫：《民事诉讼法》，白绿铉译，法律出版社1995年版，第79～80页。

〔2〕　参见［日］中野贞一郎等：《新民事诉讼法讲义》（第3版），有斐阁2007年版，第181 页。

胜诉的当事人为了维持前诉判决所得的利益，而在后诉推翻自己在前诉所为之言论，旨在获得其他不兼容的利益或避免获得该利益所必然伴随的不利益，为了避免出现非正当的行为，应以矛盾举动禁止原则禁止行为的发生。竹下教授认为，禁止矛盾举动应当以具备以下要件为前提：第一，前诉胜诉当事人于后诉主张与前诉判决结论所不可缺的理由相矛盾的事实；第二，胜诉当事人的主张，不必成为前提问题判断的事项，不需成为争点，亦不需有上诉的可能；第三，须经当事人援用；第四，若承认拘束效果反而违反当事人间的平衡时，仍应否认其效果。[1]

在日本的司法实践中，已有案例表明法院可以以当事人违反诚信原则为由，排除矛盾的主张。比如，甲把自己所有的房屋出租给乙经营餐馆，后来乙由于资金周转困难，在未通知甲的情况下把该房产转租给了A。甲得知此事后以乙和A为共同被告，提起了解除租约和腾退房屋的诉讼。对此A提出答辩，称自己为乙所雇佣的员工，对系争房屋并非独立占有而只是辅助占有。甲于是撤回了对A的诉讼请求，只把乙作为被告，乙对此亦未争议。此后本案经过两审，原告获得了确定生效的胜诉判决。根据该判决甲向法院申请腾退房屋，并为了保证欠租的支付而扣押房屋内的动产。这时，A出面向法院主张自己实际上从乙手里转租了该房屋并独立地占有，被扣押的动产亦为自己所有，据此而提起了阻止强制执行的案外人异议之诉。关于以前所作的有关"非独立占有而只是辅助占有"的答辩，在法院再三提示A作出回答的八个月之后，A才主张是由于当时未向诉讼代理人说明转租的事实，代理人有误解而造成的。法院最终以本案判决驳回了A的诉讼请求，其理由是："A在前一诉讼中明明已经被原告作为共同被告诉至法院，因主张自己并非独立占有而只是辅助占有，才借此脱离了诉讼并免受判决拘束。等到判决确定生效的今天，却为了免除强制执行重新开始主张自己因私下转租而独立占有系争房屋。根据诚

---

〔1〕 参见［日］竹下守夫：《判决理由中判断与诚信原则》，载《山木克己先生还历纪念——实体法与程序法的交错》（下），有斐阁1978年版，第95页以下。转引自胡军辉：《民事既判力扩张问题研究》，中国人民公安大学出版社2011年版，第110页。

信原则，对A这种前后自相矛盾的主张当然不能予以认可。”[1]

虽然以诚实信用原则为根据，禁止当事人在诉讼中提出矛盾的主张，已为日本司法机关认可，但是在适用条件方面尚未实现要件化和体系化。学者一般认为，决定适用该规则前，还需要对适用或不适用禁反言给双方当事人带来的不利后果进行利益衡量。如果对方当事人受到的损害不大，或者利益衡量的结果对于言行前后矛盾的当事人过分不利，也不应适用该规则。[2]

(二)维护司法权威与平衡当事人利益并重的英美法图景

在英美法系国家，禁反言规则的发展经历了漫长的历史过程。与大陆法系国家的情况不同，英美法系国家禁反言规则自成体系，而不以诚实信用原则为依托，并因此获得了更广泛的发展空间。最早的禁反言规则(estoppel)产生于英国的衡平法院。[3]随着时间的推移、判例的积累，禁反言规则不断细化，复杂程度越来越高，成为英美法系诉讼制度中颇具特色的组成部分。

英美法系的禁反言规则由一系列的子规则组成。根据这些规则的不同作用，可以大致分为两种类型。一种类型的禁反言规则是具有“遮断效果”的禁反言规则，包括直接禁反言(direct estoppel，也称诉因禁反言“cause of action preclusion”)规则和间接禁反言(collateral estoppel，也称争点禁反言“issue preclusion”)规则。其中直接禁反言类似于大陆法系国家的既判力理论，即在有管辖权的法院对当事人争议的诉讼标的作出最终的裁判后，同一诉讼的当事人不得再以任何理由就同一事实提起诉讼。[4]直接禁反言的效力直接针对诉讼标的或诉因，而间接禁反言则是关于判决事实认定效力的基本制度。按照当代英美法

---

[1] 王亚新:《我国新民事诉讼法与诚实信用原则——以日本民事诉讼立法经过及司法实务为参照》，载《比较法研究》2012年第5期。

[2] 同上。

[3] See T.Leigh Anenson, From Theory to Practice: Analyzing Equitable Estoppel under A Pluralistic Model of Law, *11Lewis & Clark L.Rev.*, 2007, p.633.

[4] See Marriam—Webster’s Dictionary of Law, Marriam—Webster’s incorporated 1996, p.170.

系国家的诉讼理论与判例，当某一争点或法律已经实际审理并被终局性的或有效的判决所确定，且该确定对于判决而言是必要的，则该争点在接下来双方的诉讼中，具有终局性效力，无论是否基于同样的诉求。[1]间接禁反言规则的存在，使前诉法院对于案件事实的认定获得了稳定的效力，当事人不得再次争议。

然而，按照间接禁反言适用条件的规定，前诉的"主要争点"只能在当事人之间产生确定的拘束力，在前后两诉当事人不一致或某一争点并非案件主要争点时，则不能产生禁反言的法律效力。此时，英美法系国家的另外一类具有"禁止不一致主张"功能的禁反言规则将限制当事人提出与前诉不同的事实主张。此类禁反言规则与大陆法系国家的禁反言规则在功能方面具有相似性，是笔者探讨的主要内容。这种类型的禁反言规则主要包括衡平禁反言（equitable estoppel）、司法禁反言（judicial estoppel）和准禁反言（quasi estoppel）。由于在法律传统上一脉相承，以英国和美国为代表的英美法系各国在禁反言规则的设置、思路等方面存在很多共性，笔者对英美法系禁反言规则的阐释将主要以美国为例。

1.衡平禁反言

衡平禁反言是最古老的禁反言规则，其雏形产生于英国衡平法院。在1837年Pickard v. Sears案中，Denham 法官承认了被告通过强制拍卖购买的所有人的财产，驳回了抵押救济的请求。他认为"法律的规则是清楚的，当某人通过他的语言或行为使对方相信某一情况的存在，并依此行事改变了最初的立场。此时前者不能同时对后者就同一事实提出不同的主张"。[2]显然，衡平禁反言的目的在于维护当事人之间的信赖关系。所以，主张适用该原则的当事人一般应当证明以下几个方面的事实：(1)主张适用司法禁反言的当事人是先前诉讼的当事人；(2)他对先前当事人的诉讼立场形成了信赖；(3)如果允许反言方在目前的诉讼中

---

〔1〕 See The American Law of Institute, Restatement of the Law Second, Judgments2d (Volume Ⅱ), American Law of Institute Publisher, 1982, p.249.

〔2〕 T.Leigh Anenson, The Triumph of Equity: Equitable Estoppel in Modern Litigation, *27Review of Litigation*, 2008, p.377.

改变立场，则对方当事人的利益将受到损害。[1]由于衡平禁反言保护的利益范围局限于当事人之间的信赖利益，因此必须以前后两个案件中的当事人相同为前提，在前后两案当事人不同的情况下，不能适用该规则排除矛盾言行；同时也由于在信赖关系的界定中存在很大的模糊性，所以随着判例的发展，衡平禁反言规则进一步分化，相继产生了司法禁反言与准禁反言规则。

2.司法禁反言

司法禁反言是针对不一致主张的禁反言规则，其目的在于维护司法程序的统一性。该原则起源于1857年田纳西州高等法院审理的Hamilyton 案。通过该案，法院试图建立对宣誓制度神圣性的尊重。法院认为，司法禁反言的制度基础在于，所有人都应该陈述事实。对口头证言的尊重要求当事人在诉讼中不能作出不一致的陈述。[2]在美国，司法禁反言已经为绝大多数州法院和联邦法院采纳。然而，对于司法禁反言适用的条件，却一直存在两种不同意见。以加利福尼亚州为代表的少数派将存在戏弄法院的行为（playing fast and lose with the courts）作为适用司法禁反言的依据。他们认为，司法禁反言的功能在于维护宣誓的圣洁性（Sanctity of the Oath）。所以只要当事人曾经在前诉中通过宣誓的方式陈述了某一事实，无论此种主张是否被法院裁判认可，当事人如在后诉中作出不同的主张，则这种戏弄法院的行为，将不能得到允许。[3]这种观点在美国获得支持的范围很有限，主要原因在于不考虑当事人先前的主张是否获得法院的支持或是否因此而获利，严格限制变化诉讼立场，对于当事人而言有失公允。因此，持相反意见的多数法院将先前胜诉（prior success）作为适用司法禁反言的前提。根据这一标准，如果当事人在前诉中的主张被法院采纳，则在此之后，为了保证司法程序的完

---

〔1〕 Edwards v. Aetna Life Ins.Co., 690F.2d595, 598(6TH Cir.1982).

〔2〕 See Eric A.Schreiber, The Judiciary Says, You can't Have It in Both Way: Judicial Estoppel—A Doctrine Precluding Inconsistent Positions, Loy.*L.A.L.REV.*30,1996, p.323.

〔3〕 See Morris v. California, 966F.2d448, 453(9th Cir.1991).

整性(integrity of the judicial process),当事人不得提出矛盾的主张。[1]由上可见,无论是以“戏弄法院”还是“先前胜诉”为标准,都禁止当事人的不一致立场或主张。司法禁反言规则设置的目的在于满足司法程序本身的统一性和严肃性的需要,而非维护当事人之间的平等对抗关系或弱势一方当事人的利益。

3.准禁反言

准禁反言是产生得最晚的禁反言规则,它的作用机理与衡平禁反言类似,都是基于实质正义的考虑,禁止反言方的不一致主张。与衡平禁反言的不同之处在于,准禁反言的适用不以当事人之间存在信赖关系为前提,而是要求被禁反言方在做出先前的行为或者主张时,对于事实是知情的,同时适用准禁反言规则的法院一般还会要求将不一致言行可能导致不合理的结果作为禁反言的条件。[2]在判断不一致的行为是否可能导致不合理的结果时,法院一般会考虑反言方是否已经获利、不一致的行为是否会导致对方当事人受到损失等具体因素。由于适用的标准极具弹性,所以准禁反言受到很多当事人及其诉讼代理人的青睐,在前述两种禁反言适用的条件无法得到满足或者证明存在信赖关系存在难度时,当事人往往转而要求适用准禁反言规则,以维护自己的实体权利。

除了上述介绍的几种禁反言规则以外,英美法系国家通过判例法创立的禁反言规则林林总总,法院有时在排除当事人的某一矛盾主张时,甚至并不详细阐明其依据了哪一种禁反言规则,而仅仅是认为“这样是不对的”。[3]同时美国联邦法院和州法院在禁反言的性质方面虽然有很

---

〔1〕 See Rand G.Boyers, Comment, Precluding Inconsistent Statements: The Doctrine of Judicial Estoppel, 80*Nw.U.L.Rev.*, 1244(1986).

〔2〕 See Eugene R.Anderson, Nadia v. Holober, Preventing Inconsistencies in Litigation with a Spotlight on Insurance Coverage Litigation: The Doctrines Of Judicial Estoppel, Equitable Estoppel, Quasi-Estoppel, “Mend the Hold”, “Fraud on the Court” and Judicial and Evidentiary Admissions, 4*Connecticut Insurance Law Journal.*, 1998, p.589.

〔3〕 See Ashley S.Deeks, Raising the Cost of Lying: Rethinking Erie for Judicial Estoppel, 64*U.Chi.L.Rev.*, 1997, p.873.

多共识，但是在禁反言规则的适用条件和形式方面存在很大的差异。法院甚至有意使该规则处于模糊状态，认为“不对该规则做过多描述是明智的”。[1]这也使禁反言规则的适用往往在不同的案件中具有很大的差异，很难对它的适用条件进行统一的规范。

（三）殊途同归的功能与路径

由上述内容可见，英美法系和大陆法系在禁反言规则的具体内容方面存在较大的差异，主要表现在以下几个方面：第一，英美法系国家的禁反言规则具有独立的逻辑体系，主要作为判决效力规则的补充规则而发挥作用。大陆法系国家的禁反言规则是作为诚实信用原则的组成部分而存在的，传统的禁反言规则与判决效力的关系不大，仅在近现代，日本才通过判例运用该规则以阻止当事人作出与前诉不同的事实主张。第二，大陆法系国家的禁反言规则侧重于保护当事人之间的信赖利益，而英美法国家的禁反言规则则全面地保护司法程序的统一性与当事人之间的平衡关系，保护的范围更全面，对当事人言行一致性的要求更高。第三，大陆法系国家的禁反言规则主要针对当事人在诉讼中的矛盾行为，于近现代开始适用于当事人的不一致主张，而英美法系国家的禁反言规则主要服务于判决的法律效力的问题，司法禁反言与准禁反言规则主要针对当事人在诉讼中的不一致主张，而非当事人的矛盾行为，只有衡平禁反言规则可以用于排除当事人在诉讼中的不一致行为。

虽然在具体规则上有所不同，但是无论在英美法系国家，还是大陆法系国家，对待当事人在诉讼中的不一致言行的基本态度都是一致的，即有条件地予以禁止。同时更为重要的是，禁反言原则在诉讼中发挥的功能也是基本一致的，即弥补当事人主义之不足，促进实质正义。

1.弥补当事人主义之不足的功能

当事人主义作为两大法系国家在诉讼模式上的共同选择，以当事人对程序的充分控制权为特征。然而，绝对的当事人主义却可能导致程序

---

〔1〕 Supra note 20.

因当事人的恶意被滥用。当事人前后矛盾的、反复无常的行为就是常见的滥用程序的现象。这种行为如不给予必要限制，必将威胁到程序的安定性，同时也会损害司法的统一和权威。因此，为纠正当事人主义之不足，必须对诉讼程序中当事人不一致的行为予以必要的限制，以使纠纷解决的过程更加有序、司法的权威性更有保障。

当事人主义不仅是禁反言规则存在的根据，同时也是设置具体的禁反言规则时应当依据的尺度。英美法系国家的诉讼程序以“强”当事人主义为特征。当事人在诉讼程序中拥有更多的行为空间，也拥有更多的施展诉讼策略的机会。所以英美法系的诉讼制度对当事人的不当诉讼行为所可能产生的消极影响，持有更高的警惕与戒备心理。这在禁反言规则的“全面性”和“灵活性”方面得到了充分的体现。而在大陆法系国家，当事人对于程序的控制权相对有限。法官对于程序拥有更多的控制权，所以当事人的反言行为给司法的统一或权威造成的影响有限，而且在很大程度上具有可控性。其现有的司法禁反言规则主要以保护当事人的信赖利益为重心，禁反言规则在适用范围和程度方面逊色于英美法系国家，这与其当事人主义贯彻的程度是相符的。

2.促进实质正义的实现

当事人主义诉讼模式对于程序公正的强调也可能导致实质正义的失守。因为如果将诉讼程序的控制权完全委任于当事人，则当事人出于逐利的需要，完全有可能利用程序的控制权，实施损害对方利益的行为。通过禁反言规则，法院将“信赖利益”“不合理的损害”等实质性因素作为判断当事人行为是否恰当的标准，使诉讼程序在形式正义与实质正义之间求得平衡。这对于民事诉讼制度的健康发展，具有十分重要的意义。

同时，正是因为两大法系国家的禁反言规则均将促进实质正义作为规则设置的目的，而实质正义是否受到侵犯，离不开诸如“合理信赖”“不合理损害”“不正当利益”等裁量性标准。所以在禁反言适用的问题上，根据个案的具体情况，由法官根据公平、正义等实质性标准进行判断，成为各国禁反言规则设计的共同特征。

二、禁反言规则的诚信限度

如前所述，在两大法系国家的诉讼制度中，禁反言规则在弥补当事人主义模式之不足、平衡程序正义和实质正义的关系方面，发挥着不可替代的作用。然而任何事物都具有两面性，以限制当事人在诉讼中的言行为主要目的的禁反言规则更莫能外。规则如果设置得不合理或使用不当，那么将对当事人的利益甚至民事诉讼制度的健康发展造成极大的危害。因此，对于禁反言制度本身的构建必须与对该制度负面效应的预防同步进行。唯有如此，才能最大限度地发挥该制度的积极作用。总体而言，禁反言规则可能产生的负面效应主要包括：

（一）可能威胁自由诉讼的空间，同时以义务为本位的规则易加重当事人的诉讼负担和风险

在竞技式的诉讼程序中，当事人为了实现自己的利益，必然倾向于利用一切可资利用的资源，寻求利益的最大化。然而，诉讼禁反言规则却以义务为本位，对当事人逐利的行为作出明确的限制，甚至以道德的标准要求之。这无疑限制了当事人自由诉讼的空间，加重了当事人的诉讼负担。如果规定不当，甚至有可能危及当事人主义诉讼模式的基础。然而，值得我们思考的是，为何在贯彻全面禁反言原则的英美法系国家，当事人在诉讼中的支配地位却并没有受到影响？通过对实行禁反言规则的国家民事诉讼程序的宏观考察，我们不难发现，这些国家主要是通过禁反言规则本身的自律以及外部环境的构建，避免该规则的负面效应。

首先，通过对禁反言规则适用范围的限定，防止其压抑当事人自由诉讼的空间。一方面，禁反言原则只适用于当事人前后不一致的事实主张，不适用于法律主张。在诉讼中，当事人的法律主张并不能起到约束法院的作用，而当事人的事实主张则可以起到限定法院调查范围的作用。美国联邦最高法院在Cleveland案中，曾经阐述了这一观点，并认为纯粹的事实问题是类似于“灯是红的或绿的”“我可以将手举过头顶”等问题。此类问题只回答发生了什么事实，而无须对事实作出法律

解释。[1]现在，美国几乎所有的巡回法院都认为，禁反言原则不适用于纯粹的法律问题。[2]法国民事诉讼理论也认为法律原则上应当属于法官的领地，当事人负责提供事实和证据，法官则负责提供和解释法律。[3]所以对于非属当事人控制范围的法律适用与解释的问题，应当允许当事人在不同的诉讼中作出不一致的主张。另一方面，在禁反言原则适用的程序方面，两大法系国家均规定，禁反言规则一般只禁止当事人在不同案件的不同审理程序中的不一致主张，而不禁止当事人在同一案件的审理过程中的不一致主张。之所以有此限制，是因为当事人在先前程序中的事实主张如已经法院裁判，则在后诉中同一当事人作出不同的事实主张将极易导致矛盾判决的产生，因此对程序安定性的威胁甚大。而当事人在同一程序中作出矛盾的主张，因审理的程序尚未结束，司法机关仍有机会对矛盾主张的真实与否作出判断，或行使释明权以排除矛盾。所以在同一程序中，各国立法普遍对当事人的不一致的主张持较为宽容的态度。

其次，通过外部制度的建设，为当事人营造自由诉讼的空间。比如，《美国联邦民事诉讼规则》第8条d第2项明确允许当事人提出两项或两项以上可替换的或猜测型的事实主张。[4]英国民事诉讼中允许当事人在对案件的理解发生错误时，修正诉讼文书。只要这种修正经过全体当事人同意，或者在案情陈述向另一方当事人送达之前修正，或经法院许可并支付修正引起的诉讼费用。[5]大陆法系国家则通过预备诉的合并制度，明确赋予当事人在同一程序中提出替代性事实主张的权利。[6]如《德

---

〔1〕 526U.S.795(1999).

〔2〕 See Kira A.Davis, Judicial Estoppel and Inconsistent Positions of Law Applied to Fact and Pure Law, 89 *Cornell L.Rev.*, 2003, p.191.

〔3〕 参见[法]罗伊克·卡迪耶:《法国民事司法法》，杨艺宁译，中国政法大学出版社2010年版，第401～405页。

〔4〕 See *Federal Civil Judicial Procedure and Rules*, Thomson Reuters, 2010, pp.82-83.

〔5〕 参见沈达明、冀宗儒:《1999年英国〈民事诉讼规则〉诠释》，中国法制出版社2005年版，第172～173页。

〔6〕 诉的预备合并是指原告考虑到其所提起之请求有可能一举不足或者理由不能够成立，而同时提起不同的他请求，以备第一位请求无理由时，要求就他请求进行裁判。参见张永泉:《民事之诉合并研究》，北京大学出版社2009年版，第28页以下。

国民事诉讼法》允许当事人在不变更诉的原因的前提下，补充或更正事实主张。[1]而在日本，口头辩论一体化的构造使每一次审理期日当事人的主张都具有同质化的属性，对于法院最终的裁判而言都具有同等的价值。[2]同时，日本在实务中亦允许当事人提出假定性的主张。比如，允许原告提出“自己对于某物所有权的取得是基于买卖关系，假定不是依据买卖而取得所有权，那么就是依据时效而取得所有权”。法院在审理假定性主张时，不必依据主张在实体法上的逻辑顺序，而可以采用其中易于审理或易于形成判决的主张来作出判决。[3]总之，在存在争点禁反言规则的民事诉讼程序中，立法者已经通过程序的设计，使当事人在第一次进行诉讼时，有充分的机会选择最有利于自己的诉讼主张。在此基础上规定经过法院裁判认定的主张，当事人在随后的程序中不得随意反言，才具有合理性。

（二）可能使被禁反言方的利益受到不恰当的影响或使对方得到意外利益

在诉讼程序中，并非所有的不一致主张都是基于当事人的主观恶意，同时，也并非所有的当事人的不一致主张都具有同等程度的危害性。如果绝对地禁止所有的不一致主张极有可能会损害被禁反言方的利益。比如，在美国曾发生这样的案件。原告在先前的离婚诉讼中主张其名下的专利价值2250美元。法院在对此作出认定后进行了离婚财产分割。但是在嗣后发生的原告作为专利权人起诉耐克公司侵权的诉讼中，原告却提出其专利价值2000万美元。对此，耐克公司主张适用禁反言规则驳回原告的主张。然而法院却以禁反言对于原告而言不公平为由，没有支持被告的申请。[4]现在，美国越来越多的法院在适用禁反言规则时会考虑反言人的反言行为是否存在主观的故意，或者是否会导

〔1〕 参见《德意志联邦共和国民事诉讼法》，谢怀栻译，法制出版社2001年版，第63页。

〔2〕 参见段文波：《一体化与集中化——口头审理方式的现状与未来》，载《中国法学》2012年第6期。

〔3〕 参见［日］高桥宏志：《民事诉讼法——制度与理论的深层分析》，林剑锋译，法律出版社2004年版，第375～376页。

〔4〕 Supra note 23.

致对方的利益受到严重的影响。同时，在美国，由于司法禁反言和准禁反言规则的适用并不以本案当事人与前一案件当事人相同为基础，所以在本案审理过程中，并没有参加前案审理的当事人只需要指出对方在其他案件中作出过不一致的主张，即可限制反言方的攻击或防御方法，从而轻而易举地获得利益，而被禁反言方则可能因此而遭受重大损失，这一结果恰恰违背了禁反言规则存在的意义——维护实质正义。因此，在适用禁反言规则时，必须平衡考虑反言人与对方当事人的利益。如果反言人的反言行为并没有给对方当事人的利益造成损失，而反言人也没有因反言行为获得不正当的利益，则纠正反言行为的必要性将大打折扣。

（三）以“裁量”为特征的禁反言适用标准，使规则适用的结果具有高度的不可预见性

禁反言规则的存在以平衡司法机关、反言方与对方当事人的三方利益为目的。所以，在禁反言的适用条件中，不可避免地带有诸如“信赖利益”“不正当的利益”“恶意”等具有高度灵活性的标准。这些极具弹性的标准一方面为法官根据个案具体情况灵活地适用规则，实现实质正义创造了机会；另一方面也使禁反言规则的适用具有高度的不可预见性，如不能将这种不可预见性控制在合理的范围内，必将危及规则本身的正当性。

与大陆法系国家相比，英美法系国家的禁反言规则更加细密、烦琐。美国联邦最高法院甚至鼓励各州法院根据案件的需要大胆创设新的禁反言规则。[1]然而通过考察禁反言规则在英美法系国家发展的历史，不难发现，禁反言规则的发展在这些国家明显沿循了两种思路：其一，通过判例的积累，将某些禁反言规则明确化、适用的标准具体化。比如，对于司法禁反言规则的适用条件，虽然美国各州法院的标准尚不统一，但是标准本身都是明确的，即或者以先前陈述经过宣誓为前提，或者以先前陈述被法院采纳为前提。法院在判定是否应当基于保护司法程序

〔1〕 Supra note 14.

利益的考虑而禁止矛盾主张时，自由裁量的空间是有限的。其二，对于基于平衡反言方和对方当事人的利益而设置的衡平禁反言与准禁反言规则，则保持原有的衡平风格。允许法官根据个案的情况自由裁断。但是也同时试图通过判例的积累，对法官裁量时应当考虑的因素加以指导。[1]由此给我们的启发是，即使无法完全消除禁反言规则适用的裁量性特征，但是如果能够明确列举法官在行使裁量权时应当考虑的因素，那么也可以使规则的适用具有相当程度的可预见性。

三、禁反言规则的中国语境

随着2012年《民事诉讼法》的修订，诚实信用原则在我国民事诉讼中得以确立。作为诚实信用原则的重要组成部分，禁反言原则也受到了更多的关注。然而，我国学界对于如何在我国民事诉讼中落实该原则，还需要进行更深入、理性的思考。对此，笔者认为欲构筑科学、合理的禁反言规则，必须首先对我国民事诉讼制度为该规则提供的运行环境进行宏观的考察，唯有如此，才能对该规则在我国民事诉讼中承担的使命笔者准确的定位。以此为基础设计的规则才有可能是现实的、可行的。笔者认为，对于我国的禁反言规则的设置而言，下列几个方面的因素应当纳入我们考量的范围：

（一）当事人主义诉讼模式的构建尚未完成

通过前述内容可知，禁反言规则的存在是以当事人主义的诉讼模式为背景的。不仅如此，当事人主义模式在诉讼中贯彻的强弱程度直接影响并决定了不一致的诉讼言行被禁止的范围与强度。这正是英美法系国家“全面”禁反言的原因所在。反言之，如果没有赋予当事人以充分的程序支配权利，却对其在诉讼中的言行提出高度的一致性的要求，则极有可能动摇当事人主义诉讼模式的根基。

我国的当事人主义诉讼模式的构建尚处于探索与尝试阶段。[2]民事

〔1〕 Supra note 14.

〔2〕 参见张卫平：《转换的逻辑——民事诉讼体制转型分析》，法律出版社2004年版，第497～500页。

诉讼法所赋予的当事人参与、控制程序的权能有限。因此笔者认为，当前我国民事诉讼程序对禁反言规则的需求并非源于当事人诉讼权利膨胀而导致的危及司法的统一性或损害实质正义，而主要源于诉讼程序本身设计的不合理给当事人恶意谋求非法利益提供了可乘之机。基于上述认识，我们必须理性评估我国的禁反言规则在诉讼程序中承担的使命，有针对性地禁止当事人特定的反言行为。同时应当进一步加强民事诉讼立法的完善，减少因制度漏洞导致的恶意反言。

（二）缺乏自由的诉讼空间，当事人可资利用的灵活诉讼手段有限

如前所述，西方国家通过自由诉辩制度、诉的预备合并制度、口头辩论一体化原则等制度设计，为当事人在诉讼过程中施展谋略、全面维护自己的利益提供了充分的机会，也为司法机关全面深入地审理案件提供了可能。正是在此前提下，一旦诉讼程序结束，所有在先前程序中被当事人极力主张，从而被法院确认的事实，都将处于"冻结"状态，当事人在嗣后的程序中不得提出不同的主张。因此，可以认为，当事人在第一次诉讼中被赋予的充分、自由、灵活的诉讼空间为嗣后禁止其矛盾的主张提供了正当化的基础。反之，如果当事人在首次诉讼中缺乏理性选择有利于自己的事实主张的机会，而在后面的程序中却被要求不得改变立场，重新选择有利于自己的事实，则对于当事人而言是不公平的。

在我国当前情况下，民事诉讼法赋予的当事人自由诉讼的空间极为有限。诉的预备合并制度尚未得到立法与司法实践的认同；对于在诉讼中当事人提出的假定性的主张，在实务中也很有可能被以"请求不明确"为由驳回；对于辩论主义的适用范围，立法亦没有作出明确的规定；已经在当事人的诉讼资料中显示但是未被主张的事实，是否可以成为裁判依据，实践中尚不明确，这使当事人极有可能因为没有选择正确的主张，而承担败诉的后果。凡此种种，使严格的禁反言规则在我国缺乏正当化的基础。我们只有正视这一点，严格限制禁反言规则适用的范围，才能够使该规则的存在不至于进一步侵蚀当事人自由诉讼的空间，剥夺当事人灵活地实施诉讼策略的权利。

（三）诉讼结果缺乏可预见性，无法为当事人理性地选择诉讼策略提供制度的保障

在科学的民事诉讼程序中，当事人预见诉讼结果，理性实施诉讼的能力通过制度得以强化。比如，通过审前准备程序，不仅争点得以固定，而且当事人对事实的主张、对权利救济的诉求也得以明确化。据此，当事人将有机会预见诉讼的结果，并调整其诉讼策略。同时，完善的法官释明制度，也使当事人在诉讼过程中可以借助职业法官的帮助，选择有利的事实主张。

反观我国的情况，由于真正意义的审前程序的缺失、证据交换流于形式、当事人的取证权未获有效保障、被告答辩义务的落空等方面的原因，当事人很难在正式审理程序开始之前，理性地选择有利于自己的事实主张。诉讼在很大程度上成为当事人之间相互试探的活动。同时由于缺乏完善的关于法官释明制度的规定，当事人不得不依靠自身的力量确定诉讼策略。最为重要的是，法官心证公开机制不健全，心证公开时间滞后，严重影响了当事人对诉讼结果的预见能力，也严重制约了当事人理性选择诉讼策略的机会。

（四）对话与交涉空间匮乏，难以为以实现实质正义为目的的禁反言规则提供正当化途径

如前所述，无论是英美法系还是大陆法系，以实现实质正义为目的的禁反言规则都普遍性地通过“合理信赖”“不正当获益”“不合理损失”等极具弹性的适用条件，赋予了法官广泛的自由裁量空间。法官在行使裁量权时，不仅需要考虑如何根据案件的具体情况解释“合理信赖”“不正当获益”等构成要件，而且需要在反言方的诉讼利益、对方当事人的信赖利益、司法机关的权威、裁判的一致性等多种利益之间进行权衡、取舍。由于法官在行使自由裁量权时，往往要综合考虑多种诉讼内、外的价值和因素，使实体公正与其他诉讼内、外的价值和谐共存、有序发展从而使禁反言规则的适用不再是一个封闭的过程，而成为一个开放的空间。

这同时也意味着，对禁反言规则的适用是否正确很难有客观的检验

和判断标准。因此，该规则适用结果的正当性主要来自于适用程序的正当化和裁决结果的公开机制。特别是要求程序为当事人与法官以及当事人之间的对话和交流提供充分的可能。正如哈贝马斯所言，我们不能通过独白式的判决理由证明法官在不同价值观之间的选择具有正当性。司法判决正当性应来源于司法审理过程中的商谈性结构。〔1〕为此，我们应当加强禁反言规则适用程序的可参与性，使当事人有机会对法官价值选择的结果施加影响。

然而，我国民事诉讼程序长期受制于职权主义诉讼模式，法官与当事人之间的沟通机制无论是在制度上还是在观念上，都存在巨大的阻碍。诉讼程序的可参与程度低，使当事人很难有机会对法官行使自由裁量权的结果施加影响。富勒曾指出，“使审判程序区别于其他秩序形成原理的内在特征在于承认审判所作决定将对之产生直接影响的人能够通过一种特殊的形式参加审判，即承认他们为了得到对自己有利的决定而提出证据进行理性的说服和辩论”。〔2〕正因为缺乏充分的参与机制，禁反言规则在适用的正当化问题上，将存在严重的障碍。

四、禁反言规则的中国路径与限度

（一）适用对象的定位

如前所述，大陆法系国家对当事人的不一致行为和不一致主张均以禁反言规则加以禁止。而英美法系国家现有的判例表明，禁反言规则主要用于排除当事人不一致的主张而非不一致的行为。对于我国民事诉讼中的禁反言规则的适用对象，我国学者关注较多的是运用禁反言规则排除当事人在诉讼中从事前后不一致的行为。〔3〕比如，被告在答辩期届满前不提交答辩状，而在开庭审理时出席并答辩，或当事人双方已在调

〔1〕 参见［德］哈贝马斯：《在事实与规范之间》，童世骏译，三联书店2003年版，第273页以下。

〔2〕 参见［日］棚濑孝雄：《纠纷的解决与审判制度》，王亚新译，中国政法大学出版社1994年版，第256页。

〔3〕 参见杜丹：《诉讼诚信论》，法律出版社2010年版，第160～165页；张家慧：《当事人诉讼行为法律研究》，中国民主法制出版社2005年版，第170页。

解协议上签字，在调解书送达时又反悔。而对于禁反言原则在排除不一致主张方面的作用没有给予充分的关注。

笔者认为，在我国民事诉讼中，由于当事人对于诉讼程序的控制权有限，当事人主义诉讼模式的构建尚未完成。因此对于排除当事人不一致诉讼行为的禁反言规则的设立应当持谨慎态度。对于取效性诉讼行为，此类行为不应受到禁反言规则的限制，在当事人的主张出现矛盾时，应当由法院通过行使释明权排除矛盾的陈述，并无适用禁反言规则的必要。

对于与效性诉讼行为，导致当事人反言的原因主要在于程序规则不够严密，为当事人的出尔反尔提供了可能。因此应当主要从完善诉讼规则入手，减少反言的机会和可能。比如，前述所举被告在答辩期届满前不提交答辩状，而在开庭审理时出席并答辩，或当事人双方已在调解协议上签字，在调解书送达时又反悔的行为，均可通过法律的完善加以规制。同时，当法律出现空白或漏洞时，按照诉讼法理论，对于与效性诉讼行为，自行为做出时即发生法律效力，法律没有规定具有可撤销或变更条件的，应当不允许当事人擅自撤销或变更。对于此，不应当也没有必要援引禁反言规则禁止之。同时，基于我国目前当事人程序控制权不足、司法权强势运行的现状，对于民事诉讼法明确赋予当事人可以行使的权利，亦不宜以禁反言原则要求之，以免压抑当事人的诉讼空间，威胁成文法的基础性地位。

笔者认为，在我国民事诉讼中，与不一致的诉讼行为相比，当事人不一致的事实主张给司法程序以及对方当事人的利益造成的损害更大，因此应当成为禁反言原则主要针对的对象。主要的原因在于，一方面，在诉讼过程中，当事人的事实主张界定了法院的审理范围与方向。当事人在前后程序中故意主张不一致的事实将极易导致产生不一致的判决，从而给司法的统一性造成损害。另一方面，由于《最高人民法院关于民事诉讼证据若干问题的规定》第9条第4项规定，已为人民法院发生法律效力的裁判所确认的事实当事人无须举证证明。同时该条第2款规定，当事人有相反证据足以推翻的除外。据此，在实践中存在的可能是，当事人的主张在第一次诉讼中被认可并从中获利后，在第二次诉讼中又提出

“充分”的证据，证明前诉主张的事实不真实，从而再度获利。因此，有必要通过禁反言规则，排除当事人的矛盾主张，实现实质正义。

（二）路径选择

从前文内容可以看出，在构建禁反言规则的思路方面，两大法系国家有着惊人的一致性：以受保护的利益为核心，构建禁反言规则适用的条件。比如，大陆法系国家以存在“信赖利益”作为禁反言的条件。英美法系国家将受保护的利益进一步区分为“司法程序的利益”与“当事人的利益”。其中，为保护司法程序的利益，只要前诉的主张经过宣誓或已经被法院采纳，则当事人不能反言；为保护“当事人的利益”，则采用了与大陆法系国家相似的做法，赋予法官根据个案具体情况进行判断的权利。

然而不难发现，以利益为核心构筑的禁反言规则具有以下两个方面的不足：

其一，“利益”本身即有高度的不确定性。以信赖利益为例，诉讼程序的推进本就是双方当事人在法院组织下的一个互动过程，而互动的基础即为“信赖”。因此，在所有的程序主体之间，都存在某种程度的“信赖”。原告的起诉行为使被告产生原告欲启动程序的信赖，被告的应诉行为使原告产生被告将进行一定防御的信赖等。然而，如果如此广义地界定“信赖利益”，则禁反言规则的适用范围将变得无限宽泛。正是由于这一原因，英美法系国家在禁反言规则发展的过程中，正在逐渐弱化对于“信赖利益”的依赖，而换之以更加明确而易识别的标准，比如，对于对方当事人而言，反言将导致其承受不可预期的损失或者使反言方获得不正当的利益等。[1]美国的一些州法院仅在信托诉讼及市民与政府间的诉讼中，才会将“信赖利益”作为禁反言的理由。[2]

其二，以“利益”为核心构建的禁反言规则，难免存在保护范围受到限制的问题。这也正是在英美法系国家，随着判例的发展，不断有新的

---

〔1〕 See James H.Stilwell, When Actions Speak Louder Than Words: The Case for a Quasi-Estoppel Exception to the Statute of Frauds, *22Rev.litig.*, 2003, pp.69,72.

〔2〕 Supra note 14.

反言规则出现的原因。同时,如果我们效仿英美法系的做法,根据需要保护的不同利益,制定不同的禁反言规则,就很有可能会使规则本身变得无比繁复、琐碎。

综上笔者认为,在设计我国的禁反言规则时,一方面应该使该规则保护的利益范围具有广泛性,另一方面应尽量使规则的适用标准明确、具体,以降低法官与当事人运用规则的难度。基于此,笔者设想以"抑制当事人的恶意的不一致主张"为核心,构筑我国的禁反言规则。"主张"较之于"利益"更易识别,也更具有客观性的外观。可以减少禁反言规则适用过程中的不确定性,增加规则的可预见性。同时,不一致的主张往往会侵害多重利益,以利益为核心构筑的禁反言规则或者存在保护不全面的问题,或者存在规则本身过于复杂的问题。而以"主张"为核心,则可以降低规则的复杂程度,同时扩大保护的利益范围。

总体而言,在我国民事诉讼中应被禁止的"不一致主张"应当具备以下几个要件:

第一,不一致的主张是反言人恶意实施的。反言人在提出前诉主张时,主观上存在故意。前诉主张发生时反言人对事实知情或应当知情,是判断反言人是否存在恶意的主要标准。如果反言人在作出先前主张时对事实并不知情,则此后应当允许其以不真实为由,改变事实主张。比如,对于某些复杂的事实,对于因果关系的认识等,很可能因为当事人认识能力之不足而导致错误的主张。在这种情况下,应当允许他在嗣后的诉讼中改变立场。

第二,反言人在前诉中的主张已经得到法院认可,并已因此而获得利益。如果反言人虽然作出了不同的事实主张,但是前诉的主张并没有获得法院的支持,此时应当允许反言人在后诉中变换立场。同时,如果反言人在前诉的主张虽然获得法院支持,但是并没有因此而获得利益,也应当允许其在嗣后的诉讼中作出不同的主张。比如,甲先以与乙存在借款法律关系为由,起诉要求乙还款。法院查明借款关系存在,但是由于履行期限未到,所以驳回了甲的诉讼请求。甲的事实主张虽然获得了法院的认可,但是其诉讼请求并未因此而得以成立。此时,如果甲以借款时意思表示不真实为由，再次起诉要求解除合同，则因为甲在前诉中的主张并没有使其获得利益，因此甲在后诉中的不一致主张不应当被禁止。

第三，如果允许反言，则法院将作出矛盾的判决，同时反言当事人将获得不正当的利益，或使对方当事人遭受不合理的损失。反言行为的这一特征使此类行为具有同时损害司法机关的权威及当事人之间的实质平等关系的可能。法院在通过禁反言规则排除当事人的矛盾主张时，应当同时考虑"是否会产生矛盾判决"和"是否会使反言方不当获利""是否会损害对方当事人的利益"两方面的因素。只有在同时具备两个条件时，才可以禁止当事人反言。

通过上述构成要件，受到禁反言规则排除的不一致陈述将被限定在有限的范围内，并且通过要件化的方法，法官在行使裁量权时应当考虑的因素得以明确化，有效增强了规则适用的可预见性。同时应当注意的是，禁反言规则的适用，离不开完善的程序保障机制。法院在决定适用禁反言规则时，应当提前将此决定告知双方当事人，并允许当事人发表意见、展开辩论，以便于当事人参与、监督法官的决策过程。

（三）禁反言的限度

通过前文可知，我国当前的立法与司法环境无法承载英美法系国家的"全面的"禁反言规则。我们必须从这一现实情况出发，审慎地决策禁反言规则的适用范围，并尽力防范该规则可能产生的负面影响。笔者认为，我国民事诉讼中的禁反言原则的适用，应当受到以下几个方面的限制。

第一，适用范围的限制：事实抑或法律。在英美法系国家，通说认为，禁反言规则仅适用于当事人对于事实问题的主张，当事人的法律观点和对法律适用的意见不适用禁反言的规定。因为法律观点和适用法律的意见只能反映言说者当下的意见，具有可变性，而法官通常认为"改变案件的法律基础并没有在事实问题上的不一致立场那么令人讨厌"。[1]在大陆法系国家，当事人的法律意见与法律观点同样不能拘束法院。我国的情况亦应如此。当事人由于专业知识的欠缺，很可能在前后

〔1〕 Beck, Estoppel against Inconsistent Positions in Judicial Proceedings, *Brooklyn L.REV.* 9, 1940.

诉讼中对于某一法律关系或法律行为的性质、效力作出不一致的解释，当事人的法律观点不能产生拘束法院的作用。因此，不必以禁反言原则对待之，否则极有可能影响当事人行使辩论权的积极性。但是，对于案件事实的主张，由于属于当事人应当知晓的范围，因此有必要对主要事实主张的一致性提出严格的要求，以体现司法程序的严肃性。

第二，“反言”标准的限制。当事人在诉讼中的不一致主张，在何种情况下构成“反言”，涉及禁反言规则适用的范围，具有十分重要的理论与现实意义。众所周知，“不一致”意味着只要当事人前后的事实主张在内容上存在差异，即为不一致。然而若以此为标准识别反言行为，则对于当事人而言未免过于严格。对此，美国有学者主张以“直接对立”或“矛盾”标准取代原有的“不一致”标准，“直接对立”或“矛盾”意味着前后两个主张不仅在内容上存在差异，而且两个主张不可能同时为真。比如，原告在先前提起的离婚诉讼中主张，自己拥有某棒球俱乐部31%的股份，他的妻子和孩子分别持有同一俱乐部29%和40%的股份。法院支持了他的观点，对于他的孩子持有的股份没有在离婚诉讼中分割。在后来进行的财产清算的案件中，前诉原告提出自己才是他的孩子持有的股份的真正所有人。原告的这一主张被法院认定为是“矛盾”或“直接对立”的。因为“孩子是40%的股份的持有人”与“原告是40%的股份的持有人”两个主张不可能同时为真。[1]但是，在司法实践中也可能出现当事人前后的主张在内容上看似有不一致之处，但是并不是截然对立的情况。此时如一概以禁反言原则排除之，则可能导致实质的不公平。比如，美国第十巡回法院曾经审理了一起侵权赔偿案件。该案的原告在他的快餐店由于煤气爆炸而受伤。原告在地区法院和联邦法院都提起了诉讼，在地区法院，原告主张天然气的处理公司和批发商存在过失，他们没有为煤气安装气味安全阀。他同时起诉零售商没有检测煤气并指派了一个不合格的工人。原告在联邦法院的诉求几乎相同，不同之处在于没有将零售商列为被告。被告动议撤销联邦法院的案件，认为原

〔1〕 See Finley v. Kesling, 105 Ⅲ.App.3d Ⅰ, 433 N.E.2d 1112(1982).

告的“零售商和处理者过错”与他在地区法院提出的“零售商也存在过错”的主张不一致。地区法院认可了被告的说法，撤销了案件。在上诉过程中，美国联邦第十巡回法院拒绝了被告的适用司法禁反言规则的主张，认为“原告的主张并非不一致，一个主张只是遗漏了另一主张包括的某些事实内容。所以两个主张并不是截然对立的主张”。[1]综上，笔者认为，在我国民事诉讼中对于“反言”的界定，也应当采取严格的标准。特别是当事人对因果关系、责任者以及对方意思表示的含义和对方的主观状态等问题的主张，很可能由于认识能力的原因，无法在诉讼开始之初或案件第一次审理时就达到准确的程度。因此，应该允许当事人在后来的诉讼中作出“不一致”但却并不“矛盾”的主张，只要这一主张与事实相符，并且这样做也没有使主张者获得不合理的利益即可。

第三，适用主体的限制。在大陆法系国家，基于信赖关系构建的禁反言规则要求前后两次诉讼的当事人是一致的。在英美法系国家，判例显示禁反言规则的适用并不以前后两诉的当事人相同为前提。但是除此之外，禁反言规则是否还适用于以下几种情况，学界与实务界还在探讨过程中：后诉当事人提出与他作为证人参加的前诉的不同的主张；后诉证人提出与他作为当事人参加的前诉不同的主张；后诉证人提出与他作为证人参加的前诉不同的主张。[2]对此，笔者认为，如果前诉的证人在后诉中以当事人身份参加诉讼，因证人并不能通过作证在前诉中获得直接的利益，因此不宜用禁反言原则阻止其不一致的陈述；如果后诉证人提出与他作为当事人参加的前诉不同的主张，此时，如果禁止后诉的证人反言则对于后诉的当事人而言未免有失公平，因为后诉的当事人很难知晓证人在其他诉讼中的陈述，而让后诉当事人承担证人不一致陈述导致的禁反言后果，显然缺乏法理依据；最后，如果后诉证人提出与他作为证人参加的前诉不同的主张，此时将影响其证人证言的可信性，但是不宜以禁反言规则排除不一致陈述，否则无异于剥夺了后诉法院评价、使用证据的权利。总之，我国民事诉讼的禁反言规则是在诚实信用原则

〔1〕 233.F.2d 432(10th Cir.1956).

〔2〕 Supra note 18.

的框架下，对于当事人诉讼行为的要求。因此，无论在前后任何一次诉讼中，当事人曾以证人身份作证，都无法适用禁反言原则对其陈述的一致性提出要求。反言方只有在前后两次诉讼中都以当事人的身份出现时，才可以适用禁反言规则，对其言行的一致性提出要求。

第四，适用程序的限制。关于是否应当在同一案件审理的过程中禁止当事人前后不一致的主张，两大法系国家的认识基本一致。英美法系国家基本主张在两个不同的案件的审理过程中适用禁反言的规定，在同一案件的审理过程中则应赋予当事人充分的诉讼的机会，允许当事人作出不一致的主张。美国只有极少数州法院认为在同一程序中可以适用禁反言的规定，禁止当事人恶意的不一致主张。大陆法系国家亦是如此。对于我国民事诉讼程序而言，现有法律赋予的当事人在同一诉讼程序中灵活选择诉讼主张的空间已经极其有限，因此，在同一案件的诉讼过程中要求当事人的事实主张必须前后一致未免过于严苛。同时，在同一诉讼中当事人提出不同的主张，审理的法官可以根据案件的具体情况行使释明权来排除当事人的矛盾主张。因此仿效两大法系国家的做法，将禁反言规则的适用限定于不同案件的审理程序中将是一种比较理性的选择。

总之，通过对禁反言原则在两大法系国家表现形式的观察，不难发现，当事人在诉讼中的不一致的行为受到限制的程度，应当与当事人在诉讼程序中的权利空间成正比。也就是说，诉讼程序的运行越是受制于当事人行为的影响和控制，对当事人前后行为的一致性的要求就越高。所以，对当事人不一致诉讼行为的禁止应当与对当事人程序控制权的赋予同步进行，超前的立法不仅无助于实现禁反言的制度初衷，还会压抑当事人灵活诉讼的空间，违背诉讼的基本规律。

第六节 民事诉讼中当事人真实陈述义务的完善

2016年6月，最高人民法院发布了《关于防范和打击虚假诉讼的指导意见》，以期构建一整套制度体系应对诉讼中的不诚信行为，其中当事人违反真实义务的不诚信行为成为规范的重点。在此之前，2012年《民事诉讼法》修改，增加第112条，在立法上首次规定了虚假诉讼，但并未采用“虚假诉讼”这一用语，2015年《刑法修正案（九）》增设虚假诉讼罪作为第307条。当下学界研究虚假诉讼的重点在“当事人恶意串通损害案外第三人的利益”这一类型上，然而实务中被法官判定为当事人违反真实义务案件之类型非常复杂，需要从理论上进行类型化的研究，并进一步加深对真实义务内涵与界限的认识。

一、当事人真实义务的两种面孔

当事人在诉讼中是否应当承担真实陈述的义务，在理论与立法上经历了由否定到肯定的变化。早期的诉讼法理论认为：“民事程序所寻求的真实性并非在于承认所强求的事实，换言之，只是程序中的人为产物，反映当事人对事实的表示——‘我否认’以及‘我承认’——仔细观察就会发现，其实这不是对一事实真实与否的陈述，而是对一事实要求证明或放弃证明的意思表示，即使有意使之与事实相背，也不能视为撒谎。循此思路就不难理解，流行的观点并不承认当事人对诚实负有法律义务。”〔1〕即使在诉讼法领域，当时的学者也认为，在诉讼中当事人可以使用法律所允许的一切手段实现自己的利益，这样做并不与任何法律原则相抵触。当事人可以做出有利于自己的诉讼状态，并不对任何人负有诉讼法上、公法上或私法上的诚信义务。〔2〕

在大陆法系国家，当事人在诉讼中的真实义务是伴随诚实信用原则的确立而确立的。按照该原则，当事人及其他诉讼参与人在审理民事案件和进行民事诉讼中必须公正、诚实、善意。〔3〕作为诚实信用原则的一项具体内容，当事人的真实义务要求当事人不但不得主张其已知不真实或

〔1〕 参见［德］拉德布鲁赫：《法学导论》，米健、朱林译，中国大百科全书出版社1997年版，第127页。

〔2〕 转引自蔡章麟：《民事诉讼法上诚实信用原则》，载杨建华主编：《民事诉讼法论文选集》（上册），五南图书出版公司1984年版，第10页。

〔3〕 参见［日］谷口安平：《程序的正义与诉讼》，王亚新、刘荣军译，中国政法大学出版社2002年版，第145页。

认为不真实的事实，而且对对方当事人所主张为其所知或认为真实的事实不得争执。[1]广义的真实义务，还包括完全义务，该义务要求当事人就诉或抗辩之基础事实关系，在其知晓的范围内，不问利与不利，而应为完全之陈述。[2]

在大陆法系国家，真实陈述的义务与诚实信用原则的确立密切相关，这使他们对真实义务的理解也更多地受到诚实信用原则的影响。而在英美法系国家，虽然立法没有明确认可诚实信用原则，但这并不意味着当事人的真实义务是不被法律认可的。恰恰相反，这些国家在对极端当事人主义带来的诉讼困扰进行反思的过程中，当事人真实陈述的义务受到更多的重视与强调，通过该义务课以当事人在诉讼中的责任，更甚于在大陆法系国家通过诚信原则对当事人真实义务的要求。

结合两大法系的民诉法理论与立法实践，民事诉讼中对当事人真实陈述义务的要求具有以下两个层次的功能：

（一）作用于事实主张的真实义务：防止当事人轻率地提起诉讼

在英美法系国家，对当事人的“真实性”的要求在诉讼程序的启动阶段就已经有所体现。英国民事诉讼法要求当事人提交给法院的诉讼材料（其中最主要的是案情申明）必须经过当事人签署的真实陈述书确认。该陈述书的主要内容为，提出案情声明的人相信文书中陈述的事实为真实。在英国，真实陈述书的主要功能并非在于提供一种事实证明的途径，而在于敦促当事人不要提出他明确知道为虚假的事实，或没有证据支持的事实，并寄希望于在诉讼的过程中出现有力的证据。[3]美国民事诉讼中也有类似禁止提交进行骚扰性或者恶意伤害的虚假的诉辩文书的规定。在美国很多州的法院，诉辩规则要求每份诉辩文书均被律师或当事人签署，并借此减少无意义的诉求和答辩来提高诉讼程序的效率。律师通过签署诉辩文书确认，他已经检查了此诉辩文书，并认为存

---

〔1〕 参见［日］山牧户克己：《辩论主义法构造》。转引自雷万来等：《诉讼上自认之法理及其效力》，载民事诉讼法基金会编：《民事诉讼法之研讨（九）》，三民书局2000年版，第130页。

〔2〕 参见姜世明：《举证责任与真实义务》，新学林出版社2006年版，第390～392页。

〔3〕 See Zuckerman, Zuckerman on Civil Procedure, pp.337-338.

在支持它的充分理由，而且该诉辩文书并非基于拖延的目的而提出。如果签署诉辩文书的目的在于使该规则的目的落空，那么该诉辩文书可以被视为恶意虚假，且可命令案件继续进行而此诉辩文书好似未被提出。〔1〕在英美法系国家，对诉辩文书的上述要求，并不具有保障事实认定真实性的作用，而是服务于通过诉答程序筛选适合进入诉讼程序的案件的需要。英国现行的诉答程序是根据1875年的《司法法》引进的法典诉答规则，它的基本思想是：在诉答中，原告必须以一系列的事实主张——不是用以证明这些事实的证据，也不是由这些事实得出的法律结论——来支持其请求。〔2〕当事人的诉讼主张必须是有理由的，建立在猜想或虚构基础上的案件是不能进入审理程序的。美国在进入到21世纪后确立了“有说服力”的诉答标准，该标准要求，原告必须有特定的事实支持自己的诉讼主张，而不仅仅是猜测。2009年美国联邦最高法院在Ashcrof v. Iqbal 案中详述了这一诉答标准。该案原告起诉声称美国中情局在“9·11”恐怖袭击后违反宪法规定，实施了一系列基于宗教信仰、种族和国籍的歧视政策，从而使原告的利益受到损害。联邦最高法院认为，原告在本案中没有提出存在任何歧视性政策的具体事实，而是将案件建立在基于现状的推测的基础上，不符合“有说服力”的诉答标准。〔3〕英美法对当事人，特别是原告在起诉状中真实陈述的要求，实际上起到了使原告谨慎提起诉讼，避免案件在诉答程序中被排除的作用。将那些基于猜想而提出的、没有具体事实依据和证据支持的案件隔离在司法程序之外。〔4〕在英国，近年的判例显示，不仅在诉讼程序开始的早期阶段，甚至在整个案件审理的过程中，法官都可以以当事人的诉讼主张明显没有依

〔1〕 参见［美］杰克·H.弗兰德泰尔：《民事诉讼法》，夏登峻等译，中国政法大学出版社2003年版，第243～244页。

〔2〕 参见［英］J.A.乔罗威茨：《民事诉讼程序研究》，吴泽勇译，中国政法大学出版社2008年版，第28页。

〔3〕 See Victor E.Schwartz, Christopher E.Appel, Rational pleading in the modern world of civil litigation: the lesson and public policy benefits of Twomly and Iqbal, 33 Harv.J.L. & Pub.Pol'y(2010), 1107.

〔4〕 参见纪格非：《论我国民事起诉状的功能转型与内容再造》，载《现代法学》2013年第6期。

据或者明显是虚构的为由，排除(strike out)案件。[1]

大陆法系国家并没有英美法意义上真正的诉答程序，起诉状的主要作用在于特定审理对象，提示攻击重点，而非帮助法官选择适宜进入准备程序的案件。按照德国主流的学说及判例，真实义务并不禁止当事人作推测性的陈述，故一方当事人试图经由证据调查获悉与证据有关的事实以便将其作为新的陈述的基础并不违法。[2]因此，虽然大陆法系国家的多数学者主张当事人的真实陈述义务同时及于当事人对主张的陈述和当事人的证据性陈述，对于当事人的真实义务的理解在上述两个方面并没有区别，但是由于诉答程序的缺失，法官无法在此阶段排除轻率的案件。更重要的是，在诉讼的开始阶段即能发现当事人作出虚假陈述的可能性非常之小，在此背景下，大陆法系各国对当事人诉讼主张真实性的要求很难在诉讼的开始阶段通过具体的制度得以体现和保障。

(二)作用于证据的真实义务：促进法官形成对案件事实的正确认识

当事人在民事诉讼中真实义务的另一种功能在于帮助法官形成对案件事实的正确认识。当事人是案件的亲身经历者，是最熟悉案件真实情况的人，当事人关于案件事实的客观陈述对于法院正确认定案件事实意义重大。在英美法系国家，当事人可以作为证人出庭作证，对其证言的使用规则与普通的证人相同。而在大陆法系国家，当事人陈述并不是一种独立的证据形式，为了使法官得以借助当事人形成对案件事实的正确认识，立法规定可以通过询问当事人的方式，获得对事实的印象。奥地利是最先将询问当事人制度引入民事诉讼的国家，1873年的《奥地利民事诉讼法》还将询问当事人仅作为一种补充性的证据方法，只有在通过其他证据方法不能对案件的待证事实获得完全的证明或足够的心证时，才可询问当事人。1983年奥地利在修改民事诉讼法时，废除了询问当事

---

〔1〕 See Ul-Haq v. Shah[2009]EWCA Civ 542;[2010]1 W.L.R.616 CA(Civ Div).

〔2〕 参见占善刚:《主张的具体化研究》，载《法学研究》2010年第2期。

人的补充性原则，使询问当事人成为一种独立的证据方法。[1]在德国法上，对当事人的询问可以依当事人的申请、依据对方当事人的同意或者依据法院的职权进行。基于对当事人陈述的真实性的怀疑，《德国民事诉讼法》将询问当事人作为一种补充性的证据方法，认为“尽管当事人最了解待证事实，但他们与案件裁判结果具有最大的利益，因此在一般情况下，最好不要让当事人作为自己案件的证人，争议事实尽可能运用书证、证人等证据方法去证明，但有些案件却根本找不到别的证据，而在此情况下又不应当直接判决寻求法律救济的当事人败诉，与其排除询问当事人直接判决当事人败诉，还不如把通过询问获得的当事人陈述作为证据方法”。[2]日本在询问当事人方面，原与德国保持一致，采用补充性原则。但是在1996年《日本民事诉讼法》中，有意弱化了询问当事人的补充性规定。根据该法第207条，法院根据职权或根据申请，可以询问当事人，[3]即赋予了法院依据事实认定的需要而灵活地询问当事人的权力。

将询问当事人作为法官获得对事实认识的方法，必然会对当事人在询问过程中的配合义务以及真实义务作出要求，并从证据法的角度规定当事人拒绝接受询问或作虚假陈述可能产生的证据法上的后果。《德国民事诉讼法》第446条规定，对方当事人拒绝对他进行询问，或者对于法院的要求不作表示，法院应考虑全部案情，特别考虑拒绝的理由，依自由心证，判断当事人所主张的事实可否视为已得到证明。[4]《日本民事诉讼法》第208条则规定，在询问当事人本人的情况下，该当事人无正当理由不出庭，或者拒绝宣誓或陈述的，法院可以认定对方当事人所主张的有关询问事项为真实。《意大利民事诉讼法》也规定，当事人拒绝陈述或者不真实陈述的，法官可就事实作出不利于其的推定。[5]

---

〔1〕 See Walter · H. Rechberger, Civil Procedure in Austria, Walters Kluwer, 2011, pp.82-84.

〔2〕 参见李浩:《当事人陈述：比较、借鉴与重构》，载《现代法学》2005年第3期。

〔3〕 参见《日本新民事诉讼法》，白绿铉译，中国法制出版社2000年版，第84页。

〔4〕 参见《德意志联邦共和国民事诉讼法》，谢怀栻译，法制出版社2001年版，第84页。

〔5〕 See Simona Grossi, *Commentary on the Italian Code of Civil Procedure*, Oxford Unvuersity Press, 2011, p.142.

英美法系国家并不严格区分作为诉讼主张的当事人陈述和作为证据的当事人陈述。但是，当事人如果在作证的过程中提供虚假的证言，则有可能被追究藐视法庭的责任。英国最高法院曾经在判例中确认，如果整个案件都是虚假的，导致法官无法认定案件事实，则法官有可能会排除整个案件，即便案件的审理已经进入尾声，法官也可以这么做。[1]案件的排除虽然并不意味着否定了原告的诉讼请求，在理论上，原告仍然可以再次起诉，但是法院却有可能基于程序滥用的理由，不予受理原告的起诉。学者将法院的这种做法解释为司法权的自我保护功能。[2]总之，在英美法系国家原告的虚假陈述，在更大程度上被视为一种妨害诉讼的行为。但在司法实践中英国的法官一般不会仅仅因当事人的虚假陈述而直接作出对对方有利的事实认定或者直接排除案件，除非由于当事人的虚假陈述使公正审理变得不可能。[3]

二、"真实"何以可能

关于当事人真实陈述的义务，是否属于一种真正意义上的"义务"，抑或仅仅是对当事人诚信意识的一种道德层面的倡导，在学界仍然存在广泛的争议。但是，在所有规定了真实义务的国家，都为"诚实"这一法律理想的实现作出了具体的制度设计与安排，从而使当事人的真实义务虽然出发于法律的理想，却没有止步于理想。总体而言，当事人的真实陈述义务，在民事诉讼中的落实，得益于以下几个方面的努力：

（一）以制度的促进为前提

在民事诉讼中，当事人出于利益的考虑，必定会倾向于陈述对自己有利的事实，甚至在陈述的过程中夸大、歪曲、编造事实。对于当事人

---

〔1〕 See Summers v. Fairclough Homes Ltd [2012] UKSC 26; [2012] 1 W.L.R.2004. http://international.westlaw.com/Find/Default.wl? rs=WLIN1.0 & vr=2.0 & FindType=Y & SerialNum=0027913060.

〔2〕 See Adrian Zuckerman, *Zuckerman on Civil Procedure*, Sweet and Maxwell, 2013, pp.336-337.

〔3〕 See Adrian Zuckerman, Abuse of process; Closed material; Compensation; Deterrence; Due process; Fraud; Justiciability; Proportionality; Statements of case; Striking out, *Civil Justice Quarterly*, 2012, 31(4), pp.377-392.

的这种趋利心理，必须通过具体的制度予以矫正，而非仅仅以道德的要求教化之。在规定了当事人真实陈述义务的国家，立法莫不通过具体的制度安排，促进当事人在诉讼中陈述真相，抵制由于趋利而导致的虚假陈述。概括而言，这些制度包括以下几个方面：

1.赋予当事人广泛地接触证据、了解事实的权利

在诉讼中要求处于对立关系的当事人真实陈述事实的难度不仅来自于利益对当事人的诱惑，同时也缘于当事人基于侥幸心理认为，即使他们违背了真实义务，也很可能无法被准确地识别。因此，诉讼程序唯有赋予当事人双方广泛的接触证据、了解事实的权利，才能将真相尽可能全面地展现于审理者面前，当事人通过虚假陈述谋取利益的可能性才能被最大限度地缩减。

在英美法系国家，证据的开示制度使当事人有机会大范围地接触到有关于案件事实的信息。在英国，其民事诉讼规则甚至将可以从反面影响当事人书证以及支持对方当事人的书证列入开示的范围。美国的证据开示范围更是以广泛著称，根据《美国联邦民事诉讼规则》第26条的规定，对任何不属于保密特权范围而与诉讼标的相关的事项都可以进行开示。对于证据开示的要求，只有三种反对是有效的：其一，所寻求的材料与案件毫不相干；其二，证据开示要求过分加重负担，但只适用于举证责任过重或可以其他方式提供信息的情况；其三，证据开示要求搜寻属于保密特权范围的信息。[1]大范围的证据开示使当事人客观上有机会获得对案件事实的全面、深入的认识，使当事人的真实义务具有更客观的制度基础。同时，证据开示的强制性以及对拒绝开示行为的惩罚机制，使当事人很难隐藏不利于自己的证据。在这一背景下，当事人在诉讼中的说谎行为更容易被识破，如果辅之以严格的惩罚性规定，当事人基于“真相迟早会被发现，说谎也无法改变结果”的考虑，更可能会进行真实陈述。

大陆法系国家在传统上并没有为当事人提供英美法上的证据开示制

〔1〕 参见《美国联邦民事诉讼规则》，白绿铉、卞建林译，中国法制出版社2000年版，第87页。

度，但是近年来制度发展的方向亦是试图扩大当事人从对方当事人处了解事实、接触证据的机会。在2002年前德国民事诉讼实务中大量文书的强制提出义务主要依据实体法的资讯请求权。据此，在民事诉讼中，当事人可以基于实体法的规定申请法院发布命令，要求对方当事人提出有关文书。于2002年开始施行的《德国民事诉讼修正法》明确了对不负证明责任的一方当事人与诉讼外第三人课以诉讼法上的文书提出义务的规定，从而使文书提出义务摆脱了实体法的束缚，成为诉讼法上的一项正式的权利。日本民事诉讼法也通过当事人照会和律师照会制度，使当事人获得接触他方掌握的证据的机会。[1]

上述不同国家的证据调查制度虽在具体内容上存在较大差异，但是在功能上都具有使当事人接触到更多的事实与信息的作用。这就意味着，诉讼中作出不真实陈述的当事人必将承担更多的谎言败露的风险。可见，通过增加其说谎成本的方式抑制谎言，促进真实义务的落实，乃是各国通常的选择。

2.以强化当事人的出庭义务、陈述义务为基础推进当事人的真实义务

民事诉讼虽为解决私权争议而设置的程序，但是在诉讼程序进行的过程中，基于效率的考虑，现代国家均强调当事人对民事诉讼程序承担一定的推动义务。当事人出庭参加法庭审理、积极进行争执是法官了解案件事实的重要途径，因此对当事人出庭义务及陈述义务的强化变得格外重要。在德国，原告如果缺席法庭审理，法院将认定原告放弃诉讼请求；被告缺席时，法院拟制被告自认原告主张的事实，对被告作出缺席判决。在一方当事人缺席时，对方当事人可以申请法院依据现存的记录判决。英美法系国家应对当事人不到庭的立法在性质上具有一定的制裁性。在美国，针对原告的起诉，如果被告从未到庭或者从未对原告的诉讼提出任何答辩，法院可以应原告的请求作出不利于被告而有利于原

---

〔1〕 参见［日］高桥宏志：《重点讲义民事诉讼法》，张卫平、许可译，法律出版社2006年版，第57页。

告的判定。[1]而英国的法律则规定，在被告未提出送达认收书或答辩状时，法院可以不经开庭审理径行作出缺席判决。[2]

如果当事人到庭，但是没有积极作出陈述或争执，也可能引发一定的不利后果。《德国民事诉讼法》第138条第3款规定："没有明显争执的事实，如果从当事人的其他陈述中不能看出有争执时，即视为已经自认的事实。"[3]《日本新民事诉讼法》第159条第1款规定："当事人在口头辩论之中，对于对方当事人所主张的事实不明确地进行争执时，视为对该事实已经自认。但是根据辩论的全部旨意，应认为争执了该事实时，则不在此限。"[4]不仅如此，《德国民事诉讼法》第138条第4款规定："对于某种事实，只有在它既非当事人自己的行为，又非当事人自己所亲自感知的对象时，才准许说不知。"也就是说，只有当涉及他人行为或他人感觉时才允许当事人作出不知陈述，对自己的行为和感受作这样的表示是不合法的。

当事人到庭、陈述义务的强化对于真实原则的实现具有重要的意义。这种意义体现在两个方面：一方面，在制度的衔接上，真实义务与当事人到庭、陈述义务关系密切。真实义务不仅要求当事人对于依其确信为非真实者不得主张，还要求明知对方之主张符合真实或认为其符合真实也不得争执，因此必须于立法上对于当事人的不争执行为的效力予以认定。真实义务中的完全义务则要求当事人在举证责任的范围内不得隐瞒事实以扭曲法官对事实的认识，因此就有必要限制当事人可以为不知陈述或保持沉默的事项的范围。另一方面，当事人的出庭义务与陈述义务的强化对于当事人真实义务的落实也具有重要意义，当事人的真实义务在当事人陈述义务之上，就当事人陈述的内容提出了更高的要求。因此，如果允许当事人随意不到庭、不积极陈述，同时不需要承担任何不利后果或者诉讼上的风险，则当事人就会为了避免承担真实义务

[1] See Mary Kay Kane, *Civil Procedure in a Nutshell*, West Publication Co., 2003, p.167.

[2] 参见徐昕：《英国民事诉讼与民事司法改革》，中国政法大学出版社2001年版，第138页。

[3] 参见《德意志联邦共和国民事诉讼法》，谢怀栻译，中国法制出版社2001年版，第83页。

[4] 参见《日本新民事诉讼法》，白绿铉译，中国法制出版社2000年版，第84页。

而不到庭陈述，真实义务就会因立法规定与制度衔接中的漏洞而无法得以真正落实。

（二）以惩罚性规定为后盾

为了保障真实义务的落实，凡规定当事人真实陈述义务的国家，均规定当事人在不履行该义务的情况下，承担一定的不利后果。主要包括以下几个方面：

第一，相应诉讼行为无效，或案件被法院排除。此种观点认为，应负主张责任的当事人违反真实义务所提出的主张，不发生主张的效果，[1]法院可以对此主张不予审理。这种惩罚性的规定针对的是违反针对主张的真实义务。比如，《英国民事诉讼规则》第3.4条规定，如果法官认为案情声明滥用法院诉讼程序，或者可能阻碍诉讼程序的公正进行的，则可以撤销案情声明。撤销案情声明意味着法院将不对案件进行任何实体上的裁判。根据英国判例，如果当事人在案情声明中虚构事实，法院既可以在诉讼开始的阶段撤销案情申明，也可以在诉讼进行的最后阶段撤销案情声明。[2]英国也有学者认为，法院在此种情况下排除案情声明并不是对当事人的惩罚，而是基于一般的程序原则，公正的审理程序必须以一定的客观条件为依据，其中就包括当事人遵循程序中的具体规则，当事人遵守这些规则是参加程序的前提条件。如果拒绝遵守规则，就不能利用该程序。[3]

第二，在事实认定方面的影响。当事人在诉讼过程中提供的虚假证言，一经发现将被排除，不能作为认定案件事实的依据，自不待言。除此之外，多数大陆法系国家在立法上规定，允许法官自由评价当事人虚假陈述事实的行为[4]。在大陆法系国家的民事诉讼中，受诉法院认定事

---

〔1〕 参见姜世明：《举证责任与真实义务》，新学林出版社2006年版，第546页。

〔2〕 See Zuckerman, Court Protection from Abuse of Process—the Means are There But not the Will, *Civil Justice Quarterly*, 2012, 31(4), pp.377-379.

〔3〕 See Zuckerman, Must a Fraudulent Litigant be Allowed to Think: If the Fraud is Successful, I will Gain Much; If it is not, I will Still Recover My Legitimate Claim? , *Civil Justice Quarterly*, 2011, 30(1), pp.1-14.

〔4〕 参见［德］汉斯·约阿希姆·穆泽拉克：《德国民事诉讼法基础教程》，周翠译，中国政法大学出版社2005年版，第265页。

实不仅需要斟酌证据调查的结果，而且也要考虑言词辩论的全部意旨。它通常作为与证据调查的结果相并列的法官自由心证之结果。通常言词辩论的全部意旨不仅包括当事人的事实陈述本身，而且也包括当事人在案件审理中的所有作为与不作为以及当事人及其诉讼代理人在言词辩论程序中留给法官的个人印象。当事人的沉默、拒绝作具体化陈述、不真实的或相互矛盾的陈述，甚至当事人事实陈述的时机、对事实主张的变更、证据声明的撤回等，均可视为言词辩论的全意旨。[1]允许法官将当事人虚假陈述的行为纳入心证的范围，就意味着当事人违背真实义务的行为可能对案件的事实认定产生直接的负面影响，并由此对当事人的虚假陈述产生直接的抑制作用。

第三，视为妨害民事诉讼的行为，予以罚款或要求负担诉讼费用。对当事人虚假陈述的行为给予经济上的制裁是各国通行的做法。1911年《匈牙利民事诉讼法》第222条第2款规定："当事人或代理人显系故意陈述虚伪之事实，对他造事实之陈述明显的为毫无理由之争执或其所提出的证据毫无必要者，法院得处以600克鲁以下之罚款。"1996年《日本新民事诉讼法》第209条与第230条规定经宣誓的当事人作虚假陈述的，或者当事人及其代理人出于故意与事实相反去争执文书制作真伪的，处10万日元以下的罚款。1976年《法国新民事诉讼法典》第 32.1条规定："以拖延诉讼方式，或者以滥诉方式进行诉讼者，得科以100法郎至10，000法郎的民事罚款，且不影响可能对其要求的损害赔偿。"《德国民事诉讼费用法》第39条规定："如当事人违背真实义务，致使诉讼程序延滞的应负担因延滞而产生的费用。"[2]对当事人予以经济上的制裁将当事人虚假陈述的行为视为妨害民事诉讼的行为，实施制裁的前提在于当事人的虚假行为给诉讼程序造成了实际的影响，并且当事人的行为是基于主观上的故意。因此，法官在此过程中承担着较重的调查责任和证明责任。

---

〔1〕 参见占善刚：《言词辩论的全部意旨研究——德国、日本的判例、学说之考察及其启示》，载《现代法学》2012年第2期。

〔2〕 参见闫庆霞：《当事人民事诉讼主张研究》，法律出版社2013年版，第184页。

第四，承担民事赔偿责任。根据某些国家法律的规定，在诉讼程序中，当事人实施的恶意的诉讼行为，如果符合侵权行为的构成要件，受害方可以要求加害方赔偿。比如，按照《德国民法典》第826条的规定，以违反善良风俗的方式故意对他人施加损害的人，对他人负有损害赔偿的义务。[1]德国现有的学说和判例认为，该规定可以作为对诉讼行为提起侵权诉讼的依据。已有的判例显示，如果当事人通过恶意误导法院，包括隐瞒真相或违反真实义务、欺诈、与对方当事人共谋等方式获得，同时如果判决所支持的权利是不存在的而当事人存在欺诈的故意，则对方当事人可以要求侵权方赔偿。[2]对违反真实义务的当事人的民事责任的规定可以借助实体法领域对侵权行为的规定实现，具有立法方面的便利性，同时，民事的救济是通过当事人另诉的方式解决的，不会对原有民事案件的审理造成影响，减轻了法院的工作负担，也最大限度地保证了当事人的权利。

第五，承担刑事责任。为维护司法权威，保障法官的职业权益，许多国家将哄闹法庭、辱骂、威胁、殴打法官、干扰审判等行为纳入藐视法庭罪的制裁范围。藐视法庭罪来源于普通法，犯罪行为方式比较广泛，如辱骂、威胁、殴打法官、扰乱法庭秩序、拒不出庭作证、发布法院禁止发布的消息等皆可入罪。当事人虚假陈述的行为可能成为公正审判的障碍，因此，根据一些国家的法律，对当事人的该种行为可以追究刑事责任。总体而言，英美法系国家对于当事人虚假陈述构成犯罪的规定更加明确、具体。1981年的《英国藐视法庭法》甚至对该罪规定了严格责任，即不要求控方证明被告有影响司法公正的意图，只需证明其行为有影响司法公正的客观危险即可。对违反真实义务的当事人课以刑事责任，是所有制裁措施中最严厉，也是耗用司法资源最多的。同时，由于刑事责任对当事人的利益将产生重大影响，各国司法机关均持谨慎态度，除非确有必要，一般不会启动追诉程序。

---

〔1〕 参见《德国民法典》，郑冲、贾红梅译，法律出版社2001年版，第205页。

〔2〕 See Michele Taruffo, *Abuse of Procedural Rights: Comparative Standards of Procedural Fairness*, Kluwer Law International, 1999, pp.170-175.

(三)不因"真实"而过分加重当事人的诉讼负担

1.以辩论主义作为真实义务的界限

真实义务是作为对辩论主义的修正而出现在民事诉讼法中的,因此在大陆法系国家,学界对真实义务的理解始终以辩论主义为依托,并努力避免由于对真实义务的扩大性解读给辩论主义造成的威胁。从对真实义务理解的角度来看,真实义务并非要求当事人陈述真实的积极性义务,而仅仅具有禁止当事人在不知的前提下提出主张或作出否认的消极内容。因此真实义务与辩论主义并不存在矛盾。但是真实义务中的完全义务却要求当事人必须将对事实的认识全部提供给法院,不能有所隐瞒和保留。这就与建立在当事人对诉讼资料的控制权的基础之上的辩论原则产生了矛盾。对此,虽有学者主张承认这种矛盾,而将完全义务作为对辩论主义的修正。但是,多数学者的观点是淡化完全义务的效力,使其成为真实义务的一个部分。只有当事人基于隐瞒部分事实而作出的不完全陈述从整体上看违反主观真实时,才会禁止进行这样的陈述。〔1〕不难看出,以此为基础理解真实义务,可以最大限度地协调真实义务与辩论原则的关系,使真实义务在现行法的框架下获得更大的存在空间。

2.主观真实标准

在大陆法系国家,对于当事人是否履行真实义务的判断标准,德国理论界曾有过真实义务"无限说"与真实义务"有限说"的争议,前者认为《德国民事诉讼法》第138条第1款不仅包含消极的禁止性规定,即禁止有意的不真实,同时还要求当事人对主张的真实性进行仔细详尽的调查。〔2〕目前通说采用真实义务有限说的观点,也称主观真实说,即不允许当事人为加重对方负担而主张自己明知不真实或不确信的事实;不允许他辩驳对方当事人的主张,如果他知道或者确信该主张是正确的。当事人可以主张他不知道的事实,只要不是明知其为不真实;当事人即使相

〔1〕 参见[日]高桥宏志:《民事诉讼法——制度与理论的深层分析》,林剑锋译,法律出版社2003年版,第375~376页。

〔2〕 参见任重:《民事诉讼真实义务边界问题研究》,载《比较法研究》2012年第5期。

信对方主张可能是真实的也可以辩驳。[1]在英美法系国家，理论界与实务界对于当事人作出虚假陈述时应当给予何种程度的制裁长期争论不止，但是从现有的判例中可以发现，法官对于当事人虚假陈述的态度相当宽容。几乎所有的法官都认为只有当事人多次的、明显故意实施的虚假陈述，才会被追究责任。当事人基于错误认识而作的不实陈述，不会受到制裁。[2]主观真实标准使对当事人的真实的要求，更多停留在“善意”“诚信”这一层面，避免由于这一义务，使当事人承担过重的探明事实的责任，也使当事人的诉讼利益得到最大程度的保护。

3.真实义务的免除

真实义务的立法目的在于禁止诉讼欺诈及保障当事人之正当权益，具有公益性。一般认为真实陈述的义务以不致使陈述人遭受到重大不利益为限。具体体现在通过规定“任何人具有不自我归责特权”，使特定情况下的当事人免除真实陈述的义务。比如，英国《1968年民事证据法》第14条第1款a项的规定：“在民事诉讼中，如果一个人回答任何问题或提供任何文书、物证将可能导致此人面临犯罪指控，此人不自我归罪的权利仅在此类犯罪为英国法律所规定时方可使用。”[3]不仅如此，对于面临可能导致没收财产风险的情形也属于免于陈述的范围，英国《1968年民事证据法》第16条第1款a项规定：“在任何法律诉讼中，如果强迫一个人回答任何问题或者提供文书或者物品，将使其面临没收财产的处罚，则不得强迫此人回答任何问题或者提供文书或者物品的规则。”[4]在德国，《德国民事诉讼法》第384条规定：“对于某些问题的回答，将会对证人或是证人的配偶、未婚配偶、前配偶以及与证人现在或曾经是直系亲属或直系姻亲，或三亲等以内的旁系血亲或二亲等以内的旁系姻亲的亲属，直接发生的财产权上的损害或引起不名誉或使其因犯罪或违警行

---

〔1〕 参见邱联恭：《当事人本人供述之功能——著重于单论其思想背景之变迁》，载民事诉讼法研究基金会编：《民事诉讼法之研讨》（三），三民书局1990年版，第636～638页。

〔2〕 Andrews, *Andrews on Civil Process*, Intersentia, 2013, pp.104-106.

〔3〕 参见何家弘译：《外国证据法选译》（增补卷），人民法院出版社2002年版，第344页。

〔4〕 同上书，第345页。

为而有受追诉的危险的情形下，可以拒绝作证。”[1]原则上，对当事人的询问也适用上述规定。不自我归责特权的规定使当事人在特定情况下可以不承担真实义务，从而缓解了真实义务与当事人个人利益之间的矛盾，使真实义务的规定更具人性色彩。

4.不受真实义务影响的灵活的诉讼空间

真实义务禁止当事人违反自己的主观性事实认识而提出主张，这就意味着承担真实义务的当事人必须在诉讼中客观陈述其对事实的真实认知。同时，涵盖完全义务的真实义务还要求当事人必须将自己对于事实的认识全部提出到辩论中，而不能对其中任何部分进行隐瞒。[2]这样，履行该义务对当事人而言就很可能向对方当事人透露其原本不掌握的信息，泄露自己的诉讼立场和对于事实的主要观点。对于当事人来说，必须充分预见其对事实主张的陈述对其权利可能产生的实质性影响，并有针对性地制定诉讼策略。同时，依据民事诉讼中的诚实信用原则，当事人除了应当真实陈述事实外，还应当保证自己诉讼行为或主张的一致性(禁反言原则)。因此，真实义务与禁反言原则相结合，限制了诉讼中当事人选择攻防策略的自由。为了缓和这一压力，各国在民事诉讼程序中采取了不同的应对措施。比如，《美国联邦民事诉讼规则》第8条d第2项明确允许当事人提出两项或两项以上可替换的或猜测型的事实主张。[3]大陆法系国家则通过预备诉的合并制度，明确赋予当事人在同一程序中提出替代性事实主张的权利。《德国民事诉讼法》允许当事人在不变更诉的原因的前提下，补充或更正事实主张。[4]而在日本，口头辩论一体化的构造使每一次审理期日当事人的主张都具有同质化的属性，对于法院最终的裁判而言都具有同等的价值。[5]日本则在实务中亦允许当

---

〔1〕 参见《德意志联邦共和国民事诉讼法》，谢怀栻译，法制出版社2001年版，第95页。

〔2〕 参见［日］高桥宏志：《日本民事诉讼法——制度与理论的深层分析》，林剑锋译，法律出版社2003年版，第379页。

〔3〕 See Stephen C.Yeazell, *Federal Civil Judicial Procedure and Rules*, New York: Thomson Reuters, 2010, pp.82–83.

〔4〕 参见《德意志联邦共和国民事诉讼法》，谢怀栻译，中国法制出版社2001年版，第63页。

〔5〕 参见段文波：《一体化与集中化——口头审理方式的现状与未来》，载《中国法学》2012年第6期。

事人提出假定性的主张。比如允许原告提出“自己对于某物所有权的取得是基于买卖关系，假定不是依据买卖而取得所有权，那么就是依据时效而取得所有权”。法院在审理假定性主张时，不必依据主张在实体法上的逻辑顺序，而可以采用其中易于审理或易于形成判决的主张来作出判决。[1]因此，在日本的立法上，即便当事人的预备性主张是矛盾的，也不能视为当事人违反了真实义务。真实义务给当事人在诉讼中造成的不便利甚至不利影响被有效控制在了最小的范围内。

三、我国民事诉讼中当事人的“真实义务”

我国民事诉讼法一直将当事人陈述作为一种独立的证据形式。2012年《民事诉讼法》明确将诚实信用原则作为我国民事诉讼的基本原则。以上述立法为依据，最高法《民诉法解释》明确对当事人真实陈述的义务作出了规定，该解释第110条规定，人民法院认为有必要的，可以要求当事人本人到庭，就案件有关事实接受询问。在询问当事人之前，可以要求其签署保证书。作为对当事人真实陈述义务的保障。该条第2款、第3款同时规定，“保证书应当载明据实陈述、如有虚假陈述愿意接受处罚等内容。当事人应当在保证书上签名或者捺印”“负有举证证明责任的当事人拒绝到庭、拒绝接受询问或者拒绝签署保证书，待证事实又欠缺其他证据证明的，人民法院对其主张的事实不予认定”。由立法和司法解释的上述规定，不难看出我国民事诉讼中当事人的真实义务具有以下几个方面的特征与不足：

（一）作为证据的当事人陈述、作为事实主张的当事人陈述与询问当事人并存

我国民事诉讼法将当事人陈述作为一种独立的证据形式，然而在立法和司法实务中对当事人针对事实主张的陈述和作为证据的陈述并没有作出清晰的区分。最高法《民诉法解释》又明确规定了法院可以根据审理案件的需要，询问当事人。至于通过询问当事人所取得的陈述在法

〔1〕 参见［日］高桥宏志：《民事诉讼法——制度与理论的深层分析》，林剑锋译，法律出版社2003年版，第375～376页。

律上效力为何，司法解释并没有作出明确的说明，但是在最高人民法院对该司法解释的后续阐释中，似乎可以看出最高人民法院意欲赋予询问当事人以证据效力："人民法院询问时的当事人陈述作为一种特殊情形，赋予其独立的证据效力。"[1]这样，在我国的立法上围绕"当事人陈述"出现了作为证据的当事人陈述、作为事实主张的当事人陈述与询问当事人三种并列的证据形式。对于此三种不同性质、内容的当事人陈述的法律效力为何，立法者的思路并不清晰。

最高法《民诉法解释》将"询问当事人"规定在"证据"部分，并且明确规定对当事人进行询问，应当通知当事人"到庭"后进行，在询问过程中当事人承担真实义务。显然这种询问是发生在开庭审理的过程中针对"事实"的、作为证据调查手段的"询问"。然而这并不意味着在我国，法院不能针对事实主张在庭外"询问"当事人。事实上，在我国司法实践中，法院经常通过非正式开庭的方法，通过询问方式了解当事人的"事实主张"以及当事人对事实的证据性陈述。对当事人的询问成果通常表现为询问笔录、调查笔录、谈话笔录、调解笔录等多种形式，在这些笔录中同时存在作为事实主张的当事人陈述和作为证据的当事人陈述。最高法《民诉法解释》也并没有禁止法院在庭外询问当事人，因此笔者担心，最高法《民诉法解释》对当事人真实义务的规定很有可能扩张地适用于所有类型的当事人陈述，以及庭外对当事人的询问过程中，这就意味着当事人在诉讼开始的早期阶段就将承担真实陈述的义务，此种趋势很容易促使法官更加依赖通过非正式开庭的方式询问当事人，并围绕询问当事人的成果而展开事实调查的审案思路，届时我国固有的职权主义倾向将被进一步强化。

（二）对询问当事人的"证据"定位与将违反真实陈述义务视为妨害民事诉讼的行为的矛盾

我国民事诉讼法从证据法角度理解当事人陈述在诉讼中的作用，将询问当事人作为一种事实证明的手段。按照《民事诉讼法》第75条的规

〔1〕 参见沈德咏：《最高人民法院民事诉讼法司法解释理解与适用》，人民法院出版社2015年版，第364页。

定，人民法院对当事人的陈述，应当结合本案的其他证据，审查确定能否作为认定事实的根据。然而，在我国民事诉讼中，立法对当事人陈述的证据定位，并不意味着违反当事人真实陈述的义务将导致当事人承担不利的事实认定后果。我国《民事诉讼法》第75条第2款规定，当事人拒绝陈述的，不影响人民法院根据证据认定案件事实。也就是说，不仅在当事人拒绝陈述的情况下，法院不能直接作出对该方当事人不利的事实认定，甚至没有规定法官可以将当事人拒绝陈述的行为在事实认定的过程中结合本案其他证据一并予以权衡评估。虽然最高院《民事证据规定》中规定，对一方当事人陈述的事实，另一方当事人既未表示承认也未否认，经审判人员充分说明并询问后，其仍不明确表示肯定或者否定的，视为对该项事实的承认。但是该规定针对的是已经出庭的当事人在法庭审理的过程中对他方的主张不予以积极争辩的行为。对于没有出庭或拒绝接受法院询问或者在询问过程中作虚假陈述的当事人，应当承担事实认定方面何种不利的后果，立法或司法解释中唯一涉及的是最高法《民诉法解释》第110条第3款的规定："负有举证证明责任的当事人拒绝到庭、拒绝接受询问或者拒绝签署保证书，待证事实又欠缺其他证据证明的，人民法院对其主张的事实不予认定。"从内容上看，该款的规定并非对于不履行真实义务的当事人的制裁，而仅仅是基于证明责任分配的一般原理得出的结论。司法解释的这一规定与当事人在诉讼中的真实陈述义务并没有任何关系。

总之，与将当事人陈述和询问当事人作为法官形成对案件事实的认识途径的立法出发点不同，我国最高法《民诉法解释》将违反当事人的真实陈述义务视为妨害民事诉讼的行为，按照最高法《民诉法解释》，法院只能对该种行为采取罚款等强制措施。如前所述，虽然有多国法律将罚款作为当事人违反真实义务的惩罚手段，但是均同时允许法官根据当事人在诉讼中违反真实义务的行为，形成不利于当事人的心证，从而使违反真实义务的当事人，同时承担事实认定与经济制裁的双重不利后果。

我国目前对当事人虚假陈述的不利后果的规定不仅在种类上是单一

的，而且在实施的实际效果上，是否足以抵制当事人虚假陈述的利益驱动，也是存在疑问的。因为按照我国《民事诉讼法》的规定，诉讼中对个人的罚款金额，为十万元人民币以下；对单位的罚款金额，为五万元人民币以上一百万元以下。在罚款金额有限的背景下，涉及当事人重大利益的案件中，当事人仍然有可能铤而走险。现有规定忽视了当事人虚假陈述的根本目的在于从案件的事实认定中取得利益，因此很难有效地防止此类行为的发生。

同时，也许更为重要的是，作为强制措施，其实施的主要目的在于维护司法机关的审判秩序。在实施强制措施的过程中，司法机关应当依职权调查证据，证明当事人实施妨碍行为的主观过错、妨碍诉讼的客观后果等要件。法院在查证过程中投入的司法资源可能会成为抑制法院采取强制措施的因素。这都可能对当事人真实陈述义务的落实产生实际的影响。

（三）强化当事人真实陈述的义务化特征，忽视从制度建设的角度促进和保障当事人真实陈述

如前所述，当事人在诉讼中真实义务的落实不仅仅取决于立法是否对违反真实义务的当事人给予制裁，而在于是否能够以制度化手段促进、保障当事人在诉讼中的真实陈述，使其不得不“真实陈述”，同时亦不会因“真实陈述”而过分加重其负担。然而，我国目前的立法状况是，对当事人真实陈述的制度保障与促进措施明显滞后，严重依赖惩罚机制落实当事人的真实义务。这表现在：

第一，对真实义务的促进手段匮乏。我国民事诉讼法赋予的当事人调查收集证据的手段极为有限，加之当事人调查取证能力较弱，公众对当事人之取证行为配合程度较低，极大地影响了当事人在诉讼中能够接触的事实与证据范围，也影响了当事人对案件事实形成正确认识的范围与程度。虽然对当事人真实义务的理解应当以“主观真实”为限度，并不要求当事人的陈述与客观相符。然而笔者认为，如若不能保障当事人对事实的一定范围与程度的获知权，则对当事人真实义务的要求将成为无源之水。此外更为重要的是，由于证据收集手段有限，虚假陈述被揭

穿的可能性也随之降低，从而使一部分当事人在利益的驱使下铤而走险，虚假陈述事实。

第二，对当事人真实义务的诉讼保障不足。如前所述，真实义务与诚实信用原则中的禁反言原则结合，可能会影响当事人灵活地选择诉讼策略。在我国，民事诉讼法赋予原告的自由诉讼的空间极为有限。诉的预备合并制度尚未得到立法与司法实践的认同；对于原告在起诉状中提出的假定性的主张，在实务中也很有可能被以“请求不明确”为由驳回；对于原告修改起诉状内容的时间与程序，民事诉讼法亦未作出具体规定，仅在最高人民法院《民事证据规定》中规定，当事人申请变更诉讼请求的，应当在举证期间届满前提出申请。凡此种种与诚实信用原则对当事人真实义务、禁反言原则相结合，极大限制了当事人自由诉讼的空间。

（四）辩论主义的缺失以及对法院询问范围缺少限定极易导致当事人真实义务的异化

在大陆法系国家，对当事人真实义务的要求始终以辩论主义为背景。按照辩论主义的要求，当事人在诉讼中提出的事实，必须经过辩论才可以作为法院裁判的依据；当事人没有提出的事实，不能作为裁判的依据。狭义的真实义务与辩论主义并无矛盾。然而，广义的包含完全性陈述义务的真实义务，则与辩论主义之间存在紧张的关系。因为完全性要求限制了当事人确定法院裁判对象方面的选择权，要求当事人就其知晓的全部事实进行陈述。因此，如果不对法院询问当事人的范围加以界定，将可能有损于辩论主义在诉讼中的贯彻。比如，根据我国台湾地区“民事诉讼法”第367条之1（当事人讯问制度）的规定：法院认为必要时，得依职权讯问当事人。[1]按照台湾学界的普遍理解，“有无必要，应由受诉法院就具体事件，考量真实发现与辩论主义原则之遵守间利益之平衡；所欲讯问之当事人于证据之接近度、证据之不可代替性及举证人对于提出其他证据方法之可期待性等综合考量后决定之”。[2]由上可见，即使在不断强化当事人询问的证据价值的诉讼制度中，对于当事人真实义

〔1〕 参见陈聪富：《月旦小六法》，元照出版有限公司2011年版，第4～56页。

〔2〕 参见陈计男：《民事诉讼法论》（上）（修订五版），三民书局2009年版，第561～562页。

务的要求也限定在辩论主义的框架下，尽量避免真实义务对辩论主义造成的冲击。

在我国，辩论主义原则根基尚未稳固，更有必要对当事人承担真实义务的范围作出明确规定。我国最高法《民诉法解释》虽然规定了当事人真实陈述的义务，但是并未就该义务是否包括完全性义务作出清楚的说明，也没有对法院询问当事人的范围作出限制。但是，根据该司法解释第110条可以推知凡属法院认为必要之事实，均可列入询问之范围，而不限于当事人应当承担证明责任的事实。这样，我国司法解释中的真实义务事实上涵盖了完全性义务。这种对法院询问范围的宽泛界定与我国民事诉讼固有的职权主义倾向相结合，会进一步削弱辩论主义在民事诉讼中的地位。如果缺少相关约束，将助长法院职权调查的倾向，危及民事诉讼程序的根基。

四、我国民事诉讼中当事人真实陈述义务的完善

（一）功能的界定与概念的区分

如前所述，基于不同的诉讼模式与构造，不同国家的民事诉讼程序赋予了当事人真实陈述义务以不同的功能。大陆法系的当事人真实陈述义务侧重于防止恶意的虚假陈述，而英美法系除此功能以外，还期待通过对当事人真实义务的要求，排除毫无根据的、轻率的诉讼。在此问题上，我国民事诉讼法应当作何种选择是我们在完善当事人真实义务的过程中应当首先考虑的问题。

我国的诉讼程序在构造方面与大陆法系国家有更多的共性特征。诉答程序的缺失使起诉程序的主要功能在于将案件特定化，并通知对方当事人。[1]审前程序并不具有筛选、排除不适宜审理的案件的作用。因此，我国在对当事人真实义务的功能界定方面，应当主要借鉴大陆法系国家的经验，即通过对当事人真实义务的要求，促进法官形成对事实的正确认识。

〔1〕 参见纪格非：《论我国民事起诉状的功能转型与内容再造》，载《现代法学》2013年第6期。

我国立法没有将当事人陈述区分为当事人对事实主张的陈述和当事人的证据性陈述，由此可能导致在审前阶段即对当事人提出过高的真实陈述的要求。因此有必要对两种不同类型的当事人陈述分别予以规定。当事人对于事实主张的陈述的主要作用在于确定当事人的争议对象和法院的审理范围，因此在法院基于明确争点的目的而作出询问时，当事人的主要义务在于具体陈述自己的事实主张，即具体化义务。即便此时要求当事人承担真实义务，也会由于在审前程序中当事人双方的攻防并没有完全展开、事实尚未显露，而无法确定当事人真实与否。当事人事实主张方面的不真实，比如虚构案件或虚构损失等，必将会在后续的程序中，以虚假的陈述或虚假的证据等方式体现出来。其在诉讼主张方面的"不真实"完全有机会在后续的程序中得以证实，并受到制裁。没有必要在审前程序中通过专门的制度设置，落实当事人的真实义务。这样，在我国民事诉讼中，当事人真实义务主要指向作为证据的当事人陈述，而非作为事实主张的当事人陈述。

（二）对当事人真实陈述的促进和惩罚机制的完善

如前所述，由于我国民事诉讼制度对当事人真实陈述的保障机制不健全，惩罚机制不完善，因此极易导致当事人的真实义务因没有客观的制度支撑和有力的保障而沦为空泛的法律口号。对此，我国的民事诉讼法应做以下几个方面的努力：

第一，丰富当事人的资讯获得手段。如前所述，我国目前立法赋予当事人的调查取证权极为有限，立法的缺失恶化了实践中当事人取证难的困境。在此背景下，当事人虚假陈述的行为被证实的机会大大降低，从而使当事人敢于在诉讼中违反真实义务。因此，当务之急在于丰富当事人获得证据的手段与途径。最高法《民诉法解释》在此方面做出了有益的尝试，明确规定了当事人的文书提出义务。然而目前的规定将承担提出文书义务的主体限定于当事人的范围内，如果该书证由案外人持有，则当事人应当通过何种渠道获得该书证，司法解释并没有涉及。此外，当事人对于书证之外的其他证据的调取权，也需要通过更为细致、具体的立法予以体现。

第二，以强化当事人的出庭义务和陈述义务为前提，促进当事人的真实陈述。如前所述，凡是规定了当事人真实陈述义务的国家，无不以强化当事人的出庭义务为前提，落实当事人的真实义务。强化当事人出庭义务的目的在于，敦促当事人积极地配合法院的审理行为，协助法官推进程序。只有在当事人出庭、积极陈述事实的基础上，才有可能对当事人陈述的内容提出“真实”的要求，否则当事人的真实陈述义务将成为无源之水、无本之木。反观我国，立法对当事人拒绝出庭或虽然出庭但是不积极进行辩论的行为相当宽容。当事人不会因缺席行为本身而遭受直接的不利益。要改变此种状况，一方面，立法应当规定，如果被告缺席，且在开庭前没有进行任何有效的辩论，可以推定被告对于原告的事实陈述作出了自认。另一方面，民事诉讼程序应当致力于促进当事人的积极辩论。《民事证据规定》第8条通过对默示自认的规定抑制了当事人在诉讼中的消极行为。除此之外，还有必要对当事人进行不知陈述的效力作出规定。不知陈述是介于承认和否认之间的一种表达方式，为了体现当事人的诉讼促进义务，应当规定仅对于“非当事人本身所为行为”和“非当事人自身感知的对象”才可以为不知陈述。从当事人陈述角度来讲，上述规定显然加重了当事人的陈述义务，使对争议事实不负举证责任和说明义务的当事人不可随意为不知陈述。对于符合上述条件的不知陈述，应当视为当事人对事实的争辩；反之，对自己的行为和感受作不知陈述则应当被认为是不合法的，并因而被看作不争辩，即自认。通过上述规定，当事人在诉讼中通过积极陈述而推动程序的义务得到了体现，以此为前提，强调当事人不得故意为虚假陈述才有意义。

第三，多种惩罚机制的构建。与国外立法对于当事人虚假陈述的多元化惩罚机制不同，我国当前对当事人违反真实义务的不利后果的规定还过于单一，将违反真实陈述的行为视为妨碍诉讼的行为是否能够起到足够的威慑作用不无疑问。笔者认为有必要从诉讼法与实体法两个方面丰富对虚假陈述的不利后果的规定。

在诉讼法方面，应当允许法官自由评价当事人虚假陈述的行为，甚至在当事人拒绝陈述时，就相关事实作出不利于当事人的推定。同时如果当事人的虚假陈述行为给对方当事人造成损失的，那么，当事人应当承担后者因此而支付的额外的费用。在实体法方面，我国侵权责任法虽然没有将当事人在诉讼程序中的虚假陈述行为作为一种单独的侵权行为的类型，但是根据《侵权责任法》第6条的规定，行为人因过错侵害他人民事权益的，应当承担侵权责任。根据这一规定，当事人在诉讼中的虚假陈述行为造成他人损害的，应当属于侵权责任法规定的侵权行为的范畴，受到损害的当事人可以要求对方赔偿损失。与在诉讼程序中对受到损害的当事人的赔偿不同，依据侵权责任法提出的赔偿要求不仅包括诉讼费用方面的损失，还包括被侵权方的其他财产损失甚至精神损害。此外，有必要在刑法中增加藐视法庭罪，使当事人对其在诉讼中实施的严重违反真实义务并构成犯罪的行为承担刑事责任。

在构建当事人虚假陈述的惩罚机制的同时，应当强调的是，从国外的立法与司法经验看，虽然要求当事人对其虚假陈述承担一定的不利益是各国立法的共同做法，但是在落实这些法律规定的过程中，应当充分考虑当事人作出虚假陈述的原因、虚假陈述使诉讼程序受到影响的程度、消除影响的可能性与成本、对方当事人的利益保护等多方面的因素，决定当事人的责任形式与责任范围。如果当事人作出了虚假陈述，但是在后续的诉讼中愿意纠正自己的错误行为，并且没有给诉讼程序或对方当事人造成实际的损害，国外的司法机关通常不会以当事人违反真实义务为由给予制裁。造成这一现象的原因主要在于，法官通常认为，当事人在诉讼中的对立关系决定了对当事人作出过高的诚信要求是不现实的。这正是在英美法系国家，法律虽然对当事人违反真实义务的责任作出了比较严厉的规定，但是在实务中法官并不会十分积极地适用这些规定的原因。[1]

---

〔1〕 See Zuckerman, Must a Fraudulent Litigant be Allowed to Think: If the Fraud is Successful, I Will Gain much; If It is not, I Will Still Recover My Legitimate Claim? , *Civil Justice Quarterly*, 2011, 30(1), pp.1-14.

（三）真实的限度

1. 以辩论主义为限度

如前所述，当事人的真实陈述义务，特别是完全陈述义务与辩论主义存在某种程度的紧张关系。辩论主义在我国目前的民事诉讼程序中并没有得到切实的贯彻，在此背景下推行当事人的真实陈述义务，应当采取更加理性、务实的态度，避免由于对真实义务的过度扩大化解读，冲击辩论主义之根本和举证责任分配之基本规律。对此，笔者认为，有必要对真实义务与举证责任分配的关系、真实义务与完全义务的关系以及法官询问当事人的条件与范围作出明确的规定。

首先，当事人在承担举证责任的事实范围内，承担完全、真实的陈述义务。在此种前提下，完全陈述义务被视为真实义务的一部分，当事人故意所为的不完全陈述只在违背主观真实标准，并且有可能危及法官对该当事人承担证明责任的事实的正确理解时，才会被视为违法。对待证事实不负证明责任的当事人只承担狭义的真实陈述义务，即不能对明知是真实的事实加以争执，或以明知是不真实的事实作为反证。不负证明责任的当事人不承担完全陈述义务，不必陈述对己不利的事实。我国学界曾有学者提出，应当承认不负证明责任的当事人一般意义上的事案解明义务。对此笔者持不同观点，主要原因在于，在我国辩论主义的根基未稳、当事人举证意识淡薄、法官职权倾向严重的背景下，不宜贸然推进不负证明责任当事人的事案解明义务。不负证明责任当事人在民事诉讼中对事实认定的协力义务，更宜通过文书提出义务、当事人之间的资讯请求权等具体的规定加以强化，而不应要求当事人承担普遍意义上的协力义务。

其次，坚持询问当事人的补充性。关于是否应当贯彻询问当事人的补充性原则，不同国家的民事诉讼制度作出了不同的回答。德国是当今大陆法系少数坚持询问当事人的补充性原则的国家。学界一般认为，只有某种事实主张存在一定的“起始盖然性”，到目前为止还没有得到完全证明以及其他认知渠道不能够再使用时，才能询问当事人，也才能要求当事人真实地陈述事实。[1]日本和我国台湾地区的民事诉讼法原本采取补充性原则，但是近来已经逐次缓和或放弃该原则，允许法官享有广泛的询问权。但是对于此变化，学界并非没有争议。[2]我国民事诉讼法之所以应当坚持当事人询问的补充性，主要原因在于，我国民事诉讼法虽然将当事人陈述作为一种独立的证据形式，但是立法同时规定，当事人对自己的主张，只有本人陈述而不能提出其他相关证据的，其主张不予支持（《民事证据规定》第76条）。根据这一规定，在没有其他证据的情况下，当事人的陈述是不能作为定案根据的。据此，即使立法放弃询问当事人的补充性原则，允许法官在没有其他证据的情况下询问当事人，询问的结果也不能单独成为定案根据，法官事实上也不会有询问当事人的积极性。相反，通过对询问当事人补充性的要求，可以将当事人真实陈述的义务限定在特定的范围内，避免法官在没有其他证据的情况下，利用询问当事人，获得对事实的认识。

最后，限制法官依职权询问当事人的做法，增加法官依据当事人申请而询问当事人的规定。在大陆法系，德国与法国的民事诉讼法将依当事人的申请和依法院的职权作为启动询问当事人程序的两种途径。最高法《民诉法解释》第110条仅规定了法官依职权询问当事人一种情况，没有对当事人是否可以申请法院启动询问当事人程序作出规定。对此，我们认为应当加以完善。

在我国，立法应当明确，当事人只能申请法院询问对方当事人，而不能申请法院询问自己，此点与德国的立法有所区别。在德国民事诉讼中，负有证明责任的当事人在得到对方当事人的同意下，可以申请法院询问自己。我国没有必要作出此种规定的原因在于，在德国当事人陈述并非独立证据形式，当事人只有通过询问当事人程序才能使自己的陈述对法院发生影响。我国民事诉讼中的当事人陈述是一种独立的证据形

---

〔1〕 参见[德]罗森贝克等：《德国民事诉讼法》（下），李大雪译，中国法制出版社2009年版，第928～929页。

〔2〕 对立观点参见姚光瑞：《民事诉讼法论》，中国政法大学出版社2010年版，第333～336页；邱联恭：《当事人本人供述之功能——著重于单论其思想背景之变迁》，载民事诉讼法研究基金会：《民事诉讼法之研讨》（三），三民书局1990年版，第648页。

式。当事人欲使用自己的陈述作为证明自己主张的证据，直接向法院作出陈述即可。法院在依当事人申请询问对方当事人时，实质是将对方当事人视为证据调查的对象。因此，必须以被询问的当事人对被调查的事实知情为前提，只有如此，对被询问的当事人的真实陈述的要求才是有基础的。

对于法院依职权询问当事人的条件和范围，最高法《民诉法解释》的规定相当笼统，根据该规定，法院在认为“有必要时”就可以询问当事人，至于询问所针对的事实的范围，则没有作出明确规定。对此，笔者认为，在司法实践中，法官依职权询问当事人往往基于两种可能的目的：(1)澄清法官对于当事人已经提出的事实主张、已经提交的证据的模糊认识，帮助法官形成心证，在此种情况下法官询问当事人是法官事实认定权的必要组成部分，只要法官认为有必要，就可以询问。但是，法官的询问应当限于当事人已经提出的事实主张或证据资料的范围内，法官不能超越当事人对诉讼资料的处分权而询问当事人。(2)法官将当事人作为证据调查的对象而主动进行询问。在这种情况下，应当首先坚持询问当事人的补充性原则，不允许法官在没有其他证据的情况下径直通过询问当事人获得对事实的认识。其次，此种情况下的询问当事人将等同于法官主动依职权调查取证。因此，应当满足最高法《民诉法解释》第96条对于法官依职权调查取证权的要求，即属于以下案件范围：①涉及可能损害国家利益、社会公共利益的；②涉及身份关系的；③涉及《民事诉讼法》第55条规定诉讼的；④当事人有恶意串通损害他人合法权益可能的；⑤涉及依职权追加当事人、中止诉讼、终结诉讼、回避等程序性事项的。只有就符合上述询问条件和询问范围要求的事实，法院才能依职权询问当事人，当事人也才有真实陈述的义务。

2.不因“真实”而使当事人承担重大不利益

在现代社会的民事诉讼中，立法者基于实体公正的考量，对当事人提出了真实义务的要求。然而实体公正并非法律的唯一价值追求，真实义务的贯彻，必须与其他价值相互协调，才能取得更好的法律效果和社会效果。从国外立法经验来看，如果真实陈述可能导致当事人承担刑事责任或使当事人蒙受财产、名誉的损失，则当事人可以免除真实的义务。真实义务的免除是通过“不自我归责特权”的规定实现的。英美法系的代表英国、美国，把不自我归责特权的适用范围主要限于“当面临刑事追究的危险时”“当陷入被处罚的危险时”“可能导致没收财产时”三种情形。大陆法系国家的德国、日本在不自我归责特权的适用范围上则规定得更加宽泛。《日本民事诉讼法》把不自我归责特权的适用范围扩大到“受到刑事追究或有罪判决或有可能损害其名誉”的情形，《德国民事诉讼法》则又增加了“直接发生财产权上的损害”的情形。综合国外关于不自我归责特权适用范围的规定，笔者建议，在我国民事诉讼法中应当规定，如果当事人的陈述可能导致刑事追究、没收财产或名誉损害的，当事人可以免除真实陈述的义务。

3.“真实”与“一致”的协调

如前所述，当事人在诉讼中的真实义务要求当事人在诉讼中不得违反主观认识，对事实作出主张或加以争执。然而，当事人对案件的主观认识有可能随着诉讼程序的推进而发生变化，此时是否允许当事人修改之前的陈述或可以在多大范围内修改之前的陈述是我们必须思考的问题。从真实义务的角度来看，既然真实与否以当事人的主观认识为标准，所以自然应当允许当事人基于主观认识的变化而修改陈述。但是，如果放任当事人的上述行为却有可能给程序的安定性造成影响，也与民事诉讼中的禁反言原则发生冲突。因此，较为明智的解决办法是通过立法，对当事人可以修改自己的陈述或作出矛盾陈述的范围和条件作出明确规定。比如，英国民事诉讼中允许当事人在对案件的理解发生错误时，修正诉讼文书——只要这种修正经过全体当事人同意，或在案情陈述向另一方当事人送达之前修正，或经法院许可并支付修正引起的诉讼费用。[1]《德国民事诉讼法》则允许当事人在不变更诉的原因的前提下，补充或更正事实主张。[2]从国外立法的趋势可以考虑我国当事人在法庭

〔1〕 参见沈达明、冀宗儒：《1999年英国〈民事诉讼规则〉诠释》，中国法制出版社2005年版，第172～173页。

〔2〕 参见《德意志联邦共和国民事诉讼法》，谢怀栻译，中国法制出版社2001年版，第63页。

辩论终结前，在不改变基础事实的前提下修改当事人对案件事实的陈述。同时，应当允许当事人在起诉时可以允许提出替代性请求，并不得以替代性的请求之间存在矛盾为由认定当事人违背了真实义务。

4.主观真实及其他限制

立法应当通过多种制度的建设，明确当事人违反真实义务判断的标准。如前所述，对当事人真实义务的要求应当以“主观真实”为衡量标准，不应苛刻地要求当事人仔细审核其陈述，以确保陈述的客观性。同时，对于当事人是否违反真实义务的证明，应当根据追责主体的不同，分别由法院、对方当事人承担证明责任。

此外，在规定当事人真实义务的同时，还应当强化当事人灵活诉讼空间的建构，允许一定条件下的摸索证明或猜想性证明。唯有如此，才能将当事人的真实义务建立在现实与理性的基础之上，使这一义务的落实，具有理想与现实的双重基础。

第七节　刑事判决在民事诉讼中预决力规则的反思与重构

一、现行的规则

（一）预决力扩张的原因

近年来，刑事判决在民事诉讼中预决力的问题在司法界受到了较多的关注。究其原因，主要在于现有规则的固有不足及理论研究的滞后，导致无法应对实践中出现的日益繁杂的问题。我国现有的关于刑事判决在民事诉讼中的预决力的规则主要体现在最高法《民诉法解释》中，根据该司法解释第93条，已为人民法院发生法律效力的裁判所确认的事实属于免证事实，但是当事人有相反证据足以推翻的除外。从这一规定不难看出，我国诉讼法是从证据效力的角度理解刑事判决在民事诉讼中的预决力的。这种视角的产生与我国长期以来对于判决效力问题的研究成果和立法规范严重匮乏的现状有关。从国外立法的情况来看，刑事判决在民事诉讼中的预决力属于判决效力理论领域的一个特殊问题，该问题的解决必须以健全的判决效力规则为背景。然而，我国现实的情况是，民事诉讼领域对于判决效力问题的研究与立法规范均处于起步阶段，研究的深度与广度还有待增强。刑事诉讼法学界对于判决效力问题的关注重点集中于“禁止双重危险原则”，在研究的深度方面滞后于民事诉讼法学界。总体而言，对于刑民交叉案件中判决效力的交互作用问题，还缺乏有深度的探讨。

在这一背景下，我国的民事诉讼法选择从证据法的角度来理解刑事判决在民事诉讼中的效力问题几乎成为一种必然。将刑事判决认定的事实作为一种免于证明的事实在一定程度上符合诉讼经济的要求，同时也有助于确保裁判的统一性，维护司法机关的权威。〔1〕同时，值得注意的是，自20世纪80年代至21世纪初，对刑事判决效力的证据法解读与我国惯有的“先刑后民”的审案思路相结合，愈加强化了刑事判决在民事诉讼中的优越地位。虽然依据最高人民法院的司法解释，刑事判决的事实认定在民事诉讼中仍然是可以推翻的，但是在司法实践中，当事人在民事诉讼中推翻刑事判决事实认定结论的案例却非常罕见。

自1997年起，最高人民法院通过的《关于审理存单纠纷案件的若干规定》《关于在审理经济纠纷案件中涉及经济犯罪嫌疑若干问题的规定》《关于审理民间借贷案件适用法律若干问题的规定》等司法解释强化了在刑民交叉案件审理过程中有条件的“先刑后民”与“刑民并行”相结合的原则。新审理原则确立的意义不仅在于明确了刑民交叉案件的审理顺序，更在于司法机关已经意识到刑民交叉案件事实关联上的不同形态对于案件处理的影响。比如1998年《最高人民法院关于在审理经济纠纷案件中涉及经济犯罪嫌疑若干问题的规定》，比较清晰地确立了根据刑民案件关联的不同性质确立不同的审理原则的思路，即对于刑民交叉案件中刑民部分是基于同一法律事实的，采用先刑后民原则，而对于由不同法律事实引起的不同法律关系的刑民交叉案件，则采取“刑民并

〔1〕 参见李哲:《刑事裁判的既判力研究》，北京大学出版社2008年版，第49页。

行”的审理方式。与此同时，学界对于刑民交叉案件类型化的研究也极大地促进了人们对于刑事判决在民事案件预决效力问题的思考。[1]

然而，遗憾的是，通过刑民交叉案件的类型化研究确定不同的审理顺序，这一研究思路和司法解释制定的思路并没有对刑事判决在民事诉讼中预决力问题的规范产生直接的影响。2015年最高人民法院颁布的《民诉法解释》仍然延续了1992年《最高人民法院关于适用〈中华人民共和国民事诉讼法〉若干问题的意见》的规定，不区分刑民案件关联的类型，概括性地赋予刑事判决的事实认定结论在民事诉讼中的免证效力。同时，在司法实践中，多数司法机关也并没有意识到刑民交叉案件审理政策的变化对于理解和适用最高法《民诉法解释》第93条可能产生的潜在的影响。所以，实务中司法机关对于当事人在民事诉讼中提出的推翻、否认刑事案件事实认定结论的主张，一般不会予以支持。即便在当事人提交证据质疑刑事判决的正确性的情况下，法官也往往以“该事实已经经过法院生效判决认定”为由，简单地否认当事人的事实主张，而不会在判决书中对当事人在民事诉讼中提出的相反证据进行详细的分析，并给出不予采纳的理由。造成我国刑事判决预决力扩张的原因是多方面的，总结起来，主要有以下几点：

第一，对刑事判决证明标准的不精确理解。刑事诉讼中严格的证明程序与较高的证明标准，有力保障了刑事案件事实认定的质量，这也是通常认为在民事诉讼中应当承认刑事诉讼事实认定结论的主要理由。然而，在刑事诉讼中，并非所有层次的事实认定都会适用较高的证明标准，此点业已成为刑事诉讼法学界的共识。《刑事诉讼法》第53条第2款规定：“证据确实、充分，应当符合以下条件：（一）定罪量刑的事实都有证据证明；（二）据以定案的证据均经法定程序查证属实；（三）综合全案证据，对所认定事实已排除合理怀疑。”由此立法规定可见，对“证据确实、充分”的要求限于与定罪、量刑有关的事实，而非全部案件事实。

---

〔1〕 相关成果参见江伟、范跃如：《民刑交叉案件处理机制研究》，载《法商研究》2005年第4期；杨兴培：《刑民交叉案件的类型分析和破解方法》，载《东方法学》2014年第4期；于改之：《刑民交错案件的类型判断与程序创新》，载《政法论坛》2016年第3期。

2006年在全国第五次刑事审判工作会议上，时任最高人民法院院长的肖扬同志曾指出“事实清楚，证据确实充分”的具体含义是指“影响定罪的关键性证据存在一定的疑问，不能排除合理的怀疑进而得出唯一结论的，均应严格按照‘事实清楚，证据确实充分’的裁判标准，依法作出证据不足、指控的犯罪无法成立的无罪判决”。[1]该讲话也明确传达了“事实清楚，证据确实充分”的要求针对的是影响定罪的关键性证据，而非全部证据。按照学界的通常理解，证据确实充分，就是要求运用确实的证据构成一个完整的证据链，对犯罪事实的证明达到唯一性的程度。但实际上，对任何案件的全部案件事实细节都证明到唯一的程度是不可能的。每个案件有很多情节，即使犯罪嫌疑人真诚回忆作案过程也不一定都准确。特别是犯罪的主观方面等情节，更因为涉及被告人的内心世界而难以查证。因此，唯一性是指对有关定罪和量刑的主要事实的证明达到唯一。[2]我国现行的关于刑事判决的预决力的规则建立在刑事诉讼的证明标准高于民事诉讼这一概括性判断的基础上，然而并非所有经刑事判决认定的事实都需要达到“排除合理怀疑”的证明标准，对于那些适用较低的证明标准认定的事实，也一概地赋予其在民事诉讼中免证的法律效力，是缺乏理论与规则基础的。

第二，对判决统一性的过度追求及司法人员的风险规避意识。在我国司法实践中，统一裁判的标准和尺度，实现同案同判一直是备受关注的问题。学界与实务界一直把判决的统一性作为衡量司法公正的一个重要指标。[3]因此，虽然司法解释赋予了当事人在后进行的民事诉讼中推翻先前刑事判决中的事实认定结论的权利，但是民事司法机关对于当事人的此种尝试，一般会持审慎态度，多数情况下不会予以支持。同时，从法官审理民事案件的便利性的角度来看，直接采纳刑事判决的事实认定结论，不仅提高了法官事实认定的效率，而且降低了其作出错误判决

〔1〕　最高人民法院刑事审判第一庭：《刑事审判参考》，法律出版社2007年版，第71页。

〔2〕　参见陈光中：《刑事证据制度改革若干理论与实践问题之探讨——以两院三部〈两个证据规定〉之公布为视角》，载《中国法学》2010年第6期。

〔3〕　参见刘贵祥：《再谈民商事裁判尺度之统一》，载《法律适用》2012年第5期。

的风险。即使先前生效的刑事判决认定的事实确有错误，并最终导致以此为依据的民事判决不得不改判，法官也将免受错案追究的责任。但是，如果审理民事案件的法官根据当事人的主张和证据，否定了刑事判决的事实认定结论，由此而导致的事实认定的矛盾将有可能使司法人员承担巨大的舆论压力和职业风险。因此，就审理民事案件的法官而言，直接采纳刑事判决的事实认定结论，不仅是更便利的，也是更“安全”的。这样，刑事判决在民事诉讼中效力的扩张，就不仅有了规则的支持，而且更容易得到司法人员基于各种利益权衡后的认同。

第三，受制于有限的举证能力，当事人推翻生效刑事判决的事实认定结论的可能性微乎其微。虽然最高法《民诉法解释》规定了当事人可以在后诉中推翻先前刑事判决的事实认定结论，但是在司法实践中，由于当事人调查取证的能力有限，法律赋予当事人接触、获取刑事案件中的证据的权利有限，从而使当事人很难收集到充分的证据，并据此推翻先前的刑事判决的事实认定结论。比如，在我国刑事诉讼中，虽然立法规定被害人是刑事诉讼的当事人，并规定了被害人参与庭审的权利，但是却没有规定人民法院应当在开庭前向被害人送达起诉状副本，也没有明确规定被害人有阅卷权。由于被害人对刑事诉讼程序参与程度较低，对证据的掌握和控制程度不高，因此被害人在随后进行的民事诉讼中，推翻先前生效刑事判决的事实认定结论的实际能力十分有限，很难有效挑战刑事判决的事实认定结论。

第四，民事案件的审理法院对先前生效刑事判决的事实认定结论的正确性进行审查的途径与手段相对匮乏，很难对刑事判决的事实认定结论进行实质性审查。在民事案件中，多数当事人仅能提供刑事判决书和数量极其有限的证据以支持其主张。对于当事人提交的质疑刑事判决事实结论正确性的证据，法院很难进行有效的调查核实。如果刑事案件与民事案件分别由不同地区的、不同级别的法院审理，则这种核实将变得愈发困难。我国现行的民事诉讼制度并没有为审理民事案件的法院提供必要的调查与核实的渠道与手段，审理民事案件的法院甚至很难调取刑事案件的案卷。

(二)预决力扩张导致的问题

将刑事判决认定的事实作为免证事实对待,存在显而易见的不足。

其一,无限扩大了判决效力作用的主体范围。按照民事诉讼判决效力理论的通常观点,判决效力仅及于参加诉讼程序的当事人,没有参加程序的当事人不受判决的拘束。[1]对于判决效力主体范围的限定体现了程序正义的基本要求,使没有参与诉讼程序的人免受程序结果的影响。然而,将刑事判决中认定的事实理解为免证事实,并规定欲推翻该事实认定结论的人应当承担证明责任,这无疑使判决超越了参与程序的当事人的范围,对所有人产生了约束效果。对于没有参与刑事程序的当事人而言,预决效力忽略了其作为民事实体法律关系主体的程序性参与权,并成为其实现实体权利的障碍。

其二,强化了刑事判决在民事诉讼中的优越地位。虽然最高法《民诉法解释》第93条赋予了民事案件的当事人推翻刑事判决事实认定结论的机会,但是,由于我国刑事诉讼立法和司法实践对被告人、被害人程序性权利保障不足,特别是阅卷权、调查取证、接触证据的权利保障不足,从而使当事人事实上很难掌握案件的关键性证据,负责审理刑事案件的法院也没有法定的向审理民事案件的法官提供证据的义务,因此民事案件的当事人很难成功挑战刑事判决的事实认定结果。这样,不仅刑事判决在民事诉讼中的优越地位得到了保障,而且我国传统司法"重刑轻民"的审判思路也可以在不知不觉中得到强化。

二、司法实践对刑事判决效力边界的探索

由于我国司法解释的规定以及司法实践中主、客观的原因,刑事判决在民事诉讼中的效力得到了全面的强化。笔者通过检索近五年的刑民交叉案件的民事判决书,发现法院没有采纳刑事判决事实认定结论的案件屈指可数。然而,这并不意味着司法机关完全没有意识到刑事判决预决力的不正常扩张可能存在的问题和带来的危害。少数判决也在尝

〔1〕 参见常廷彬:《民事判决既判力主观范围研究》,中国人民公安大学出版社2010年版,第9～11页。

试探索刑事判决预决力的界限，并试图在现有规则的框架内，对刑事判决在民事案件中的预决力作出更合理的解释与界定。从笔者收集的判决来看，实务中对刑事判决在民事诉讼中的预决力问题的反思主要有以下三个方面的视角：

（一）对民事审判权与刑事审判权边界的探索

案例1：在陈某与刘某明等被告的商品房预约合同纠纷一案中，原告依据刑事判决书主张刘某明应当与其他被告承担对原告的连带赔偿责任。审理该案的二审法院认为："刑事判决认定的事实分为两种，一种是主要事实，包括犯罪构成要件事实、量刑法定情节事实、构成立功等特殊形态的事实；另一种是次要事实，包括事件经过过程性事实、非犯罪构成要件事实、量刑酌定情节事实等。该类事实不影响定罪，对量刑影响也不大，所以往往难于作为争议的焦点，得不到充分辩论。故后诉民事案件，对前诉刑事案件认定的次要事实，都只有较弱的预决力，允许后案作出不同于前案的认定。（2010）梅刑初字第157号刑事判决系对刘某明行贿一案作出的判决，如前所述，该案中对涉案的'琴亭花园'项目来龙去脉的认定就属于次要事实的认定。对于与本案中证据所证实的内容及其他当事人的陈述能相互印证的部分及有确切证据证实的事实部分，原审法院予以认定。"[1]

显然，审理该案的法院已经意识到刑事诉讼中"排除合理怀疑的证明标准"并非适用于全部事实的证明，对于刑事判决中不同的事实在民事诉讼中的预决力应当有所区别。

（二）刑事判决的事实认定结论的效力范围

案例2：徐某斌系天津津华羊毛衫厂厂长。2004年，羊毛衫厂需要贷款。后经褚某军介绍，同年2月16日由羊毛衫厂提供担保，褚某军使用他人身份证，以小额贷款的形式自银行贷款150万元（诉争贷款），褚某军

---

〔1〕 参见http：//wenshu.court.gov.cn/list/list/？ sorttype=1 & conditions=searchWord+2013（榕民终字第2536号+AH++案号：2013）榕民终字第2536号 & conditions=searchWord+二审+++审判程序：二审，最后访问日期：2016年6月23日。

取得150万元贷款后用于个人经营活动。2005年2月28日贷款到期后，褚某军无力归还诉争贷款，后羊毛衫厂代褚某军向银行归还了全部贷款。在此后，公诉机关认为徐某斌利用职务上的便利，挪用单位资金替个人归还银行贷款，故指控徐某斌犯挪用资金罪并提起公诉。该案经两审，法院在终审刑事判决书中认定"褚某军于2005年4月至2008年3月多次陆续将150万元归还给羊毛衫厂"，因此判决徐某斌无罪。刑事判决生效后，徐某斌诉至法院称自己替褚某军向羊毛衫厂偿还了担保款，因此主张褚某军返还此款项。对于该民事案件，被告褚某军以自己向羊毛衫厂偿还担保款的事实已经经过刑事判决书认定为由，要求法院在民事案件中不得作出相反的认定。[1]审理该案的终审法院认为，"刑事判决书中虽认定了被上诉人褚某军已陆续将150万元归还给羊毛衫厂这一事实，但该认定系针对羊毛衫厂与褚某军间的债权债务关系而作出的，对于是否由他人代褚某军向羊毛衫厂进行偿还未予以涉及"。基于刑事审判权与民事审判权分权与独立的基本原则，因此，在综合当事人提交的其他证据后，认定徐某斌所主张的事实成立。

从该案的判决中不难看出，审理该案的法院已经意识到并非所有刑事判决中记载的事实都应该对民事诉讼发生预决效力，只有经过刑事判决书确定的事实，才能对后诉发生拘束力，而某一事实是否已经经过刑事判决书认定，不是仅通过对刑事判决书的形式审查就能够确定的，还需要对刑事判决书的内容进行实质的审查，以确定其含义，以及已经认定的事实的范围。

（三）基于民事法律专业性的考虑，对刑事判决认定的事实进行重新评价

案例3：某市基层人民法院受理了一起因竞速造成交通事故而涉讼的机动车交通事故责任纠纷案件。该案中肇事者蒋某与孙某相约飙车竞速，后发生碰撞导致两车受损及乘坐在蒋某车中的王某死亡，肇事者

〔1〕 参见http://wenshu.court.gov.cn/content/content? DocID=fd8bd478-0903-498f-bf9d-413e9404b7b7 & KeyWord=褚某军，最后访问日期：2016年6月19日。

因交通肇事罪已被判刑，但就民事赔偿中是否应该认定保险公司承担赔偿责任存在分歧。一种观点认为，被保险机动车发生道路交通事故造成受害人人身财产损害时，保险公司应依法在交强险和商业险范围内予以赔偿。鉴于交强险和商业险的免责条款一般针对故意犯罪行为，而本案中肇事者已由生效法律文书确定构成交通肇事罪这一过失型犯罪，故保险公司应对受害人承担赔偿责任。另一种观点认为，本案中虽然蒋某、孙某对王某的死亡结果并非故意，但其飙车竞速行为具有危害公共安全的放任型故意，故该二人的行为不仅构成交通肇事罪，同时也满足了危险驾驶罪的构成要件，系交通肇事罪和危险驾驶罪的竞合（审理刑事案件的法官考虑到危险驾驶罪量刑较轻，从一重罪适用交通肇事罪处理，在刑事判决书中并没有认定危险驾驶罪）。如果该事故未造成死亡后果，则应以危险驾驶罪定罪。而危险驾驶罪作为故意犯罪，保险公司根据免责条款无须在保险范围内赔偿原告损失。因此，仅根据刑事诉讼中的罪名判断保险公司是否应当赔偿的做法是不妥的，受理民事案件的法院有权就蒋某、孙某的飙车行为是否存在故意作出独立的判断，不受刑事判决的影响。审理该案的二审法院认为，保险合同属射幸性质的合同，所承保风险为不可预料之风险，故财产保险合同对于被保险人之故意行为所致损失不予承保。而保险法上所谓故意行为，与刑法上所谓故意行为不尽相同，因其射幸性质，认定保险法上之故意并不以该种行为的可罚性为依据，而应侧重于行为人的主观状态。故保险法上之故意除被保险人以损坏保险标的物为目的之故意行为外，还应包括被保险人故意将保险标的物置于可预见的且不必要的危险状态下，被保险人对此种危险行为所致损失的发生虽无直接故意，但其系故意实施该危险行为，且对于此种行为可能导致的损害结果具有完全认知，如同时此种行为导致损害结果发生的可能性极大，则相应损失实质系由被保险人的自觉行为所导致，被保险人的此种不当行为亦应构成保险制度中的故意行为，保险人得以此主张免赔。

从本案的审理和裁判中可以看出，审判机关已经意识到了区分事实与法律的必要性。事实与法律的区分在诉讼法领域具有重要的意义。对事实的证明和对事实的法律评价是诉讼程序的不同环节。事实的证明是由证据制度主导的，以追求精确性为主要目标。法律的运用则是对已经查明的事实进行法律评价。在刑民交叉案件中，被评价的基础事实可能是一致的，但是由于刑事法律与民事法律在立法目的、概念、规则等方面的差异，可能对同一事实的法律评价结论并不相同。因此，在承认民事审判权与刑事审判权分离并具有独立性的前提下，应当允许民事审判机关对基础性事实作出独立的法律评价。

（四）基于刑事审判与民事审判关注重点的不同，不受刑事判决事实认定结论的拘束

案例4：在一起故意伤害罪案件中，受害人叶某在地下赌场向王某进等人借高利贷，叶某全部输光后无法归还，王某进就纠集同伙去赌场找叶某还钱，并将叶某带到赌场对面的旧货店逼迫叶某还钱，叶某不说话，不同意写借据，也不同意打电话回家叫人还债。后王某进等人将叶某带到郊外树林里逼债，对叶某拳打脚踢，直到叶某答应第二天还钱为止。第二天早上，叶某被发现已吊死在赌场，后经法医两次鉴定，鉴定结论是叶某符合自刺腹部伤及肝脏后自缢死亡，叶某肋骨多处骨折，全身的软组织挫伤为他人所致的钝器伤，其损伤程度为轻伤。法院经审理认定王某进等人的行为构成故意伤害罪，但在随后进行的刑事附带民事之诉中，就侵权行为的损害结果出现了不同的认识：一种观点认为依照刑事罪名，王某进等人仅应对被害人的轻伤承担附带民事赔偿责任；另一种观点则认为王某进等人应对被害人的死亡承担附带民事赔偿责任。二审法院采纳了第二种意见，认为在刑事责任方面，王某进、周某强无疑应对故意伤害叶某致轻伤承担责任；在民事责任方面.不能认为王某进、周某强仅对叶某的轻伤害损失承担赔偿责任，因为王某进等人在赌场发放高利贷给叶某参与赌博，已属非法。而以务农为业的叶某一天之内欠下万元赌债，本已难以面对家人，王某进随后纠集周某强等人将叶某挟持到人迹罕至的郊外，对叶某实施语言威胁，声称如不还钱会招致不利的后果。周某强等人还暴力殴打叶某，致叶某肋骨多

处骨折，全身多处软组织挫伤。据此，可以认为在促使叶某选择自尽的诸种原因力中，王某进、周某强等人对叶某精神上的恫吓及肉体上的伤害占了最大比例，故王某进、周某强应对叶某的死亡造成的损失承担70%的赔偿责任。[1]

该案属于以刑事附带民事的方式，使刑事案件与民事案件发生关联与交叉。虽然在这种情况下，审理刑事案件的法官与审理民事案件的法官是对同一事实，分别进行刑事法律和民事法律的评价，但是刑民案件关注的重点仍不相同。刑事案件关注的是犯罪嫌疑人的刑事责任，一般而言，只有行为的社会危害性达到一定程度，才能进入刑事法律的调整领域。至于其他没有构成犯罪的行为，即使与损害的发生之间存在因果关系，也不会成为刑事审判的重点。民事审判工作则不相同，它关注所有对损害发生产生直接或间接影响的原因，并根据行为对损害发生的作用力的大小，区分责任的类型和责任的承担方式。因此，刑事审判机关对于犯罪主体的确定，并不意味着只有该主体应当对受害人的人身或财产损害承担民事责任，也不意味着没有被追究刑事责任的其他主体被免除了承担民事赔偿的责任。

三、理论归属：判决效力理论框架下的刑事判决预决力

如前所述，我国现行的规则将刑事判决的预决力作为证据法领域的一个问题，关注的重点在于事实认定的客观性，并以“刑事诉讼的证明标准高于民事诉讼”为逻辑起点，普遍地赋予刑事判决的事实认定结论以预决效力。这一司法解释的制定逻辑，在司法实践中受到传统“重刑轻民”观念的潜移默化的影响，催生了民事案件的当事人难以挑战刑事判决事实认定结论的现实困境，并在刑事判决的预决力问题上，导致了实体公正与程序公正、程序效率与当事人程序参与权保障之间的矛盾。欲从根源上解决刑事判决的事实认定结论在民事诉讼中的预决力问题，

---

〔1〕 参见吴海涛：《民刑交叉案件中的民事侵权行为归责》，载《人民司法》2011年第4期。

必须首先明确刑事判决预决力的理论归属问题。

笔者认为，刑事判决在民事诉讼中的预决力问题，应当作为判决效力理论的一个组成部分，而非证据制度的组成部分。从国外相关规则的立法方式来看，多数国家采取了这样的立法思路。以英美法系国家为例，刑事裁判在民事诉讼中预决效力是英美法判决效力制度的一个组成部分。在英美法系，涉及判决效力的问题主要由直接禁反言和间接禁反言或争点禁反言规则调整。其中直接禁反言类似于大陆法系国家的既判力理论，即在有管辖权的法院对当事人争议的诉讼标的作出最终的裁判后，同一诉讼的当事人不得再以任何理由就同一事实提起诉讼。[1]直接禁反言的效力直接针对诉讼标的或诉因，在刑事诉讼中，直接禁反言的主要作用在于形成了英美刑事司法中的“禁止双重危险原则”，即同一被告不得因同一行为接受两次刑事追诉。[2]刑事裁判在民事诉讼中的效力主要由间接禁反言规则调整，它是关于判决书中事实争点的认定对于后诉法院拘束力的基本制度。按照当代英美法系国家的诉讼理论与判例，当某一争点或法律已经实际审理并被终局性的或有效的判决所确定，且该确定对于判决而言是必要的，则该确定在接下来双方的诉讼中，就具有终局性效力，而无论是否基于同样的诉求。[3]禁反言规则使后诉民事案件的当事人不得作出与前诉刑事裁判的事实认定结论不同的事实主张，因此使刑事判决的事实认定结论在后来的民事诉讼中产生了拘束力。

以德国和法国为代表的大陆法系国家通常依赖既判力理论解决判决效力的问题。根据既判力效力范围的一般原则，法院确定判决中有关诉讼标的的判断对于当事人与法院具有拘束力。《法国民法典》第1351条规定，既决事由的权威效力，仅及于作为判决标的的事由。请求之物应

〔1〕 See Marriam—Webster's Dictionary of Law, Marriam—Webster's incorporated 1996, p.170.

〔2〕 参见林朝荣、林云澧：《既判力与二重危险之研究》，一品文化出版社2009年版，第29页。

〔3〕 See The American Law of Institute, *Restatement of the Law Second, Judgments2d* (*Volume* Ⅱ), American Law of Institute Publisher, 1982, p.249.

为同一物，诉讼请求应基于同一原因；诉讼应在相同的当事人之间进行，并且应系由同一的原告对同一的被告，以同一身份提起。[1]然而，由于刑事案件与民事案件当事人不同，同时，根据既判力效力范围的基本原则，法院判决的既判力仅及于判决书的主文，判决理由部分对事实的认定，对后诉没有拘束力，因此，刑事判决在民事诉讼中的效力问题很难直接通过原有的既判力规则解决。为了充分利用刑事诉讼的审理结论，法国诉讼法理论在既判力之外，针对刑事案件事实审理结论在民事诉讼中的效力问题，发展了一套专门的规则。根据这一规则，法国刑事法院作出的终审刑事裁判中确认的，具有刑事性质的，确定的、必要的事实，对于具有明显牵连关系的民事案件，具有既判力。[2]

目前，我国民事诉讼中的既判力规则尚处于初步构建的阶段。最高法《民诉法解释》第247条第1款规定："当事人就已经提起诉讼的事项在诉讼过程中或者裁判生效后再次起诉，同时符合下列条件的，构成重复起诉：(一)后诉与前诉的当事人相同；(二)后诉与前诉的诉讼标的相同；(三)后诉与前诉的诉讼请求相同，或者后诉的诉讼请求实质上否定前诉裁判结果。"对于重复诉讼条件的规定涉及既判力的消极效力问题，具有相当重要的理论与现实意义。同时，从上述规定可以看出，我国民事诉讼法基本是按照大陆法系国家的思路构建我国的判决效力规则框架的。在这一框架下，判决的效力规则由两部分的内容构成。其一是既判力规则，按照大陆法系国家民诉法理论的通常认识，既判力是指确定判决对诉讼标的之判断对法院和当事人产生的约束力。判决中对诉讼标的之判断部分，实际上是对诉讼标的中实体内容(原告获得的实体法上的具体法律地位或具体法律效果)所作出的判断，既判力只及于判决的主文。[3]其二是判决理由部分的效力。在大陆法系国家传统的理论认识中，判决理由是没有拘束力的。然而，越来越多的学者开始探讨赋予

〔1〕 参见《法国民法典》，罗结珍译，中国法制出版社1999年版，第324页。

〔2〕 参见［法］斯特法尼：《法国刑事诉讼法精义》(第2卷)，罗结珍译，中国法制出版社1999年版，第885～890页。

〔3〕 参见骆永家：《既判力之研究》，三民书局1999年版，第101页。

法院判决理由一定程度的拘束力。其中对我国影响较大的是日本学者的"争点效"理论。该理论实际是对英美法系国家的"间接禁反言"原则的全面继承,认为在具备下列四个条件的情况下,记载于判决理由部分的"争点",具有"遮断效":(1)该争点是针对作为判断请求妥当与否的主要争点;(2)当事人在前诉中就该争点穷尽了主张与举证;(3)法院对于该争点业已作出实质性的判断;(4)前诉与后诉的系争利益几乎是等同的(或者前诉的系争利益大于后诉的系争利益)。〔1〕"争点效"理论提出后虽然在日本最高法院一直没有得到承认,但是却在日本学界引起了空前的反响,日本某些地区法院和高级法院甚至出现过支持"争点效"理论的判决。〔2〕在我国亦有学者提出以英美法系国家的思路赋予我国的判决理由以一定程度的拘束力。〔3〕诚然,英美法的争点效力制度具有充分利用前诉审理成果、节约司法资源、保障当事人程序参与权等方面的优势,〔4〕然而,由于最高法《民诉法解释》在既判力问题上已经明确采纳了大陆法系国家的立法思路,如何将英美法的争点效力规则与大陆法系的既判力规则相结合,并将这一理论运用于刑事判决的预决力问题上,很可能成为一个短期内很难解决的理论与实务问题。

因此,笔者认为,基于我国目前立法与司法解释的发展动向以及民事诉讼法学界对于判决效力问题的研究现状,比较现实可行的方法是在大陆法系判决效力理论的框架下,构建我国刑事判决的预决力规则。这种思路能够使关于刑事判决的预决力的规定获得更多的理论支撑和更大的发展空间,也更易于与现行的立法和司法解释的内容相融合。

---

〔1〕 参见[日]新堂幸司:《新民事诉讼法》,林剑锋译,法律出版社2008年版,第499~501页。

〔2〕 See Colin Tapper, *Cross & Tapper on Evidence*, Oxford University Press, 2010, pp.454, 455.

〔3〕 参见郭翔:《民事争点效力理论研究》,北京师范大学出版社2010年版,第237页。

〔4〕 参见纪格非:《"争点"法律效力的西方样本与中国路径》,载《中国法学》2013年第3期。

四、基本思路

(一)判决主文与判决理由效力的区分

1.刑事判决主文的绝对效力

刑事判决的主文是对被告人是否犯有某种罪行以及应当承担何种刑事责任的认定,是法院对刑事案件进行审理后得出的结论性判定,也是刑事判决书中最重要的部分。因此,对于判决书的主文所认定的定罪与量刑的事实,应当受到所有人的尊重,赋予其对世效力。从比较法的角度来看,这种对于刑事判决的定罪事实或其他重要事实赋予较高程度的拘束力也是多数国家通常的做法。在英美法系国家,虽然有独立的、较为细致的规则处理刑事裁判的事实认定在民事诉讼中的效力,然而总体而言,禁反言规则的适用必须符合明确的条件。对于那些不符合条件的案件,如何最大限度地利用刑事案件的事实认定结论,成为立法与理论界普遍关注的问题。在美国,即使按照非交互性原则,也只有在刑事案件与民事案件至少有一名当事人一致时,有罪判决才可能对案外人发生拘束力。如果刑事案件与民事案件的双方当事人均不相同,则刑事裁判的事实认定对民事案件不具有任何拘束力。为了更有效地利用刑事裁判,1938年《美国联邦证据规则》以例外的形式赋予法官将刑事重罪之终局性定罪判决中的事实认定结果作为证据而采纳的权力。[1]根据美国立法,刑事有罪判决被作为证据采纳必须具备以下条件:(1)该判决是在审判后或者有罪答辩(不包括不抗争之答辩)后作出的;(2)该判决判处的是可以判处死刑或者1年以上监禁刑的罪行;(3)该证据采纳用以证明对于该判决至关重要的事实;(4)当公诉人在刑事案件中为弹劾之外的目的而提出时,该判决是反对被告的。[2]

在英国,由于严格地贯彻交互性原则,所以刑事案件的事实认定结论在民事诉讼中发挥作用的空间极为有限,因此英国《1968年民事证据

---

〔1〕 参见王进喜:《美国〈联邦证据规则〉(2011年重塑版)条解》,中国法制出版社2011年版,第266页。

〔2〕 同上。

规则》第11条规定，在任何民事程序中，如果某人曾被英国法院认定犯有某项罪行，那么此项认定可以作为证据证明该人实施了该犯罪行为。只要这是相关的，无论该有罪判决是建立在辩诉交易的基础上，也无论他是否为民事案件的一方当事人，除非有相反的证据推翻该指控。[1]根据这一立法规定，所有的刑事有罪判决都具有“证据效力”。不仅如此，为了增强刑事裁判的事实认定结论在民事诉讼中的稳定性，英国《1968年民事证据规则》第13条规定，在因诽谤而提起的民事诉讼中，原告被认定实施了诽谤行为的刑事判决是原告实施了该行为的决定性证据（conclusive evidence），具有可采性。该规定与前述第11条规定的不同在于，没有为当事人提供反驳刑事判决事实认定结论的机会，从而使诽谤案的刑事有罪判决在民事诉讼中得到了绝对的尊重。然而，值得注意的是，英国《1968年民事证据规则》第11条与第13条仅赋予了刑事判决中认定的罪名以证据效力，并没有赋予刑事有罪判决依据的基础性事实以同等的效力。比如，甲在刑事判决中被认定犯有故意杀人罪，则在此后的民事诉讼中，除非有相反的证据，法院应作出同样的认定。但是对于刑事判决中，法院认定杀人罪依据的基础性事实，除非满足争点禁反言规则的要件，否则不会在后续的民事诉讼中产生拘束力，甚至不得作为证据使用。

对于判决主文中认定的事实的效力，还有必要将这些事实区分为确定性事实和非确定性事实。在民事诉讼中，具有既判力的刑事裁判中认定的事实必须是经我国法院制作的生效的刑事判决书中认定的，具有确定性的、必要的事实。外国法院制作的生效刑事裁判对我国的民事审判机关没有当然的拘束力。在生效的刑事裁判中，只有“确定性”的判决才具有预决力。最常见的确定性判决是有罪判决，各国的立法普遍规定此类判决具有预决力。对于无罪判决的预决力，则应当区别情况具体对待。根据《刑事诉讼法》第195条第3项，因证据不足不能认定犯罪的刑事无罪判决，因没有对是否存在犯罪事实作出“确定性”的认定，因此不

〔1〕 See Mcgourlay, Evidence Statutes 2013-2014, Routledge 2014, p.6.

能在其后的民事诉讼中用于证明被告没有实施侵害行为。但是如果根据《刑事诉讼法》第195条第2项，依据法律认定被告人无罪的无罪判决，在判决书认定的事实范围内，具有拘束力。比如依据《刑事诉讼法》第15条，因情节显著轻微、危害不大，不认为是犯罪的无罪判决，刑事审判机关在判决书中认定的事实，对于民事案件具有拘束力。

2.刑事判决理由的效力。关于刑事判决的判决理由部分在民事诉讼中的效力，是一个颇为复杂的问题。判决理由部分的主要内容涉及证据是否采纳的理由以及案件事实的认定。如果将刑事判决的预决力局限于判决的主文部分，则刑事司法机关在审理刑事案件过程中投入的司法资源必将无法得到充分、有效的利用。但是，如果不对判决理由部分所涉及的事实进行细致的区分，一概地赋予免证的效力，又可能导致前文提及的由于判决效力的过度扩张而产生的一系列问题。对此，我们认为，在判决理由中，作为定罪基础的事实，对于参与刑事诉讼程序的当事人具有绝对的法律效力，刑事诉讼程序的当事人不得在后诉的程序中主张相反的事实。所谓基础性事实是指对于审理刑事案件的法官判断是否构成犯罪以及所涉罪名具有决定性影响的事实。此类事实一般指犯罪构成的要件事实。基础性事实作为定罪依据，其证明标准较高，因此证明结果的可靠性比较有保障，而且，定罪事实直接关系到被告人是否有罪以及涉及的罪名，其稳定性必须有所保障。如果不允许当事人质疑刑事判决书认定的被告人犯有某种罪行的事实，却允许其质疑作为罪名确定的基础性事实，在逻辑上也无法自圆其说。最后，由于基础性事实的认定对于定罪与量刑具有直接的作用，因此，对于该事实的证明，控辩双方均会投入较多的精力，赋予此类事实以免证的效力有利于提高司法资源的利用效率。

对于刑事判决理由中认定的非基础性事实，由于此类事实的认定标准无法达到“排除合理怀疑”的程度，因此此类事实不应当被赋予免证的法律效力。同时，由于此类事实在重要程度上远远逊色于基础性事实，因此控辩双方对于此类事实的证明往往不会倾尽全力。如果不允许当事人在后诉中进行争执，则有可能构成对后诉当事人的裁判突袭。前述案例1中，审理案件的法官已经有意识地对刑事判决中的基础事实与非基础事实的效力作出了区分。这种区分的意义十分重大，不仅可以以此为标准划分刑事审判权与民事审判权的界限，将刑事判决的预决力限定于合理的范围内，还有助于指引法官和当事人，将事实调查的重点置于非基础性事实部分。由于不具有免证的效力，所以民事案件中对此类事实的证明责任并不会因为该事实经过刑事判决书认定而发生转移。当事人仍应对该事实的存在承担证明责任。当然，也允许民事诉讼中的当事人将刑事判决书中对于该事实的认定，作为一种"有说服力"的证据使用，用于证明其主张。

（二）诚实信用原则助力下的刑事判决预决力的主体范围

刑事判决预决力的主体范围主要探讨的问题是刑事判决对哪些主体产生预决效力。如前所述，笔者认为刑事判决的主文对于罪名和刑罚的确定具有对世效力，任何人均不能作出矛盾的主张。对于判决理由部分涉及基础事实的内容，按照程序公正的一般理论，判决应当对参与程序的当事人发生拘束力。因此，参与程序的当事人不得在事后提出与前诉事实认定结论矛盾的主张。在英美法国家，传统上只有前后两诉当事人相同时，前诉的事实认定结论才能在后诉中发生拘束力。该原则被称为交互性原则（Mutuality）。交互性原则在解决民事判决的效力方面问题不大，但是对于刑民交叉的案件而言，刑事诉讼与民事诉讼的当事人很难完全相同。大多数民事案件并非发生于国家与被告之间，这就意味着在刑事判决的预决力问题上坚持交互性原则将使刑事判决的效力范围受到极大的限制。面对这样的问题，美国法以非交互性原则取代了交互性原则，即允许未参与刑事诉讼的当事人质疑刑事判决的事实认定结论，对于曾经参加刑事诉讼程序的当事人，则不允许其提出与前诉事实认定结论不同的主张。[1]按照法国的特殊既判力规则，法国刑事法院作出的终审刑事裁判中确认的，具有刑事性质的，确定的、必要的事实，对于具有明显牵连关系的民事案件，对所有的人具有终局性的效力。根

〔1〕 参见纪格非：《论刑事判决在民事诉讼中的预决力》，载《当代法学》2015年第4期。

据这种理解，刑事裁判效力的主观范围不仅及于参加诉讼的当事人，而且及于没有参加诉讼的案外人。这与民事既判力理论存在明显的差异，在民事诉讼中，法院裁判原则上仅对参与诉讼程序的当事人具有既判力。[1]

从我国最高法《民诉法解释》第247条的规定来看，我国在既判力的主体范围方面，基本采纳了与大陆法系国家相同的思路，即既判力仅及于参加过诉讼程序的当事人。按照这一思路，似乎也应当将刑事判决的事实认定效力局限于当事人之间，这样的规定虽然最大限度地维护了当事人的基本程序性参与权，体现了程序正义。但是，却使刑事诉讼的审理结果无法得到充分、有效的利用。因为在绝大多数情况下，刑事诉讼与民事诉讼的当事人是不同的。那么，如何在程序公正与诉讼效率之间取得一个平衡呢？法国的做法为我们提供了一种思路，然而，此方案却未必是最佳的。因为我国尚处于判决效力规则构建的初期，扩张性地解释刑事判决在民事诉讼中的效力可能会导致规则的倒退，在实务中可能会强化司法机关原有的判案习惯，不利于新的规则的形成。因此，宜从其他角度使刑事判决事实认定结论的主体范围得以适度扩张。

对此，笔者认为，民事诉讼中的诚实信用原则为刑事判决预决力主体范围的扩张提供了可能。该原则要求人民法院、当事人及其他诉讼参与人在民事诉讼中必须公正、诚实、善意。自2012年《民事诉讼法》确立了该原则后，理论与实务部门对于诚实信用原则在诉讼中的具体化倾注了极高的热情，地方性规范也在酝酿与起草过程中。即便在域外，将诚实信用原则运用于判决效力的领域，从而使判决的效力得以扩张也是常见的做法。以英国为例，英国长期以来一直坚持判决效力的交互性原则，使判决的效力仅及于经过前诉审理过的事实。但是自1843年Henderson案后，英国逐步将既判力扩张于当事人在前诉中应当提交而没有提交的争点。[2]日本在既判力理论上继受了大陆法国家的思路，判

〔1〕 参见［法］斯特法尼：《法国刑事诉讼法精义》（第2卷），罗结珍译，中国法制出版社1999年版，第886页。

〔2〕 See Ken Handley, *A closer look at Henderson v. Henderson*, [2002] 118LQR397.

决效力仅及于判决书的主文而非判决理由。但是近年来亦有学者提出对判决理由部分基于诚实信用原则的考量，不允许前诉中的当事人在后诉中予以争执。[1]我国也可以借鉴日本的上述思路，规定在刑事诉讼中参与过程序的主体，包括人民检察院、被告人、自诉人及被害人应当受到刑事判决事实认定结论的拘束，不得在后诉中提出与前诉判决事实认定结论矛盾的主张，否则人民法院或民事诉讼程序中的其他当事人可以以违反诚实信用原则为由，对当事人矛盾的事实主张提出异议。诚实信用原则的助力使刑事判决的事实认定结论在民事诉讼中发生了对于刑事案件当事人的单边拘束力，没有参与刑事诉讼程序的民事诉讼当事人则无须受到先前判决的拘束。这样的制度安排既体现了程序公正的理念，维护了当事人的程序性参与权，又有效地利用了刑事案件的审理成果，节约了司法资源。

（三）民事审判之独立性与专业性的维护

民事法律相比于刑事法律，二者关注的重点与价值追求有明显的差别，民法趋向于个人权利的保护，以平等、自由为首要价值，刑法则侧重于社会利益的保护，侧重于公正和秩序。故二者之间无论是在立法理念还是在具体规则上，都存在较大差异。在这一背景下，维护民事审判权的独立性与专业性尤为必要。对此，笔者认为，维护民事审判权的独立性，充分尊重民事法律规范的专业性，应当成为我们设计刑事判决预决力规则时应当充分考量的问题。一般而言，在以下几种情况下，应当允许审理民事案件的法官对于刑事判决中认定的事实作出重新的评估与认定。

首先，刑事立法与民事立法对于某些事实评价的标准及法律术语的含义不同。民事立法与刑事立法方面的差异，导致了对同一事实的法律评价与解释方法的不同，从而造成评价的结果不同。在这种情况下，应当充分尊重民事法律的独立性以及民事审判机关的独立性。比如前述案例3即属于这种情况。此时即使涉及定罪的基础性事实，也应当允许

〔1〕 参见骆永家：《既判力之研究》，三民书局1999年版，第116页。

审理民事案件的法官重新对事实进行民事法律的评价。

其次，应当允许审理民事案件的法官重新评估被害人的过错，并在此基础上确定侵权人的责任大小与范围。在刑事诉讼中，根据法律有关规定，如果刑事被害人对犯罪的发生存在过错，那么，在判决中可以对犯罪分子的量刑予以相应的从轻处罚。但是，被害人过错并不是减轻被告人刑事责任的法定理由，而仅仅是一种量刑的酌定情节。在刑事诉讼中，对被害人过错的关注视角主要在于被害人行为本身的不正当性、被害人行为与犯罪行为的关联性及犯罪行为的针对性。同时，由于在刑事诉讼中，被害人过错只是量刑的酌定情节，所以法庭对于查明被害人是否存在过错并不重视，认定被害人过错的证明标准也难以达到排除合理怀疑的标准。相反，在民事侵权之诉中，受害人过错本身就是减轻甚至免除侵权人民事责任的法定理由，侵权人往往会围绕被害人对侵权结果的发生存在过错进行举证，因此被害人过错是民事诉讼中必须查明的核心事实，对于最终的判决结果至关重要。不仅如此，审理民事案件的法官还需要对被害人的过错与损害的发生、损害范围之间的因果关系作出比较精确的评估，从而确定加害人的责任程度与责任范围。因此，对于刑事判决中的受害人过错，应当允许审理民事案件的法官在民事诉讼中重新予以认定。

最后，在特定情况下，应当允许审理民事案件的法官对侵权行为的损害结果与因果关系重新作出认定。刑法与民法对于因果关系的关注重点与界定方法存在许多差异。一方面，刑法上的因果关系是指一定的人的社会危害行为同危害结果之间的因果关系，关注的重点是确认主体的特定行为是否是造成犯罪结果的原因；而民法上的因果关系关注的重点则在于确认某一特定的损害后果是由谁的行为造成的，以便确定应由谁来承担责任。因此，刑法上研究因果关系首先是以一定人的危害行为为基点截出客观现象之间的一定因果链条；而民法上的因果关系则首先从一定的损害后果为基点截取因果链条，向前去追寻引起这一损害后果的特定原因。另一方面，在刑法上作为原因的行为，只是犯罪主体一个人的行为，而在民法上却往往是双方的行为。换句话说，即刑法上在多因一果的场合下考虑的只是犯罪者一方作为原因的行为的作用，而民法上则要考虑各个行为在诸多原因中的作用。[1]前述案例4就非常清楚地体现了因果关系的认定在民事诉讼与刑事诉讼中的差异。此外，受刑事诉讼与民事诉讼证明标准差异的影响，某些案件中的损害结果和因果关系也存在重新认定的必要。刑事诉讼采用排除合理怀疑的证明标准，而民事诉讼采用优势证据的证明标准，故在刑事诉讼中不能认定某损害结果与犯罪行为具有因果关系的，不代表在民事诉讼中依据较低证明标准不能作出有因果关系的认定。且刑事诉讼中贯彻无罪推定原则，严禁通过因果关系推定的方式使被告人承担刑事责任；而侵权法上可以适用因果关系推定，在此情况下，被告要对不存在因果关系负举证责任，如举证不能就要承担侵权责任。[2]因此，刑事判决与民事判决中对因果关系和损害结果的认定有可能出现不一致的情况。

（四）刑事判决预决力时间范围的确定

既判力的时间范围，是指已确定判决的既判力作用的时间界限，也称既判力的标准时。在我国现行民事诉讼法中没有关于既判力标准时的规定，民事诉讼法理论一般认为既判力的标准时为“事实审辩论终结之时”。[3]在我国目前两审终审的审级制度下，刑事诉讼的二审程序事实上发挥着事实审的功能，最高法《解释》第319条规定，第二审期间，人民检察院或者被告人及其辩护人提交新证据的，人民法院应当及时通知对方查阅、摘抄或者复制。根据该规定，控方如果在二审程序中提交新证据，辩方将获得查阅、摘抄、复制的权利。控辩双方有权就新证据的采纳和使用进行辩论。鉴于此，笔者认为，刑事判决预决力的时间范围的界限应界定为刑事判决二审辩论终结之时。发生在刑事诉讼二审言词辩论终结之前的事实因有机会在刑事诉讼程序中进行充分的举证、质证，辩论内容也将对刑事判决的形成产生直接、重要的影响，因此发生在辩论终结之前的事实在后诉中不能再行争议，具有拘束力；而发生在

---

〔1〕 参见张绍谦：《刑法因果关系研究》，中国检察出版社2004年版，第146～150页。
〔2〕 参见刘信平：《侵权法因果关系理论之研究》，法律出版社2008年版，第27页。
〔3〕 参见张卫平：《民事诉讼：关键词展开》，中国人民大学出版社2005年版，第328页。

事实审辩论终结之后的新事由，因未经过控辩双方的主张和辩论，在刑事判决中也未加以考虑，对于这类新事由，应当允许民事诉讼的当事人在后诉中进行主张和争议。

此外，笔者认为在刑民交叉的案件中，审理民事案件的法官应当被赋予更广泛的调查取证权。特别是在一些民事案件的审理过程中，民事诉讼的当事人提出证据质疑刑事判决的事实认定结论时，法官应当对当事人提交的证据和事实主张作实质性的审查。刑民交叉案件刑事判决在民事诉讼中的预决力关系到司法的统一性和司法机关的权威，因此，可以视为最高法《民诉法解释》第96条规定的因涉及国家利益，法院应当依职权调查取证的案件。为了方便审理民事案件的法院充分了解刑事案件中的证据，还应当通过立法或司法解释的方式，允许法官查阅刑事案件的案卷，对相关的涉案证据进行调查与核实。

总之，笔者认为我们应当在判决效力的理论框架下，对我国刑事判决在民事诉讼中的效力问题作出重新的思考与设计。新的预决力规则应当对刑事判决的事实认定结论作出更细致的区分，对案外人的程序性参与权给予更充分的保障，更好地协调维护司法的统一与权威、提高司法资源的利用效率与程序公正之间的关系。

第八章　刑民执行体制改革

“执行难”和“执行乱”是我国两个突出的法律问题和社会问题，理论界和实务界对如何有效解决这两个问题争论已久。特别是在十八届四中全会《决定》中提出“推动实行审判权和执行权相分离的体制改革试点”之后，关于如何正确理解《决定》中提出的“审执分离”、如何合理界定审判权和执行权的关系、如何更好地配置执行权以及如何科学地设置执行机构等问题的探讨层出不穷，理论观点纷繁复杂。本章将选择对刑事诉讼中的社区矫正制度、刑事执行体制、民事诉讼中如何科学的设置执行机构以及司法拍卖等问题进行论述。

第一节　社区矫正制度

我国社区矫正制度在经历了十多年试点之后，终于在2012年《刑事诉讼法》和《刑法修正案（八）》中取得刑事基本法中的法律地位。同年，最高人民法院、最高人民检察院、公安部和司法部联合发布了《社区矫正实施办法》，对社区矫正制度进行全面的法律规划。这些都标志着我国的社区矫正步入制度化和规范化的轨道。我国社区矫正是刑罚执行制度发展和创新的结果，其法律地位在国家基本法律层面得到确立，适应了对刑罚执行方式的人性化和轻缓化的新要求。该制度由于本身涉及的矫正主体、矫正对象和矫正方式具有复杂性，其在我国的实践仍然面临很多棘手的问题，因此需要从国内外的相关理论和实践相结合的角度进行深层次的探讨。

一、社区矫正制度的理论基础

罪犯应当被监禁、被隔离属于人类自己发明的对于同类中的叛逆者的传统的惩罚方式，这种方式自人类有国家和社会以来就没有被打破。这种监禁的惩罚方式解决了对危害社会的犯罪人的隔离，防止其再次伤害社会的问题；解决了对犯罪人的惩罚，限制其自由活动的空间的问题。地球本身就是人类的限制性的自由生存的空间，但是个体生存在其中并没有感受到被监禁。监狱由于本身的狭仄和管理上的严酷，使置身其中的罪犯在限制身体活动之外受到精神上的隔离与放逐。因此，监狱最初的目的就是惩罚犯罪，在冷酷无情中促使犯罪人自我痛苦并受到身心的双重惩罚。当然，监狱本身的冷酷传导到犯罪人的精神层面，可能并非使其反省犯罪的后果，而有可能使其变得更加冷血。美国学者斯克斯（Sykes）指出，监禁刑会给人带来五大痛苦：自由之剥夺、物质与享受剥夺、异性关系剥夺、自主性丧失、安全感丧失。[1]这些痛苦的叠加和强化极容易导致犯罪或监狱人格。随着人类的启蒙和觉醒，人们对监狱制度的改革和改造的呼声一直持续不断。例如，意大利的贝卡利亚就反对监禁的酷刑，强调替代性刑罚的重要性；法国著名思想家托克维尔赴美国考察的重要目的就是考察美国的监狱制度并试图对法国的监狱制度进行改造。人们认识到了监狱在监管和改造罪犯方面的问题，但是一开始并没有跳出监狱的局限，仍然拘泥于监狱内部的改革。直到19世纪中期美国的鞋匠奥古斯塔的社区缓刑实验，在当地试行最初的社区矫正方式，人们才逐步把目光投向这种没有围墙的社区矫正。社区矫正制度在西方的发展已经有上百年的历史，虽然毁誉参半，但是既定的发展趋势并未改变。社区矫正能够不断推陈出新，就在于随着社区矫正的实践，

〔1〕 参见冯卫国：《行刑社会化研究》，北京大学出版社2003年版，第88页。

理论层面的积淀逐步厚重，支撑了社区矫正制度不断前行。概括起来，社区矫正的代表性的理论主要包括：

(一)犯罪复归理论

犯罪学中的复归(rehabilitation)理论是现代犯罪控制理论的重要分支，与古典犯罪学将犯罪人看作天生且不可治愈的病人的犯罪人理论或报应主义理论持完全相反的路径。社会复归理论认为人的行为是可以矫正的，犯罪的人只要受到正确行为的引导是可以转变其危害社会的想法和行为取向的。在犯罪学和犯罪控制的研究中，这两种理论都可在犯罪的经验中找到强有力的根据，即都可以通过经验观察发现大量支持其理论的案例，但是同时也可以发现并不是所有的案例都支持其观点，因此这两种理论都有其缺陷。在20世纪中期，犯罪的复归理论在犯罪控制方面曾经在美国占据主导地位，支配刑事政策的轻缓化。但是美国有关重新犯罪率的一项研究揭示出复归理论的重新犯罪控制效果并不显著，而通过长期关押使罪犯彻底丧失犯罪能力的控制方式对社会安全更为有效。虽然美国的犯罪监禁率在世界上是最高的，但是复归理论的影响并没有消除，社区矫正制度在美国仍然承担主要的轻微犯罪的惩罚。

虽然犯罪复归在通常情况下被视为对刑事犯罪人的一种刑罚，但其目的是矫正而非惩罚。尽管一些刑罚理论主张犯罪人理应为其犯罪行为付出代价，刑事复归理念则更多的视犯罪行为如疾病，认为应当用能够将犯罪人治愈的科学系统的方法对其进行治疗。许多犯罪人都面临不少问题，如患有精神和身体上的疾病、吸毒成瘾、获得经济上的成功的机会有限等，这些问题增加了他们从事犯罪活动的可能性。如果我们仅仅将犯罪人监禁，尽管他“向社会偿还了所欠债务”，但其在那些依旧存在的、迫使其走上犯罪道路的困难的驱使下将很可能再次犯罪。犯罪人还需要与其他的困难做斗争：犯罪记录会对其就业机会产生影响；犯罪人的年龄在增长但依然没有掌握任何社会技能或接受教育；社会关系在其被监禁期间可能遭到了破坏；可能对犯罪文化更加熟悉。这样，监禁犯罪人实际上使他们在被释放以后更容易再次犯罪，再犯率证明了这一点。犯罪复归的方法会试图去修复导致犯罪人犯罪的潜在诱因，这样犯罪人就可以作为一个真正的并且有生产力的公民回归社会。换句话说，犯罪复归试图去帮助犯罪人，而不是对犯罪人施加报复并使其生活更加糟糕。[1]

然而，基于犯罪控制和犯罪报应主义，世界各国的刑法毫无例外地采取以报应为基础的威慑理论下的刑罚配置。换言之，刑法中规定的各种带有剥夺人身自由的刑罚都包含对犯罪人的直接威慑效果和对潜在犯罪人的间接威慑效果。但是在刑罚配置中，犯罪的复杂性和犯罪对社会的影响程度的非均衡性，给刑罚配置带来复杂性。世界各国的成文刑法的配置的科学性都是相当有限的，这不是刑法本身的问题，而是犯罪、犯罪控制和矫正的多样性、客观性使然。正如，美国著名刑法学家罗宾逊指出的，事实证明，没有哪一种刑事责任配置原则是完美无缺的，相反，它们都有其自身的缺陷。选择其中一个原则或者建构某种结合了两个以上刑事责任配置原则的综合原则都将是非常复杂的决定。[2]社区矫正作为替代性的监禁，无论其内在的本质与监禁主义的冲突有多尖锐，但是其核心强调的对轻微犯罪和社会危害性较小以及再犯可能性较低的犯罪人，采取开放和有限度的干预的原则来解决犯罪人行为的矫正功能正被认识和深化。犯罪矫正理论对于大部分犯罪中的轻微犯罪的开放社区的刑罚制裁方式，比较充分地体现了刑罚人道主义思想。当然，在客观上，社区矫正也可以缓解犯罪监禁场所的关押压力。

犯罪复归理论在20世纪70年代末由于美国犯罪率大幅飙升和其间缓刑假释人员的再犯率上升，在司法实践中受到强烈质疑。[3]有些人质疑复归理论在本质上是不道德的，而且在实践上也是不可行的。这种观点最终反映在1984年的《美国量刑改革法案》(Sentencing Reform Act of 1984)上，并最终导致美国监禁率大幅上升，使美国成为世界上监禁

〔1〕 See Nick Smith, "Criminal justice", http://pubpages.unh.edu/～nicks/pdf/Rehabilitation.pdf.

〔2〕 参见[美]保罗·H.罗宾逊:《进行中的刑罚理论革命：犯罪控制意义上的公正追求》，王志远译，载《当代法学》2012年第2期。

〔3〕 See Martinson, Robert, What works? Questions and answers about prison reform, *The Public Interest* 35(1974), pp.22–54.

人口最多的国家。从1990年到1995年，美国联邦监狱的人口由71万人增加到100多万人，超容率达到24%，同时监狱内的犯罪案件几乎增加了1倍。[1]可见，复归理论并非什么错误的理论，纯粹的报应理论也并非能够完全解决美国犯罪控制问题的"仙丹"。在报应理论思想指导下的犯罪控制模式，导致美国监狱人口暴增，对罪犯的人权保障水平下降，这是报应主义理论无法回避的现实问题。美国政府抛弃复归理论并转向报应理论，为此付出了沉重的代价。犯罪复归理论在美国21世纪已经有新的发展，很多社区司法和矫正的创新项目的出现表明了美国政府在犯罪控制方面的调整和回归。

（二）犯罪标签理论

犯罪标签理论最初源于法国著名社会学家涂尔干（又译为图尔坎姆）最初提出的自我实现预言（self-fulfilling prophecy）和托马斯的自我定义，即当某人将自己定义为某种状态就会使人们成为真实的某种状态。美国21世纪著名的犯罪学家弗兰克·泰纳鲍姆在其代表作《社区与犯罪》中就指出，制造犯罪的过程就是标记（tagging）、定义（defining）、界定（identifying）、分离（segregating）、描述（describing）、强化（emphasizing）、唤起（evoking）那些显然为人们排斥的品质（traits）的过程。[2]犯罪标签理论在社会学领域具有相当强的解释性，对很多亚社会现象，特别是对反主流社会的怪异行为和犯罪的形成具有强有力的解释性。

标签理论强调对犯罪和越轨行为的社会反应。在最狭义的范畴中，该理论讨论罪犯被标签化后会发生什么，并且暗示刑事制裁可能加剧了犯罪的发生。因此，将罪犯送进监狱实际上可能进一步将其罪犯化，并且因为轻微违法行为而将一个年轻的罪犯在过早的年龄段就污名化，可能会导致其最终踏入一种犯罪的生涯。在最广义的范畴中，标签理论认为，犯罪学将过多的精力集中于将罪犯类型化，而忽略了可以帮助确定

〔1〕 See Richard Wortly, Situational Prison Control, *Crime Preventive in Correctional Institutions*, Cambridge University Press, 2001, p.45.

〔2〕 See Frank Tannenbaum, *crime and community*, Boston Ginn, 1938, pp.19-20.

犯罪形态的社会控制响应的层面，包括从法律和警察到媒体和公众的反应。[1]

标签理论的重要理论核心是将犯罪的原因归结为社会外部因素，即社会群体对越轨行为的定义延展和强化犯罪人的自我犯罪的认同。标签理论对于犯罪矫正方面的解释，正好循着标签理论的反向思路来进行，即犯罪的减少与控制，可以通过淡化犯罪的标签或标记来实现。在具体的司法实践中，就是对于犯罪人的矫正要尽可能减少和避免犯罪印记的强化。譬如，对于犯罪的处置，特别是轻微违反社会规范的犯罪采取非犯罪化、转处、罚金、和解、非监禁等方式来处理，避免或弱化犯罪法律上的裁决对轻微违法犯罪人的消极影响。社区矫正的方式，对于轻微犯罪的人员，不再关押到监狱中，而是留在社区进行必要的管束和教育，可以最大限度地降低犯罪给轻微违法人员带来的心理阴影。社区矫正制度基本上契合标签理论所主张的去标签化来减少犯罪的再发生，弱减社会群体因犯罪标签对犯罪人的内心的越轨群体的自我强化和自我实现。

（三）刑罚轻缓理论

刑罚轻缓或刑罚的谦抑化理论与上述两种理论相比，并不是成熟的社会学理论，严格意义上属于犯罪治理的政策范畴。这种理论的集大成者为意大利的犯罪学家贝卡利亚，其主张在刑罚中废止死刑和酷刑，尽可能减少刑罚给犯罪人造成的二次伤害和痛苦。在“二战”之后，随着国际人权的发展和人道主义的发展，重刑的思想逐渐被摒弃，刑罚的轻缓化和人道化成为现代刑罚学的主流趋势。刑罚轻缓化的对立面是重刑思想，即强调“以刑去刑”，采取非常严厉的刑罚和关押措施来对待犯罪人。重刑思想虽因代表传统的保守的刑罚观念而受到现代人权派的强烈攻击，但是从历史上看，重刑思想由于其可以作为主流统治阶层有效解决社会矛盾的高压方式，因而在不同时期和不同的社会中都会有加强和表现。美国倡导社会自由和开放，但同时又是重刑思想主导的社

---

〔1〕 See Ken Plummer, “Labeling Theory”, http://www.sjsu.edu/people/james.lee/courses/soci152/s1/ajreading10labeling.pdf.

会，是世界上对犯罪采取重刑措施最严厉的国家之一。当然，美国的重刑思想与犯罪人自然犯罪观有很大关系，更与美国的政治派别主张的刑事政策有关，在恢复性司法和社区司法的影响下，美国的重刑思想已经有所舒缓。日本属于世界上少有的贯彻刑罚轻缓思想的国家。日本法学家宫本英修教授指出，刑法并不须对于所有违法行为均以刑罚为之，亦即不要采取傲慢的态度。[1]由于日本刑事法学秉承慎刑的传统并吸收现代刑罚轻缓理论，日本不仅犯罪的监禁率很低，而且是世界上犯罪率最低的国家之一。在我国，重刑思想在主流意识形态中一直占据主导地位，普遍性地迷信监禁和死刑对犯罪的震慑效果，这不仅在立法和司法机关中根深蒂固，而且在普罗大众中也很有市场。中国建立社区矫正，贯彻刑罚轻缓化的思想，并非易事，需要持久的制度建设来修正和改变重刑观念。

目前，刑罚的轻缓化理论已经被联合国国际组织和很多国家的规范性法律文件确认。例如，联合国和相关组织制定了《囚犯待遇规则》（1955年）、《监禁替代性措施》（1980年）、《减少监狱人口、监禁替代措施和犯罪人社会整合》（1985年）和《联合国非监禁措施最低限度标准规则》（1985年）等。另外，很多国家都制定了替代性监禁的刑事处罚制度，特别是轻微犯罪的缓刑的适用面放宽，使社区矫正等替代性监禁措施得以广泛运用。例如，1972年的《英国刑事审判法》规定将社会服务令（community service order）和日培训中心（day training center）作为监禁的替代性措施。而美国则对轻微的违法犯罪根据案件情节采取转处措施（diversion），即指本应受到刑事处罚但因情节显著轻微而采取非刑罚化的处罚方式，譬如社区矫正等措施。总体上，刑罚轻缓化虽然本身并不是成熟的学术理论，但是由于其价值趋向在刑事政策中得到了体现，并且与复归理论和标签理论相互印证，共同促进了刑事司法的文明和人道化。

---

〔1〕 参见许福生：《刑事政策学》，中国民主法制出版社2006年版，第71页。

二、国外社区矫正制度的经验与模式

由于世界各国在文化上的差异，社区矫正制度在不同国家的实践经验和立法模式差别很大。划分社区矫正模式的主要根据是社区矫正本身是作为独立的刑罚方式还是刑罚的执行方式，抑或是上述的混合模式。这里选取三个具有代表性的国家分别介绍。

（一）美国模式

美国的社区矫正属于混合模式，即社区矫正既有刑种，也有刑罚的执行方式，且制度上比较松散。美国的社区矫正制度在不同的历史发展阶段的表现也有不同，社区矫正在联邦内各州的具体运作方式也有所不同，这使我们观察美国社区矫正显得比较困难。总体上，美国的社区矫正的方式主要有：（1）转处（包括强制教育、毒品戒断、看护中心、心理咨询辅导等项目）；（2）缓刑（包括附加赔偿、社区强制服务、心理和毒品治疗等处罚或措施）；（3）中间惩罚（包括罚款、赔偿、社区服务、日间报告、家中监禁、电子监控等）；（4）早期释放（包括震慑缓刑、震慑监禁、分开判决、混合判决）；（5）假释等。美国的社区矫正中，有的社区服务、家庭监禁等都属于独立的刑种。但是间歇监禁或震慑缓刑等主要属于缓刑的执行方式，有些则属于量刑和判决前的附条件观察或考察。[1]从这些方面来看，美国的社区矫正相当宽泛和自由，社区矫正既有国家的缓刑官参与，也有社区的志愿者参与，社区矫正与社会力量共同发挥作用，使该制度在美国显得比较松散。当然，社区矫正方式决定仍然是由刑事法庭来决定的，而执行的机构各州并非统一。总体来说，美国社区矫正具有多元化和开放性的特点。概括起来有以下几点值得关注：

第一，美国社区矫正主要由联邦和地方政府运作。由于政府运作社区矫正，矫正工作所需要的资金、人员以及装备等都由国家保障，因此社区矫正工作发展很快，而且规范化管理的水平比较高。

第二，社区矫正方式多样。从上面的介绍来看，美国的社区矫正形

---

〔1〕 参见刘强：《美国社区矫正的理论与实践》，中国人民公安大学出版社2003年版，第2～6页。

式多样，比较好地适应了不同矫正对象的个性化矫正的要求。比如，中途专家就适应那些长时间监禁罪犯返回社会的矫正的需要；少年军营则对那些难以管教的青少年的矫正发挥作用。

第三，社区在矫正中发挥很大的作用。美国社区制度比较发达，社区能够在一定程度上满足矫正的需要，比如社区工作服务、社区精神治疗、心理辅导等配套措施比较完善。

第四，社区矫正的去标签化。美国很多社区矫正工作机构基本上不把被矫正人员看作罪犯，而是叫作客户（Client）。这种去标签化的做法有利于尊重被矫正人员的人格，降低其被社会隔离的风险，促进其回归社会。

第五，装备很先进。美国的社区矫正装备比较先进，监控录像和GPS定位系统对暴力犯罪人的社区监控都比较完善，可以有效控制犯罪人的活动，保障社区的安全。

（二）英国模式

英国的社区矫正，是将社区矫正作为刑罚方式即刑种来对待。其立法体现在《刑事法院的量刑权限法案》中。社区矫正刑在英国属于中等强度的刑种。与传统刑种不同，社区矫正刑由单独的社区矫正令组成，包括：（1）社区恢复令。主要是社区监督官与犯罪人的定期见面制度，对犯罪人进行教育、感化，以保障犯罪人的改造和回归社会。（2）社区惩罚令。它是一种要求犯罪人在社区内提供无偿劳动的惩罚。（3）社区惩罚与恢复令，即上述的二者兼而有之。（4）宵禁令，即高度限制犯罪人的人身自由，特别是夜间外出活动限制的处罚。（5）毒品治疗令，即强制要求犯罪人接受毒品测试和治疗。此外，还有包括未成年人犯罪的社区矫正令：出席中心令、监禁令和行为规划令。〔1〕英国这些社区矫正措施，就作为刑种而言，类似于中国的管制和拘役。英国社区矫正模式的突出特点或优点就是，社区矫正的刑罚与执行方式统一，既是刑罚的种类也是刑罚的执行方式，不仅便于量刑而且便于社区矫正部门的实施。英国的社区矫正机构很发达，具有健全的刑罚执行机制和缓刑所等。当然，这种

---

〔1〕 参见刘守芬、王琪、叶慧娟：《社区矫正立法化研究》，载《吉林大学社会科学学报》2005年第2期。

方式可能导致社区矫正的国家性比较强而社区主导的功能相对比较弱的问题。

（三）日本模式

日本的社区矫正制度是在缓刑和假释制度基础之上发展起来的刑罚执行方式，即社区矫正与监狱矫正相对应，并列为两种刑罚矫正方式。因此，日本的社区矫正不同于英国的刑种模式，而是属于刑罚的执行方式。日本在社区矫正方面的立法主要有《罪犯更生保护法》《缓刑监督法》《刑满释放罪犯安置法》等。日本的社区矫正主要包括三类情况：缓刑、假释以及罪犯释放后的安置。根据相关统计，日本在监狱中服刑的罪犯很少，是世界上监禁率最低的国家。[1]日本专门制定了《自愿缓刑官法》，提倡和招募社会志愿人员参加社区矫正工作，因此日本的社区矫正中社区主导的制度比较发达。日本模式比较类似我国的模式，即将社区矫正看作刑罚的执行方式，而其设置缓刑矫正官的做法，对于我国来说具有重要的借鉴价值。

三、我国社区矫正制度的创新功能

在我国，社区矫正是与监禁刑罚执行对应的一种非监禁刑罚执行方式，是指将符合法定条件的罪犯置于社区内，由专门的国家机关在有关部门、社会组织和志愿者的协助下，在判决、裁定或决定确定的期限内，不脱离社会，矫正其犯罪心理和行为恶习的非监禁刑罚执行活动。社区矫正制度在我国可以说是全新的司法制度，其建立属于刑罚领域的重大制度创新。社区矫正制度的发展与实践，证明该项制度对于我国优化刑罚结构和贯彻宽严相济的刑事政策具有重要的现实意义。

（一）社区矫正制度的创新与发展，可更加有效贯彻宽严相济的刑事政策

宽严相济是我国目前打击犯罪的基本刑事政策，而宽严相济不仅是

〔1〕 参见周国强：《国外社区矫正制度的理论基础及其发展评估》，载《江苏大学学报》（社会科学版）2005年第3期。

刑事司法政策，也是刑事立法和刑事执行政策。[1]犯罪是复杂的社会现象，与犯罪人的家庭背景、教育经历、个人特质和社会环境都有密切关系。对于初次违法和轻微犯罪的人员，国家和社会在处罚和管理教育方面要更多体现包容的原则。美国著名的社会学家、心理学家库利指出："对于触犯法律的人，我们摧毁他的自尊——或者甚至是等于提醒他唯一保持自尊的机会是对抗法律，这样就把他们变成了死硬的犯罪分子。"[2]因此，矫治那些轻微犯罪的违法人员，特别是矫正青少年违法犯罪人员是控制犯罪滋生的重要路径。此外，社区矫正的开展和社区警务之间的配合将进一步提高犯罪控制的信息畅通度，保证公安机关在打击处置犯罪方面的效率。

（二）社区矫正制度的创新与发展，可优化国家的刑罚执行制度

在社区矫正中，刑罚执行制度中社区服务、社区监管措施的实施，对于优化惩罚和改造的层级，提高刑罚执行的效率具有积极的作用。社区矫正作为刑罚执行的基底，融教育与惩罚于一体，可以在很大程度上解决国家在惩罚轻微犯罪方面的过度反应问题，即国家对于轻微的犯罪动用司法权力来进行限制人身自由的惩罚。社区矫正制度可以为解决轻微罪的教育与改造问题提供新的空间，防止被惩罚人因惩罚的不当而产生心理变异并走向社会的对立面。社区矫正制度的实施过程，强调在矫正过程中去标签化，对于进入社区矫正的人员，不再以劳教人员或被矫正人员对待或称谓，主张应用更加人性化的教育与救治方法，实现矫正过程的"润物细无声"。由于社区矫正可以减少因犯罪"标签"所带来的负作用，从而可以使被改造人得到更加人性化的对待和教育，真正使被矫正人在内心达到促变回归的目的。

（三）建立社区矫正制度，可实现司法系统权力资源的合理配置

在社区矫正的适用范围逐步扩大之后，公安机关对处罚的最终决定权将转由治安法庭来实施，以优化司法机关之间的程序制约机制，有效

〔1〕 参见马克昌：《论宽严相济刑事政策的定位》，载《中国法学》2007年第4期。

〔2〕 参见［美］查尔斯·诺顿·库利：《人类本性与社会秩序》，包凡一、王湲译，华夏出版社1987年版，第168页。

地限制司法权的恣意和滥用。在此种背景下，公安机关在加强社会管理方面的功能和作用将更加突出。司法行政机关专门设立社区矫正局负责管理社区矫正，其在刑罚执行方面的权力也将得到加强。并且，过去劳教场所的警察可以转入社区矫正中来，社区矫正的力量将大幅增强，有利于促进社区矫正机构力量的发展。另外，从起诉和审判机关的角度来看，增设治安法庭或将人民法庭改造为社区法院，对于人民法庭的职级的调整和人民法庭的建设和改革将会有很大的促动作用。对于检察院来说，检察机构将增设治安起诉机构，并对社区矫正的实施进行必要的法律监督，以加强检察机关的法律监督权。总体上，随着社区矫正制度的创新与发展，国家司法体系的力量将整体加强。

（四）建立社区矫正制度，可完善我国治安和刑事的程序机制

英国著名法学家哈特指出："刑事立法的直接目的不可能是通常所提到的证明刑罚正当性的任何东西。因为只有确定了什么行为应受法律谴责与遏制，我们才能确定我们要遏制人们实施什么样的行为，应把什么人视为我们使之遭到报应的罪犯，对什么人加以报复或对什么人进行改造。"[1]我国刑罚制度最大的问题是轻微刑处罚弹性不足而刚性有余导致对轻微的违法和犯罪行为的惩罚与遏制乏力，比如，对交通肇事、寻衅滋事、盗窃抢夺等行为的处罚因刑罚中的管教、拘役之间的区分界限不明、缓刑适用的范围过窄，导致法院对这些类别的轻微犯罪的量刑因空间的限制而无法在判决中对犯罪人实施个性化的惩罚和教育安排。基于社区矫正制度的创新与改革构想，将来在刑罚制度中增加社区教育和社会处罚令等将增加刑罚的弹性设计，使对轻微犯罪人的教育和矫正能够落到实处。同时，社区矫正制度的建立，将有助于完备我国的刑事诉讼制度。治安法庭的设立要求相应的程序性机制的建设，对于轻微违法案件的处理程序将有别于目前比较繁琐的刑事程序，而更加便捷和富有灵活性。另外，程序性机制与实体执行机制之间脱节也是我国刑事诉讼制度的重要问题。由于治安法庭的简易程序和独特的地位，把惩罚、

〔1〕 参见［英］哈特：《惩罚与责任》，王勇、张志铭、方蕾译，华夏出版社1998年版，第8页。

教育和监督功能贯通到实际的执行阶段，因此，其可以发挥基层法院在社会管理方面的能动司法效能。

四、我国社区矫正创新与发展面临的立法问题

（一）社区矫正对象的适用范围问题

根据我国刑法和刑事诉讼法的规定，社区矫正是将符合社区矫正条件的罪犯置于社区内，由专门的社区矫正机构，在判决、裁定或决定确定的期限内，矫正其犯罪心理和行为恶习，并促进其顺利回归社会的非监禁刑罚执行活动。我国目前社区矫正的适用范围大致包括：被判处管制的、被宣告缓刑的以及被暂予监外执行的罪犯。我国社区矫正的性质是刑罚执行的非拘禁方式，是对轻微犯罪已经被法院判决的刑罚通过社区矫正的非监禁的方式来执行。从社区矫正的国际实践来看，社区矫正确实属于刑罚的性质，且社区矫正的适用对象也是比较轻微的犯罪行为。

但问题是，我国刑法对犯罪的定义采取高位阶的限定模式，即将社区矫正的范围仅限定在刑法规定的并被法院依法判决的犯罪类型。由于西方国家犯罪的定义更为宽泛，包含了很多在中国不认为是犯罪的违反社会治安的违法行为，而这些犯罪对象都被包含在西方国家的社区矫正的范围。换言之，我国社区矫正的对象很大程度上窄于西方国家社区矫正的范围，本来应当进入社区矫正的严重违反社会治安管理处罚的对象因非刑罚的性质而被排除在社区矫正的范围之外。在美国和其他国家或地区，社区矫正的非监禁对象往往是监狱中的监禁对象的数倍，而我国则恰恰相反，社区矫正中非监禁人数远远低于监禁人数。这说明，我国的社区矫正对象适用范围过于狭窄，并不符合社区矫正对象类别的广泛适用性的特点。同时，由于我国在刑罚之外还存在限制人身自由的行政处罚措施，比如针对卖淫嫖娼者的收容教养，针对未成年人违法的收容教育等，从而导致我国的非监禁刑罚与限制人身自由的行政处罚的惩罚程度之间存在失衡的问题。虽然我国在2013年年底废除劳动教养制度之后，上述刑罚与行政处罚不平衡的紧张状况有一定程度的缓解，

但问题并没有得到根本的解决。

在我国，社区矫正对象是否可以扩展到严重的治安行政处罚的范围？社区矫正的运行是否可以刑事处罚与行政处罚双轨并行？如果我国的刑法通过修法大幅度降低犯罪门槛，将所有的严重违反社会治安管理处罚的违法都纳入类似保安处分或者违警罪的刑罚的规制中来，那么就不存在社区矫正的双轨并行的可能性。但是，这种大范围的扩大犯罪圈的做法必定行不通，因为其会大量增加具有犯罪标签的人数，而给违法者心理暗示和对社会产生极大的不良影响。从长远来看，我国社区矫正对象范围的刑事与行政处罚的双轨运行是总的趋势。[1]具体来说，在废除劳动教养制度之后，还有必要通过修改《治安管理处罚法》等相关的法律规定，增加新的强制性的社区服务教育的处罚形式，将比较严重的违反社会治安处罚的行政拘留、收容教育和强制治疗的部分对象等，根据矫正对象的实际情况，纳入社区矫正范围中来，比如严重违法的未成年人、卖淫嫖娼和吸毒人员就可以考虑通过社区矫正来进行教育和处罚。当然，这里面还涉及的有关强制性的社区服务或教育的正当程序的司法化等问题还需要通过新的立法来解决，以保障社区矫正程序的全面正当性。在我国，在《治安管理处罚法》中增设社会服务令，将社区矫正的范围扩展到限制人身自由的行政处罚范围，是非常必要并具备可行性的。

第一，社会服务令是国际上对轻微刑处罚的通行做法。社区服务是培养和教育人的重要手段。社会服务令自1972年在英国立法中首创以来，发展十分迅速。[2]在美国、墨西哥、荷兰等西方国家，社会服务令是以非刑罚处罚方法替代短期监禁刑而出现的，不具有刑罚的性质和作用，而是刑罚的替代措施或必要补充，代替刑罚作为刑事责任的实现方法。

第二，在刑事司法中实施社会服务令在部分地区曾经有过试点的实践。自2001年在我国首次开始实施社会服务令的相关司法试点活动以

---

〔1〕 参见张绍彦：《社区矫正在中国——基础分析、前景与困境》，载《环球法律评论》2006年第3期。

〔2〕 参见王刚：《关于我国刑罚中借鉴社会服务的立法思考》，载《学术研究》2004年第2期。

来，不少地方法院纷纷进行了相关试点工作，积累了相关的执法经验。客观地说，这项试点活动具有积极意义，受到基层法院的欢迎和支持，也取得了比较好的社会效果。虽然这项试点活动是在法院的刑事司法范围内进行的，但是也可以通过适当的程序调整直接运用到治安管理处罚中来。

第三，实施社会服务令可以避免监禁刑对违法人的不利影响，同时可以最大限度地减少犯罪标签的消极影响。社会服务令的适用范围可以比较广泛，比如未成年人犯罪、卖淫嫖娼行为、滋扰社会的犯罪等，除了采取限制人身自由的收容教育之外，还可以对这类违法行为性质中比较轻微的人员要求提供社区服务，通过社区服务来改造和教育。这样，可以使对违法行为的处罚形式多样化，以彰显对违法人员的教育改造的个性化。

第四，对于青少年轻微违法犯罪的，在收容教养之外增加社会服务令的处罚形式，可避免和减少因收容教养后的集中关押对其可能造成的监所内的犯罪“感染”。根据美国一项针对青少年时期的犯罪的调查，超过一半以上的被调查男性承认在青少年时期犯过罪，而这些犯罪如果被起诉后都将会受到十分严厉的惩罚。〔1〕中国目前的青少年犯罪问题也十分突出。〔2〕在目前的制度设计中，对不够刑事处罚的青少年主要通过集中的收容教养的方式。这种方式的缺点非常明显，就是容易导致青少年在监所内因教育管理不当而产生“感染”，回归社会后容易重新犯罪。在影响社会治安的犯罪中，青少年的违法犯罪是社会治安中最为突出的问题。在收容教养之外，增加社会服务教育措施，并扩大其适用的范围，有助于避免因收容教育的标签的影响，在开放的社区中对青少年早期失

---

〔1〕 See Thomas Gabor, *Everybody does it: Crime by the Public*, University of Toronto Press, 1994.

〔2〕 根据中国青少年研究中心的研究报告，“十五”期间青少年犯罪增加68%，未来5年青少年犯罪总量将进一步增加。报告指出，“十五”期间青少年犯罪总体数量呈上升趋势，未成年人犯罪增长迅猛，其中全国法院判决的青少年罪犯5年间增长12.6%，未成年人犯罪数量增长情况更加突出，5年间上涨68%。由于发育年龄提前和频繁接受暴力文化影响等原因，近年来不满14周岁的未成年人危害社会的行为逐渐增多。参见《中国“十五”期间青年发展状况和“十一五”期间青年发展趋势研究报告》，载《北京晨报》2007年1月11日。

范行为进行矫正来理顺人生轨迹。

第五，增加社会教育处罚的措施，有助于社区矫正工作的多样化。增加强制性的社会服务措施，可以在刑事处罚和和行政违法之间建立“社会强制性教育”的过渡带，为轻微违法人员的矫正提供更多的选择空间。强制性社会服务教育的处罚可由公安和司法行政机关主导实施，联合法院、社会调解机构、社会心理咨询机构共同参与运作。随着社区矫正工作的逐步开展，配套的服务和教育措施的完备，社区矫正机构也可承担社会服务强制措施的实施和监督。

此外，还应建立多样化的缓刑制度，设立管教缓刑和判决前缓刑。我国目前的缓刑制度过于单调，法官无法根据案件的具体情况进行多样化的选择。在美国，缓刑的种类有，标准缓刑（Standard Probation）、密集监督缓刑（Intensive Supervised Probation）、判决前缓刑（Deferred-adjudication Probation）和“休克”缓刑（Shock Probation）等。[1]这些不同的缓刑种类可以为法官根据犯罪人的情况而采取适当的方式来处理案件。我国可以借鉴“休克”缓刑制度建立相应的管教缓刑，即对于不适宜在社区矫正而判处实刑又重的，法院可根据违法犯罪人的实际情况，判处管教缓刑。管教缓刑在轻刑监狱执行，时间可以定位为半年到1年。如果缓刑结束之后，管教部门认为该违法犯罪人不适宜回归社会，法院可以撤销缓刑判处实刑，留在轻刑监狱继续服刑。管教缓刑的服刑人可以享受更多的自由和人身权利，轻刑监狱可采取单独施教。判决前的缓刑限定在被告人认罪和犯罪事实查清的基础上，根据犯罪人的表现和悔罪态度令其于判决前在社区服务或接受社区矫正，结束后可以免除判决实刑。这类缓刑的适应对象可以是那些社会危害性不大和再犯可能性小的轻微犯罪人，比如大学生在校园盗窃案件中的偶犯等。

（二）社区矫正中的“社区”功能定位问题

理论上，社区矫正是对应国家公权主导的监禁刑的执行方式，是以具有自治性的社区为主导的非国家公权性质的社会司法活动。西方国

---

〔1〕 See Dean J.Champion, *Probation*, *Parole*, *Community Corrections*, Prentice-Hall, Inc.1999, pp.127-145.

家的社区矫正是社区为主导的矫正模式。这和我国现阶段采取司法行政机关主导下的国家行政性矫正模式有很大的差别。如何结合中国的非监禁刑的执行实际，正确把握社区在社区矫正中的功能定位，是关系到中国社区矫正制度发展的方向性问题。目前，我国的社区矫正建设总体上缺乏“社区”属性，社区组织和社区成员在社区矫正中的作用不明显，直接影响社区矫正对象教育和改造的实际效果。[1]从国外的经验来看，社区矫正必须建立各种配套的法律和相关的规章制度，必须有接受专业训练的社区服务人员和司法矫正人员，有专门的心理咨询和相关的培训服务机构等。我国社区矫正的实施同样要调动和运用社会的各种力量，比如，社区服务机构、学校教育、心理咨询等机构如何参与社区矫正，以及法院、检察院、公安和司法行政机构间如何相互配合，这些都需要有具体的法律程序上的保障。

社区矫正中“社区”的范围不清是影响社区功能定位的重要原因。我国在近几十年大规模的经济改革和社会转型过程中，传统的社区已经被摧毁殆尽，新型的社区组织培育程度还比较低。目前我国的“社区”基本上是行政区划的模式，这种模式符合我国的社区分布的特点。2000年中央转发了《民政部关于在全国推进城市社区建设的意见》，对城市社区的建设的目标、原则等作出了具体的部署。在这个文件中，城市的社区被界定为“聚居在一定地域范围内的人们所组成的社会生活共同体”，并指出城市社区的范围，“一般是经过社区体制改革后作了规模调整的居民委员会辖区”。应当说这个界定比较符合中国目前城市社区建设的实际情况。我国农村社区的基本单位以“村委会辖区”比较合适，相对城市社区而言，农村的社区属性比较突出，因此“村级社区”（人口在2000~3000人范围）构成农村社区的基层单位。由此可以看出，社区的属性是居民自治性的社会生活共同体。与之对应的是，我国目前的社区矫正管理机构是乡镇和城市街道的司法所，社区并没有起到主导非监禁刑的矫正功能。

---

〔1〕 参见杨征军：《我们需要什么样的社区矫正制度》，载《北京政法职业学院学报》2006年第3期。

社区矫正工作中，“社区”在非监禁对象矫正中的功能到底如何体现？根据西方国家比较成熟的社区矫正工作的经验，社区矫正的参与组织中有社区咨询委员会、董事会等社会自治的管理形式，参与的协作机构还有老人之家、青少年中心、心理健康俱乐部、健康诊所。德国的社区矫正实践表明，社区矫正中社区参与越广泛，社区矫正的工作就越有成效。[1]我国社区矫正的开展也应当考虑到不同的社区情况，并根据社区的历史特点、人员构成和社会治理状况等发挥社区的基础性主导功能。当然，在具体的操作中这个问题可能会更加复杂，比如社区矫正中社区成员参与的资格、推选、职责等都是比较棘手的问题。我国的社区矫正建设目前主要的问题是政府办社区，弱化了社区作为自治性共同体的作用和功能。社区在非监禁矫正中基础性的自治性功能无法发挥，社区矫正所具有的民主性和社会性的优势就无法发挥出来，非监禁矫正对象在社区主导下的相对自主性教育改造的特点就无法得到体现。

另外，社区组织的积极和有效参与对社区矫正效果起到关键的作用。目前我国的社区参与社区矫正的具体形式在法律上尚付阙如，如何通过法律的形式真正将“社区”纳入社区矫正的制度体系中来还需探索。国外社区矫正的发展经验证明，社区组织者在社区建设中居于关键位置并决定社区建设的成败。美国的社区矫正大多数是社区中的非政府组织推动和运作，社区自治程度比较高。我国的社区建设，主要由行政机构统筹运作，比如司法所、街道办事处、居委会、村委会都是行政机构。由行政机构办理社区事务有它的优点，主要是效率会比较高，行政的手段比较突出，资源利用和整合相对容易。相比之下，我国非政府组织和社会志愿性的资源很薄弱，社区矫正必须依靠当地的行政机构来推动。但是这种运作方式缺点也很明显，主要是影响了社区居民在社区矫正中的参与性。从当前来看，我国社区矫正制度的完善，可以采取以政府为主导、以社区相辅助的方式，即政府主导社区矫正的基础性建设，社区辅助社区矫正的日常运行。这样的模式既考虑了中国目前社区

---

[1] 参见[德]约阿希姆·赫尔曼：《论社区矫正与其他非拘禁措施——问题与解决思路》，颜九红译，载《中国刑事法杂志》2007年第2期。

矫正建设的实际状况和困难，又考虑到了社区矫正具有一定社会性的属性。当然从长远来看，当政府主导下的社区矫正基础设施包括制度性建设完成后，司法行政的矫正管理机构应主要发挥宏观引导作用，社区在社区矫正工作中的基础性地位将逐步得到提升。

（三）社区矫正的类型化和个性化的问题

根据社区矫正的基本理论，社区矫正的目的是要矫正被矫正人的“犯罪心理”和“行为恶习”，使其不再违法犯罪。其理论上的假设是被矫正人在社区矫正阶段仍然具有犯罪心理和行为恶习。按照这个推断，如果被矫正对象没有继续犯罪的心理和行为恶习，或者在被判决定罪之后，再次犯罪已经不可能，社区矫正的理论基础就受到挑战。因为并不是每一个来到社区接受矫正的被矫正人都具有继续犯罪的心理和行为恶习，比如因贪污受贿罪被判处缓刑的罪犯，由于其已经因犯罪而失去公职，将来几乎不可能有机会再成为贪污或受贿犯。对于这样的不能犯，如果简单套用矫正犯罪心理和行为恶习来达到矫正的目的必然达不到矫正的效果。社区矫正类型化的前提是，被矫正人数的特定罪错的类别，比如青少年犯罪，能够达到一定的数量，就可以进行类别化的矫正。但是，中国目前的社区矫正制度由于刑罚性质限定的原因导致社区矫正人数并不很多，从而使被矫正对象无法有效地进行类型化矫正，这就给社区矫正具体工作的开展带来很大难题。

解决上述问题，除了扩大社区矫正范围之外，还需要考虑对目前常见的社区矫正对象进行有针对性的分析。根据现有的社区矫正类型化的经验研究显示，社区矫正中剥夺政治权利的执行难以及缓刑人员的管理和矫正难的问题都很突出，特别是这些人员有些拒不参加公益性的社区劳动和服务，拒不遵守定期报告等规章制度。在社区矫正中具体矫正什么，哪些矫正对象需要特别的帮扶和教育，具体的矫正方式因不同的被矫正对象而在现实中差别很大。由于被矫正对象的分散性和少量性，现阶段中国社区矫正的类型化面临很大的困难，因此当前的社区矫正应突出矫正具体方式的个性化。这无疑会加重社区矫正工作的难度，因为个性化的社区矫正是更为复杂和更为困难的矫正方式，这对于中国还处于初创阶段的社区矫正来说是很大的挑战。

在实践中，社区矫正的被矫正对象相当部分可能有犯罪心理、行为恶习。但是，如何评价和判断一个人犯罪心理和行为恶习的程度，也是一个可操作性很强的技术问题。按照有关法律规定，社区矫正实施之前要对被矫正对象进行全面的评估并制订个性化的矫正方案。根据有关社区矫正工作内容的表述和社区矫正工作任务的表述，中国社区矫正比较接近美国社区矫正的"重新融入"理论。由于总体上被矫正人的背景的复杂性和个体特征的多样性，社区矫正的开放性方式必然要求个性化的康复和教育模式。帮助被矫正人重新融入社会是需要法学、社会学、心理学等多学科的系统工程，社区矫正的复杂程度并不亚于对高墙大院内的监禁刑对象的矫正。我国的社区矫正需要借助社区和社会的力量，联络具有各种知识背景的社区矫正志愿者，包括心理学专家、社区成员等参与社区矫正。在建立和完善我国社区矫正制度的过程中，由于转型社会容易出现畸形、扭曲的犯罪心态，因而以个性化为主要需求的社区矫正必然面临更加困难的问题，需要通过不断地探索和实践来逐步提高社区矫正的质量。

（四）被矫正人的权利保障问题

联合国《非拘禁措施最低限度标准规则》（东京规则）中第3.6~3.12条规定，罪犯应有权就非拘禁措施执行中影响个人权利的事宜，向司法机关或者其他独立的主管当局提出请求或投诉；应为任何有关不遵守国际公认人权事件的冤情提供申诉并且可能及时补救的适当机制；非拘禁措施不应涉及对罪犯进行医疗或心理试验或给罪犯的身心带来不当伤害危险；应当始终保护受非拘禁措施罪犯的尊严；在执行非拘禁措施时，对罪犯的权利的限制不应超过原判决主管当局所规定的程度；在适用非拘禁措施时，应尊重罪犯以及其家庭成员的隐私权；罪犯的个人档案纪录应予严格保密，不让第三方接触，只有直接参与处置有关罪犯案件或者其他经过适当授权的人员，才能接触这类档案纪录。[1]可见，

---

〔1〕 参见程味秋、[加]杨诚、杨宇冠：《联合国人权公约和刑事司法文献汇编》，中国法制出版社2000年版，第275页。

社区矫正中被矫正人的人身权利的保障是社区矫正中十分重要的内容。一旦社区矫正中的被矫正者的权利被侵犯，必然会对被矫正人的身心造成伤害，这与社区矫正人道性和去标签化的路径格格不入。因此，社区矫正制度中对人权保障的法律制度必须得到优先的建立和完善。目前我国有关社区矫正制度的法律和规章主要规定执法机关的法律职责和被矫正人的法律义务，但对于被矫正人的权利保障的相关规定非常粗疏。被矫正人在社区矫正中的权利保障既关系到被矫正人的正当权利的维护，也直接关系到社区矫正的效果，因此在社区矫正工作中必须高度重视。

首先，被矫正人的个人隐私问题。社区矫正是社会性开放的教育改造方式，社区矫正机关直接掌握被矫正人的大量个人隐私，包括个人违法和犯罪的具体内容等。这些信息如果被不当的利用或在社区范围内传播，对于被矫正人来说会形成巨大的心理负担和精神压力，不利于被矫正人在开放的社区进行正常的教育或志愿性劳动等活动。对于社区矫正中被矫正人的隐私问题，联合国1990年《非拘禁措施最低限度标准规则》第3条第12款规定，对罪犯的个人档案记录应予严格保密，不应让第三方接触。只有直接参与处置有关犯罪案件者或其他经过适当授权的人员，才能接触这类档案记录。在对社区矫正中被矫正人个人档案和相关隐私文件的处理方面，我国还缺乏相应的法律进行专门细致的规定。目前在实践中，部分被矫正人之所以抵制参加社区劳动和活动，很大原因就是担心自己的个人隐私和违法犯罪记录在社会上扩散，并在周围人群中产生对他们的歧视的心理氛围。因此，在社区矫正中消除被矫正人的精神顾虑和抵触情绪，是社区矫正取得成效的关键。社区矫正的创造性在很大程度上体现于矫正的个性化，社区矫正必须正确处理有效矫正与保护被矫正人个人的隐私权利之间的关系，尽可能消除违法犯罪的标签对被矫正人的精神惩罚作用，使被矫正人在比较宽松而放心的环境中得到有效的教育和康复，这是任何国家的社区矫正都面临的问题。我国社区矫正的工作方式和教育改造手段非常有限，矫正工作中的心理学介入程度并不高，加上矫正工作人员对被矫正人隐私的保护意识不强，因此迫切需要国家完善相关的立法，以切实保障被矫正人的个人隐私，同时促进社区矫正的规范化和成效化。

其次，被矫正人的矫正地点和矫正方式的有限选择权问题。被矫正人矫正的个性化与矫正地点和矫正方式具有密切的关系。目前由于社区矫正初创阶段的条件限制，被矫正人还无法在矫正的地点和方式上有选择的空间。有的被矫正人的矫正场所比较适合相对封闭的社区环境，比如西方的中途之家等，有的可能完全适用在开放的社区，这个取决于被矫正的具体个案的情况。被矫正人在社会中的情况很复杂，犯罪的类型也有很大的差别，被矫正人对矫正地点和具体的社区矫正方式上应当具有一定的自由支配的权利。但是，目前我国的社区矫正基本上属于属地管辖，社区矫正方式和方法的可选择性也比较小，这与我国社区矫正的类型化的程度不高也有一定的关系。社区矫正并不是简单的帮扶和教育，需要复杂的、配套的、具有个性化的教育和管理方式，而目前被矫正人在社区矫正方面基本上只能被动地接受，并无权利进行选择适合自己的教育矫正方式。

最后，被矫正人在社区矫正期间的个人权利救济并没有因其被矫正而消失。对于社区矫正人员对司法过程中的正当诉求，包括在社区矫正中受到的不公正的待遇，都不应当简单地被看作对抗矫正和教育改造的态度，其权利诉求应当通过具体的法律程序来解决。在被矫正人中，客观上存在对判决和裁定的不服以及申诉、上访等行为，被矫正机关应当充分考虑被矫正人的意见，在疏导其对法律的不良抵触情绪的同时，应当对合理合法的诉求予以理解和支持。目前关于被矫正人在矫正过程中对于案件的申诉和相关的权利救济的机制，缺乏法律的相应规定，在客观上直接影响社区矫正的规范化教育管理活动。

（五）社区矫正的法律监督问题

社区矫正中检察机关的法律监督问题是当前社区矫正法律制度建设中比较薄弱的部分。法律监督的目的是保证社区矫正工作和教育改造活动在法治的轨道上运行，防止社区矫正中出现权力被滥用而导致社区矫正目的偏离等问题。《社区矫正实施办法》明确规定，人民检察院对社区矫正各执法环节依法实行法律监督。人民检察院发现社区矫正执法活动违反法律规定的，可以区别情况提出口头纠正意见、制发纠正违法通知书或者检察建议书。交付执行机关和执行机关应当及时纠正、整改，并将有关情况告知人民检察院。从目前司法实践的角度来看，相关的制度规则还需要进一步细化。

国家要加强立法协同，明确检察机关在社区矫正中法律监督的独立法律地位和具体工作方式。检察机关对社区矫正的立法需要总结地方检察监督方面的有益经验，完善有关社区监督的执法规范。检察机关的社区监督要紧紧围绕社区司法的特点构筑监督的体制和方式，特别是要突出社区矫正的非惩罚性的特点，使检察的监督与社区矫正的康复教育模式相互协同，与社区矫正机构形成合力，产生正能量，提升社区矫正在非拘禁条件下的教育和改造效果。检察机关的检察监督除了行使必要的检察执法权，如撤销缓刑的检察建议之外，还应当注重对被矫正人的权利保障的维护。对于在社区矫正中，矫正机关工作人员或者其他相关人员侵犯被矫正人的合法权益的，检察机关应当有权根据个案的情况进行必要的司法建议。当然，司法行政机关对检察机关的法律监督要予以支持和配合，而不能将其看作工作的掣肘，要为检察监督主动创造条件，加强沟通，并建立顺畅的检察监督的长效机制。

由于社区矫正的矫正教育方式采取的是开放的社区矫正模式，检察监督面临新的挑战。这一挑战中的首要问题是如何确保有效监督的信息资源共享。检察监督与社区矫正机构的相关信息共享化是解决社区矫正监督不力的关键所在。社区矫正机构的信息资源无法与检察机关进行共享，因此检察监督基本上是处于相对消极被动的状态。在社区矫正部门与法律监督部门之间建立矫正流程与被矫正人员教育活动的动态信息交流机制，可以保证检察机关对于社区矫正的监督更加便捷有效。

虽然社区矫正在我国已正式“扬帆”，但我们必须看到这项制度在我国的发展还面临很多复杂的问题。2016年12月，国务院法制办对外发布了《社区矫正法（征求意见稿）》。该征求意见稿明确县级以上地方人民政府应当为教育帮扶社区矫正人员提供必要条件，组织动员社会力量广泛参与教育帮扶工作。社区矫正机构可以协调有关部门和单位，对就业困难的矫正人员开展技能培训、就业指导；居民委员会、村民委员会可以引导志愿者和社区群众，采取多种形式对矫正人员进行教育，并利用社区资源对有特殊困难的矫正人员进行必要的帮扶。社区矫正机构可以组织矫正人员参加社区公益活动，服务群众，修复社会关系，培养其社会责任感。针对未成年社区矫正人员的年龄、心理特点和发育需要等特殊情况，采取有益于其发展的矫正措施，不公开进行矫正宣告，不对外公开其矫正档案，矫正小组应当有熟悉青少年成长特点的人员参加，同时监督管理应当与成年社区矫正人员分开进行。征求意见稿还明确，社区矫正人员在矫正期间应当遵守法律、行政法规和国务院司法行政部门关于报告、会客、外出、迁居、保外就医等监督管理规定以及人民法院禁止令。征求意见稿对促进和加快社区矫正的立法起到了积极推动作用。但是该征求意见稿发布之后，其中涉及社区矫正机构的性质和队伍等核心问题的规定引起较大的争论。总体上看，《社区矫正法（征求意见稿）》的规定上还比较粗糙，没能很好地解决社区矫正实践存在的迫切需要解决的问题，如社区矫正的性质，社区矫正机构和队伍建设，社区矫正机构的职责，社区矫正的适用范围，未成年人社区矫正问题，社会力量参与，法律监督机制，法律责任等方面。司法实践表明，任何先进法律制度的引进，都有本土化的问题。我们要建立中国特色的社区矫正制度，必须积极借鉴世界其他国家和地区的社区矫正工作经验，更要及时总结和评估我国基层社区矫正工作中的创新和有益做法，使社区矫正工作趋于制度化、科学化和成熟化。

第二节　刑罚执行体制改革

十八届四中全会《决定》提出，要完善刑罚执行制度，统一刑罚执行体制，健全公安机关、检察机关、审判机关和司法行政机关各司其职，侦查权、检察权、审判权、执行权相互配合和相互制约的体制机制。这对于完善我国刑罚执行制度，特别是推进刑罚执行体制改革具有重大意义。关于我国刑罚执行体制的分散化或多头化的问题和弊端，无论是学界还是司法实务界都曾经对此进行过讨论和批评，并提出了各种相关的具有建设性的改革方案。[1]但是由于受到部门利益的干扰和传统体制的阻力，刑罚执行体制改革的力度并不大，相比其他领域的改革取得的成效很微弱。在国家全面推进依法治国、加快司法改革进程的新形势下，刑罚执行体制改革迎来了历史性机遇。本节拟就刑罚执行的改革体制等相关问题进行初步探讨，以期为相关决策的改革设计和实施提供参考。

一、行刑权的性质与正当性

（一）关于行刑权的性质

刑罚执行体制改革，必然要涉及刑罚执行的权力，即行刑权的性质界定问题。行刑权的性质在学界存在一定的争议。其中的焦点问题是行刑权是属于司法权还是行政权？从广义的司法权的内涵上来看，行刑权属于刑事诉讼中执行环节的权力，即执行刑罚的权力，属于司法权的范畴。但是从狭义的司法权来看，刑罚执行权与法院的裁判权有本质不同，属于行政性的司法权，即司法行政权。这种司法行政权，不同于一般意义上的行政权，而是属于司法前置的行政权，即以司法裁判为前提条件的行政权，或者说属于附属于司法权的行政执行权。因此，行刑权具有与司法权的粘连性，与其他不以司法权为条件的独立的行政权相比，具有其特殊性。这种特殊性，就是行刑权的行使与司法权具有内在的不可切分的联系。从这个意义上，行刑权的配置必须考虑行刑权作为行政权的司法属性。

按照刑罚权的划分，国家的刑罚权包括刑罚创制权、刑罚求刑权、刑罚追诉权、刑罚裁量权和刑罚行刑权五个部分，分属立法机关、侦查机

---

〔1〕 参见陈光中、魏晓娜：《论我国司法体制改革的现代化》，载《中国法学》2005年第1期。

关、公诉机关、审判机关和司法行政机关来行使相关权力，保障刑罚的公正性与有效性。[1]分权制衡的思想是指导现代民主国家法律制度设计的基本原则。行刑权的科学界定，对于正确处理与其他司法权的关系具有重要作用，有利于在司法机关内部形成分工明确、相互制衡的权力运行机制。我国刑罚执行体制改革的目标，就是要尽快在法律上明确行刑权的正当性，解决目前刑罚执行工作中存在的弊端和问题。

（二）行刑权司法行政化的正当性

行刑权的司法行政化，是将行刑权与其他司法权进行切割，逐步将行刑权由专业的司法行政部门来统一和独立地行使。在实践中，行刑权的行使存在主体和方式多元化的现象，在世界上很多国家也有这样的问题。但是，行刑权发展的总趋势是行刑权统一行使的程度在加深，特别是司法行政机关主导行刑权的主流性日益凸显。

首先，行刑权的司法行政化，有助于解决和克服我国刑罚执行的多头执行所带来的低效化弊端。只有公检法相关刑事执行权的合理配置，才能使司法权的整体效能得到最大发挥。在司法实践中，由于执行工作需要跨部门进行，解决问题需要联合互动，必然带来很多掣肘，而采取刑罚执行体制的统一行使可以解决这方面的问题，提高刑罚执行的效率。刑罚执行体制面临的问题主要表现为执法机构分散化、执法效能低下和行刑资源浪费。目前刑罚执行权主要由三个部门，即法院、公安机关和司法行政机关分别行使。侦查和审判机关担负的执行职能与自身的法定职能不一致，不仅导致司法执行过程中缺乏有效的制约与监督，同时降低了执法的效率和司法资源的有效配置。由于执行在公安和审判工作中属于“副业”，因此在实践中特别容易受到轻视。另外，现行刑罚执行体制导致其执行工作的管理缺乏专业化分工，既不利于管理，也不利于刑罚执行技能和水平的提高。行刑权的专业属性要求刑罚执行权利的统一行使，实现行刑权的统一、科学与规范。行刑权立法上的不完善和刑事审判权的分割化，导致司法机关的刑罚权配置没有充分体现

---

〔1〕 参见乔汉荣、陆云生：《刑事执行一体化背景下完善刑罚监督问题研究》，载《云南大学学报》（法学版）2006年第4期。

司法规律。

其次，行刑权的司法行政化，有利于贯彻公安、检察、法院和司法行政机关在侦查、起诉、审判和执行工作方面的分工负责和相互制约的原则。目前由于刑罚执行工作不统一，无法与侦查、审判和检察形成有效的分工负责和制约的工作机制。这也是刑罚体制统一化的重要理由。公检法分工负责和分工制约在刑事诉讼中是不完整的，因为缺乏刑事惩罚的最后环节即执行环节。因此，要逐步建立和形成公检法司四家的分工负责和互相制约的良性司法体制，首要的问题就是需要对刑罚执行体制进行改革，统一刑罚执行体制，建立科学完备的刑事执行法律制度和体系。要改革现行的司法执行体制，必须强化司法机关的监狱和社区矫正的执行职能，发挥起在预防和矫正犯罪方面的功能。在刑罚体制的改革中统一行刑权的法律地位，赋予司法行政机关行刑权的主体资格，属于刑罚执行权改革的核心和关键。

最后，行刑权的司法行政化符合国际惯例和经验。世界上绝大多数国家，无论是监禁刑还是替代性的非监禁刑都是由司法行政机关来统一行使。目前我国司法行政机关虽然负责了大部分的刑罚执行，但是包括死刑执行、财产刑的执行、管制的执行等还不属于司法行政机关来统一实施。刑罚执行体制的改革，就是要将上述的刑罚执行逐步交给司法行政机关来统一行使，以真正高效地配置司法资源。

二、刑罚的合理配置与刑事执行一体化

刑罚结构的科学配置，是行刑权的实体基础，是刑罚得到正确执行的前提。人类社会在不同历史时期的刑罚机构不同，其类型大致有以死刑与肉刑为中心的刑罚结构、以死刑与自由刑为中心的刑罚结构、以自由刑为中心的刑罚结构和以自由刑与财产刑为中心的刑罚结构四种。著名刑法史学者蔡枢衡指出："反映于上层建筑刑罚史上也经历了五帝时代以死刑为中心的刑罚体系、三王时代以肉刑为中心的刑罚体系，隋唐至清以徒流体罚为中心的刑罚体系和清末以后以自由刑为中心的刑

罚体系四个刑罚体系。”[1]不同的刑罚体系和结构承担不同的职能，有的以报应为主、有的以威慑为主，有的兼有矫正功能。现代的刑罚结构已经趋于舒缓，倾向复归矫正。

我国的刑法机构和体系，虽然新中国成立后经过多次调整，但是仍然存在改革的巨大空间。刑罚的配置是刑法学界需要深入探讨的宏大课题，但是作为刑罚统一执行体制改革的前置性条件也有必要在程序法中加以论及。中国的刑法制定于三十多年前，刑罚确定的层次，特别是轻微刑罚的构造已经无法满足时代发展的需要。在社区矫正制度得到推行和大力发展的背景下，有关社区矫正的刑罚设置还没有被纳入刑罚的结构性安排中。无论是监禁刑还是非监禁刑，我国刑罚的结构性配置必须通过立法进行重新划分科学合理的层级，以适应统一刑罚体制改革的要求。

（一）刑罚配置的原则：调控轻刑、稳定重刑

刑罚执行改革隶属刑罚体系的改革和调整，必须服从刑罚科学配置的原则。关于刑罚的配置原则应当如何设定，存在长期的争论。从历史上看，各国刑罚的配置并没有统一的原则。特定国家和社会的刑罚配置取决于历史传统和犯罪的状态。理论上，由于刑罚本身的惩罚性，因此报应主义理论对刑罚配置起到主要的作用。报应主义者（retributionist）绝对地关注犯罪人的道义应受谴责性。他们将赋予应得之刑罚（desert）独立的价值；其不需要进一步的正当化理由。与此相对应，功利主义（utilitarian）或者工具主义者（instrumentalists）相信刑罚必须具有更为实际的正当化理由，如避免未然犯罪，大致借助于威慑，消除犯罪能力或者潜在犯罪人的矫正。这两个学术流派之间的争议在传统意义上被认为是不可调和的。的确，这两个流派使用着不同的理论思路，并重视不同方面的事情。[2]我国刑罚的配置长期受到传统重刑思想的影响，因此刑罚的配置位阶比较高，跳跃性比较大。中国劳动教养制度废止后，

---

〔1〕 参见蔡枢衡：《中国刑法史》，广西人民出版社1983年版，第2页。

〔2〕 参见［美］保罗·H. 罗宾逊：《进行中的刑罚理论革命：犯罪控制意义上的公正追求》，王志远译，载《当代法学》2012年第3期。

劳动教养的处罚形式被废除，导致限制人身自由的行政处罚与刑事法律规定的刑罚之间并没有形成无缝对接，因此事实上给刑罚执行一体化的具体实施和改革带来前提性障碍。结合功利主义和社区复归理论，并根据我国刑罚目前的立法和犯罪发生的现状，我国的刑罚配置应当重点配置轻微刑罚的层次性结构。

我国台湾地区学者林纪东指出，刑法之制定与运用、罪刑之确定与执行，都应由刑事政策的观点出发，以是否合于刑事政策的要求为指向，不合于刑事政策的刑事立法，是不良的立法，离开刑事政策的判决与执行，也必定是不良的判决与执行。[1]这里所谓的“刑事政策”，在很大程度上其实表现为刑罚配置的原则。根据我国目前司法机关强调的宽严相济的刑事政策，我国当下刑罚配置的基本原则应当是调控轻刑，稳定重刑。所谓调控轻刑，就是对三年以下有期徒刑、拘役、管制的实刑进行调整，逐步实现三年以下有期徒刑的阶梯性层级，实现轻微刑罚的社会和监禁矫正性功能相互配合，以更有效地预防和矫正犯罪。所谓稳定重刑，就是对包括死刑、无期徒刑和十五年以上的有期徒刑，经过前些年的调整已经到位，应保持稳定不再扩张。虽然近年来刑法修正案逐步减少死刑适用的罪名，但是对于有期徒刑的刑罚的期限却有所扩张；在假释的条件上出现更加严格的不得假释的限制。重刑的调整对于人身和社会的伤害都很大，因为除了对犯罪人的伤害之外，更重要地，还直接伤害了犯罪人的亲属和社会关系。因此，当下重刑的调整不宜再取重，而应当保持相对稳定。

（二）废除管制和拘役刑，设立社区矫正刑

管制刑是我国特有的一种刑罚方法，它是一种限制自由刑，在我国的刑罚体系中属于最轻的主刑。管制刑作为一种非监禁刑罚方法，避免了自由刑的弊端，符合刑罚轻缓化、社会化的发展方向。但是，管制刑本身存在许多问题。特别是，管制刑所体现的弱惩罚性，在缺乏必要的强制力保证和群众有效的监督相配合的情况下，惩罚的功能丧失殆尽。

---

〔1〕 参见林纪东：《刑事政策学》，中正书局1963年版，第8～9页。

法律虽然规定管制刑由当地公安机关执行，却并未指明如果罪犯违反了规定，公安机关应当如何处理，明知必须处罚但没有具体法律依据，难以有效执行。另外，管制的期限最高可以达到两年，大大超过拘役这一适用于更为严重的犯罪行为的刑罚措施最长六个月的期限，而且拘役可以适用缓刑，缓刑后的拘役同样可以在社区矫正中执行，这样就导致管制与拘役的刑罚配置错位。根据《刑法修正案（八）》，被判处管制的犯罪人交给社区矫正机构来执行。根据这个规定，管制刑原本的公安机关管理和群众监督的属性就已经丧失，而是采取专业的社区矫正的模式来执行刑罚。因此，管制已经和社区矫正的属性同一化，因此用社区矫正刑来代替管制刑具有现实的可行性和必要性。

拘役刑虽然规定限制性人身自由，但是拘役适用缓刑的比例很高，导致大量的拘役在社区矫正中执行。因此，拘役本身限制人身自由的功能已经被削弱。现在大量的危险驾驶罪的判处大都适用拘役附带缓刑的刑罚方式，导致拘役本身的惩罚功能降低。从制裁的实际方式来看，拘役与社区矫正同管制一样，出现了惩罚方式同一化的问题，因此也有必要用社区矫正刑来代替拘役。当然，社区矫正刑的期限和方式，可以根据犯罪的性质和情节的轻重予以调节，譬如期限为一年以下的社区矫正刑。通过建立社区矫正刑，可以使轻微犯罪的刑罚配置更加科学，也有利于非监禁刑刑罚权的统一实施。

（三）改革缓刑制度，建立多元化缓刑形式

我国目前的缓刑制度比较缺乏弹性，法官根据案件的具体情况进行多样化选择的权限相当有限。在美国，缓刑的种类有标准缓刑、密集监督缓刑、判决前缓刑和“休克”缓刑等。[1]这些不同的缓刑种类可以使法官根据犯罪人的情况来采取适当的方式处理案件。在日本，罚金中也设立了缓刑。如《日本刑法》第25条规定，受3年以下惩役、监禁，或500，000日元以下罚金的宣告，而有下列情形之一的，可以根据情节，自判决确定之日起，在一年以上五年以下的期间内，缓期执行其刑。再如，《法

---

〔1〕 See Dean J.Champion, *Probation*, *Parole*, *Community Corrections*, Prentice-Hall, Inc., 1999, pp.127-145.

国刑法》第132条规定，对自然人判处5年以下监禁、罚金或日罚金适用普通缓刑。[1]

我国制度上对缓刑的设计过于单调，不利于对刑罚执行的个性化。国家立法机关应当考虑专门制定《缓刑条例》作为刑法的附属法，扩大缓刑适用的具体范围。我国可以借鉴美国的“休克”缓刑制度，建立相应的管教缓刑，即对于不适宜在社区矫正而判处实刑又重的，法院可根据违法犯罪人的实际情况，判处管教缓刑。管教缓刑在轻刑监狱执行，时间可以定位为半年到1年。如果缓刑结束之后，执行部门认为该违法犯罪人不适宜回归社会，法院可以撤销缓刑判处实刑，留在轻刑监狱继续服刑。管教缓刑的服刑人可以享受更多的自由和人身权利，轻刑监狱可采取单独施教。判决前的缓刑限定在被告人认罪和犯罪事实查清的基础上，根据犯罪人的表现和悔罪态度于判决前在社区服务或接受社区的矫正，结束后可以免除判决实刑。这类缓刑的适用对象可以是那些社会危害性不大和再犯可能性小的轻微犯罪人，比如大学生在校园盗窃案件中的偶犯等。

对犯罪人被判处短期自由刑的，在刑罚执行方式上，应采取以适用缓刑为原则，不适用为例外。对于犯罪人被判决短期自由刑（剩余刑期为一年以下）后，究竟犯罪人是留在看守所，还是移送监狱执行，在现行的制度下存在矛盾。根据《刑事诉讼法》第253条的规定，剩余刑期三个月以下的，由看守所执行。在我国看守所不是刑罚的执行机构，这条规定明显违背看守所的职能定位。从立法上来说，这只能是权宜之计。短期自由刑的执行方式，必须进行改革和调整。有的犯罪人在剩余刑期仅剩下几个月的时候，采取上诉等诉讼拖延的方式避免被转送监狱。鉴于上述情况，建议立法上对于判决之后剩余刑期不足一年的犯罪人的监禁，为了减少监狱对短期自由刑的收押和管理的压力，一律转送到社区矫正机构进行。这样改革的理由有二：其一，看守所属于临时羁押场所，而非刑罚执行机构。看守所由于存在管理上的问题，非正常死亡的事件

---

〔1〕　参见翟中东：《缓刑制度》，载赵秉志主编：《刑罚总论问题探索》，法律出版社2003年版。

频繁发生，且所内犯罪的交叉感染的可能性比较大。因此，对于已经定罪判刑的犯罪人不宜继续留在看守所。其二，社区矫正属于刑罚的执行方式，可以适用犯罪情节显著轻微的短期自由刑。一年以下有期徒刑，如果没有特别危害社会的行为，应当判处缓刑以适用非监禁的社区矫正措施。对于不适宜判处缓刑而存在剩余刑期的，仍然应当按照规定转送监狱来关押矫正。监狱应当制定相应制度来应对小部分的短期自由刑在监狱内的管理和矫正。

（四）完善罚金和没收财产刑

罚金刑由于制度设计和实际执行两个方面都存在问题，因此法学界对其改革的呼声比较高，但是进展很缓慢。1997年《刑法》对1979年《刑法》的罚金制度进行了幅度比较大的改革。一是扩大了适用的范围，在分则中有罚金的罪名共有184个，远远超过1979年《刑法》中的二十几个。二是罚金刑的适用方式更加灵活，有必并科、得并科和选科几种。在司法实践中，罚金刑有扩大适用的趋势，但是执行的效果却难以令人满意。以福建省永春县人民法院2009年公布的数据，5年来该院判处的财产刑中的193名外来人员只有20名被告人被执行了罚金刑。可见罚金刑的执行难问题在司法实践中相当严重。[1]因此，罚金刑的改革势在必行。罚金刑的改革可以采取系统化的改革方式进行，包括扩大罚金刑的适用范围和条件、增设罚金刑的适用方法、将罚金刑上升为主刑、增设罚金缓刑和罚金执行的司法保障制度等。另外，为提高罚金刑的执行率，必须增设罚金易科社区矫正刑和自由刑制度。《日本刑法》第18条规定："不能完纳罚金者，一日以上一年以下留置于劳役场。"《德国刑法典》第43条规定："折换自由刑，在不能执行金钱刑时使用自由刑。"第47条规定："1个月自由刑相当于30日罚金。"《希腊刑法典》规定："法院对6个月以下的监禁刑，须同时在判决书中写明转换为罚金刑，除非法院确定犯罪人的人格和其他情况，法院认为罚金不足以矫正犯罪人或者防止其进一步犯罪。"可见罚金与自由刑之间的易科制度有广泛的国际经

〔1〕 参见王衍松、吴优：《高执行率与低执行率之二律背反》，载《中国刑事法杂志》2013年第6期。

验。在我国，对于已经判处罚金，而拒绝履行的，可以根据被告人的情况进行易科为特定期限的社区矫正和有期徒刑的处罚，以保证司法判决的严肃性和公正性。罚金刑的改革无论是实体还是程序层面都要进行，否则改革就不能达到预期的效果。

没收财产刑也是我国财产刑改革中争议比较大的附属刑种。有学者对北京市的没收财产刑的研究（对北京市18个区县法院和2个中级法院2003～2007年的判决进行统计分析）让人们可以了解不少真相，如没收财产刑虽然涉及70余个罪名。但法院每年实际适用的罪名约为15个，5年间北京市没收财产刑的适用率平均为2.22%，在与罚金刑选科时，法官罕用没收财产刑。和罚金刑相比，没收财产刑不仅适用率低，而且执行率更低。[1]可见，没收财产刑的改革同样必须实体与程序并进，否则没收财产的刑罚即使统一刑罚执行体制之后也未必能够解决执行率低下的问题。从世界范围来看，没收财产刑具有萎缩的趋势，很多国家都废除了没收财产的刑罚。当代刑法理论认为，没收刑具有难以执行、不平等性、可能株连无辜、影响犯罪人的家庭生活与继承人利益等特点，因而有违背个人责任原则、不利于犯罪分子的社会化等负面效应。除中国大陆地区和越南等少数国家的刑法典外，多数西方国家已弃之不用。[2]近代许多西方国家在责任主义、罪刑相适应原则、禁止严刑峻罚等刑罚信念的支配下，废除了传统的没收财产刑，仅规定了与犯罪相关的特定物的没收制度。中国的没收财产是惩罚性的、真正意义上的刑罚种类，没收的对象是犯罪人个人所有的、与犯罪无关的私有财产。虽然中国刑法学界对没收财产刑的存废各执一词，但现行刑事立法中没收财产刑的广泛规定却是一个不争的事实，这也昭示着中国废除没收财产刑的预期是多么的任重而道远。虽然我国目前废除没收财产刑还不可能实现，但是在刑罚改革中可以考虑进一步压缩没收财产的范围，譬如将没收财产的范围仅限定于危害国家安全的恐怖犯罪、贪污贿赂犯罪和毒品犯罪

---

〔1〕　参见姚贝：《没收财产刑研究》，中国政法大学出版社2011年版，第83页。

〔2〕　参见庞冬梅：《俄罗斯没收财产刑制度变革及对中国的启示》，载《国际论坛》2011年第2期。

等。当然，这方面改革还需要与配套的执行制度改革结合起来。

在程序法方面，2012年《刑事诉讼法》虽然增加了被告人、犯罪嫌疑人逃匿、死亡案件的财产没收的特别程序，但是并没有改变法院的执行主体的地位。《刑事诉讼法》第280条规定，对于贪污贿赂犯罪、恐怖活动犯罪等重大犯罪案件，犯罪嫌疑人、被告人逃匿，在通缉一年后不能到案，或者犯罪嫌疑人、被告人死亡，依照刑法规定应当追缴其违法所得及其他涉案财产的，人民检察院可以向人民法院提出没收违法所得的申请。根据《刑事诉讼法》的相关规定，被告人和犯罪嫌疑人逃匿、死亡的没收财产程序是由公安机关提出没收意见，检察院提出申请，然后法院依法进行判决并执行。该特别程序的法律规定并未涉及司法行政机关在该程序中的地位。从刑罚执行一体化的角度来看，被告人失踪和死亡的没收财产特别程序的最终判决或裁决的执行，应当在法律上明确由司法行政机关来执行。

(五)建立犯罪前科消灭制度

根据犯罪标签理论，对犯罪人的矫正，必须尽可能祛除犯罪人的犯罪印记，特别是犯罪记录对其生活、就业和工作上的影响。我国《刑法》第100条规定："依法受过刑事处罚的人，在入伍、就业的时候，应当如实向有关单位报告自己曾受过刑事处罚，不得隐瞒。犯罪的时候不满18周岁，被判处五年以下有期徒刑刑罚的免除前款规定的报告义务"。我国刑事诉讼法规定了对未成年人犯罪记录采取封存制度。这些制度中既有犯罪记录报告制度，也有例外性的制度，主要对犯罪的未成年人进行特殊保护。因劳动教养的废除和刑法的不断修正，我国目前的犯罪圈事实上有不断扩大的趋势。对于轻微犯罪的犯罪人，特别是偶犯、过失犯和青少年的犯罪，如果没有犯罪记录的前科消除制度，必然会使其人生背负沉重的包袱，不利于犯罪矫正，更不利于社会和家庭的稳定。因此，如何建立犯罪前科消除制度，是刑罚配置中的重要课题。目前关于犯罪记录制度的执行主要由公安机关来执行，改革后可以将该项制度的具体执行移交给统一行使刑罚执行的司法行政机关来行使。

三、行刑权的主体责任

统一刑罚执行体制的关键是解决刑罚执行主体的问题。虽然中央层面明确提出了刑罚统一执行的任务和要求，但是就目前司法改革的推进进程看，统一刑罚执行体制的改革难度很大。其中很重要的原因，就是刑罚执行体制的改革要打破相关部门的利益樊篱，重新对行刑权主体的权力格局进行调整，这必然会遇到来自体制内部的各种阻力。在统一刑罚执行体制改革的过程中，必须明确相关主体在行刑权方面的权责。

（一）公安机关的刑罚执行主体问题

公安机关作为犯罪的侦查机关，担负维护社会安全和稳定的工作。公安机关在历史上曾经担负刑罚执行主体，改革开放初期的监狱和劳教所都是由公安机关负责管理，20世纪80年代后开始将监狱和劳教场所移交司法行政机关管理。目前我国公安机关除了负责关押特殊的高行政级别罪犯的秦城监狱之外，不再具有监狱管理的职能。另外，《刑法修正案（八）》删除了公安机关作为管制执行以及缓刑考察、假释监督主体的规定，并将相关职能交给司法行政机关的社区矫正机构来行使。这无疑是刑罚体制改革的重大进步。目前，公安机关的刑罚执行的功能，主要包括看守所中短期自由刑的执行、驱逐出境的执行。关于驱逐出境的执行，由于不涉及司法行政机关的矫正措施的实施，可以在法院裁决犯罪人驱逐出境之后直接由公安机关执行，这方面并不存在明显的争议。总体上，公安机关不具有刑罚执行的职能逐步被司法实务部门所接受。

（二）法院的刑罚执行职能

法院作为法律赋予的司法裁判机关，负责各类案件的审理和裁决。从这个意义上，法院属于相对中立的部门，便于体现司法的公正和权威。由于历史的原因，法院仍然具有死刑执行、罚金刑和没收财产刑的执行权，以及减刑、假释等自由刑变更裁定权等。在刑罚执行体制改革中，法院部分的改革显得比较复杂。我国《刑事诉讼法》规定，死刑立即执行的判决由人民法院来执行。关于死刑执行，大多数有死刑的国家都是由司法行政机关或监狱部门来行使。例如，日本的死刑执行由司法部来具体负责，美国的死刑是由关押的监狱来具体负责执行。我国由人民法院来执行死刑，容易使人产生法院的“刀把子”的负面形象，违背法院中立的裁判者的地位。对于罚金和没收财产刑的执行，根据《刑事诉讼法》的规定，被判处罚金的罪犯或单位，在判决确定的期限内应一次或分期缴纳。期满无故不缴纳的，人民法院应当强制缴纳。《刑事诉讼法》还规定，对没收财产的判决，无论是附加适用还是独立适用，都由第一审人民法院执行，必要时可以会同公安机关执行，以防止和排除各种干扰。人民法院执行财产刑的判决，必然会导致法院的中立性受到破坏。因为财产刑与经济利益密切相关，虽然法律规定法院采取收支两条线，但是在客观上会导致在财产刑的执行过程中产生腐败和利益输送等问题。目前关于法院在死刑执行和财产刑执行的权限上还有比较大的争议，因此这方面改革难度比较大。

(三)检察院的刑罚执行监督职能

根据我国法律，检察院虽然不是刑罚的执行机构，但是作为法律监督机构，也参与刑罚的执行工作。刑罚执行是否需要检察院的监督，对于这个问题的回答关系到检察院在刑罚执行工作中的地位。我国宪法和法律规定，人民检察院是国家的法律监督机关，人民检察院对刑事诉讼的整个过程都予以监督，保证诉讼和司法活动的顺利进行。人民检察院检察监督的对象是具有执行刑罚权的国家机关，现阶段包括具有刑罚执行权的法院、公安机关和司法行政机关。主体的分散性给检察机关的刑罚执行监督带来了困难。如果实行统一的刑事执行权，司法行政机关构成刑罚执行的唯一主体，那么检察机关的监督仅仅针对司法行政机关的刑罚执行工作，有利于提高检察机关的监督效能和力度。

当然，也有极少数研究刑罚执行的学者认为，检察机关可以作为刑罚执行的机关。理由主要有两点：“一是将执行权统一于检察机关，从而化解执行权分散行使带来的权力弱化、执行效果减损等问题；二是检察机关直接指挥而不仅仅是监督，增强了执行中的权力制约与程序监督，从而可有效防止执行中的权力腐败形象。”[1]毋庸置疑，执行工作需要检察监督，但是监督不等于执行，更不等于直接指挥。监督是为了刑罚权的正确行使，而不是为了越权直接行使权力。另外，检察机关的法律定位并非刑罚执行机关，虽然有的国家规定刑罚的暂时中止制度、死刑执行的莅临现场等，实际上仍然是刑罚的监督职能。检察机关的公诉和侦查职能决定了检察机关不可能作为刑罚执行机关。刑罚执行体制改革一体化，并不是要体制改革的分立。本来检察机关不具有刑罚执行职能，如果改革之后反而赋予其执行职能，必然会加剧刑罚执行主体之间的掣肘和矛盾，不利于刑罚执行体制改革一体化目的的实现。检察机关对刑罚执行具有监督职能，这是理论和实务界的共识。但是，如果把监督职能异化为主体就偏离了检察机关在刑罚执行中的职能定位。

（四）司法行政机关的刑罚执行职能

基于行刑权的基本理论和原则，并考虑到我国刑罚执行多元化的现状，学界多赞同由司法行政部门主导刑罚执行权。[2]关于刑罚执行权统一由司法行政机关领导的理由主要有三个方面：第一，可以进一步整合优质司法资源，解决执行权行使方式分散带来的执行效能低下的问题。[3]第二，可以解决公安机关、人民法院、检察院和司法行政部门之间在刑罚执行权限不清和职能错位的问题。[4]第三，可以进一步推动刑罚执行的标准化建设，促进刑罚执行的教育培训和专业化分工，从而提高刑罚执行的专业水平。[5]第四，刑罚执行由司法行政机关统一行使，符合国际惯例和通行做法。从国际上看，无论是大陆法系还是英美法系国家都由司法行政机关负责法院判决的执行、管理全国的监狱和其他惩罚、

[1] 参见万毅：《刑事执行制度之检讨与改造》，载《甘肃政法学院学报》2005年第6期。

[2] 参见贾晓文、张婧：《统一刑罚执行体制研究观点综述》，载《中国司法》2015年第4期。

[3] 参见邵名正、于同志：《论刑事执行权的性质及理性配置》，载《中国监狱学刊》2002年第5期。

[4] 参见王公义：《刑诉法再修改中关于刑罚执行制度的若干问题》，载《中国司法》2011年第3期。

[5] 参见狄小华：《刑罚执行效率论——兼谈我国的行刑改革》，载《犯罪与改造研究》2002年第5期。

惩戒机构。[1]总体来说，上述观点基本构成了我国刑罚应当由司法行政机关统领执行的理论基础。

四、刑罚执行体制的重构

（一）制定“刑事执行法”，将行刑权予以法典化

刑事执行立法是国家科学有效地行使刑罚权的需要，是实现刑罚目的根本保障。制定统一规范的“刑事执行法”是国家刑罚权分配和运行机制科学化和完善化的要求。同时，刑事执行立法是我国刑事法律体系完善的要求。目前，刑事侦查、起诉和审判都有严格系统的法律规范，而且在刑事诉讼法中都有相对系统的规定，但有关刑事执行的规范只是分散在《刑法》及其部分的修正案和《刑事诉讼法》中，缺乏体系化的整合。从完善刑事执行体制和适用司法实践的需要出发，非常有必要制定统一的“刑事执行法”。只有将行刑权法典化和制度化，才可以保障行刑权得到有效的落实。事实上，在刑事执行一体化的相关讨论中，很多学者都主张和建议制定统一的“刑事执行法”，并进行刑事执行法学科建设研究和探索。[2]

关于立法草案，有学者建议，由现行具体执行刑罚的机构提出法律草案，然后在广泛征求意见的基础上提交立法部门。[3]笔者认为，为了避免刑事执行法的部门利益化，建议立法草案应当直接由全国人大立法部门先行提出，然后在综合涉及刑罚执行的不同部门的意见以及广泛征求意见的基础上形成比较可行的方案，提交人大常委会讨论。根据刑事诉讼的立法经验，由于涉及部门利益的调整问题，立法中不可避免地会出现掣肘和矛盾的情况。由于刑罚主要由国务院司法行政部门执行，考虑到立法的中立性和非部门利益性，作为刑事执行立法的主要执行主体，其不适宜作为草案的提起主体。为了保障立法的公平与科学，未来“刑

〔1〕 参见赵秀伟：《我国刑事执行的现状及改革设想》，载《中国监狱学刊》2003年第5期；徐景星、刘志军：《刑事执行一体化的思考》，载《中国监狱学刊》2005年第6期。

〔2〕 参见韩玉胜、张绍彦：《刑事执行立法理论研讨会综述》，载《中国法学》1998年第5期。

〔3〕 参见杨兴培：《刑事执行制度一体化的构想》，载《华东政法学院学报》2003年第4期。

事执行法”的立法程序和草案应当由全国人大相关部门提出立法草案，在此基础上进行完善和通过程序。

关于“刑事执行法”的基本框架，在学界也有不同的看法。有学者认为，“刑事执行法”包括监禁刑罚和非监禁刑罚执行两个部分的法律规范；有学者则认为，“刑事执行法”包括刑罚执行和非刑罚内容执行的刑事裁判执行两个部分；还有学者认为“刑事执行法”包括刑罚执行和非刑罚执行两个部分。[1]这些观点反映了刑事执行立法在基本内容上还存在较大分歧。关于刑事执行立法的基本内容，从刑事法的基本规定和原则规定来看，刑事执行法立法应当涵盖刑法确定的刑罚中的主刑和附加刑，以及在具体裁判中从交付执行到执行完毕的整个过程中涉及的刑罚执行主体、执行方式、执行变更和执行结束的各种规范的统合。在立法中，应当明确刑罚核心执行主体与附属执行主体之间的区分和联系。在刑罚执行的具体内容上，可以划分为死刑执行、有期徒刑执行、财产刑执行、资格刑执行、社区执行和执行的中止、延迟和终结执行，以及执行监督、执行责任和惩罚等几个部分。在制定刑事执行立法方面不仅着眼于执行体制的统一行使，更重要的是要通过刑事执行立法来完善整个刑事司法体系，提升刑事司法的权威性和公正性。

（二）明确刑罚执行的主体和地位

在统一刑罚执行的核心主体方面，在未来“刑事执行法”的立法中应当明确国务院司法行政机关的核心主体地位。但是，刑罚执行毕竟是复杂的过程，包括交付执行、执行的中止、暂缓执行等司法程序，必须有其他司法机关的广泛参与，仅仅依靠司法行政机关一家并不能完全履行刑罚执行的全部工作。很多研究刑罚执行的学者片面将刑罚统一执行体制理解为完全由司法行政机关来行使执行权，既不符合司法规律，也无法解决司法实践中的问题。笔者认为，在刑罚执行主体之中，应当区分核心主体与附属主体。核心执行主体，是行使执行刑罚内容的主体，譬如死刑的执行、财产刑的执行、监禁和社区矫正的执行等；附属执行

---

〔1〕 参见韩玉胜、张绍彦：《刑事执行立法理论研讨会综述》，载《中国法学》1998年第5期。

主体，是辅助实际执行主体对刑罚进行执行的主体，譬如犯罪人的移交程序、减刑、假释、暂予监外执行和死刑执行、财产执行程序中涉及的公安、法院和检察院的职责。

关于司法行政机关如何改革内部机制来行使行刑权，学界也有不同看法。有学者主张，刑罚权统一由司法部行使后，司法部取消监狱管理局建制，设立刑罚执行总局，刑罚执行总局下设四个处：监狱管理处、社区矫正处、财产执行处和涉外执法处。[1]还有的学者主张高配司法部的刑罚执行总局，将刑罚执行总局升格为副部级单位。[2]笔者认为上述的建议都有一定的道理。这些改革方案都是很大胆的设计。但是，由于现阶段司法行政部门涉及刑罚处罚的部门已经有两个建制，即行使监禁刑的监狱管理局和非监禁刑的社区矫正管理局。因此，没有必要再合并单独设立刑事执行局。至于司法部是否需要单独设立涉外执法局或涉外执法处，笔者认为并不需要，因为涉外刑罚执行的案件总量并不是很多，这方面的工作可由目前司法部的涉外司法服务部门来承担。另外，剥夺政治权利也可由社区矫正部门来执行，没有必要就资格刑的执行再单独设立新的管理部门。刑罚执行管理部门的内设机构根据实际工作需要，应本着务实高效的原则进行适当调整，而不应当借改革之机大幅度扩充部门的编制和行政人员。

（三）规范监禁刑的变更执行的管理体制

减刑、假释和暂予监外执行，属于刑罚执行过程中的变更措施。由于这些措施的行使，可能导致刑罚执行的威慑和矫正效果受到影响，因此在实践中容易出现权钱交易的腐败问题。特别是近年来，社会上反映强烈的“有权人”“有钱人”违法减刑、假释、暂予监外执行问题在刑罚执行过程中时有发生。有罪犯及家属动用各种社会关系，通过贿赂等手

---

〔1〕 参见韩玉胜、沈玉忠：《行刑一体化与刑罚执行权的新配置》，载《河北学刊》2008年第1期。

〔2〕 参见赵秀伟：《我国刑事执行的现状改革设想》，载《中国监狱学刊》2003年第5期。

段虚假立功、频繁减刑、违法保外就医，严重影响司法公信。[1]2012年，最高人民法院发布《关于办理减刑、假释案件具体应用法律若干问题的规定》，规范减刑和假释工作的司法审理活动。2014年8月，最高人民检察院颁布《人民检察院办理减刑、假释案件规定》，建立检察机关逐案审查减刑、假释案件制度；2014年10月，最高人民检察院会同有关部门发布暂予监外执行规定，进一步界定保外就医严重疾病范围，严格暂予监外执行条件和程序，细化检察监督方式。2014年，司法部发布《监狱提请减刑假释工作程序规定》，严格规定了监狱内部减刑和假释执法问题的程序。上述司法机关出台针对减刑和假释问题的规定，对于有效遏制该执法领域中的不正之风和腐败现象具有重要意义。但是，从长远来看，这些规定都要进行立法上的系统化。

首先，为了从源头上解决减刑和假释领域的腐败问题，应对于提出减刑和假释意见的工作机制进行改革。在刑罚执行体制的改革中，应改革目前的由监狱单独向法院提出减刑、假释和暂缓执行意见的格局，而改为由减刑、假释工作委员会来提出意见。减刑假释工作委员会的构成，应广泛吸收社会力量参与，加强社会监督的力度，严格保障审查的合规性。对刑罚执行的变更审查程序进行实质化改造。刑事执行程序属于行政管理程序，但是由于涉及刑罚执行方式的变更，是对原判决和裁定的改变，因此需要原审判机构进行依法变更。目前人民法院和人民检察院对监狱提出的刑罚执行变更的意见仅仅是审查，很大程度上是形式审查，而非实质审查。在刑罚执行体制改革过程中，对于该刑罚变更执行方式的审查，可根据案件的需要，特别是法定事由不确定或者存在条件瑕疵的，可有选择地采取听证的方式进行个案实质审查。听证公开化、听证程序规范化和听证当事人参与的广泛化，可以保证减刑、假释和暂缓执行的实体和程序的正当性。当然，也有学者提出对刑事执行变

[1] 2010年1月至2015年8月，全国检察机关共监督纠正不当减刑、假释、暂予监外执行88，833人，司法机关对2244名暂予监外执行条件消失或不符合条件的罪犯依法收监执行。参见马德林：《最高检：加强减刑假释案件监督已纠正8万多不当案例》，载http：//www.chinanews.com/gn/2015/11-02/7602098.shtml，最后访问日期：2015年8月12日。

更程序进行诉讼化处理。[1]笔者认为采取诉讼化的方式处理刑罚执行程序的变更，因诉讼程序的烦琐和时间的拖延，会不可避免地大大增加刑罚执行变更的成本，不利于刑罚执行变更的实际操作。

其次，建立刑罚暂缓执行、减刑和假释专业裁判法官制度。刑罚执行过程中不可避免涉及暂缓执行、减刑和假释等需要变更执行的司法程序。在这方面，法院本身享有无可争议的刑罚执行措施变更的裁判权。在法国，刑罚执行不再被认为是纯粹的行政活动，而是刑事诉讼过程的一部分。这也是《欧洲人权公约》第6条的应有之义。该条所规定的接受公正审理的权利既包括接受法院公正审判的权利，也包括接受公正执行的权利。1997年欧洲法院通过"豪恩斯彼诉希腊"一案表明，刑事诉讼并非止于刑事判决的确定生效阶段，刑事判决的执行是刑事诉讼的一部分。正是在此观念支配下，法国于2000年6月15日正式实现了刑罚变更执行的司法化，由司法官依照司法程序决定刑罚执行事项。[2]我国目前有关减刑和假释案件由中级法院来裁决，在审查上也主要是书面审查，因此其形式上带有更多的行政审批的色彩，导致刑罚的变更执行方式的司法审查流于形式。法国专业的刑罚执行法官在刑罚变更方面的制度和规范，值得中国的改革借鉴。

最后，建立专业刑罚执行监督检察官，专责刑罚监督。目前，在刑罚执行过程中，检察院的派出派驻检察机构建设相对滞后、部分地方监督不规范，部分地方刑罚执行检察队伍素质能力不足也是当前亟待解决的问题。在监督、纠正不当减刑、假释、暂予监外执行的同时，最高人民检察院应当探索和健全刑罚变更执行监督长效机制。根据刑罚执行官的改革做法，检察机关也可以建立刑罚执行监督官，对刑罚执行变更和程序减刑专业化诉讼进行监督，这可以说是未来刑罚执行监督改革的方向。

（四）健全非监禁刑的执行体制

非监禁刑主要包括死刑执行、纳入社区矫正的刑罚执行、财产刑的

---

〔1〕 参见朱立恒：《刑事执行程序与宽严相济的向背及调整》，载《当代法学》2011年第2期。

〔2〕 参见张亚平：《法国刑罚执行法官及其启示》，载《比较法研究》2015年第5期。

执行、资格刑的执行和驱逐出境的刑罚执行等。这几类都属于刑罚执行体制改革中需要作出重大调整的内容。对于非监禁刑执行，以下几项制度需要加以重点推进。

1.死刑执行体制的改革

我国《刑事诉讼法》第252条规定：死刑采用枪决或者注射等方法执行。其中采用注射的死刑执行方式是1996年修改后加入的，我国成为继美国之后世界上第二个正式采用药物注射死刑的国家。学者普遍认为，注射执行死刑对于改进死刑的执行方式、减少死刑犯的痛苦、推进刑罚的人道化具有积极意义。但是我国目前从实践效果上来看，不少法院仍然采用传统的枪决执行死刑方式。我国应尽快废除枪决的执行方式，统一实行注射死刑的方法。另外，我国缺乏死刑执行后的善后工作规范。这方面可以由相关司法机关参照国际刑法学第14届代表大会通过的《关于刑法与现代生物医学技术问题的协议》的相关规定，对尸体进行科学研究、器官捐献等方面制定规范性司法解释，使死刑执行程序有法可依。〔1〕由于目前的死刑全部由法院执行，司法行政机关并没有死刑执行权。在死刑执行的改革中，有学者主张死刑执行还是保留在法院比较合适。〔2〕也有的学者主张，在司法行政机关设立专门的死刑执行管理机构，在司法部设立死刑执行局。〔3〕笔者认为，目前死刑执行完全移交司法部还有一定的难度，主要是注射死刑的条件比枪决执行死刑具有更高的技术配备条件，很多落后地区的监狱还不具有这样的技术和管理条件。当然，随着死刑的限制和死刑判决数量的大幅减少，且死刑执行都改为在监狱进行注射死刑，由监狱管理部门行使执行管理即可，没有必要再单独建立局级行政管理部门。

2.财产刑的执行体制改革

最高人民法院2010年实施的《关于财产刑执行问题的若干规定》第

---

〔1〕 转引自周红梅：《刑罚执行论》，辽宁人民出版社1993年版，第134页。

〔2〕 参见乔汉荣、陆云生：《刑事执行一体化背景下完善刑罚监督问题研究》，载《云南大学学报》（法学版）2006年第4期。

〔3〕 参见朱立恒：《刑事执行程序与宽严相济的向背及调整》，载《当代法学》2011年第2期。

1条就明确规定，财产刑由第一审人民法院负责裁判执行的机构执行；被执行的财产在异地的，第一审人民法院可以委托财产所在地的同级人民法院代为执行。对于财产刑的执行是否可以从法院一步到位转移给司法行政机关？对于这个问题，答案应当是肯定的。目前法院的执行主要精力集中在民事判决和裁定的执行上，根本无暇兼顾缺乏当事人推动的刑事罚金和没收财产的执行。这也是造成罚金和没收财产判决率高、执行率不高的重要原因。司法行政机关如果从法院接手财产刑的执行，建立专门的刑事财产执行和管理机构，将有效调动执法的积极性，提高财产刑的执法效能。当然，财产刑的执行是非常复杂的问题，不是单纯体制改革就可以有效解决的，还必须从刑罚配置等方面对财产刑从实体到程序进行相应的改革，制定相应的规范性法律文件，为财产刑的执行体制改革创造基础性条件。

3.缓刑的社会调查和执行机构的创新

与世界其他法治国家相比，我国缓刑适用率相对较低。[1]随着刑罚制度的不断改革，特别是社区矫正等非监禁刑的广泛适用，缓刑的适应面必然会扩大。在国外很多国家的司法机构中都设有缓刑办公室（probation office）专门负责判决缓刑的犯罪人的社会调查和缓刑的执行。在我国的司法机构建制中，并没有缓刑调查和执行的办公机构的建制。

目前，我国在刑事速裁程序的试点中，试行对刑事速裁案件中的可能适用缓刑的案件进行社会调查。社会调查由被告人户籍所在地的社区矫正机构来进行，并出具相关社会调查的结论性法律文件。在具体的运作过程中，社会调查存在效率不高和形式化严重的问题。鉴于这种情况，可以考虑在社区矫正机构中专门建立缓刑办公室，专责缓刑和相关执行的事务。建议有关部门出台有关缓刑机构的设立、人员配备和工作流程的法律规范，以规范缓刑社会调查和执行的工作程序。

---

〔1〕 参见邓文莉：《两极化刑事政策下的刑事制度改革设想》，载《法律科学》2007年第3期。

第三节　民事执行机构改革

一、民事执行权性质的界定

执行权是法定的执行机关根据相关的法律文书强制特定义务人依法履行义务的一种国家权力。与三大诉讼相对应，执行可分为刑事执行、民事执行和行政执行。我国《人民法院组织法》第40条规定，地方各级人民法院设执行员，办理民事案件判决和裁定的执行事项，办理刑事案件判决和裁定中关于财产部分的执行事项。《民事诉讼法》第224条规定，发生法律效力的民事判决、裁定，以及刑事判决、裁定中的财产部分，由第一审人民法院或者与第一审人民法院同级的被执行的财产所在地人民法院执行。法律规定由人民法院执行的其他法律文书，由被执行人住所地或者被执行的财产所在地人民法院执行。由此可见，刑事判决、裁定中仅财产部分由法院执行，全部的民事案件执行统归人民法院，行政判决、裁定、调解书和依法应由人民法院执行的行政处罚决定、行政处理决定也由法院执行。除行政拘留等人身性质的执行外，行政执行与民事执行具有相当程度上的同质性，所以，本节主要集中在民事执行上加以论述。

由于我国宪法和民事诉讼法等相关法律并未对执行权的性质作出明确界定，加之民事执行的复杂性，目前国内理论界对此问题尚无统一认识，主要有以下四种学说：

第一，司法权说。该说认为，根据现行民事诉讼制度，民事执行权由法院专属行使，而法院是我国的司法机关，行使审判权。执行工作是审判工作的延伸，所以执行权应属司法权，目前此说是通说。[1]

第二，行政权说。该说认为民事执行不同于审判，执行活动是行政活动。虽然在执行过程中也需要“裁决”，但是更重要的是实施，裁决只

〔1〕 参见肖建国：《民事执行权和审判权应在法院内分离》，载《人民法院报》2014年11月26日；张卫平主编：《民事诉讼法教程》，法律出版社1998年版；高执办：《论执行机构内部的分权与制约》，载《人民司法》2001年第6期。

是为了达到顺利实施的一种手段和保障，因此执行行为本质上是一种行政行为，执行权主要具有行政权属性。持此说的学者也很多。[1]

第三，司法行政权说。司法行政权说又分三种，一是司法行为本质说；二是行政行为本质说；三是并行说，此种观点认为民事执行权在国家分权属性上具有司法权和行政权的双重性，在执行工作中，司法权和行政权的有机结合构成了复合的独立而完整的强制执行权。[2]

第四，边缘性权力说。该说认为，民事执行权是一种相对独立的、处于司法权与行政权边缘的国家权力。尽管从基本特征来看，它既有司法权的被动性，又具有行政权的单向性，但并不能因为这些特征而简单地将其归入行政权或司法权的范畴。[3]

目前，民诉法学界通常认为，民事执行权在性质上属于司法权。理由如下：司法权与审判权不同，司法权是审判权的上位概念，司法权的范围非常广泛，审判权、检察权和执行权都属之。虽然我们不能从执行权由法院行使而得出执行权就是司法权的结论，但是从国内外关于执行机构的设置来看，无论是将执行机构设在法院内还是法院外，最终法官都对执行具有终局的决定权，特别是涉及不动产案件。由此我们可以看出，执行权与司法权具有更加紧密的联系，所以它应属于司法权的范畴。

二、我国执行模式的演变及可能参照的方案

自中华人民共和国成立以来，我国执行模式随着相应的政治经济文化的发展变化，经历了阶段性的变化和调整。纵观我国六十多年来的执行模式，大致可以分为五个阶段。第一阶段是中华人民共和国成立初期，我国采取审执合一的模式，法院集审判权和执行权于一身，既是审

〔1〕 参见周会茂：《让民事执行回到行政权属的本位——解决民事执行难的一种思路》，载《福建论坛》2011年第4期；汤维建：《关于破解执行难的理性反思以执行体制的独立化构建为中心》，载《学习与探索》2007年第5期。

〔2〕 参见刘瀚、张根大：《强制执行权研究》，载信春鹰、李林：《依法治国与司法改革》，中国法制出版社1999年版，第432页。转引自童兆洪：《民事执行权若干问题研究》，载《法学家》2002年第5期。

〔3〕 参见杨荣馨、谭秋桂：《标本兼治，解决“执行难”——民事强制执行法专家建议稿起草问题研究》，载《政法论坛》2004年第4期。

判机关又是执行机关。第二阶段是20世纪90年代，我国开始了民事执行模式的改革，实行审执分离模式，在法院内部设立执行庭，依法行使执行权。第三阶段是21世纪初期，我国又开始了一轮关于执行模式的改革，根据《最高人民法院关于改革人民法院执行机构有关问题的通知》，各法院执行庭改为执行局。第四阶段是2008年左右，最高人民法院执行局对各级法院执行局实施垂直监督和指导，一定程度上实现了审判权和执行权的分离。而目前我国正在经历第五次改革，至于这次改革将最终走向什么方向仍没有定论。

在域外，执行机构的设置与执行权行使的模式基本有以下几种情况：

（1）法官负责执行型。执行事务由法官负责，执行员是法院执行机构的构成人员，是法院的公务员，没有独立办理执行事务的权力，地位比较低，仅根据执行法官的指令办事。如意大利、西班牙、秘鲁、奥地利等国，我国澳门和台湾地区也属此。笔者认为，由于我国司法中审判权本身就处于优势地位，而执行权则地位较低，为解决执行中的问题，必须提高执行机构的地位，无权力何来权威？其实我国目前的境况与此很相似，但现实告诉我们，我们必须要向前再进一步才能适应本国国情。

（2）执行法院和执行官分工结合型。即法官或执行法院与执行官分别独立行使各自的执行权力，但实际上法官仍处于最终支配地位。如德国、法国、日本等国家。德国的执行机关有三种：执行吏（或执行官）、执行法院、受诉法院，但大部分的执行工作，通常由执行官和执行法院两者负主要责任。日本的执行机关也分为执行法院和执行官，对行为的执行因为涉及对执行内容的理解、考虑当事人的情况及是否变更执行内容等因素，所以日本对行为的执行由原判法院进行。由此可见，实际上日本的执行机构与德国是一致的，应该分为三个。在执行事务的分工方面，执行官可以根据当事人的申请，独立地实行对动产的执行和物的交付的执行，执行法院负责对不动产、债权、其他财产及作为和不作为的执行。执行官执行时其所属的法院为执行法院。笔者认为，此种类型对我国司法改革借鉴意义最大。

(3)专门的执行法院型。目前只有冰岛设立专门的执行法院处理和执行提交给它的执行名义(各种生效的可执行的法律文书),借鉴意义不大。

(4)法院外设非专门执行官型。由设在法院以外的、隶属于行政或警察系统的官员执行,如英国、美国、加拿大等英美法系国家。英国的执行官是设在法院外的郡的官员,根据法官的令状把案件交由执行官去执行,最后将令状执行情况报告给法官。在美国,执行州法院判决由州执行官进行,执行联邦法院判决由联邦执行官或称为联邦执法官进行,这两类人员都是警察的一类,是专门提供法庭服务的警察。联邦执行官由总统根据参议院的意见任命,美国联邦于司法部内设立联邦执法官署,由总检察长(司法部长)领导。署内最高领导为执法官总监,由总统根据参议院意见任命。执法官总监行使的权力除法定外,由总检察长授予。县执行官由公众选举产生。美国的执行官,特别是联邦执行官权力比较大。

(5)法院外设专门的执行机构型。如瑞士,在法院外设专门的执行机构,专司执行。这主要是由于该国面积小,人口相对少且分布比较集中造成的,对我国借鉴意义不大。

三、我国执行机构改革的备选方案与评估

民事执行权的准确定位为民事执行机构的设置奠定了坚实的理论基础,为民事执行机构内部的人员配置、职权设定以及上下级执行机构关系的处理等指明了方向,为构建科学的民事执行法律程序提供了理论依据。由于在理论界对于民事执行权并未达成统一认识且实务界也在开展试点活动,所以学者们的意见可谓众说纷纭。但归纳起来主要有三种观点:

其一,彻底外分。此种观点要求将执行权全部从法院分离,交由司法或行政机关行使,甚至是成立新的部门独立的执行局。持此观点的学者大都主张执行权是行政权,如有学者认为“唯有用行政化的原理来重新塑造执行机构,并将之在国家权力结构中配以适当的位置,才能形成

一个结构清晰、层级明确、关系确定的执行机构网络结构，方能切实地解决执行难的问题”。[1]

其二，部分外分。也就是说，在原有的基础上，把部分执行实施权分给司法行政机关或者是独立的执行局。如有学者认为：法院现有的执行局仍然保留法律规定的职责即具体负责执行案件的受理、签发案件执行裁定、案外人对案件异议的申请、对执行局执行案件的监督和无法执行案件的终结执行裁定等。它不具体负责案件的执行，避免当事人对法院职能的误解。也就是说，改革后的执行体制原则上是法院管执行案件的受理，具体执行工作由执法局（在法院外设立的，将执行权真正回归到行政机关）负责，两者相互配合，共同完成执行工作。[2]

其三，深化内分。认为推动审执分离的工作重点是在法院内部将审判和执行作进一步彻底的分离，如将执行裁决权和执行实施权分由不同机构行使等。持这种观点的学者最多，如“民事执行权属于司法权，应由法院来行使；民事执行权和审判权的分离，应当在人民法院内进行分离”“将民事强制执行机构设置在人民法院，但特别强调民事执行机构与审判庭的区分，实行严格的审执分立。主张民事执行机构内部设分别履行立案、实施、裁判三种职能的机构；执行机构内部配备执行法官和执行员两种专业人员，其中，执行法官行使执行命令权和执行裁判权，执行员行使执行实施权”[3]“建议将动产扣押、强迁和强制交付业务划归执行员负责，并建立执行员的行为受制于法官依申请审查的监督制约机制。在执行员管理上保留司法行政公务员性质的体制，同时探索建立授权律师行使动产扣押等权力的制度”。[4]

中华人民共和国成立以来，执行模式大致经历了四次大的调整，而

---

〔1〕 参见汤维建：《关于破解执行难的理性反思以执行体制的独立化构建为中心》，载《学习与探索》2007年第5期。

〔2〕 参见周会茂：《让民事执行回到行政权属的本位——解决民事执行难的一种思路》，载《福建论坛》2011年第4期。

〔3〕 参见肖建国：《民事执行权和审判权应在法院内分离》，载《人民法院报》2014年11月26日。

〔4〕 参见张永红：《审判权和执行权相分离体制改革中应当注意的问题——基于英国模式的思考》，载《法律适用》2015年第5期。

目前正是第五次调整的初期。关于此次调整改革的方向和路径，如何科学地设置执行机构，理论界和实务界一直争论不休。如前所述，这些不同的观点大致分为彻底外分、深化内分以及部分外分三种观点。在三种观点中占主流的是彻底外分和深化内分，下文也将对这两种观点进行集中的论述。

（一）彻底外分的理论支持

庄庆龙和张晓军主张在省（市）级设置一个独立于同级法院、检察院，并列于公安司法部门等行政部门的执行机关，并视管辖区域设立若干分支机构，实行垂直领导、统一管理的制度。庄庆龙在其《民事执行权与审判权不应“同处一室”——从执行难的大背景下探讨执行机关独立设置的必要性》的论文中，集中表达了其支持彻底外分的理由：（1）执行权是一种兼具行政强制性和司法裁判性的复合性权利，既不隶属于行政权，又不隶属于司法权，因此执行机构应拥有独立于法院和其他行政机关的地位。（2）目前的执行改革流于形式，有独立的执行部门却没有真正独立的执行权力，在我国法院的体制下不可能真正做到“审执分离”。（3）上下级法院之间是监督和被监督的关系，从而使各个法院之间往往不能进行良好的配合，导致异地执行难这样的问题出现，因此执行部门不独立无法开展全局性工作。（4）民事执行部门独立后，有利于解决“执行难”和“执行乱”的问题，有利于发挥民事执行工作的监督作用，有利于民事执行工作的专业化和科学化，有利于促进和保障专门的民事强制执行法的制定。〔1〕

汤维建教授在《关于破解“执行难”的理性反思——以执行体制的独立化构建为中心》一文中也提出了他的看法：执行机构应当独立建制，既不隶属于法院，也不隶属于地方各级政府，而应直接隶属于国务院。国家所有的执行部门，应当统一管理，在机构设置上应当一体化和统一化。对执行机构应当实行行政化的管理体制，在上下级各个执行机构之间，应当实行直接的垂直领导体制。其阐述的理由除了上文中已经

〔1〕 参见庄庆龙：《民事执行权与审判权不应“同处一室”——从执行难的大背景下探讨执行机关独立设置的必要性》，载《法制与社会》2013年第12期（下）。

提及的之外，还有以下两点：(1)将执行机构设置于法院内部，难以改变法院长期以来固有的“重审轻执”的观念。(2)执行权由法院行使，会使法院的管理体制处于混乱的状态。执行局的上下级之间是领导与被领导的关系，而法院上下级之间是监督与被监督的关系，将具有行政性的执行局设置在法院系统内必定会使法院管理体制混乱。[1]

黄永华、姚慧媛两位学者在论文《论中国民事执行机构的重构》一文中提出：中国的民事执行权一直由法院行使，进行的几次改革都是在现行制度框架内的改革，这种内置性的改革无法从根本上克服中国现行的民事执行机构设置的弊端。因此应当对原有的制度设计加以根本性的改变，将执行机构从法院中剥离出来。但基于目前中国的国情，不适合将执行权交给行政机关如公安部门和司法行政机关，故建立专门的民事执行机关是较为理想的选择。理由大致如下：(1)专门机关行使民事执行权与中国的司法传统并不冲突。(2)设立专门民事执行机关有利于改变现有体制下执行员既当“运动员”又当“裁判员”的现状，避免司法腐败的发生。(3)设立专门民事执行机关有利于改变现有执行体制领导的混乱，克服地方保护主义造成的执行困难。[2]

江湘瑞也在其《民事执行制度改革刍论》的论文中提出：建立独立的执行法院更有利于从根本上促使执行走上良性循环的轨道，同时也可以防止因既审判又执行对法院中立形象的损害，有利于维护裁判的公正和审判的权威。此外，江湘瑞也提出了建立独立执行法院应遵循的两个具体原则：(1)防止执行权地方化原则。(2)执行资源的优化配置和执行效益最大化原则。[3]

对于将执行机构彻底分离出法院的彻底外分主义来说，最大的优势在于将审判和执行完全分开，使执行机构的领导被领导关系可以不再受限于法院的监督被监督关系。但是这一点的优势却遮盖不住其本身就

---

〔1〕 参见汤维建：《关于破解“执行难”的理性反思——以执行体制的独立化构建为中心》，载《行政与法》2007年第5期。

〔2〕 参见黄永华、姚慧媛：《论中国民事执行机构的重构》，载《经济研究导刊》2015年第1期。

〔3〕 参见江湘瑞：《民事执行制度改革刍论》，载《攀登》2002年第1期。

具有的问题，其中最大的问题就是在加重当事人程序负担的同时也使执行效率低下。执行机构改革的目的就是解决“执行难”和“执行乱”的问题，花费了那么多的人力、物力、财力在法院之外建立了新的执行机构，却使当事人更难申请执行，更难得到执行，这显然是很不明智的。

（二）深化内分的理论支持

肖建国在其《民事执行权和审判权应在法院内实行分离》一文中明确提出：民事执行权属于司法权，应由法院来行使，民事执行权和审判权的分离，应在人民法院内进行分离。其列出的理由可以归纳如下：(1)民事执行权是民事司法权下独立于审判权的一项法院强制权，并非基于一面关系的行政法律关系。(2)在所有法治发达的国家，无论是英美法系还是大陆法系，重大的民事执行行为、价值巨大的财产的民事执行和执行裁决事项等几乎被法院垄断。执行员或行政官员只能介入价值较低的动产的执行，其中行政官员都要取得法院的命令后才能展开执行活动。(3)如果将民事执行权交给行政机关，将会严重损害人民法院的司法权威、降低其执行效率，还将会颠覆目前民事执行的司法体制从而走向行政体制，带来巨大的制度变革成本。(4)对域外经验的两个认识误区：一是认为英美法系国家由警察来执行民事判决，因此警察是独立的机构。实际上在英美国家，司法权高于行政权、警察权，警察没有独立的民事执行权，执行判决完全是在法院的命令之下进行。二是将瑞典和瑞士的执行体制夸大为大陆法系执行体系的代表。实际上瑞典和瑞士把执行权交给行政机关行使与其人口密度小和分布集中的地理环境特点息息相关。这种体制在大陆法系也算是例外，于我国而言没有参考价值。(5)越南改革的前车之鉴。越南最初的民事诉讼法典规定法院行使民事执行权，之后越南将民事执行权切出去交给行政机关行使，结果导致了执行效率的明显下降和实际执行结案率的下降，同时也给当事人造成了更多的程序负担。[1]

华小鹏也在其论文《改革与完善我国民事执行制度的建议》中指出

---

〔1〕 参见肖建国：《民事执行权和审判权应在法院内实行分离》，载《人民法治》2015年第7期。

我国的执行机构应设置在人民法院，主要理由如下：(1)设置专门的执行法院不符合我国目前进行机构改革、精兵简政的大环境，国外也没有设立专门执行法院的先例。(2)将执行权交由公安机关或者司法行政机关行使，会从体制上为地方政府干预执行大开方便之门，加剧执行工作中的地方保护主义。(3)执行机构设在人民法院既有利于提高执行工作的效率，也可以达到审判与执行相互监督、相互制约的目的，实现效率与公正的协调统一。(4)将执行机构设在人民法院符合世界上执行机构设置的通行模式。〔1〕

谭秋桂在其《民事执行权的配置方式与民事执行体制的构建》和《执行机构脱离法院违反民事执行基本规律》两篇文章中都明确了执行权应当由法院行使。第一篇文章中的观点较为保守：尽管民事执行权具有相对独立性和完整性，从理论上说既可设立行使该权力的专门机关并使该种机关形成独立的系统，也可以将其交给行政机关或者司法机关行使，但是，从该权力的性质、构成及其运行特征来看，将民事执行权配置给法院更为妥当一些。〔2〕第二篇文章中的观点较为明确激进：执行机构脱离人民法院，既不是民事审判权与民事执行权相分离的要求，也不符合民事执行权的基本运行规律，是缺乏理论基础的。其主要理由如下：(1)全世界各国、各地区的民事执行权都与法院存在关联，民事执行中的执行命令权能和执行裁判权能牢牢掌握在法官手中，执行实施权能则由司法职业人员行使，完全由与法院无关的行政人员负责民事执行的情况极为罕见。(2)民事执行权是一种综合性的权力，兼具行政权和司法权特征。由法院行使这种综合性权力，与法院的中立性并没有矛盾。(3)由法院完整地行使民事执行权，有利于确保民事执行的效率。(4)将民事执行权配置在法院，只要执行机关内部机构设置和人员配备合理，并不会产生权力滥用或者有错不纠的问题，执行监督与制约的效果同样

〔1〕 参见华小鹏：《改革与完善我国民事执行制度的建议》，载《河南社会科学》2003年第2期。

〔2〕 参见谭秋桂：《民事执行权的配置方式与民事执行体制的构建》，载《法律适用》2006年第1期。

能得到保障。(5)执行机构脱离人民法院将加重当事人的负担。(6)执行机构脱离人民法院，人民法院作出的裁判确定的内容能否实现只能依赖其他机关，势必会影响人民法院作出的裁判的权威性和公信力。尤其是如果其他机关执行效果不好，司法的权威性和公信力将受到更多的质疑。[1]

包志清、熊伟伟在《审判权与执行权分离的理性思考》一文中通过对彻底外分主义的反思和批判，表达其对深化内分主义的支持。其批判的主要理由如下:(1)审执彻底分离的必然结果是：一方面，法院只需顾及审判工作的合法性，对于执行工作在所不问；另一方面，在法院判决后，当事人又不得不向执行机构申请立卷执行，这样既浪费了司法资源，又增加了当事人的诉累，还会导致两者相互推诿。(2)审执彻底分离容易导致司法人员的懈怠。一方面，审判法官不会积极主动地去考虑执行方面的问题，只须保证判决的合法、合理性；另一方面，执行法官只有等到法院的有效判决，才会帮助申请执行人进行执行，但在这一过程中，一旦出现执行异议，或生效的法律判决被撤销等情况，执行人员就会懈怠下来，对于执行异议很难作出合法有效的审查，甚至出现审判与执行相互扯皮的情况。(3)审执彻底分离，使有效的法律判决到了执行阶段很难得到快速有效的执行结果，当事人的实体权利虽然获得了法律的支持，但在现实法律环境中却难以得到实现。[2]

(三)评价及本书的观点

在十八届四中全会《决定》中提出推动实行审判权和执行权相分离的体制改革试点之后，关于如何正确理解十八届四中全会《决定》中提出的审执分离、如何合理界定审判权和执行权关系、如何更好地配置执行权和如何科学地设置执行机构等问题的探讨层出不穷。但是究其根本，这些学理上的讨论的落脚点都是在实践中如何更合理地配置执行机

---

〔1〕 参见谭秋桂:《执行机构脱离法院违反民事执行基本规律》,载《人民法院报》2014年12月3日。

〔2〕 参见包志清、熊伟伟:《审判权与执行权分离的理性思考》,载中国法院网：http://www.chinacourt.org/article/detail/2013/11/id/1152494.shtml，最后访问日期：2016年10月10日。

构。上文已对两种主流的执行机构配置模式进行了综述,很多学者都支持这两个观点之一,为此也提出了各种各样的理由。

对于上述观点,笔者意见如下:(1)彻底外分说表面看挺有道理,但是稍加考究便可发现其不可行性。首先,彻底外分法律成本太高。将执行权从法院分离,将涉及民事诉讼法、刑事诉讼法、行政诉讼法、法院组织法以及法官法等大量法律的重大修改。现行有关执行的众多司法解释、规范性文件也须相应进行整理和修改。这在实际操作中短期是不可能完成的。其次,将执行权全部外分容易加重当事人的负担,使其在法院和执行机构之间疲于奔命。再次,彻底外分需要大量的人力和财力支撑,建立新的机构必然牵一发而动全身,比较冒进。最后,司法权在三权中本身就处于弱势地位,将执行权分离之后行政权必然会再次膨胀,于权力制衡不利。(2)部分外分说主张将具有行政权性质的民事执行实施权赋予公安或者司法行政机关,这样虽然可以减轻人民法院的工作负担,但却此消彼长地加重了公安和司法行政机关的负担,使其本来就捉襟见肘的资源更显紧张。同时,将执行实施权和执行审查权人为地割裂分配到不同的机构行使,无疑会出现效率低下、相互掣肘的问题。(3)相比前两种观点,深化内分观点可操作性最强,也最符合我国目前的法制环境。在现有基础上,对民事执行权进行重构,其实也是一项大工程,但是它所可能产生的动荡性是可以掌控的,并且成本相对较低。对于希望在法院内部进一步分离的深化内分主义来说,最重要的理由是在我国的司法传统和世界各国的实践经验中,具有司法权性质的执行权都是法院的权能之一,完全脱离法院的执行实践几乎是不存在的。至于那些反对者认为在法院的体制内做不到真正的审执分离,执行的上下级领导关系受限于法院上下级监督关系,其实是可以在一步步的深化改革中实现的,也即只要执行机关内部机构设置和人员配备合理,执行的效果同样能得到保障。故笔者认为相比于彻底外分,深化内分是更合理、更适合我国国情和目前改革方向的方案。

综上所述,笔者认为要做好执行和审判的内部深化改革,必须处理好以下几个方面的问题:(1)完善执行机构设置。在执行局外设立与民事审判庭、刑事审判庭、行政审判庭并列的执行审判庭，使执行裁判权和执行实施权进一步分离。将执行实施权和程序性争议的处理权主要交由执行局的执行员和司法警察行使；执行审判庭的执行法官则主要负责执行中的实体性争议，包括实体争议审判权、非诉行政行为审查权、仲裁裁决审查权、公证债权文书执行力审查权和执行当事人变更或追加决定权。(2)提高执行人员业务素质，吸引优秀人才参与到执行队伍中来。任何制度都是由人来具体实施和操作的，执行人员的素质绝不能打折扣。(3)加强监督。2012年《民事诉讼法》已经规定由检察院对民事诉讼进行法律监督，立法的授权可以使检察院行使职权时名正言顺。检察机关对民事执行必须尽到监督职责，其可以通过要求说明不执行理由、命令调查与补充调查、参与执行、检察建议、纠正违法通知、追究刑事责任等方式进行监督。(4)人民法院应当结合省以下法院人、财、物统一管理体制改革和法官员额制改革，在民事执行领域进一步深化执行程序中执行裁决权与执行实施权的分离改革。同时，应在最高人民法院设立执行总局统一管理全国法院执行工作，确立上下级法院执行实施机构指挥与被指挥、领导与被领导的关系。

第四节　司法拍卖市场化改革及其完善

在我国司法改革的整体框架中，有一个并不显眼但却颇具启发意义的改革向来未受到应有关注，此即司法拍卖体制和机制的改革与完善问题。司法拍卖改革率先提出了司法行政权和司法权的分离与制衡的关系命题，同时在更为具体的意义上蕴含了我国强制执行体制改革和发展的走势与方向。司法拍卖改革从20世纪末叶正式起航，至今已有十几年之久，中间历经了多次司法解释，基于实践探索所形成的司法拍卖模式也各有特色，以司法委托拍卖为主旨的制度变迁日臻完善。然而2013年初开始实施的新修订的《民事诉讼法》对司法拍卖制度的立法表述作出了微妙调整，这就使司法拍卖改革的走向问题再次被提上议事日程。目前，由法院主导的网络拍卖也日益具有制度重塑的实践功能。为此，一个必然提出的理论课题便是，中国的司法拍卖改革是继续朝市场化方向发展和完善，抑或在网络拍卖的一片叫好声中，对改革的对象来一次“否定之否定”，从而实现向法院自行拍卖的制度性回归？这个问题亟待解答，否则会导致实践紊乱，尤其会阻碍司法拍卖制度改革的理性发展。本节即试图对该问题作出初步探讨，并在此基础上提出若干完善建议。

一、立法规定、司法解释与实践探索

司法拍卖是与任意拍卖或商业拍卖相对而言的概念，是指在被执行人逾期拒不履行生效法律文书所确定的法律义务时，人民法院依照民事诉讼法的规定，对涉诉资产采取拍卖措施，并用拍卖所得款项清偿债务的活动和行为，也称为强制拍卖。司法拍卖在我国最早出现于1991年4月的《民事诉讼法》中，此前1982年3月的《民事诉讼法（试行）》并未规定拍卖制度，而仅规定了传统的变卖制度。拍卖制度进入作为公法的民事诉讼法中，成为法院运用市场化手段进行强制变价的方法之一，对实现被执行标的物的价值最大化具有重大意义，从此我国的两种拍卖制度——任意拍卖和司法拍卖——进入了并行发展的新阶段，也标志着我国拍卖制度臻于成熟。

1991年4月《民事诉讼法》第226条规定：“被执行人逾期不履行的，人民法院可以按照规定交有关单位拍卖或者变卖被查封、扣押的财产。”该项规定有两个特点：一是拍卖和变卖属于平等的两种变价方式，没有先后顺位之别；二是人民法院是否交有关单位拍卖或变卖，属于“可以”的任意性规范，而不属于“应当”的强制性规范。此一规定在实践操作中易生混乱，对被执行财产的变价究竟是依拍卖进行还是依变卖进行，法院的裁量权过大。为限制法院的此种裁量权，1998年7月最高人民法院通过了《关于人民法院执行工作若干问题的规定（试行）》的司法解释，对民事诉讼法的上述规定作出了细化解释。其第46条规定：“人民法院对查封、扣押的被执行人财产进行变价时，应当委托拍卖机构进行拍卖。”通过此一解释，人民法院需要对被执行财产进行变价时，首先需要采用拍卖的形式，而且拍卖需要通过委托拍卖机构的方式进行，而不得自行拍卖。这便确立了我国统一的司法委托拍卖制度。委托成为司法拍卖制度的必要元素，非委托即不得进行司法拍卖。因此，我国的司法拍卖制度与委托拍卖制度在内涵上是相同的。以此为标志，我国司法拍卖制度的市场化改革迈开了新的步伐。

1998年7月《执行规定》颁行后，最高人民法院根据实践需要，不失时机地相继通过若干司法解释对委托拍卖制度进行了完善，主要有《关于冻结、拍卖上市公司国有股和社会法人股若干问题的规定》(2001年8月)、《关于人民法院民事执行中拍卖、变卖财产的规定》(2004年10月)、《关于人民法院委托评估、拍卖和变卖工作的若干规定》(2009年8月)、《关于人民法院委托评估、拍卖工作的若干规定》(2012年1月)、《关于执行权合理配置和科学运行的若干意见》(2012年1月)等。此外，最高人民法院还发布了《对外委托鉴定、评估、拍卖等工作管理规定》等具体操作性文件。地方各级法院也根据最高人民法院的司法解释，作出了关于司法拍卖的有关细则和规程。除最高人民法院外，商务部和财产部等行政管理部门也对司法拍卖作出了相关规范。如财政部发布了《关于上市公司国有股被人民法院冻结、拍卖有关问题的通知》(财企〔2001〕656号)、商务部办公厅发布了《关于做好司法拍卖改革相关工作的通知》(商办流通函〔2012〕487号)等。上述司法解释及有关规范性文件，构成了我国除立法以外的有关司法拍卖市场化改革的全部规范体系。

为了探寻出一条适合中国国情和现实需要的司法拍卖之路，全国各级司法机关积极探索，多方尝试，反复试点，不断深化，在制度实践上形成了诸多有益的经验，并积淀成了几种具有代表性的实践模式。例如，上海市高级人民法院审慎推出的“公共资源拍卖中心”模式(以下简称“上海模式”)、重庆市高级人民法院开拓形成的“产权交易所模式”(以下简称“重庆模式”)、广西壮族自治区高级人民法院总结出的“联拍网模式”(以下简称“广西模式”)以及浙江省高级人民法院探索力推的“淘宝网模式”(以下简称“浙江模式”)等。这些模式虽在具体做法上有所差异，但有一点是共同的，就是都在不同程度上为我国司法拍卖改革提供有启发价值的实践素材，因而就此而论，均值得肯定。

二、司法拍卖制度改革的规律及基本方向

从上述立法规定、司法解释及实践探索来看，我国司法机关在司法拍卖制度的改革上一直未停息脚步，而是在日益深化推进和积极开拓，并取得了丰硕的成果和丰富的经验。我们从中可以探析和概括出司法拍卖制度在我国的发展规律和基本方向。具体包括以下诸端：

（一）从法院自行拍卖到委托拍卖

司法拍卖从理论模型上来看，可以划分为两种类型：一是法院自行拍卖，二是法院委托拍卖。法院自行拍卖是法院依职权直接采取拍卖措施，对被执行财产进行变价处置，而不交给专业的拍卖机构实施拍卖。法院委托拍卖则与之相反，法院本身并不实施具体的拍卖活动，而是将需要拍卖的被执行财产交给社会上的拍卖机构实施拍卖。在1998年7月《执行规定》颁行前，人民法院自行拍卖较为普遍；在该《执行规定》颁行后，委托拍卖占据主导地位。法院自行拍卖之所以转变成法院委托拍卖，根本的原因就在于法院自行拍卖乃弊大于利。这一方面表现在，法院自行拍卖难以满足作为市场化交易手段的拍卖技术性要求，从而难以实现被执行财产价值的最大化，影响了司法拍卖的效益和效率；另一方面，也许是更为重要的方面，法院自行拍卖直接与各种各样的竞买人打交道，因其缺乏有力有效的监督约束，难免会有权力寻租、钱权交易等，从而导致司法腐败的风险。在自行拍卖期间，有些人民法院的执行局、执行庭几乎“全军覆没”，大多是因为在拍卖这一环节出了问题。可以说，司法腐败的“重灾区”在执行领域，而执行领域中的“重灾区”在拍卖环节。最高人民法院副院长黄松有案、广东省高级人民法院执行局原局长杨贤才案、重庆市高级人民法院原副院长张弢案、重庆市高级人民法院原执行局局长乌小青案、武汉市中级人民法院执行腐败窝案、青岛市中级人民法院执行腐败窝案等大案要案，均发生在拍卖环节。鉴于此，最高人民法院于1998年7月通过《执行规定》将“两可”的司法拍卖实行并轨处理，确立了单一的司法委托拍卖制度。应当说，由法院自行

拍卖转向法院委托拍卖，是法院在司法腐败案件频发并进行深刻反思后作出的理性抉择。

（二）从拍卖权力的集中到拍卖权力的分离与制衡

权力的集中易致腐败，绝对的权力导致绝对的腐败，这一命题同样适用于司法拍卖这一国家强制执行权力的运作过程之中。司法拍卖在我国强制执行的发展过程中，早期之所以弊端丛生、腐败不止，根本的原因就在于司法拍卖的权力过于集中。有鉴于此，最高人民法院于2009年8月通过司法解释《委托评估、拍卖、变卖规定》，对高度集中的司法拍卖权进行了立法上的解构与分化，规定“人民法院司法技术管理部门负责本院的委托评估、拍卖和流拍财产的变卖工作，依法对委托评估、拍卖机构的评估、拍卖活动进行监督”（第1条）。此一规定被2012年1月通过的《委托评估、拍卖规定》所重申和确认。这些司法解释表明，原来高度一元化的司法拍卖权现在开始分解为由若干分支性权力组成的权力系统，包括司法拍卖决定权（由人民法院的执行部门负责行使）、司法拍卖委托权（由人民法院司法技术辅助部门负责行使）、司法拍卖实施权（由所委托的拍卖机构负责行使）、司法拍卖监督权（由人民法院的执行部门和司法技术辅助部门共同行使，同时它们相互之间也通过分工制约而实施相互监督）。不仅如此，最高人民法院还于2012年1月通过《执行权合理配置若干意见》，进一步对司法拍卖中的执行裁决权和执行实施权进行分离。其第22条规定：“委托评估、拍卖、变卖由司法辅助部门负责，对评估、拍卖、变卖所提异议由执行局审查。”这样，统一集中的司法拍卖权便根据其内在属性和特点，被分解为若干部分和环节，由此形成一个完整的司法拍卖的过程和体系，而其内部则由司法拍卖权的分工与制约形成了相对严密的监督与制衡关系。从司法拍卖权的集中走向司法拍卖权的分离，不仅保证了国家强制执行权行使的公平公正，同时还有效地杜绝了司法腐败案件的发生（从2009年后，司法执行、拍卖腐败案件鲜有所闻，与过去形成鲜明对照），确保了被执行财产价值实现的最大化，有力地保障了诉讼当事人双方的合法权益，因而值得充分肯定。

(三)从拍卖场所的分散化到拍卖场所的统一化

司法拍卖的权力应当由集中到分散，而司法拍卖的场域或场所则相反，应当由分散到统一。传统的司法拍卖均在所委托的拍卖机构自有的拍卖场所进行。这有很大的局限性，不仅拍卖场所的空间受到极大制约，而且容易导致各种不正常、非正当乃至非法违规的因素的渗入，从而导致拍卖程序被扭曲、拍卖秩序遭扰乱，拍卖的公平公正性便难以确保。比如容易导致黑势控场、围标串标、闹场笼标、恶意串通、关门拍卖、恶性竞争、内幕交易、联合压价、权力寻租等现象的发生。为改变这种现象，最高人民法院于2012年1月通过《委托评估、拍卖规定》，确立了司法拍卖的集中原则，改变了过去长期所处的拍卖分散进行的局面。其第4条规定，“人民法院委托的拍卖活动应在有关管理部门确定的统一交易场所或网络平台上进行”；第6条规定，“涉国有资产的司法委托拍卖由省级以上国有产权交易机构实施”；第7条规定，“《中华人民共和国证券法》规定应当在证券交易所上市交易或转让的证券资产的司法委托拍卖，通过证券交易所实施”。司法拍卖由此进入统一的交易场所和统一的网络平台进行，这为司法拍卖带来了诸如设施完备先进、平台公开透明、信息充分真实、受众面广人多、监督扁平多元等多方面的制度优势和价值，因而深受实践认同。如广西在2011年6月出台了《广西壮族自治区高级人民法院委托拍卖工作管理办法》，推出了“制度建设+网络平台+高标准拍卖场所”的三位一体结构模式，实现了司法拍卖委托人(人民法院)、拍卖企业、竞买人三方共赢的效果。[1]由上海市拍卖行业协会发起的国内第一个省市级公共资源拍卖中心——上海市公共资源拍卖中心于2011年11月成立以来，实现了拍卖场所、网络平台、公告媒体、政府监督、资金管理“五统一”，把权力锁进笼子、把恶意串通关在门外，使各类拍卖在阳光下安全、高效运行，锻造出了司法拍卖的“上海模式”。上海司法委托拍卖案件呈逐年增加趋势，2009年超过2000件，拍卖成交额已达60亿元左右，成交率接近90%。上海市6年来没有发现拍

〔1〕 参见黄星航:《广西司法拍卖改革实现三方共赢》，载《人民法院报》2012年2月4日。

卖企业和法官违规事件。[1]尤值一提的是，统一的拍卖平台不仅表现在现场拍卖领域，同样也体现在网络拍卖领域。网络司法拍卖在平台建设上所迈出的步伐更大，目前已基本实现了现场拍卖统一平台与网络拍卖统一平台的竞合，凡有现场拍卖的场所，均可同时进行网络拍卖。两大司法拍卖平台的竞合与统一，有利于发挥现场拍卖和网络拍卖的各自优势，同时可以有效地克服分别实施所存在的缺陷。

（四）从现场拍卖到网络拍卖

根据我国学者的介绍，国际上根据拍卖操作形式的区别，可以分为英格兰式拍卖、荷兰式拍卖、投标式拍卖、计时器拍卖和网上拍卖五种形式。[2]网上拍卖是一种独立的拍卖形式。但与前四种拍卖形式相比较，网上拍卖比较特殊，而前四种拍卖形式均可归类于现场拍卖之中。随着IT业的不断发展，通过网络所实施的拍卖日益产生强烈的影响。例如，在国际上，著名的网上拍卖有ebay拍卖，我国香港特别行政区也有auction.eshop（HK）、ren-dots（HK）等网上拍卖，我国内地也有“中拍在线”auction123、网易拍卖auction.163等类型的网上拍卖。网上拍卖或网络拍卖近年来也被导入司法拍卖领域，形成了司法拍卖网络化的趋势或特征。最早在司法拍卖中引入网络拍卖的是重庆市高级人民法院。重庆市高级人民法院于2009年推出了以第三方交易平台产权交易机构为载体的统一司法拍卖制度。在这个第三方交易平台上，由受委托进行司法拍卖的拍卖机构统一进场进行司法拍卖，与之相配套，在该平台上仅能进行电子竞价，而不采用传统举牌的竞价形式；与此同时，竞买人甚至可以不到现场进行电子竞价，而在该平台所开通的网络上参加竞买。网络竞买与现场竞买公平竞争，具有同等效力。此一改革在全国产生了重大影响，所谓“重庆模式”由此形成，全国各地纷纷学习“重庆模式”，网络拍卖随之蔚然成风。无论现场拍卖采用何种模式，网络拍卖

---

〔1〕 参见叶松：《去年本市司法拍卖成交60亿元》，载《上海商报》2010年1月8日，详情请参考网址：http://www.shbiz.com.cn/Item/120456.aspx，最后访问日期：2017年6月20日。

〔2〕 参见田涛：《强制拍卖与任意拍卖结合操作中的若干问题》，载《法治论丛》2004年第5期。

都是必须采用的与之相配套的拍卖形式。“上海模式”“广西模式”等，也均吸纳网络拍卖，使现场拍卖升级。可以说，现在单纯的现场拍卖和单纯的网络拍卖均属少数，司法拍卖的普遍形态是现场拍卖和网络拍卖的有机统一。2012年2月全国法院深化司法拍卖改革工作会议在重庆召开，该会议对网络拍卖这种司法拍卖形式给予了明确肯定和全面推广。2012年1月，最高人民法院通过的《委托评估、拍卖规定》第4条对网络平台上进行的拍卖作出了规定和确认。网络拍卖自此成为正式的而且是必备的拍卖形式。也正是到此时，在我国司法拍卖制度的改革历史上，现场拍卖向网络拍卖的转折方宣告完成。

由现场拍卖向网络拍卖的转变和发展具有重大的进步意义。如前所述，现场拍卖所存在的各种缺陷，由于网络拍卖的出现而在相当大的程度上被克服了。在网络拍卖的介入下，竞买人参与竞买具有了更多的选择空间，同时参与司法拍卖的竞买人人数大大增加了，尤为重要的是，网络拍卖还有效地避免了传统现场拍卖所固有的诸如围标串标等流弊，更加净化了司法拍卖的环境，提升了司法拍卖的效益和效率，为传统的现场拍卖形式注入了更多的活力，因而值得充分肯定。

但网络拍卖能否取代现场拍卖以及网络拍卖能否成为司法拍卖体制或模式向法院自行拍卖回归的助推器？该问题较为复杂，下文详述。

由上可见，我国司法拍卖制度自其在1991年4月《民事诉讼法》上首次获得规定迄今，历经了从自行拍卖到委托拍卖、从拍卖权力的集中到拍卖权力的分离与制衡、从分散拍卖到统一拍卖以及从传统的现场拍卖到现代的网络拍卖等方面的转变和发展，由此使我国司法拍卖制度日趋成熟和稳定，并描绘出了我国司法拍卖制度发展和演变的轨迹与基本方向。也正是在此过程中，我国司法拍卖的公开、公平与公正，获得了极大提升，司法拍卖的权威性和廉洁性取得了明显进展，司法拍卖的秩序和效率有了较大改观。与此同时，在司法拍卖的规范和助推下，我国拍卖业的发展也迈开了更大步伐，人民法院司法拍卖的社会管理职能在延长线上得到了彰显。

三、司法拍卖制度的立法变动及其理论诠释

2013年1月1日开始实施的修改后的《民事诉讼法》第247条规定："被执行人逾期不履行的，人民法院应当拍卖被查封、扣押的财产；不适于拍卖或者当事人双方同意不进行拍卖的，人民法院可以委托有关单位变卖或者自行变卖。"该条规定与其修改前的相应条文（第223条）作一对照，可以发现其存在三点区别：其一，在拍卖和变卖这两种强制变价方式之间，将此前并行的选择性规范，改为了"拍卖优先，变卖在后"的原则。这一变化突出了司法拍卖的重要地位，变卖只是在拍卖不能或者当事人双方均不同意拍卖的情况下，才予以补充适用。其二，在拍卖的实施上，用"人民法院应当拍卖"的规定取代了此前"人民法院可以按照规定交有关单位拍卖"的规定。其三，在变卖的实施上，将此前的"人民法院可以按照规定交有关单位变卖"的规定，改成了"人民法院可以委托有关单位变卖或者自行变卖"的规定，在原来的委托变卖之外，增加了一项法院"自行变卖"的规定。对于第一点的变化，笔者持赞成意见；对于第三点的变化，因为与本节关系不密切，留待另文探讨。这里主要针对立法文本中的第二点变化作一理论诠释，以此表达笔者对于司法拍卖制度改革和发展的方向性意见。

在上述条文变化的第二点中，关键在于解释立法上何以要用"人民法院应当拍卖"的规定取代了此前"人民法院可以按照规定交有关单位拍卖"的规定？如果我们将此前"人民法院可以按照规定交有关单位拍卖"的规定解释为"委托拍卖制度"，那么，目前立法上所规定的"人民法院应当拍卖"，是否即意味着为"法院自行拍卖"，从而用"法院自行拍卖"取代了过去一直实施的"委托拍卖制度"？如果这样解释，那么，就势必认为，以1991年4月《民事诉讼法》的规定为契机，以1998年7月最高人民法院通过的《关于人民法院执行工作若干问题的规定（试行）》的司法解释为标志，所确立的委托拍卖制度到了现行立法阶段，就走到了它的终点站，自此以委托拍卖为主要改革内容和走向的司法拍卖制度就要来一个180度的大转弯，又回归到法院自行拍卖的老路上去。笔者

对于这种解释不能苟同，也即笔者主张司法拍卖制度的改革和完善应当继续朝市场化方向发展，坚持委托拍卖制度，原则上法院不得自行拍卖。其主要理由分述如下：

（一）关于“人民法院应当拍卖”的两种解释

从字面上来看，对立法所规定的“人民法院应当拍卖”可以作出两种解释：一种解释就是强调拍卖应当由法院亲自实施，而不再进行委托拍卖；另一种解释则把它解释为拍卖相对于变卖而言具有优先性，强调法院对于所查封和扣押的被执行财产，在强制变价时，应首选拍卖的方式而非变卖的方式。我们同意第二种解释。第二种解释与此前的“拍卖或变卖”的或然性规定相比较，其含义至为显然，意指“人民法院应当拍卖”，而不是“人民法院应当拍卖或变卖”，更不是“人民法院应当变卖”。因为1991年4月全面修改《民事诉讼法》首次确立司法拍卖制度时，我国尚无《拍卖法》（1996年7月通过，2004年8月修订），拍卖机构稀缺，拍卖业不发达，拍卖制度和程序规范均不健全，因此对于被执行财产的变价而言，无法强调一概进行拍卖，而只能提“拍卖或者变卖”。然而这种局面在拍卖法实施后有了改变，拍卖机构大量增加，拍卖制度日益健全，拍卖作为一种特殊的商品交易方式日益为国人所认知和接受。据中国拍卖行业协会统计，截至2014年10月底，全国31个省（区、市，不含港、澳、台）共有拍卖企业6403家，比2013年同期增加339家。国家注册拍卖师11，607人，拍卖企业员工总数60，093人。〔1〕尤其是，从1998年7月最高人民法院颁行《执行规定》后，相继通过了前已列述的若干司法解释，进一步健全和完善了以委托拍卖为载体的司法拍卖制度，实践中取得了丰富的经验，因此，立法者有鉴于此，将原来的“拍卖或变卖”的并行性规范，改为“应当拍卖”，以突出“拍卖”而将“变卖”置后。这是一种解释方法，这种解释方法在笔者看来并不与立法文本相冲突，尤其是衡之以历史解释方法，这种解释较之于第一种解释更为稳妥、更切实际、也更符合司法拍卖制度改革和发展的方向与走势。

---

〔1〕 载中国拍卖行业协会网：http：//www.caa123.org.cn/frontnc06NewsContentAction.do？method=previewContent & ID=9300，最后访问日期：2016年12月20日。

此外，再结合变卖的有关规定看，在被执行财产不适合拍卖或者当事人合意排除拍卖的适用时，人民法院可以作出两种选择：一是委托变卖，二是自行变卖。无须技术含量的变卖尚且保留委托变卖的形式，而与此相对照，需要有高度技术含量的拍卖却完全排除委托拍卖，并没有给委托拍卖留有任何立法上的空间，由此也可知第一种解释方法是不妥当的。而如果将第一种观点作扩大解释，认为其中包含了法院自行拍卖和委托拍卖两种形式，则又难免会犯"解释不出"的毛病。

（二）委托拍卖的制度优势

如前所述，在我国，首先产生的是法院自行拍卖，继而才因实践之需产生了委托拍卖，由法院自行拍卖转向委托拍卖，是我国司法拍卖制度的发展规律之一，同时也确证着我国司法拍卖制度的进步。前已概述了其理由，这里再补充申述若干理由。委托拍卖主要具有以下几个制度功能：

一是分担功能。通过法院委托拍卖机构实施司法拍卖，客观上分担了法院较多的执行事项。法院在执行领域，与在审判领域一样，同样存在案多人少的矛盾，由此加剧了"执行难"的现象。而在执行领域，法院行使司法拍卖权所耗费的时间、精力和人力资源是最为集中的，因为司法拍卖也属拍卖，也同样要按照拍卖的基本规范和程序来实际操作，比如要充分招商、广加宣传、传播信息、拍摄照片、制作视频、发布广告、推介拍品、带客看样等。仅这些为司法拍卖所需进行的前期准备工作，就占据相当多的司法资源。且不论其中所含的技术性要求，单就这些行为或活动本身，法院就将疲于应付，甚至难以招架，稍有懈怠或疏忽，就可能影响被拍财产价值最大化的实现，导致当事人不满，甚至导致拍卖中的失职渎职，最终被诉追国家赔偿。相反，如果将这些繁琐的技术活全部打包切割，交由专门的拍卖机构来进行，则实际上延长了法院执行和拍卖的手臂，取长补短，成功地完成了向社会的借力行动，减轻了法院的执行负担，使法院将更多的司法资源投入到需要投入而又不能外包或向外转移的审判和执行的其他领域中去。

二是"防火墙"功能。"防火墙"功能指的是通过委托拍卖，就可以在法院的执行部门(含技术辅助部门,以下概称执行法官)与具体的拍卖活动之间形成一个“隔离带”,从而与司法拍卖中的最大利益主体——潜在的诸竞买人割裂开来。竞买人贿赂实施拍卖的执行法官,从而以低价买得被执行财产,是导致司法腐败的主要原因。现在通过委托拍卖,使竞买人仅能与受委托的拍卖机构直接接触,而与执行法官在拍卖的环节上切断了联系。如果潜在的竞买人贿赂执行法官希望干预委托拍卖,则会遭遇拍卖机构的反向监督与制约。执行法官打交道的目前只是拍卖机构,而拍卖机构行贿执行法官的可能环节只有准入名册和遴选拍卖机构两端,而这两端通过制度完善是可以堵住漏洞的(后文详述);而且相比竞买人而言,因为拍卖机构从司法拍卖中所获得的仅是一定比例的佣金,而不是大起大落的最终成交价,因而行贿的利润空间相对较小。再加之,竞买人是社会上广泛存在的不特定的商家或其他主体,对其行贿的监督难度较大,而对有行业自律管理和行政管理的拍卖机构实施监督,则相对容易。因此,如果将这堵“防火墙”拆除,则刚稍趋缓和的执行领域中的司法腐败,可能又会如同过去那样重演,尤其是现在还有网络拍卖,可做手脚的环节更多,监督起来更加困难,腐败会加剧地表现出来。

三是价值最大化功能。司法拍卖的本质在“拍卖”二字,既属拍卖,则应追求拍卖制度的最大价值。拍卖制度的最大价值就是实现被拍标的物的最大价值。被拍财产的价值最大化不是可以无条件地由任何人、在任何场合、经过任何方法都可以实现的。拍卖是一个技术性要求极高的产业或行业,其价值最大化的实现需要有拍卖师的拍卖技巧,需要对不同的拍品选择与之相适应的拍卖方式,需要有专门的拍卖场所和设施、设备,尤其需要上述各种元素组合在一起所营造而成的特定的拍卖氛围和环境。正是在上述各种因素的综合作用下,被拍财产的潜在价值才能被充分地发掘出来,最终一锤定音,与最高出价者成交。可见,司法拍卖中的最高出价者在芸芸众生之中,不是那么容易被“生成”“打造”“发现”出来的。我们不能不承认这是一项技术活,术业有专攻,就像鉴定、评估等审判和执行中的其他技术活一样,我们应当像委托鉴定、委托评估等一样，按照劳动分工和社会分工的原则，继续沿着委托拍卖的路线走下去。

四是改革指引功能。中国目前正在深化司法改革，所需改革的内容之一就是法院执行体制的改革与完善，而司法拍卖制度的改革与完善便是其中的一个组成部分。司法拍卖市场化改革已经在执行体制的改革中先行一步，其要义并非单纯的市场化，而是通过市场化改革实现审判与执行的逐渐分离，最终达到"审执彻底分离"的改革目标。在统一的执行权中，理论上将其又分化为执行裁决权和执行实施权两种权能；对司法拍卖而言，统一的司法拍卖权也可划分为拍卖裁决权和拍卖实施权两种权能。目前司法拍卖市场化改革，经由法院委托而分离出去给拍卖机构行使的权能，仅是其中的拍卖实施权，而不包括拍卖裁决权（在更细的层面，含拍卖决定权、拍卖委托权、拍卖异议处置权等）。拍卖裁决权具有审判权性质，其由法院行使原无疑义，而拍卖实施权则属于执行体制改革的对象。通过委托拍卖的制度桥梁，在司法拍卖领域，便率先实现了"审执彻底分离"。这一改革对执行领域中的其他类似问题的改革，具有导向意义和启发价值。其实，除拍卖实施权需要从法院分离出去外，其他的具体的执行实施权也同样需要从法院分离出去。笔者曾提出，在我国执行体制改革中，要实行"审执彻底分离"的原则，将执行实施权从统一的执行权中分解而出，交由司法行政机关或者专设一个独立的执行机关（如执行总署或执行总局）行使[1]。到了这个阶段，经由委托拍卖而暂时分离出去的拍卖实施权，则没有必要继续保留在社会中介组织性质的拍卖公司那里了，而将回归统一的执行机关手中。目前之所以要实行委托拍卖，只是因为我们缺乏可以承接拍卖实施权这个技术活的专门执行机关。有了专门的执行机关，其中将分出许多职能部门，拍卖实施部门将肩负起具体的拍卖事务，因而有必要配备具有专门资质的拍卖师。这种拍卖师可以称为"司法拍卖师"，以区别于普通的拍卖师，为此尚需提出更高的要求和标准。由此可见，委托拍卖制度的实行对执行

---

〔1〕 参见汤维建：《执行体制的统一化构建——以解决民事"执行难"为出发点》，载《现代法学》2004年第5期。

体制的改革与完善具有前引和倒逼功能，迫使我们加快执行体制的改革与完善。

（三）法院自行拍卖的弊端

前所提及，自行拍卖就是法院亲自行使拍卖实施权，而不将被执行财产委托给专门的拍卖机构进行拍卖。自行拍卖是司法拍卖最初出现的一种形态，此后经由1998年7月最高人民法院通过的《关于人民法院执行工作若干问题的规定（试行）》，最终转变为委托拍卖，自行拍卖宣告终结。目前随着司法拍卖网络化改革的深化进行，法院自行拍卖的制度再次受到关注，有人甚至主张废弃或终止司法拍卖市场化改革的步伐，而向法院自行拍卖回归。至于司法拍卖网络化改革能否替代委托拍卖从而成为向法院自行拍卖回归的依据和基础，后文再论，这里仅就法院自行拍卖自身的优劣作一探讨。其实，笔者主张我国司法拍卖制度的改革目前应当继续沿着委托拍卖的路线前行，而不必也不能走回头路，这个理由和论据在前一点阐述委托拍卖的制度优势时，已作了充分说明。委托拍卖的制度优势之所在，其实恰好就是法院自行拍卖劣势之所在，笔者之所以摒弃法院自行拍卖的制度模式，而采纳法院委托拍卖的制度模式，所看重的就是委托拍卖有重大的制度优势，而自行拍卖有严重的制度缺陷，这两个方面正可以对照起来解读。因此，这里再过多地论证法院自行拍卖的制度劣势，似已无必要。但为了在论证理由上获得圆满的解释，这里尚需对法院自行拍卖的制度弊端作一个概括性列述。

相比较而言，法院自行拍卖乃弊多利少，其弊主要表现在：一是法院自行拍卖将妨碍而不是促进法院执行体制的改革。如前所述，法院执行体制在我国存在严重的缺陷，其根本之处便在于“审执不分”。实行委托拍卖已向“审执分离”迈出一步，而现在又向法院自行拍卖回归，则业已达到的“审执分离”的改革效果，便又告消失。二是法院自行拍卖难以实现被拍财产的价值最大化。既然司法执行的强制变价选择了拍卖的形式，那就应当不放弃拍卖的最大优势，而需在保持该优势的前提下，构筑司法拍卖的制度体系。任何离开价值最大化的制度优势而进行的司法拍卖改革，都将背离司法拍卖制度的本质特征，是不可取的。除非法院将委托拍卖的制度优势整体移植至法院内部，否则其自行进行的司法拍卖是难以达到拍卖价值最大化的目标的。而实行这种所谓“整体移植”不仅不具有现实性，同时更为重要的是，这种做法也与司法拍卖制度的改革方向背道而驰。三是法院自行拍卖难以最大限度地避免司法腐败的发生。如果法院自行拍卖既能实现被拍财产的价值最大化，又能有效地避免腐败现象的发生，则否定法院自行拍卖的做法就不具有充足的理由，由此推动从法院自行拍卖向委托拍卖的转变就属多此一举。但问题恰在于，这两个重要的制度价值在法院自行拍卖的制度系统中均无法实现，尤其是由法院自行拍卖所导致的司法腐败，则更是树立我国司法权威的“最后一公里”问题，必须通过司法拍卖制度的改革予以消除和解决。在讨论司法拍卖的优缺点时，有一种观点认为法院自行拍卖环节少，效率高。诚然，法院自行拍卖无须经过拍卖的委托等环节，从司法拍卖的决定权到司法拍卖的实施权，均在法院内部各部门之间进行运作，拍卖不成便继而实施变卖，无须经过更多的社会化环节，甚至对司法拍卖的监督也限定在法院内部完成。其实，法院自行拍卖的这个特点既可以看作其优点，也可以在相反的方面看作其缺点。如前所述，司法拍卖的全部过程都在法院内部完成，尽管环节少、效率高，但却造成了拍卖权力集中的弊端，而这一点，正是司法拍卖改革要解决的核心问题。四是法院自行拍卖有损法院的司法权威。法院自行拍卖是强化抑或是弱化法院的权威性及其正面形象，这是一个有争议的问题，正反两方面的观点均有。但笔者认为，法院自行拍卖至少在外观上和拍卖公司的拍卖相仿，行使拍卖实施权的执行官也如同拍卖师一样主持拍卖，最终敲击拍卖锤宣布拍卖成交。诸如此类的活动，就行使司法权的法院而言，无疑有失严肃，对其权威性有所损伤。

在讨论法院自行拍卖的优缺点时，最后尚需提及一点，这就是司法拍卖的佣金问题。有一种观点认为，“毕竟，法院自行拍卖无须收取佣金，法院没有逐利动机”[1]。这个观点不无道理。法院派员亲自实施司法

---

〔1〕 参见葛行军：《民事强制执行实务专题讲解》，中国法制出版社2007年版，第110页。

拍卖，是法院履行职务的公权力行为，除法院在执行程序启动之初向执行申请人收取执行费用外（最终由被执行人负担），对于司法拍卖本身，便不再收取独立的拍卖费用。这样看来，既可以说这是法院自行拍卖的"零佣金"，也可以把它解释为拍卖费用已经包含在统一的执行费用之中。这里笔者且接受"零佣金"的说法。委托拍卖并非免费进行，受委托的拍卖机构与实施拍卖委托的法院所形成的法律关系具有双重性质：一方面是纵向型的协助执行关系，另一方面是横向型的司法委托关系。基于前一关系，接受委托的拍卖机构应当根据法院的委托指令而实施拍卖行为；基于后一关系，接受委托的拍卖机构则有权向司法拍卖的申请当事人或被申请当事人或者他们二者收取因实施拍卖行为而需要的费用（含成本与利润）。因而对于委托拍卖来说，并不存在"零佣金"的说法。应当说，法院自行拍卖所产生的"零佣金"效应，确实可以看成是其制度优点之一。但需要补充的乃是，佣金问题仅仅是抉择司法拍卖制度模式时应考虑的因素之一，而不是唯一因素，甚至也非重要因素。如果在法院"零佣金"的旗号下行法官司法腐败之实，则这种所谓"零佣金"不要也罢。

（四）网络拍卖的利弊之比较

如前所述，我国司法拍卖制度的发展和演变的趋势或规律之一便是由现场拍卖向网络拍卖转变。在现场拍卖的范围内，我们在前文探讨了法院自行拍卖所存在的弊端，也正是因这些弊端的存在，法院自行拍卖方发展成了法院委托拍卖，法院委托拍卖就是为了克服法院自行拍卖的缺陷与不足。然而现在情况悄悄起了变化，司法拍卖出现了网络化趋势，通过互联网可将司法拍卖的全部环节实施完毕。那么，对司法拍卖的改革而言，自然就产生两大问题：一是网络拍卖能否全盘取代现场拍卖？二是网络拍卖能否成为司法拍卖体制或模式向法院自行拍卖回归的助推器？这两个问题是关联在一起的。如果网络拍卖不能取代现场拍卖，那么，实行部分的网络拍卖并不能成为全部取消委托拍卖的正当根据，也就是说，充其量只能向法院自行拍卖作出部分回归。

对于第一个问题，笔者认为，网络拍卖不能完全取代现场拍卖。因为能够上网进行拍卖的标的物毕竟是有限的，有些标的物并不适合在网上实施拍卖。从浙江法院牵手“淘宝网”所实施的网上拍卖来看，其全省法院在2013年1月8日，已在“淘宝网”上注册50家网店，94家法院进行了网拍。司法拍卖平台上共公告1140件拍品，拍品涵盖了车辆、机器设备、住宅、土地厂房、商业用房、股权、商位使用权以及金饰品、名牌包、名牌表、手机等。相较于现场拍卖而言，能够上网进行拍卖的标的物通常都是小标的额的拍品，而且其权利特征也比较清晰。浙江省宁波市北仑区法院则将被拍财产（含权利）按照能否上网拍卖，分为四种，即主推标的（机动车）、次推标的（已腾空未出租的不动产及较新且便于移动、数量不大的通用设备）、待定标的及不适宜标的。可见，网上拍卖的标的物在种类、范围、性能、数量等方面均有局限性，只有部分被拍财产才能上网拍卖，因此网上拍卖不能全部取代现场拍卖，现场拍卖作为司法拍卖的一种基础形态，依然有保留的必要。那种希望司法拍卖实现纯粹网络化的观点和主张，是不切实际的。这一点在实务界和理论界均有共识。既然网络拍卖不能全部取代现场拍卖，而法院亲自进行现场拍卖的制度模式已遭到实践和历史的否弃，因而就此而论，以现场拍卖见长的委托拍卖制度不宜被取消，其理至为显然。

对于第二个问题：网络拍卖能否实现由法院委托拍卖向法院自行拍卖的回归？既然不能上网实施司法拍卖的部分被执行财产尚需通过现场拍卖的形式被保留在委托拍卖的制度模式中，那么，能够上网进行拍卖的标的物是否可以由法院自行进行拍卖从而实现拍卖实施权的部分回归？这个问题直接关系到如何认知实践中刚刚涌现出来的“浙江模式”或“淘宝模式”的制度功能，同时也在更深刻的层面涉及我国司法拍卖制度的市场化改革或委托化改革是否需要在网络拍卖的新形势下进行重新定位的问题。回归还是不回归？部分回归抑或全部回归？这是一个问题。在回答该问题之前，应当先明确一点，此即网络拍卖是否具有独立存在的制度功能？也即，在法院委托拍卖与法院自行拍卖之外，是否尚存一种独立的网络拍卖？应当说，网络拍卖无论其属于目前所可以见到的何种模式，比如“上海模式”“重庆模式”抑或“浙江模式”，均不具有独自存在的可能与价值。因为通过网络所实施的司法拍卖，其背后均存在不可或缺的真正的拍卖主体，该拍卖主体或者为拍卖公司，或者为人民法院，单纯的网站不能成为拍卖主体，纯粹的网络更不能成为拍卖主体，因此，无论是网站还是网络，其均只能作为司法拍卖的“配角”而不能成为司法拍卖的“主角”。可见，准确地表述，司法拍卖仍仅具有法院委托拍卖和法院自行拍卖两种类型，网络拍卖必定依附于其中任何一种类型，形成配合法院委托拍卖的网络拍卖和配合法院自行拍卖的网络拍卖。配合法院委托拍卖的网络拍卖值得充分肯定，甚或可以认为，离开网络拍卖从而实施单纯现场拍卖的法院委托拍卖，目前已不再具有足够的正当性；只要条件具备，凡实施现场拍卖，就应当同时辅之以网络拍卖。

可见，网络拍卖既可用来为法院委托拍卖服务，也可用来为法院自行拍卖服务。原本，通过1998年7月最高人民法院颁行的《执行规定》，法院自行拍卖已经全部转换为法院委托拍卖，并已成为笔者所概括的上述我国司法拍卖制度发展和演变的四大规律之一。但从2012年6月开始，以上淘宝网实施司法拍卖为特征所形成的“浙江模式”却直接挑战法院委托拍卖的制度模式，而力图实现向法院自行拍卖的回归，也就是认为，借助于淘宝网或者其他任何网络，人民法院无须借助专门的拍卖机构而可以直接进行司法拍卖，而这种直接拍卖或自行拍卖，已经经过“否定之否定”，今非昔比，变成了更高层次的网络化的法院自行拍卖。网络化的法院自行拍卖区别于过去被否定的现场化的法院自行拍卖：一方面，网络化的法院自行拍卖实现了“零佣金”，为当事人节省了一笔费用，同时，通过网络实行司法拍卖还有受众广、竞价充分和快捷便民等优点；另一方面，网络化的法院自行拍卖还有效地避免了过去法院现场自行拍卖所带来的诸多弊端，比如避免了司法腐败、克服了拍卖技术匮乏等缺陷。既然网络化的法院自行拍卖在无须借助委托拍卖的情形下同样可以实现司法拍卖的基本价值，并且还可以获得委托拍卖所不具有的优势，同时人们所忧虑的法院自行拍卖容易导致腐败的缺点，现在通过网络化处理，法院不再与潜在的竞买人直接接触；任何人如果想成为竞买人，只要上网注册交纳保证金即可，整个过程都是程序化、智能化、标准化的控制系统，一切在网上操作，一切在网上完成，这样就有望杜绝司法腐败。如果网络化的法院自行拍卖能够实现上述诸价值，那对于法院的自行拍卖，就只剩下一条理由来提出质疑了，此即“审执不分”。但“审执不分”的质疑理由如果缺乏其他实质性理由作支撑，则说服力不强。

然而实践表明，网络化的法院自行拍卖所获取的上述诸价值，除“零佣金”外（法院自行拍卖都是“零佣金”，该优点不是网络拍卖带来的，而是法院自行拍卖所固有的），其他各点与其说是一种现实，毋宁认为是一种美好的愿望，是短时间内出现的“泡沫”价值，终究是不可靠的。笔者认为，通过网络化实现法院自行拍卖的回归是不可取的，其理由概述如下：其一，通过网络化由法院进行自行拍卖，增加了法院工作负担。因为网络拍卖技术性极强，需要法院配备大量的技术型人才，同时还要开发平台、模拟演练、与网站对接等，此外，还要根据被拍财产的特点制作类型化的网络拍卖模板。与此同时，现场拍卖所需做的前期准备工作，如制作视频、发布公告、招商开发等，在网络拍卖中也并未明显减少。总体上，法院进行网络拍卖较之其进行现场拍卖工作负担更加沉重。据调研，浙江萧山区人民法院甚至还“调配司法行政装备科的对外委托管理人员、信息技术人员及司法辅助人员组成网拍小组，分工完成各项事务性工作”；该院并且反映，“网络司法拍卖大大增加了对外委托工作人员的工作量，使案多人少的矛盾更加突出”。其二，通过网络化由法院自行拍卖，增加了司法资源的投入。网络拍卖实现了“零佣金”，但并没有因此而实现“零投入”或“零成本”。法院为了实行网络拍卖，必须要支付诸如视频制作费、公告费等费用。在调研中，有的法院反映，“网拍中法院承担的相关拍卖费用过高”；为节省费用，有的法院实行分类制作视频的做法，对于房产这类实地看样率高的拍品由法院工作人员自行拍照后以图文形式上网，一般不再制作视频，有的则制作简单视频。总之，法院自行拍卖省去的是一小笔当事人的佣金，增加的是一大笔法院的办案经费，而委托拍卖并不存在此一问题。其三，通过网络化由法院自行拍卖，导致了拍卖制度的异化。无论是法院自行拍卖抑或法院委托拍卖，只要属于拍卖，便都要符合拍卖的本质规定和要求，否则就不成其为拍卖。1996年7月通过的《拍卖法》虽然未对司法拍卖作出特别规定，但拍卖的一般标准和规则仍适用于司法拍卖；作为特殊性的司法拍卖寓于作为一般性的拍卖之中。《拍卖法》第3条规定，"拍卖是指以公开竞价的形式，将特定物品或者财产权利转让给最高应价者的买卖方式"；为了保证这一点，《拍卖法》第14条规定，"拍卖活动应当由拍卖师主持"。这里且将执行法官作为特殊拍卖师对待，那执行法官对拍卖活动的主持和操作也是拍卖之所以成为拍卖的最低限度的要求。纯粹在网络上进行的所谓竞价活动，从本质上说根本就不属于拍卖。无怪乎目前"网络拍卖在不同的网站可能有不同的名称，比如竞买、竞卖、竞价、竞标、竞购、倒置式竞买等"〔1〕。"当然这些网站并不只是为了找个动听的名字，而是在有意回避'拍卖'这个词。"〔2〕而在"上海模式""广西模式"等中的网络拍卖乃是真正的网络拍卖。因为潜在的竞买人通过网络可以看到同时正在进行着的现场拍卖，其也感受着现场拍卖的特殊氛围，只是他不用去现场，而可以坐在家中或办公室等地，就可以通过点击鼠标而参加竞买，最终如果他出价最高，则成了拍定人。可见，网络拍卖只能起现场拍卖的延伸和辅助作用，终究不能代替现场拍卖，否则所谓"拍卖"便不复存在。因此，现在所谓"淘宝模式"，实际上从事的并不是真正意义上的拍卖，而是一种带有竞价性质的普通网购；任何一个人都可以在淘宝网或别的网络上作出这样的程序设定，比如说三天内将挂在网上的商品卖给出价最高者，这并不违法，但不构成拍卖。在此意义上甚至可以说，"淘宝模式"构成了对拍卖制度的某种扭曲乃至冲击。其四，通过网络化由法院自行拍卖，使监督更加困难，腐败更加隐蔽。网络拍卖较之现场拍卖而言具有更强的技术性，技术性越强，普通人监督起来就越困难。比如，竞买人的资格认证是否会区别对待而受后

〔1〕 参见李颖琳：《网络拍卖的法律问题与监管对策》，载《中国工商管理研究》2001年第1期。

〔2〕 同上。

台的操控？出价最高者是否都能顺利成为拍定人？诸如此类的问题，均考验着实际操作者的诚信。因为网络背后的操作者毕竟是具体的人，而不是网络本身。寄望于通过网络的智能系统来实现对人的监督，难免不切实际。如果这样行得通的话，司法拍卖领域中的司法腐败就有望绝迹了，而这绝非那么简单。其五，通过网络化由法院自行拍卖，面临着难测的网络风险。一方面，人们对网络技术的熟悉程度通常有限，对网络交易的安全性存在顾虑。调研表明，“网络司法拍卖推进过程中，有人对大标的案件的巨额保证金通过网络支付存在安全隐患的顾虑，在拍品选择上优先选择小标的的案件”。另一方面，目前司法网络拍卖刚刚起步，拍品价额较小，操作者的自律性较强，问题出现得不多，但“一旦网络化全面铺开，商业逐利本性催生的各种软件、黑客技术将势必对网络拍卖的客观性和公正性发起挑战”〔1〕。

综上所述，《民事诉讼法》第247条所作出的前引规定，尽管与修改前的相应条文第223条的规定有所不同，但要看到这个立法上的变化，是在最高人民法院发布了若干有关司法委托拍卖的司法解释后发生的。最高人民法院的司法解释一步步地健全和完善着司法委托拍卖制度，而没有任何迹象表明司法委托拍卖在实践运行中存在重大缺陷，以至于法院非收回司法拍卖实施权从而否定司法委托拍卖制度不可。法院自行拍卖所存在的诸多不利之处并未因司法拍卖的网络化趋势与特征而得以克服，相反其不利之处却可能更加严重和隐蔽，因而那种以网络化拍卖来证成法院自行拍卖正当性的观点和做法，实有不妥，为我们所不采。要而言之，我国以委托拍卖为基本价值取向的司法拍卖制度改革在方向上是正确的，应予坚持与完善，但是《民事诉讼法》第247条的新规定仅是巩固和强化了此一改革方向，而没有对它加以逆转。

需加说明的是，笔者主张法院不得进行自行拍卖，而如需实施拍卖，则要经由委托拍卖的制度管道，交由被选定的拍卖机构具体行使拍卖实施权，这是一项原则性规定，不宜将其绝对化。应当说，在司法拍卖的

〔1〕 参见百晓锋：《新民诉法第247条与面临“十字路口”的司法拍卖改革》，载《华东政法大学学报》2013年第2期。

模式上，法院委托拍卖是原则，法院自行拍卖是例外，在特殊情形下，应许可法院实施自行拍卖。该特殊情形应限定在双方当事人合意要求法院进行自行拍卖的情况下。因为，司法拍卖作为一种强制变价方式，直接关系到申请执行人和被申请执行人的权利义务的实现及其程度，最终与其私权相关。如果双方当事人对拍卖公司不寄托信任，认为由拍卖公司实施拍卖不利于其价值最大化的实现，相反，其信赖人民法院的直接拍卖甚或变卖，认为这样更利于实现其实体权益，则在此种情形下，应当赋予当事人以强制变价方式的选择权。强制变价方式的选择权属于程序选择权的范畴，对当事人所享有的此一权利，人民法院应予尊重。如果仅有一方当事人选择法院自行拍卖，则因该选择对相对方当事人不利而不构成例外，人民法院应当依其原则实行委托拍卖。

四、完善我国司法拍卖制度的若干建议

司法拍卖制度在我国的发展历史较为短暂，从1991年4月《民事诉讼法》第226条对司法拍卖制度首次作出规定后，最高人民法院发布了若干司法解释对此加以细化规范，日益健全和完善了我国的司法拍卖制度，并形成了清晰可见的发展规律和制度运行轨迹，尤其是实践中积极探索、大力开拓，形成了关于司法拍卖制度改革的若干模式，如“上海模式”“广西模式”“重庆模式”“浙江模式”“淘宝模式”等，实践经验日益丰厚，可资借鉴和总结提升的有益的制度因素颇多。这些都为我国司法拍卖制度的快速、规范与健康发展奠定了基础。

但这仅是问题的一方面，问题的另一方面还在于要看到委托拍卖制度本身并非尽善尽美，相反它还存在诸多缺陷，需要进一步通过规范化建设加以完善。例如，在委托拍卖中，司法解释多偏重于委托拍卖制度的程序规范建设，而对于其实体性规范，尤其是拍卖申请人、拍卖机构、拍卖被申请人、竞买人、买受人以及人民法院等主体之间的实体权利义务关系基本上未加规定，发生拍卖纠纷难以找到明确的判案依据。由于缺乏具有可操作性的立法和司法调整，委托拍卖在实践中的发展

也不平衡。[1]如上所述，实践中出现的司法拍卖模式多种多样，有的完全依托拍卖机构实施委托拍卖，有的除拍卖机构外，还有第三方交易平台的参与，有的则干脆离开了委托拍卖的轨道而自行一套，完全脱离了《民事诉讼法》的规定，也与最高人民法院司法解释的主流精神不相符合，这必然致使实践中各行其是，影响司法拍卖的公正性和权威性。笔者认为，我国司法拍卖制度的改革已经到了应当通过法制完善来总结和巩固成果，从而使全国司法拍卖制度在统一、公正和高效、权威的基础上顺畅健康运行的时候。为此，笔者提出以下建议，供立法完善和司法实践参考。

（一）加强立法建设，完善司法拍卖法制

我国目前关于司法拍卖制度的立法规定仅有《民事诉讼法》第244条和第247条两条规定，第244条规定人民法院有权拍卖被执行财产[2]；第247条规定人民法院应当拍卖被执行财产。此外便是前引最高人民法院的若干司法解释。司法解释从内容上说相对全面，但其法律效力位阶较低，在实践中贯彻执行得并不统一，且易生歧见。司法拍卖是国家强制执行权中的重要内容，具有拍卖行为强制性、拍卖标的特殊性、拍卖程序复杂性、拍卖效果公法性等特点，与普通的民事拍卖、商事拍卖以及与特殊的行政拍卖、公物拍卖等有诸多相异之处，其更强调拍卖的规范性、公正性、效率性和权威性，直接关系到人民法院的司法形象和权威。就其所涉内容而言，司法拍卖既涉及复杂的实体法问题，也涉及司法拍卖各个环节的程序问题。这些法律上的关系和环节，有的属于公法

〔1〕 有的地方委托拍卖的成交率达到80%至90%，有的地方的拍卖成交率则仅有20%左右。前者如上海、北京，后者如重庆、太原等地。参见重庆市高级人民法院课题组：《司法拍卖机制创新研究——重庆法院司法拍卖改革的调研报告》，载《人民法院报》2011年4月7日；王凤海：《制度健全、运作规范、符合国情——对我国现行司法委托拍卖的认识与思考》。转引自百晓锋：《新民诉法第247条与面临“十字路口”的司法拍卖改革》，载《华东政法大学学报》2013年第2期。

〔2〕 《民事诉讼法》第244条的全文是：“被执行人未按执行通知履行法律文书确定的义务，人民法院有权查封、扣押、冻结、拍卖、变卖被执行人应当履行义务部分的财产。但应当保留被执行人及其所扶养家属的生活必需品。采取前款措施，人民法院应当作出裁定。”第247条的规定已在正文中引用。

调整的公法关系，有的则属于私法调整的私法关系，纵横交错，极其复杂，需要通过立法明确调整和规范，否则难免会发生拍卖纠纷，或者发生了拍卖纠纷之后难以找到相关法律依据加以妥善解决。从国外来看，各国都非常重视司法拍卖的立法调整，不过在立法例上，有的将其规定在民事诉讼法中，有的将其规定在同一的强制执行法中，有的则将其规定在单独的司法拍卖法中。比如德国，其在1897年就颁布了专门调整司法拍卖的《德国司法强制拍卖与强制管理法》。该法详细具体地规定了强制拍卖与强制管理的一般规则和特殊规则，对民事诉讼法中的不动产强制执行作出了更为详尽的补充规定，对不动产的司法拍卖和强制执行具有重要的规范价值。我国目前通过《民事诉讼法》的修改对司法拍卖详加规范并不现实，将来有可能出台的"强制执行法"也可以对司法拍卖做出细致规定，但"强制执行法"的单独制定尚未列入立法规划，何时能够出台尚不可知，因此解决不了目前的紧迫问题。笔者认为，在我国，通过立法来完善司法拍卖的制度和程序是势在必行的，应当引起立法者的高度关注。目前可供选择的立法方案有两个：一是修改《拍卖法》，在《拍卖法》中增设专章规定司法拍卖的特殊规则和程序；二是制定独立的"司法拍卖法"。从理想的角度来看，制定独立的"司法拍卖法"最为可取；但制定独立的"司法拍卖法"会面临诸多客观障碍和困难，因此可行性较弱。相对而言，通过修改《拍卖法》来规范作为特殊拍卖形式的司法拍卖目前较为可行。

《拍卖法》其实并不仅仅是任意拍卖法，该法除规范任意拍卖外，还涉及了某些非任意拍卖的内容。例如，该法第9条规定："国家行政机关依法没收的物品，充抵税款、罚款的物品和其他物品，按照国务院规定应当委托拍卖的，由财产所在地的省、自治区、直辖市的人民政府和设区的市的人民政府指定的拍卖人进行拍卖。拍卖由人民法院依法没收的物品，充抵罚金、罚款的物品以及无法返还的追回物品，适用前款规定。"但目前的《拍卖法》并未涉及法院的强制拍卖或司法拍卖。这与《拍卖法》制定之时我国司法拍卖制度尚不定型、尚不成熟有密切关系，而并不是说《拍卖法》从性质上说就不可以规定司法拍卖。[1]当时将司法拍卖暂时排除在《拍卖法》调整之外，但时至今日，除前述《民事诉讼法》对“拍卖”有两条简单的规定外，其他大量的内容均未加规定，致使司法拍卖的立法调整迄今尚属空白。笔者认为，我国立法机关应当尽快启动《拍卖法》的修订工作，将司法拍卖的程序内容和实体内容专章作出特别规定。“司法拍卖”专章中无特别规定的，则适用《拍卖法》的其他规定。此外，最高人民法院也应根据2012年修改的《民事诉讼法》，对司法拍卖作出系统化的司法解释。

（二）建构与完善司法拍卖的分权制衡与监督机制

司法拍卖是法院强制执行程序中的关键环节，直接关系到被执行财产的变价以及生效法律文书所确定的权利义务的最终实现，权力重大，所牵涉的利益关系复杂，参与到该过程的主体成分较为多元，利益博弈较为激烈，属于司法腐败的高危区域，同时也是各种乱象得以滋生的领域，因而需要在司法拍卖制度的构建中特别予以关注。在这里，任何简单化、集权化的制度构建思维均不可取，其中尤为重要的，便是按照分权制衡与监督的制度原理，将统一的司法拍卖权予以解构，从而使司法拍卖权的内在分支权能分布在若干环节，分别由若干主体行使，使各主体之间形成制约关系，以此来防止某一环节的权力过大以致其他权力无法对之起制约作用。同时完善外在的监督机制，内外结合，形成完整、严密的分权制衡和监督体系。其内容主要包括三个方面：一是将司法拍卖权依其内在要素分解为司法拍卖决定权、司法拍卖委托权、司法拍卖评估权、司法拍卖实施权、司法拍卖监督权等。这在前述“规律”部分已有所涉及，目前需要做的便是尊重此一规律，并通过立法形式使之形成各种权力边界清晰、相互配合与制约的规则体系。二是注重进行司法拍卖的中立平台和标准场域的建设。例如，“广西模式”之所以最终形成，其原因除注重分权机制的建设外，还在于强调构建司法拍卖的标准化场

〔1〕 1996年7月4日，全国人大法律委员会主任委员薛驹在全国人大常委会审议通过《拍卖法》时所作的《关于拍卖法（草案修改稿）修改意见的汇报》中指出：“国有资产的产权交易、土地使用权出让与转让、人民法院强制执行的物品的拍卖应当由其他有关法律调整。”

所，同时强化作为第三方交易平台的“联拍网”的建设，有效地遏制了司法腐败与拍卖乱象的产生。“上海模式”与“重庆模式”等也注重统一的司法拍卖交易平台和第三方交易机构的导入与创建，其所产生的效果也有类似之处。通过中立平台和标准场域的创建与完善，使容易暗箱操作的司法拍卖被置于扁平化的标准平台上进行，实现了阳光下的公开、公正、公平拍卖，值得肯定和重视。三是加强监管模式的协同创建。在司法拍卖制度的系统化构建中，加强监管模式的协同创建是不可或缺的重要一环。通过这种监管模式的协同创建，便可以使司法机关的监督（外部监督）、人民法院的内部监督和上下级监督、行政机关各相关职能部门的监督、拍卖机构及其协会的监督以及社会公众的监督等多种监督联合起来，发挥各自所长，形成监督的合力，构筑司法拍卖监督的长效机制。在这方面，“上海模式”提供了有益的经验。按照“上海模式”，其司法拍卖在统一的“上海市公共资源拍卖中心”进行，在该中心，专门设立了一个监管委员会，对在该“中心”实施的司法拍卖进行监督和管理。该监管委员会由上海市监察局、高级人民法院等12个部门联合组成。据上海市监察局、工商局等监管单位的显示，“上海市公共资源拍卖中心”成立以来，业已举行了上千场司法拍卖会，迄今没有发现一起违规违法行为，实现了“阳光拍卖”，确保了拍卖公开透明、廉洁高效。[1]笔者认为，该监管模式值得肯定和推广。稍有不足者，就是在该监管委员会中，尚缺乏人民检察院的参与和加盟。因为，《民事诉讼法》修改后，根据其第14条和第235条的规定，人民检察院对人民法院的强制执行活动有权实施法律监督。司法拍卖是法院强制执行活动的重要组成部分，理应接受人民检察院的法律监督，人民检察院也应积极主动有所作为，加强对司法拍卖的法律监督，确保其公平公正、高效廉洁地进行。

（三）限制和规范人民法院对拍卖机构的行政管理权能

在司法拍卖制度和机制的构建中，应当注意在人民法院执行机构（含行使拍卖决定权的执行部门与行使拍卖委托权的司法技术辅助部门）

---

〔1〕 参见徐炳文、王双伍：《上海：公共资源拍卖晒在阳光下》，载《中国纪检监察报》2013年4月8日。

与拍卖机构之间保持一定距离，以防止因直接接触而形成管理与被管理的关系，从而导致权力寻租与司法腐败。从目前司法解释来看，人民法院执行机构与受委托的拍卖机构之间已经形成较为紧密和稳定的行政管理与被管理的关系，具体表现在三个方面：一是确定拍卖机构的入围名册。拍卖机构能否入围名册，直接关系到其能否有资格和机会获得接受委托拍卖的权利。按照2009年8月最高人民法院通过的《委托评估、拍卖、变卖规定》第4条的规定，人民法院按照公开、公平、择优的原则编制人民法院委托评估、拍卖机构名册。该项规定虽然被2012年1月通过的《委托评估、拍卖规定》所取消，[1]但由于其他配套机制未能跟上，人民法院所主导的该"入围名册"在制度事实上依然存在。二是由法院遴选确定具体的拍卖机构。如《委托评估、拍卖规定》第3条规定："人民法院采用随机方式确定评估、拍卖机构。"该随机方式是否真正能够确保对受托拍卖机构遴选上的公平公正，也并非绝无可质疑之处。三是拍卖机构能否继续保留在名册中，也由人民法院执行机构决定。如《委托评估、拍卖规定》第8条规定："出现下列情形之一，影响评估、拍卖结果，侵害当事人合法利益的，人民法院将不再委托其从事委托评估、拍卖工作。"不难看出，上述三个方面显然形成并强化了拍卖机构对于法院执行机构的依附从属关系以及法院执行机构对于拍卖机构的行政管理关系。这两种关系的形成，对于遏制强势的法院司法拍卖决定权与委托权是不利的，更未能体现拍卖机构对于法院执行机构的反向制约和监督关系，不符合前述构筑司法拍卖权力分离与制衡、监督机制的原则要求，因而需要改变。为此，笔者建议引入作为拍卖机构的行业协会作为法院执行机构上述三大权能的承载主体。具体而言包括：第一，由人民法院提出拍卖机构的准入标准和规模，由相应的拍卖行业协会确定具体的拍卖机构入围名册。第二，人民法院决定委托拍卖后，应当直接通知相应的拍卖行业协会，由拍卖行业协会根据所确定的程序，在法院等部门的

---

〔1〕《关于人民法院委托评估、拍卖工作的若干规定》(2012年1月)第2条规定："取得政府管理部门行政许可并达到一定资质等级的评估、拍卖机构，可以自愿报名参加人民法院委托的评估、拍卖活动。人民法院不再编制委托评估、拍卖机构名册。"

监督下，公开公平地随机确定受委托的拍卖机构。第三，人民法院对于入围在册的拍卖机构，根据其具体表现提出年度审核意见，供相应的拍卖行业协会评估、考核、调整入围名册参考。人民法院对相应的拍卖行业协会实施常规监督，如有必要，可就拍卖行业协会的表现向其主管行政部门反映并提出建议。

以委托拍卖为制度载体的司法拍卖市场化改革被实践证明成效显著。我国司法拍卖改革应当在权责明确、模式科学、制度完备、监督有力、技术创新的基础上继续深化推进，网络拍卖只是在技术创新方面进一步推动了既有的改革进程，而不宜因此逆转司法拍卖市场化改革的大方向，从而回归到法院自行拍卖的制度老路上去。

图书在版编目（CIP）数据

司法改革问题研究 / 陈光中等著. -- 北京：法律出版社，2018
ISBN 978-7-5197-2428-3

Ⅰ. ①司… Ⅱ. ①陈… Ⅲ. ①司法制度—体制改革—研究—中国 Ⅳ. ①D926

中国版本图书馆CIP数据核字（2018）第152008号

司法改革问题研究
SIFA GAIGE WENTI YANJIU

陈光中 等著

策划编辑 孙东育
责任编辑 黄倩倩　韩向臣
装帧设计 汪奇峰

出版 法律出版社
总发行 中国法律图书有限公司
经销 新华书店
印刷 三河市龙大印装有限公司
责任校对 王晓萍
责任印制 陶　松

编辑统筹 学术·对外出版分社
开本 720毫米×960毫米　1/16
印张 43.5
字数 615千
版本 2018年9月第1版
印次 2018年9月第1次印刷

法律出版社 / 北京市丰台区莲花池西里7号（100073）
网址 / www.lawpress.com.cn
投稿邮箱 / info@lawpress.com.cn
举报维权邮箱 / jbwq@lawpress.com.cn
销售热线 / 010-63939792
咨询电话 / 010-63939796

中国法律图书有限公司 / 北京市丰台区莲花池西里7号（100073）
全国各地中法图分、子公司销售电话：
统一销售客服 / 400-660-6393
第一法律书店 / 010-63939781/9782　西安分公司 / 029-85330678　重庆分公司 / 023-67453036
上海分公司 / 021-62071639/1636　深圳分公司 / 0755-83072995

书号：ISBN 978-7-5197-2428-3　**定价**：148.00元